高等政法院校规划教材

证券法学

ZHENG QUAN FA XUE

（第四版）

司法部法学教材编辑部　审定

主　编：李东方

撰 稿 人：（以撰写章节先后为序）

李东方　魏敬淼　洪艳蓉

刘　丹　王光进　李爱君

李建伟　马更新　王爱宾

张杰斌　姚海放　邢会强

张春丽　高丝敏

中国政法大学出版社

2021·北京

作者简介

李东方　男，法学博士、博士后，中国政法大学教授，博士生导师，美国哥伦比亚大学高级研究学者。中国证券法学研究会副会长，中国经济法学研究会常务理事，中证中小投资者服务中心调解员，中国侨联法律顾问委员会委员，北京市金融服务法学研究会副会长，北京市经济法学会常务理事，成都市委、市政府法律顾问，深圳市中级人民法院首批金融业务专家咨询委员，北京、广州、南京、重庆、成都等多家仲裁委员会仲裁员，中豪（北京）律师事务所主任，多家上市公司独立董事、国有独资公司外部董事。代表性的学术著作有：《证券监管法论》（独著）、《上市公司监管法论》（独著）、《证券法学》（主编）、《公司法学》（独著）、《房地产法学》（独著）、《经济法学》（主编）等。

魏敬淼　女，中国政法大学民商经济法学院教授，硕士生导师，中国银行法研究会理事、中国财税法研究会理事，北京市优秀教师，主要致力于金融法、财税法的教学与科研，著有《民间金融法律治理研究》（独著）、《金融法学》（独著）、《商法》（独著）、《公司法》（独著）、《税法学原理》（合著）、《金融法》（主编）等30余部书籍，在《金融法研究》《保险研究》《月旦财经法》《财税法论丛》等期刊发表学术论文数十篇。

洪艳蓉　女，法学博士，北京大学法学院副教授、博士生导师，主要从事金融法、证券法和公司法的教学与研究工作，兼任CSSCI来源集刊《金融法苑》主编、深圳国际仲裁院仲裁员，著有《资产证券化法律问题研究》《金融监管治理：关于证券监管独立性的思考》等书，在《中国法学》《中外法学》等核心期刊发表学术论文二十几篇，多篇论文获得一等奖荣誉或者被全文转载，主持过国家社科基金、教育部人文社科基金等多项国家及部委课题。

刘丹　女，法学博士，中国政法大学副教授，硕士生导师。中国经济法研究会理事、北京市经济法研究会理事。担任国家、省、部级科研项目和北京市科技计划项目主持人、专家组成员、项目组成员。曾获中国法学会中青年优秀论文三等奖、中国政法大学"优秀教师""优秀导师""教学优秀奖"等荣誉称号。所著《利益相关者与公司治理法律制度研究》入选中国政法大学《校庆60周年学术文萃》。主要从事公司法、证券法、竞争法等领域的教学和研究。

王光进　法学博士，中国政法大学民商经济法学院教授，硕士生导师，曾任中国政法大学民商经济法学院分党委书记兼副院长。主要研究方向为商法、金融法、证券法、公司法。撰写或者参编《中国法理纵论》《土地征收与房屋拆迁中的利益冲突及其法律调整》《金融法教程》《商法学教程》《金融法概论》《商法学》《证券法学》等著作和教材十余部。

李爱君　女，法学博士，经济学博士后，中国政法大学教授、博士研究生导师，中国政法大学互联网金融法律研究院院长，2020年度教育部哲学社会科学研究重大课题攻关项目《数据法学内容与体系研究》首席专家，国务院参事室金融研究中心研究员，中国互联网金融协会申诉委员会主任委员，北京市网络法学研究会会长，中国消费者权益保护协会专家委员。

李建伟　男，法学博士，中国政法大学教授，博士生导师，商法研究所所长，兼任中国法学会商法学研究会秘书长，为北京、广州、福州、长沙等十余地仲裁委仲裁员，主要研究领域：民商法、公司法、证券法、公司治理等。在《中国法学》《法学研究》等刊物发表学术论文100余篇，出版《独立董事制度研究》《公司法学》《公司宪治论》等10多部专著、译著。国家社科基金重大项目首席专家，主持国家社科基金、教育部等国家级、省部级项目10多项，获多项科研奖项。

马更新　女，中国政法大学民商经济法学院教授，韩国首尔国立大学、英国雷丁大学访问学者，兼任最高人民检察院民事行政案件咨询专家，中国商法学研究会理事、中国证券法学研究会理事、中国保险法学研究会理事、中国商业法研究会理事。主要研究领域：商法学、公司企业法学、证券法学、侵权法学等。在《中国法学》《政法论坛》等法学核心期刊发表论文40余篇，出版独著4部，主持承担国家级、省部级及校级课题13项。

王爱宾　男，法学硕士，东北证券股份有限公司合规总监，中国证券业协会合规管理专业委员会委员。曾任河南省焦作市中级人民法院助理审判员、中国证券业协会创新支持部负责人，华林证券股份有限公司合规总监、首席风险官兼董事会秘书。发表《证券监管中司法权与行政权的互动与边界》《金融衍生品对证券公司传统业务影响的分析》《证券公司从业人员违规行为与合规风险防范研究》（合著）等著作，具有扎实的理论基础与丰富的实务经验。

张杰斌　男，中国政法大学法学博士，供职于中国证券监督管理委员会，长期从事资本市场监管执法工作，研究方向为金融市场监管、证券期货市场行政执法、公司治理等领域。撰写或者参编《公司产权交易法律实务》《公司法原理》《证券法学》等多部著作。

姚海放　男，法学博士，应用经济学博士后；中国人民大学法学院副教授，硕士生导师。兼任中国法学会经济法学研究会理事、中国法学会商业法学研究会理事、中国法学会证券法学研究会理事、北京市经济法学会秘书长；《法学家》杂志编辑，《经济法学评论》副主编。主要集中于经济法诸领域的研究，包括企业公司法、金融法等，在《中国人民大学学报》《法学家》《政治与法律》等刊物发表数十篇学术文章。

邢会强　男，2005年毕业于北京大学法学院，经济法专业，法学博士。现为中央财经大学首届龙马学者特聘教授、博士生导师。中国法学会证券法学研究会副会长兼秘书长；中国法学会经济法学研究会常务理事兼副秘书长；《财经法学》主编。

张春丽　女，中国政法大学民商经济法学院副教授，北京大学法学博士，美国佛罗里达大学法学院访问学者。先后在《中国法学》《法学》《清华法学》《法律科学》《法学评论》等期刊中发表论文，参编《证券法学》，参与多项全国社科重大项目基金、一般项目基金和北京市社科基金。

高丝敏　女，清华大学法学院副院长，副教授，美国宾夕法尼亚大学（University of Pennsylvania）法学博士（2013）。代表作发表于《法学研究》《中外法学》American Business Law Journal（SSCI）等中外文杂志上，主持国家社科青年项目、司法部国家法治与法学理论研究项目等。

出版说明

　　长期以来，在司法部的领导下，法学教材编辑部认真履行为法学教育服务的职能，为满足我国不同层次法学教育发展的需要，在全国高等院校和科研院所的大力支持下，动员了包括中国社会科学院法学研究所、北京大学、清华大学、中国人民大学、浙江大学、厦门大学、中山大学、南京大学、武汉大学、吉林大学、山东大学、四川大学、苏州大学、烟台大学、上海大学、中国政法大学、西南政法大学、中南财经政法大学、华东政法学院、西北政法学院、国家行政学院、国家法官学院、中国人民公安大学、中央司法警官学院、广东商学院、山东政法管理干部学院、河南政法管理干部学院等单位的教学、科研骨干力量，组织编写了《高等政法院校法学主干课程教材》《高等政法院校法学规划教材》等多层次、多品种的法学教材。

　　这些教材的出版均经过了严格的策划、研讨、甄选、撰稿、统稿、修订等程序，由一流的教授、专家、学术带头人担纲，严把质量关，由教学科研骨干合力共著，每一本教材都系统准确地阐述了本学科的基本原理和基本理论，做到了知识性、科学性、系统性的统一，可谓"集大家之智慧，成经典之通说"。这些教材的出版对中国法学教育的发展，起了非常重要的推动作用，受到广大读者的欢迎和法学界、法律界的高度评价。

　　教材是一定时期学术发展和教学、科研成果的系统反映，所以，随着科研的不断进步，教学实践的不断发展，必然导致教科书的不断修订。国际上许多经典的教科书，都是隔几年修订一次，一版、五版、二十版，使其与时俱进，不断成熟，日臻完善，成为经典，广为流传，这已成为教科书编写的一种规律。

　　《高等政法院校规划教材》出版至今已有十余年的时间，本套系列教材已修订多次，其中不少种教材多次荣获国家教育部、国家司法部等有关部门的各类优秀教材奖。由于其历史长久，积淀雄厚，已经形成自己独具特色的科学、系统、稳定的教材体系，在法学教育中，既保持了学术发展的连续性、传承性，又及时吸纳新的科研成果，推动了学科的发展与普及。它已成为国内目前最有影响力的一套法学本科教材。

　　进入 21 世纪，依法治国，建设社会主义法治国家是我国的基本方略。为了更好地适应新世纪法学教育的发展，为了迎接新时代的挑战，尤其是我国加入 WTO 带来的各种新的法律问题，我们结合近年来法制建设的新发展，吸收国内外法学研究和法学教育的新成果、新经验，对这套教材再次进行了全面修订。我们相信重修之规划教材定能对广大师生提供更有效的帮助。

司法部法学教材编辑部

第四版说明

　　证券法，作为民商经济法的一个子部门法，其一大特征就是要通过及时修改以适应不断变化的社会经济生活。这种修改不仅意味着立法上的修改，也意味着教科书的修改，特别是当证券基本法修订之后，教科书更应当适时修订。正是在 2019 年 12 月 28 日《中华人民共和国证券法》（以下简称《证券法》）修订之后，本书进行了这次修订。

　　新《证券法》较修订前的蓝本进行了一系列的制度变革，其中注册制的确立是对我国证券发行审核制根本性的制度变革，是进一步落实十八届三中全会关于"使市场在资源配置中起决定性作用和更好发挥政府作用"的具体举措。注册制背景下信息披露监管成为重中之重，为此，新《证券法》专章规定了信息披露制度；基于我国证券市场投资者保护长期存在的问题，"新法"通过投资者保护专章规定了八项新制度；为提高上市公司质量，"新法"在法定义务和责任方面加强了对上市公司控股股东和实际控制人的特别规制；在证券法律责任追究方面，大大增加了证券民事责任的条目，进一步完善了证券民事责任制度，显著提高了证券违法违规成本。本书第四版就是紧紧围绕上述《证券法》的新变化，在理论和制度层面进行了全面而深入的阐述。

　　本次修订主要由中国政法大学、北京大学、中国人民大学、中央财经大学、清华大学和中国证监会、东北证券等单位中长期从事证券法研究、教学和实务的专家集体完成，由李东方担任主编。具体撰写分工情况如下（按撰写章节先后排序）：

　　李东方（中国政法大学民商经济法学院）：第一、二、四、十六至二十章；

　　魏敬淼（中国政法大学民商经济法学院）：第三、九章；

　　洪艳蓉（北京大学法学院）：第五章；

　　刘　丹（中国政法大学民商经济法学院）：第六章；

　　王光进（中国政法大学民商经济法学院）：第七、八章；

　　李爱君（中国政法大学民商经济法学院）：第十章；

　　李建伟（中国政法大学民商经济法学院）：第十一章；

　　马更新（中国政法大学民商经济法学院）：第十二章、十五章（第四节）；

　　王爱宾（东北证券股份有限公司）：第十三章；

　　张杰斌（中国证券监督管理委员会）：第十四章；

　　姚海放（中国人民大学法学院）：第十五章（第一、二、六节）；

　　邢会强（中央财经大学法学院）：第十五章（第三节）；

　　张春丽（中国政法大学民商经济法学院）：第十五章（第五节）；

　　高丝敏（清华大学法学院）：第十五章（第七节）。

　　全书由李东方统一拟定大纲和修订重点并统稿。中国政法大学经济法专业的研究生张思雨、宁天琦、徐畅、王晓琛、张杨彪、谢子嫣等同学为本书的资料整理和校对付出了辛勤的劳动，在此深表感谢！本书作者虽勤勉敬业，但书中仍难免存有不足或错误，敬请读者和同仁们批评指正（本书意见反馈邮箱：lidongfangggsfx@126.com）！

李东方（字修远，号德元）

2020 年 12 月 19 日

第三版说明

本书自2012年再版以来，受到广大教师和学生的认可，不仅为全国高校所广泛采用，也深受社会上对证券法感兴趣的读者欢迎。然而，自2012年以来，党的十八届三中全会《关于全面深化改革若干重大问题的决定》明确提出"推进股票发行注册制改革"，2014年5月9日国务院发布的《关于进一步促进资本市场健康发展的若干意见》（即"新国九条"）则对我国资本市场的改革提出了更为明确的要求。2015年4月全国人大财经委公布了《证券法（修订草案）》，并向全社会征求意见。与此同时，证券法领域的理论研究也产生了许多新的成果。为使本书能够始终保持与立法实践的高度吻合，保持其理论观点的前沿性，我们对本书进行了第二次修订，以满足高校本科生和研究生教学以及广大社会读者学习的需求。

关于本书第三版的几点具体说明如下：

1. 2015年4月公布的《证券法（修订草案）》从根本上体现了《证券法》修订的基本精神，未来新《证券法》的许多改革性规定都能在其中得到体现。故本书在修订过程中一方面吸收了《证券法（修订草案）》中新的立法研究成果；另一方面对该草案相关内容进行评价，同时提出我们的不同看法，从而使本书既具有理论的前瞻性，也能够给立法机关提供有益的参考意见。

2. 证券法的立法宗旨在于保护投资者，为了进一步突出这一立法目的，在本书修订过程中专门增加了"投资者保护制度"作为第十一章，这与当前《证券法》修改的精神也是一致的。

3. 朱焕强、宋夏和胡光志是本书第一、二版的作者，他们由于本职工作繁忙，主动要求不再从事本书第三版的修订工作，相关章节由其他作者在原有基础上进行了修订，在此对三位作者先期作出的贡献致敬。

本书主要由中国政法大学民商经济法学院、北京大学法学院等单位长期从事证券法研究和教学的专家集体撰写而成，由李东方担任主编。具体编写分工情况如下（按撰写章节先后排序）：

李东方（中国政法大学民商经济法学院）：第一、二、四、十六至二十章；

魏敬淼（中国政法大学民商经济法学院）：第三、九章；

洪艳蓉（北京大学法学院）：第五章；

刘　丹（中国政法大学民商经济法学院）：第六、十三章；

王光进（中国政法大学民商经济法学院）：第七、八章；

李爱君（中国政法大学民商经济法学院）：第十章；

李建伟（中国政法大学民商经济法学院）：第十一章；

马更新（中国政法大学民商经济法学院）：第十二章；

贺绍奇（中国政法大学民商经济法学院）：第十四、十五章。

全书由李东方统一拟定大纲并统稿。中国政法大学经济法专业的研究生杨锡慧、冯睿、王雅祺和王帅文等同学为本书的资料整理和校对付出了辛勤的劳动，在此深表感谢。本书作者虽勤勉敬业，但书中仍难免存有不足或错误，敬请读者批评指正（意见反馈邮箱：lidongfanggsfx@126.com）。

李东方（字修远，号德元）

2016 年 11 月

第二版说明

本书自2007年2月出版以来，深受广大教师和学生的认可与欢迎，不仅为全国高校所广泛采用，也为社会上的证券法教学所使用。然而，自2007年以来，证券法领域的理论探讨出现了许多新动向，我国在证券法律制度完善方面也付出了诸多实践上的努力。为使本书能够始终保持其理论观点的前沿性以及与国内法律教育现状的契合性，我们对本书进行了修订，以满足高校本科生和研究生教学以及广大社会读者学习的需求。

本书主要由中国政法大学民商经济法学院、重庆大学法学院、西南政法大学民商法学院、中国证券监督管理委员会和中国证券业协会等单位长期从事证券法研究和教学的专家学者集体撰写而成，由李东方先生担任主编。具体编写分工情况如下（按撰写章节先后排序）：

李东方（中国政法大学民商经济法学院）：第一、二、十章；

魏敬淼（中国政法大学民商经济法学院）：第三、四、九章；

汪世虎（西南政法大学民商法学院）：第五章；

刘　丹（中国政法大学民商经济法学院）：第六、十一、十二章；

王光进（中国政法大学民商经济法学院）：第七、八章；

贺绍奇（中国政法大学民商经济法学院）：第十三、十四章；

朱焕强（中国证券监督管理委员会）：第十五、十六章；

宋　夏（中国证券业协会）：第十七章；

胡光志（重庆大学法学院）：第十八、十九章。

全书由李东方统一拟定大纲并统稿。中国政法大学经济法专业的研究生丁婉丽、杜飞鹏、潘洁莹、李霖、王正、朱中龚、张雅婧、林敏睿和蓝健玮等同学为本书的校对付出了辛勤的劳动，在此深表感谢。本书作者虽勤勉敬业，但书中仍难免存有不足或错误，敬请读者批评指正。

李东方（字修远，号德元）

2012 年 3 月

第一版说明

　　本书主要由中国政法大学民商经济法学院、重庆大学法学院、西南政法大学民商法学院、中国证券监督管理委员会等单位长期从事证券法研究和教学的专家学者集体撰写而成，由李东方担任主编。具体编写分工情况如下（按撰写章节先后排序）：

　　李东方（中国政法大学民商经济法学院）第一、二、十章；

　　魏敬淼（中国政法大学民商经济法学院）第三、四、九章；

　　汪世虎（西南政法大学民商法学院）第五章；

　　刘　丹（中国政法大学民商经济法学院）第六、十一、十二章；

　　王光进（中国政法大学民商经济法学院）第七、八章；

　　贺绍奇（中国政法大学民商经济法学院）第十三、十四章；

　　朱焕强（中国证券监督管理委员会）第十五、十六章；

　　宋　夏（中国证券业协会）第十七章；

　　胡光志（重庆大学法学院）第十八、十九章。

　　全书由李东方统一拟定大纲、修改和定稿。中国政法大学经济法专业的研究生张丽莎、李方、许赫宁、张佑任等同学为本书的校对付出了辛勤的劳动，在此深表感谢。全书作者虽勤勉敬业，但书中仍难免存有不足或错误，敬请读者批评指正。

李东方（字修远，号德元）

2007 年 1 月

第六编　证券违法行为与证券法律责任

第一编　证券法学总论

第一章　证券、证券业和证券市场

■ **学习目的和要求**

依照历史发展的逻辑，首先产生的是证券、证券业和证券市场，然后才有证券法的产生。因此，要深入研究证券法律制度，应当首先研究证券、证券业和证券市场。本章应当重点掌握的内容主要包括：证券的概念；有价证券；我国证券法所规范的有价证券；证券业的含义；证券业的产生和发展；证券市场的特征及其分类；证券市场的作用；等等。

第一节　证券

一、证券的概念

《辞海》给证券下的定义是：以证明或设定权利为目的所作成的凭证。[1]换言之，证券是证券持有人有权取得相应权益的凭证，或者说，它是借助文字和图形在专用媒介上来表彰特定民事权利的书据。这里的"书据"等同于"书面"，但是"书面"与"纸面"的法律意义却存在区别，"书面"指的是表现手段，而"纸面"指的是表现手段的物质载体。随着记载技术的发展，人们已不限于以纸张作为表示证券权利的物质载体，如各类银行卡、信用卡等，这些都属于表示证券权利的书面凭证，然而却并非纸面形式。我国《民法典》第 467 条第 2 款[2]规定，"书面形式是合同书、信件、电报、电传、传真等可以有形地表现所载内容的形式"，这表明我国合同法已经不把书面形式限于纸面。当然，该法条中"有形地表现所载内容"的表述似有不妥，例如手语为有形，却是口头形式，故改为"以文字表示合同内容"更为合理。证券作为表示特定民事权利的书面形式，自然也不限于纸面形式。事实上，证券的无纸化给证券法带来了巨大的挑战，对此，将在本章的前沿问题里进行讨论。如股票、债券、基金证券、票据、提单、保险单、存款单等都是证券，再如车、船、机票、各种入场券等以及在特定历史条件下出现过的粮票、布票、棉花票等也都是证券。

---

[1]　《辞海》，上海辞书出版社 2002 年版，第 2176 页。
[2]　本教材涉及的相关法律名称省略"中华人民共和国"。

从法学的角度分析，学者对证券的分类观点不一：一种观点是将证券区分为"证书、资格证券和有价证券"三大类；[1] 另一种观点主张"从法律上讲，证券可以分为三大类，即有价证券、无价证券和证据证券"。[2] 从本质上看，前者所指"证书"与后者所指"证据证券"内涵是一致的，只是称谓有别（为了研究方便起见，本书在以下统称"证书"）。而无价证券按后者的解释，它是有价证券的对称，系指本身不含任何价值，却可以作为交换凭证的一类证券，如粮票、商品供应券等。[3] 我们认为，无价证券从根本上讲，一方面是社会商品短缺的外在表现，另一方面体现了国家对国民经济严格的计划控制和过度的行政干预，它是对商品交换关系的限制和否定，也是对消费者权利的限制和剥夺。无价证券是人类社会特定历史时期在特定国家（主要是实行计划经济体制的社会主义国家）的特定产物，它不具有一般证券的普遍意义。因此，我们不主张将无价证券作为普遍意义上证券的一个类别。

证书是指记载一定的法律事实或法律行为的文书，如出生证、死亡证、结婚证、借据、合同书等，其作用是证明该法律事实或法律行为曾经发生。但是，证书不能直接决定当事人之间权利和义务的有无，即证书虽有灭失，但实质的法律关系并不因之变更或消灭，只是证明困难而已，当事人如能举出其他证据，则仍然可以行使权利。可见证书对于权利，仅有证据上的证明力而已。[4] 例如，买卖合同书的灭失，并不必然消灭当事人之间的债权债务关系。因此，证书的功能仅限于对既定事实起到某种证明的作用。由于证书除了能作为证据使用之外，既不能直接表彰权利，也不能单独流通使用，所以它并不是典型意义上的证券。

资格证券是指证明持有证券者具有行使一定权利资格的证券，如行李寄存单、铁路运输行李提单等。由于资格证券的持券人可以用所持证券向义务人行使一定权利，而义务人向持券人履行义务后，即可免责，故资格证券又称免责证券。义务人在履行义务的过程中，无调查持券人是否为真正权利人的义务，即使持券人为无权利人，除义务人恶意或有重大过失外，亦得免责。可见，持券人因持有资格证券，即被推定为权利人。例如，持有行李寄存单者到行李寄存处提取行李，寄存处无调查其寄存单是否为窃取或拾得之义务，可直接推定其为寄存行李的所有权人。资格证券不具有流转性，而只表明特定人之间的权利义务关系。正是由于资格证券与权利行使在一定条件下结合，并且义务人向持券人交付后即可免责，因此，它成为一种独立的证券类型。

与证书和资格证券不同，有价证券不仅直接表彰一定的权利，而且具有流通功能。在实践中，"证券"与"有价证券"的概念经常替代使用，有价证券是各种证券中最主要的部分，也是世界各国较为常见的信用凭证和流通工具。

二、有价证券

有价证券有广义、狭义之分。广义的有价证券属于民法所规范的范畴，它包括股票、债券、票据、提单、仓单、交通凭证、入场券、购物券等；狭义的有价证券属于证券法所

---

[1] 史尚宽："有价证券之研究"，转引自杨志华：《证券法律制度研究》，中国政法大学出版社 1995 年版，第 2 页。

[2] 赵万一：《证券法的理论与实务》，云南大学出版社 1991 年版，第 2 页。

[3] 赵万一：《证券法的理论与实务》，云南大学出版社 1991 年版，第 6 页。

[4] 杨志华：《证券法律制度研究》，中国政法大学出版社 1995 年版，第 3 页。

规范的范畴，它主要包括股票、债券等。可见，民法和证券法所规范的证券范围不同，但是，民法中的有价证券之法理，是证券法中有价证券概念的理论基础。所以，在这里有必要首先研究广义的有价证券。

有价证券（德文为 Wertpapier）的定义是由 19 世纪末的德国学者布伦拿（Brunner）首创，他认为"有价证券乃表彰私权之证券，其利用——主要指权利行使而言，但权利之移转亦包括——以证券之持有为必要条件"。[1]其后，在此基础上，关于有价证券的定义有过多种学说。而以法律规范的形式对有价证券下定义，则以《瑞士债务法》（系《瑞士民法》第五编）第 965 条为典型，该条规定有价证券是指"一切与权利结合在一起的文书，离开文书即不能主张该项权利，也不能将之移转于他人"。我国学者对有价证券概念较有代表性的表述主要有："有价证券是以表彰特定民事权利为内容的证券。其权利行使以持券人持有证券为必要条件。"[2]"有价证券是一种具有一定票面金额，证明持券人有权按期取得一定收入，并可自由转让和买卖的所有权或债权证书。"[3]对有价证券的概念，不论学者们如何表述，其质的规定性不外以下三点：①它表明一定的财产权；②它在法定条件下可以流通转让；③其权利行使得由持券人持有该证券。由于当代高新技术的发展，证券已日益趋向无纸化，例如，我国《公司法》第 128 条第 1 款规定，"股票采用纸面形式或者国务院证券监督管理机构规定的其他形式"；《证券法》第 39 条规定，"证券交易当事人买卖的证券可以采用纸面形式或者国务院证券监督管理机构规定的其他形式"。2015 年《证券法（修订草案）》第 153 条规定，"证券可以采用纸面形式或者簿记形式"。这些规定说明，证券作为书面凭证既可以采用纸面形式，也可以采用纸面以外的其他形式。而以特殊凭证，如证券账户等替代证券，有学者称之为"有价证券之证券"，即以给付有价证券为权利标的的证券。在这种情况下，持券人的持券方式有了变化，即无需直接持有原始证券，而只需持有"有价证券之证券"，由此实现便捷、高效之目的。

广义的有价证券的种类甚多，从不同的角度、按照不同的标准，可以对其进行不同的分类：

1. 按证券所代表的权利性质，可将有价证券分为货币证券、资本证券和货物证券。

（1）货币证券。它是指对货币享有请求权的凭证，其权利标的是一定的或可以确定的货币额，如期票、本票、支票、汇票等。货币证券的功能主要是用于民事主体之间的商品交易、劳务报酬的支付，以及债权债务的清算等经济往来。现在不同银行发行的各种信用卡，实质上也是一种货币证券。

（2）资本证券。资本证券是表明对一定的资本金所带来的收益请求权的凭证，其权利标的虽然也是一定的货币额，但其侧重于对一定的资本金所带来的特定化收益的请求权。它主要包括股权证券和债权证券。

股权证券具体表现为股票，股票是指股份有限公司依照公司法的规定，为筹集公司资本而发行的，用以证明股东身份和权益的凭证。股权证券有时也包括认股权证。

〔1〕　郑玉波：《有价证券法之研究》，转引自杨志华：《证券法律制度研究》，中国政法大学出版社 1995 年版，第 5 页。
〔2〕　杨志华：《证券法律制度研究》，中国政法大学出版社 1995 年版，第 8 页。
〔3〕　陈共主编：《证券与证券市场》，中国人民大学出版社 1996 年版，第 3 页。

债权证券则表现为各种债券。所谓债券，是指筹资者（债务人）向投资者（债权人）出具的，承诺在一定时期支付约定利息和到期偿还本金的凭证。

狭义的有价证券通常指资本证券，它是证券法所规范的证券。资本证券本身并不能在生产过程中发挥作用，它与厂房、机器、原材料等实际存在的资本不同，它是一种独立于实际资本之外的资本存在形式，自身没有任何价值，而只是资本的符号代表，马克思称之为"资本的纸制复本"，经济学上称作虚拟资本。虚拟资本与实际存在的资本不仅在质上有区别，而且在量上也不同。在一般情况下，虚拟资本的价格总额总是大于实际资本额，因而虚拟资本数量的变化并不一定反映实际资本总额的变化。但是，虚拟资本的活动可以促使财富的大量集中和资金的有效配置。

（3）货物证券。它是证明有权领取货物的凭证，其权利标的物是特定的货物。货物证券主要包括仓单、栈单、运货凭证及提货单等。

2. 按发行主体不同，有价证券可分为政府证券（即公债券）、金融证券和公司证券。政府证券系指政府债券，它是政府为筹措财政资金或建设资金，凭其信誉，采用信用方式，按照一定的程序向投资者出具的一种债权债务凭证。政府债券有中央政府债券和地方政府债券之分，政府债券也称国债券。金融证券是指商业银行及非银行金融机构为筹措信贷资金而向投资者发行的、承诺支付一定利息并到期偿还本金的一种有价证券，主要包括金融债券、大额可转让定期存单等。公司证券是公司为筹措资金而发行的有价证券，公司证券包括的范围较广，内容也比较复杂，主要有股票、公司债券及商业票据等。

3. 依有价证券转让方式不同，有价证券分为记名证券、无记名证券和指示证券。记名证券，又称指名证券，指在证券上直接记载权利人名称的证券，只有被记名的债权人才能享有证券权利，如记名股单、记名公司债券、存单、仓单等。这类证券属于不能流通或限制流通的证券，其转让要履行特定的手续。无记名证券指证券上不记载特定权利人名称的证券，证券权利当然属于有价证券的持有人，持有人只需出示证券即可要求债务人履行义务，该证券仅交付即可转让。典型的无记名证券有债券、普通股票等。指示证券是指在证券上指示他人向证券持有人履行义务的证券，如汇票、支票。其须依背书及证券交付而转让。

4. 依证券权利与证券占有之间关系的紧密程度，有价证券可分为完全有价证券和不完全有价证券。完全有价证券又称绝对有价证券，其权利发生须作成证券，权利移转须交付证券，权利行使须持有证券，即离开证券就意味着权利人的权利不复存在，如票据、普通股票、彩票等。不完全有价证券又称相对有价证券，这种证券的权利与证券的占有之间并非完全不可分离，如记名股票、提货单、定期储蓄存折等，这些证券丢失后，如办理了挂失手续或登记手续，一般不会影响权利人继续享有权利。

此外，有价证券按不同的标准还可分为：上市证券和非上市证券；替代性证券和非替代性证券；本证券和附属证券；流通证券和非流通证券；设权证券和宣示证券；文义证券与实质证券；要式证券和不要式证券；等等，不一而足。

有价证券的种类不同，其功能也不尽相同。

资本证券是资本的虚拟形式，一方面，它可以使发行人迅速将社会上闲散的货币资金聚集为庞大的社会资金或职能资本；另一方面，它能够使小额的货币资金持有人享受巨额资本的规模效益。证券的这种集资功能对于经济的发展起着非常重要的作用，尤其是对于大型建设项目，这种作用越发显著，正如马克思所说："假如等待积累去使某些单个资本增长到能够修建铁路的程度，那么，恐怕直到今天，世界上还没有铁路。但是集中通过股份公司，转瞬之间就把这件事完成了。"

货币证券的主要功能表现在它是一种支付工具。以票据有价证券代替货币支付，不仅方便、快捷、安全，而且还可大大提高货币的流通率。

以仓单、提货单、购物凭证为主的货物有价证券，其表彰的是权利人能够领取特定货物的权利。为加速货物流通，通过对有关单证的买卖，即可实现实物交易的目的。可见，货物证券可以担负促进货物流通的功能。

上述有价证券的各项功能，均以证券的信用功能为基础。很显然，资本证券的发行人如果没有很高的信用就不能筹集到预期的资金，票据离开了信用制度就根本没有存在的可能。有价证券既是信用制度的产物，也是信用制度深化的原因，二者相辅相成、互相促进。

三、证券法所规范的有价证券

证券法中的有价证券，在我国，通常仅指以股票、债券为主的资本证券。资本证券一般直接简称为"证券"。

综观世界各国家和地区证券立法，不同国家和地区的证券法对证券范围的界定不尽相同。在美国证券法中，证券的范围十分广泛，凡是与投资利益相关的金融工具、证书、证券、契约、权利等尽收其中。具体而言，"证券"一词系指任何票据、股票、库存股票、债券、公司信用债券、债务凭证、盈利分享协议下的权益证书或参与证书、以证券作抵押的信用证书、公司成立前认股证书、可转让股票、投资契约、股权信托证、证券存款单、石油、煤气或其他矿产小额利息滚存权，或一般来说，被认为是"证券"的任何权益和票据，或上述任何一种证券的权益或参与证书、临时权利凭证、收据、担保证书或认股证书或订购权或购买权。[1] 而大陆法系的证券法有关证券的种类和范围的规定则简明得多，如日本《证券交易法》规定，有价证券系指以下各种证券：①国债证券；②地方债证券；③法人根据特别法律发行的债券；④有担保或无担保的公司债券；⑤根据特别法律设立的法人所发行的出资证券；⑥股票或表示新股承购权的证书；⑦证券投资信托和贷款信托的受益证券；⑧外国或外国人所发行的证券或证书中具有以上各款证券或证书性质者；⑨其他由政令规定的证券或证书。[2] 韩国证券法对证券范围的界定与日本接近。[3] 我国台湾地区"证券法"有关证券的范围较上述两国窄小，其"证券交易法"（1989 年 1 月 29日）第 6 条规定："本法所称有价证券谓政府债券及公开募集、发行之公司股票、公司债券及经'财政部'核定之其他有价证券。认购权利证书、新股权利证书及前项各种有价证券之价款缴纳凭证或表明权利之证书，视为有价证券。"

比较而言，英美法系的美国关于证券的定义，其外延较为宽泛和模糊，并且将担负商品流通和货币支付功能的商业票据亦包括其中，可见其已超出狭义的有价证券的范围而包含了货币证券。另外，英美法系证券概念强调实务的可操作性，而大陆法系的日本、韩国和我国台湾地区关于证券的定义，则明确而具体得多，并将商业票据排除在外，其证券的

---

[1] 参见美国 1933 年《证券法》第 2 条第 1 款。

[2] 参见日本昭和 59 年（1984 年）修改的《证券交易法》第 2 条第 1 款。

[3] 参见韩国 1962 年 1 月 15 日第 97 号法律颁布、1982 年 4 月 1 日修订的《证券交易法》第 2 条第 1 款。

范围界定在狭义的有价证券（资本证券）之内。但是，其未将证书与证券截然分开，视若干具有投资证券性质的证书为有价证券。

我国《证券法》所规定的证券种类是：股票、公司债券、存托凭证和国务院依法认定的其他证券。政府债券、证券投资基金份额的上市交易，也适用《证券法》，但是，其他法律、行政法规另有规定的，适用其规定。资产支持证券、资产管理产品发行、交易的管理办法，由国务院依照本法的原则规定。[1]《证券法》的这一规定是依据我国证券市场尚处于探索阶段的实际情况而制定的，这一规定有两个特点：①其调整的对象并不限于股票、公司债券的发行和交易，也不限于政府债券、证券投资基金份额的上市交易。由于考虑到证券市场的发展和产品创新，证券法对国务院依法认定的其他证券的发行和交易同样适用。对《证券法》未规定的，若其他法律、行政法规另有规定，则适用其他法律、行政法规的规定，如《公司法》《证券投资基金法》《国库券条例》等。②证券衍生品种是原生证券的衍生产品，分为证券型（如认股权证等）和契约型（如股指期货、期权等）两大类，它们具有保值和投机双重功能，其具体品种随着证券市场的发展会不断增加，在发行、交易和信息公开等方面均有其特殊性。证券法难以适用于各种证券衍生产品，为了适应产品创新的需要和针对不同产品的不同特性加强监管，证券法特别规定证券衍生品种发行、交易的管理办法由国务院依照证券法的原则进行规定。这是2019年修订《证券法》新增加的内容，其意义在于：一方面从金融创新的角度出发，确立了证券衍生品种的法律地位；另一方面从维护市场秩序与安全的角度出发，强调了依法加强监督管理的要求。

2015年《证券法（修订草案）》首次对证券进行了定义，即证券是指代表特定的财产权益，可均分且可转让或者交易的凭证或者投资性合同。该定义揭示了证券作为一种凭证或者投资性合同具有三个基本特点：①代表特定的财产权益；②可以均等分割；③可以转让或者交易。具体包括：①普通股、优先股等股票；②公司债券、企业债券、可转换为股票的公司债券等债券；③股票、债券的存托凭证；④国务院依法认定的其他证券。[2]但是，2019年正式公布的《证券法》最终并未对证券进行定义，这不能不说是一件令人遗憾的事情。

第二节 证券业

一、证券业的含义

股票和公司债券的发行和交易使得商品经济出现了新的行业分工——证券业，它以证券的发行、交易为主要内容，以发行人、投资人、证券交易机构、证券服务机构和监管机构为主体，形成错综复杂的法律关系和利益关系。我们认为，所谓证券业，是指通过证券市场进行的有价证券的募集、发行、交易以及管理、监督所形成的一种金融行业。证券金融又称资本金融或者直接金融。

二、证券业的产生和发展

证券业是以信用制度的建立和股份公司的出现为前提而产生的。在资本主义发展的初

---

〔1〕 参见我国《证券法》第2条的规定。

〔2〕 参见2015年《证券法（修订草案）》第3条第1、2款的规定。

期，西方资本主义经济已经有了相当程度的发展并要求进一步扩大生产。然而，基于资本家个人所有制、个人直接支配生产的方式已不能适应这一要求，因此必须依赖并发展信用制度。随着信用制度的建立和发展，股份制和股票市场机制就萌生了。

在前资本主义社会，信用的基本形式是高利贷，到了资本主义社会，信用形式有了进一步的发展，出现了商业信用和资本信用。商业信用是职能资本家（产业家和商人）之间以延期付款方式出售商品的一种短期信用，它主要利用商业票据或采取赊账的方式来完成，这种信用是在商品形态上提供的信用。而资本信用则是以货币形态提供的信用，它最先表现在银行信用上。银行资本信用是银行把从社会各方面筹集起来的闲置货币资本和社会的游资，贷放给职能资本家充当企业资本的行为，这种资本信用是一种在投资者和筹资者之间由银行做中介人的间接信用。信用制度发展到后来，就出现了筹资者直接面向社会公众募集资金而无需银行介入的直接资本信用形式。股票和债券从金融工具的角度而言，正是适应这一需要而产生的，它们为直接资本信用提供了工具和载体，其发行和流通为证券市场的孕育和发展提供了交易对象和交易方式。信用制度越发展，就越能动员更多的货币收入和储蓄转化为货币资本，投入到证券市场中去。

如果说西方近代信用制度的建立为证券市场的发展提供了制度前提，那么，股份公司的出现和发展则为证券市场提供了现实的物质基础，因为股票和债券始终是证券市场的主要交易对象。

公司制度是资本主义生产关系的产物，但公司的萌芽早在中世纪就已经有了。在中世纪时，有两个因素对于以后出现的公司具有重大意义：①合伙制度的巨大发展，出现了由两个以上的出资人共同经营的经济实体；②法人制度的巨大发展，出现了一些具有法人地位的经济实体，这二者的结合就形成了早期的公司形式。[1]

最早出现的公司形式是无限责任公司，无限责任公司与合伙型的经济实体并无本质区别。在罗马法中合伙就已被区分为简易合伙和普通合伙。前者又称单种交易合伙，即一次性实施某一种法律行为的合伙，如合资购买一艘船或共同做一笔生意，这种合伙的特点是不形成一种经营性组织。而普通合伙则是以营利为目的而相互约定按一定比例出资共同经营某种事业，一般是以企业这种固定组织形式出现。无限公司与合伙实体的不同主要在于前者的出资人是股东，而后者的出资人是合伙人，股东的权利义务和无限公司的组织形式要比合伙人的权利义务和合伙实体的组织形式更明确、更稳定、更受法制性规范的约束。但是，尽管如此，无限公司在公司制度的演进中并没有起什么划时代的作用，而后来股份有限公司的出现，则在公司制度的发展史中，起到了意义极为深远的作用。[2]

早期的资本主义国家进行资本积累的一个重要手段是进行海外殖民掠夺，最初的股份公司就是从这些海外掠夺性贸易中产生的。15 世纪末～16 世纪初，随着迪亚士（葡萄牙人）、达·伽马（葡萄牙人）、哥伦布（意大利人）、麦哲伦（葡萄牙人）等探险家的航海的先后成功，东西方的航海线得以开辟，从而使世界贸易大为改观，国际贸易由原来的地中海扩展到大西洋，由西半球延伸到东亚、南亚，世界贸易的规模日益扩大。由于海外贸易竞争激烈，同时殖民地人民对来自西方的海外掠夺进行强烈的反抗，因此，就要求有

---

〔1〕　江平主编：《公司法教程》，法律出版社 1987 年版，第 36 页。

〔2〕　江平主编：《公司法教程》，法律出版社 1987 年版，第 39 页。

新的组织形式来代替少数个人进行这些海外贸易。17 世纪初，出现了一批海外贸易公司，这些海外贸易公司多数已具有股份公司的特点，他们在全国范围内筹资，每次航海结束后进行结算，参与者按股本的多少来获取利润。其中，1600 年成立的英国东印度公司和1602 年成立的荷兰东印度公司是最早的股份有限公司。这两家公司当时经营风险大、都需要巨额资本的海外贸易。从 1612 年开始，荷兰东印度公司允许其股票在阿姆斯特丹贸易所公开出售，后来，英国效仿之。此外，英国东印度公司是第一家发行固定面额股票的公司，也是第一个将资本和利润公开，把利润用来分红，资本却由公司保留的公司。1630年，英国东印度公司还发行了一种特殊的股票，其持有者对公司承担债务的责任只限于股票面额，从而开辟了现代股份有限公司的先河。除了发行股票，早期的西方列强还更多地依靠发行债券来集资，对投资人而言，购买债券不仅可以获得稳定的债息收入，而且风险甚小，因此当时的债券深受欢迎。

股份公司的建立，使股票、债券应运而生，而股票、债券在社会上的发行和流通便产生了证券市场和相应的证券业。

从世界范围来考察，证券业的发展经历了三个阶段：第一阶段，从 17 世纪初到 20 世纪 30 年代初的自由放任阶段。在西方资本主义的发展历史上，20 世纪 30 年代以前基本上可以归结为自由放任时期，政府多以"守夜人"自居，听任市场这只"看不见的手"调节整个经济活动。与此相应，证券市场也一直处于自由放任状态，这种自由状态虽然使证券业有了较大的发展，但是，其弊端也日益暴露。在自由放任的证券市场上，交易活动由于缺乏应有的约束，致使过度投机、操纵市场、证券欺诈等不当行为频频发生。自由放任经济政策以 1929 年～1933 年资本主义世界的金融危机告终。第二阶段，从 20 世纪 30年代初到 60 年代末的法治建设阶段。证券市场的全面危机促使各国政府开始制定法律，对证券发行和交易活动进行规制，各国证券业的发展也从此进入了法治建设的阶段。例如，美国在大危机后设置了直属总统管辖的联邦证券管理委员会（Securities and Exchange Commission，SEC），对全国的证券业依法全面监督管理。同时制定了以 1933 年《证券法》和 1934 年《证券交易法》为代表的一系列严密的证券法律。各国证券业的法治建设，为证券业以后的迅速发展奠定了坚实的基础。第三阶段，20 世纪 70 年代以来的迅速发展阶段。20 世纪 70 年代以来，随着资本主义国家经济规模化和集约化程度的提高，东南亚和拉美发展中国家经济的蓬勃兴起，现代电脑、通讯和网络技术的进步，以及证券监管法律制度的进一步完善，证券业进入了新的迅速发展的阶段。

在我国，19 世纪 70 年代以后，清政府洋务派兴办了一些股份制企业。随着这些股份制企业的出现，中国企业的股票应运而生，随之而至的便是证券市场的产生。我国最早的证券交易市场是 1891 年在上海由外商设立的"上海股份公所（Shanghai Share Brokers Association）"。[1] 直到辛亥革命前，中国人自己创办的证券交易所还不多见。1919 年，北京成立了证券交易所，这是全国第一家专营证券业务的交易所。随后，在上海又成立了"上海华商证券交易所"，这标志着中国证券业开始向正规化发展。[2] 中华人民共和国成立后，由于推行计划经济体制，我国取消了证券市场。20 世纪 80 年代初以来，在邓小平

---

〔1〕 朱彤芳：《旧中国交易所介绍》，中国商业出版社 1989 年版，第 38 页。
〔2〕 陈共主编：《证券市场基础知识》，中国人民大学出版社 1998 年版，第 15 页。

理论指导下，伴随着改革开放的深入和经济发展，我国证券业逐步成长起来。从 1981 年恢复国库券发行开始，到 1988 年国债流通市场的建立和 20 世纪 80 年代中后期股票柜台交易的起步，标志着我国证券流通市场开始形成。1990 年 11 月 26 日，上海证券交易所成立。1991 年 7 月 3 日，深圳证券交易所正式开业。这两个证券交易所的建立极大地推进了中国证券业的发展。

经过 30 多年的艰难历程，特别是经过沪、深两个证券交易所成立近 30 年来的积极探索，证券市场从无到有，从小到大，从分散到集中，从地区性市场到全国性市场，从手工操作到采用现代技术，市场的广度和深度都有了很大的发展，证券市场已经从试点阶段和初级阶段进入到发展壮大阶段。

第三节 证券市场

一、证券市场的特征及其分类

证券市场是股票、公司债券、金融债券、政府债券、外国债券等有价证券及其衍生产品（如期货、期权等）发行和交易的场所，其实质是通过各类证券的发行和交易以募集和融通资金并取得预期利益。在现代市场经济中，证券市场是完整市场体系的重要组成部分，它不仅反映和调节货币资金的运动，而且对整个经济的运行具有重要影响。

（一）证券市场的特征

与一般商品市场相比，证券市场具有以下两大特征：

1. 证券市场的交易对象主要是股票、债券等金融商品，人们购买的目的是获得股息、利息和买卖证券的差价收入，而一般商品市场的交易对象则是各种具有不同使用价值的商品，人们购买一般商品的目的是获得其使用价值。

2. 证券市场上的证券价格，其实质是所有权让渡的市场评估，或者说是预期收益的市场货币价格，其决定机制甚为复杂。证券价格不仅受到发行人的资产、盈利能力的影响，而且还受到社会政治、经济乃至投资者心理等多方面因素的影响。因此，证券价格具有波动性和不可预期性，故证券市场的风险较大。而一般商品市场的商品价格，是商品价值的货币表现，商品的价值量取决于生产该商品的社会必要劳动时间，在交易过程中实行的是等价交换原则，波动较小，市场前景具有较大的可预测性，因而一般商品市场的风险较小。

（二）证券市场的分类

按照不同的标准，可以对证券市场进行不同的分类，最常见的有以下三种：

1. 按照市场职能的不同，证券市场可以分为证券发行市场和证券交易市场。

2. 按照交易对象的不同，证券市场可以分为股票市场、债券市场和基金市场。基金市场是基金证券发行和流通的市场。封闭式基金须在证券交易所挂牌交易，开放式基金则可以随时向基金管理公司买入或赎回。

3. 按照组织形式的不同，证券市场分为场内市场（即集中交易市场）和场外市场。场内市场是由证券交易所开设，以提供有价证券竞价买卖之场所；场外市场则主要指店头市场，亦即柜台市场，它是指非于交易所集中交易买卖，而于证券商之营业处所或其他场所进行交易之市场。[1]

二、证券市场的作用

(一) 筹集资金

筹集资金是证券市场的重要作用之一。企业为了实现正常运作和规模扩张，当依靠自身积累和内部集资不能满足资金需要时，从外部筹集资金就成为必然的选择。外部筹集资金主要有两条途径：一是向银行贷款，此为间接融资，银行在企业和投资者中间扮演了中介的角色，它使投资者将闲置资金转化为银行存款，然后再通过银行将其作为贷款发放给企业；二是企业依靠证券市场筹集资金，此为直接融资，即企业直接面向广大投资者发行股票和债券来筹集资金。直接融资使企业所筹集到的资金具有高度稳定性和长期性，因为，股东一旦入股，就不能要求退股，在企业经营状况不佳时，企业可以减少分红或不分红，从而不增加企业的负担。而且，直接融资还可能使企业的筹资成本降低，各国上市公司所发红利占股价的比重普遍低于银行储蓄利率；并且业绩优良、信誉卓著的公司可以经常在证券市场上配股或发行新的证券、筹集新的资金。另外，直接融资使企业面对众多的个人投资者和机构投资者，发行人可以积少成多筹集到巨额资金。证券市场所能达到的筹资规模和速度是企业依靠自身积累和银行贷款所无法比拟的。

(二) 优化资源配置，调整产业结构

在证券市场的运作过程中，投资者往往抛弃收益率低、缺乏增长潜力的证券，转而购买收益率高和具有增长性的证券。这种趋利行为，使效益好、有发展前景的企业能够获得充足的资金，而业绩差、没有发展前景的企业就得不到资金，从而逐渐被淘汰。就整个产业而言，证券市场的资金也会在选择企业的同时，自发地从夕阳产业涌向朝阳产业，从而推动一个国家的产业结构调整和经济发展。

(三) 增强企业活力，健全制约机制

证券市场中的上市公司的资本来自诸多股东，股票又具有流通性和风险性，这就使上市公司处在各方面的监督和影响之中。首先，最具影响力的监督是来自股东的监督，因为股东作为投资者必然关注企业的经营和前途，而且股东还可以通过股东大会选举董事会、董事会决定经理人选、经理具体负责企业日常运转的三级授权关系来实施他们的权力；其次，是来自社会的监督，特别是会计师事务所、律师事务所、证券交易所的监督和制约；最后，是来自股市价格涨跌的制约，企业经营好坏影响股价，股市价格也牵动着企业，经营不善而产生的价格下滑可能导致企业在证券市场上被第三者收购。所有这些制约都将促使上市公司形成健全的内部制约机制，并使企业增强活力。

(四) 证券市场是政府货币政策的重要依托

第二次世界大战以后，主要资本主义国家的中央银行经常利用证券市场来实施其货币政策，通过证券市场的活动来控制其货币供应量。当生产萧条、资金短缺时，中央银行在证券市场购买证券，投放货币，以增加货币供应量，刺激经济发展；当生产过热、投机盛行时，中央银行在证券市场上抛出证券，回笼货币，以减少货币供应量，从而抑制经济的过热发展。中央银行在证券市场上买进或卖出有价证券是其管制信用、调节金融的有效办

---

[1]　陈春山：《证券交易法论》，五南图书出版公司 1998 年版，第 203 页。

法。证券市场是货币政策发挥作用的重要基础。

　　从上面的论述可知，证券的发行、交易以及国家对证券业的监管行为都必须通过证券市场而有机地联系起来，所以，证券市场是证券业不可缺少的核心组成部分，也是衡量一个国家证券业发展程度的重要标志。证券业的发展、成熟和繁荣离不开证券市场，没有了证券市场，证券业也就失去了依托。

　　总之，证券通过证券市场而运动（发行、交易）起来，这一运动形成了错综复杂的经济利益关系和法律关系，最终成为商品经济中的一种新兴的行业，即证券业。证券业是一个经久不衰、充满活力、生机盎然的行业。在市场经济条件下，它可以起到集中社会资金，扩大生产和经营规模，实现社会资源优化配置的作用。同时，证券业存在"双刃性"，即在其具有上述积极作用的同时，由于证券市场自身的弱点而易发生少数人操纵市场、证券欺诈和内幕交易等违法行为，从而导致破坏国家经济秩序的消极作用，这就使证券业成为各国实施监管最严的行业之一。证券监管的全部内容就是国家对证券业实施有效干预的行为总和。

■ **前沿问题**

1–1

■ **思考题**

1. 简述证券法所规范的有价证券。
2. 简述证券业的含义。
3. 简述证券业的产生和发展。
4. 试论证券市场的特征及作用。

第二章   证券法概述

■ 学习目的和要求

　　本章从总体上阐述证券法的基本理念，这些基本理念是进一步学习和理解证券法律制度的基本前提。本章应当重点掌握的内容包括：证券法的概念；我国证券法的历史沿革；证券法的调整对象；证券法的基本特征；证券法的宗旨以及证券法的基本原则；等等。

第一节   证券法的概念与我国证券法的历史沿革

一、证券法的概念及其名称

证券法有广义和狭义之分。广义的证券法是指调整全部证券社会关系的法律规范的总称，包括公法上和私法上的法律规范。前者如经济法、行政法中有关证券监管和证券违规行为的规定，刑法中有关证券犯罪的规定；后者如民法、商法中有关证券发行和交易关系的规范。狭义的证券法则专指调整证券的发行、交易以及对证券业进行监督管理而形成的社会关系的法律规范的总称。本书所述的证券法仅指狭义的证券法。

对于证券法的名称，各国家和地区立法差异较大。有些国家和地区直接使用"证券法"的名称，比如美国 1933 年《证券法》就是这种立法例的典型代表，此外还有菲律宾 1936 年《证券法》、加拿大 1966 年《证券法》等。有些国家和地区则使用"证券业法"的名称，如新加坡 1937 年和 1986 年的两部《证券业法》、澳大利亚（4 个州）的《统一证券业法》等。而另一些国家和地区则使用"证券交易法"的名称，如美国 1934 年《证券交易法》、日本《证券交易法》、韩国《证券交易法》以及我国台湾地区的"证券交易法"等。

在证券法的名称选择上，我国在证券立法起草过程中曾经考虑过三种不同的名称，即证券管理法、证券交易法、证券法。之所以最后定名为"证券法"，是因为"证券管理法"的名称过分强调政府对证券市场的管理，似乎缺少了对证券市场平等主体之间的证券发行和证券交易关系的规范。而"证券交易法"的称谓，则恰恰相反，它反映不出证券市场另一类重要的证券监管关系的规范。同时，还容易使人误认为它只调整证券交易关系，而不包括证券发行关系。相较而言，使用"证券法"这一名称，就不易使人产生上述的歧义。因此，以"证券法"作为证券基本法的法律名称更为合理。

二、我国证券法的历史沿革

（一）中华人民共和国成立前的证券法

我国证券法的历史可以追溯到 1914 年北洋政府时期颁布的《证券交易所法》，该法是中国历史上第一部关于证券市场管理的法规。它的颁布，反映了中国资本主义发展的要求和愿望。虽然仅是对证券交易所的规范，但对当时比较混乱的证券交易市场起到了一定的规范和控制作用。其主要内容包括：①证券交易所的成立要经北洋政府农商部批准；②证券交易所在一个地方只限一家；③证券交易所采取的组织形式为股份有限公司；④外国人不得成为交易所的经纪人和职员；⑤交易分为现货交易和期货交易两种；⑥政府可派人对证券交易所进行检查和监督。1915 年 5 月北洋政府又颁布了《证券交易所施行细则》和附属法规，对证券交易活动进行了更为详尽的规范。

历史发展到国民党统治时期，政府为加强对证券业的管理和控制，于 1929 年 10 月 3 日颁布了《交易所法》，该法共八章、58 条。其主要内容包括：①交易所的设立必须经政府实业部批准，只能一地一所；②交易所的组织形式可以为股份公司或会员组织两种形式；③只有中国公民或法人才能充当经纪人和会员，并由交易所上报实业部批准，作为经纪人或会员必须遵守交易所各项规定，交纳保证金；④交易所职员由理事长 1 人，理事 2 人以上和监察若干人组成；⑤关于交易所内的证券买卖，规定较为详细，如有价证券的买卖期限不得超过 3 个月，在交易所内不准进行本交易所股票的交易，成交价格及数额必须公开，股份公司制的交易所对因违约而造成的损失须负责进行赔偿，经纪人或会员不准接受国家公务人员的委托进行买空卖空交易，等等；⑥政府实业部有权派监理员监督交易所经营状况，交易所不得违背法令、妨碍社会公共利益或者扰乱社会治安，否则可由实业部决定解散，令职员退职，将经纪人除名等。该法自 1930 年 6 月 1 日起施行。后因管理交易所的职能部门变更，政府对交易所法又进行了修订。这部法规较北洋政府时期的交易所法更为具体、详细，是旧中国最为完善的一部证券法。

1945 年 5 月，国民党行政院发布训令，设立了上海证券交易所股份有限公司。同年 7 月，颁布了国民党财政部、经济部批准施行的《上海证券交易所股份有限公司暂行营业细则》。该细则对交易所的组织与资本，经纪人的资格、责任、权利，经营证券的对象与证券上市的条件，交易方式方法以及交易员出入市场等方面都作了具体规定。与此同时，国民党政府在 1946 年公布的公司法中对股票、公司债的发行也作了明确规定。后由于国民党政府所统治的社会经济不断恶化，投机盛行，致使证券市场一蹶不振，直至 1949 年国民党政府被推翻而告终结。

（二）中华人民共和国成立后的证券法

中华人民共和国成立之初，证券市场黑市盛行，投机活动猖獗，市场秩序异常混乱。为了稳定证券市场，安定人民生活，促进经济恢复增长，人民政府在北京、上海、天津等大城市关闭旧证券市场的同时，成立了新的天津证券交易所和北京证券交易所。天津证券交易所仅存在了 3 年（1949 年 6 月～1952 年 7 月），它是在接收原天津证券交易所官僚资本部分（约占总资本的 60%）及原交易所旧址的基础上建立起来的。北京证券交易所于 1950 年 2 月 1 日正式开业，当时只有 22 家经纪人，参加证券市场的主要是囤积商人、旧官僚、旧军阀、旧银行家等，证券市场具有很大的投机性。1952 年 2 月北京证券交易所停业。新中国成立初期成立的天津证券交易所和北京证券交易所，是社会主义国家利用证券市场的初步尝试。它具有不同于旧中国证券市场的特点，在当时发挥了一定的积极作用，这一时期的证券市场与产业部门联系较为紧密，市场上吸收的游资大多用于恢复生产，特别是私营工商业的资金融通，有很大一部分是通过证券市场解决的，这对解放初期国民经济的恢复起到了重要作用。

到 1956 年社会主义三大改造完成时，中国证券市场发展的历史暂告结束。

在沉寂了 20 多年之后，证券市场再次在中国的历史舞台上展现并发展起来。这是我国经济体制改革的必然结果，也是经济体制改革的一个重要组成部分。1981 年我国开始发行国库券，1984 年 11 月上海飞乐音响股份有限公司公开发行股票，成为改革开放后较为规范的股票发行的起点。股票和债券出现后，便有了证券交易活动。

1986 年 8 月，沈阳市信托投资公司率先开办债券柜台交易；同年 9 月，中国工商银行上海信托投资公司开设的静安证券业务部率先接受委托买卖股票，成为改革开放后第一个股票交易中介机构。1990 年 11 月 26 日，经国务院同意和中国人民银行批准，改革开放后第一家证券交易所——上海证券交易所正式成立并于 1990 年 12 月 19 日正式营业。同年 12 月，全国证券交易自动报价系统（STAQ）在北京正式开通；次年深圳证券交易所正式营业。1992 年，中国证券交易系统有限公司及其全国电子交易系统经批准成立，并于 1993 年初开始运行。上述证券交易所和系统的建立，标志着改革开放后中国证券市场的初步形成。

证券市场的形成和迅速发展，迫切需要相应的法律进行规范。早在 1986 年 1 月 7 日，国务院就公布了《中华人民共和国银行管理暂行条例》（现已失效），赋予中国人民银行管理证券市场、金融市场的权力。之后，随着社会主义市场经济体制的确立，我国制定了一系列与市场经济体制相适应的法律、法规。其中，有关证券市场的法律、法规具有代表性的有三部：第一部是 1993 年 4 月国务院颁布并实施的《股票发行与交易管理暂行条例》（以下简称《股票条例》），这是改革开放后中国第一部专门的综合性证券法律规范，虽然属于行政法规层次，但直到《证券法》颁布实施之前，它实际上一直起着证券基本法的作用；而且，在《证券法》实施后，《股票条例》仍然有效，发挥着拾遗补阙的重要功能。第二部是《公司法》，1993 年 12 月由全国人民代表大会常务委员会通过，不但确立了作为证券市场存在基础的公司法律制度，还专门规定了公司的股份发行、转让、上市公司以及公司债券等制度；《公司法》于 2005 年 10 月 27 日进行了重新修订，2013 年 12 月 28 日又作了重大修正。第三部是 1998 年 12 月全国人民代表大会常务委员会通过的《证券法》，这是改革开放后中国第一部由立法机关制定的证券基本法，它除了对证券发行、交易和上市公司收购等证券市场行为制度进行规范之外，还就证券交易所、证券公司、证券登记结算机构、证券交易服务机构、证券业协会和证券监督管理机构等证券市场中的民事主体与行政主体的相关制度进行了规范。《证券法》的制定，标志着我国证券法的历史进入一个新的阶段，其也成为我国证券市场健康发展的有力保障。

《证券法》施行以来，对规范我国证券发行和交易行为，保护投资者的合法权益，维护社会经济秩序和社会公共利益，促进社会主义市场经济的发展，发挥了积极的作用。据统计，截至 2019 年底，[1]我国境内上市公司共 3777 家，总市值 59.29 万亿元。其中，主板 1973 家，中小企业板 943 家，创业板 791 家，科创板 70 家。2019 年，沪深两市共有 201 家企业完成 IPO 上市。2018 年 11 月 5 日，习近平总书记在首届中国国际进口博览会

---

〔1〕 中国证券监督管理委员会：《中国证券监督管理委员会年报（2019）》，中国财政经济出版社，第 23、26、27 页。

开幕式上宣布，在上海证券交易所设立科创板并试点注册制。截至 2019 年底，科创板共有 70 家上市公司，总市值 8637 亿元。截至 2019 年底，全国中小企业股份转让系统挂牌公司合计 8953 家，总市值约 2.94 万亿元，其中，创新层和基础层公司家数分别为 667 家和 8286 家。2019 年共有 600 家挂牌公司完成 637 次发行。

截至 2018 年底，[1] 沪深两市开户数量合计已达到 1.47 亿户。截至 2019 年底，我国境内共有公募基金管理机构 143 家，其中基金管理公司 128 家，[2] 取得公募基金管理资格的证券公司或证券公司资管子公司共 13 家，取得公募基金管理资格的保险资管公司 2 家。截至 2020 年 8 月底，[3] 公募基金共计 7497 只，公募基金资产规模 17.8 万亿。

2019 年 12 月 28 日，第十三届全国人大常委会第十五次会议审议通过了修订后的《中华人民共和国证券法》，并于 2020 年 3 月 1 日起施行。本次证券法修订，系统总结了多年来我国证券市场改革发展、监管执法、风险防控的实践经验，在深入分析证券市场运行规律和发展阶段性特点的基础上，作出了一系列新的制度改革，包括全面推行证券发行注册制度，显著提高证券违法违规成本，完善投资者保护制度，进一步强化信息披露要求，完善证券交易制度，落实"放管服"要求取消相关行政许可，压实中介机构市场"看门人"法律职责，建立健全多层次资本市场体系，强化监管执法和风险防控，扩大证券法的适用范围，等等。

第二节　证券法的调整对象及其特征

一、证券法的调整对象

法律的调整对象是指法律所要规范的社会关系的具体内容。证券法所要规范的社会关系包括两类：第一类是平等主体之间围绕证券的发行和交易而发生的各种证券民事关系；第二类是证券监督管理关系，即国家介入证券市场的监督管理和证券业自律监管关系。上述两类社会关系经过证券法调整之后，我们分别称之为证券民事法律关系和证券监管法律关系。

（一）平等主体之间的证券民事关系

证券民事关系的内容较为复杂，主要有以下几种：

1. 发行人与投资者之间的证券发行关系。证券发行关系就是在证券发行过程中，发行人与投资者之间因证券发行行为而产生的经济关系，它包括从发行人向投资者作出招募的意思表示，到投资者持有证券的全过程。证券发行为资金需求者筹集资金提供了渠道，同时也为资金供给者提供了投资并获取收益的机会。

2. 证券承销关系。这是发生在证券发行过程中的一种法律关系，涉及作为发行人的股份有限公司、作为承销商的证券公司和投资者三方当事人。证券承销业务采取代销或者

〔1〕 中国证券登记结算有限责任公司《中国结算 2018 年度报告》，第 20 页，载 http://www.chinaclear.cn/zdjs/xg-snb/rp_list.shtml，访问日期 2020 年 10 月 9 日。

〔2〕 中国证券监督管理委员会：《中国证券监督管理委员会年报（2019）》，中国财政经济出版社，第 35 页。

〔3〕 中国证券投资基金业协会发布的公募基金行业数据，载 https://www.amac.org.cn/researchstatistics/datastatistics/mutualfundindustrydata/，访问日期 2020 年 10 月 9 日。

包销的方式进行。

3. 证券交易关系。证券交易是指已发行证券的买卖行为。就出卖方而言，是对自己所享有的股权或债权的处分；就买受方而言，是股权或债权的取得。通过交易取得股权或债权与通过发行取得股权或债权的根本区别在于：交易取得属于继受取得，是已经存在的股权或债权在不同投资者之间的转让；而发行取得则是原始取得，是一项股权或债权的最初设定。

4. 证券公司与客户之间的关系。按照我国《证券法》的规定，投资者不能直接进入交易所买卖证券，必须作为客户委托证券公司进行，由此产生了证券公司作为经纪人与客户之间的法律关系。

5. 证券公司与发行人和上市公司之间的保荐关系。2008 年 10 月，中国证监会颁布《证券发行上市保荐业务管理办法》，规定证券经营机构作为保荐机构，应当诚实守信，勤勉尽责，尽职推荐证券发行上市，持续督导发行人履行相关义务。按照该规定，发行人发行证券，应当由证券公司作为保荐机构进行保荐，由此产生了证券公司与发行人之间的证券发行保荐关系。《证券法》第 10 条规定，申请公开发行股票、可转换为股票的公司债券依法采取承销方式的，或者法律、行政法规规定实行保荐制度的其他证券，应当聘请证券公司担任保荐人，由此产生了证券公司与上市公司之间的证券上市保荐关系。

6. 因证券交易所而发生的民事关系。因证券交易所而发生的民事法律关系包括两种：一种是证券交易所与其会员之间的关系，这种关系主要是一种社团法人与社团法人成员之间的关系，主要靠章程来约束。另一种是证券交易所与上市公司之间的关系，根据《证券法》第 46 条第 1 款的规定，申请证券上市交易，应当向证券交易所提出申请，由证券交易所依法审核同意，并由双方签订上市协议。这二者之间首先是一种上市审核与被审核的关系；其次是一种因上市公司与交易所签订上市协议而建立的双方合同关系。

7. 证券服务机构与发行人或上市公司之间的证券委托服务关系。会计师事务所、律师事务所等证券服务机构与发行人（上市公司）之间发生的关系，以委托服务关系为其表现形式。但是，这种委托服务关系与一般的委托服务关系有两个不同之处：①在一般的委托服务关系中，受托人要作为委托人的代理人，以委托人名义从事活动，但在这种证券委托服务关系中，会计师事务所、律师事务所等专业服务机构要以专业服务机构自己的名义独立进行活动，以自己的名义出具审计报告、资产评估报告或法律意见书等文件；②在一般的委托服务关系中，受托人要按照委托人的意志，为委托人的利益从事活动，但在这种证券委托服务关系中，作为受托人的证券服务机构已经不再完全遵循委托人的意志、为委托人的利益从事受托活动，而是必须根据《注册会计师法》《律师法》《证券法》等法律的规定，按照职业规则规定的工作程序和有关法律规定的职责开展业务，不能完全听凭委托人的意志行事，在委托人示意其作出不实或不当证明或因委托人有其他不合理要求致使出具的报告不能作出正确表述的，应当拒绝出具有关法律文件。因此，证券服务机构作为受托人所维护的利益，已经不仅仅是作为委托人的发行人或上市公司的合法利益，而是包括广大投资者在内的社会公众的利益。可见，证券服务机构在从事证券服务业时，其法律地位具有双重性：既是为委托人提供服务的受托人，也是在财务和法律方面对委托人进行监督的监督人。

8. 证券交易的结算关系。证券交易结算关系的实质是在证券市场上最终实现不同的投资者相互之间证券交易合同的履行问题。在集中竞价交易的情况下，由于投资者不是证券交易合同的直接主体，因此也不直接作为结算关系的当事人出现。因此，结算关系主要表现为证券结算机构与证券公司之间的证券与价款的结算关系。

（二）证券监管关系

证券监管关系主要表现为以下两个方面的社会关系：

1. 国家证券监督管理机构对证券业所实施的各项监管行为而形成的具有强制性的社会关系。我国《证券法》第169条所规定的国务院证券监督管理机构在对证券市场实施监督管理的过程中履行的各项职责，就是国家证券监督管理机构对证券发行者、证券投资者、证券经营机构、证券交易所等证券市场的参与者的活动进行监督与管理的具体内容。它包括：依法制定有关证券市场监督管理的规章、规则，并依法进行审批、核准、注册，办理备案；依法对证券的发行、上市、交易、登记、存管、结算进行监督管理；依法对证券发行人、上市公司、证券公司、证券投资基金管理公司、证券服务机构、证券交易所、证券登记结算机构的证券业务活动进行监督管理；依法制定从事证券业务人员的行为准则，并监督实施；依法监督检查证券发行、上市和交易的信息披露；依法对证券业协会的活动进行指导和监督；依法监测并防范、处置证券市场风险；依法开展投资者教育；依法对证券违法行为进行查处；法律、行政法规规定的其他职责。证券监督管理机构在履行上述职责时，均须与相关的证券市场主体发生各种不同的证券监管关系。

2. 以证券业协会和证券交易所进行自律监管为主要表现形式的证券自律监管关系。我国证券市场的发展始终是由政府来推进的，政府在证券市场的演进中一直起着不可或缺的主导作用，从开始的组织试点到市场规则的设计以及整个证券市场运行的监管，都未离开过政府的直接干预，并且，我国证券监管模式的建立又主要着眼于集中统一，因此，在实践中采用的是刚性极强的政府监管方式，这就难免易于忽视自律监管的作用。要建立完善的证券市场监管体系，必须做到政府监管与市场自律监管的有机结合，使这二者相互协调、互为补充、密切配合。自律监管机制作用的充分发挥，不仅可以为政府对证券业的日常监管工作减负，还可以为政府监管机构提供各种咨询意见并提供丰富的信息资源。在我国，证券业自律监管最主要的组织形式就是证券业协会和证券交易所，以及其他组织如上市公司协会等。例如，证券业协会在依据其章程履行各项职责的过程中，必然要与各相关主体发生证券自律监管关系。

我国现行《证券法》调整上述两类社会关系，即证券民事关系和证券监管关系是通过具体规范证券市场上的三个行为、六个主体和两大工具来实现的。其中，三个行为是：发行、交易和上市公司的收购，与此相对应的分别是《证券法》第二章证券发行、第三章证券交易和第四章上市公司的收购。六个主体则是：两个金融基础设施主体，即证券交易所和证券登记结算机构；两个市场中介主体，即证券公司和证券服务机构；两个证券监管主体，即证券业协会和证券监督管理机构，与此相对应的分别是《证券法》第七章~第十二章；两大工具是指信息披露和投资者保护，与此相对应的分别是《证券法》第五章和第六章。一般法律均规定有"总则"和"法律责任"，有的还会有"附则"，加上这三项内容，我国现行《证券法》共有十四章。

二、证券法的基本特征

如前所述，证券法是调整证券的发行、交易以及对证券业进行监督管理而形成的社会关系的法律规范的总称，其法律特征主要表现在以下三个方面：

（一）证券法兼具强制性规范和任意性规范

证券法中有强制性规范，首先是因为证券法以保护投资者的合法权益为宗旨，在证券市场上，中小投资者处于一种天然的弱势地位，需要借助国家的力量进行特别保护。同时还因为，证券市场不仅关系到中小投资者的利益，而且关系到整个国家的金融秩序和社会经济秩序的安定，如果证券市场缺少直接体现国家介入的强制性规范，各种欺诈行为就会大行其道，从而扰乱市场秩序，危害国计民生。所以，证券法的大部分条文都使用了"必须""应当""不得""禁止"等词汇，从而体现出其规范的强制性。其次，由于证券市场最根本的目的是实现平等主体之间的证券发行和交易的财产关系，因而证券法必然含有大量的有关证券发行和交易的任意性规范。例如，投资者有权选择代理证券买卖的经纪人；发行人有权自主选择承销证券的证券公司，有权决定承销的方式和期限；上市公司可以自主选择上市保荐人；等等。

（二）证券法兼具实体规范和程序规范

实体规范是规定主体权利义务及其范围的法律规范；程序规范是规定主体权利实现、义务履行过程及步骤的法律规范。证券法以规定发行人、投资者、证券公司以及其他主体权利义务的实体规范为主，同时还体现了其重要的程序性特征。证券法的程序性是指证券发行和交易法律关系的发生、证券发行行为和交易行为的实施，都必须按照法律规定的条件、程序和方式进行，否则就无效。有关证券发行和上市的条件、程序以及证券交易的方式和程序的规定，是证券法的重要内容。这些规定的目的在于：保障公平、高效、安全的证券市场的运行，保护投资者和债权人的利益，促进社会经济的健康发展。例如，根据我国《证券法》的规定，公开发行证券，必须符合法律、行政法规规定的条件，并依法报国务院证券监督管理机构或者国务院授权的部门注册。未经依法注册，任何单位和个人不得公开发行证券；依法公开发行的股票、公司债券及其他证券，应当在依法设立的证券交易所上市交易或者在国务院批准的其他证券交易场所转让；证券在证券交易所上市交易，应当采用公开的集中交易方式或者国务院证券监督管理机构批准的其他方式；等等。至于公司的持续信息公开义务的规定，更体现了证券法的程序性规范特征。可见，证券法既包含实体法规范，又包含程序法规范，是实体法规范与程序法规范的结合。

（三）证券法的国际性日益突显

证券法属国内法，它是一国主权所制定并在一国主权范围内适用的法律，如《证券法》第2条即规定："在中华人民共和国境内，股票、公司债券、存托凭证和国务院依法认定的其他证券的发行和交易，适用本法……"这与各国相互共同承认、共同遵守，并适用于彼此领域的国际法明显不同。但由于世界经济的日益全球化，证券市场的发展越来越国际化，一国的证券立法不得不考虑国际上的通行做法。同时，由于证券法本身具有较强的技术性，即证券法实际上是有关证券发行和证券交易的操作规程，是一种实用的法律技术，如证券集中竞价交易中的委托的方式与类型、竞价成交原则、清算交割及登记过户规则等，完全是一种技术性的法律规定，它不受或很少受各国固有的伦理道德或一时政策的影响，由此决定了证券法具有一定的国际性。尤其是20世纪80年代以来，与商品经济活动相伴而生的证券交易制度已趋于成熟，证券法的国际性更加明显。其主要表现是：①资金流动自由化与金融市场国际化，资金需求者不再为国界所限，走向他国或国际市场上寻求最便利的资金；同时，投资人亦不为国界所限，进入他国或国际证券市场寻求最高的投资收益，国内市场在国际压力下亦会开放，变得更加国际化。②现代信息技术的高度发达和电脑设施的普及，使各国证券立法普遍允许的证券全球性交易成为现实。买卖指令的执行、交易的清算及交割均由电脑自动完成，不同市场间的交易以及不同国家市场间的交易已普遍由电脑处理，国际互联网络的实现更进一步加强了证券制度国际化的趋势。

第三节　证券法的宗旨及其基本原则

一、证券法的宗旨

证券法的宗旨是立法的目的，同时也表明证券法所要承担的基本任务。我国《证券法》第 1 条规定证券法的宗旨是："为了规范证券发行和交易行为，保护投资者的合法权益，维护社会经济秩序和社会公共利益，促进社会主义市场经济的发展，制定本法。"日本的《证券交易法》开宗明义："为有助于国民经济的正常运行和保护投资者利益，保证有价证券的发行、买卖及其他交易公正进行，使有价证券顺利流通，特制定本法。"韩国的《证券交易法》规定：本法旨在通过维护证券广泛的和有条不紊的流通，通过保护投资者进行公平的保险、购买、销售或其他证券交易，促进国民经济发展。我国台湾地区的"证券交易法"第 1 条规定："为发展国民经济，并保障投资，特制定本法。"可见，各国和地区在其证券立法的实践中都强调"保护投资者的合法权益""保障证券市场有效运行""发展国民经济""维护公共利益"等多重任务。在这些宗旨所阐明的目的、任务中，"保障证券市场有效运行"是证券法的直接目的和任务；建设一个完善、健全与有效的证券市场，是保护投资者的前提，也是发展国民经济和维护公共利益的基础；而"保护投资者的合法权益"则是证券法的实质性目的和任务，之所以如此，其理由如下：

1. 投资者的投资行为是证券市场形成和存续的前提条件。证券市场由作为证券发行的一级市场和作为证券交易的二级市场共同构成，但不论是证券发行还是证券交易，都需要由相应的投资者在一级市场中认购证券和在二级市场中买进或卖出证券，这种证券的认购或买卖行为，都属于投资者的投资行为。如果没有投资者的这种投资行为，也就不存在所谓的证券市场，而投资者之所以实施投资行为，其目的就在于获取经济利益。如果这种获取经济利益的机会被侵害甚至被剥夺，投资者便会失去投资的动力，证券市场也势必走向衰落。因此，为了证券市场的存续和发展，证券法就必须以维护投资者的合法权益为宗旨。

2. 中小投资者处于一种天然的弱势地位，需要特别加以保护。中小投资者缺少必要的资金，没有证券投资经验，出于对证券市场发展的预期，将自己多年的积蓄投资于证券市场，期望保值增值，从中获取合理的收益。而我国证券市场的建立起步晚，与国外成熟市场相比，结构还不完整，市场投机性强，上市公司的控股股东掏空上市公司和证券公司、非法挪用客户保证金的情况很普遍，中小投资者的地位相对较弱。另外，从证券市场信息传播的途径看，中小投资者在信息获取中处于不对称的不利地位。证券市场中的交易活动，在很大程度上是一个以信息为基础的博弈活动。在信息的传播途径中，发行证券的股份有限公司通常是信息的制造者，或称信息源，证券经营机构则具有很强的信息发现和信息获取能力，有时甚至还直接成为信息源之一。相反，中小投资者则处于信息传播的末端，其获取信息必然迟晚并且量少，处于非常被动的弱势地位。因此，证券法必须具体甄别中小投资者弱势主体的地位，给予特别保护。

3. 从证券法诞生的历史背景来看，维护投资者合法权益的需要是专门的证券法律得以出现的直接原因。证券法诞生之前，证券市场就已经存在，证券市场的基本关系主要由民法及合同法等私法来调整。证券市场主体间的利益平衡和投资者利益的维护，主要靠市场主体之间的相互制约和自律。但是，在证券市场高风险的压力和高收益的刺激下，这种市场法律机制难以有效地控制主要以中小投资者为受害对象的证券欺诈等侵权行为。在私法自治失灵的情况下，需要国家的介入，即利用公权力来加强对投资者的保护，使投资者的利益得到切实的维护。因此，诞生了以加强国家干预为手段来实现维护投资者利益目的的专门的证券法，其对投资者的保护不再仅仅限于通过传统私法中的个案诉讼的形式来解决，而是通过立足于建立、健全系统性的、整体的法律机制和制度来防范对投资者的欺诈，维护投资者利益。

如果说，"保护投资者的合法权益"是证券法的实质性目的和任务，那么，"发展国民经济"和"维护公共利益"则是证券法的终极目标。而这一目标的实现，又依赖于"保障市场运行"和"保护投资者"这两项任务的共同完成，虽然在某些时期会侧重某一任务，但成熟的证券市场必然会全面实践证券法的宗旨。

总之，证券法的宗旨是一个有机整体，其各部分内容相互关联，不可分割，是统率整个证券法的灵魂，证券法其他各项规范都是为实现这一宗旨服务的。认真学习并领会证券法的宗旨，我们就能够掌握解读证券法各项规范的钥匙。

二、证券法的基本原则

证券法的基本原则，是贯穿于证券法始终的、对全部证券法律规范起统率作用的基本准则。它集中体现了证券法的本质特征和根本价值，它具有抽象性、宏观指导性和基础性的特征。所谓抽象性，是指该基本原则主要体现为证券法的精神和理念，从其形式上看，它本身并不一定表现为法律规范，并不直接对证券市场主体的权利和义务以及相应的法律后果作出具体的相应的规定，而是表现了证券法立法的目的和宗旨，其存在有助于人们准确地理解和正确地适用证券法。所谓宏观指导性，是指它对证券活动具有根本性的指导意义，并为证券法的运行指明方向。所谓基础性，是指它是证券法最基本和最重要的规定，是证券法有效运行的基础，舍弃或违背这些基本原则，证券法的目的便难以实现。

在这里还有一点需要说明的是，我们不能将《证券法》的原则性规定视为证券法的原则，如果将这二者混淆，将不利于真正发挥上述证券法基本原则的统率作用。《证券法》总则部分共有 8 个法条，除第 3 条属于基本原则外，其余皆属于我国调整证券市场关系的原则性规定。具体而言，第 1 条规定了证券法的立法宗旨，第 2 条规定了证券法的适用范围，这些规定都属于《证券法》的原则性规定，而与证券法基本原则没有直接关系。第 4 条规定了当事人法律地位平等，遵守自愿、有偿和诚实信用的原则，这些法律原则只是《民法典》基本原则的延伸，并未直接体现证券法的特有原则。第 5 条是对证券欺诈、内幕交易和操纵市场行为禁止的原则性规定，不具有作为证券法基本原则的抽象性、宏观指导性和基础性的特征，因此，难以作为证券法的基本原则。第 7、8 条分别规定了证券统一监管体制和证券审计要求，亦与证券法的特有原则没有直接联系。

基于以上认识，我们认为证券法的基本原则应当包括公开、公正、公平和效率四项基本原则。

（一）公开原则

公开是实现证券市场机制的有效手段，是证券法的精髓之所在。公开原则有两层含义。第一层含义是指国家证券监管机关应当依法保证证券发行人的资格及其基本经营情况、证券的性质及发行量、上市证券的各种详细信息，以及各类证券得以发行的条件能够完全地公之于众，使得广大投资者都能充分地掌握不同发行者发行的不同证券的所有能够公开的市场信息；证券监管部门应确保证券市场各种信息的真实性，防止弄虚作假。国家的证券管理机构只有充分保障发行公开、上市公开、上市后其信息持续公开的公开原则，才能为投资者和发行者提供全面、准确的证券业信息，才能使投资者在作出投资的判断和选择时获得公平的信息资源，才能从根本上堵塞内幕交易的漏洞。

公开原则的第二层含义是指在证券市场上，证券法律、法规及相关政策的公开，市场监管活动与执法活动的公开。"法律作为一种行为指南，如果不为人知而且无法为人所知，那么就会变成空话。"[1]所以，法律、法规只有为公众所知晓的时候才能成为人们的行为准则。综上所述，公开原则不仅是市场、市场主体及其行为的公开，还是相关的法律、法规和监管执法活动的公开。对于公开原则的意义，我们借用一位美国学者的思想来概括之：公开原则可矫正社会及企业之弊病，公开原则犹如太阳，是最佳的防腐剂；犹如电灯，是最有能力的警察。

（二）公正原则

在证券市场中，"公正"常常被误认为与"公平"同义。的确，"公正"源自于拉丁语 justitia，系由 jus 一词演化而来，从词源学上说，它具有正直、正当、公正、公平、不偏不倚的含义；另外，从哲学意义上说，公正源于正义与平等。因此，公正与公平有相似乃至相同的内涵。但是，作为一种法律原则，公正的立意与公平是有很大区别的。公平主要指的是证券市场主体的权利平等、地位平等和机会平等。而公正原则是针对证券市场的监管者和执法者而言的，是对证券监管者、执法者权力或职责的赋予与约束。

公正原则既是实现公开原则的保障，也是公平原则得以实现的前提。证券市场不仅需要完善的法律体系，更重要的是这些法律规范能够得到公正的执行。因此，公正原则要求证券市场的监管者和执法者正确地行使法律赋予的职责，通过自身执行职务的行为使法律的公平正义价值得以实现。公正原则的具体内容至少包括三个方面：①监管者在履行职责时，必须根据法律赋予的权限进行，既不能超越权限，也不能懈怠职责，否则证券市场就可能由于监管者的行为不当而丧失公正。②监管者对所有被监管对象都应给予公正待遇，不偏袒任何人，在适用法律上当事人一律平等；在依据证券法和有关行政法规来制定各项规章制度时，证券监管机关必须站在公正的立场上，不得将利益向任何单位和个人倾斜；在核准股票债券发行上市时，应严格按照法定条件和程序进行，不得搞暗箱操作；在对证券纠纷与争议进行调解或对证券违法行为进行处罚时，应当秉公执法，不徇私情。③就监管者的权力因素而言，"法律制度最重要的意义之一就是它可以被视为一种限制和约束人们的权力欲的一个工具"。"由于法律对权力无限制的行使设定了障碍，并试图维持一定

---

[1]　［美］本杰明·N. 卡多佐：《法律的成长：法律科学的悖论》，转引自［美］E. 博登海默：《法理学——法哲学及其方法》，邓正来、姬敬武译，华夏出版社 1987 年版，第 311 页。

的社会平衡，所以在许多方面都必须将它视为社会生活中的限制力量。"〔1〕在向法治社会迈进的中国，用法律来限制行政权力的扩张，已经取得了一定程度的成功。之所以要限制权力的过度扩张，是因为行政权力因素过多渗入证券市场领域，势必干预证券市场行为主体的民事权利，否定证券市场行为主体的独立性、自由性。同时，行政权力滥用还容易造成在过度保护一部分证券市场主体利益的同时，而损害另一部分证券市场主体的利益，使证券市场缺乏公正性。因此，公正原则要求必须对监管者的权力进行制约，防止监管者权力过度膨胀和滥用。

（三）公平原则

公平是人类恒久追求的目标，是法的价值取向之一。就权利主体而言，它有权利平等、地位平等的含义。就公平的哲学意义而言，它又是人类正义观的体现。古希腊哲学家亚里士多德把正义分为"分配正义"和"平均正义"，他认为，正义的内容是平等，各人均确实获得自己的平等，而设法使其不无过度或不足之状态。〔2〕约翰·罗尔斯认为，正义是至高无上的，它是社会制度的首要价值，如同真理是思想体系的首要价值一样。任何一种理论、法律或制度，不管怎样有用和巧妙，只要它是不正义的，就一定要被抛弃和消灭。〔3〕他的正义观可概括为两个原则："一是每个人都应有平等的权利去享有人人享有的类似的自由权体系相一致的最广泛的、平等的基本自由权总体系。二是社会和经济不平等的安排应能使它们，符合地位最不利的人的最大利益；在公平的机会均等的条件下与向所有人开放的官职和职务联系起来。"〔4〕罗尔斯理论的基本观点是，"所有的社会基本善——自由权和机会、收入和财富以及自尊的基础——都应当予以平等地分配，除非任何此类善的不平等的分配符合受惠最少者的利益"。〔5〕这也是现代政治哲学和道德哲学对公平的认识。

公平作为证券法的原则，其含义首先应当指参与证券发行和交易活动的当事人法律地位是平等的。即公平原则要求证券监管机构通过法律和其他规范性文件，在证券市场上保证符合法定条件的各类公司都能及时申请发行自己的证券，保证发行者的各种申请文件都能得到及时审查和核准，保证各发行者发行的证券能够及时在证券市场中上市；对于投资者，则应当保证所有投资者都有同等的机会获悉相同的证券市场信息，有同样的自由决定自己的投资方向和领域。证券市场的公平还表现在：在证券发行和交易中坚持时间优先和价格优先，即先得到核准者先发行、先上市，在出售时报价低者先成交，在买进时出价高者先成交，出价相同时先出价者先成交，在兼营代理买卖和自营买卖时优先考虑委托人的利益。

证券法的公平原则还必须排除证券从业人员在证券市场上借职务之便为自己买卖证券以获取利益。证券从业人员由于职务关系，常常掌握一般投资者不易得知的证券市场信息，如果他们在证券市场上直接买卖证券为自己谋求利益则显失公平，并且这也是与他们

---

〔1〕［美］E. 博登海默：《法理学——法哲学及其方法》，邓正来、姬敬武译，华夏出版社1987年版，第348页。

〔2〕刘凯湘：《民法诸问题与新展望》，中国政法大学出版社2002年版，第555～556页。

〔3〕沈宗灵：《现代西方法理学》，北京大学出版社1992年版，第112页。

〔4〕［美］约翰·罗尔斯：《正义论》，何怀宏等译，中国社会科学出版社1988年版，第330页。

〔5〕［美］约翰·罗尔斯：《正义论》，何怀宏等译，中国社会科学出版社1988年版，第331页。

为投资者、发行者服务的职责相违背的。证券从业人员相互串通或与个别投资者或发行者相勾结，就会出现泄露证券发行秘密或操纵证券市场以及造谣惑众等违法现象，这更是与证券法的公平原则所不相容的。

公平原则从平等的意义上看，是指机会均等而不是指结果均等。证券法所要实现和维系的公平，主要是证券市场公平竞争的环境，使每个适格的主体均有进入市场的机会，每个参与证券发行和交易的当事人在事实上都享有同等的获利机会和承担相应的市场风险。如果参与机会不均等，由此而引起了结果的不平等，这就严重背离了公平理念。

（四）效率原则

效率或效益（efficiency）作为经济学概念，都是指以较小的投入获得较大的产出。效益是社会发展的基本价值目标。法律的效益价值是指法律能够使社会或人们以较少的投入来获得较大的产出，以满足人们对效益的需要。[1]法律能够以其特有的权威性的分配权利和义务的方式来保障资源的优化配置和使用，从而实现效益的最大化。法律应该承认并保障个人的物质利益，鼓励人们为物质利益而奋斗；法律应当确认和保护产权关系，鼓励人们为效益的目的而占有、使用或转让（交换）财产；还应当确认、保护、创造最有效的经济运行模式，使之容纳更多的生产力。法律是否具有效益主要取决于：它能否最大限度地满足主体的多种需要；社会公共利益、国家利益、集体利益和个体利益是否得到有效保护；违法行为是否得到有效控制并日趋减少；法律的社会作用是否得到有效发挥，发挥到什么程度；等等。[2]

证券法的效率原则主要体现在两个方面：①平等主体之间的证券发行和证券交易活动实现高效；②证券监管机构及其成员的监管高效。

1. 证券发行和交易活动的高效。决定证券发行和交易活动提高效率的因素很多，其中最直接的因素包括以下几方面：

（1）证券法首先通过审批、注册、许可、命令、指导、处置、鼓励等调整方式来规范证券的发行和交易行为，由此可降低证券市场的交易费用，提高证券市场的整体效益，并防范证券违规违法行为于未然，从而降低社会成本。

（2）通过信息披露制度，保证投资者能够畅通、及时、真实和准确地获得相关信息，因为证券市场的信息披露机制很大程度上决定着证券市场运行的效率。

（3）通过制定禁止性规范来防止各类证券欺诈行为，以获得较高的社会效益。因为证券欺诈行为会严重破坏证券市场的正当竞争，使投资者在违背真实意愿的情形下进行交易，这往往造成合同无效、不当得利、违约、侵权等，进而引发一方当事人行使返还所得、违约赔偿、损害赔偿等救济手段，这样必将耗费大量的人力、物力，交易成本会大大上升，效率自然下降。另外，在证券欺诈行为中，经常发生信息虚假、人为操纵等情形，这将造成证券价格偏离正常运行的市场价格，影响市场利用证券价格和证券交易来对经济主体的经营管理活动进行社会评价，从而使资源无法根据效率的原则合理配置，导致社会资源利用效率的下降。因此，通过禁止性规范来禁止各类证券欺诈行为的出现，是提高证

〔1〕　卓泽渊主编：《法理学》，法律出版社1998年版，第207页。

〔2〕　张文显：《法学基本范畴研究》，中国政法大学出版社1993年版，第274～277页；王果纯：《现代法理学——历史与理论》，湖南出版社1995年版，第192页。

券市场社会效率的重要途径。

（4）在证券违规违法的行为发生后，通过追究证券法律责任来救济或弥补违规违法行为所造成的危害，从而降低证券市场的负效益，这实际上也就相对提高了证券市场的整体效益。

2. 证券监管高效。高效监管不仅是指监管者要以价值最大化的方式来实现证券监管的目标，降低监管成本，而且要通过监管来促进证券业高效发展。"没有合适的法律和制度，市场就不会体现任何价值最大化意义上的'效率'。"[1]证券业是为市场经济提供服务，为各产业和经济部门筹集资金的金融业分支行业，其最直接的目的是促进社会资金的高速流动和高效利用，因此，证券法理应为促进和提高证券市场的高效运转、增强证券业的规范性和有序性发挥积极的作用。证券监管机构对证券发行的审核、注册，对证券市场的监督和管理，对证券机构设立的审批，以及证券机构和经营人员的经营行为，都应当以证券法为依据，高效率地完成。

监管高效要求监管机构既要对证券业进行必要的监督与管理，又不能束缚证券业应有的活力。证券业是一个充满各种活跃因素的行业，在这些活跃因素中，有的是积极的、合法的，有的则是消极的、违法的。证券法就是要通过保护合法的证券业行为，制止非法的证券业行为，从而促进整个证券业的高效运转。证券业的各个环节（如发行、交易等）往往相互制约，一个环节的低效率或者违法活动都可能导致整个证券业的瘫痪。可见，效率是证券业的生命之所在，证券业的运行必须符合经济发展的节奏，必须能够及时满足投资者筹集资金的需要，经济发展需要的是高效而不是低效的证券业。与此相适应，对证券业实施监督与管理的法律也必须是高效的，证券法必须能够及时为合法的证券活动提供保护，能够及时地扼制证券市场的非法行为，防止其扰乱证券业的正常秩序，从而防止其降低证券业的效率。

■ **前沿问题**

2-1   证券业的分业经营与分业管理问题

■ **思考题**

1. 简述我国证券法的历史沿革。
2. 试论我国证券法的调整对象及其特征。
3. 试论证券法的宗旨。
4. 试论证券法的基本原则。

---

[1]　[美] 詹姆斯·麦·布坎南：《自由、市场和国家》，吴良健等译，中国经济学院出版社1988年版，第89页。

第二编　证券的发行

第三章　证券发行

■ 学习目的和要求

　　本章从证券发行的概念入手，阐述了证券发行的审核制度和证券发行的分类等基本内容。通过本章的学习，要求重点掌握：证券发行的概念；证券发行的注册制度；证券法中关于证券发行的类别划分。了解我国证券发行审核制度的发展历程。

第一节　证券发行的概念辨析

　　证券发行的概念，在学术界表述各异。例如：证券发行是指证券集资决策、证券发行制度、证券发行活动和证券发行管理的总和；[1]证券发行是指符合条件的公司或政府组织以筹集资金为直接目的，向社会公众或特定投资者以同一条件销售股票或债券的行为；[2]证券发行是一个整体概念，它所包含的是公司初次申请发行证券，初次发行证券公司申请挂牌上市，已经上市公司发行新股及已上市公司大股东转让大批股份等交易行为；[3]证券发行是指证券发行主体以筹集资金为目的，首次将证券销售给投资人的活动，包括募集、制作、交付、直接销售或委托中介机构承销代销证券的一系列活动；[4]证券发行是指证券的发行人将自己所发行的证券出售给投资者的行为；[5]等等。

　　在立法上，各国或地区对证券发行的规定差异颇大。例如：美国1933年的《证券法》未定义"发行"的概念，仅对"发行人"有界定；日本《证券交易法》也无明确的"发行"定义，但有"有价证券募集""有价证券销售"的概念，有价证券募集是指对非特定人以同一条件劝诱其申请取得新发行的有价证券之行为，有价证券销售是指对非特定人以同一条件经销已发行的有价证券或标售该有价证券之行为；[6]我国台湾地区"证券

---

〔1〕　杨志华：《证券法律制度研究》，中国政法大学出版社1995年版，第49页。

〔2〕　汪鑫主编：《金融法学》，中国政法大学出版社2012年版，第193页。

〔3〕　齐斌：《证券市场信息披露法律监管》，法律出版社2000年版，第124页。

〔4〕　韩松：《证券法学》，中国经济出版社1995年版，第109页。

〔5〕　刘淑强：《〈证券法〉解释》，人民法院出版社1999年版，第41页。

〔6〕　根据杨志华：《证券法律制度研究》，中国政法大学出版社1995年版，第49～50页整理。

交易法"区分发行与募集，发行是发行人于募集后制作并交付或以账簿划拨方式交付有价证券的行为，募集区分公募与私募，公募是发起人于公司成立前或发行公司于发行前对非特定人公开招募有价证券的行为，私募是依法发行股票的公司依法向特定人招募有价证券的行为。[1]我国的《证券法》将证券发行专设一章加以规定，却未对证券发行的概念作出界定；《公司法》中出现了"募集"的概念，国务院证券监督管理部门的有关文件中还出现了"发售""销售"的概念。我们认为，"证券发行""证券募集""证券发售（证券销售）"是几个不同的法律概念，应加以区分。"发行"在英文中为"Issue"，"募集"在英文中为"Recruit Subscribers"，"发售""销售"在英文中为"Sale"。从法律概念的内涵来看，募集是公司发起人或证券发行人对非特定人以同一条件公开招募股份或公司债，或者依法向特定人招募有价证券的行为；发行是发行人以筹集资金或者调整股权结构为目的，做成证券并交付相对人的行为；发售是指经销欲发行的证券的行为。从行为的顺序来看，募集行为在前，发行行为在后，发售仅仅是发行行为的一个内在阶段。

我国现行证券立法中使用的"发行"概念较为模糊，有时涵盖有募集的意思在内，有时实际上讲的就是募集，基于此，本章就证券发行作广义的解释：证券发行是发行人向相对人就发行的证券作出的要约邀请、要约或销售行为，实际上包括了从发行人向相对人从作出招募意思表示，到相对人最终持有证券的全过程。

证券发行是联结资金供求的一种恰当纽带，是资金持有人将剩余资金进行投资的一种途径，是国家、企业筹集资金进行国家建设和生产经营的一条重要的管道。没有正常的证券发行，既会使大量的主体因资金短缺而陷入困境，也会使大量的货币持有人的货币无法有效地转化成资本。

证券发行是证券交易的前提，没有发行就没有交易。通过证券发行而建立起来的市场称为证券一级市场，证券一级市场的主体由发行人、中介人、投资者三方构成，发行人是申请发行证券的人，主要包括公司、金融机构、政府等；中介人是为证券发行提供中介服务的人，主要有证券公司、商业银行、资产评估机构、会计师事务所、律师事务所等；投资者是购买发行人发行的证券的人，有机构投资者与个人投资者之分。证券一级市场是整个证券市场的重要组成部分，证券发行是否规范，一级市场是否完备，直接影响整个证券市场的运行是否正常、有序。

第二节   证券发行审核制度

证券发行制度首先要具体解决的问题就是证券发行采用什么样的审核制度。基于立法理念的不同，证券发行审核制度区分为两种体制：一是实行公开主义的注册制；二是实行准则主义的核准制。

一、证券发行的注册制

（一）公开主义与注册制

证券发行注册制的理论认为，市场经济条件下的证券市场，只要信息完全真实，及时

---

[1]   参见我国台湾地区"证券交易法"第7~8条。

公开，市场机制与法律制度健全，证券市场本身会自动作出择优选择。管理者的职责是保证信息公开与禁止信息滥用。如果过多用行政手段干预市场，结果往往可能事与愿违。基于这一理念，公开原则成为证券法律制度的基本指导思想，注册制就是该原则的具体化。

注册制的理论基础是自由主义经济学说，经济制度基础是高度发达的自治自律的市场经济，实行买者自负责任的投资理念。美国1933年的《证券法》与日本的《证券交易法》[1]就是采用这种制度。在这种制度下，发行人只要提供正式的、真实的、可靠的、全面的材料，即使发行人的风险很高或者证券的质量很低，监管部门也无权阻止发行。信息披露是注册制的核心。

站在投资人的立场上看，注册制创造了一个高度透明的市场，也提供了一个投资充分选择的场所。站在发行人的立场上看，注册制可以简化审查手续，节约时间与金钱，提高效率。站在监管机构的立场上看，注册制对其定位恰到好处，既不决定资金资源的配置，也不影响投资者投资选择的自由。

（二）注册制的概念

注册制又叫申报制，或者形式审查制，是指证券监管机构对发行人发行证券，事先不作实质性审查，仅对申请文件进行形式审查，发行者在申报申请文件以后的一段时间内，若没有被拒绝注册，即可以发行证券。

在证券发行注册制下，证券监管机构对证券发行不作实质条件的限制。凡是拟发行证券的发行人，只需将依法应当公开的，与所发行证券有关一切信息和资料制成法律文件并公之于众，并对公布资料的真实性、全面性、准确性、及时性负责。

在证券发行注册制下，证券监管机构不对证券发行行为及证券本身作出价值判断，其对公开资料的审查只涉及形式，不涉及任何发行实质条件。发行人只要依规定将有关资料完全公开，监管机构就不得以发行人的财务状况未达到一定标准而拒绝其发行。

（三）注册制的具体内容

1. 就证券发行的申请人而言，法律不对其进行实质条件的规定，申请人只受信息公开的约束。申请人的财力与素质、已发行证券的数量、对市场的影响等均不作为证券发行审核的要件。申请人必须承担的法律义务是：提供与发行相关的一切信息，并对该信息的真实性、准确性、完整性、及时性承担法律责任。因此，能够发行证券的公司既可以是业绩优良的公司，也可以是业绩较差的公司，发行人利用市场资金资源的机会是均等的。

2. 发行申请人在申报后的法定时间内，如果未被监管机构拒绝注册，发行注册即生效，无需等待监管机构的授权，即可发行证券。在发行过程中，如果监管机构发现发行人公开的信息有虚假、误导性陈述、不实等情形，可以颁布"停止令"阻止证券发行，并要求发行人承担责任。

3. 就投资者而言，法律只是保障他们获得投资决策所需要的信息，投资者能否得到投资回报，完全取决于所选择的投资公司的实际营业状况。如果不加分析、盲目进行投资，分析失误造成投资的损失由投资者自己承担。

4. 投资者要求发行人承担法律责任的条件是发行人违反信息公开义务。

---

〔1〕　日本《证券交易法》已更名为《金融商品交易法》。

5. 就证券监管机构而言，其职责仅仅是审查证券发行申请人对信息披露义务的履行情况，以保证信息公开制度贯彻始终。监管机构无权对发行的证券作出价值判断，也无权决定所发行证券的品质条件。换句话讲，就是监管机构仅仅是保证投资者能够判断、可以判断，而不会代替投资者进行判断。

二、证券发行的核准制

（一）准则主义与核准制

证券发行的核准制是在准则主义立法思想指导下建立的一种证券发行审核制度。核准制的理论认为：证券市场是一个单靠市场自身的机制无法实现公平、高效率运转的市场，因为在这个市场上，发行人与投资者缺乏谈判能力的均衡性，发行人可能利用其强势者的优势损害投资人的利益；发行证券是发行人的团体行为，法律虽然要求发行人必须公开全部资料，但是，不是任何人都可以读懂专业文件的，如招股说明书、资产负债表。即使可以读懂文件，也不一定能对其细节作出合理的理解与判断。为了保护投资者的利益不受团体行为的侵害，监管机构应该履行职责，对证券发行通过实质管理，尽可能排除一些不良证券，从而减少投资者可能受损的机会和受损的程度，维持公众对市场的信心，最终达成市场整体的效率。美国部分州的"蓝天法"与欧洲大陆的一些国家如法国、瑞士等的有关法规，是核准制的代表。

核准制强调法律的实质管理，不重视行为个体的自由权。从发行人的角度看，在一定程度上限制了其发行证券的自由；从投资者的角度看，由于证券监管机构限制了某些主体发行证券，从而也就限制了其自主选择权的充分行使；从证券监管机构的角度看，主动进入市场，影响资金资源的配置。核准制的制度功能在于：通过制度上的硬约束，寻求法律功能上的公共利益和社会安全。核准制在很大程度上带有国家干预的特征，只不过这种干预借助于法律工具来完成，使干预形式蒙上了合法与制度的外衣。[1]

（二）核准制的概念

核准制又称准则制或实质审查制，是指发行人发行证券，不仅要公开全部的可供投资人判断的材料，还要符合证券发行的实质性条件，证券监管机构有权依照法律的规定，对发行人提出的申请以及有关材料，进行实质性审查，发行人得到批准以后，才可以发行证券。

核准制度并不排除注册制所要求的形式审查，监管机构还要对将公开的信息与证券发行的实质性条件——进行严格的审查，对确已具备发行条件的发行申请作出核准发行的决定。发行人没有核准发行的决定不得发行证券。证券监管机构应通过审查剔除一些不良证券，即取消一些发行人发行证券的资格，但证券监管机构并不保障投资者认购经核准发行的证券一定获益，投资的风险由投资者自己承担，投资的收益归投资者所有。

（三）核准制的具体内容

1. 对发行人与发行相关信息的真实性、准确性、完整性都要进行审查。核准制吸收了注册制的精髓，注重信息的公开，并使其成为核准制的主要内容之一，但核准制之下信息的审查与注册制之下信息的审查目的不同，后者是为了使投资者能够判断、可以判断，

---

[1]　杨志华：《证券法律制度研究》，中国政法大学出版社 1995 年版，第 70 页。

前者除了使投资者能够判断、可以判断之外，还要先为了投资者的利益进行初步的判断，通过判断遴选出依照监管者的理解和判断真正适合发行证券的合格发行人。因此，核准制之下的形式审查较注册制之下的形式审查更严格。

2. 发行人必须满足一定的实质条件。国家通过证券法或公司法对证券发行作出实质性的要求，如发行人的最低资本额、盈利能力、资本结构、偿债能力、经营时间、发行总规模等，视证券的类别而有所差异。只有满足法定条件的发行申请，才有可能得到发行的核准文件。由此可以看出，核准制之下的监管机构拥有比注册制之下的监管机构更大的行政权力。

3. 发行人的发行权由监管机构以法定方式授予。发行申请人只有取得监管机构的授权文件后，才可以进行证券发行。这意味着，一部分的发行申请人被排除掉了，丧失了利用资金或者说被剥夺了利用资金资源的权利。

4. 投资者在形式上获得了双重的利益保障。一方面，投资者可以像注册制度下那样依照所获得的信息作出投资判断；另一方面，监管机构通过在此之前的实质审查，保障发行的证券具有一定的品质。

5. 监管机构在行使核准发行权力的同时，也要担负起比注册制之下的监管机构要沉重得多的责任，要更加重视维护公共利益和社会安全，在深切关注发行人及发行证券投资价值的同时，还应寻求国家干预与市场自由、公平与效率之间的精细平衡。[1]

三、注册制与核准制的辩证分析

发行审核制度是立法者围绕证券法律的价值取向，基于一定的立法理念，考虑众多的因素，对市场与政府所扮演的角色进行具体的选择的制度。

（一）注册制的利弊分析

市场经济的根本属性是自由的经济发展、市场主体的自主性、市场配置资金资源，要体现这种根本属性，必然的结果是政府对市场运行采用最低程度的干预与操纵。在这一理念指引下的制度必然朝着寻求最低程度的政府主动介入的方向设计与发展，因此形成了证券发行的注册制，该制度以个体为本位，任何个体的行为都是自由的，发行人只要符合法律对公开的要求，都有资格发行证券，即使没有价值也可以进入市场；投资者在自由选择之下产生的赢利或损失，都由投资者自己承担。

1. 这种制度的优点是：

（1）发行人有均等的利用市场资金的机会，实现了发行人之间的公平与公正。该制度只对发行人有信息公开的要求，没有其他盈利、财力等实质条件的限制，发行人提交申报文件后，经过法定时间，如果没有异议即可进入市场发行证券。因此，这种制度事实上没有对公司进入市场设定严格的市场准入规则，使所有公司获得了公平自由竞争的机会。

（2）证券监管机构只就发行申请文件进行形式审查，降低了审核发行的工作量，实现了市场的效率。由于不对发行人进行实质审查，也不对发行证券的品质进行判断，监管机构在审核上所投入与花费的时间、人力、物力将大大减少。发行人筹集资金的时间也会因此缩短，筹集资金的成本同时会降低，如果是经营发展被资金所困的公司，更有利于其

[1]　齐斌：《证券市场信息披露法律监管》，法律出版社 2000 年版，第 35 页。

发展与竞争。

（3）有利于培育投资者，使市场更加完善。监管机构不对发行人的证券品质、有无投资价值进行评判，这一切都交给了投资者，由投资者根据发行人披露的信息在市场上进行理性的投资选择。如此，投资者在走向成熟的同时，也潜移默化地对市场产生了巨大的力量，无形中形成了一种对发行人的约束机制，剥夺一部分业绩不良或者没有发展前途的发行人利用资金的权利。

（4）最大限度地减少了政府对市场运行的干预，防止了因政府不当干预带来的风险。该制度强调市场的力量，政府无权配置资源，防止了权力滥用与干预不当带来的问题。这种制度下的责任方向也是清楚的，投资者不会将投资的损失归咎于政府，其归责机制是：发行人要对公开文件中的不实陈述所导致的投资者的损失承担责任，投资者对自身投资决策失误自负责任。

2. 注册制也有其缺陷存在，体现在：

（1）该制度以成熟的投资者为前提，这个前提在很多国家事实上是不成立的。注册制假定投资者只要获得有关证券发行的有关信息，就能够自我保护，并把一些不良证券剔除掉。事实上，大量的投资者读不懂那些专业性很强的文件，也不具备投资的知识与经验。因此，基于信息充分公开即可保护投资者是有悖事实的。

（2）该制度以有效资本市场存在为前提，这个前提在很多国家同样是不成立的。注册制假定全面、真实、及时地公开与发行相关的一切信息，就能够迅速地反映在证券市场的交易价格上，信息与价格之间存在着因果关系，对投资者的投资起引导的作用。事实上，市场并非总处于有效状态。

（3）该制度易造成证券的滥发行，存在浪费资金资源的可能。注册制之下，发行人发行证券较为容易，在市场上，存在一部分投资者不能根据公开的信息进行投资判断的情况下，他们的投资带有很大的盲目性，如果他们购买的证券毫无价值，一方面会使自身的利益受损，另一方面会在市场资金有限的情况下使得一部分资金资源被浪费掉了。

通过对注册制的利弊分析，可以看出，仅仅靠信息完全公开并不能完全保护投资者的利益。采用注册制需要一系列的基础条件，诸如发育良好的市场环境、成熟的投资者、发行人的自律等，而这些在很多国家并不具备或者不完全具备。

（二）核准制的利弊分析

证券发行市场的主体之间缺乏对等的谈判能力，不能实现公平交易，市场自身难以有效解决；并且证券的发行涉及公共利益和社会安全。基于这样的立法哲学进行的制度设计必然注重政府的作用，追求实质公平与正义，关注整体的利益，并因此形成了核准制。

1. 核准制具有以下优点：

（1）为投资者提供了双重的保障。核准制吸收了注册制的合理内核，并在此基础上通过实质审核过滤掉一部分发行人，使投资者投资的证券具有一定的水准。

（2）监管机构通过实质性审核，剔除了一些不良证券，防止了证券的滥发行，避免了资金资源的浪费。

（3）壮大投资者队伍。核准制通过政府的介入在限制发行人发行自由、保障证券品质的同时，稳定了市场的秩序、维护了投资者的利益，从而维持了公众对市场的信心，这对于壮大投资者队伍、谋求证券市场的长远发展意义重大。

2. 在法律的世界里，只有现实的制度而没有绝对完善的制度，核准制也同样具有与生俱来的缺陷，主要是：

（1）与效率原则相悖。从发行人的角度讲，从申请到核准再到筹集资金往往需要一定的时间，这往往不能适应公司设立和增资的及时之需，影响公司的竞争与发展。从监管机构的角度讲，由于对每一申请文件都必须逐条逐一进行审核，必然花费很长的时间，耗费大量的财力与精力，随着直接融资数量的增加，监管机构要么增加人员，要么积压大量的申请文件，无论哪一种结果都会影响监管机构的效率。

（2）挫伤发行人竞争、进取的积极性。核准制之下，发行人能否获准发行，由监管机构授权决定，一旦达到发行条件并获准发行，发行人便拥有了利用市场资金的资格，无竞争压力。这与注册制之下发行人靠信息公开、竞相提高管理水平与经营能力，吸引投资者、争取市场资金的利用，显然存在着差异。

（3）对不同行业、不同发展阶段、规模大小不同的发行人适用同一发行标准，对发行人过于机械。同时，实质条件的合理性也会随着时间的推移、市场的发展、环境的变化而失去，要不断地调整实质条件显然又会破坏法律的稳定性。

（4）容易使投资者产生误解，形成一种依赖心理。由于事先审核机制的存在，极易使投资者误认为审核过关的证券都是有投资价值的，投资一定会有收益；或者在判断证券品质等方面产生依赖心理，一旦监管机构审核有误或发行人以欺诈手段获取核准，投资者极易受损。同时也使得投资者将投资风险转嫁于政府，甚至诱发非经济行为的发生。从这个意义上讲，核准制不利于培育投资者成熟理性的投资心理与投资经验，也不利于理性市场的形成。

（5）核准制以监管机构审核正确为假设，这种假设并不总能成立。监管机构的具体审核是通过人员完成的，审核人员数量有限，而审核对象涉及各行各业，审核过程中不可避免地会存在失误或者考虑不周全的地方，也就是说，审核机构的价值判断未必完全正确。如果因为不当审查导致发行人无法从市场上筹资，便会影响发行人的经营并且会给投资者造成负面效应。

（6）核准制给具体行使审核权的办事人员带来了寻租的空间，容易滋生权钱交易。一旦审核人员滥用权力，发行人机会均等的公平原则将受到破坏。[1]

综上，可以看出，不同于注册制以效率为首要的价值取向，核准制首先考虑的是安全，因此，核准制适合于证券市场不完善、投资服务机构的道德水准与业务水平不高、投资人缺乏经验或者缺少对信息判断能力的国家和地区。

---

[1] 王小石案件就是很好的例证。王小石原系中国证券监督管理委员会发行监管部发审委工作处助理调研员，主要负责中国证监会股票发行申请的审核工作。2002年3月~9月间，王小石利用担任中国证券监督管理委员会发行监管部发审委工作处助理调研员的便利条件，通过时任东北证券有限责任公司工作人员林碧的介绍，接受福建凤竹纺织科技股份有限公司的请托，通过证监会发行监管部其他工作人员职务上的行为，为凤竹公司在申请首次发行股票的过程中谋取不正当利益，为此，王小石收受请托人通过林碧给予的贿赂款人民币72.6万元。王小石职位不高，但其案发生在中国证监会启动证券发行审核制度近5年并推行相关改革周年之际，它重击了中国证券业，其引起的极大反响让人很自然地想到上市公司在上市前的虚假包装、疏通发审委员、蒙混过关的黑幕和公权寻租，更看到证监会前发审委工作存在的问题和弊端。王小石案掀起的轩然大波，与其说是案件本身的性质所致，不如说是市场对于缺乏公信力的监管部门的一个激烈反应。

四、我国证券发行的审核制度

我国证券发行的时间不长，证券发行的审核制度还在不断完善的过程中。在 2005 年《证券法》修订以前，发行审核制度呈现出来的一个重要特点是区分股票与公司债券，实行不同的审核制度，甚至由不同的机构进行审核。自 2006 年 1 月 1 日起，原有的二元审核机制被打破，证券发行实行统一的核准制度。党的十八届三中全会《关于全面深化改革若干重大问题的决定》明确提出"推进股票发行注册制改革"，确立了股票发行审核制度的改革方向。根据立法规划，2013 年 12 月全国人大财经委启动了《证券法》的第二次重大修订，并于 2015 年 4 月公布了修订草案，但多种原因致使修订工作停滞了下来。为满足股票发行注册制改革的立法需求，确保重大改革于法有据，实现立法与改革决策相衔接，2015 年 12 月 27 日，第十二届全国人大常委会十八次会议通过了《关于授权国务院在实施股票发行注册制改革中调整适用〈中华人民共和国证券法〉有关规定的决定》，该决定自 2016 年 3 月 1 日施行，授权期限为 2 年。2018 年 2 月经过全国人大常委会批准，将授权期限延长到 2020 年 2 月 29 日。在授权期间，中国证监会于 2019 年 1 月 30 日发布《关于在上海证券交易所设立科创板并试点注册制的实施意见》，2019 年 6 月 13 日科创板正式开板，股票发行的注册制在科创板落地实施。2019 年 12 月 28 日第十三届全国人大常委会第十五次会议对《证券法》进行了第二次重大修订，新《证券法》已于 2020 年 3 月 1 日实施，证券发行全面推行注册制，但是，证券发行注册制的具体范围、实施步骤，由国务院规定。

（一）股票发行的审核制度

股票发行审核制度是各国对证券发行实行监督管理的重要内容之一，属于证券市场的基础性制度。一个国家的股票发行选择何种审核制度，取决于它的经济社会发展程度。我国股票市场自建立以来，经历了从审批制到核准制的转变过程，这一过程又分别或同时并行着额度管理、指标管理、通道制和保荐制四个阶段，其中，额度管理和指标管理属于审批制，通道制和保荐制属于核准制。党的十八届三中全会确立了市场化的总体改革方向，新修订的《证券法》为股票发行注册制实施提供了法律依据与保障，当下，股票发行的审核制度正处在由核准制向注册制的过渡阶段，科创板、创业板已经实行注册制，股票发行注册制的推进是分步到位的，主板和中小板尚需一定时间。

1. 股票发行的审批制。2001 年 3 月 17 日以前，我国资本市场对于股票的发行实行严格的审批制度，其中 1993～1995 年为"额度管理"阶段，1996～2000 年为"指标管理"阶段。"额度管理"的主要做法是：国务院证券管理部门根据国民经济发展的需求及资本市场的实际情况，先确定融资总额度，然后根据各个省级行政区域和行业在国民经济发展中的地位和需要进一步分配总额度，再由省级政府或行业主管部门来选择和确定可以发行股票的企业（主要是国有企业），证券管理部门根据申报材料进行审批；"指标管理"推行"总量控制、限报家数"的管理方法，由国务院证券主管部门确定在一定时期内发行上市的企业家数，然后向省级政府和行业主管部门下达股票发行家数指标，省级政府或行业主管部门在上述指标内推荐预选企业，证券主管部门对符合条件的预选企业同意其上报发行股票正式申报材料并审核。

2. 股票发行的核准制。1998 年 12 月颁布的《证券法》以法律形式确立了股票发行的核准制度。根据《证券法》的规定，并经国务院批准，2001 年 3 月 17 日，股票发行核准制度正式建立并开始实施。其中，2001 年 3 月~2004 年 12 月为"通道制"阶段，主要做法是：向综合类券商下达可以推荐拟公开发行股票的企业家数，券商只要具有主承销商资格，就可获得 2~9 个通道。"通道制"改变了过去行政机制遴选和推荐发行人的做法，使主承销商在一定程度上承担起股票发行风险，同时也获得了遴选和推荐股票发行的权力，但是"通道制"下，股票发行"名额有限"的特点未变，未彻底摆脱计划体制的束缚。2003 年 12 月 28 日，中国证监会发布了《证券发行上市保荐制度暂行办法》（现已失效），2004 年 2 月 1 日，"保荐制"开始实施，由于"保荐制"实施后，"通道制"并未立即废止，每家券商仍需按通道报送企业，直至 2004 年 12 月 31 日才彻底废止了"通道制"。因此，2004 年 2 月~2004 年 12 月为"通道制"与"保荐制"并存时期。股票发行进入"保荐"阶段后，企业发行上市不但要有保荐机构进行保荐，还需要具有保荐代表人资格的从业人员具体负责保荐工作。保荐工作分为两个阶段，即尽职推荐和持续督导阶段：从证券监管机构正式受理公司申请文件到完成发行上市为尽职推荐阶段；证券发行上市后，首次公开发行股票的，持续督导期间为上市当年剩余时间及其后两个完整会计年度。保荐机构和保荐代表人在向证券监管机构推荐企业发行上市前，要对发行人进行尽职调查和专业辅导培训，保荐机构要在推荐文件中对发行人是否符合发行上市条件，申请文件不存在虚假记载、误导性陈述或重大遗漏等事项作出承诺。证券发行上市后，保荐机构要持续督导发行人履行规范运作、信守承诺、信息披露等义务。"保荐制"的核心内容是强化和细化保荐机构的责任，尤其是以保荐代表人为代表的证券从业人员的个人责任。

对照审批制度，核准制的变化主要有四点：①取消额度控制，实行市场化准入。公司能否发行股票及发行多少，完全取决于是否符合法定的发行条件，以及发行人自身的财务、经营状况及盈利能力等因素。②由中介机构负责尽职推荐，地方政府和主管部门的推荐职能被取消。原来奉行的两级审批改为由证券公司在对发行人进行辅导、尽职调查的基础上向证监会进行推荐，证监会依据法定的发行条件进行核准。③市场化定价。证监会不再对发行价格进行限制，由发行人与承销商根据对市场行情的了解和对机构投资者的询价协商确定发行价格。④更为严格的信息披露。突出强制性信息披露，将一切对投资者产生影响的信息都披露出来。

2005 年，我国对《证券法》进行了第一次重大修订，发行核准制虽然未作根本性变动，但是，证券监管部门却在此后通过部门规章，在具体制度方面不断对核准制进行着完善，完善的思路是更加重视市场的约束机制，尽量弱化政府的功能，具体变化体现在：①注重中介机构作用的发挥，强化保荐人的连带责任，延长保荐责任期限。②强化市场机制的作用，通过价格、投资者两个方面对发行加以约束，规定股票溢价发行的价格形成机制及代销发行失败的处理。③提高发行审核的透明度，确立了信息预披露制度。④削弱政府的权力，将股票的发行审核与上市审核分开，股票的发行核准权由证监会行使，股票上市的审核权由证券交易所行使，而且证券交易所可以规定高于法律规定的上市条件。⑤提高发行审核透明度，取消发审委委员身份保密的规定，拓宽社会监督渠道。⑥规定上市公司控股股东、实际控制人、上市公司董事、监事、高级管理人员诚信义务和法律责任。我国股票发行审核制经过不断修正，核准制度其实已经结合了注册制的成分。审核流程全面公开，预披露时间大大提前，股票发行的透明度全面提高；以信息披露为核心的监管体制正在确立，盈利能力在新股发行审核中逐步淡化，信息披露是否真实、准确、完整成为发行审核的关注重点。所有这些，为我国股票发行审核制最终走向注册制奠定了制度基础。[1]

3. 股票发行的注册制。随着 2020 年《证券法》实施，股票发行全面实行注册制有了明确的法律依据，但是，注册制的实施必须充分考虑中国市场的环境和条件。在 2019 年 6 月科创板试行注册制的基础上，2020 年 6 月 12 日，中国证监会发布了《创业板首次公开发行股票注册管理办法（试行）》《创业板上市公司证券发行注册管理办法（试行）》《创业板上市公司持续监管办法（试行）》和《证券发行上市保荐业务管理办法》，创业板注册制试点开始。我国新修订的《证券法》对注册制的设计是：公开发行股票，由证券交易所对注册文件的齐备性、一致性、可理解性进行审核，审核程序应当公开，依法接受监督；证券交易所出具同意意见的，应当向中国证监会报送注册文件和审核意见，中国证监会在 20 个工作日内作出同意注册或不同意注册的决定，证券交易所审核和中国证监会注册的时间总计不超过 3 个月。对于公开发行股票，但不在证券交易所上市的，其注册程序由证券监管机构另行规定，这表明我国的注册制是证券交易所与证监会审监分立、相互制约的模式。

实行注册制，意味着股票发行将由过去的"严进宽出"变成"宽进严出"，证券发行监管的重点和时间段将发生变化，从过去试图对股票的投资价值或者投资收益作实质性判断，转向对信息公开的监管；从市场准入设置高门槛的事前监管，转向事中、事后监管。

（二）债券及其他证券发行的审核

新兴市场资金短缺的状况，通常会使债券这一汇集社会闲散资金的融资方式受到严格监管。在国外，公司债券作为债务融资工具，是一种通用名称的金融产品，常与股权融资工具的股票并列使用。在我国，却因所有制原因、监管部门不同，债务融资工具出现了不同的称谓。以中央国企、地方重点企业为发债主体，所募集资金主要投向国家重点项目或者基础设施建设的债务融资工具，称为企业债券，由国家发展改革委员会（以下简称"发改委"）监管；由《公司法》中的各类公司发行，所募集资金依募集办法由公司自主决定使用的，称为公司债券，由证券监管机构监管；在中国人民银行监管下的银行间交易商协会注册，由具备法人资格的非金融企业发行，所募集资金由发债主体自主决定使用的，称为非金融企业债务融资工具，[2]由银行间交易商协会自律监管。我国证券市场长期以来发展失衡，基本上可以称为股票发行与交易市场，直至 2007 年 8 月，证券监督管理部门才根据 2005 年修订的《公司法》《证券法》制定了《公司债券发行试点办法》（现已失效），正式开启了证券交易所内的"公司债券"市场。在此之前，我国的债券种类主要始于 1985 年的企业债券，基于发行主体的所有制缘由及资金使用的去向限制，对企业债券发行长期延续计划经济时代的管制思维，实行由政府主导的审批制度，存在年度规模的严格管控。2005 年《证券法》修订确立了债券发行的核准制之后，发改委才

---

[1] 李东方："证券发行注册制改革的法律问题研究——兼评'《证券法》修订草案'中的股票注册制"，载《国家行政学院学报》2015 年第 3 期。

[2] 非金融企业债务融资工具主要包括短期融资券、中期票据、中小企业集合票据、超级短期融资券、非公开定向发行债务融资工具、资产支持票据等类型。

将企业债券发行的审批制调整为核准制。至此，企业债券、公司债券发行才实现了审核制度上的统一。相对于审批制而言，核准制更加符合市场经济运行的需要，对发行人来讲也更加公平。但是，发改委对企业债券的发行核准仍带有计划经济的某些色彩，与证监会对公司债券发行核准试图通过发行保荐、债券持有人会议等一系列制度实现后续的市场化运作，[1]存在一定区别，更与2008年4月中国人民银行新启动的非银行债务融资工具市场由银行间交易商协会负责债券发行注册的高度市场化的债券管理模式不同。长期以来，我国债券发行管理的整套制度中，债券种类、发行市场、审核机构、审核机制或者是三分的，或者是二分的，随着新《证券法》于2020年3月1日实施，债券公开发行的审核制度实现了统一，即全面实施注册制。2020年3月1日，发改委发布《关于企业债券发行实施注册制有关事项的通知》，同日，证监会发布《关于公开发行公司债券实施注册制有关事项的通知》，企业债券、公司债券发行的市场化改革取得重大突破，步入了新的历史阶段。可以预见，公司债、企业债发行步伐将会加快，证券市场的结构失衡问题将发生改观。

（三）纠错机制与责任承担

公开发行证券，区分不同种类，由证券监管机构或者国务院授权的部门进行审核，在审核的基础上，国务院证券监管机构或者国务院授权的部门可以决定某证券发行注册是否生效。国务院证券监管机构或者国务院授权的部门对已作出的证券发行注册的决定，发现不符合法定条件或者法定程序，尚未发行证券的，应当予以撤销，停止发行。已经发行尚未上市的，撤销发行注册决定，由发行人按照发行价并加算银行同期存款利息返还证券持有人。发行人的控股股东、实际控制人以及保荐人，应当与发行人承担连带责任，但是能够证明自己没有过错的除外。股票的发行人在招股说明书等证券发行文件中隐瞒重要事实或者编造重大虚假内容，已经发行并上市的，国务院证券监督管理机构可以责令发行人回购证券，或者责令负有责任的控股股东、实际控制人买回证券。

第三节　证券发行的分类

一、证券发行种类

按照证券种类，可以将证券发行分为股票发行、债券发行、存托凭证发行和其他证券的发行。

股票发行是发行人以募集资金或实施股利分配为目的，按照法定程序向投资者或原股东招募股份或无偿送股的行为。股票发行分为设立发行、增发新股、配股与派股，[2]是各国证券法规范的重点。

债券发行是指发行人为了筹集资金，按照法定程序向投资者出售到期还本付息的债权凭证的行为。债券发行按照发行主体又可以分为政府债券发行、金融债券发行、公司债券发行、企业债券发行等，证券法主要规范公司债券的发行。

---

〔1〕　洪艳荣："公司债券的多头监管、路径依赖与未来发展框架"，载《证券市场导报》2010年第4期。

〔2〕　配股是指对原有股东按照一定比例赋予新股认购权，准予优先认购新股。派股是指公司依股东大会决议将公积金全部或者部分转增为资本，按照股东原有持股比例将发行的新股分配给股东。

存托凭证发行是指境外基础证券发行人（通常以股票为基础证券）为满足境内融资需求，将在境外发行的基础证券交由境内存托人持有，由境内存托人签发存托凭证并根据存托协议协助发行人完成向投资者发售凭证的行为。中国存托凭证（Chinese Depository Receipts，简称 CDR）是由存托人签发、以境外证券为基础在中国境内发行、代表境外基础证券权益的一种可转让证券。存托凭证的发行是一种证券跨境发行上市的方式，新《证券法》将其纳入了调整证券范围。

其他证券发行是指股票、债券、存托凭证以外的其他所有受《证券法》调整证券的发行，如资产支持证券等受益凭证发行、权证发行等。

二、公募发行与私募发行

依据投资对象是否特定，证券发行可以分为公募发行和私募发行。

公募发行是发行人公开向社会不特定的投资对象发售其证券的方式。公募发行能提高发行人的知名度，但发行程序复杂，发行费用较高，适合于证券发行数量较大的证券发行人。公募发行由于投资者多，涉及范围广，社会影响大，各国的证券立法重点对公募发行进行规制，或者由证券监管机构进行注册，或者由法律规定发行的具体条件，由证券监管机构进行核准。我国的证券法中未使用公募发行的概念，但在公司法及国务院证券监督管理机构的有关文件中使用了"公开募集"[1]的概念。

私募发行是发行人向一定范围内的特定对象发行证券的方式。私募发行的对象通常与发行人有着密切的关系，如发行人的内部职工、发行人的重要客户、发行人的原有股东等。私募发行具有投资者确定、发行成本低、发行手续简单等优点，也存在着因发行对象数量有限而导致的所发行的证券流通性差的缺陷。一些国家对私募发行的证券豁免注册，如美国、日本。我国《证券法》没有使用"私募发行"的概念，但《公司法》确立了"定向募集"的合法地位。我国实践中存在着不少向特定对象发行证券的定向募集方式，如股份公司向内部职工发行股票、公司向原有股东进行配股、对法人配售股票等。

在通常意义上，公募发行被称为公开发行，私募发行被称为非公开发行。但在我国，这些概念有区别，如公开发行包括公募发行和向特定对象累计超过 200 人的定向募集发行，所以使用时应加以注意。

三、公开发行与非公开发行

基于对社会公众投资者基本权益保护的考虑，根据发行对象的人数和发行手段，我国《证券法》将证券发行分为公开发行与非公开发行。

公开发行主要是指向不特定对象进行的证券发行和向特定对象累计超过 200 人（依法实施员工持股计划的员工人数不计算在内）进行的证券发行，从发行方式上讲，是指采用广告、公开劝诱等实质或者变相公开的发行手段进行的发行。公开发行要求满足一定条件，发行的程序也很复杂，发行人需聘请阵容强大的中介机构并履行详尽的信息披露义务，还要经过证券监督管理机构或者国务院授权部门的审核。

非公开发行主要指特定发行对象不超过 200 人的证券发行。非公开发行证券的条件和发行程序，法律没有规定，只是强调非公开发行不得采用广告、公开劝诱和变相公开方

---

[1] 证券法上的公募发行与公司法上的公开募集有细微的差别，公募发行的证券发行人没有限定，公开募集的发行人为股份有限公司。同样，证券法上的私募发行与公司法上的定向募集也存在上述区别。

式。一般情况下，非公开发行证券的条件可以低一点，发行程序可以简单一些。

需要注意的是：证券法中对于"公开发行"与"非公开发行"的界定，并不在于与《公司法》上的"公开募集"与"定向募集"相对应，而是在于为200人以下的定向募集设置"快速通道"，减少其繁杂的程序和高昂的成本，同时也可以防止实践中存在的借定向募集之名而行公开发行之实，扰乱证券市场的正常秩序的行为。

我国证券法上对公开发行与非公开发行的界分如下：

$$
公开发行\begin{cases} 证券发行\begin{cases} 向不特定对象发行证券 \\ 向特定对象发行证券累计超过200人 \\ 法律、行政法规规定的其他发行行为 \end{cases} \\ 非公开发行（包括超过200人后，12个月内向特定对象发行不超过35人） \end{cases}
$$

四、直接发行与间接发行

根据发行是否借助证券中介机构，证券发行可以分为直接发行与间接发行。

直接发行是发行人不通过证券承销机构，而是自己组织发行工作，办理发行事宜。直接发行的优点在于发行费用较低，发行人能够直接控制发行过程。缺点在于发行时间过长，发行风险较大。采用直接发行的通常是一些知名度较高、拥有专门人才和机构网点的大的公司，如金融机构发行金融债券。在一些成熟的证券市场上，直接发行已很少采用，但网络技术的发展与推广，又为直接发行方式创造了便利条件。

间接发行是证券发行人委托证券中介机构办理证券发行具体事宜的一种发行方式。证券中介机构受发行人的委托，面对投资者发售证券的行为叫承销。由于承销商具有专门的经验和发行渠道，发行成功的可能性更大；发行人不必被琐碎的发行事宜缠身，能够集中精力进行经营活动。如果采用的是包销的承销方式，则发行风险已转嫁给承销商。间接发行的缺点是发行费用较高。间接发行是现代各国普遍采用的发行方式。

五、设立发行与增资发行

根据发行的不同阶段，可以将股票的发行分为设立发行与增资发行。

设立发行也称初次发行、首次发行，是为了设立公司而对发起人和公众投资者发行股份。在不同的资本制度下，设立发行的要求不同：法定资本制度下，设立发行应一次发行并认足公司章程规定的资本总额；授权资本制度下，设立发行没有数额的限制；折中资本制度下，设立发行应由股东认购公司资本总额的法定比例数额。由于我国《公司法》对发起设立的股份公司和募集设立的股份公司在法定资本制度的宽严掌握上有差异，致使设立发行在发起设立公司与募集设立公司中有区别，在发起设立的公司中是一次发行，发起人一次认足，可以分期缴纳出资；在募集设立公司中则是一次发行，一次认足并交足。

增资发行又称新股发行，是已成立的股份公司因生产经营需要，为追加资本而进行的发行，包括向原股东配售股票和向社会公众投资者发售新股两种基本形式，证券法重点规范的是这两种增资发行方式。向股东派股也属于增资发行，是一种无偿增资发行。

六、平价发行、溢价发行、折价发行和设定价格发行

按照证券发行价格与票面金额的关系，可以分为平价发行、溢价发行、折价发行和设定价格发行。

平价发行又称面额发行，是按照票面记载的金额发行证券。公司设立时发行股票通常是平价发行，债券在多数情况下采用平价发行。

　　溢价发行是超过证券票面记载的金额发行证券。溢价发行主要在股票发行中存在，溢价发行筹集资金超过面额部分的溢价款列入公司的资本公积金。

　　折价发行是以低于票面金额的价格发行证券。由于折价发行所筹集的资金总额低于股票面值总额，实行实缴资本制度的国家不允许股票折价发行。折价发行主要是在债券的发行中采用。

　　设定价格发行是以设定的价格进行的股票发行，它是无面额股所特有的一种股票发行方式。由于它难以确定股票与资本之间的关系，多数国家禁止发行无额面股。我国的股票都是额面股，因此设定价格发行在我国不存在。

　　也有的学者按照发行价格与票面金额的关系，将证券发行分为平价发行、时价发行和中间价发行。时价发行是以当时流通市场上价格水平为基准确定发行价格的发行；中间价发行以证券票面金额和流通市场上的价格取其中间值作为发行价格进行证券发行。这种划分在我国的证券法上没有太大的现实意义。

■ 前沿问题

3-1　证券发行的性质

■ 思考题

一、名词解释

1. 证券发行的注册制
2. 证券发行的核准制
3. 公开发行
4. 非公开发行
5. 公募发行
6. 私募发行

二、问答题

1. 试述证券发行注册制度的具体内容。
2. 试述证券发行核准制度的具体内容。
3. 比较证券发行的注册制与核准制。
4. 如何看待我国股票发行的注册制改革？

第四章　股票的发行

第一节　股票发行的条件

　　股票发行是符合条件的股份有限公司，以筹集资本金为目的，依法定程序，以同一条件向特定或者不特定的对象招募、发售股票的行为。股票发行人只能是股份有限公司，包括已成立的股份有限公司和拟设立的股份有限公司。股票发行条件因股票发行情况的不同而有所不同，一般分为两种情况：①首次发行股票。通常情况下，这是为设立公司而发行股票。②发行新股。这一般是为扩大已有公司的规模而发行股票。在我国，情况较为复杂，分为发起设立公司发行股票、募集设立公司发行股票、改组设立公司发行股票、转换为股份公司发行股票以及已经成立的股份公司发行新股几种情况。在我国的法律文件中，"首次"概念的内涵与通常意义上谈的"首次"含义不完全相同，如 2006 年 5 月 17 日中国证券监督管理委员会发布的《首次公开发行股票并上市管理办法》（2020 年修正）中规定首次发行的发行人为依法设立且合法存续的股份有限公司，这种发行实际上是一种新股发行。2019 年新《证券法》第 12 条将原法第 13 条"公司公开发行新股"增加了"首次"二字，改为"公司首次公开发行新股"（IPO），使表述更为准确。本节重点介绍我国不同情况下公开发行股票的条件。

　　一、设立公司公开发行股票的条件

　　我国规范股票发行的法律文件主要是《证券法》《公司法》与《股票发行与交易管理暂行条例》。现行法律将股票的发行区分为公开发行与非公开发行，公开发行是规范的重点。设立公司公开发行股票出现在募集设立公司的情况下，依据法律，募集设立公司发行股票应当具备下列条件：

　　（一）符合公司法规定的条件

　　这些条件是：发起人应为 2 人以上 200 人以下，并且半数以上发起人在中国境内有住所；有符合法定要求的章程；除法律、行政法规另有规定的以外，发起人认购的股份不得少于公司股份总数的 35%。

（二）符合国务院批准的证券监督管理机构规定的条件

目前这些条件主要是：生产经营符合国家产业政策；发行的普通股限于一种，同股同权；公开发行的部分不少于拟发行总额的 25%，其中股本总额超过人民币 4 亿元的，公开发行股份的比例不少于拟发行总额的 10%；发起人在近 3 年内无重大违法行为。

二、发行新股的条件

（一）首次公开发行新股

对于《证券法》第 13 条，需要特别说明的是，"公司公开发行新股"除了第 12 条规定的 IPO 之外，还包括上市公司再融资，即下面将要论述的"上市公司发行新股"。

4-1

（二）非公开发行新股

非公开发行新股的条件因上市公司与非上市公司而有差异。对于非上市公司，现行法律制度没有明确具体的发行条件。对于上市公司，非公开发行新股也会影响公众投资者的利益，为此，证券法作了原则性规定，即根据《证券法》第 12 条第 2 款的规定，上市公司发行（包括非公开发行和公开发行）新股，应当符合经国务院批准的国务院证券监督管理机构规定的条件，具体管理办法由国务院证券监督管理机构规定。根据中国证券监督管理委员会颁布的《上市公司证券发行管理办法》（2020 年修正）的规定，非公开发行股票，是指上市公司采用非公开方式，向特定对象发行股票的行为。上市公司非公开发行股票的条件是：[1]

4-2

三、存续的股份有限公司及转换的股份有限公司首次公开发行股票并上市的发行条件

依法设立且合法存续的股份有限公司发行股票及由有限责任公司转换为股份有限公司发行股票均为增资发行股票，应适用新股发行的条件。为了从源头上提高上市公司的质量，国务院证券监督管理机构对这些股份有限公司首次公开发行股票并上市的发行条件作了细化规定，具体内容如下：参见 2020 年中国证监会修改并发布的《首次公开发行股票并上市管理办法》。

（一）主体资格的要求

1. 发行人应当是依法设立且合法存续的股份有限公司，经国务院批准，有限责任公司在依法变更为股份有限公司时可以采用募集设立方式公开发行股票。

2. 发行人自股份有限公司成立后持续经营时间在 3 年以上，但经国务院批准的除外。有限责任公司按原账面净资产值折股整体变更为股份有限公司的，持续经营时间可以从有限责任公司成立之日起计算。

3. 发行人的注册资本已足额缴纳，发起人或者股东用作出资的资产的财产权转移手

---

[1]　参见《上市公司证券发行管理办法》第 36～39 条。

续已办理完毕，发行人的主要资产不存在重大权属纠纷。

4. 发行人的生产经营符合法律、行政法规和公司章程的规定，符合国家产业政策。

5. 发行人在最近 3 年内主营业务和董事、高级管理人员没有发生重大变化，实际控制人没有发生变更。

6. 发行人的股权清晰，控股股东和受控股股东、实际控制人支配的股东持有的发行人股份不存在重大权属纠纷。

（二）规范运行水平的要求

4 - 3

（三）财务指标与持续盈利能力的要求

4 - 4

四、上市公司公开发行新股的条件

上市公司公开发行股票，涉及公众投资者的利益和证券市场的秩序，根据《证券法》第 12 条第 2 款的规定，上市公司发行新股，应当符合经国务院批准的国务院证券监督管理机构规定的条件，具体管理办法由国务院证券监督管理机构规定。

为此，证券监督管理机构依据证券法的授权，对发行条件进行了细化规定。具体内容如下：[1]

1. 组织机构健全、运行良好。

2. 盈利能力具有可持续性。

3. 财务状况良好。

4. 最近 36 个月财务会计文件无虚假记载，且不存在重大违法行为。

5. 募集资金的数额和使用应符合规定。

4 - 5

五、创业板公开发行新股的条件

创业板又称二板市场，是相对沪、深两地的主板股票市场而言的。创业板是专为暂时无法在主板市场上市的中小企业和新兴公司提供融资途径和成长空间的证券市场，是对主板市场的重要补充。为了解决资本市场的层次结构单一问题，支持成长型中小企业和科技创新企业，我国于 2009 年 10 月在股票主板市场之外于深圳创设了创业板。2009 年 3 月，

---

〔1〕　参见 2020 年中国证监会修订的《上市公司证券发行管理办法》。

证监会发布了《首次公开发行股票并在创业板上市管理暂行办法》，2015年证监会对上述"暂行办法"进行修订并颁布《首次公开发行股票并在创业板上市管理办法》（已失效），2020年6月，证监会发布《创业板首次公开发行股票注册管理办法（试行）》，对在创业板上市的公司首次公开发行新股应当满足的条件进行了详尽的规定：[1]

4-6

六、股票发行的限制

对股票发行加以限制，主要目的是防止可能损害投资者利益的股票进入市场，同时也可以避免资金资源的浪费。证券法对股票发行的限制作了原则性规定，即公司对公开发行股票所募集资金，必须按照招股说明书或者其他公开发行募集文件所列资金用途使用；改变资金用途，必须经股东大会作出决议。擅自改变用途，未作纠正的，或者未经股东大会认可的，不得公开发行新股。[2]

上市公司作为公众公司，规模较大，对公众的影响直接，是限制的重点对象。上市公司存在下列情形的，不得公开发行证券：①本次发行申请文件有虚假记载、误导性陈述或重大遗漏；②擅自改变前次公开发行证券募集资金用途而未作纠正；③公司最近12个月内受到过证券交易所的公开谴责；④上市公司及其控股股东或者实际控制人最近12个月内存在未履行向投资者作出公开承诺的行为；⑤上市公司及其现任董事、高级管理人员因涉嫌犯罪被司法机关立案侦查或涉嫌违法违规被证券监督管理机构立案调查；⑥严重损害投资者合法权益和社会公共利益的其他情形。

上市公司有下列情形之一的，不得非公开发行股票：①本次发行申请文件有虚假记载、误导性陈述或重大遗漏；②上市公司的权益被控股股东或实际控制人严重损害且尚未消除；③上市公司及其附属公司违规对外提供担保且尚未解除；④现任董事、高级管理人员最近36个月内受到证券监督管理机构的行政处罚，或者最近12个月内受到过证券交易所公开谴责；⑤上市公司或者现任董事、高级管理人员因涉嫌犯罪正被司法机关立案侦查或涉嫌违法违规正被证券监督管理机构立案调查；⑥最近1年及一期财务报表被注册会计师出具保留意见、否定意见或无法表示意见的审计报告，保留意见、否定意见或无法表示意见所涉及事项的重大影响已经消除或者本次发行涉及重大重组的除外；⑦严重损害投资者合法权益和社会公共利益的其他情形。

第二节　股票发行的程序

股份有限公司发行股票不仅要具备一定条件，还要履行必要手续后才能实施发行股票的行为。股票是首次发行还是再次发行，以及是否公开发行，在发行的程序上都会有所差

---

〔1〕　参见《创业板首次公开发行股票注册管理办法（试行）》第二章第10～13条。

〔2〕　参见《证券法》第14条的规定。

异。本节主要介绍股票公开发行的程序。

一、募集设立公司发行股票的程序

募集设立股份有限公司，发起人必须首先认购不少于公司股份总数 35% 的股份，但法律、行政法规另有规定的，从其规定，然后按照下列程序办理股票发行事宜。

1. 募股准备。发起人聘请资产评估机构、资信评级机构、会计师事务所、律师事务所等专业机构，对其资产、资信、财务状况等事项进行评估、审定，并就有关事项出具法律意见书，然后制作招股说明书。向不特定对象发行的，还应与证券公司签订承销协议，与商业银行签订代收股款协议。

2. 募股申请与保荐。发起人按照证券监督管理机构规定的报送方式，向证券监督管理机构有关职能部门递交募股申请，并报送下列文件：①公司章程；②发起人协议；③发起人姓名或者名称，发起人认购的股份数、出资种类及验资证明；④招股说明书；⑤代收股款银行的名称及地址；⑥承销机构名称及有关的协议。公开发行股票依法采用承销方式的，需要聘请保荐人，发起人还应当报送保荐人出具的发行保荐书。公司设立依法必须报经批准的，还应提交相应的批准文件。

3. 审核。证券监督管理机构对发行申请文件进行初审后，由其证券发行审核委员会进行审核并以投票方式对发行申请进行表决。发行人在提交申请文件后，证券发行审核委员会作出表决之前应按照证券监督管理机构的规定预先披露有关申请文件。证券监督管理机构应自受理申请文件之日起 3 个月内，依照法定条件和法定程序作出予以注册或者不予注册的决定。发行人根据要求补充、修改发行申请文件的时间不计算在内；不予注册的应说明理由。

4. 公开发行文件。发行申请经注册后，发行人应在股票发行前公告公开发行的募集文件，主要是招股说明书，并将文件置备于指定场所供公众查阅。

5. 募股与认股。发行人在公告招股说明书的同时，必须制作认股书。认股书是发行人制作的供认股人认股的书面文件。

6. 设立公司，交付股票。募集设立公司实行严格的法定资本制度，发行股票的股款募足后，须经法定的验资机构验资并出具证明，再经创立大会就公司的设立表决后，由董事会办理公司的登记事宜，公司成立后才能向股东正式交付股票。发行无记名股票的，发行人应当记载其股票数量、编号和发行日期。

二、存续或转换为股份有限公司首次公开发行股票的程序

依法设立且合法存续的股份有限公司及经国务院批准由有限责任公司转换成股份有限公司采取募集设立方式发行股票的，按照下列程序发行股票：

4－7

三、上市公司发行新股的程序

上市公司发行新股是公司的增资行为，不仅关系公司发展，而且直接涉及新老股东和社会公众投资者的利益，法律必须对此进行严格规范。依据中国证券监督管理委员会发布的《上市公司证券发行管理办法》（2020 年修正），上市公司公开发行股票应按照下列程序进行：

4 – 8

四、创业板市场首次公开发行股票的程序

创业板是专为高科技、高成长型的企业创办的资本市场，重点支持五新（新经济、新服务、新能源、新材料、新农业）行业。根据《创业板首次公开发行股票注册管理办法（试行）》（2020 年 6 月 12 日发布）的相关规定，适格公司进入创业板首次公开发行股票按照下列程序进行：

1. 发行决议。适格公司进入创业板首次公开发行股票，首先要由董事会就本次股票发行的具体方案、本次募集资金使用的可行性及其他必须明确的事项作出决议，并提请股东大会批准；然后由股东大会就本次发行股票作出决议，决议应当包括股票的种类和数量、发行对象、定价方式、募集资金用途、发行前滚存利润的分配方案、决议的有效期、对董事会办理本次发行具体事宜的授权及其他必须明确的事项。

2. 募股申请与保荐。适格公司在创业板首次公开发行股票应当按照中国证监会有关规定制作申请文件，由保荐人保荐并向交易所申报。保荐人应当诚实守信，勤勉尽责，按照依法制定的业务规则和行业自律规范的要求，充分了解发行人经营情况和风险，对注册申请文件和信息披露资料进行全面核查验证，对发行人是否符合发行条件、上市条件独立作出专业判断，审慎作出推荐决定，并对招股说明书及其所出具的相关文件的真实性、准确性、完整性负责。

3. 审核。[1] 交易所收到注册申请文件后，在 5 个工作日内作出是否受理的决定。注册申请文件受理后，未经中国证监会或者交易所同意，不得改动。

发生重大事项的，发行人、保荐人、证券服务机构应当及时向交易所报告，并按照要求更新注册申请文件和信息披露资料。交易所设立独立的审核部门，负责审核发行人公开发行和上市申请；设立行业咨询专家库，负责为创业板建设和发行上市的审核提供专业咨询和政策建议；设立创业板上市委员会，负责对审核部门出具的审核报告和发行人的申请文件提出审议意见。交易所按照规定的条件和程序，形成发行人是否符合发行条件和信息披露要求的审核意见。认为发行人符合发行条件和信息披露要求的，将审核意见、发行人注册申请文件及相关审核资料报中国证监会注册；认为发行人不符合发行条件或者信息披露要求的，作出终止发行上市的审核决定。交易所应当自受理注册申请文件之日起在规定的时限内形成审核意见。发行人根据要求补充、修改注册申请文件，或者交易所按照规定对发行人实施现场检查，要求保荐人、证券服务机构对有关事项进行专项核查，并且要求发行人补充、修改申请文件的时间不计算在内。中国证监会依法履行发行注册程序，发行注册主要关注交易所发行上市审核内容有无遗漏，审核程序是否符合规定，以及发行人在

---

〔1〕 参见《创业板首次公开发行股票注册管理办法（试行）》第 17～24 条的规定。

发行条件和信息披露要求的重大方面是否符合相关规定。中国证监会认为存在需要进一步说明或者落实事项的，可以要求交易所进一步问询。

4. 公开发行文件。股票获准发行后，发行人应于股票发行前在交易所网站和符合中国证监会规定条件的网站全文刊登招股说明书，同时在符合中国证监会规定条件的报刊刊登提示性公告，告知投资者网上刊登的地址以及获取文件的途径。发行人还可以将招股说明书以及有关附件刊登于其他网站，但披露内容应当完全一致，且不得早于在交易所网站、符合中国证监会规定条件的网站的披露时间。创业板投资具有较高的风险，实行投资者准入制度，发行人应向投资者充分提示投资风险，在招股说明书的显要位置加入以下文句："本公司的发行申请尚需经交易所和中国证监会履行相应程序。本招股说明书不具有据以发行股票的法律效力，仅供预先披露之用。投资者应当以正式公告的招股说明书作为投资决定的依据。"

5. 发售股票。中国证监会的予以注册决定，自作出之日起 1 年内有效，发行人应当在注册决定有效期内发行股票，发行时点由发行人自主选择。中国证监会在作出予以注册决定后、发行人股票上市交易前，发现可能影响本次发行的重大事项的，可以要求发行人暂缓发行、上市；相关重大事项导致发行人不符合发行条件的，应当撤销注册。

五、非公开发行股票的程序

现行法律制度仅仅对上市公司非公开发行股票的发行程序进行了规定。其程序基本上与上市公司公开发行股票的程序相同。不同之处主要有三点：

1. 发行审核适用特别程序。特别程序相对于一般证券发行审核适用的普通程序要简化。例如，发行审核委员会的委员由 7 名减至 5 名，在审核发行申请时不得提议暂缓表决，证券监督管理机构不公布发行审核委员会审核的发行人名单及参会发审委委员名单和表决结果。

2. 无需公开发行文件。非公开发行的对象是特定的投资者，发行人无需在发行前向社会披露信息，只需在发行后将发行情况报告书公开。

3. 发行人可以采用直接发行的方式。由于上市公司非公开发行股票的发行对象数量有限，如果发行对象均属于原前 10 名股东，可以由上市公司直接发行，不必经证券公司承销。

第三节　股票发行的价格

股票发行价格的形式、高低及其确定方法对于股票能否顺利发行和发行成本有着重要影响。根据我国法律规定，同次发行的同种类股票，每股的发行条件和发行价格应当相同；任何单位或者个人所认购的股份，每股应支付相同价额。

一、影响股票发行价格的因素

在证券发行市场上，股票价格虽然是以其价值为基础的，但又存在着许多影响价格的因素。发行人在确定发行价格时，通常会考虑以下几个因素：

1. 发行人的经营状况与财务状况。例如净资产、盈利能力、发展潜力、社会信誉、所处行业及发展前途、发行人管理层的才干和经营能力（最近 3 年的财务、营运情况及发行年度的财务、营运情况可以说明问题）、技术人员的技术水平和技术开发能力等。经营状况与财务状况是决定股票发行价格的最基本的经济因素。投资者对公司投资时最关心的就是公司自身的基本情况及发展的潜力。

2. 发行数量。不考虑资金需求量，单从发行数量上考虑，若股票发行数量较大，为了能保证销售期内顺利地将股票全部出售，取得预定金额的资金，价格应适当定得低一些；若发行量小，考虑到供求关系，价格可定得高一些。

3. 一级市场的供求。股票作为一种金融产品，其价格的形成必然受到市场供求关系的影响，如果一级市场供大于求，则股票的发行价格就较低；反之，股票的发行价格就较高。

4. 二级市场的基本情况。股票一级市场与二级市场存在关联性，在确定股票发行价格时，要考虑股票二级市场整体的股价水平及走势、平均市盈率等情况。若股市处于"熊市"，定价太高则无人问津，使股票销售困难，甚至发行失败，因此要定得低一些；若股市处于"牛市"，价格太低会使发行人受损，股票发行后易出现投机现象，因此可以定得高一些。同时，发行价格的确定要给二级市场的运作留有余地，以免股票上市后在二级市场的定位会发生困难，影响发行人的声誉。

5. 同类公司股票的股价水平。包括同类公司的股票发行价格和上市后的价格水平。同类公司由于受相同的经济发展周期和市场外部环境的影响，相互间存在许多相同之处，因此其价格具有可比性。

6. 市场利率水平。利率从两个方面影响股票的发行价格：①贷款利率的高低直接影响公司从银行融资的成本。贷款利率提高，公司盈利相应减少；贷款利率降低，公司盈利提高。而公司的盈利会影响到股票购买者的股息收益。②存款利率直接影响到一级市场的资金供应量。存款利率提高，一级市场的资金供应量将会减少；存款利率降低，一级市场的资金供应将会增加。总之股票的发行价格与利率呈反方向变化。

二、股票发行价格的形式

股份公司通常以三种价格形式进行股票发行。它们是：

1. 平价发行，即以股票的票面金额作为发行价格而进行的发行。这种发行的好处是发行费用较低，新创立的公司通常采用这种发行价格，以保证公司能够筹得足额的资金。

2. 溢价发行，即以超出股票票面金额的价格进行的发行。溢价发行一般发生在新股发行中。溢价发行又可分为两种：①市价发行，是指以股份公司原有股票在现在股市上的市场价格作为新股发行的价格，它一般为运行中的经营业绩较好的公司采用。②中间价发行，是以低于公司原有股票的市场价但高于股票面额的某一价格作为发行价格而进行的发行，通常为股东配股时所采用。

3. 折价发行，即以低于股票票面金额的价格进行的发行。折价发行在许多国家被严格禁止采用，其原因在于这种发行直接损及公司的利益和其他股东的利益，也会造成公司资产的虚假增值，从而损害与公司进行交易的第三人的利益。有的国家虽然允许发行一定数量的折价股票，但其限制非常严格，一般要求折价股的发行必须在公司开业 1 年之后，必须经股东大会的特别决议，并经法院的批准；折价股的发行必须在法院核准的期限内完成，不得自行延长；折价股的发售对象只限于原有股东、公司职工和公司关系人，而不得向社会发售。有的国家只允许折价发行作为发行人与承销商之间的定价方式，而不得作为向投资者发售的作价方式。

我国公司法规定，股票发行价格可以按票面金额，也可以超过票面金额，但不得低于票面金额。以超过票面金额发行股票所得溢价款列入公司资本公积金。

三、股票发行价格的确定方法

股票发行价格的确定是股票发行计划中最基本和最重要的内容，它关系到发行人与投资者的根本利益及股票上市后的表现。若发行价过低，将难以满足发行人的筹资需求，甚至会损害原有股东的利益；而发行价太高，又将增大投资者的风险，增加承销机构的发行风险和发行难度，抑制投资者的认购热情，并会影响股票上市后的市场表现。因此发行人及承销商必须对公司的利润及其增长率、行业因素、二级市场的股价水平等因素进行综合考虑，然后确定合理的发行价格。

（一）股票发行价格确定方法的种类

股票发行价格既要反映股票自身的内在价值，又要体现市场的供求关系。一般来说，确定股票发行价格的方法主要有未来收益现值法、市盈率法、市场询价法和市场竞价法。

1. 未来收益现值法。这种方法是按照适当的贴现率将股票未来预期的现金流量贴现为现值，测算出股票的内在价值，然后以股票的内在价值为基础来确定股票发行价格，因此，这种方法也称为现金流量贴现法。

2. 市盈率法。市盈率法是指根据市盈率和公司每股利润来确定股票发行价格的方法。市盈率是每股市价与每股利润的比率。其计算公式为：

$$市盈率 = 每股价格/每股利润$$

因此，如果确定了一定的市盈率，就可以用下列公式测算出股票发行价格：

$$股票发行价格 = 每股利润 \times 市盈率$$

运用市盈率法确定股票发行价格时，需要注意以下问题：

（1）市盈率的选择范围。在成熟的资本市场中，可以参照同行业上市公司股票的市盈率来确定发行股票的市盈率。

（2）公司股本的计算范围。公司股本的计算主要分为三种情况：①在公司初次发行股票时，按发行股票的面值总数计算；②公司多次发行股票的，按已发行在外和本次发行的股票面值之和计算；③公司多次发行股票的，仅按已发行在外的股票面值计算。

（3）税后净利润的计算。税后净利润的计算也分为三种情况：①按公司上一个年度的税后净利润计算；②按公司发行股票当年预测的净利润计算；③按公司发行股票的前3年的税后净利润加权平均计算。

（4）明确股票发行价格的选择区间。股票发行前，再根据股市状况和其他因素，最后确定发行价格。

3. 市场询价法。也有学者将这种方法称为累积订单方式。这种方法是一种市场化的定价方法，它既反映了股票的内在价值，也体现了市场对股票价值的认可。这种定价方法主要有三个步骤：①根据拟发行股票的内在价值，并结合发行股票时的股票市场状况、同行业股票的市场表现等因素来确定股票发行价格的区间。②发行公司和股票承销机构向投资者推介股票，并征询认购者在各个价位上的认购数量。③根据市场反馈回来的认购者的预购数量与价格，发行公司和股票承销机构协商确定股票的发行价格。

4. 市场竞价法。市场竞价法是指由各股票承销机构或投资者以投标方式相互竞争确定股票发行价格的方法。这种定价方法主要有三个步骤：①确定一个股票发行底价，投资者在规定时间内，在限购比例或数量内，以不低于发行底价的价格申购。②申购期满后，由证券交易所的交易系统统计有效认购数量，并按照价格优先和时间优先的原则，将投资者申购单按从高价位到低价位的顺序排队，高价位者优先，同价位的先申报者优先。③根据累计认购股数恰好达到本次发行的股票数量时的最后一笔申购单的价格，来确定本次股票的发行价格。市场竞价法是一种直接的市场化定价方法，它能够直接反映投资者对股票发行价格的接受程度，从而使最终确定的价格更接近未来上市后的市场价格。但在不成熟的证券市场中，采用这种定价方法，可能会造成股票发行价格定得过高的现象。

上述四种定价方法中，未来收益现值法和市盈率法属于固定定价方法，虽然考虑了股票的内在价值，但是，没有体现市场对股票发行价格的认可程度，因此，增加了股票的发行风险。而市场询价法和市场竞价法是一种市场化的定价方法，能够为投资者所接受，股票发行风险较低。

我国股票发行价格的确定方法几经变动，总体来看，2005年以前是固定价格方式，之后是市场化的定价方式。具体内容见《证券发行与承销管理办法》。

（二）固定价格方式与询价定价方式的比较分析

由于我国曾经采用固定价格方式，现在主要采用询价定价方式，现就两种方式的不同点作一比较。

1. 最终发行价格的确定时间不同。固定价格方式下发行价格由发行人与承销商协商确定，之后由投资者进行申购。这需要一定的时日，间隔时间越长市场情况发生意外变化的可能性也就越大，发行价格偏离市场的可能性就越高，公开发行失败的概率也就加大。询价定价方式是先进行询价，确定发行价格区间，再通过累计投标询价确定发行价格，一旦发行价格确定下来，主承销商能够在很短的时间内完成股票的发行，并可立即上市进行交易，由于发行价格与市场是吻合的，发行失败的可能性较小。

2. 对于股票的分配决定有所不同。固定价格方式更多的是通过一种较为"公平"的方式来进行分配的，承销商没有决定股票分配的权利，一般是按照申购比例进行分配，或是通过摇号抽签等方式进行分配。询价定价方式下股票的分配权一定程度上交给了主承销商，这样主承销商就可以利用这一权利来"发现"首次公开发行股票的均衡价格，主承销商通过向机构投资者初步询价以期揭示出发行人较为真实的信息，并以此作为首次公开发行定价的基础。为使机构投资者揭示出有关发行人的真实信息，并报出较为真实的价格，主承销商只向那些报出真实信息的机构投资者提供配售的机会。若机构投资者不能揭示出上市公司的真实信息，则享受不到上述优惠。除了在定价方面具有优势外，询价定价方式的另一优点还表现在：增资发行股票时主承销商拥有分配股票的权利，为鼓励机构投资者在股票首次公开发行受冷落时（主要是由于市场低迷的原因）仍能申购股票，主承销商在上市公司向不特定对象公开募股时可以向那些在股票发行受冷落时仍能积极申购股票的机构投资者倾斜。

3. 股票发售成本不同。固定价格方式经发行人与承销商协商确定发行价格后即进行发售。询价定价方式要先初步询价再累计投标询价才能确定发行价格，之后进行配售与网上发行。询价定价方式下股票发行的推介主要是通过"路演（road show）"的方式来进行。路演（road show）也有人译作"路游"，是股票承销商帮助发行人安排的发行前的调研活动。一般来讲，承销商先选择一些可能销出股票的地点，并选择一些可能的投资者，主要是机构投资者。然后，带领发行人逐个地点去召开会议，介绍发行人的情况，了解投资人的投资意向。有时，会计师和投资顾问也参加这一活动，而大多数情况下，一些基金经理人会参加这一活动。承销商和发行人通过路演，可以比较客观地决定发行量、发行价及发行时机等。目前在我国，网上路演已成为上市公司新股推介的重要形式。网上路演是网上互动交流模式和新闻发布模式，网上路演的形式已由最初的新股推介演绎为业绩推介、产品推介、上市仪式直播、重大事件实时报道等多种形式。在证券市场信息披露及信息交流方面的探索，取得了初步的成功。整体看来，询价定价方式发行股票的成本高于固定价格方式的发行成本。为此，适应发行人的不同情况，在法律上确立多样化的价格确定机制成为必要。

第四节　股票的发售

在现行的主要通过询价确定发行价格的机制下，基本采用战略配售、网下配售与网上发行相结合的方式发售股票，并且网下配售与网上发行同时进行。

一、战略配售

我国《证券发行与承销管理办法》规定，首次公开发行股票数量在 4 亿股以上的，可以向战略投资者配售股票。战略投资者不得参与网下询价，并应当承诺获得本次配售的股票持有期限不得少于 12 个月，持有期自本次公开发行的股票上市之日起算。[1] 在首次公开发行股票超过一定规模时引入战略投资者，向其配售一部分股票，并锁定持股期限，既有利于吸引长期增量资金进入证券市场，改善投资者的结构，同时也有利于缓解市场资金压力、稳定投资者预期，对该股票实现平稳发行上市具有重要作用。

在引入战略投资者的同时，为稳定该股票上市后的股价走势，防止股价大起大落，保护投资者的利益，还建立了"超额配售选择权（绿鞋）"机制。绿鞋（green shoe）是一种包销商在获得发行人许可下可以超额配售股份的发行方式，其意图在于防止股票发行上市后股价下跌至发行价或发行价以下，达到支持和稳定二级市场交易的目的。发行股票时，包销商与发行人达成协议，允许包销商在既定的股票发行规模基础上，可以视市场具体情况使用发行人所授予的股份超额配售权。包销商一旦使用这种超额配售权，就处于卖空位置，这样一旦股价下跌至发行价时，包销商就可以按发行价格购买抛售之股票，从而达到支撑股价的目的。如果这种超额配售未得到发行人许可，一旦股票上市后股价上涨，包销商就必须以高于发行价的价格购回其所超额配售的股份，从而遭受经济损失。发行人的许可使得包销商超额配售的股份有了来源保证，不必花高价去市场购买，只需发行人多发行相应数量的股份给包销商即可。如果超额配售未获发行人许可，则被称为"光脚鞋"（bare shoe），包销商常将其与绿鞋一起合用，以增大卖空空间和市场支撑能力。绿鞋主要在市场气氛不佳、对发行结果不乐观或难以预料的情况下使用。这一稳定的价格机制。首次公开发行在 4 亿股以上的，发行人可以在发行中授予主承销商超额配售选择权。

---

[1]　参见《证券发行与承销管理办法》（2018 修订）第 14 条。

二、网下配售

根据《证券发行与承销管理办法》（2018 修订）的相关规定，网下配售是由发行人及其主承销商对参与初步询价并且进行了有效报价的询价对象进行的配售。

网下配售有比例限制，目的在于保障公众投资者获得较高的获配比例。首次公开发行股票采用询价方式的，公开发行后总股本在 4 亿股（含）以下的，网下初始发行比例不低于本次公开发行股票数量的 60%；公开发行后总股本超过 4 亿股的，网下初始发行比例不低于本次公开发行股票数量的 70%。其中，应当安排不低于本次网下发行股票数量的 40% 优先向通过公开募集方式设立的证券投资基金（以下简称"公募基金"）、全国社会保障基金（以下简称"社保基金"）和基本养老保险基金（以下简称"养老金"）配售，安排一定比例的股票向根据《企业年金基金管理办法》设立的企业年金基金和符合《保险资金运用管理暂行办法》等相关规定的保险资金（以下简称"保险资金"）配售。公募基金、社保基金、养老金、企业年金基金和保险资金有效申购不足安排数量的，发行人和主承销商可以向其他符合条件的网下投资者配售剩余部分。对网下投资者进行分类配售的，同类投资者获得配售的比例应当相同。公募基金、社保基金、养老金、企业年金基金和保险资金的配售比例应当不低于其他投资者。

首次公开发行股票网下配售时，发行人和主承销商不得向下列对象配售股票：①发行人及其股东、实际控制人、董事、监事、高级管理人员和其他员工；发行人及其股东、实际控制人、董事、监事、高级管理人员能够直接或间接实施控制、共同控制或施加重大影响的公司，以及该公司控股股东、控股子公司和控股股东控制的其他子公司。②主承销商及其持股比例 5% 以上的股东，主承销商的董事、监事、高级管理人员和其他员工；主承销商及其持股比例 5% 以上的股东、董事、监事、高级管理人员能够直接或间接实施控制、共同控制或施加重大影响的公司，以及该公司控股股东、控股子公司和控股股东控制的其他子公司。③承销商及其控股股东、董事、监事、高级管理人员和其他员工。④与前述人士关系密切的家庭成员，包括配偶、子女及其配偶、父母及配偶的父母、兄弟姐妹及其配偶、配偶的兄弟姐妹、子女配偶的父母。⑤过去 6 个月内与主承销商存在保荐、承销业务关系的公司及其持股 5% 以上的股东、实际控制人、董事、监事、高级管理人员，或已与主承销商签署保荐、承销业务合同或达成相关意向的公司及其持股 5% 以上的股东、实际控制人、董事、监事、高级管理人员。⑥通过配售可能导致不当行为或不正当利益的其他自然人、法人和组织。其中②③规定的禁止配售对象管理的公募基金不受前款规定的限制，但应符合中国证监会的有关规定。

上市公司向不特定对象公开募股的，主承销商可以对参与网下配售的机构投资者进行分类，对不同的机构投资者设定不同的配售比例，对同一类别的机构投资者应按相同的比例配售。

三、网上发行

网上发行是对公众投资者进行的发售，在指定的时间内当网上申购额超过网上发行额时以摇号抽签而定。首次公开发行股票采用直接定价方式的，全部向网上投资者发行，不进行网下询价和配售。网上发行是与网下配售同步进行的，网上发行时发行价格尚未确定的，公众投资者按照初步询价确定的价格区间上限进行缴款申购，通过累计投标询价确定的发行价格低于价格区间上限的，差价部分款项再退还给网上申购的公众投资者。

首次公开发行股票网下投资者申购数量低于网下初始发行量的，发行人和主承销商不得将网下发行部分向网上回拨，应当中止发行。网上投资者有效申购倍数超过 50 倍、低于 100 倍（含）的，应当从网下向网上回拨，回拨比例为本次公开发行股票数量的 20%；网上投资者有效申购倍数超过 100 倍的，回拨比例为本次公开发行股票数量的 40%；网上投资者有效申购倍数超过 150 倍的，回拨后无锁定期网下发行比例不超过本次公开发行股票数量的 10%。本款所指公开发行股票数量应按照扣除设定限售期的股票数量计算。

■ **前沿问题**

4 – 9 关于 2019 年《证券法》中股票注册制改革的主要内容及其评价

■ **思考题**

1. 募集设立公司应具备哪些发行条件？
2. 新股发行条件有哪些？
3. 首次公开发行并上市的发行条件有哪些？
4. 上市公司公开发行股票应具备哪些条件？
5. 我国法律对股票发行作了哪些限制规定？
6. 试述公司首次公开发行股票通过询价确定发行价格的意义。
7. 股票的发售方式有哪些？
8. 比较固定价格方式与询价定价方式。

第五章　债券的发行

■ 学习目的和要求

　　本章是公司债券的法律分析，主要内容分为：公司债券的界定与基本要素；公司债券的法律属性与特点；公司债券的法律制度与监管框架；公司债券的发行制度。其中，应重点掌握的是公司债券的发行条件与负面清单。

第一节　公司债券及其法律制度概述

一、公司债券概要

（一）公司债券的概念

1. 公司债券的界定。债券，是作为筹资人的社会主体依法向出资人出具的，承诺在未来按约定还本付息的债权债务凭证。从筹资主体的角度看，主要有中央政府债券、地方政府债券、金融机构债券和企业或公司债券。

作为一种债券类型，公司债券是指具有独立法人资格的公司，以其信用为基础在资本市场进行筹资而向投资者签发的，承诺在未来一定期限按约定还本付息的有价证券。

在中国法律环境下，公司是指根据《公司法》在中国境内设立的有限责任公司和股份有限公司，企业是比公司范围更广泛的概念，除了"公司"之外，还包括未改制成公司、从事生产经营且具有独立法人资格的营利组织。在本章，为叙述方便，如未特别说明，统一使用"公司债券"的表述，指称具有独立法人资格的商业、企业发行的债券。

《公司法》第 153 条规定，公司债券是指公司依照法定程序发行、约定在一定期限还本付息的有价证券。中国证券监督管理委员会根据《公司法》《证券法》制定的《公司债券发行与交易管理办法》（2021 年修订）第 2 条承继了这一概念，并在此基础上规范在中国境内发行和交易公司债券的行为。

2. 公司债券的基本要素。公司债券作为承载发债公司与投资者之间金钱借贷关系的载体，应在债券上载明这一法律关系的基本内容。概括而言，公司债券票面上的基本要素主要有：

（1）债券发行人的名称。这一要素指明该金钱债权债务关系的债务主体，既明确了发行人应对投资者履行的还本付息义务，又为投资者在债券到期时向发行人主张还本付息权益提供了合法依据。

（2）债的票面价值。这一要素指债券票面标明的货币价值，包括币种和票面金额，是债券到期后发行人应该偿付给债券持有人的金额。

在我国，为便于债券投资和流通，通常将债券的票面价值设定为100元人民币。

（3）债券的票面利率。由于债券代表发行人与投资者之间有偿的金钱借贷关系，发行人有义务在债券到期后向投资者支付约定期限内使用资金的对价，也即债券的利息。

债券的票面利率为计算利息所需要，记载在债券票面上的利率，又称为债券的名义利率，指债券的年利息与债券的票面价值之间的比率，通常用百分比表示。目前已有多种计息方式，除可以约定固定利率外，也可以约定浮动利率，甚至赋予发行人一定的浮动利率调整权，等等。

由于债券的利息可以在事先确定，通常又将债券称为固定收益证券，以区别于股票一类的权益证券，后者往往要取决于公司未来的经营业绩和分红。

（4）债券的到期期限。这一要素指债券的发行之日起至偿付本息之日止的时间，是发行人根据约定要履行债务的全部时间。发行人可以根据资金融通的需要设定长短不一的债券期限，有的短于一年，有的三五年，有的甚至长达几十年，也因此有了短期债券、中期债券和长期债券之分。通常，债券的期限越长，期间受到影响的因素越多，投资风险也就越大。

晚近以来的金融创新，带来了一种被称为永续债的债券。这种债券虽然不标明债券的到期期限，投资者也能从发行人那儿获取利息，但并非没有期限。之所以被称为永续债，是因为发行人掌握终止这类债权债务关系的主动权，可以通过财务会计处理取得类似权益证券的效果。但永续债通常受制于更严格的成本约束，在外界环境发生较大变化时，发行人可以选择予以终止而偿付本息。

以上四要素是公司债券票面的基本要素，发行人还可以根据融资安排在票面上增加其他内容，例如债券本息的偿还方式、各种含权条件（例如附回购选择权、附回赎选择权、附可调利率选择权、附可转换条款、附可交换选择权、附新股认购选择权），等等。

现代技术的进步，已使公司债券的发行从有纸化的实物形态走向无纸化的电子形态。公司在发行债券时，不再交付给投资者纸质债券，而是为投资者开具电子证券账户，利用证券交易系统和登记结算机构的辅助，完成债券的申购和交付等事宜，投资者通过与其身份相一致的证券账户持有债券并享有受偿本息的权益。公司债券发行之后的二级市场交易，也主要借助证券交易系统、登记结算系统和证券账户的记账完成，不同于纸质债券时代的实物交付方式。也因此，有关公司债券票面的要素，主要通过发行人在债券募集说明书和发行公告中进行说明，解决虚拟的电子化债券无法进行物理标明的问题。

（二）公司债券的法律属性与特点

1. 公司债券的法律属性。公司债券反映了公司作为筹资人与投资者作为出资人之间的金钱借贷法律关系，是用标准化、份额化的有价证券承载的债权债务关系。

从商法的视角来看。公司债券在法律属性上，是一种公司作为筹资人与投资者作为出资人的金钱借贷债权债务关系，与一般商事主体之间的金钱借贷关系并无根本区别。在未设置债券担保的情况下，投资者作为发债公司的债权人，与同样借贷给公司的商业银行、信托机构以及其他普通债权人的法律地位平等，同样以公司的全部财产作为追偿债权的保障。

但公司债券又不同于一般的商事债权，它是采用标准化、份额化、可流通的有价证券承载的金钱债权债务关系。从经济法的角度来看，公司债券是与股票并列的一种直接融资工具，它使得大量社会闲置资金可以便捷地为公司所用，推动了公司的发展壮大和现代工业社会的迅猛发展。不同于传统商事法律关系下的一对一借贷关系，公司债券的公开发行与交易，往往涉及公众投资者并关系资本市场的安全，是证券法调整的重要法律对象。公司公开发行债券，履行债券约定的义务，除了遵守平等主体之间的一般商事规范之外，还需要遵守证券法规定的强制信息披露及其他监管规则，承担证券法上的义务与责任，投资者也因此享有证券法提供的更多法律保障。

2. 公司债券的特点。公司债券兼具一般金钱债权和有价证券的属性，是二者在现代社会的完美结合，其特点主要有：

（1）信用性。信用性指公司债券以公司的商事信用为融资基础，公司的全部法人财产是公司未来履行债券还本付息义务的基本保障；一旦公司陷入财务困境或者进行破产清算，也仅以公司财产为限偿付债券持有人的权益。通常，公司的主体信用越强，所发行的债券获得的评级也越高；反之，如果公司主体信用不强，清偿能力有限，很可能无法博得投资者的青睐，导致债券发行失败。

（2）偿还性。偿还性指发债公司有义务按照债券约定的期限，向投资者偿付债券本金和利息。公司债券偿还期限的约定，使得发行人不仅不能无限期地占用投资者的资金，反而要受到还本付息的刚性约束。

如果发行人在债券存续期间不能按期付息或还本，将构成债券违约，债券持有人有权采取救济措施。只有发行人如约还本付息，在债券到期时才能终结与投资者之间的金钱借贷关系，并最终解除其在债券下的清偿责任。当然，永续债的出现，可能改变了公司债券存在固定期限和到期还本的常规做法，但通常发行人仍需要按约定向债券持有人支付利息，以实现其投资目的。

通常，债权请求权的司法救济受到 3 年诉讼时效的限制，但值得注意的是，司法解释为保护向不特定对象发行的企业债券投资者，对其本息请求权作出了诉讼时效的排除规定。《最高人民法院关于审理民事案件适用诉讼时效制度若干问题的规定》（2020 修正）第 1 条规定："当事人可以对债权请求权提出诉讼时效抗辩，但对下列债权请求权提出诉讼时效抗辩的，人民法院不予支持：①支付存款本金及利息请求权；②兑付国债、金融债券以及向不特定对象发行的企业债券本息请求权；③基于投资关系产生的缴付出资请求权；④其他依法不适用诉讼时效规定的债权请求权。"

（3）收益性。收益性指公司债券的投资者因持有公司债券而能够获取一定的收入。公司债券的收益，主要来自三个方面：①利息收入，即债券持有人在持有债券期间，按照约定的偿付方式从发债公司取得的利息收入。债券的利率越高，利息收入越多。②资本利得收入，即投资者通过在资本市场交易债券可能获得的收入。当投资者卖出债券的价格高于买入价，或者债券的偿还额大于买入价时，投资者就能获得资本收益，反之则为资本损失。③再投资收入，指利用投资债券获得的现金流量再进行投资的收入。在债券存续期间，债券利息支付频率越高且如果能够进行有效的再投资，那么获得的再投资收入就越高。

（4）集合性。集合性指公司债券以募集说明书统一设定发行条件和履约条款，对认购或者持有债券的投资者统一适用，具有整体债务性，特别在债券公开募集的情况下，其债权人可能是不特定的社会公众，凸显出公众性的特点，是典型的一对多金钱债权债务关系。购买同一次发行的债券的投资者的法律地位不存在实质差别,只是投资金额不尽相同;同时,债券交易使债券持有人的身份并不固定,投资者最终凭借持有的债券主张本息偿付权益。也因此,格式化、份额化的债券使各类投资者在同一债权债务法律关系下得以聚集,建立彼此共通的利益关系。这种集合性使同一次发行的公司债券投资者既有了成立团体的基础,也有了集体决议重要事项、委任代理人解决集体行动难题的必要性。

(5)附和性。附和性指发行人在公开募集公司债券时,通常提前在募集说明书中设定债券发行条件和履约条款,投资者认购时只能附和发行人规定的条件缔约,无权对公司债券内容进行变更,之后债券因交易、继承等发生权益主体变动的,新的债券持有人仍然要受原来债券条件的约束,除非依法召开债券持有人大会进行有效的变更。

债券的这种附和性是债券契约在长期实践中日益定型和格式化的延伸,在便利投融资双方、减少个体谈判成本、提高资本市场效率的同时,也可能隐含着发行人侵害投资者合法权益,减轻或限缩己方责任的风险。

(6)流通性。流通性指公司债券以标准化的债券这一有价证券形式为载体,投资者不必持有债券到期领取本息,可以根据需要通过资本市场卖出债券,提前收回本金并实现收益;而看好债券的投资者,未必参与发行认购,可以随后在二级市场买入债券,凭借所持有的债券向发行人主张还本付息权益。这种借助有价证券实现的流通性,使债券具有比一般债权转让更便捷的流通性,大大降低了债权的流动性风险(从而减少流动性风险溢价),既有利于发行人降低融资成本并扩大发行规模,也有利于投资者管理投资风险,获取最佳收益。

(三)公司债券的分类

1. 按照利息的支付方式不同,可以将公司债券分为附息债券和零息债券。

2. 按照是否设置担保,可将公司债券分为担保债券和无担保债券。

3. 按照偿还期限的长度,可将公司债券分为短期债券、中期债券和长期债券。

4. 按照发行方式的不同,可以将公司债券分为公开发行(公募)债券和非公开发行(私募)债券。

5. 按照能否转换成股票,可以将公司债券分为普通公司债券和可转换成股票的公司债券(俗称"可转债")。

5-1 公司债券的分类

二、公司债券法律制度与监管框架

(一)公司债券的发展与监管制度的演变

近年来，在国家自上而下的政策扶持、监管部门放松管制以及金融创新等因素的综合作用下，我国公司债券市场获得迅猛发展，债券品种和交易方式日益丰富，市场规模不断再创新高。特别是随着2020年新《证券法》的实施，大幅度取消了公司债券发行条件限制并全面施行债券公开发行注册制，使得公司获得了更充分的债券融资自主权；与此同时，新《证券法》增设公开发行的公司债券强制信息披露制度和投资者保护专章内容，强化对投资者的保护，构建"卖者尽责、买者自负"的债券市场秩序。截至2021年2月，我国公司信用类债券托管余额为28.6万亿元人民币，成为亚洲最大、世界第二的债券市场。

当然，在我国公司债券市场化法治化改革取得斐然成就的同时，随着债券规模的扩大、企业去金融杠杆以及经济周期变化等因素的影响，自2014年3月"11超日债"打破债券的刚性兑付之后，我国公司债券也开始出现违约问题，并在近年有常态化、普遍化的趋势；而自2018年首例债券欺诈发行案（"五洋债"）爆发并受到中国证监会严厉惩处之后，有关债券违法违规行为的监管及相应的证券民事损害赔偿诉讼问题已引发新的关注。尽管2020年6月15日，中国人民银行、发改委和中国证监会联合发布《关于公司信用类债券违约处置有关事宜的通知》（银发〔2020〕144号），以及2020年7月15日，最高人民法院联合中国证监会、中国人民银行、发改委等部委对债券违约处置与司法审理等问题达成共识，发布《全国法院审理债券纠纷案件座谈会纪要》（法〔2020〕185号，以下简称《债券纪要》），但对上述问题的探索才刚刚开始。也因此，我国在放松管制，发展债券市场以便利公司更好地从资本市场融资的同时，也有必要就如何防范化解债券违约风险和惩处债券违法违规行为，更好地保护债券投资者作出有效的制度安排，如此才能真正落地"卖者尽责、买者自负"，构建可持续发展的公司债券市场。

（二）目前三足鼎立的公司债券法制与监管框架

基于计划经济时期的路径依赖，金融监管职能的演化，以及债券创新等各种因素的作用，我国目前形成了三足鼎立的公司债券法制框架与监管竞争格局，[1]2020年3月1日新《证券法》的施行，带来了公司债券公开发行注册制及配套监管制度的重大变化。

历史最悠久的是发改委负责监管的企业债券，主要适用《公司法》《证券法》《企业债券管理条例》和发改委制定的相关规定。这类债券主要以中央国企、地方重点企业为发债主体，在2020年3月1日新《证券法》施行后，从发行核准制转向发行注册制，采用"审核－注册"的操作机制，即由中央国债登记结算有限责任公司受理企业债券发行人的申请，之后交由中央国债登记结算有限责任公司或中国银行间市场交易商协会作为指定的审核机构进行审核并提出同意注册或者终止审核的意见，发改委再结合审核意见作出注册决定，完成企业债券的发行注册程序。通常，企业债券所募集的资金主要投向国家重点项目或基础设施建设，鼓励投向符合国家宏观调控政策和产业政策的项目建设。企业债券可以同时在中国银行间债券市场和证券交易所上市交易，并统一托管在中央国债登记结算有限责任公司（常被简称为"中债登""中央结算"）。近年来，在国家大力发展债券市场政策的推动下，发改委逐步放松对企业债券的管制，构建更加市场化的管理机制，特

---

[1]　洪艳蓉："公司债券的多头监管、路径依赖与未来发展框架"，载《证券市场导报》2010年第4期。

别是根据《证券法》全面实行企业债券发行注册制，大幅度提高了发行效率，并在与其他公司债券的制度竞争下，逐步完善了信息披露、中介机构服务等市场化机制。这一市场规模，长期占到公司债券市场规模的1/3。

2007年，全国金融工作会议之后启动的公司债券，是由证监会监管的另一类公司债券市场，目前主要适用《公司法》《证券法》及《公司债券发行与交易管理办法》，发行对象已从2007年启动时面向的上市公司拓展到所有有限责任公司和股份有限公司，包括上市公司和非上市公司，并根据2020年新《证券法》的规定，从原来采用发行核准制转向全面实行发行注册制，在原有简化债券发行核准制的经验基础上，建立了"审核－注册"的操作机制，即由上海证券交易所、深圳证券交易所作为公司债券发行申请的受理、审核机构，进行审核并提出审核意见报送给中国证监会，再由后者完成注册的法定程序。公司债券目前在证券交易所进行上市交易，并统一托管在中国证券登记结算有限责任公司（常被简称为"中证登""中国结算"）。2015年以来，中国证监会逐步对公司债券管理简政放权，客观上刺激了公司债券市场规模的翻番增长，而2020年新《证券法》确立了公司债券发行注册制并构建了保护债券投资者的相关制度，增强了公司债券的制度优势，公司债券已成为企业不可或缺的直接融资途径，近年来规模已与其他两个类型的公司债券市场规模不相上下。

中国人民银行主管下的，授权银行间交易商协会采用注册制管理的非金融企业债务融资工具（以下简称"中期票据"）市场，是2008年4月新设立的一类公司债券市场。这一市场主要适用《银行间债券市场非金融企业债务融资工具管理办法》，发行对象为非金融企业，所发行的中期票据只能在银行间债券市场交易，目前统一托管于银行间市场清算所股份有限公司（俗称"上海清算所"）。由于交易商协会采用更市场化的注册制，以发展市场为目标，发行主体广泛且市场化程度高，加上近年来不断放松管制和进行金融创新，这一市场在设立初期很快超越企业债券市场，长期占据半壁江山。但随着2020年新《证券法》施行带来公司债券、企业债券全面实行发行注册制，中期票据的这一先天优势已不明显。同时，因中期票据未被纳入《证券法》的调整范围，导致其无法充分借用《证券法》提供的保护投资者并制约债券违法违规行为的法定制度，比较优势相对有所弱化，在市场规模上逐渐与其他两类公司债券平分秋色，呈现明显的三足鼎立态势。

（三）《证券法》规范下的债券规则体系[1]

1.《公司法》与《证券法》关于债券规范的分工。目前公司债的规定分立于《公司法》与《证券法》之中。除有关发行公司债券的内部股东决议规定散见各章外，相关内容主要见《公司法》第七章"公司债券"第153～162条。2005年《公司法》《证券法》修订时，《公司法》仅保留少数公司债券条款，有关公司债券发行与监管的规定全部平移至《证券法》，划清了其与《证券法》在证券发行上的监管边界，以避免再出现"一律两法"的现象。2019年《证券法》进行重大修订时，延续了2005年《证券法》对公司法

---

[1] 洪艳蓉："《证券法》债券规则的批判与重构"，载《中国政法大学学报》2015年第2期；洪艳蓉："新《证券法》债券规则评析"，载《银行家》2020年第3期；洪艳蓉："新《证券法》下公司债券公开发行注册制的挑战与未来"，载谢庚、徐明主编：《多层次资本市场研究》2020年第2辑，中国金融出版社2020年版，第116～126页。

与证券法规范债券的分工，并在其中较大幅度地增加了专门针对公司债券的内容，修正了《证券法》长期被诟病为"股票法"的形象。目前，新《证券法》这一法律层面关于债券的专门规则主要体现在该法的第二章"证券上市"、第五章"信息披露"和第六章"投资者保护"中，其他涉及债券发行、交易及违法违规行为制裁等方面的内容，则与股票一起，适用以"证券"这一表述为对象写就的条文。

2.《证券法》纵向分权下的债券规则体系。根据《证券法》第16条、第21条的规定，除了由国务院授权的部门（主要指发改委）负责监管企业债券的发行注册之外，主要由中国证监会负责公司债券的发行注册、交易和违法违规行为查处等监管工作。2020年3月1日，中国证监会发布了《中国证监会办公厅关于公开发行公司债券实施注册制有关事项的通知》（证监办发〔2020〕14号），明确分工协作框架，落实《证券法》关于公司债券公开发行注册的相关规定；2021年2月26日，中国证监会发布了新的《公司债券发行与交易管理办法》，取代自2015年1月15日起施行的这一旧规则，回应《证券法》的新内容并为公司债券市场发展提供更好的制度支持。

《公司债券发行与交易管理办法》主要结合近年来公司债券的市场发展与监管经验，落实新《证券法》关于公司债券公开发行注册制改革等相关规定，构建相应的市场化法治化债券机制并强化对债券持有人的保护，其中包括：①明确公开发行公司债券的发行条件，包括三项积极条件和两项负面限制情形，特别是将《国务院办公厅关于贯彻实施修订后的证券法有关工作的通知》（国办发〔2020〕5号，以下简称《国务院通知》）规定的"具有合理的资产负债结合和正常的现金流量"这一新增发行条件纳入其中，成为上述积极条件中的一项。②明确注册程序，规定由证券交易所负责债券发行申请的受理与审核，并报中国证监会进行法定注册，中国证监会对证券交易所的审核工作予以监督。③加强事中事后监管，压实发行人及其控股股东、实际控制人，以及承销机构和证券服务机构的责任，严禁逃废债等损害债券持有人权益的行为，并根据监管实践增加限制结构化发债的条款。④落实《证券法》对公司债券信息披露的规定，明确发行人是信息披露的第一责任人，发行人控股股东、实际控制人应当配合承销机构、受托管理人、证券服务机构的相关工作，同时调整了公司债券临时信息披露中重大事件的界定标准，使之与《证券法》规定相一致。⑤调整了聘任债券受托管理人的规定，要求公开发行公司债券的发行人必须聘请受托管理人，非公开发行公司债券的，要求发行人应当在募集说明书中约定债券受托管理事项。⑥调整了投资者适当性管理要求，与新《证券法》一致，将投资者适当性管理相关条款中的合格投资者相应地调整为专业投资者，并按中国证监会的相关规定执行。

与此同时，证监会为更好地监管公司债券市场，发布了一系列公开发行公司债券的信息披露内容与格式准则（包括募集说明书、年度报告等），并通过"公开发行公司债券监管问答"等方式回应市场，有力地促进了公司债券市场的发展。

根据新《证券法》的规定，上海、深圳两大证券交易所在原来核准债券上市、一线监管交易职能的基础上增加了受理、审核公司债券公开发行申请的职能，也因此在《证券法》、证监会的部门规章之下，两大证券交易所分别制定了《关于公开发行公司债券实施注册制相关业务安排的通知》，以指导这一工作。同时，根据《证券法》和证监会部门规章、规范性文件的要求，上海、深圳两大证券交易所分别制定或修订了《公司债券上市规则》《债券交易实施细则》《非公开发行公司债券挂牌转让规则》《债券市场投资者适当性管理办法》等配套规则，完备债券上市和交易监管；为增强公司债券的流动性，在原来的竞价式质押回购之外制定了《债券质押式协议回购交易暂行办法》，开展灵活的质押式协议回购交易；为处置债券违约风险，增加债务管理途径，制定了《关于为上市期间特定债券提供转让结算服务有关事项的通知》《关于公司债券回售业务有关事项的通知》《信用保护工具业务管理试点办法》等。

与此同时，中国证券登记结算公司制定了《债券登记、托管与结算业务细则》《非公开发行公司债券登记结算业务实施细则》等后台操作规则。此外，作为自律组织的证券业协会也积极发挥作用，配合《证券法》《公司债券发行与交易管理办法》等的规定，制定了《非公开发行公司债券备案管理办法》《公司债券受托管理人执业行为准则》《公司债券承销业务规范》《公司债券业务工作底稿内容与目录指引》《公司债券承销业务尽责调查指引》《非公开发行公司债券项目承接负面清单指引》《公司债券受托管理人处置公司债券违约风险指引》等规则，从而和上述各类机构的规则一起，共同形成目前证监会主导下比较系统的公司债券法律制度体系。

第二节　公司债券发行制度

一、债券发行主体资格与发债自主权

所谓发债自主权，是指公司有权自主决定什么时候发行债券、发行多少债券、采用什么方式发行、设定怎样的发债条件等融资安排，并以全部法人财产权承担债券清偿责任的权利。公司作为市场经营主体，最为了解自身经营状况并掌握未来的经营规划，由公司根据生产经营需要，考虑融资条件并选择市场时机进行，成为自身财务结构的规范者和责任担当者，是落实当事人自己责任，实现公司债券市场化改革的应有之意。

我国在计划经济时期，将债券融资作为国家调配社会资金的手段，通过制定年度发债规模并施行严格的发债审批制，其发债主体主要是中央和地方国有企业。这种脱离企业信用的发债规模分配在政府信用的过度保护下，不但剥夺了有融资需求企业的发展机会，而且滋生发债企业的赖账机制，严重制约了我国公司债券市场的健康发展。[1]

也因此，推动公司债券的市场化，落实公司发债自主权，成为金融改革的重要目标，近年来公司债券监管制度的改革体现了这种逐步放松管制，还权于市场的趋势。2007年8月，中国证监会发布《公司债券发行试点办法》（已失效）启动公司债券市场建设时，将试点公司限于"沪深证券交易所上市的公司及发行境外上市外资股的境内股份有限公司"，并未完全放开公司的发债权限。2015年1月15日，中国证监会发布《公司债券发行与交易管理办法》（已失效）取代旧法时，已不再对发债主体的资格作专门的限制。换言之，所有公司制法人，包括有限责任公司和股份有限公司，都享有发债权，可依法在资本市场发行公司债券筹集资金。至此，我国完成了公司债券发债主体资格平等化、市场化的改革。2019年《证券法》进行重大修订并于2020年3月1日开始实施，在其中取消了公司债券发行条件的诸多限制并全面实行公司债券发行注册制。2021年2月26日，中国

---

〔1〕　吴腾华：《新兴债券市场发展》，社会科学文献出版社2005年版，第212～213页。

证监会发布了根据新《证券法》内容进行适应性修改的《公司债券发行与交易管理办法》。由此，我国真正在市场准入方面为公司提供了充分的融资自主权，有利于公司根据生产经营需要从资本市场直接融资，进一步发挥债券市场服务实体经济的重要功能。

二、债券发行条件与负面清单

尽管公司享有发债自主权，但因债券可能向社会公众募集，公司在筹资过程中也可能存在不法行为。同时，债券作为一种重要的直接融资方式，与国家经济发展息息相关，是宏观调控的对象之一。也因此，公司发行债券时，需要依法进行，受到相应的监管。2020年新《证券法》实施带来债券发行制度的重大变化，主要体现在全面实行公司债券公开发行注册制，在大幅度减少公司债券公开发行的条件限制的同时，建立公司债券强制信息披露制度并强化债券投资者保护，实现监管转型和市场自治。

《公司法》《证券法》规定了公司发行公司债券的一般要求，中国证监会的《公司债券发行与交易管理办法》进一步细化了相关内容，这些都是公司在发行债券时需要遵守的重要法律规则。《证券法》第9条规定，公开发行证券，必须符合法律、行政法规规定的条件，并依法报经国务院证券监督管理机构或者国务院授权的部门注册；未经依法注册，任何单位和个人不得公开发行证券。证券发行注册制的具体范围、实施步骤，由国务院规定。有下列情形之一的，为公开发行：①向不特定对象发行证券；②向特定对象发行证券累计超过200人，但依法实施员工持股计划的员工人数不计算在内；③法律、行政法规规定的其他发行行为。非公开发行证券，不得采用广告、公开劝诱和变相公开方式。

据此，中国证监会在《公司债券发行与交易管理办法》在第3条规定，公司债券可以公开发行，也可以非公开发行。根据发行方式及募集对象的不同，监管上存在两类共三种公司债券发行方式：①面向不特定对象的一般公开发行，又称"大公募"；②面向专业投资者的公开发行，又称"小公募"；③非公开发行。公司可以选择不同的债券发行方式，但应遵守对应的法律要求。

（一）公开发行公司债券

1. 《证券法》关于公开发行公司债券的条件。《证券法》第15条规定，公开发行公司债券，应当符合下列条件：①具备健全且运行良好的组织机构；②最近3年平均可分配利润足以支付公司债券1年的利息；③国务院规定的其他条件。《国务院通知》在第2条第2项中补充规定"申请公开发行公司债券的发行人，除符合证券法规定的条件外，还应当具有合理的资产负债结构和正常的现金流量"，增加了上述新条件。《公司债券发行与交易管理办法》将上述条件总结规定于第14条第1款，并将"国务院规定的其他条件"作为兜底条款。

与核准制下旧《证券法》第16条规定的公开发行公司债券的条件相比，2020年新《证券法》的规定做了如下改革，大大放松了对公司举债的限制：①删去了"股份有限公司的净资产不低于人民币3000万元，有限责任公司的净资产不低于人民币6000万元"的举债主体要求，使得所有公司都有机会凭借自身信用进入资本市场举债，实现了融资自主权的主体资格平等。②删去了"累计债券余额不超过公司净资产的40%"的举债规模限制，避免使用"一刀切"方法衡量公司的清偿能力及僵化地保护债券持有人，使公司可以更好地获得与其商业信用相符的融资额，满足生产经营的实际需要（增加举债的灵活性），同时也提升了市场在评判公司信用风险中的主导地位。[1]当然，取消举债规模限制不意味着公司可以无限借贷，《国务院通知》要求发行人"具有合理的资产负债结构和正常的现金流量"即为法定限制，同时也存在对发行人负债水平的市场约束。一旦发行人的负债过高，举债可能需要付出更多的融资成本，也可能无法获得投资者认同而发行失败。③删去了"筹集的资金投向符合国家产业政策"这一模糊的条件，改为《国务院通知》第2条第2项中的"鼓励公开发行公司债券的募集资金投向符合国家宏观调控政策和产业政策的项目建设"这一鼓励性条款，在赋予发行人更多融资自主权的同时以政策引导债券资金的投向。④删去了"债券的利率不超过国务院限定的利率水平"的条件，以适应我国利率市场化改革的现状，并使市场可以根据发行人信用状况决定真实的债券利率，体现市场在资源配置中的主导性作用，并最终惠及商业信用不一的发行人。

旧《证券法》第16条第2款规定，"公开发行公司债券筹集的资金，必须用于核准的用途，不得用于弥补亏损和非生产性支出"，尽管这一直接的管制有助于保护债券持有人，但监管方法过于僵化，很大程度上限制了发行人根据生产经营需要调整募集资金用途的空间。为此，新《证券法》第15条第2款调整规定为"公开发行公司债券筹集的资金，必须按照公司债券募集办法所列资金用途使用；改变资金用途，必须经债券持有人会议作出决议。公开发行公司债券筹集的资金，不得用于弥补亏损和非生产性支出"，在保留原法律条文禁止性规定的同时，允许发行人通过寻求债券持有人会议决议的方式改变债券募集资金用途，以更好地适应经济环境和生产经营状况的变化，最终可能更有利于债券持有人保护。这体现了《证券法》尊重发行人与债券持有人通过协商，强化债务管理自治，避免监管过度干预的公司债券市场化改革趋势。

在核准制下，中国证监会为提高监管效率，增强市场吸引力，根据是否面向合格投资者（新《证券法》已调整为"专业投资者"）公开发行公司债券而设置了"大公募"和"小公募"两种发行核准机制，并探索出"证券交易所预审，中国证监会核准"的工作机制，对面向合格投资者发行的"小公募"适用更简便快捷的核准制，以提升核准效率。而当公司债券公开发行全面实行注册制之后，监管效率已大大提高，似乎已不存在区分大小公募并分类核准的基础。但是，从注册制的实践操作和《公司债券发行与交易管理办法》的规定来看，目前仍然保留了面向普通投资者的"大公募"和面向专业投资者的"小公募"的区分，其原因可能是，基于专业投资者的属性，监管者可以在更高效地推进注册程序和分类债券公开发行监管中，兼顾债券注册发行效率和普通投资者保护，一举多得。

根据《公司债券发行与交易管理办法》第16条的规定，资信状况符合以下标准的公开发行公司债券，专业投资者和普通投资者可以参与认购：①发行人最近3年无债务违约或者延迟支付本息的事实。②发行人最近3年平均可分配利润不少于债券1年利息的1.5倍。③发行人净资产规模不少于250亿元。④发行人最近36个月内累计公开发行债券不少于3期，发行规模不少于100亿元。⑤中国证监会根据投资者保护的需要规定的其他条件。未达到前款规定标准的公开发行公司债券，仅限于专业投资者参与认购。

---

[1]　洪艳蓉："公司的信用与评价：以公司债券发行限额的存废为例"，载《中外法学》2015年第1期。

　　可见"大公募"的条件较高，更多地体现了保护普通投资者的发债条件限制。从目前的注册制监管实践看，大多数债券发行人采用的是面向专业投资者的公开发行，这其实客观上反映了公司债券更多地以专业投资者为主要投资群体和发行人简化债权人管理的需求。

　　根据《证券法》第89条的规定，投资者根据财产状况、金融资产状况、投资知识和经验、专业能力等因素，区分为普通投资者和专业投资者，《证券法》的配套规则和《公司债券发行与交易管理办法》对此作了相应调整，将原来使用的"合格投资者"替换成"专业投资者"，其标准主要按照中国证监会制定的《证券期货投资者适当性管理办法》的规定执行。

　　根据2020年修正的《证券期货投资者适当性管理办法》第8条的规定，符合下列条件之一的是专业投资者：①经有关金融监管部门批准设立的金融机构，包括证券公司、期货公司、基金管理公司及其子公司、商业银行、保险公司、信托公司、财务公司等；经行业协会备案或者登记的证券公司子公司、期货公司子公司、私募基金管理人。②上述机构面向投资者发行的理财产品，包括但不限于证券公司资产管理产品、基金管理公司及其子公司产品、期货公司资产管理产品、银行理财产品、保险产品、信托产品、经行业协会备案的私募基金。③社会保障基金、企业年金等养老基金，慈善基金等社会公益基金，合格境外机构投资者（QFII）、人民币合格境外机构投资者（RQFII）。④同时符合下列条件的法人或者其他组织：最近1年末净资产不低于2000万元；最近1年末金融资产不低于1000万元；具有2年以上证券、基金、期货、黄金、外汇等投资经历。⑤同时符合下列条件的自然人：金融资产不低于500万元，或者最近3年个人年均收入不低于50万元；具有2年以上证券、基金、期货、黄金、外汇等投资经历，或者具有2年以上金融产品设计、投资、风险管理及相关工作经历，或者属于本条第1项规定的专业投资者的高级管理人员、获得职业资格认证的从事金融相关业务的注册会计师和律师。前款所称金融资产，是指银行存款、股票、债券、基金份额、资产管理计划、银行理财产品、信托计划、保险产品、期货及其他衍生产品等。同时，根据《证券期货投资者适当性管理办法》第11条的规定，普通投资者和专业投资者在一定条件下可以互相转化。

　　2. 禁止再次公开发行公司债券的情形（负面清单）。《证券法》第15条的规定，表明了公开发行公司债券的积极条件，然而在全面实行注册制，逐步放开公司作为市场主体的自主融资权的情况下，有必要限制不具备债务清偿能力，或者背信、造假及重大违法的公司再通过公开市场募集资金，以便扬善惩恶，维护市场公平秩序并保护投资者的合法权益。这一限制公司再行公开发债的约束，又可称为负面清单管理。

5-3

　　（二）非公开发行公司债券

　　《证券法》在第9条第2款规定了属于公开发行的情形，并要求"非公开发行证券，不得采用广告、公开劝诱和变相公开方式"，客观上肯定了非公开发行的合法性并因其面向专业投资者发行而豁免于发行注册。《公司债券发行与交易管理办法》也在第3条规定，公司债券可以公开发行，也可以非公开发行。

5 – 4

三、公司债券发行的注册/备案及其程序要求

通常，公司作为发行人公开或非公开发行债券时，需要遵循如下步骤，依法履行对应的程序和办理相应的手续。

（一）作出发行公司债券的决议

（二）聘请市场中介服务机构，筹划并安排公司债券发行的相关事宜

（三）公开发行公司债券的，依法取得公司债券公开发行注册

公开发行公司债券，由证券交易所负责受理、审核，并报中国证监会履行发行注册程序。

（四）在取得公开发行注册后，依法安排债券公开发行事宜或在非公开发行后进行报备

如果公开发行公司债券，在取得证监会的发行注册后，发行人就可以开始着手操作公开发行事宜。根据《证券法》第23条第1款的规定，证券发行申请经注册后，发行人应当依照法律、行政法规的规定，在证券公开发行前公告公开发行募集文件，并将该文件置备于指定场所供公众查阅。发行证券的信息依法公开前，任何知情人不得公开或者泄露该信息。发行人不得在公告公开发行募集文件前发行证券。

5 – 5　公司债券发行的注册/备案及其程序要求

四、公司债券发行承销制度

通常，证券发行需要在一定的时间内完成，以提高融资效率、节约成本，但发行人受限于经验、技巧和客户资源等，可能无法独自完成证券的销售工作，特别是在证券发行规模较大的情况下。为此，在证券发行上，通常需要引入证券公司，由其担当承销商，帮助发行人有效沟通投资者，高效有序地完成证券发行工作。

《公司债券发行与交易管理办法》第39条规定，发行公司债券应当由具有证券承销业务资格的证券公司承销。取得证券承销业务资格的证券公司、中国证券金融股份有限公司非公开发行公司债券可以自行销售，删除了2015年《公司债券发行与交易管理办法》第33条第2款中关于"中国证监会认可的其他机构"也可以自行销售非公开发行公司债券的弹性规定。

发行人有权依法自主选择承销的证券公司，证券公司不得以不正当竞争手段招揽证券承销业务；同时，为防范证券公司在承销债券时与发行人共谋损害投资者利益，或者利用承销债券之便谋取不正当利益等，《证券法》第29条第1款规定了承销机构的职责（证

券公司承销证券，应当对公开发行募集文件的真实性、准确性、完整性进行核查。发现有虚假记载、误导性陈述或者重大遗漏的，不得进行销售活动；已经销售的，必须立即停止销售活动，并采取纠正措施）；之后，更在第 2 款增加规定了证券公司承销证券时，不得进行的行为，包括：①进行虚假的或者误导投资者的广告宣传或者其他宣传推介活动；②以不正当竞争手段招揽承销业务；③其他违反证券承销业务规定的行为。证券公司有前款所列行为，给其他证券承销机构或者投资者造成损失的，应当依法承担赔偿责任。

5 - 6

五、公司债券发行的法律责任

公司如果在准备债券发行过程中存在违法违规行为，或者发生了不再符合债券发行条件的情形，应依法接受处理，不得擅自发行债券。

根据《证券法》第 19 条的规定，发行人报送的证券发行申请文件，应当充分披露投资者作出价值判断和投资决策所必需的信息，内容应当真实、准确、完整。为证券发行出具有关文件的证券服务机构和人员，必须严格履行法定职责，保证所出具文件的真实性、准确性和完整性。

发行注册制之下，根据《公司债券发行与交易管理办法》第 18 条的规定，自注册申请文件受理之日起，发行人及其控股股东、实际控制人、董事、监事、高级管理人员，以及与本次债券公开发行并上市相关的主承销商、证券服务机构及相关责任人员，即承担相应法律责任。发行人作为信息披露第一责任人，应当按照《证券法》《国务院通知》等相关规定，诚实守信，充分披露投资者做出价值判断和投资决策所必需的信息。发行人和其他信息披露义务人披露的信息应当真实、准确、完整，简明清晰，通俗易懂，不得有虚假记载、误导性陈述或者重大遗漏。《公司债券发行与交易管理办法》第 19 条进一步规定，注册申请文件受理后，未经中国证监会或者证券交易所同意，不得改动。发生重大事项的，发行人、主承销商、证券服务机构应当及时向证券交易所报告，并按要求更新注册申请文件和信息披露资料，使得信息披露要求更为严密和周全，凸显了对投资者保护的重视。

那么，如果公司向中国证监会提交的公司债券发行申请文件存在虚假记载、误导性陈述或者重大遗漏，则可能构成证券（公司债券）虚假陈述或欺诈发行，应依法承担相应的法律责任，涉及行政或刑事责任，以及民事损害赔偿责任。证券承销机构等信息披露义务人及其他证券服务机构也可能因证券虚假陈述而需承担相应的法律责任。

对于民事损害赔偿责任，例如《证券法》第 85 条规定，信息披露义务人未按照规定披露信息，或者公告的证券发行文件、定期报告、临时报告及其他信息披露资料存在虚假记载、误导性陈述或者重大遗漏，致使投资者在证券交易中遭受损失的，信息披露义务人应当承担赔偿责任；发行人的控股股东、实际控制人、董事、监事、高级管理人员和其他直接责任人员以及保荐人、承销的证券公司及其直接责任人员，应当与发行人承担连带赔偿责任，但是能够证明自己没有过错的除外。《证券法》第 163 条规定，证券服务机构为证券的发行、上市、交易等证券业务活动制作、出具审计报告及其他鉴证报告、资产评估报告、财务顾问报告、资信评级报告或者法律意见书等文件，应当勤勉尽责，对所依据的文件资料内容的真实性、准确性、完整性进行核查和验证。其制作、出具的文件有虚假记载、误导性陈述或者重大遗漏，给他人造成损失的，应当与委托人承担连带赔偿责任，但是能够证明自己没有过错的除外。

2020 年 7 月 15 日，最高人民法院发布的《债券纪要》在"五、关于发行人的民事责任"这一部分，专门规定了投资者在债券欺诈发行和虚假陈述中所受损失的计算，提供了不同于股票欺诈发行和虚假陈述损失计算的方法，进一步完备了我国证券投资者保护的司法救济制度。

有关公司债券信息披露、公司债券上市交易、证券承销的一般规则、公司债券违法违规行为监管、公司债券投资者保护等的分析，参见本书其他章节的相关内容。

■ 前沿问题

5-7

■ 思考题

1. 公司债券的法律属性和特点是什么？

2.《证券法》对公开发行公司债券的条件做了哪些规定，你如何看待这些积极条件和负面清单的设置？

3. 公司债券欺诈发行、虚假陈述案件中，投资者对所遭受的损失应如何维权？

■ 参考书目

1. 廖大颖：《公司债法理之研究——论公司债制度之基础思维与调整》，正典出版文化有限公司 2003 年版。

2. 柯芳枝：《公司法论》，中国政法大学出版社 2004 年版。

3. 沈炳熙、曹媛媛：《中国债券市场：30 年改革与发展》，北京大学出版社 2014 年版。

4. 黄元红、徐明主编：《证券法苑》（第十七卷），法律出版社 2016 年版。

5. 冯果等：《债券市场风险防范的法治逻辑》，法律出版社 2016 年版。

6. 刘迎霜："公司债券受托管理的信托法构造"，载《法学评论》2020 年第 3 期。

7. 洪艳蓉："公司的信用与评价——以公司债券发行限额的存废为例"，载《中外法学》2015 年第 1 期。

8. 洪艳蓉："债券市场化改革下半场　投资者权益保护新篇章——最高法《全国法院审理债券纠纷案件座谈会纪要》解读"，载《人民法院报》2020 年 7 月 23 日，第 5、6 版（理论版）。

第六章   证券承销

■ 学习目的和要求

　　学习证券承销法律制度的意义在于，理解证券承销的法律地位、功能，领会证券承销制度在证券市场中的重要性。本章的重点是掌握证券承销的特征、证券承销的方式、证券承销协议的内容、证券承销商的法定义务、承销规则和证券承销商的法律责任等。本章的学习难点在于正确理解证券承销涉及的法律关系及其性质、证券承销协议的特征，深刻理解证券承销商的地位和功能等。通过本章的学习，应对上述学习重点熟练掌握，并能结合具体的理论和实践问题加以分析和运用；对上述学习难点有一定的理解和思考。

第一节   证券承销概述

一、证券承销的概念

　　证券承销是指按照协议约定，以包销或代销方式为发行人销售证券的行为。

　　《证券法》第26条第1款规定，发行人向不特定对象发行的证券，法律、行政法规规定应当由证券公司承销的，发行人应当同证券公司签订承销协议。证券承销业务采取代销或者包销方式。

　　证券发行分为直接发行和间接发行。直接发行是指发行人不借助任何媒介，而是由自己销售证券的发行方式。直接发行比较适合具有发行经验的发行人采用，如金融机构发行金融债券。直接发行的益处在于发行人可以充分利用自己的信用和经验优势，降低发行成本。间接发行是指发行人借助一定的媒介来销售证券的发行方式。凡由承销商来发行的，即为间接发行。承销商是指按照承销协议，以包销或代销方式为发行人销售证券的证券经营机构。证券承销，是证券发行人借助证券经营机构来发行证券的行为，即属于证券的间接发行。间接发行的益处在于，发行人可以借助承销商的良好信誉和专业品质，使发行成功，但不利的是会增加发行成本。

　　从《证券法》第26条第1款的规定可以看出，发行证券不必都由证券公司承销，只有法律、行政法规规定应当由证券公司承销的，才必须由证券公司承销。这意味着证券发行可以由发行人自行销售，也可以委托证券公司承销。

二、证券承销的特征

（一）证券承销是承销商为发行人销售证券的行为

　　股份有限公司通过公开发行证券的方式，募集社会资本，以达到筹集设立资金或增资的目的。前者称为设立发行；后者称为增资发行。无论是设立发行还是增资发行，发行的主体都是股份有限公司。作为发行人的股份有限公司，只有将发行的证券顺利地销售出去，才能实现集资的目的。为顺利发行，发行人往往借助证券经营机构来销售证券，但发行的规模由发行人决定，销售所得资金也归发行人所有。承销商在发行市场中处于中介地位，是联结发行人和投资者的重要环节。证券经营机构作为承销商，只是按照发行人的授权，在授权范围内，代发行人销售证券而已。其既不是证券的所有人，也不分享销售所得，只是收取一定的佣金作为酬劳。所以说，证券承销是承销商为发行人销售证券的行为。

（二）证券承销是承销商按照和发行人事先签订的承销协议销售证券的行为

承销商既非证券的所有人，又非资金的所有者，其销售证券的依据来源于和发行人的合同约定。通过约定，明确双方的权利义务关系，特别是对承销商的授权。这个约定就是承销协议。承销协议是发行人与承销商建立证券承销法律关系的基础。按照承销协议的约定，发行人有权要求承销商销售证券，同时有义务向承销商支付佣金。承销商有义务为发行人承销证券，同时有权收取发行费用。承销商只有按照承销协议的授权，代发行人销售证券，销售的后果才由发行人承担。

（三）证券承销是以包销或代销方式为发行人销售证券的行为

根据证券经营机构在承销过程中承担的责任和风险的不同，证券承销方式分为包销和代销两种。当承销期满，尚未售出的证券按照承销协议中约定的包销或者代销方式分别处理。包销是指证券经营机构将发行人的证券按照协议全部购入或者在承销期结束时将售后剩余证券全部自行购入的承销方式。代销是指证券经营机构代发行人发售证券，在承销期结束时，将未售出的证券全部退还给发行人的承销方式。根据《证券法》第26条第1款的规定，发行人向不特定对象发行的证券，法律、行政法规规定应当由证券公司承销的，发行人应当同证券公司签订承销协议。证券承销业务采取代销或者包销方式。可见，证券承销商只能采取包销或代销方式为发行人销售证券。从法律角度而言，承销方式的不同，意味着承销商和发行人享有不同的权利并承担不同的义务。

按照《证券法》的规定，发行人发行证券既可以委托证券经营机构承销，也可以不通过证券经营机构，而由发行人自行销售。

三、证券承销涉及的法律关系及其性质

证券承销不仅涉及承销商和发行人之间的关系，还涉及与证券投资者的关系。可以说，承销商在发行人和证券投资者之间起着承上启下的作用，其直接维系着发行人和证券投资者的利益。

（一）承销商和发行人之间的法律关系及其性质

发行人和承销商之间的法律关系为合同关系，其法律依据为《民法典》合同编的法律规定和特别合同约定。双方具体的权利义务取决于承销协议的特别约定。

虽然总的来说，发行人和承销商之间的法律关系为合同关系，但合同的性质因承销方式的不同而不同。在代销中，发行人和承销商之间的法律关系的性质为委托代理关系。在全额包销中，发行人和承销商之间法律关系的性质为买卖关系。发行人为卖方，承销商为买方。双方的权利义务取决于《民法典》合同编中关于买卖关系的法律规定和承销协议的特别约定。在余额包销中，发行人和承销商之间法律关系的性质较为复杂，其中既包含

委托代理关系，又包含买卖关系。

（二）承销商、发行人和证券投资者之间的法律关系及其性质

承销商、发行人和证券投资者之间的法律关系为合同关系。

在代销中，发行人和证券投资者之间的法律关系的性质为买卖关系。发行人为卖方，证券投资者为买方，承销商作为代理人，在二者之间起着媒介、桥梁的作用。

在全额包销中，发行人不与证券投资者直接发生法律关系，而是由承销商直接面对证券投资者。在这个过程中，先是由承销商全部购入发行人发行的证券，然后再由其自行将证券销售给证券投资者。此间，承销商和证券投资者之间的法律关系为买卖关系。

在余额包销中，在承销期内，发行人和证券投资者之间的法律关系为买卖关系。发行人为卖方，证券投资者为买方。在承销期结束后，承销商和证券投资者之间的法律关系为买卖关系。承销商从发行人处购入未售出的证券再销售给证券投资者。此时，承销商既为买方又为卖方，相对于发行人而言，承销商为买方，相对于证券投资者来说，承销商则成了卖方。

第二节　证券承销的方式

一、证券承销的基本方式

证券承销方式分为代销和包销两种。中国证券监督管理委员会 2018 年第 5 次主席办公会议审议通过了《关于修改〈证券发行与承销管理办法〉的决定》。修订后的《证券发行与承销管理办法》第 23 条规定，证券公司承销证券，应当依照《证券法》的规定采用包销或者代销方式。上市公司非公开发行股票未采用自行销售方式或者上市公司配股的，应当采用代销方式。可见，包销和代销是证券承销的两种基本方式。

包销和代销方式的划分，根据的是证券承销商、发行人在承销过程中承担的责任和风险的不同。承销方式的不同，意味着承销商和发行人在法律上享有的权利和承担的义务不同。

二、证券代销

（一）证券代销的概念

证券代销是指证券经营机构代发行人发售证券，在承销期结束时，将未售出的证券全部退还给发行人的承销方式。

（二）证券代销的特征

1. 在代销中，发行人与证券经营机构的法律关系是委托代理关系。在代销的承销期内，证券经营机构作为发行人的代理人，是代发行人销售证券。证券经营机构以代销方式承销证券，在承销协议所规定的承销期结束后，证券经营机构将未售出的证券全部退还给发行人。发行的规模由发行人决定，销售所得资金也归发行人所有，双方的权利义务取决于《民法典》中关于委托代理关系的法律规定和承销协议的特别约定。证券经营机构在发行市场中起着媒介的作用，联结着发行人和证券投资者。证券经营机构作为承销商，只是按照发行人的授权，在授权范围内代发行人销售证券而已。其既不是证券的所有人，也不分享销售所得，只是收取一定的佣金作为酬劳。

2. 采取代销方式销售证券，对于发行人来说，承担的风险大，成本低；对于证券经

营机构来说，风险小，收益也少。在代销中，证券经营机构作为代理人，对发行人只承担尽力销售证券的义务，而不承担在承销期结束后，购买未售出证券的义务。由于不需要承担证券销售不出去，甚至是发行失败的风险，所以，对于证券经营机构来说，承担的风险比较小。风险和收益相伴，因此收益相对也比较少。在代销的承销期结束后，由于证券经营机构要将未售出的证券全部退还给发行人，由发行人承担全部风险，所以，对于发行人来说，代销风险比较大，不过付出的成本也相对较低。

在代销中，证券经营机构由于有权放弃全部或部分销售，所以与包销相比，代销的承销费用、佣金要低于包销的承销费用、佣金，风险也要低于包销的风险。

3. 在代销中，由于发行失败的风险全部由发行人承担，所以适用的范围有限。证券发行受诸多因素的影响，特别是市场因素。无论是发行人，还是证券经营机构，在承担发行工作时，都会考虑市场的风险因素，尽力回避、转嫁自身的风险，降低发行失败的可能性，增加发行成功的概率。为了最大限度地回避风险，发行人和证券经营机构都会在承销方式的选择上慎之又慎。任何一方都不希望承担发行失败的责任。但考虑到发行人和证券经营机构之间的关系毕竟是建立在合同基础上的，一切权利、义务和责任都是由双方协商确定的。如果风险和责任明显地倾向于或加重于一方，双方也就不可能达成一致性意见。达不成一致性意见，双方就不可能有合作的基础，证券承销也就无法完成。所以，从合作的角度来说，完全由发行人承担全部损失责任的代销方式，因缺乏合作的基础，就不可能同时既受到证券经营机构，又受到发行人的认可和欢迎。风险分配的不平衡性，决定了代销方式适用范围的有限性。一般来说，代销往往在发行人资金雄厚、信誉良好、发行预期好、发行成功率高、证券投资者认可度高的情况下采用，否则，不宜广泛适用。

三、证券包销

（一）证券包销的概念

证券包销是指证券经营机构将发行人的证券按照协议全部购入，或者在承销期结束时将售后剩余证券全部自行购入的承销方式。

（二）证券包销的特征

1. 在包销中，发行人与证券经营机构的法律关系可能是买卖关系，如全额包销；也可能是既有委托代理关系，又有买卖关系，如余额包销。证券经营机构以包销方式承销证券，须在承销协议所规定的承销期结束后，按发行价认购未售出的证券。

在全额包销中，发行人不与证券投资者直接发生法律关系，而是由证券经营机构直接面对证券投资者。在这个过程中，先是由证券经营机构全部购入发行人发行的证券，然后再由其自行将证券销售给证券投资者。此间，发行人和证券经营机构之间的法律关系为买卖关系。发行人为卖方，证券经营机构为买方。

在余额包销中，发行人和证券经营机构之间的法律关系关键是看在承销期内还是在承销期外。在承销期内，发行人和证券经营机构之间的法律关系为委托代理关系。证券经营机构作为发行人的代理人，应尽力代发行人销售证券。在承销期结束后，发行人和证券经营机构之间的法律关系转为买卖关系。证券经营机构要从发行人处按协议价格购入未售出的证券，这时证券经营机构成为买方，发行人则成了卖方。

2. 采取包销方式销售证券，对于发行人来说，成本大，承担的风险小；对于证券经营机构来说，收益高，承担的风险大。在全额包销中，证券经营机构作为买方，要先行全部购进发行人发行的证券，然后再自行向证券投资者销售，销售不出去的由其自行消化。在余额包销中，包销期结束后，剩余的证券要转到证券经营机构，由证券经营机构将包销期内未售出的证券全部买下，此后自行在证券交易市场，即二级市场上变现，这时就需要证券经营机构分解包销导致的风险。由于在包销中，销售失败的责任全部由证券经营机构承担，所以证券经营机构承担的风险比较大。反之，由于发行人将风险全部或部分转移给了证券经营机构，其自身不需要承担或不需要全部承担证券销售的风险责任，甚至是发行失败的风险，所以证券发行人承担的风险相对较小。不过按照权利和义务、收益和风险相一致的原则，对于证券经营机构来说，在包销中承担的风险虽然比较大，但承销的费用、佣金也比较高；对于发行人来说，包销的风险虽然比较小，但付出的成本相对也比较高。

3. 在包销中，由于发行失败的风险分配比较平衡，所以适用的范围较广。对于证券经营机构来说，采包销方式，虽然承担的风险大，但收益高；对于发行人来说，采包销方式，虽然付出的成本高，但承担的风险小，可以将风险全部或部分转移给证券经营机构，所以，实践中，包销，特别是余额包销，广受发行公司和证券经营机构的青睐。

包销不仅要求证券经营机构对证券的定价机制和证券投资者询价机制非常熟悉，而且要求证券经营机构必须具有非常发达的营销网络，所以，包销比较适合资金需求量大且缺乏证券发行经验的发行人，以及自身信誉高、经验丰富并拥有众多客户群的证券经营机构。由于全额包销是由证券经营机构按一定价格先买下全部证券，并按合同规定的时间将价款一次付给发行人，然后证券经营机构再以略高的价格向证券投资者出售，因此，采取包销方式，对于发行人来说，不必承担证券销售不出去的风险，而且可以迅速筹集资金，满足自己集资的愿望；对于证券经营机构将来说，可以低价买进证券，高价卖出，赚取中间的差额，获得收益。这对于二者来说是个双赢的结果。

四、证券承销的特殊方式

（一）承销团承销的概念

承销团承销是指由两家或两家以上的证券经营机构组成联合承销组织，为发行人销售证券的承销方式。承销团承销是一种特殊的证券承销方式，只有发行的证券票面总值超过一定数额时，法律才要求可以采取此种承销方式。一般来说，承销团承销在发行的证券票面总值较大的情况下采用。承销团承销与单个承销商承销相比，最大的优势就在于其具有分散风险的功能。

根据《证券法》第30条的规定，向不特定对象发行证券聘请承销团承销的，承销团应当由主承销和参与承销的证券公司组成。承销团由两个或更多的承销商组成，有利于增强抗风险的能力，较单独承销具有一定的优越性。在设立发行过程中，当发行证券数额较大时，由几家证券经营机构组成承销团承销，在国际证券市场上也较为常见。银团包销就是国际证券市场上常见的承销团承销方式。

这里需要指出的是，此次证券法修订按照放松管制、加强监管的改革思路，取消了部分限制性、禁止性规定，进一步强化了监管执法和法律责任，其中就包括承销团承销制度。过去规定，向不特定对象发行的证券票面总值超过人民币5000万元的，应当由承销团承销。而此次修订，改变了此做法。这就意味着向不特定对象发行证券，可以由承销团承销，也可以不聘请承销团承销。聘与不聘承销团承销，都不再受证券票面总值是否超过人民币5000万元的限制。此次修订，给了发行人更多的自主权。承销团承销尽管具有分散风险的作用，但其会增加发行人的成本。相反，单独承销可以降低发行人的成本。

（二）主承销商和分销商

主承销的证券公司称为主承销商，即在承销团中，与发行人签订承销协议，组织承销工作，承担承销风险的证券公司。参与承销的证券公司称为分销商，即在承销团中，与主承销商及承销团其他成员签订分销协议，参与分销工作的证券公司。主承销商和分销商是按照各自承担责任的大小来划分的。主承销商享有的权利、义务和责任较大，分销商享有的权利、义务和责任较小。主承销商和分销商的关系是由合同来约定的。在承销过程中，对于发行人的承销责任，由主承销商全部承担。分销商只对主承销商和承销团其他成员负责。

证券发行依照法律、行政法规的规定应由承销团承销的，组成承销团的承销商应当签订承销团协议，由主承销商负责组织承销工作。证券发行由两家以上证券公司联合主承销的，所有担任主承销商的证券公司应当共同承担主承销责任，履行相关义务。承销团由3家以上承销商组成的，可以设副主承销商，协助主承销商组织承销活动。

五、承销方式之比较

（一）代销和包销之比较

代销和包销虽然都是证券承销的基本方式，但二者在下列方面存在不同：

1. 法律关系不同。在代销中，发行人和承销商的法律关系为委托代理合同关系。在包销中，发行人和承销商的法律关系因包销种类的不同而有所不同。在全额包销中，发行人和承销商的法律关系为买卖合同关系；在余额包销中，发行人和承销商的法律关系以承销期为分界点。余额包销实际上是代销和全额包销的结合。承销商先代理发售，后全额包销。所以，在承销期内，二者的法律关系为委托代理合同关系；在承销期外，二者的法律关系转变为买卖合同关系。

2. 风险分担不同。在代销中，承销商只需按照承销协议约定的发行条件，在约定的承销期限内尽力销售，到承销期满后，如果证券没有全部被售出，那么承销商可以将未售出的证券退还给发行人。由于承销商是以发行人的名义发售证券的，发售的后果是由发行人独自承担的，因此，承销商对代销不承担任何发行失败的风险，代销对于承销商来说，风险要低于包销的风险。对于发行人来说则正好相反。在包销中，承销商在承销期内或承销期满后要购入全部的或销售剩余部分的证券，承担全部销售风险。对于承销商来说，包销的风险要远远高于代销的风险；对发行人来说，包销的风险要远远低于代销的风险。

3. 适用范围不同。代销由于风险分担的不均衡性，其适用范围也较为有限。包销由于很好地兼顾了发行人和承销商的利益，很好地配置了发行风险，均衡了发行人和承销商之间的权利和义务，因此其深受发行人和承销商的欢迎，具有较广的适用范围。

4. 发行成本不同。在代销中，承销商由于有权放弃全部或部分发行，所以与包销相比，代销的承销费要低于包销的承销费。对于发行人来说，代销可以降低发行成本。而在包销中，证券销售的风险由承销商承担。承销商首先与发行人商定发行底价并签订承销协议，然后组织力量在证券市场上进行销售，同时自行承担损失。对承销商来说，包销风险很大，但所获丰厚。由于作为承销商的证券经营机构包销的证券在未来变现过程中会产生市场风险，所以，证券经营机构不仅要面临证券发行市场的风险，还要面临证券发行市场与证券交易市场差价波动的风险，以及证券交易市场本身价格波动的风险。依据权利和义务、收益和风险相对等的原则，包销的承销费要高于代销的承销费。对于发行人来说，包销无疑增加了其发行的成本。

（二）全额包销和余额包销之比较

全额包销和余额包销，由于都给证券发行人提供了一定回避风险的途径，所以，这两种承销方式对于发行人来说都是有利的。就回避发行人的风险而言，二者之间并无二致，但在回避的程度上以及其他方面，二者还是存在着一定区别的，表现在以下方面：

1. 风险转移的程度不同。在余额包销中，承销商主要承担一种经纪职能；在全额包销中，承销商先是发行人发行证券的唯一买方，后来又成为唯一的卖方。可见，全额包销发行人的风险转移得更为彻底。

2. 资金来源不同。在资金来源上，余额包销的资金来源主要是证券投资者的资金，而全额包销的资金来源主要是证券公司的自有资金。在全额包销中，对承销商的要求更高，要求其具有更强的经济实力、专业水平和销售经验，因为从证券承销中发行人与承销商的博弈来看，全额包销要求承销商承担的责任更大。

3. 利益平衡不同。在余额包销中，承销商倾向于商定较高的承销价格，并约定一旦不能完全销售，其将以承销协议确定的价格购入剩余证券以作为长期投资。由于发行价格较高，不便于证券投资者接受，从而不利于发行的顺利完成，即使未售出的部分由承销商认购，但由于将其作为长期投资使用，承销商对所募集的资金往往采取分期支付的方式付给发行人，不能满足发行人迅速筹集资金的需求。因此，余额包销有可能损害发行人的利益。在全额包销中，由于承销商要将证券先行全部购入，其收益又主要取决于承销折扣，因此倾向于商定一个对所发行证券更合适的价格，从而在保证自身的利益的同时，也保证了发行人的利益。

总体上，全额包销的方式更容易达到发行人和承销商之间利益的一致和平衡，因而在美国，虽然长期以来余额包销曾是证券承销的主要方式，但是随着证券市场的发展，全额包销在美国的证券承销中逐渐占据了主要地位。[1]不过，全额包销仰赖于一个前提条件，就是承销商必须具有较强的经济实力、较高的专业水平和丰富的销售经验。

第三节　证券承销协议

一、证券承销协议的概念

证券承销协议是由证券发行者和证券承销商之间签订的，明确双方在证券承销过程中权利义务关系的合同。

证券承销协议是证券承销法律制度的重要组成部分。所谓证券承销法律制度，是调整证券承销中证券监管机构、发行人、承销商和证券投资者相互之间关系的法律规范的总称。其中，证券发行人和证券承销商之间的关系是证券承销法律制度规范的核心内容。

《证券法》第26条规定，发行人向不特定对象发行的证券，法律、行政法规规定应当由证券公司承销的，发行人应当同证券公司签订承销协议。证券承销业务采取代销或者

---

〔1〕习龙生、朱晓磊："中美证券承销制度比较分析"，载 http://china. findlaw. cn/gongsifalv/zhengquanfa/zhengquan-falunwen/5849_6. html，访问日期：2020年8月19日。

包销方式。

根据 2018 年 6 月 15 日起施行的《证券发行与承销管理办法》第 22 条的规定，发行人和主承销商应当签订承销协议，在承销协议中界定双方的权利义务关系，约定明确的承销基数。采用包销方式的，应当明确包销责任；采用代销方式的，应当约定发行失败后的处理措施。

证券发行依照法律、行政法规的规定应由承销团承销的，组成承销团的承销商应当签订承销团协议，由主承销商负责组织承销工作。证券发行由两家以上证券公司联合主承销的，所有担任主承销商的证券公司应当共同承担主承销责任，履行相关义务。承销团由 3 家以上承销商组成的，可以设副主承销商，协助主承销商组织承销活动。

承销团成员应当按照承销团协议及承销协议的规定进行承销活动，不得进行虚假承销。

二、证券承销协议的特征

（一）证券承销协议为要式合同

对证券承销协议的形式，法律没有直接作出明确的规定，但从《证券法》第 11、13、26、28 条和《证券发行与承销管理办法》第 22 条的相关规定可以看出，我国要求证券承销协议采取书面形式，而不允许采取口头形式或其他形式。

（二）证券承销协议为报送文件

按照《证券法》第 11、13 条的规定，证券承销协议是股份有限公司设立发行和新股发行时，必须向国务院证券监督管理机构报送的文件之一。

6 - 1

（三）证券承销协议必须遵守国家的强制性规范

证券承销协议属合同范畴，其具体内容由发行人和承销商协商确定，但不得违反国家的强制性规范。《证券法》要求记载的事项必须记载，不得有遗漏。

此外，对个别条款《证券法》第 31 条和第 32 条有强制性规定的，必须按强制性规定的内容执行，不允许双方当事人协商变更。

按照《证券法》第 31 条和第 32 条的规定，证券的代销、包销期限最长不得超过 90 日。证券公司在代销、包销期内，对所代销、包销的证券应当保证先行出售给认购人，证券公司不得为本公司预留所代销的证券和预先购入并留存所包销的证券。股票发行采取溢价发行的，其发行价格由发行人与承销的证券公司协商确定，也就是说，发行人和承销商约定的承销期限必须在 90 天以内。溢价发行的，发行价格由发行人和承销商协商确定，不得由发行人独自确定。

三、证券承销协议的种类

证券承销协议分为普通承销协议和承销团协议。

（一）普通承销协议

普通承销协议就是由证券发行者和证券承销商之间签订的，明确双方在证券承销过程中权利义务关系的合同。

（二）承销团协议

承销团协议是指由组成联合承销组织的两家或两家以上的证券经营机构之间签订的，明确各方在证券分销过程中权利义务关系的协议。适用于向不特定对象发行证券聘请承销团承销的情况。根据 2018 年 6 月 15 日起施行的《证券发行与承销管理办法》第 22 条的规定，证券发行依照法律、行政法规的规定应由承销团承销的，组成承销团的承销商应当签订承销团协议。承销团成员应当按照承销团协议及承销协议的规定进行承销活动。

承销团协议具有以下特征：

1. 承销团协议具有分销的功能。首先，主承销商与发行人就发行事项签订对外的承销协议，即普通承销协议。然后，为了降低主承销商的承销风险和责任，再由主承销商与承销团其他成员签订承销团协议，确定承销团成员各自负责分散发售证券的种类、数量、费用等。通过其他成员共同向证券投资者发售证券，可以分担主承销商的承销任务和责任，分散主承销商的承销风险。所以说承销团协议具有分销的功能。

2. 承销团协议仅对承销团成员具有法律约束力。由于承销团协议是由主承销商与承销团其他成员签订的，其效力只及于各成员之间，具有对内效力，而对发行人则不具有对外效力。

3. 承销团协议具有附属性。因为对发行人证券的承销，是先由主承销商从发行人处将证券全部承销下来，然后再行分销，主承销商与发行人签订的普通承销协议，具有对外的效力。如果没有主承销商对外承销协议的存在，也就没有签订承销团协议的必要了。因此，承销团协议对普通承销协议具有依附性。

四、证券承销协议的内容

（一）普通证券承销协议的内容

证券承销协议是发行人与承销商建立证券承销法律关系的基础。按照承销协议的约定，发行人有权要求承销商发售证券，同时有义务向承销商支付证券价款或佣金。证券承销商有义务为发行人承销证券，同时有权收取承销费用。承销商在发行市场中处于中介地位，是连结发行人和证券投资者的重要环节。

根据《证券法》第 28 条和《证券发行与承销管理办法》第 22 条的规定，发行人和主承销商应当签订承销协议，在承销协议中界定双方的权利义务关系，约定明确的承销基数。采用包销方式的，应当明确包销责任；采用代销方式的，应当约定发行失败后的处理措施。

证券公司承销证券，应当同发行人签订代销或者包销协议，载明下列事项：①当事人的名称、住所及法定代表人姓名；②代销、包销证券的种类、数量、金额及发行价格；③代销、包销的期限及起止日期；④代销、包销的付款方式及日期；⑤代销、包销的费用和结算办法；⑥违约责任；⑦国务院证券监督管理机构规定的其他事项。

（二）承销团协议的内容

承销团协议是组成承销团的承销商就有关证券分销事项签订的协议，承销团协议比普通的承销协议要求要严。根据《证券发行与承销管理办法》第 22 条的规定，证券发行依照法律、行政法规的规定应由承销团承销的，组成承销团的承销商应当签订承销团协议。承销团协议一般应载明：当事人的名称、住所及法定代表人的姓名；承销证券的种类、数量、金额及发行价格；包销的具体方式、包销过程中剩余证券的认购方法，或代销过程中剩余证券的退还方法；承销份额；承销组织工作的分工；承销期及起止日期；承销付款的日期及方式；承销缴款的程序和日期；承销费用的计算、支付方式和日期；违约责任等内容。

根据《证券发行与承销管理办法》第 22 条第 2、3 款的规定，证券发行由承销团承销的，承销商应当签订承销团协议，由主承销商负责组织承销工作。证券发行由两家以上证券公司联合主承销的，所有担任主承销商的证券公司应当共同承担主承销责任，履行相关义务。承销团由 3 家以上承销商组成的，可以设副主承销商，协助主承销商组织承销活动。

承销团成员应当按照承销团协议及承销协议的规定进行承销活动，不得进行虚假承销。

第四节　证券承销商的法定义务、承销规则和法律责任

一、证券承销商的功能

证券承销商具有承前启后的作用，其可在资金供给者与需求者之间架起桥梁，帮助发行人实现资金筹措，其具有顾问、购买、分销和保护等功能。所谓顾问功能，主要是指证券承销商可以利用其对证券市场的熟悉，为发行人提供证券市场准入的相关法律、法规的咨询，建议发行证券的种类、价格和时机，提供相关财务和管理的咨询。这种顾问的功能甚至延续到证券发行结束以后。购买功能，是指由于证券承销商的存在，在包销的情况下，发行人避免了证券不能完全销售出去的风险。分销功能，是指证券主承销商利用其在证券市场的广泛网络，通过分销商将证券销售给证券投资者。保护功能，是指在证券发行过程中，证券承销商在法律法规的限制下，可以进行稳定价格的操作，保证证券市场的稳定。[1]

二、证券承销商的法定义务和承销规则

证券承销商在发行人和证券投资者之间起着联结的作用，因此，承销商直接维系着发行人和证券投资者的利益，所以，有必要规范承销商的承销活动。2013 年 10 月 8 日证监会为规范证券承销业务，保护投资者利益，于第 11 次主席办公会议审议通过了《证券发行与承销管理办法》。该办法自 2013 年 12 月 13 日起施行。证监会根据 2014 年 3 月 21日、2015 年 12 月 30 日、2017 年 9 月 7 日、2018 年 6 月 15 日《关于修改〈证券发行与承销管理办法〉的决定》，对该办法进行了修订。2006 年 9 月 17 日发布并于 2010 年 10 月11 日、2012 年 5 月 18 日修改的《证券发行与承销管理办法》同时废止。《证券发行与承销管理办法》共 6 章，43 条。该办法对证券承销行为作出了详尽规定，特别是进一步明确了证券承销商的法定义务、承销规则，强调了对证券公司承销行为的监管。证券公司承销证券，应当依据该办法以及中国证监会有关风险控制和内部控制等相关规定，制定严格的风险管理制度和内部控制制度，加强定价和配售过程管理，落实承销责任。

---

〔1〕 习龙生、朱晓磊："中美证券承销制度比较分析"，载 http：//china.findlaw.cn/gongsifalv/zhengquanfa/zhengquan-falunwen/5849_6.html，访问日期：2020 年 8 月 19 日。

按照《证券法》和《证券发行与承销管理办法》的规定，证券承销商除了要按照与发行人签订的承销协议履行约定的义务外，还必须遵守和履行下列法定义务和承销规则：

（一）核查文件

（二）不得进行虚假或误导的宣传推介活动

（三）禁止不正当招揽承销业务

（四）报送方案

（五）遵守期限

（六）禁止预留

（七）不得操纵定价、干扰报价、申购、配售等活动

（八）协商确定

（九）承担发行失败责任

（十）披露信息

（十一）进行报告

6－2

三、主承销商的特别义务和承销规则

承销团这种承销方式，主要适用于票面总值较大时的证券发行，承销团又主要由主承销商负责组织和承担责任，鉴于其责任的重大性，必须对主承销商的行为严加规范。按照《证券发行与承销管理办法》的规定，主承销商必须履行和遵守下列特别义务和承销规则：

（一）在询价与定价、配售阶段，主承销商的特别义务

（二）在承销阶段，主承销商的特别义务和承销规则

（三）主承销商的信息披露义务

四、证券承销商的法律责任

（一）过错推定责任原则和连带赔偿责任

6－3

证券公司代替发行人向社会公众销售证券，应当与发行人一样承担如实说明发行情况的义务。证券公司应当对证券发行人向国务院证券监督管理机构、证券交易所报送和向证券投资者公布的文件的真实性、准确性、完整性尽注意义务。证券公司承销证券，应当对发行募集文件的真实性、准确性、完整性进行核查。发现含有虚假记载、误导性陈述或者重大遗漏的，不得进行销售活动；已经销售的，必须立即停止销售活动，并采取纠正措施。如果因发行募集文件含有虚假记载、误导性陈述或者重大遗漏，使证券投资者在证券交易中遭受损失的，承销的证券公司应与发行人共同承担连带赔偿责任，但是能够证明自己没有过错的除外。遭受损失的证券投资者，可以直接向证券公司请求赔偿。证券公司所负责任范围仅限于就所承销的证券与发行人承担连带赔偿责任。如果证券公司是在不知晓发行人的发行募集文件存在瑕疵，即在主观上无过错的情况下承销证券的，则不负连带赔偿责任。但是证券公司对此负有举证责任。

值得注意的是，《证券法》特别关注了损害赔偿责任的归责原则问题。如果实行过错责任原则，无疑加重了受损失证券投资者的举证责任，不利于投资者获赔，同时也减轻了造假者的责任，不利于约束和惩罚造假者。《证券法》实行过错推定责任原则，这大大加强了对造假者的约束和惩罚。根据《证券法》第85条的规定，信息披露义务人未按照规定披露信息，或者公告的证券发行文件、定期报告、临时报告及其他信息披露资料存在虚

假记载、误导性陈述或者重大遗漏，致使投资者在证券交易中遭受损失的，信息披露义务人应当承担赔偿责任；发行人的控股股东、实际控制人、董事、监事、高级管理人员和其他直接责任人员以及保荐人、承销的证券公司及其直接责任人员，应当与发行人承担连带赔偿责任，但是能够证明自己没有过错的除外。

在实行过错推定责任原则情况下，证券投资者无须再承担证明造假者有过错的繁重责任，而是由法律首先推定造假者存在过错，如果他们要免除责任，必须自己担当起证明自己没有过错的责任，否则就要承担损害赔偿责任。这比由遭受损失的投资者证明他们存在过错，责任重得多。将造假者公司的董事、监事、高级管理人员的个人财产、信用和责任与造假公司的行为捆绑在一起，实行"连坐"制度，旨在降低个人的道德风险。

《证券法》突出了证券投资者权益保护和提高上市公司质量两大核心内容，有助于夯实市场基础，推动证券市场稳健运行。过错推定责任原则和"连坐"制度的实行，强化了投资者求偿权的实现，彰显了立法者加强保护投资者权益、提高上市公司质量的立法主旨。

（二）证券承销商的具体法律责任

6－4

■ **前沿问题**

6－5　私募发行证券承销之探讨

■ **思考题**

1. 什么是证券承销？证券代销、包销的特征是什么？
2. 证券承销的法律关系及其性质是什么？
3. 什么是承销团承销？
4. 比较各种承销方式之间的优劣。
5. 简述证券承销协议的种类及其特征。
6. 证券承销商的功能有哪些？
7. 证券承销商的法定义务和承销规则包括哪些？
8. 证券承销商的法律责任是什么？

第三编　证券的交易

第七章　证券交易概述

■ 学习目的和要求

　　证券交易是证券市场最为活跃、最为频繁、风险最为集中的行为，因而成为证券法所调整规范的重点对象之一。证券交易规则是证券市场最为复杂，也最为完整的一套证券游戏规则，它包括证券交易的基本程序、证券交易的方式和种类以及证券交易的强制性规则，这些规则构成了证券交易制度的重要内容，并且为证券交易市场提供了公平、迅捷与安全的重要保障。学习本章，应重点理解和掌握证券交易的概念与特征，证券交易市场的概念与分类，证券交易市场主体的构成，证券交易的程序、方式、种类，以及证券交易的强制性规则等。

第一节　证券交易和证券交易市场

一、证券交易的概念与特征

　　证券交易，即证券买卖，是指证券所有人依照证券交易规则，将依法持有的证券转让给他人的法律行为。证券交易是证券权利转移的方式之一，除此之外，继承、赠与等也是证券权利转移的形式。证券交易是证券市场最为活跃、最为频繁、风险最为集中的行为，因此成为证券法所调整规范的重点对象之一。证券交易与一般商品交易，以及其他证券转让形式相比，具有以下特征：

　　1. 证券交易属于金融商品的买卖。与一般商品的买卖标的不同，证券交易的标的属于有价证券中的资本证券，其价值体现在证券所代表的财产权利，而不是证券本身。

　　2. 证券交易的价格波动幅度大。由于证券的价值与价格并不完全一致，因此，证券交易往往具有很大的投机性。证券投资与证券投机是一枚硬币的两面。

　　3. 证券交易是证券流通的基本方式。证券的流通性是证券的基本属性。证券法上的证券实现流通的主要方式是证券交易。证券交易不仅实现了不同投资者之间的风险转移，满足了证券投资者的买卖需求，也使证券市场保持着旺盛的生命力，发挥优胜劣汰的市场机制作用。

　　4. 证券交易是一种特殊的交易行为。证券交易有一套完整的交易规则，如交易代理规则、委托指令规则、成交规则、结算规则等，交易双方必须严格依照交易规则进行，交易行为才能有效。

5. 证券交易一般须在场内进行。由于证券交易风险较大，各国对证券市场都实行不同程度的监管，以防范证券市场的风险。场外交易不易监控，容易发生各种欺诈行为，所以不少国家和地区，不允许场外交易。但发达国家有的允许场外交易。

6. 证券交易须依法进行。证券交易的方式和种类通常由法律规定，未经法律许可，不得进行证券交易。

二、证券交易市场的概念与特征

证券交易市场，又称二级市场、次级市场，是指对已经发行的证券进行买卖、转让和流通的市场。其功能主要是为已发行的证券提供流通场所或机制，使更多的投资者获得证券投资的机会。证券交易市场具有以下特征：

1. 证券交易市场的主体是证券投资者，交易双方的关系基本上是单纯的买卖关系。在证券发行市场上，买者是证券投资人，而卖者是证券发行人，买卖双方不仅仅是买卖关系，还有更深刻的经济法律关系，如证券投资者购买了发行人发行的股票，便对发行人拥有了相应数量的股权及其所代表的财产权。又如，证券投资者购买了证券发行人发行的债券，便对该发行人拥有了相应数量的债权。而在证券交易市场上，买卖双方一般都是证券投资者，他们之间的关系是一种单纯的交易关系。

2. 证券交易市场上买卖的证券是依法发行且交付的证券。非依法发行的证券不得在证券市场上买卖，已经发行，但尚未交付的证券，亦不得买卖。因此，证券交易市场是存量交易，无论交易多么频繁，都不会增加市场的证券存量。而证券发行是增量交易，新证券的发行，意味着证券市场上证券供应量的增加。

3. 证券交易市场的证券交易价格经常波动，易产生投机性。证券交易市场的交易，是按照各时点的价格进行的，已发行证券上市挂牌交易之后，其交易价格直接由市场供求关系决定。但影响证券交易市场供求的因素十分复杂，且经常发生变化，导致不同时点上的买卖价格经常波动，常常出现成交价格大大偏离证券本身所能代表的实际价值的现象，以致证券交易市场的交易具有很大的投机性。正因为证券市场的投资行为和投机行为是一枚硬币的双面，不可分离，所以证券交易法应当保护合法的证券投机行为。

4. 证券交易市场是证券流通的一种机制。对证券交易市场的理解不应是某一固定的交易场所。证券交易市场既包含着一些固定的交易场所，如证券交易所、证券公司的营业部等，也包括许多不通过有形市场进行的已发行证券的交易，如场外交易，或通过无形市场进行的电话交易或网上交易。因此，所有已发行证券的买卖行为，均包含在证券交易的范畴之内。

三、证券交易市场的分类

证券交易市场的分类比较复杂，按照不同的标准或角度，可以作出不同的分类。

1. 按照证券市场的组织形式，可以分为场外交易市场和场内交易市场。

场外交易市场一般是没有组织的、分散的，买卖双方通过协商定价直接进行证券交易，如柜台交易市场。在证券交易所出现之前，证券交易是通过证券经纪公司柜台进行的。随着通信技术的发展，一些国家出现了有组织的、并通过现代化通信与电脑网络进行交易的场外交易市场，如美国全美证券商协会自动报价系统（NASDAQ，又译纳斯达克）。存在场外交易市场的国家，其证券交易也都在国家法律规定的框架内，由成熟的投资者参与，接受证券监督管理机构的监管。

场内交易市场又称集中交易市场，一般为证券交易所设立的交易场所。它是依法设立的，并具备一定设备、设施和人员，按照事先设定的明确规则运行的证券交易场所。证券交易所是为适应大规模证券交易的需要而产生的为投资者提供集中竞价交易的场所，现已成为各国证券交易市场的典型形式。

2. 按照证券交易市场交易对象的种类，分为股票交易市场、债券交易市场、基金交易市场和证券衍生品种交易市场。不同类型的证券交易市场，不仅其证券发行和上市的条件不同，而且交易规则亦有较大的差别。

股票交易市场又称股市，是指股票上市和交易的市场，是证券市场最基本的重要组成部分。我国股票交易市场依据投资者开户条件和交易规则的不同，分为 A 股市场、B 股市场。股票交易市场在整个证券交易市场中占有重要的地位，在市场经济中发挥着经济状况晴雨表的作用。

债券交易市场又称债市，是债券上市和交易的市场。由于债券市场有许多交易品种，又可以分为国债市场、企业债券市场、公司债券市场、金融债券市场等。就我国目前债券市场的发展情况看，以国债市场和公司债券市场最为典型。

基金交易市场是基金上市和交易的市场。依照基金特点和性质，基金交易市场又可分为投资基金交易市场和产业基金交易市场。我国目前已形成相当规模的投资基金交易市场和产业基金交易市场。根据基金能否赎回，基金交易市场又可分为开放型基金交易市场和封闭型基金交易市场。目前我国开放型基金占据基金交易市场的主导地位。许多封闭型基金转为开放型基金。

证券衍生品种交易市场是指各种证券衍生品种上市与交易的市场，包括股指期货、股指期权、国债期货、股票期权、存托凭证以及其他证券衍生品交易市场。我国 2005 年《证券法》修订之前，证券交易只允许现货交易，故证券衍生品种的交易几乎完全被禁止，严重制约着证券市场的创新和发展。2005 年修订后的《证券法》允许证券衍生品种的发行和交易，规定："证券衍生品种发行、交易的管理办法，由国务院依照本法的原则规定。"这一规定是我国《证券法》修改的重大突破，不仅拓宽了我国《证券法》调整的范围，也为我国证券衍生品种市场的发展提供了法律支撑，大大促进了证券衍生品种交易市场的发展。2019 年《证券法》修订后，删除了这一款规定，主要考虑到证券衍生品种分为证券型（如权证）和契约型（如股指期货），其中，证券型品种可作为国务院依法认定的其他证券，直接适用本法；契约型品种可适用期货交易管理条例，鉴于目前有关方面正在起草期货法，将来可纳入期货法调整。据此，全国人大宪法和法律委员会经研究，认为证券法可不再就证券衍生品种授权国务院规定具体管理办法。

3. 按照证券交易市场的性质与上市标准，可分为主板市场、二板市场、三板市场。

主板市场，又称一板市场，是与非主板市场相对应的概念，是传统意义上的证券市场（通常指股票市场），是指一个国家或地区证券发行、上市及交易的主要场所。主板市场先于二板市场产生，是多层次资本市场最重要的组成部分，它很大程度上能够反映经济发展状况，有"晴雨表"之称。主板市场对证券发行人的营业期限、股本大小、盈利水平、最低市值等方面的要求标准较高，上市企业多为大型成熟企业，具有较大的资本规模以及稳定的盈利能力。

二板市场，是指主板市场之外的证券发行、上市及交易的市场，通常是指专门服务于中小企业特别是具有高成长性的中小企业和高新技术企业的新兴证券市场，在促进高新技术产业发展方面有着重要的作用。相对主板市场而言，二板市场的上市标准和上市条件相对较低，但由于在二板市场上市的企业多数处于成长期，经营状况和盈利能力的变化较大，既可能有较高的成长性，也可能有较大的风险。例如，美国的纳斯达克（NASDAQ），英国伦敦交易所选择性投资市场 AIM（Alternative Investment Market 的简称），我国香港创业板市场，深圳证券交易所中小企业板市场和创业板市场，以及上海证券交易所科创板市场等。

三板市场，是相对于主板市场和二板市场的概念，在我国通常是指券商代办股份转让市场。2001 年 7 月 16 日，我国"代办股份转让系统"正式开办，作为中国多层次证券市场体系的一部分，三板市场一方面为退市后的上市公司股份提供继续流通的场所，另一方面也解决了原 STAQ、NET 系统历史遗留的数家公司法人股的流通问题。2006 年 1 月，为落实国家自主创新战略、推动科技型企业借力资本市场发展，国务院发布《证券公司代办股份转让系统中关村科技园区非上市股份有限公司股份报价转让试点办法》及相关配套文件，北京中关村科技园区非上市股份有限公司"代办股份转让系统"开始进入试点。因为挂牌企业均为高科技企业而不同于原转让系统内的退市企业及原 STAQ、NET 系统挂牌公司，故被称为新三板。原先以两网公司和退市公司为主体的市场称为老三板。两者在服务对象、交易方式、信息披露、融资制度、投资者适当性与等均存在根本性不同。新三板通过扩大试点范围，逐渐发展成为全国性交易市场。2013 年 1 月 16 日，随着全国中小企业股份转让系统正式揭牌运营，形成了非上市股份转让的全国性证券交易场所。

4. 按照证券交易市场的物质形态，可分为有形市场和无形市场。

有形市场是相对于无形市场而言的，是指以专门设有配备交易设施和设备的交易大厅作为固定交易场所，并以交易大厅作为交易运行的组织中心的市场。例如证券交易所的交易厅就属于有形市场。

无形市场是相对于有形市场而言的，是指没有固定的场地和空间，而是通过电信、电脑网络等现代化通信设备实现交易的市场。投资者利用证券商与交易所的电脑联网系统，可直接将买卖指令输入交易所的撮合系统进行交易。投资者委托买卖、成交回报、股份资金的交割，均通过证券商与交易所的电脑联网系统实现。

由于无形市场的交易方式具有高效、经济的优势，已日益为世界各国主要证券市场接纳并采用，成为当今世界证券市场发展的潮流。

此外，按照证券交易市场的地域标准，可分为国内证券交易市场和国际证券交易市场。

四、证券交易市场的参与主体

证券交易市场的参与主体是指参与证券交易市场活动的各种法律主体，包括证券发行主体、证券投资主体、证券服务中介机构、证券业自律组织和证券监管机构。

1. 证券发行主体。通常是指证券发行人，一般包括公司、企业、金融机构、基金组织、政府等。在证券交易市场上，证券发行人依法在特定情况下，可以回购自己发行的证券。例如，上市公司为激励高管人员或员工，为实行股票期权激励制度，而回购公司股份，或为减少公司资本而回购公司股份，开放型基金的发行人回赎基金，等等。

2. 证券投资者。通常是指证券投资人，一般分为个人投资者和机构投资者。机构投资者一般包括公司、企业、金融机构、基金组织、政府机构等。

3. 证券服务中介机构。通常是指为证券发行与交易提供服务的各种中介机构，一般包括证券交易所、证券登记结算机构、证券公司、证券服务机构。证券交易所是为证券发行和交易提供场所和设施服务的机构，通常依法兼有部分证券监管职责。证券登记结算机构是为证券发行和交易提供登记、保管、结算、过户等服务的中介机构。证券公司是为证券交易提供代理服务的中介机构。证券服务机构是指为证券发行、交易提供各种其他服务的中介机构，一般包括投资咨询机构、财务顾问机构、资信评级机构、资产评估机构、会计师事务所、律师事务所等。

第二节　证券交易的程序和规则

证券交易程序是指投资者进入证券市场进行证券买卖的具体步骤。证券交易程序具有极强的技术性和操作性，其科学化、规范化和合理化程度，对保证证券交易的公平、迅捷与安全至关重要，它是证券交易各方当事人权益实现的重要保障，也是证券法公开、公平、公正原则实现的程序保障。

我国证券交易所的证券交易程序按步骤可以分为开户、委托、申报、竞价成交和结算五个阶段。以下将结合证券交易程序介绍证券交易的有关规则。需要说明的是，我国上海证券交易所（以下简称"上交所"）和深圳证券交易所（以下简称"深交所"）各自都制订了本所的交易规则，在申报和竞价成交等方面的规则亦有许多不同之处。由于篇幅所限，本节将主要结合《中国证券登记结算有限责任公司证券账户业务指南》（2019年6月修订）和《上海证券交易所交易规则》（2020年第2次修订）的有关规定简要进行介绍。

一、开户

我国《证券法》第157条第1款规定，投资者委托证券公司进行证券交易，应当通过证券公司申请在证券登记结算机构开立证券账户。证券登记结算机构应当按照规定为投资者开立证券账户。投资者买卖证券，实际上需要开设两个账户，证券账户和资金账户。证券账户是由证券登记结算机构为申请人开出的记载其证券持有及变更的权利凭证，用于记录投资者持有证券的余额及其变动情况，投资者通过证券账户持有证券。资金账户用于存储投资者的投资资金和卖出股票后收回的价金。中国证券登记结算有限公司对证券账户实施统一管理，具体账户业务一般委托开户代理机构办理。投资者需按照《中国证券登记结算有限责任公司证券账户业务指南》的相关规定办理开户业务。个人和一般机构投资者开立证券账户应到开户代理机构办理证券账户开立业务。开户代理机构可根据中国结算有关规定采取临柜、见证或中国结算认可的其他非现场方式为自然人、普通机构投资者办理证券账户开立业务。开户代理机构还可以根据中国结算有关规定采取网上方式为自然人投资者办理证券账户开立业务。

境内自然人申请开立证券账户时，需填写适用于自然人的《证券账户开立申请表》，并提交投资者有效身份证明文件及复印件。委托他人代办的，还需提供经公证的委托代办书、代办人的有效身份证明文件及复印件。

境内法人申请开立证券账户时，需填写适用于机构的《证券账户开立申请表》，并提交投资者有效身份证明文件及复印件、法定代表人证明书、法定代表人授权委托书和法定代表人的有效身份证明文件复印件。境外法人需提供经公证或认证的董事会或董事、主要股东等出具的授权委托书，以及授权人的有效身份证明文件复印件，经公证或认证的公司章程、董事会决议、股东会决议等能够证明授权主体具有合法授权资格的相关证明文件；经公证或认证的公司章程、董事会决议、股东会决议等能够证明授权主体具有合法授权资格的相关证明文件；经办人有效身份证明文件及复印件。

开户代理机构受理投资者开户申请时，应当按照中国结算《证券账户管理规则》等有关规定对申请人所提交的开户申请材料进行审核。

投资者委托证券公司买卖证券，必须在其选定的证券公司营业部开设资金账户。开设资金账户时须提供投资者有效身份证明文件和证券账户。

二、委托

委托，是指投资者向证券交易所会员进行具体授权买卖证券的行为。我国证券交易所实行会员制，并实行全面指定交易制度，只有交易所会员才能参与证券交易所内的证券交易。投资者买卖证券必须事先指定一家会员作为其买卖证券的受托人，并与该会员签订《指定交易协议》和《委托证券交易协议》，通过该会员参与交易所证券买卖。协议生效后，投资者即成为该会员经纪业务的客户（以下简称"客户"）。

委托形式，客户可以通过书面或电话、自助终端、互联网等自助委托方式委托会员买卖证券。客户通过电话、自助终端、互联网等自助委托方式的，应当与交易所会员签订自助委托协议。

客户可以采用限价委托或市价委托的方式委托会员买卖证券。限价委托是指客户委托会员按其限定的价格买卖证券，会员必须按限定的价格或低于限定的价格申报买入证券；按限定的价格或高于限定的价格申报卖出证券。市价委托是指客户委托会员按市场价格买卖证券。客户可以撤销委托的未成交部分。被撤销和失效的委托，会员应当在确认后及时向客户返还相应的资金或证券。证券公司向客户提供融资融券服务的，应当按照中国证监会发布的《证券公司融资融券业务管理办法》的有关规定办理。

三、申报

申报，是指证券交易所会员向交易所交易主机发送证券买卖指令的行为。交易所接受会员的限价申报和市价申报。市价申报只适用于有价格涨跌幅限制证券连续竞价期间的交易。会员应当按照客户委托的时间先后顺序及时向交易所申报。

1. 申报指令。限价申报指令应当包括证券账号、营业部代码、证券代码、买卖方向、数量、价格等内容。市价申报指令应当包括申报类型、证券账号、营业部代码、证券代码、买卖方向、数量等内容。申报指令按交易所规定的格式传送。交易所认为必要时，可以调整申报的内容及方式。

2. 竞价交易申报时间。交易所接受会员竞价交易申报的时间为：每个交易日 9：15～9：25、9：30～11：30、13：00～15：00。每个交易日 9：20～9：25 的开盘集合竞价阶段，14：57～15：00 的收盘集合竞价阶段，交易所交易主机不接受撤单申报；其他接受交易申报的时间内，未成交申报可以撤销。撤销指令经交易所交易主机确认方为有效。

3. 竞价交易申报数量。通过竞价交易买入股票、基金、权证的，申报数量应当为 100 股（份）或其整数倍。卖出股票、基金、权证时，余额不足 100 股（份）的部分，应当一次性申报卖出。债券交易的申报数量应当为 1 手或其整数倍，债券质押式回购交易的申报数量应当为 100 手或其整数倍，债券买断式回购交易的申报数量应当为 1000 手或其整数倍。债券交易和债券买断式回购交易以人民币 1000 元面值债券为 1 手，债券质押式回购交易以人民币 1000 元标准券为 1 手。股票、基金、权证交易单笔申报最大数量应当不超过 100 万股（份），债券交易和债券质押式回购交易单笔申报最大数量应当不超过 10 万手，债券买断式回购交易单笔申报最大数量应当不超过 5 万手。根据市场需要，交易所可以调整证券的单笔申报最大数量。

4. 证券交易的计价单位。不同证券的交易采用不同的计价单位。股票为"每股价格"，基金为"每份基金价格"，权证为"每份权证价格"，债券为"每百元面值债券的价格"，债券质押式回购为"每百元资金到期年收益"，债券买断式回购为"每百元面值债券的到期购回价格"。A 股、债券交易和债券买断式回购交易的申报价格最小变动单位为 0.01 元人民币，基金、权证交易为 0.001 元人民币，B 股交易为 0.001 美元，债券质押式回购交易为 0.005 元。深交所债券质押式回购交易的申报价格最小变动单位为 0.001 元人民币；B 股交易为 0.01 港元。交易所可以根据市场需要，调整证券单笔买卖申报价格的最小变动单位。

5. 有效申报。买卖有价格涨跌幅限制的证券，在价格涨跌幅限制以内的申报为有效申报。超过涨跌幅限制的申报为无效申报。股票、基金交易价格涨跌幅限制比例为 10%，其中 ST 股票和 *ST 股票价格涨跌幅比例为 5%。注册制下的上交所科创板和深交所创业板，股票交易价格涨跌幅限制比例为 20%，首次公开发行上市的股票，上市后的前 5 个交易日不设价格涨跌幅限制。股票、基金涨跌幅价格的计算公式为：涨跌幅价格＝前收盘价×（1±涨跌幅比例）。计算结果按照四舍五入原则取至价格最小变动单位。属于下列情形之一的，首个交易日无价格涨跌幅限制：①首次公开发行上市的股票和封闭式基金；②增发上市的股票；③暂停上市后恢复上市的股票；④退市后重新上市的股票；⑤交易所认定的其他情形。经证监会批准，交易所可以调整证券的涨跌幅比例。

6. 买卖无价格涨跌幅限制的证券，集合竞价阶段的有效申报价格应符合下列规定：①股票开盘集合竞价阶段的交易申报价格不高于前收盘价格的 900%，并且不低于前收盘价格的 50%；②基金、债券开盘集合竞价阶段的交易申报价格最高不高于前收盘价格的 150%，并且不低于前收盘价格的 70%；③股票收盘集合竞价阶段的交易申报价格不高于最新成交价格的 110% 且不低于最新成交价格的 90%。当日无交易的，前收盘价格视为最新成交价格。开盘集合竞价阶段的债券回购交易申报无价格限制。

7. 买卖无价格涨跌幅限制的证券，连续竞价阶段的有效申报价格应符合下列规定：①股票连续竞价阶段、开市期间停牌阶段的交易申报价格不高于最新成交价格的 110% 且不低于最新成交价格的 90%。②基金、债券、债券回购连续竞价阶段的交易申报价格不高于即时揭示的最低卖出价格的 110% 且不低于即时揭示的最高买入价格的 90%；同时不高于上述最高申报价与最低申报价平均数的 130% 且不低于该平均数的 70%；即时揭示中无买入申报价格的，即时揭示的最低卖出价格、最新成交价格中较低者视为前项最高买入价格；即时揭示中无卖出申报价格的，即时揭示的最高买入价格、最新成交价格中较高者视为前项最低卖出价格。当日无交易的，前收盘价格视为最新成交价格。

8. 申报当日有效。每笔参与竞价交易的申报不能一次全部成交时，未成交的部分继续参加当日竞价，交易所交易规则另有规定的除外。

四、竞价成交

证券竞价交易采用集合竞价和连续竞价两种方式。集合竞价是指在规定时间内接受的买卖申报一次性集中撮合的竞价方式。连续竞价是指对买卖申报逐笔连续撮合的竞价方式。集合竞价期间未成交的买卖申报，自动进入连续竞价。

证券竞价交易按价格优先、时间优先的原则撮合成交。成交时价格优先的原则为：较高价格买入申报优先于较低价格买入申报，较低价格卖出申报优先于较高价格卖出申报。成交时时间优先的原则为：买卖方向、价格相同的，先申报者优先于后申报者。先后顺序按交易主机接受申报的时间确定。

集合竞价时，成交价格的确定原则为：①可实现最大成交量的价格；②高于该价格的买入申报与低于该价格的卖出申报全部成交的价格；③与该价格相同的买方或卖方至少有一方全部成交的价格。两个以上申报价格符合上述条件的，使未成交量最小的申报价格为成交价格；仍有两个以上使未成交量最小的申报价格符合上述条件的，其中间价为成交价格。集合竞价的所有交易以同一价格成交。

连续竞价时，成交价格的确定原则为：①最高买入申报价格与最低卖出申报价格相同，以该价格为成交价格；②买入申报价格高于即时揭示的最低卖出申报价格的，以即时揭示的最低卖出申报价格为成交价格；③卖出申报价格低于即时揭示的最高买入申报价格的，以即时揭示的最高买入申报价格为成交价格。按成交原则达成的价格不在最小价格变动单位范围内的，按照四舍五入原则取至相应的最小价格变动单位。

买卖申报经交易主机撮合成交后，交易即告成立。符合交易所交易规则各项规定达成的交易于成立时生效，买卖双方必须承认交易结果，履行清算交收义务。依照交易规则达成的交易，其成交结果以交易所交易主机记录的成交数据为准。

五、结算

结算，是指证券登记结算机构和结算参与人按照确定的结算规则，对已达成的证券交易进行后续处理的行为，包括清算和交收。清算是指按照确定的规则计算证券和资金的应收应付数额的行为。交收又称交割，是指根据确定的清算结果，通过转移证券和资金履行相关债权债务的行为。

我国证券交易中的证券和资金结算实行分级结算原则。证券登记结算机构负责办理证券登记结算机构与结算参与人之间的集中清算交收；结算参与人负责办理结算参与人与客户之间的清算交收。所谓结算参与人，是指经证券登记结算机构核准，有资格参与集中清算交收的证券公司或其他机构。证券登记结算机构根据业务规则作为结算参与人的共同对手方，即同时作为所有买方和卖方的交收对手，采取净额结算方式，将每个结算参与人所有达成交易的应收应付证券或资金予以冲抵轧差，计算出相对每个结算参与人的应收应付证券或资金的净额，再按照应收应付证券或资金的净额与每个结算参与人进行交收。集中交收前，结算参与人应当向客户收取其应付的证券和资金，并在结算参与人证券交收账户、结算参与人资金交收账户留存足额证券和资金。集中交收后，结算参与人应当向客户交付其应收的证券和资金。根据我国《证券法》第158条第2~4款的规定，证券登记结算机构为证券交易提供净额结算服务时，应当要求结算参与人按照货银对付的原则，足额交付证券和资金，并提供交收担保。在交收完成之前，任何人不得动用用于交收的证券、资金和担保物。结算参与人未按时履行交收义务的，证券登记结算机构有权按照业务规则处理前款所述财产。所谓货银对付，是指证券登记结算机构与结算参与人在交收过程中，当且仅当资金交付时给付证券、证券交付时给付资金。

结算参与人与客户之间的证券划付，应当委托证券登记结算机构代为办理。证券登记结算机构根据证券交易的交收结果办理证券持有人名册的变更登记。

证券公司必须按照规定的时间办理结算交割。目前上交所和深交所对 A 股和 B 股均实行 T + 1 交割方式。实行回转交易的证券和证券衍生品，如债券、权证、股票期权、股指期货等，实行 T + 0 交割方式。

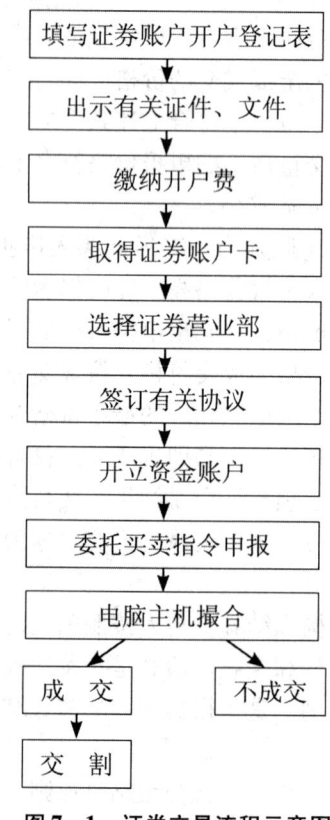

图 7 - 1　证券交易流程示意图

第三节　证券交易的方式和种类

在证券业发达的国家与地区，证券交易有各种各样的方式。按照不同的标准分类，证券交易方式可以分为三种类型：①以时间为标准划分的现货交易与期货交易；②以是否有选择权为标准划分的期权交易与非期权交易；③以有无保证金为标准划分的保证金交易与非保证金交易。上述三种主要分类与证券进行组合，便出现了多种证券交易方式，如证券现货交易、证券期货交易、证券期权交易、证券信用交易等，由此又衍生出许多新的证券交易品种，如股票期货交易，股票指数期货交易、股票期货选择权交易、股票指数期货选择权交易、债券利率期货交易，债券利率期权交易，股票保证金买空交易、股票保证金卖空交易，等等。美国的证券市场比较发达，证券交易方式和交易品种最为丰富。

在我国，2005年《证券法》修改之前，证券交易只允许现货交易一种方式，证券交易的品种也较为单一，主要是股票、公司债券和国务院依法认定的其他证券。随着我国证券市场的发展，迫切需要增加新的证券交易方式和种类。2005年修订后的《证券法》，适应我国证券市场不断发展的需要，对证券交易方式和种类的限制大大放宽。为了促进我国证券市场的进一步改革开放，2019年新修订的《证券法》取消了原《证券法》第42条关于"证券交易以现货和国务院规定的其他方式进行交易"的规定。下面分别从证券交易方式与品种两方面，对证券交易的相关知识作一简要的阐释。

一、证券交易方式

1. 证券现货交易。现货交易又称即期交易，是指证券交易双方仅以自己真实持有的证券和资金进行交易，在成交后及时清算交割证券和价款的交易方式。现货交易的特点是"钱货两讫"。证券现货交易是证券交易历史上最早的证券交易方式。由于现货交易即时清算交割，相对其他证券交易方式而言，其投机性较弱，风险相对较小，是一种较为安全的交易方式，所以至今仍然是证券交易的主要方式。但是，现货交易在适应市场的变化、风险规避以及预期选择上较差。由此而产生了一系列的其他交易方式。

2. 证券期货交易。期货交易又称远期交易，是一种集中交易标准化远期合约的交易形式，即交易双方在期货交易所通过买卖期货合约，并根据合约规定的条款约定，在未来某一特定时间和地点，以某一特定价格买卖某一特定数量和质量的商品的交易行为。期货交易的最终目的并不是商品所有权的转移，而是通过买卖期货合约，回避现货价格风险。与现货交易不同，期货交易可以通过做多获利，也可以通过做空获利。而现货交易只能通过做多获利。

证券期货交易是指证券交易双方依照合约规定，在未来某一特定时间按约定价格进行交割和清算的证券交易方式。证券期货交易的标的是标准化的证券期货合约，其目的不在于实物证券的交割，而在于规避证券交易的风险，或通过期货交易方式获取证券投资的高风险收益。因此，证券期货交易往往通过对冲交易实行平仓，实际交割的证券很少。

期货交易是由现货交易发展而来的。在13世纪比利时的安特卫普、17世纪荷兰的阿姆斯特丹和18世纪日本的大阪，就已经出现了期货交易的雏形。现代有组织的期货交易产生于美国芝加哥。1848年，芝加哥期货交易所（CBOT）的农产品贸易商、加工商开始采用现货远期合约的方式来进行商品交易，以期稳定货源和销路，减少价格波动的风险。随着交易规模的扩大，①现货远期合约没有统一规定内容，是非规范化合约，每次交易都需双方重新签订合约，增加了交易成本，降低了交易效率；②由于远期合约的内容条款各式各样，某一具体的合约不能被广泛认可，使合约难以顺利转让，降低了合约的流动性；③远期合约的履行以交易双方的信用为基础，容易发生违约行为；④远期合约的价格不具有广泛的代表性，形不成市场认可的、比较合理的预期价格，因此，早期的芝加哥期货交易所经常发生交易纠纷和违约，使商品交易受到很大制约，市场发展受到一定限制。为了减少交易纠纷，简化交易手续，增强合约流动性，提高市场效率，1865年芝加哥期货交易所推出标准化的期货合约交易，取代了原有的现货远期合约交易，后又推出履约保证金制度和统一结算制度。

3. 证券期权交易。所谓期权（options）是一种选择权，所以期权交易又称选择权交易，是指期权的买方向卖方支付一定数额的权利金后，就获得选择权，即拥有在一定时间内以一定的价格（执行价格）出售或购买一定数量的标的物（实物商品、证券或期货合约）的权利。期权的买方行使权利时，卖方必须按期权合约规定的内容履行义务。相反，买方可以放弃行使权利，此时买方只是损失权利金，同时，卖方则赚取权利金。总之，期权的买方拥有执行期权的权利，无执行的义务；而期权的卖方只有履行期权的义务。选择权合约的价格称保险费，由当事人双方商定。

期权交易按照交易的方向不同，分为看涨期权、看跌期权和双向期权交易。按照执行时间的不同，可分为欧式期权和美式期权。欧式期权，是指只有在合约到期日才被允许执行的期权，它在大部分场外交易中被采用。美式期权，是指可以在成立后的有效期内的任何一天被执行的期权，多为场内交易所采用。

证券期权交易，则是指证券交易当事人为保障或获得证券市场波动利益，约定在一定时间内，以特定价格卖出或买进指定证券，或者放弃卖出或买进指定证券而支付约定的期权交易保证金的交易。股票期权交易的期限有 3 个月、6 个月和 9 个月的不同档次。

4. 证券信用交易。证券信用交易即融资融券交易，又叫保证金交易或垫头交易，是指交易客户在买卖股票等有价证券时，向经纪人支付一定比例的现金和证券，其差额部分由经纪人或银行通过借贷而补足的一种交易形式。证券的信用交易包括融资买券和融券卖空。所谓融资买券是指投资人以部分自备款做担保，向证券公司或证券金融公司融入资金，以购买证券；融券卖空是指投资人交纳一定比例的保证金向证券公司或证券金融公司借入证券出售，在未来一定的期限内，再买入证券归还给证券公司或证券金融公司。信用交易的风险比其他交易方式要大，但获得的盈利也有可能比其他交易方式高。证券信用交易的特点是，客户可以用较少的钱，买进较多的股票，也可以在拥有较少股票，甚至没有股票的情况下，卖出较多的股票，使客户在承担较大风险的情况下，有可能获得较多的利益。例如，某投资者以 10000 元的资金购买 1000 股价格为 10 元的股票，如果股票上涨到 15 元，盈利为 5000 元，回报率为 50%；但若采取信用交易的方式，投资者向券商融资 5000 元，自己出资 5000 元，尽管盈利同样为 5000 元，但仅用自有资金 5000 元交易，回报率为 100%。在牛市中，适当正确运用信用交易的作用，可以起到杠杆效应，有扩大收益的作用。因此，当股价看涨需要买进以赚取差价时，投资者向券商融资进行交易，交易规模呈现出放大效应。证券信用交易作为一种交易方式，对风险承受能力强的投资者起到了扩大收益的作用，可以使投资者用较少的资金和证券成本，获取更大的利益。

在信用交易中，无论是融资购券行为还是融券卖空行为，实际上都是在第三方信用的介入下，完成证券交易，实现交易盈利或亏损的过程。由于有了第三方（融资方和融券方）的信用支持，使得证券交易无论在时间上还是在空间上都大大拓展了，交易的链条也延伸了，直接导致了交易规模的扩大，由此也带来了交易风险的扩大。所以，证券信用交易是把"双刃剑"。尽管证券信用交易在许多国家证券市场上被广泛采用，并深受投资者的欢迎，但是在我国，由于证券信用交易会提高证券市场的投机性，加剧市场的波动和风险，1998 年制定的《证券法》，信用交易被绝对禁止。2005 年修订的《证券法》规定："证券公司为客户买卖证券提供融资融券服务，应当按照国务院的规定并经国务院证券监督管理机构批准。"至此，证券信用交易在我国得到了法律的许可。这是我国 2005 年《证券法》修订上的一次重大突破，这一修订促进了我国证券市场交易的活跃程度，增加投资者的投资机会，给证券业带来业务创新，但同时也会给参与信用交易的各方，乃至整个证券市场带来新的、更大的风险。因此，要制定完善的证券信用交易制度和相关的配套法律法规，才能有效地控制和减少由此带来的风险。自 2010 年 1 月 22 日证监会发布《关于开展证券公司融资融券业务试点工作的指导意见》，2010 年 3 月 31 日融资融券业务正式启动；到 2011 年 10 月 26 日证监会发布《关于修改〈证券公司融资融券业务试点管理办法〉的决定》，融资融券业务从试点走向常规；再到 2015 年 6 月 12 日上证指数创出5178 点之后，因清理场外配资引发股市大幅度快速下跌，沪深两市多个交易日出现千股跌停的市场崩溃现象，此被称之为中国"股灾"，以致政府不得不多次采取救市措施。其中，证监会于 2015 年 7 月 1 日紧急出台修订的《证券公司融资融券业务管理办法》，在加强融资融券业务宏观监管的同时，放宽了某些监管措施，试图化解融资融券以及场外配资所产生的市场融资交易杠杆过度放大，以及监管措施失当导致的市场风险急剧释放带来股市崩盘风险。此次"股灾"事件，无论对融资融券业务，还是股指期货交易，乃至整个证券市场的发展都将产生深远的影响。对此，证券监管者、证券市场的参与者、以及证券法的立法者和研究者仍需进一步反思和总结，如此才能更好地完善相关制度。

二、证券交易种类

目前在我国证券交易所可以挂牌交易的证券交易品种，主要是股票、基金、债券、债券回购、权证、股票期权、股指期货以及经证监会批准的其他交易品种。关于股票、基金、债券前面章节已有论述，不再赘述，这里主要补充介绍一下债券回购、权证、股票期权和股指期货。

1. 债券回购。债券回购，是指债券持有人为获取短期资金而质押或出售债券时，以契约方式约定在将来某一日期以约定的价格，从买方购回该笔债券的交易行为。通过卖出一笔债券以获得对应资金，并在约定期满后以事先商定的价格从对方购回同笔债券的为融资方（申报时为买方），也称正回购方；以一定数量的资金购得对应的债券，并在约定期满后以事先商定的价格向对方卖出对应债券的为融券方（申报时为卖方），也称逆回购方。

债券回购按照回购方式不同，分为质押式回购与买断式回购。质押式回购是指交易双方以债券为权利质押所进行的短期资金融通业务。债券买断式回购交易，是指债券持有人在将一笔债券卖出的同时，与买方约定在未来某一日期，再由卖方以约定价格从买方购回该笔债券的交易行为。它实质上是一种"实券过户"的回购交易，如我国证券交易所交易的国债买断式回购交易。按照品种来分债券回购交易，可以分为企业债回购和国债回购。国债回购交易是一种以交易所挂牌交易的国债作质押的短期融资行为，它为一些持有中长期国债和拥有大量闲置资金的机构和团体提供了一种灵活有效的融资与融券渠道。

债券回购是证券现货交易的创新品种。由于债券回购交易事先确定好回购价格，能够较好地控制市场风险，对于债券持有人而言，可以以较低的成本获取短期资金；对于资金持有人而言，能够改善资产管理，在保持资产流动性，使资产结构合理化、多元化的同时，获取回售证券所带来的资产收益。此外，由于债券回购交易的价格差，反映了金融市场短期资金的供求，中央银行可以通过公开市场操作参与债券回购，对资金的供求进行调节，执行货币政策，实现宏观调控的目的。

2. 权证。权证（warrant），香港俗称"涡轮"，是指标的证券发行人或其以外的第三人发行的，约定持有人在规定期间内或特定到期日，有权按约定价格向发行人购买或出售标的证券，或以现金结算方式收取结算差价的有价证券。权证实质反映的是发行人与持有人之间的一种契约关系，持有人向权证发行人支付一定数量的价金之后，就从发行人那里获取了一种权利，这种权利使得持有人可以在未来某一特定日期或特定期间内，以约定的价格向权证发行人购买或出售一定数量的资产。这些资产可以是个股，也可以是一篮子股票、指数、商品或其他衍生产品。与期权相同的是，持有人获取的是一个权利而不是责任，其有权决定是否履行契约，而发行者仅有被执行的义务，因此为获得这项权利，投资者需付出一定的代价（权利金）。目前我国证券市场上发行和交易的权证，包括认股权证、配股权证、备兑权证等。

按照权利的行使方向，权证可以分为认购权证和认售（沽）权证。认购权证是指标明未来买入权利的权证，属于期权当中的"看涨期权"，认售（沽）权证是指标明未来卖出权利的权证，属于"看跌期权"。按照行权模式的不同，权证可分为欧式权证和美式权证。欧式权证是指仅在到期日可以行使约定权利（简称"行权"）的权证，美式权证是指在到期前随时可以行权的权证。以股票权证为例，如果在到期时标的股票价格低于行权价，认购权证将一钱不值；如果到期时标的股票价格高于行权价，认沽权证就将一钱不值。根据香港证监会《到期时处于价内及价外的衍生权证的比例》的研究报告，55.4%的权证在到期日变成了废纸一张。

权证具有杠杆效应，这是由权证的产品特性所决定的。举例来说，假设标的股票目前价格为10元，标的股票认股权证执行价格为12元，认股权证市价（假设权证兑换比例为1:1）为0.5元。投资者如果购买一张认股权证，相当于用1元的代价来投资12元的标的股票，如果今后标的股票上涨到15元，则其报酬率（不考虑交易成本）为：投资认股权证报酬率 =（15 - 12 - 0.5）/0.5 = 500%；若投资者直接投资标的股票，则其报酬率 =（15 - 10）/10 = 50%。

由于权证具有杠杆效应，如果投资人对标的资产后市走势判断正确，则权证投资回报率往往会远高于标的资产的投资回报率。反之，则权证投资将血本无归。权证投资价值的体现，完全基于所对应股票价格走势的预期上。股票看涨，认购权证就上涨，认沽权证就下跌。股票看跌，认购权证就下跌，认沽权证就上涨。只不过，权证的波动性较强，具有以小搏大的特点，投机性介于股票和期货之间。

3. 股票期权。期权（Option），又称为选择权，它是在期货的基础上产生的一种金融工具，属于金融衍生产品的范畴。期权是投资者约定在未来买入或卖出某项资产的权利，实质上是在金融领域中将权利和义务分开进行定价，使得权利的受让人在规定时间内对于是否进行交易行使其权利，而义务方必须履行。股票期权是指买方在交付了期权费后即取得在合约规定的到期日或到期日以前按协议价买入或卖出一定数量相关股票的权利。卖方则以获取期权费（权利金）为对价，履行其对买方应尽的义务。股票期权合约是指证券交易所统一制定的，规定买方有权在将来特定时间按照特定价格买入或者卖出约定股票、跟踪股票指数的交易型开放式指数基金等标的证券的标准化合约。股票期权交易就是指以股票期权合约为交易标的的交易活动。由于期权交易方式、方向、标的物等方面的不同，产生了众多的期权品种。按期权合约上的标的划分，有股票期权、股指期权、利率期权、商品期权以及外汇期权等种类。就期权的类型而言，亦有各种不同的分类。按照期权的权利划分，期权可分为买方期权（Call Option）和卖方期权（Put Option）。前者也称为看涨期权或认购期权，是指买方有权在将来特定时间以特定价格买入约定数量合约标的的期权合约。后者也称为看跌（空）期权或认沽期权，是指买方有权在将来特定时间以特定价格卖出约定数量合约标的的期权合约。按期权的交割时间划分，可分为美式期权和欧式期权。美式期权是指期权买方在期权合约规定的有效期内任一交易日都可以行使权利。欧式期权是指期权的买方只能在期权合约规定的到期日行使权利。

股票期权是国际资本市场成熟的基础金融衍生产品，在风险管理方面具有其他金融工具无法替代的作用。目前全球已有50余家交易所上市期权产品，排名前20的证券市场，均有股票期权产品。期权在国际金融市场发挥着重要的作用，近年来全球场内期权成交量与期货成交量基本相当，反映了金融市场对期权产品的庞大需求。2015年1月9日，证监会发布《股票期权交易试点管理办法》，同时宣布批准上海证券交易所开展股票期权交易试点。2015年2月9日，我国首个场内期权产品——上证50ETF期权正式上市。

4. 股指期货。股指期货属于证券衍生品种，是指以股票价格指数为交易标的的一种金融期货合约，即交易双方依照合约规定，在未来某一特定时间按约定价格进行股价指数交易。股指期货除具有标准化合约、杠杆机制、集中交易、对冲机制、每日无负债结算等期货交易的一般特征外，还具有自身的一些特点。例如，股指期货标的物为相应的股票价格指数、报价单位以指数点计、采用现金交割方式等。

股指期货最早产生于美国，自1982年2月24日美国堪萨斯交易所（KCTB）推出价值型股指期货以来，股指期货得到迅速发展。据美国期货业协会（FIA）统计，截至2005年底，在29个国家和地区有32家交易所至少有一个以上股指期货品种在挂牌交易。在2005年全球期货合约39.61亿张的成交量中，股指期货稳居第二，占全球期货交易量的22.2%，仅次于利率期货（53.17%）。2011年4月16日，我国首批四个沪深300股票指数期货合约在中国金融期货交易所正式挂牌交易。

股指期货对投资者的投资理念和策略有很大影响。投资者可以利用股指期货进行投机，通过买空卖空，提高资金的利用效率，增加获利机会。投资者也可以利用它进行套期保值，来规避系统性风险。但是，股指期货是一把"双刃"剑，它有可能导致过度投机，加大风险。我国2015年发生的"股灾"和2016年初实施的指数熔断机制导致股市加速下跌，沪深两市曾有两个交易日因此提前闭市，再次印证了股指期货加大市场风险的双刃面。

第四节　证券交易的强制性规则

从证券交易规则的强制性程度看，有任意性规则和强制性规则。证券法上所确认的交易规则多为强制性规则。根据我国《证券法》及相关法律法规的规定，证券交易的强制性规则主要有以下方面的内容。

一、证券交易标的物的限制

为规范证券市场的交易行为，防止证券欺诈，维护金融秩序，《证券法》第35条规定："证券交易当事人依法买卖的证券，必须是依法发行并交付的证券。非依法发行的证券，不得买卖。"这一规定表明，并非任何证券都可以进行交易，证券交易当事人依法买卖的证券必须符合两项条件，即依法发行和依法已交付。

1. 必须是依法发行的证券。依法发行的证券是指依照证券法及其他有关法律、行政法规规定的条件，并依法报经国务院证券监督管理机构或者国务院授权的部门核准，公开发行或者非公开发行的证券。只有依法发行的证券，才能作为证券交易的标的物。凡未依法经过核准，未依照法定程序，擅自公开发行的证券，以及未按照法律法规的规定向特定对象非公开发行的证券，不得进行买卖。

2. 必须是依法已交付的证券。依法已交付的证券是指发行人依法将已发行的证券转移至购买人的证券。证券发行后，并不一定立即交付给证券购买人。例如，根据我国《公司法》第 132 条规定，股份有限公司成立前不得向股东交付股票。因此，即使已经依法发行的证券，未交付的，亦不得进行买卖。所谓已交付证券，如果是纸面形式的证券，是指已由发行人交给证券购买人实际持有的证券。如果是电子形式的证券，是指有关电子系统已登记在证券购买人名下的证券。

二、证券交易场所的限制与放松

《证券法》第 37 条第 1 款规定："公开发行的证券，应当在依法设立的证券交易所上市交易或者在国务院批准的其他证券交易场所交易。"这一规定，属于场内交易的限制性规定。由于公开发行的证券涉及的人数众多，影响的范围较广，为了保护投资者的合法权益，维护证券市场的秩序和社会公共利益，《证券法》对公开发行的证券交易场所作出了一定的限制性规定。同时《证券法》第 37 条第 2 款规定："非公开发行的证券，可以在证券交易所、国务院批准的其他全国性证券交易场所、按照国务院规定设立的区域性股权市场转让。"这一规定为我国建立多层次的资本市场提供了法律保障。

三、证券交易方式的限制与放松

证券交易方式关系到证券交易的公平与效率，采用何种交易方式，对参与证券交易的各方当事人能否得到公平的交易机会与公平的交易价格是至关重要的。证券交易方式既要体现证券法的公平原则，又要体现证券法的效率与安全原则。《证券法》第 38 条规定："证券在证券交易所上市交易，应当采用公开的集中交易方式或者国务院证券监督管理机构批准的其他方式。"集中交易方式是在集中交易市场以竞价交易的方式进行的交易。在我国，证券交易所内除集中竞价交易外，还有大宗交易，即单笔交易规模远大于市场平均单笔交易量的交易。大宗交易由买卖双方达成一致，经交易所确认后成交。其成交价格，由买卖双方在当日集中竞价交易中已成交的最高价和最低价之间确定。该证券当日无成交价格的，以前一日收盘价为成交价。2019 年新修订的《证券法》与 2005 年修订的《证券法》规定相比较，前者大大放松了对证券交易方式的限制，删除了 2005 年《证券法》第 42 条规定，即"证券交易以现货和国务院规定的其他方式进行交易"。

四、特定主体证券转让期限的限制

《证券法》第 36 条规定："依法发行的证券，《中华人民共和国公司法》和其他法律对其转让期限有限制性规定的，在限定的期限内不得转让。"根据《公司法》和《证券法》的有关规定，下列特定主体所持证券在规定期限内，禁止转让或买卖。

1. 发起人所持本公司股份转让的限制。《公司法》第 141 条第 1 款中规定："发起人持有的本公司股份，自公司成立之日起 1 年内不得转让。"由于公司发起人不仅是公司的主要控股股东和经营管理的主要执行者，还是公司未来经营业绩的预测分析者，并对其预测承担一定责任。对发起人转让股份设立一定的限制期限，可以将发起人利益与其他股东利益和公司利益结合为一体，并促使发起人对公司的发起和经营认真负责。

2. 股东所持公开发行前的股份转让限制。根据《公司法》第 141 条第 1 款规定，公司公开发行股份前已发行的股份，自公司股票在证券交易所上市交易之日起 1 年内不得转让。因为公司公开发行股份前的股东，其地位类似于发起人，所以，为保护广大公众投资者的利益，对其所持有的公司公开发行股份前的股份转让，需要有一定期限的限制。

3. 公司董事、监事、高级管理人员所持本公司股份转让的限制。《公司法》第 141 条第 2 款规定："公司董事、监事、高级管理人员应当向公司申报所持有的本公司的股份及其变动情况，在任职期间每年转让的股份不得超过其所持有本公司股份总数的 25%；所持本公司股份自公司股票上市交易之日起 1 年内不得转让。上述人员离职后半年内，不得转让其所持有的本公司股份。公司章程可以对公司董事、监事、高级管理人员转让其所持有的本公司股份作出其他限制性规定。"公司高级管理人员掌管着公司的经营与管理，是公司事务的实际掌管人。对公司的经营状况最为了解，如果允许其在任职期间随意转让股份，不仅会增大高级管理者与公司利益之间的冲突，还会产生内幕交易，因此，对公司高级管理人员转让股份加以适当的限制是十分必要的。

五、短线交易的限制

对短线交易的限制，实质是对上市公司董事、监事、高级管理人员和大股东买卖所持本公司股份的限制，目的是防止内幕交易。《证券法》第 44 条第 1 款规定："上市公司、股票在国务院批准的其他全国性证券交易场所交易的公司持有上市公司股份 5% 以上的股东、董事、监事、高级管理人员，将其持有的该公司的股票或者其他具有股权性质的证券在买入后 6 个月内卖出，或者在卖出后 6 个月内又买入，由此所得收益归该公司所有，公司董事会应当收回其所得收益。但是，证券公司因包销购入售后剩余股票而持有 5% 以上股份，以及有国务院证券监督管理机构规定的其他情形的除外。"

持有一个股份有限公司已发行的股份 5% 的股东，实际上属于大股东，其在公司中处于有利的特殊地位，在对公司的经营状况的了解方面，具有一般的投资者所无法比拟的资讯优势。依据公司法的基本理论，公司大股东对其他股东负有信赖义务，不能利用其基于特殊身份所掌握的公司内幕信息谋取私利。因此，对大股东买卖股票作出限制是十分妥当的。同时，对上市公司董事、监事、高级管理人员、持有上市公司股份 5% 以上的股东实施的短线交易进行限制，亦有利于防范和减少以操纵市场为目的虚假收购行为。

六、特定主体买卖股票的限制

1. 证券服务机构和人员买卖股票的限制。《证券法》第 42 条规定："为证券发行出具审计报告或者法律意见书等文件的证券服务机构和人员，在该证券承销期内和期满后 6 个月内，不得买卖该证券。除前款规定外，为发行人及其控股股东、实际控制人，或者收购人、重大资产交易方出具审计报告或者法律意见书等文件的证券服务机构和人员，自接受上市公司委托之日起至上述文件公开后 5 日内，不得买卖该证券。"该规定是对从事证券业中介服务的专业机构及其人员买卖相关股票的限制。因为这些专业机构及其人员对其提供中介服务的上市公司的有关情况比较了解，有可能利用其所知悉的内幕信息进行内幕交易。上述规定的目的是防止证券服务机构及其人员利用其业务后信息优势参与股票交易而损害其他投资者利益。

2. 收购公司的投资者买卖股票的限制。《证券法》第 63 条规定，通过证券交易所的证券交易，投资者持有或者通过协议、其他安排与他人共同持有一个上市公司已发行的有表决权股份达到 5% 时，应当在该事实发生之日起 3 日内，向国务院证券监督管理机构、证券交易所作出书面报告，通知该上市公司，并予公告，在上述期限内不得再行买卖该上市公司的股票，但国务院证券监督管理机构规定的情形除外。投资者持有或者通过协议、其他安排与他人共同持有一个上市公司已发行的有表决权股份达到 5% 后，其所持该上市公司已发行的有表决权股份比例每增加或者减少 5%，应当依照前款规定进行报告和公告，在该事实发生之日起至公告后 3 日内，不得再行买卖该上市公司的股票，但国务院证券监督管理机构规定的情形除外。上述规定的目的，在于防止假借收购以操纵证券交易市场的行为，保护中小投资者的利益。

七、法定人员持股与买卖股票限制

根据《证券法》第 40 条的规定，下列人员作为法定人员在任职期内或者法定限期内持有股票和买卖股票受到一定的限制：①证券服务中介机构的从业人员，包括证券交易场所、证券公司、证券登记结算机构从业人员；②证券监管机构的工作人员，包括证监会和证券业协会的工作人员；③法律、行政法规禁止参与股票交易的其他人员。

上列人员在任职期限内或法定限期内，不得直接或者以化名、借他人名义持有、买卖股票或者其他具有股权性质的证券，也不得收受他人赠送的股票或者其他具有股权性质的证券。任何人在成为上列人员时，其原已持有的股票或者其他具有股权性质的证券，不能继续持有，必须依法转让，否则成为非法持券。无论是通过购买或赠与方式获得的证券，还是通过其他方式获得的证券，均属被禁止之列。

证券法限制上列人员在一定期限内持有、买卖股票，一方面是因为其在任职期间有机会获得内幕信息，如允许其持有、买卖股票容易产生内幕交易；另一方面上列人员均须履行其相应的职责，如允许其持有、买卖股票，将影响其职责的履行。

实施股权激励计划或者员工持股计划的证券公司的从业人员，可以按照国务院证券监督管理机构的规定持有、卖出本公司股票或者其他具有股权性质的证券。

八、国有独资企业、国有独资公司、国有资本控股公司买卖上市交易的股票的限制与放松

我国《证券法》对国有独资企业、国有独资公司、国有资本控股公司买卖上市交易的股票的规定，经历了从禁止到逐渐放宽的演变。1998 年制定的《证券法》第 76 条规定："国有企业和国有资产控股的企业，不得炒作上市交易的股票。"2005 年修订的《证券法》第 83 条规定："国有企业和国有资产控股的企业买卖上市交易的股票，必须遵守国家有关规定。"这是我国 2005 年《证券法》的重大修改之处。这一修改，考虑到国有企业虽然具有一定的特殊性，但作为企业是一个独立的法律主体，拥有独立的法人财产权和经营自主权，完全禁止国有企业和国有资产控股的企业买卖上市交易的股票，既不利于国有企业和国有资产控股的企业实现经营自主权，也不利于国有资产的流通和保值、增值。所以，应当允许国有企业和国有资产控股的企业在遵守法律、法规规定的前提下买卖上市交易的股票。2019 年新修订的《证券法》第 60 条规定："国有独资企业、国有独资公司、国有资本控股公司买卖上市交易的股票，必须遵守国家有关规定。"

此外，还有保密规则、收费规则等，此处不一一阐释。

■ 前沿问题

7 – 1 中国股市交易实行 T + 0 还是 T + 1

■ 思考题

1. 证券交易市场的概念与分类。
2. 证券交易的基本程序。
3. 什么是股指期货?
4. 什么是股票期权?
5. 什么是证券信用交易?
6. 什么是债券回购交易?
7. 什么是权证? 权证的分类?
8. 如何防范信用交易的风险?
9. 我国证券法对证券交易作了哪些限制性规定?

■ 参考书目

1. 华图证券业从业资格考试研究中心编:《证券市场基础知识》,中国商业出版社 2014 年版。
2. 叶林:《证券法》,中国人民大学出版社 2013 年版。

第八章　证券上市

■ 学习目的和要求

　　证券上市是连接证券发行市场与证券交易市场的重要桥梁，而完整的证券上市制度则构成了证券市场的准入机制与退出机制，它包括证券上市的条件与程序，证券上市保荐制度，证券上市的暂停与终止等制度。这些制度的有效实施，可以保障证券上市的质量与证券市场的活力与效率。学习本章，应掌握证券上市的概念与类型，证券上市的条件与程序，证券上市保荐人资格与条件，证券上市保荐人责任，证券上市的暂停与终止等。

第一节　证券上市概述

一、证券上市概念

　　证券上市是指公开发行的有价证券，依据法定条件和程序，在证券交易所或其他依法设立的交易市场公开挂牌交易的过程。在证券交易所内买卖的有价证券，称为上市证券。在上市证券中，股票是最重要的组成部分，此外，还有公司债券、国债，基金，权证等。发行上市股票的公司称为上市公司。例如宝钢股份有限公司发行的股票在上海证券交易所上市挂牌交易，其发行的股票称为上市股票，发行该股票的宝钢股份有限公司则称为上市公司。从广义上说，证券上市包括在场内市场和场外市场取得交易资格的过程。在我国证券上市仅指在场内交易市场上市，即指狭义的证券上市概念。

　　从证券上市制度的内容来看，广义的证券上市制度，是指有关证券上市的标准和程序、上市证券的暂停与终止、证券上市保荐制度等一系列规则的总称。狭义的证券上市制度，仅指证券上市的条件和程序。而上市证券的暂停与终止，则属于证券退市制度。从证券交易市场来看，证券上市制度构成了证券市场的准入机制，证券退市制度则构成了证券市场的退出机制。对不再符合证券上市条件的证券，作出终止其在证券集中交易场所交易的资格，可以保障上市证券的质量；有利于保持证券市场的活力与效率，使证券市场成为优胜劣汰的场所，从而有效地实现证券市场资源配置的功能。

　　证券上市制度的实际意义在于，筛选出符合特定证券交易所不同层次市场所规定的上市条件的证券，并为其提供证券流通的场所。在国外，不同的证券交易所设立的不同层次的市场，通常有不同的证券上市条件。在主板市场上，证券上市条件一般较高，在创业板市场上，证券上市条件一般较低。在选择证券上市企业类型上，有些证券交易所选择接受国际性证券发行公司挂牌上市，有些证券交易所选择接受高新技术企业作为上市公司，有些则鼓励中小企业挂牌上市，从而形成了各具特色的证券交易所和证券交易市场。这些对我国建立多层次的证券市场，提高证券交易所的国际竞争力，有着重要的借鉴意义。

二、证券上市的类型

按照不同的标准进行划分，证券上市可以分为不同类型。依照证券上市程序，可以分为核准上市和认可上市；依照证券上市种类，可以分为股票上市、公司债券上市、基金上市；依照上市地点和时间的不同，可以分为第一上市、第二上市、第三上市；依照上市地点的境内与境外的不同，可以分为境内上市和境外上市。

（一）核准上市和认可上市

核准上市又称授权上市，是指证券交易所根据证券发行人的申请，按照法定条件和程序核准其证券进入证券交易所上市交易的证券上市方式。核准上市，其条件和程序相对较为严格，证券发行人申请证券上市时，证券交易所要进行实质审查，对不符合证券法或证券交易所规定的上市条件的申请，证券交易所有权拒绝，对已经上市交易的证券，交易所有权作出终止其继续在本所交易的决定。核准上市的证券，主要是公司股票、公司债券、证券基金等。

认可上市，是指已经公开发行的证券经证券交易所认可后，即可进入证券交易所上市交易的证券上市方式。认可上市证券，依据法律规定，通常享有豁免上市审核或核准的权利，证券交易所甚至无权拒绝或终止该证券上市交易，故也称为豁免证券。认可上市主要适用于政府债券。由于国家对政府债券一般不规定上市条件和审查程序，故其不具有通常证券上市的意义。

（二）股票上市、公司债券上市、基金上市

股票上市依照其种类的不同，可分为 A 股上市、B 股上市、H 股上市、N 股上市等。A 股上市和 B 股上市，都属于境内内地上市，两者的不同之处，主要在于交易币种的不同和参与证券交易的投资者不同。A 股上市交易的币种是人民币，参与交易的投资者可以是境内的自然人和法人，境外的合格机构投资者，境外自然人不得参与；而 B 股上市交易的币种为外币，在上海证券交易所上市交易的 B 股币种为美元，在深圳证券交易所上市交易的 B 股币种为港币，参与证券交易的投资者为境外投资者（包括自然人和法人）和境内自然人，境内机构投资者不得参与。H 股上市是指境内内地股票在香港联合证券交易所上市，N 股上市是指境内内地股票在美国纽约证券交易所上市。

公司债券上市依照债券种类的不同，可分为普通公司债券上市和可转换公司债券上市。普通公司债券上市和可转换公司债券上市均须同时符合我国《公司法》《证券法》《公司债券发行与交易管理办法》的规定，可转换公司债券还应当符合《上市公司证券发行管理办法》《创业板上市公司证券发行管理暂行办法》的相关规定。

基金上市依照其基金种类的不同，可分为封闭式基金上市、上市开放式基金上市、交易型开放式指数基金上市及其他证券投资基金上市。上述基金上市不仅要符合《证券法》的规定，还要符合《证券投资基金法》规定的条件和程序，以及证券交易所所规定的资格条件和程序。

（三）第一上市、第二上市、第三上市

第一上市和第二上市是相对的概念，存在第二上市才有第一上市概念。一般在多地上市的情况下，才可能出现第二上市和第三上市，以此类推。第一上市是指证券发行人将所发行证券首次在某一交易所上市挂牌交易。目前在我国上海和深圳证券交易所挂牌上市的股票，既有第一上市的，也有第二上市的和第三上市的，如海外归来上市的大唐发电、广深铁路、中国铝业、中国石油等股票。

第二上市则是指证券发行人在第一上市地以外的证券交易所上市相同类型证券的上市方式。对一家已上市公司来说，如果准备在另一个证券交易所挂牌上市，可以有两种选择：①在境外发行不同类型的股票，并将此种股票在境外市场上市。有些公司既在境内发行 A 股，又在香港发行上市 H 股，就属于此种类型。②在两地都上市相同类型的股票，并通过国际托管银行和证券经纪商，实现股份的跨市场流通。此种方式一般被称为第二上市，以存托凭证（ADR 或 GDR）在境外市场上市交易就属于这一类型。上市公司在选择第二上市时，仍然要遵守首次上市交易所规则的约束。

（四）境内上市和境外上市

境内上市是指证券发行人将已发行的证券在本国境内证券交易所挂牌交易的上市方式。在我国上海证券交易所和深圳证券交易所上市均属于境内上市。

境外上市是指证券发行人在本国以外的国家和地区的证券交易所挂牌交易的上市方式。根据《国务院关于股份有限公司境外募集股份及上市的特别规定》，我国法律所称境外上市，是指股份有限公司向境外投资人发行的股票，在境外公开的证券交易场所流通转让。股份有限公司经国务院证券监管机构批准，可以向境外特定的、非特定的投资人募集股份，其股票可以在境外上市。由于我国实行的是一国两制，在证券发行上市的管理上，将在香港证券联合交易所的上市，纳入境外发行上市管理。无论境内上市，还是境外上市都必须遵守我国现行法律法规的规定。

三、证券上市的意义

证券上市的意义在于，证券上市是连接证券发行市场和证券交易市场的桥梁。证券上市是已发行证券进入证券交易所进行交易的前提，它使证券持有人持有的证券在证券交易所便捷、快速、高效的流通成为可能。证券上市不仅促进了证券交易市场的发展壮大，同时也促进了证券发行市场的发展。由于证券交易市场大大提高了证券的流动性，降低了投资者的投资风险，也有利于证券的发行。对证券发行人（主要是上市公司）和证券投资者来说，证券上市都具有重要意义。

对于上市公司来说，证券上市的意义在于：①有利于提高公司的信誉和知名度。各国对证券上市均制定了明确的标准，公司能上市，表明投资者对公司经营管理、经营业绩和发展前景的积极评价，提高了公司的信誉；同时公司证券的交易等信息通过中介、报纸、电视等各种媒体，不断向社会发布，扩大了公司的知名度，提高了公司的市场地位和影响力，这有助于公司树立产品品牌形象，增加市场销售量，提高公司的业务扩张能力。②有利于公司今后进一步筹集资本和资金，增强公司的发展潜力。公司证券上市后，形成一种市场价格，而股价的变动是市场对公司业绩的一种评价机制。那些业绩优良、成长性好的公司的股价一直保持在较高的水平上，使公司能够以较低的成本筹集大量资本，进入公司资本快速、连续扩张的通道，不断扩大公司经营规模，从而有助于公司提高竞争实力，培育竞争优势，增强公司的发展后劲。③有利于促进公司改善经营管理，提高经济效益。发行上市证券的公司，其法人治理机构必须符合上市公司的治理标准，证券上市可以推动公司建立完善、规范的经营管理机制，以市场为导向自主运作，完善公司治理结构，不断提高公司运行质量和经济效益。

对于投资者来说，证券上市的意义则在于：①有利于证券持有者以便利、快捷的方式转让、变现证券，同时也为潜在的证券投资者购买上市证券提供了便利渠道和投资机会。②有利于形成公正的证券价格，促进证券流通。证券交易所的集中竞价交易方式，可以比较合理地发现证券的公平价格，便于投资者作出投资判断。③有利于减少证券投资者的投资风险。投资者可以利用证券市场，通过证券交易转移证券投资的风险。

当然，证券上市有其积极意义的一面，也有其消极的不利的一面。对于上市公司而言，由于证券法规定上市公司实行强制性信息披露，在上市公司将其经营计划、经营业绩、财务状况，以及重大事项等披露于公众的同时，也将自己暴露在竞争对手的面前，这有可能导致公司处于不利的竞争地位。证券上市使上市公司面临二级市场上的收购和兼并风险，包括恶意收购。公司为了申请和维持证券上市，需要支付一笔可观的费用，从而加大公司的经营成本。因此，不是所有的公司都适合上市，也不是所有的公司都愿意上市。

第二节　证券上市的条件和程序

一、证券上市的条件和程序概述

证券上市条件，也称证券上市标准，是指证券交易所制定的、证券发行人获得上市资格的基本条件和要求。为保证证券的流通性和交易的安全性，证券必须符合一定的条件方可挂牌上市。各国证券法对证券上市条件的规定宽严不同，但基本标准大致相同，通常包括上市公司的资本额、资本结构、盈利能力、偿债能力、股权分散状况、公司财务情况、开业时间等。

证券上市程序，是指证券发行人申请证券上市，证券上市的审核机构对其证券上市的条件进行审核，并依法核准该证券在证券交易所公开挂牌交易的步骤。因证券种类不同，其上市程序上亦有差别，股票上市程序较公司债券上市程序要复杂些，但主要程序基本相同：两者均须经过申请核准程序，方可安排上市。我国《证券法》规定，申请证券上市交易，应当向证券交易所提出申请，由证券交易所依法审核同意，并由双方签订上市协议。以下主要就股票的境内上市条件和程序、境外上市申报文件及审核程序，公司债券上市的条件和程序，进行具体的阐释。

二、股票境内上市条件和程序

股票上市是指符合条件的上市公司的股票，依据法定条件和程序，在证券交易所进行挂牌交易的行为。按照股票上市的地点不同，分为境内上市和境外上市。由于股票上市地点不同，境内上市和境外上市的条件与程序亦有所不同，在此将分别进行介绍。

（一）境内上市条件

随着我国证券发行制度的改革，注册制的逐步实施，2019年新修订的《证券法》对证券上市部分的规定做了大幅的删减，并通过授权性规范将相关权力下放给了证券交易所。《证券法》第47条规定："申请证券上市交易，应当符合证券交易所上市规则规定的上市条件。证券交易所上市规则规定的上市条件，应当对发行人的经营年限、财务状况、最低公开发行比例和公司治理、诚信记录等提出要求。"

目前我国注册制仅在上交所科创板和深交所创业板试行，其他板块仍施行核准制。以上交所为例，其主板市场仍施行核准制。根据《上海证券交易所股票上市规则》（2019 年 4 月修订）的规定，发行人首次公开发行股票后申请其股票在本所上市，应当符合下列条件：①股票经中国证监会核准已公开发行；②公司股本总额不少于人民币 5000 万元；③公开发行的股份达到公司股份总数的 25% 以上；公司股本总额超过人民币 4 亿元的，公开发行股份的比例为 10% 以上；④公司最近 3 年无重大违法行为，财务会计报告无虚假记载；⑤本所要求的其他条件。科创板实施注册制，其上市条件与主板市场有所不同。根据《上海证券交易所科创板股票上市规则》（2019 年 4 月修订）的规定，发行人申请在本所科创板上市，应当符合下列条件：①符合中国证监会规定的发行条件。②发行后股本总额不低于人民币 3000 万元。③公开发行的股份达到公司股份总数的 25% 以上；公司股本总额超过人民币 4 亿元的，公开发行股份的比例为 10% 以上。④市值及财务指标符合本规则规定的标准。⑤本所规定的其他上市条件。对于市值及财务指标的标准，科创板股票上市规则作出了全新的规定。如：发行人申请在本所科创板上市，市值及财务指标应当至少符合下列标准中的一项：①预计市值不低于人民币 10 亿元，最近两年净利润均为正且累计净利润不低于人民币 5000 万元，或者预计市值不低于人民币 10 亿元，最近 1 年净利润为正且营业收入不低于人民币 1 亿元。②预计市值不低于人民币 15 亿元，最近 1 年营业收入不低于人民币 2 亿元，且最近 3 年累计研发投入占最近 3 年累计营业收入的比例不低于 15%。③预计市值不低于人民币 20 亿元，最近 1 年营业收入不低于人民币 3 亿元，且最近 3 年经营活动产生的现金流量净额累计不低于人民币 1 亿元。④预计市值不低于人民币 30 亿元，且最近 1 年营业收入不低于人民币 3 亿元。⑤预计市值不低于人民币 40 亿元，主要业务或产品需经国家有关部门批准，市场空间大，目前已取得阶段性成果。医药行业企业需至少有一项核心产品获准开展二期临床试验，其他符合科创板定位的企业需具备明显的技术优势并满足相应条件。

（二）境内上市程序

1. 上市申请。《上海证券交易所股票上市规则》（2019 年 4 月修订）规定，发行人首次公开发行股票的申请获得中国证监会核准发行后，应当及时向本所提出股票上市申请，并提交下列文件：①上市申请书；②中国证监会核准其股票首次公开发行的文件；③有关本次发行上市事宜的董事会和股东大会决议；④营业执照复印件；⑤公司章程；⑥经具有执行证券、期货相关业务资格的会计师事务所审计的发行人最近 3 年的财务会计报告；⑦首次公开发行结束后发行人全部股票已经中国证券登记结算有限责任公司上海分公司（以下简称"中国结算"）托管的证明文件；⑧首次公开发行结束后，具有执行证券、期货相关业务资格的会计师事务所出具的验资报告；⑨关于董事、监事和高级管理人员持有本公司股份的情况说明和《董事（监事、高级管理人员）声明及承诺书》；⑩发行人拟聘任或者已聘任的董事会秘书的有关资料；⑪首次公开发行后至上市前，按规定新增的财务资料和有关重大事项的说明（如适用）；⑫首次公开发行前已发行股份持有人，自发行人股票上市之日起 1 年内持股锁定证明；⑬控股股东和实际控制人的承诺函；⑭最近一次的招股说明书和经中国证监会审核的全套发行申报材料；⑮按照有关规定编制的上市公告书；⑯保荐协议和保荐人出具的上市保荐书；⑰律师事务所出具的法律意见书；⑱上交所要求的其他文件。

2. 上市审核。交易所设立的上市委员会对上市申请进行审议，作出独立的专业判断并形成审核意见。交易所根据上市审核委员会的审核意见，作出是否同意上市的决定。交易所在收到发行人提交的全部上市申请文件后 7 个交易日内，作出是否同意上市的决定并通知发行人。出现特殊情况时，交易所可以暂缓作出是否同意上市的决定。

3. 签署上市协议。签署上市协议是股票上市的必要程序，也是必经程序。按照国际惯例，上市公司应与证券交易所签订上市协议，以明确双方的权利义务关系。上市公司须承诺接受证券交易所的管理，遵守交易所的股票上市规则，履行上市协议中约定的义务。在我国上市协议的签署应符合《证券交易所管理办法》规定的要求。

4. 上市公告。根据《上海证券交易所股票上市规则》（2019 年 4 月修订）规定，发行人应当于股票上市前 5 个交易日内，在指定媒体及本所网站上披露下列文件：①上市公告书；②公司章程；③上交所所要求的其他文件。

5. 挂牌交易。挂牌交易是股票上市的最后一道程序。股票在证券交易所挂牌交易，标志着股票正式上市，除法定持股人在持股期限内不得转让股票外，其他持股人均可通过证券交易所转让其股票，转让之后也可再行买入；所有二级市场的投资者均可买卖挂牌交易的股票。

三、股票境外上市条件和程序

为适应境内企业特别是中小企业的融资需求，服务实体经济发展，中国证券监督管理委员会（以下简称"中国证监会"）进一步放宽了境内企业境外发行股票和上市的条件，并简化了审核程序。根据中国证监会《关于股份有限公司境外发行股票和上市申请文件及审核程序的监管指引》（2012 年 12 月 20 日证监会公告〔2012〕45 号）的规定，依照《中华人民共和国公司法》设立的股份有限公司在符合境外上市地上市条件的基础上，可自主向中国证监会提出境外发行股票和上市申请。

股份有限公司申请境外发行股票和上市须向中国证监会报送下列文件：①申请报告。内容包括：公司演变及业务概况、股本结构、公司治理结构、财务状况与经营业绩、经营风险分析、发展战略、筹资用途、符合境外上市地上市条件的说明、发行上市方案。②股东大会及董事会相关决议。③公司章程。④公司营业执照、特殊许可行业的业务许可证明（如适用）。⑤行业监管部门出具的监管意见书（如适用）。⑥国有资产管理部门关于国有股权设置以及国有股减（转）持的相关批复文件（如适用）。⑦募集资金投资项目的审批、核准或备案文件（如适用）。⑧纳税证明文件。⑨环保证明文件。⑩法律意见书。⑪财务报表及审计报告。⑫招股说明书（草稿）。⑬证监会规定的其他文件。

股份有限公司境外上市的审核程序如下：①中国证监会依照《中国证券监督管理委员会行政许可实施程序规定》（证监会令第 66 号），对公司提交的行政许可申请文件进行受理、审查，作出行政许可决定。②中国证监会在收到公司申请文件后，可就涉及的产业政策、利用外资政策和固定资产投资管理规定等事宜征求有关部门意见。③公司收到中国证监会的受理通知后，可向境外证券监管机构或交易所提交发行上市初步申请；收到中国证监会行政许可核准文件后，可向境外证券监管机构或交易所提交发行上市正式申请。④公司应在完成境外发行股票和上市后 15 个工作日内，就境外发行上市的有关情况向中国证监会提交书面报告。⑤境外上市公司在同一境外交易所转板上市的，应在完成转板上市后 15 个工作日内，就转板上市的有关情况向中国证监会提交书面报告。

中国证监会关于公司境外发行股票和上市的核准文件有效期为 12 个月。

四、可转换公司债券上市条件和程序

（一）可转换公司债券上市条件

2019 年新修订的《证券法》对公司债券上市条件，包括可转换公司债券上市条件均不再做出规定，而是授权证券交易所制定规则。根据《上海证券交易所股票上市规则》（2019 年修订）的规定，上市公司申请可转换公司债券在本所上市，应当符合下列条件：①可转换公司债券的期限为 1 年以上；②可转换公司债券实际发行额不少于人民币 5000 万元；③申请上市时仍符合法定的可转换公司债券发行条件。

（二）可转换公司债券上市程序

1. 上市申请。根据《上海证券交易所股票上市规则》（2019 年修订）的规定，上市公司向交易所申请可转换公司债券的上市，应当在可转换公司债券上市前 5 个交易日向交易所提交下列文件：①上市申请书；②有关本次发行上市事宜的董事会和股东大会决议；③按照有关规定编制的上市公告书；④保荐协议和保荐人出具的上市保荐书；⑤发行结束后经具有执行证券、期货相关业务资格的会计师事务所出具的验资报告；⑥中国结算对新增股份或可转换公司债券登记托管的书面确认文件；⑦董事、监事和高级管理人员持股情况变动的报告；⑧交易所要求的其他文件。

2. 安排上市。可转换公司债券上市交易申请经证券交易所核准后，证券交易所应当及时安排债券上市。具体上市的时间或日期，通常由证券交易所与申请人在签订的上市协议中确定。

3. 上市公告。可转换公司债券上市交易申请经证券交易所审核同意后，上市公司应当在可转换公司债券上市前 5 个交易日内，在指定媒体上披露下列文件和事项：①上市公告书；②交易所要求的其他文件和事项。

第三节　证券上市保荐

一、证券上市保荐与证券上市保荐制度

所谓证券上市保荐，是指由保荐人负责发行人的上市推荐和辅导，核实公司发行文件与上市文件中资料是否真实、准确和完整，协助发行人建立严格的信息披露制度，承担上市后持续督导的责任，并承担风险防范责任的一种证券发行上市制度。

所谓证券上市保荐制度，又称保荐制或保荐人制度，就是有关保荐机构和保荐代表人资格、职责和法律责任的一系列规范的总称。保荐人制度的具体内容，包括保荐人任职资格、保荐人职责、保荐人工作内容和程序、保荐人责任监管等。保荐人制度约束的对象主要是具有证券经营牌照的证券交易商，服务的对象主要是上市企业，监管机构负责对保荐人行为的监管。这一制度的核心，不仅使券商负有推荐责任，还使券商负有一定的连带担保责任。保荐人制度把发行人发行上市及以后的持续诚信表现与有关中介机构执业质量的考核紧密联系起来，并引入责任追究制度，促使证券公司及其从业人员勤勉尽责，有利于监管机构运用市场机制监管，从而发挥更好的效用。

保荐人制度目前只是为某些国家或地区所采用，如英国、美国、马来西亚、我国的香港等。在适用范围上，各国和地区有很大不同，如英国、美国只在创业板市场适用，而香港证交所则将这一制度推广到了主板市场。我国自 2004 年 2 月 1 日开始全面实施证券发

行上市保荐制度。2003 年 12 月 28 日中国证券监督管理委员会颁发了《证券发行上市保荐制度暂行办法》（以下简称《暂行办法》），2005 年修订的《证券法》以法律的形式确立了证券发行上市保荐制度，明确了证券发行保荐人的基本义务与职责。2008 年 10 月 17 日，证监会发布《证券发行上市保荐业务管理办法》（证监会令第 58 号），并明令废止《暂行办法》，2009 年 5 月 13 日证监会，发布《关于修改〈证券发行上市保荐业务管理办法〉的决定》（证监会令第 63 号），至此，我国证券发行上市保荐制度日渐完善。2020 年 6 月 1 日，中国证券监会公布施行新修订的《证券发行上市保荐业务管理办法》。2019 年新修订的《证券法》第 10 条规定："发行人申请公开发行股票、可转换为股票的公司债券，依法采取承销方式的，或者公开发行法律、行政法规规定实行保荐制度的其他证券的，应当聘请证券公司担任保荐人。保荐人应当遵守业务规则和行业规范，诚实守信，勤勉尽责，对发行人的申请文件和信息披露资料进行审慎核查，督导发行人规范运作。保荐人的管理办法由国务院证券监督管理机构规定。"实行保荐人制度，对推进我国股票发行制度的改革，提高证券公司的服务质量和上市公司信息披露质量，进而提高股票市场的整体质量，有着积极重要的意义。

二、保荐机构的资格条件

保荐人（sponsor），是指将符合条件的企业推荐上市，并对申请人适合上市、上市文件的准确完整以及董事知悉自身责任义务等负有保证责任的证券中介机构。保荐人对企业进行上市前的实质性审查和上市后的持续辅导，承担完全的推荐责任。保荐代表人是指经证券监管部门登记注册，依法取得执业资格，在保荐机构依法从事推荐企业上市的个人。保荐代表人的行为后果由保荐人承担。

保荐机构的资格条件。根据证监会发布的《证券发行上市保荐业务管理办法（2020 年修订）》（以下简称《管理办法》）的规定，证券公司申请保荐业务资格，应当具备下列条件：①注册资本不低于人民币 1 亿元，净资本不低于人民币 5000 万元；②具有完善的公司治理和内部控制制度，风险控制指标符合相关规定；③保荐业务部门具有健全的业务规程、内部风险评估和控制系统，内部机构设置合理，具备相应的研究能力、销售能力等后台支持；④具有良好的保荐业务团队且专业结构合理，从业人员不少于 35 人，其中最近 3 年从事保荐相关业务的人员不少于 20 人；⑤保荐代表人不少于 4 人；⑥最近 3 年内未因重大违法违规行为受到行政处罚；⑦中国证监会规定的其他条件。

三、保荐机构的保荐职责

根据《管理办法》的规定，保荐机构应当尽职推荐发行人证券发行上市。发行人证券上市后，保荐机构应当持续督导发行人履行规范运作、信守承诺、信息披露等义务。保荐机构的责任包括审查保荐对象发行证券和上市文件所披露信息是否准确和完整、有无重大遗漏和误导性内容，签署并发表保荐声明或保荐报告，完成为保荐对象出具保荐声明或保荐报告所需要的尽职调查等工作。具体说保荐机构的保荐职责分为证券发行上市阶段的尽职推荐职责和证券发行上市后的持续督导职责。

在发行上市阶段，保荐机构的职责主要是：

1. 对首次公开发行股票的发行人在发行前进行辅导。保荐机构在推荐发行人首次公开发行股票前，应当对发行人进行辅导，对发行人的董事、监事和高级管理人员、持有 5% 以上股份的股东和实际控制人（或者其法定代表人）进行系统的法规知识、证券市场知识培训，使其全面掌握发行上市、规范运作等方面的有关法律法规和规则，知悉信息披露和履行承诺等方面的责任和义务，树立进入证券市场的诚信意识、自律意识和法制意识。保荐机构辅导工作完成后，应由发行人所在地的中国证监会派出机构进行辅导验收。

2. 履行对保荐对象的尽职调查义务。应当按照法律、行政法规和中国证监会的规定，对发行人及其发起人、大股东、实际控制人进行尽职调查、审慎核查。对发行人申请文件、证券发行募集文件中有证券服务机构及其签字人员出具专业意见的内容，保荐机构应当结合尽职调查过程中获得的信息对其进行审慎核查，对发行人提供的资料和披露的内容进行独立判断。

3. 确定保荐对象满足公开发行证券和上市条件。保荐机构应当确信发行人符合法律、行政法规和中国证监会的有关规定，方可推荐其证券发行上市。保荐机构决定推荐发行人证券发行上市的，可以根据发行人的委托，组织编制申请文件并出具推荐文件。

4. 确定保荐对象所有的上市文件符合证券法和相关法律法规所规定的上市规则，以及证券交易所的自律性规则；保证发行和上市文件所载资料均完整、准确、无重大遗漏且无误导成分。

5. 就上市申请有关事宜，扮演保荐对象与交易所及其他中介机构联络人角色；履行对专业性中介机构，如会计师事务所、律师事务所、资产评估机构等完成的有关发行公司的专家报告的尽职调查义务。

6. 在发行保荐书和上市保荐书中，保荐机构应当就下列事项做出承诺：①有充分理由确信发行人符合法律法规及中国证监会有关证券发行上市的相关规定；②有充分理由确信发行人申请文件和信息披露资料不存在虚假记载、误导性陈述或者重大遗漏；③有充分理由确信发行人及其董事在申请文件和信息披露资料中表达意见的依据充分合理；④有充分理由确信申请文件和信息披露资料与证券服务机构发表的意见不存在实质性差异；⑤保证所指定的保荐代表人及本保荐机构的相关人员已勤勉尽责，对发行人申请文件和信息披露资料进行了尽职调查、审慎核查；⑥保证保荐书、与履行保荐职责有关的其他文件不存在虚假记载、误导性陈述或者重大遗漏；⑦保证对发行人提供的专业服务和出具的专业意见符合法律、行政法规、中国证监会的规定和行业规范；⑧自愿接受中国证监会依照本办法采取的监管措施；⑨中国证监会规定的其他事项。

发行人证券上市后，保荐机构应当持续督导发行人履行规范运作、信守承诺、信息披露等义务，审阅信息披露文件及向中国证监会、证券交易所提交的其他文件，并承担下列工作：①督导发行人有效执行并完善防止控股股东、实际控制人、其他关联方违规占用发行人资源的制度；②督导发行人有效执行并完善防止其董事、监事、高级管理人员利用职务之便损害发行人利益的内控制度；③督导发行人有效执行并完善保障关联交易公允性和合规性的制度，并对关联交易发表意见；④持续关注发行人募集资金的专户存储、投资项目的实施等承诺事项；⑤持续关注发行人为他人提供担保等事项，并发表意见；⑥中国证监会、证券交易所规定及保荐协议约定的其他工作。

首次公开发行股票并在主板上市的，持续督导的期间为证券上市当年剩余时间及其后2 个完整会计年度；主板上市公司发行新股、可转换公司债券的，持续督导的期间为证券上市当年剩余时间及其后 1 个完整会计年度。首次公开发行股票并在创业板、科创板上市的，持续督导的期间为证券上市当年剩余时间及其后 3 个完整会计年度；创业板、科创板上市公司发行新股、可转换公司债券的，持续督导的期间为证券上市当年剩余时间及其后2个完整会计年度。持续督导的期间自证券上市之日起计算。

第四节 证券上市的暂停和终止

一、证券上市暂停与终止的概念及意义

（一）证券上市暂停与终止的概念

证券上市暂停，是指证券发行人出现了法定原因时，其上市证券暂时停止在证券交易所挂牌交易的情形。暂停上市的证券在暂停的原因消除后，可恢复上市。

证券上市的终止，是指证券发行人出现了法定原因后，其上市证券被取消上市资格，不能在证券交易所继续挂牌交易的情形。上市证券被终止后，可以在终止上市原因消除后，重新申请证券上市。上市证券依法被证券管理部门决定终止上市后，可继续在依法设立的非集中竞价的交易场所继续交易。

证券上市的暂停与终止是两个既有联系又有区别的概念。前者一旦暂停上市的情形消除，证券即可恢复上市。因此，证券上市暂停时，该证券仍为上市证券。后者证券不能恢复上市，只能在被终止的情形消除后，重新申请上市，故终止上市的证券不再属于上市证券，而是退市证券。

（二）证券上市暂停与终止的意义

证券上市的暂停与终止，是证券上市制度的重要组成部分，它构成了证券上市的退出机制，使得证券市场上的证券有进有出，形成优胜劣汰的机制，促使上市公司依法经营，并努力提高经营业绩，否则将面临退市风险。同时，证券上市的退出机制，有助于提高投资者的证券投资风险意识，促进投资者的理性投资，从而更好地保护投资者的利益。此外，还有助于化解证券市场的系统风险，使证券市场永远保持竞争活力。

二、股票上市暂停与终止

股份有限公司的股票在证券交易所上市交易后，并不是一劳永逸的。如果上市公司不符合法律规定的条件，出现股票上市暂停或终止的法定情形，证券交易所有权作出暂停或终止该上市公司股票上市的决定。2019年新修订的《证券法》第48条规定："上市交易的证券，有证券交易所规定的终止上市情形的，由证券交易所按照业务规则终止其上市交易。证券交易所决定终止证券上市交易的，应当及时公告，并报国务院证券监督管理机构备案。"

（一）股票上市暂停

所谓股票上市暂停，是指上市公司因出现证券交易所规定的情形，而被证券交易所决定暂时停止其股票在证券交易所上市交易的状况。以上交所为例，根据《上海证券交易所股票上市规则》（2019年修订）的规定，上市公司出现下列情形之一的，由本所决定暂停其股票上市：①因最近两个会计年度的净利润触及第13.2.1条第1项规定的标准，即"最近两个会计年度经审计的净利润连续为负值或者被追溯重述后连续为负值"，其股票被实施退市风险警示后，公司披露的最近一个会计年度经审计的净利润继续为负值。②因最近一个会计年度的净资产触及第13.2.1条第2项规定的标准，即"最近一个会计年度经审计的期末净资产为负值或者被追溯重述后为负值"，其股票被实施退市风险警示后，

公司披露的最近一个会计年度经审计的期末净资产继续为负值。③因最近一个会计年度的营业收入触及第13.2.1条第3项规定的标准，即"最近一个会计年度经审计的营业收入低于1000万元或者被追溯重述后低于1000万元"，其股票被实施退市风险警示后，公司披露的最近一个会计年度经审计的营业收入继续低于1000万元。④因最近一个会计年度的审计意见类型触及第13.2.1条第4项规定的标准，即"最近一个会计年度的财务会计报告被会计师事务所出具无法表示意见或者否定意见的审计报告"，其股票被实施退市风险警示后，公司披露的最近一个会计年度的财务会计报告被会计师事务所出具无法表示意见或者否定意见的审计报告。⑤因未在规定期限内改正财务会计报告中的重大差错或者虚假记载触及第13.2.1条第5项规定的标准，即"因财务会计报告存在重大会计差错或者虚假记载，被中国证监会责令改正但未在规定期限内改正，且公司股票已停牌2个月"，其股票被实施退市风险警示后，公司在2个月内仍未按要求改正财务会计报告。⑥因未在法定期限内披露年度报告或者中期报告触及第13.2.1条第6项规定的标准，即"未在法定期限内披露年度报告或者中期报告，且公司股票已停牌2个月"，其股票被实施退市风险警示后，公司在2个月内仍未披露应披露的年度报告或者中期报告。⑦公司股本总额发生变化不具备上市条件。⑧因第12.14条股权分布发生变化不具备上市条件，即上市公司因收购人履行要约收购义务，或收购人以终止上市公司上市地位为目的收购，导致股权分布不具备上市条件的，其股票被实施停牌后，未在停牌后1个月内向本所提交解决股权分布问题的方案，或者提交了方案但未获本所同意，或者因股权分布发生变化不具备上市条件触及第13.2.1条第7项规定的标准，其股票被实施退市风险警示后，公司在6个月内其股权分布仍不具备上市条件。⑨因出现第13.2.1条第8项规定的重大违法强制退市情形，其股票被实施退市风险警示后交易满30个交易日。⑩本所认定的其他情形。上市公司出现两项以上暂停上市情形的，本所对其股票分别作出相应暂停上市决定。

（二）股票上市终止

所谓股票上市终止，是指上市公司因出现法定和证券交易所规定情形，而被证券交易所决定终止其股票在证券交易所上市交易的状况，即取消其股票在证券交易所挂牌交易的资格。依照终止上市的性质不同，分为强制终止上市和主动终止上市。

强制终止上市的情形，以上交所为例，根据《上海证券交易所股票上市规则》（2019年修订）14.3.1的规定，上市公司出现下列情形之一的，由本所决定终止其股票上市：①因净利润、净资产、营业收入或者审计意见类型触及第14.1.1条第1~4项规定的标准，其股票被暂停上市后，公司披露的最近一个会计年度经审计的财务会计报告存在扣除非经常性损益前后的净利润孰低者为负值、期末净资产为负值、营业收入低于1000万元或者被会计师事务所出具保留意见、无法表示意见、否定意见的审计报告等四种情形之一。②因净利润、净资产、营业收入或者审计意见类型触及第14.1.1条第1~4项规定的标准，其股票被暂停上市后，公司未能在法定期限内披露最近1年的年度报告。③因未在规定期限内按要求改正财务会计报告中的重大差错或者虚假记载触及第14.1.1条第5项规定的标准，其股票被暂停上市后，公司在2个月内仍未按要求改正财务会计报告。④因未在规定期限内披露年度报告或者中期报告触及第14.1.1条第6项规定的标准，其股票被暂停上市后，公司在2个月内仍未按要求披露相关定期报告。⑤在本所仅发行A股股票的上市公司，通过本所交易系统连续120个交易日（不包含公司股票停牌日）实现的累计股票成交量低于 500 万股，或者连续 20 个交易日（不包含公司股票停牌日）的每日股票收盘价均低于股票面值。⑥在本所仅发行 B 股股票的上市公司，通过本所交易系统连续 120 个交易日（不包含公司股票停牌日）实现的累计股票成交量低于 100 万股，或者连续 20 个交易日（不包含公司股票停牌日）的每日股票收盘价均低于股票面值。⑦在本所既发行 A 股股票又发行 B 股股票的上市公司，其 A、B 股股票的成交量或者收盘价同时触及本条第 5 项和第 6 项规定的标准。⑧上市公司股东数量连续 20 个交易日（不含公司首次公开发行股票上市之日起的 20 个交易日和公司股票停牌日）每日均低于 2000 人。⑨公司股本总额发生变化不再具备上市条件，在本所规定的期限内仍不能达到上市条件。⑩因股权分布发生变化不具备上市条件触及第 14.1.1 条第 8 项规定的标准，其股票被暂停上市后，公司在暂停上市 6 个月内股权分布仍不具备上市条件。⑪公司被依法强制解散。⑫公司被法院宣告破产。⑬因出现第 14.1.1 第 9 项规定的重大违法强制退市情形，其股票被暂停上市届满 6 个月。⑭因净利润、净资产、营业收入、审计意见类型触及第 14.1.1 条第 1~4 项规定的标准，其股票被暂停上市后，公司在法定期限内披露了最近一年年度报告，但未在其后的 5 个交易日内提出恢复上市申请。⑮因未在规定期限内按要求改正财务会计报告中的重大差错或者虚假记载触及第 14.1.1 条第 5 项规定的标准，其股票被暂停上市后，公司在 2 个月内披露了按要求改正的财务会计报告，但未在其后的 5 个交易日内提出恢复上市申请。⑯因未在规定期限内披露年度报告或者中期报告触及第 14.1.1 条第 6 项规定的标准，其股票被暂停上市后，公司在 2 个月内披露了相关定期报告，但未在其后的 5 个交易日内提出恢复上市申请。⑰因股本总额发生变化不再具备上市条件或者股权分布发生变化不具备上市条件触及第 14.1.1 条第 7、8 项规定的标准，其股票被暂停上市后，公司股本总额在规定的期限内或者股权分布在 6 个月内重新具备上市条件，但未在其后的 5 个交易日内提出恢复上市申请。⑱符合第 14.2.6 条规定的可以申请恢复上市情形，但未在其后的 20 个交易日内提出恢复上市申请。⑲恢复上市申请未被受理。⑳恢复上市申请未获同意。㉑本所认定的其他情形。上市公司因多项情形触及暂停上市的，本所按照最先触及终止上市的时间决定终止其股票上市。

主动终止上市的情形，仍以上交所为例，根据《上海证券交易所股票上市规则》（2019 年修订）14.4.1 的规定，上市公司出现下列情形之一的，可以向本所申请主动终止上市：①上市公司股东大会决议主动撤回其股票在本所的交易，并决定不再在交易所交易；②上市公司股东大会决议主动撤回其股票在本所的交易，并转而申请在其他交易场所交易或转让；③上市公司向所有股东发出回购全部股份或部分股份的要约，导致公司股本总额、股权分布等发生变化不再具备上市条件；④上市公司股东向所有其他股东发出收购全部股份或部分股份的要约，导致公司股本总额、股权分布等发生变化不再具备上市条件；⑤除上市公司股东外的其他收购人向所有股东发出收购全部股份或部分股份的要约，导致公司股本总额、股权分布等发生变化不再具备上市条件；⑥上市公司因新设合并或者吸收合并，不再具有独立主体资格并被注销；⑦上市公司股东大会决议公司解散；⑧中国证监会和本所认可的其他主动终止上市情形。

交易根据我国 2019 年新修订的《证券法》第 49 条的规定，对证券交易所作出的终止上市交易决定不服的，可以向证券交易所设立的复核机构申请复核。

■ **前沿问题**

8-1　我国保荐人制度的改革与完善

■ **思考题**

1. 证券上市的概念与类型。
2. 股票上市的条件与程序。
3. 可转换公司债券上市的条件与程序。
4. 保荐机构的资格条件。
5. 保荐机构的具体职责有哪些?
6. 股票上市暂停的情形。
7. 上市公司强制退市的情形?

■ **参考书目**

1. 华图证券业从业资格考试研究中心编:《证券市场基础知识》,中国商业出版社 2014 年版。
2. 叶林:《证券法》,中国人民大学出版社 2013 年版。

第九章 上市公司的收购与重大资产重组

■ **学习目的和要求**

　　本章从上市公司收购与重大资产重组的概念、区别与联系入手，展开讲解了上市公司收购制度与重大资产重组制度中的具体问题。通过本章的学习，要求学生准确理解与把握上市公司收购与重大资产重组的概念、区别与联系；充分认识公司收购中权益披露制度与重大资产重组中信息管理制度的价值；重点掌握上市公司收购内涵、主要类别划分、收购的原则、强制要约收购的适用情形、要约收购的规则、协议收购中收购人及被收购公司控股股东的义务、上市公司收购的后果；基本掌握重大资产重组的原则与标准、借壳上市的认定、发行股份购买资产等内容；熟练掌握要约收购、协议收购与重大资产重组的程序，做到能够具体加以运用；对于反收购问题、关联交易问题、反垄断问题以及对于上市公司收购与重大资产重组的价值评判应有基本了解，并能够结合具体的理论与实践问题有自己独立的思考。

第一节　上市公司收购与资产重组概述

一、上市公司收购的概念

　　从字面上理解，上市公司的收购既包括对上市公司股权的收购，也包括对上市公司资产的收购。但在证券法律中，所谓上市公司的收购，是指对上市公司股权的收购，就最一般的意义而言，上市公司的收购是指收购人为了取得或者巩固目标公司的控制权而完成的一系列的行为和安排。[1]

　　上市公司的收购在本质上是一种证券的买卖，具有证券交易的性质。上市公司的收购通常涉及三方利益关系人，即收购方、出售者及收购的目标公司。由于各国在上市公司的收购问题上所持态度不同，政府机关有时会介入某些交易关系，从而成为上市公司收购的特殊主体和参与者。但是，政府机关介入上市公司的收购，目的在于评价交易行为的合法

---

[1] 实际上，取得公司的控制权，除了上市公司的收购以外，还有资产收购和征集投票代理权两种方式。资产收购是指收购人通过购买另一公司的主要资产或营业，以使该公司停止营业或解散，从而事实上取得该公司控制权的行为。征集投票代理权是在享有投票权的股东不能或者不愿出席股东大会时，该股东可以将记载必要事项的投票代理权委托书交付其代理人，由代理人以股东名义代为行使投票权，改组董事会或者改变经营策略，从而实现对公司的控制。征集投票代理权与上市公司收购都是以取得投票权的方式控制公司，但法律关系的性质不同，收购体现的是一种股东之间的股权买卖关系，征集投票代理权体现的是一种委托代理关系，并且征集投票代理权并非实际取得股票所有权，它只产生对投票权的转移。

性，而非直接参与交易，更非从中获得利益，故不属于上市公司收购的直接主体。因此，上市公司收购行为属于市场行为范畴。

为准确理解上市公司收购的含义，有必要将收购、兼并和购并作简单比较。

公司收购在英文中为 takeover，指取得控制权或经营权，不局限于财产权利的转移。

兼并在英文中为 merger，狭义上，指一个公司被另一个公司吸收，后者继续保存它的名称和独立地位，并获得前者的财产、责任、特权和其他权利，被吸收的公司不再是一个独立的商业实体[1]。在我国公司法上，将此种情形称为"吸收合并"。广义上，指在企业发展过程中，为了增强竞争能力、减少竞争对手、扩大企业规模、提高企业效率等原因，多个独立的企业结合在一起的一种现象，它包括公司合并、一个公司购买另一个公司的全部或大部分财产以及一个公司通过购买另一个公司的一定数量的股份来控制该公司等三种具体形式[2]。购并是公司收购和兼并的简称，在英文中为 Merger and Acquisition，简写为 M&A。

从上述不难看出，公司收购是广义上兼并的一种形式。公司收购与狭义上兼并相比至少有以下区别：①收购关系中的主体是收购人和目标公司股东，而兼并发生在两家公司之间；②收购行为常常会遇到目标公司管理层的反抗与阻挠，兼并行为的发生往往基于两家公司的合意；③典型的收购如要约收购是收购人向不特定的股票持有人发出要约，从股东手中直接购买有表决权的股份，兼并则是合并双方以合同方式进行产权交易；④收购的后果主要是公司控制权的转移，兼并则主要导致被兼并公司主体资格的消灭；⑤收购是股份转让行为，由证券法调整，兼并则受公司法规范。至于公司收购与购并的区别，则是显而易见的，前者实施后，两方仍然各自独立；后者实施后，两方中有一方作为法人实体将不再存在。

二、上市公司资产重组的概念

要准确理解资产重组，首先需要准确理解资产与重组两个概念。"资产"一词广为使用，泛指一切可以利用并能带来经济利益的资源，如企业经济资源、人力资源、组织资源、自然资源等。通常情况下，"资产"作为会计用语使用，特指企业过去的交易或者事项形成的，能够用货币计量，由企业拥有或者控制的，预期会给其带来经济利益的资源。在会计恒等式中，资产＝负债＋所有者权益。"重组"一词顾名思义，就是重新组合。改革开放以来，重组成了高频次使用的词汇，诸如企业重组、破产重组、资产重组、债务重组、资本重组，等等。由更深层面去理解，重组是一种利益的重新组合。

"资产重组"是由股市习惯用语上升为法律用语的，迄今为止，我国的法律规范中还没有明确其含义。有的学者从资产的重新组合角度定义，认为资产重组就是企业对资源的重新组合，该定义突出了资产重组的"资产"一面，没有突出资产重组的"产权"一面，这一定义所包含的内容极为宽泛，可以是企业内部的资产调整，也可以是企业与外部主体进行的资产整合。有的学者从业务的整合角度进行定义，认为资产重组是指企业以提高公司整体质量和获利能力为目的，通过各种途径对企业内部和外部业务进行重新整合的行为，该定义反映了资产重组的目的，但概括性不强，内涵和外延不明确，同样没有涉及资产重组的产权的一面及业务重组。有的学者从资源配置的角度定义，认为资产重组就是资源配置，是对存量资产的再配置过程，该定义把资产重组与资源配置联系了起来，实际

〔1〕 郑琰：《中国上市公司收购监管》，北京大学出版社 2004 年版，第 18 页。

〔2〕 张舫：《公司收购法律制度研究》，法律出版社 1998 年版，第 1 页。

上，资产重组仅仅是资源配置的一种方式，而资源配置是资产重组的一种目的和结果，用资源配置来定义资产重组内涵不清晰，外延模糊，没能突出资产重组的特点，并且资产重组也不仅仅是存量资产的调整，往往有新的增量资产进入参与调整。还有的学者从产权的角度定义，认为资产重组就是以产权为纽带，对企业的各种生产要素和资产进行新的配置和组合，以提高资源要素的利用效率，实现资产最大限度的增值的行为。有人甚至认为资产重组只是产权重组的表现形式，是产权重组的载体和表现形态，该定义突出了资产重组中的"产权"的一面，但又排除了不涉及产权的资产重组的形式。以上学者从不同的角度对资产重组行为进行的定义，各有长处，但总的来说，概念的内涵和外延不明确，不利于对资产重组现象与实质的把握。应当说，证券法上所讲的"资产重组"早已被约定俗成为一个边界模糊、表述一切与上市公司重大非经营性或非正常性变化的总称，其强调与企业外部的经济主体进行，是一个对外的、包含交易内涵的概念。

由上述学者的定义中可知，资产重组有两个层面的含义：一个是企业层面的"资产"重组，另一个是股东层面的"产权"重组。基于此，证券法上的资产重组应当概括为：企业资产的拥有者、控制者与企业外部的经济主体进行的，对企业资产的分布状态进行重新组合、调整、配置的过程，或对设在企业资产上的权利进行重新配置的过程。申言之，资产重组可以分为企业资产的重新整合以及企业层面上股权的调整。为区别于一般情况下企业间发生的资产交易与股东间频繁进行的股权转让，资产重组还是一个带有"量"的内涵的概念，即企业的这种资产的调整和配置必须达到一定程度，在现有的法律规范中更是使用了"重大资产重组"的概念。如无特别声明，下文中所讲"资产重组"均为"重大资产重组"。

上文中已明确本章所谈的资产重组，不包括企业内部的资产的重新组合以及企业对外进行的产权投资，而仅仅指企业与外界其他主体之间发生的资产组合与企业的产权变动。从产权经济学的角度看，这种资产重组的实质在于对企业边界进行调整。因为理论上，企业存在着一个最优规模问题，当企业规模太大，导致效率不高、效益不佳时，就应当剥离出部分亏损或成本、效益不匹配的业务；当企业规模太小、业务较单一，导致风险较大时，就应当通过收购、兼并适时进入新的业务领域，开展多种经营，以降低整体风险。从会计学的角度看，资产重组是指企业与其他主体在资产、负债或所有者权益诸项目之间的调整，从而达到资源有效配置的交易行为。通常情况下，一家公司在上市之前要进行资产重组，以期达到提高资本利润率、取得较高的股票发行价格，避免同业竞争，减少关联交易，剥离不宜上市资产等目的，而本章第六节要阐述的却仅仅是上市公司的资产重组，即上市公司及其控股或者控制的公司在日常经营活动之外购买、出售资产或者通过其他方式进行资产交易达到规定的比例，导致上市公司的主营业务、资产、收入发生重大变化的资产交易行为。

三、上市公司收购与资产重组的区别与联系

上市公司收购与资产重组是两个不同的概念。收购行为是一种证券交易行为，涉及公司股本的增减变化和股权结构的调整，导致的结果是公司实际控制权和控制人主体的变化。资产重组行为主要是针对公司资产和负债进行调整，导致的结果大多是主营业务、资产结构、负债状况、上市资格和法律地位等变化。对于公司来说，即使公司的控股权发生了变化，只要不发生资产的注入或剥离，公司所拥有的资产是不发生变化的，只是公司的股权结构发生了变化，控股权发生了转移。换句话说，就是上市公司收购不涉及上市公司资产、负债、损益的变动，仅是股东层面的变化。资产重组由于要对上市公司本身资产、负债、权益、损益的事项进行调整，股东有可能变化，此种情况下，其与上市公司收购是被别人买股份不同，是上市公司主动发行股份给别人（包括反向收购）。事实上，资产重组与收购常常是交互发生的，先收购、后重组，或者先重组、再并购、再重组，这些都是在资本运作中经常采用的方式。整体而言，收购侧重于股权关系，重组侧重于资产关系。

在法律适用上，上市公司收购要适用《上市公司收购管理办法》，该办法是针对股东或潜在股东获得上市公司股份所触发的义务所确立的规则，立足于投资者（即收购人）确立收购认定标准，判断控制权是否发生变更；上市公司资产重组则要遵循《上市公司重大资产重组管理办法》，该办法是针对上市公司资产、业务发生重大变化所需遵循的规则，站在公司的角度确立总资产、净资产、营业收入占比等标准，严格认定涉及资产、负债、权益、损益的交易是否构成重大资产交易。当然，当上市公司因重大资产重组引起股东所持上市公司股份发生变动，触及要约或信息披露义务时，则要同时遵循上市公司重大资产重组管理规则和收购管理规则。

第二节　上市公司收购概述

一、上市公司收购的内涵

上市公司收购是收购人与被收购的目标公司股东通过对目标公司股份的买卖而使目标公司控制权发生移转或者加以巩固的一种买卖行为。

上市公司收购可以作如下理解：

1. 收购对象是上市公司。上市公司是指经证券交易所审核同意，股票在证券交易所上市交易的股份有限公司。

2. 收购的标的是上市公司的股份。对上市公司进行收购，目的是获得或者巩固对上市公司的控制权。要想控制上市公司，必须在上市公司的股东大会上拥有表决权，使自己的意志能够上升为上市公司的意志，这样就必须拥有上市公司一定数量的股份。

3. 收购的主体是收购人，包括投资者及其一致行动人。投资者可以是任何自然人、法人。一致行动是指投资者通过协议、其他安排，与其他投资者共同扩大其所能够支配的一个上市公司股份表决权数量的行为或者事实。在上市公司的收购及相关股份权益变动中有一致行动情形[1]的投资者，互为一致行动人。

---

〔1〕　中国证券监督管理委员会发布的《上市公司收购管理办法》第83条第2款，对一致行动的情形作了列举，如无相反证据，投资者有下列情形之一的，为一致行动人：①投资者之间有股权控制关系；②投资者受同一主体控制；③投资者的董事、监事或者高级管理人员中的主要成员，同时在另一个投资者担任董事、监事或者高级管理人员；④投资者参股另一投资者，可以对参股公司的重大决策产生重大影响；⑤银行以外的其他法人、其他组织和自然人为投资者取得相关股份提供融资安排；⑥投资者之间存在合伙、合作、联营等其他经济利益关系；⑦持有投资者30%以上股份的自然人，与投资者持有同一上市公司股份；⑧在投资者任职的董事、监事及高级管理人员，与投资者持有同一上市公司股份；⑨持有投资者30%以上股份的自然人和在投资者任职的董事、监事及高级管理人员，其父母、配偶、子女及其配偶、配偶的父母、兄弟姐妹及其配偶、配偶的兄弟姐妹及其配偶等亲属，与投资者持有同一上市公司股份；⑩在上市公司任职的董事、监事、高级管理人员及其前项所述亲属同时持有本公司股份的，或者与其自己或者其前项所述亲属直接或者间接控制的企业同时持有本公司股份；⑪上市公司董事、监事、高级管理人员和员工与其所控制或者委托的法人或者其他组织持有本公司股份；⑫投资者之间具有其他关联关系。

4. 收购是一种投资者之间的股份转让行为。上市公司的收购是上市公司的收购人与上市公司股东之间进行股份转让的行为。由于上市公司不得持有本公司的股份，所以收购不是收购人与上市公司进行股份转让的行为。

5. 收购的目的是获得或者巩固对上市公司的控制权。[1]收购一般都是为了控制上市公司，在投资者没有控制上市公司时，收购的目的就是取得控制权；在投资者已经取得控制权，而其控制地位受到挑战时，收购的目的就是巩固控制权。投资者（收购人）可以通过取得股份的方式成为一个上市公司的控股股东，可以通过投资关系、协议、其他安排的途径成为一个上市公司的实际控制人，也可以同时采取上述方式和途径取得上市公司控制权。不管投资者采用何种方式收购上市公司，只要投资者控制了上市公司，收购的目的就达到了。

二、上市公司收购的种类

上市公司的收购，按照不同的标准，有着不同的种类划分。

（一）要约收购、协议收购与其他合法方式收购

依据收购采用的方式，可以分为要约收购、协议收购、认购股份与其他合法方式收购。

要约收购是收购人公开向目标公司的股东发出要约，并按要约中的条件购买目标公司的股票，以期达到对目标公司的控制权的获得或者巩固。要约收购的受要约人为目标公司的全体股东，发出的要约必须公开，公开的方式在我国为公告。要约收购是上市公司收购的一种传统方式，也可以说是最重要的一种方式，各国的上市公司收购立法均将要约收购作为规范的重点。

协议收购是投资者及其一致行动人在证券交易所以外与目标公司的股东，主要是持股比例较高的大股东，就股票的价格、数量等方面私下协商，购买目标公司的股票，以期达到对目标公司控制权的获得和巩固。在我国，由于上市公司的股权结构特殊，曾经长期存在大量的非流通股，使得协议收购成为近年来收购的主要方式。但协议收购的对象并非仅限于非流通股，流通股也可以成为协议收购的对象。

要约收购与协议收购是上市公司收购的两种基本方式。除了这两种收购方式外，我国还存在认购股份收购与集中竞价收购，前者是指收购人经上市公司非关联股东批准，通过认购上市公司发行的新股使其在公司拥有的权益股份能够达到控制权的获得与巩固；后者是指收购人在场内交易市场上，通过证券交易所集中竞价交易的方式对目标公司进行的收购。证券法为了给上市公司收购方式的创新留出空间，在要约收购与协议收购方式之外，规定了其他合法方式收购。依据《上市公司收购管理办法》第15条及第五章的规定，其他合法方式应包括国有股权的行政划转或变更、执行法院裁定、继承、赠与等方式。需要说明的是：在国有股行政划转或变更、司法裁定等方式构成的上市公司收购中，收购方（即行政划转或变更的受让方和司法裁决的胜诉方）可能没有取得上市公司控制权的主观

---

[1] 中国证券监督管理委员会发布的《上市公司收购管理办法》第84条规定：有下列情形之一的，为拥有上市公司控制权：①投资者为上市公司持股50%以上的控股股东；②投资者可以实际支配上市公司股份表决权超过30%；③投资者通过实际支配上市公司股份表决权能够决定公司董事会半数以上成员选任；④投资者依其可实际支配的上市公司股份表决权足以对公司股东大会的决议产生重大影响；⑤中国证监会认定的其他情形。

动机，但如果上述行为的结果是收购方获得了或可能获得上市公司的控制权，即为收购，收购方就应履行相关义务。

（二）强制收购与自愿收购

依据收购是否构成法律义务，可以分为强制收购与自愿收购。

强制收购是投资者及其一致行动人持有一个上市公司的股份达到一定比例时，如果愿意继续增持股份的，应当向上市公司所有股东发出收购要约，表示愿意以收购要约中的条件购买该上市公司的股份。

自愿收购是投资者及其一致行动人持有一个上市公司的股份达到一定比例时，自主决定通过发出收购要约以增持目标公司股份。

我国证券法确立的是强制要约收购。

（三）敌意收购与友好收购

依据目标公司的管理层与收购人是否合作，可以分为敌意收购与友好收购。

敌意收购是收购人事先不与目标公司沟通，在目标公司的管理层毫无防备的情况下进行的，在收购的过程中目标公司的董事会往往会反抗或阻挠。敌意收购的成本较高，一旦目标公司的董事会拒绝被收购而采取反收购措施，会对双方造成不必要的人力、财力消耗。

友好收购是收购人事先与目标公司进行沟通，在得到目标公司管理层同意的情况下实施的收购。友好收购的成本低，有利于保守商业秘密，成功率高。

协议收购多发生在目标公司的股权相对集中，尤其是目标公司可能存在控股股东的情况下，因此协议收购的目标公司一般为"所有者"控制型公司，即股东掌握着公司的终极控制权，大部分协议收购会得到目标公司经营者的合作，因而协议收购多为友好收购。要约收购多发生在目标公司的股权比较分散、目标公司的股东与公司的控制权分离的情况下，其收购的最大特点是无需事先征得目标公司管理层的同意，因而要约收购一般是敌意收购。

（四）全面收购与部分收购

依据收购目标公司股份的比例，可以分为全面收购与部分收购。

全面收购是收购人向目标公司的全体股东发出要约，收购目标公司的所有股份。

部分收购是收购人向目标公司的全体股东发出要约，收购占目标公司股份总数一定比例的股份，当目标公司股东承诺出售的股份数额超过预定收购的股份数额时，收购人按比例进行收购，目标公司的股东可以根据这一比例出售自己的股份。

全面收购与部分收购是要约收购中使用的一种分类，证券法既允许全面收购，也允许部分收购。

（五）横向收购、纵向收购与混合收购

依据收购人与目标公司是否处在同一行业部门，可以分为横向收购、纵向收购和混合收购。

横向收购又称水平收购，是收购人与目标公司处在同一行业的收购。横向收购的目的是追求规模经济效益，这是采用最早、也是最为多见的一种收购形式。

纵向收购又称垂直收购，是收购人与目标公司分处不同行业的收购。纵向收购的双方通常存在着协作关系，或者在生产过程、经营环节上相互衔接。通过收购可以形成供、产、销一条龙，更好地应对市场的激烈竞争。纵向收购的目的在于保证原材料的供应，实现生产经营的连续性，降低销售成本，争取更好的经济效益。20世纪90年代后期发生的收购，很多是纵向收购，对于世纪之交纵向收购的浪潮，有两种解释：一是技术决定论；二是市场缺陷论。

混合收购又称复合收购，是收购人与目标公司既非竞争对手，又非现实或潜在的客户或供应商，而是生产和经营彼此没有关联的产品或服务的公司之间的收购。混合收购的收购双方没有直接的业务关系，没有明显的经营协同效应，可能是因为税收、信息等追求财务协同效应。

（六）现金收购、换股收购和混合收购

依据收购人支付对价的形式，可以分为现金收购、换股收购和混合收购。

现金收购是收购人付给目标公司股东的对价为现金的收购。换股收购也称易券收购，是收购人以自己公司的股份或其他有价证券为对价换取目标公司股东的股份。混合收购是收购人以现金、本公司股份、债券等有价证券混合作为支付给目标公司股东的对价的收购。

我国允许采用现金、证券、现金与证券相结合的方式支付收购的价款，但是，以退市为目的的全面要约和证券监督管理机构强制收购人发出的全面要约，应当以现金支付收购价款，以依法可以转让的证券支付收购价款的，必须提供现金选择。

（七）直接收购与间接收购

依据收购人是否为上市公司的股东，可以分为直接收购与间接收购。

直接收购是上市公司的股东作为收购人对上市公司进行的收购。直接收购较为常见。间接收购的收购人不是上市公司的股东，而是通过投资关系、协议、其他安排导致其最终间接取得对上市公司的控制权的一种收购。间接收购实际上是上市公司的实际控制人通过其支配的股东或者其他安排对上市公司进行的收购。管理层收购在很多情况下采用间接收购的方式。

（八）单独收购与共同收购

依据投资者是单独收购还是与一致行动人一起进行收购，可以分为单独收购和共同收购。

一个自然人或者法人投资者独自实施的收购行为为单独收购。两个或者两个以上的人为达到控制一个上市公司的目的，根据相互间正式或者非正式的协议，相互协作共同购买目标公司股份，以期取得目标公司控制权或者巩固其已有的控制权的行为为共同收购。

（九）控股收购和兼并收购

依据收购所要达到的对目标公司控制权的强度不同，可以分为控股收购和兼并收购。

控股收购是指为达到对目标公司的控股，依照法律规定的程序，购入其一定数量的股份，进而持有目标公司相对优势的股权的行为。兼并收购是指为达到兼并目标公司的目的，购入足以控制目标公司的绝对多数乃至全部股份，从而持有目标公司绝对优势的股权的行为。

三、上市公司收购的利弊分析

公司收购是公司兼并的一种重要形式，是随着市场经济的形成与发展而产生和发展起来的。从世界范围来看，公司购并最早出现于英国，后发展到西欧、美国、日本等发达国家和地区，并在 19 世纪末 20 世纪初形成声势，20 世纪出现了一次又一次的收购浪潮。20 世纪 90 年代以来，在全球经济一体化的大背景下，跨国公司间购并活跃，友好收购取代敌意收购成为收购的主要形式，信息产业成为企业购并的主力。从公司收购的近期发展来看，证券市场已成为公司购并的主战场。

毫无疑问，上市公司的收购对经济的发展具有许多积极的意义：

第一，上市公司的收购对公司治理具有直接的作用。在完备的公司治理结构中，内部治理与外部市场约束都是不可或缺的部分。公司内部治理结构一般指调整公司内部各利益群体的、以形成权力的合理分配与制衡为目的制度安排，如股东会、董事会、监事会的权力分配与制衡。与公司内部结构相对应的是公司外部结构，主要包括产品市场、资本市场的股价反应机制和上市公司的收购等。上市公司的收购制度对上市公司的管理层而言是一种无形的、外在的压力，尤其是敌意收购，一旦发起并获得了成功，就要改组公司的管理层，能够起到惩戒低效率的管理层的目的。并且收购制度的存在，会迫使公司的管理层竭尽全力致力于公司的发展，不断改善公司的经营管理，这必将提高公司运作的绩效，对公司自身、公司的股东、公司的债权人、国家都将是有利的。公司收购曾被认为是公司治理最为直接、有效的方法。

第二，上市公司的收购能够形成规模经济效益，优化产业结构。西方发达国家的公司收购已有百余年的历史，在收购史上采用最多的是横向收购，经过收购最终形成了合理的规模经济，优化了资源的配置。发生在 20 世纪末 21 世纪初的收购浪潮，存在着大量的纵向收购，纵向收购能够优化企业组合与产业结构，实现专业化协作，降低经营风险并提高竞争能力。

在我国，上市公司的收购还能够通过市场的机制解决证券市场上存在的诸多问题。收购的目标公司通常是那些具有较好发展前途但经营效率低下的公司，这些公司整体业绩不佳，甚至已经出现亏损，面临着终止上市的危险。通过收购，更换其管理层，如果能够走出低效的状态，对投资者来讲是有利的，也解决了退市机制实施困难的问题。此外，上市公司的收购也为国家股退出竞争性领域提供了一条管道，借助这条管道可以较好地解决国有股减持对股市带来的不利影响。

当然，公司收购也会产生一些消极的后果，对经济的发展产生不利影响。如横向收购在形成规模经济效益的同时，可能导致垄断，破坏竞争。收购的过程中会引起股市的震荡，并常常伴有内幕交易、操纵市场和欺诈投资者等行为。

整体上看，上市公司的收购有利有弊，从不同的角度、不同层面对其利弊进行全面、客观的评价是十分必要的。收购立法的任务应是通过法律的设计尽可能将其积极的功能发挥到极致，并消除其负面影响或者将负面影响降到最低程度。

四、上市公司收购的原则

上市公司收购涉及公司控制权的变动、产业结构格局的变化、股价的大幅波动、市场竞争的环境，牵涉目标公司股东、管理层、劳动者、收购双方的债权人等众多的利益主体，各国证券法律力求做到扬利除弊，均衡各方的利益。上市公司的收购一般应遵循以下原则：

1. 保护市场公平竞争环境的原则。市场经济的活力源于自由公平竞争，如果上市公司收购的结果会在某一行业产生垄断，遏制或者破坏竞争，必将损伤效率，并损及社会公众的利益。为此，上市公司收购在追求规模经济效益的同时，必须防范可能出现的垄断，确保收购行为完成后行业内部依然能够公平竞争。

2. 维护证券市场公平与秩序原则。由于上市公司收购的股份交易量大，收购人为了降低收购成本，会运筹帷幄、在市场上择机行事，从而易引起股票价格的大波动，这给内幕交易、市场操纵等行为提供了土壤。一旦出现内幕交易或者市场操纵的行为，必将造成市场秩序的混乱，损害投资者的利益。为此，对收购人的行为需要限制与监控，例如，持股达一定比例时应停止交易，进行持股披露；限制增持与减持股份，每发生一定比例的变化，需要进行权益变动情况的披露。

3. 目标公司的股东待遇平等原则。在上市公司的要约收购中，目标公司的全部股东应当获得公平待遇，如公平地获得与收购要约有关的资料；在相同的情况下以相同的价格出售股份；在部分收购中收购人应按比例接纳；在目标公司董事会采取反收购措施时，应基于全体股东的权益，而不是部分股东的利益。目标公司的股东待遇平等原则，在各国的收购立法中得到了普遍承认，其最重要的作用和意义在于防止公司收购中大股东操纵行情和私下交易。

4. 保护中小股东权益原则。在上市公司的收购中，往往是大股东左右事态的发展，中小股东处于弱势地位，需要采取措施保护中小股东的权益。如持股达到一定比例时，采取强制要约方式进行收购，并且收购要约的各项收购条件适用于被收购公司的所有股东；协议收购中在协议达成后，应当公告协议的内容，给予中小投资者以知情权；确立强制出售制度，在收购期限届满时，若收购人持股比例达到法定绝对多数，赋予其他股东强制性出售权。

5. 信息披露原则。该原则的内容是：收购人直接或者间接持有一个上市公司一定比例的股份时或者达到此比例后持股量发生一定比例的增减变化时，应将有关情况予以披露；要约收购时应通过一定的法律文件披露收购意图；收购要约发出后应披露预受要约的情况；目标公司管理层对收购的意见也应向股东披露；协议收购时应公告收购协议的内容。这一原则实际上是证券法"公开"原则在公司收购中的具体体现。其中的持股权益披露也是各国普遍认可的上市公司收购的基本原则。

五、上市公司收购的立法状况

由于上市公司的收购对各国经济、社会均构成重大影响，故各国均对其采取管制的策略。就各国有关上市公司收购的规范性质而言，可以分为自律规则和制定法两大类。在这方面，英美两国颇具代表性。

英国是实行证券自律性监管体制的典型代表。英国对上市公司收购的管制，虽然涉及《公司法》《金融服务法》和《公平交易法》，但主要是通过英国公司收购与合并委员会1968 年制定的《伦敦城收购与兼并守则》（又称《城市法典》或《伦敦城法典》）和1980 年制定的《大宗股票买卖规则》等自律规范进行的。

美国是实行证券监管政府主导体制的典型代表。对上市公司收购的法律管制主要是通过制定成文法来实现。美国有关收购的立法包括联邦立法和州立法。联邦立法主要是1968 年制定的《威廉姆斯法案》，这是美国最早全面调整上市公司收购的法律，但该法案不是一个独立的立法，而是 1934 年《证券交易法》的修正案。美国各州从 20 世纪 60 年代开始了公司收购的立法，特点是将公司收购作为公司的内部事务规定于各州的公司法中。对于收购中的反垄断问题，美国主要是通过一般的反垄断法规范，即《谢尔曼法》《克莱顿法》《联邦贸易委员会法》等。总之，美国对上市公司收购的规制，有着完备的立法体系。但因为在理论层面对上市公司的收购一直存在着争议，有人持批评和反对的态度，有人持赞同的态度，美国采取了中立的立法取向。

我国的上市公司收购始于 1993 年的"宝安收购延中"[1]事件，至今已有二十余年。经过二十余年的不断探索，我国已初步形成上市公司收购的法律体系。这个体系中最为重要的规范是《证券法》与《上市公司收购管理办法》。我国收购立法基本的取向是：在信息公开的前提下，鼓励上市公司的收购，放松管制，运用市场的力量加强对收购人的行为约束。现有上市公司收购法律规范体系缺乏有关反垄断的规定，随着我国公司收购规模的不断扩大和市场的不断成熟，必然会面临垄断和限制竞争的问题。2007 年 8 月颁布的《反垄断法》弥补了这一缺陷，在"经营者集中"一章中将通过取得股权方式取得对其他公司的控制权作为经营者集中的一种情形，并规定达到国家规定的申报标准的，在事前应向国务院反垄断执法机构进行申报，国务院反垄断执法机构通过反垄断审查作出是否允许经营者集中的决定。这保证了上市公司收购活动不会对市场竞争环境造成不利影响。现行收购法律规范仍然存在一定问题，主要是在监管理念、立法技术与制度设计上还不能适应日趋市场化、复杂化的收购行为的需要，如缺少要约收购失败后的规制措施、缺少对收购人强制挤出权的保护设计，深入研究现行收购法律制度，挖掘其中的问题，寻求完善之策，成为一种现实的需要。

第三节　上市公司收购中的权益披露

一、权益披露的概念

权益披露是指投资者及其一致行动人对其拥有上市公司的股份权益及权益变动情况进行的披露。根据证券法，投资者及其一致行动人拥有上市公司的股份权益要合并计算，只有在达到一定限度时，才负有依法及时对拥有上市公司的股份权益进行披露的义务。

信息披露制度是证券市场的基石，在公司收购法律体系建立以前，英美等国公司和证券法律制度中规定的信息披露义务人只是证券发行人及上市公司，投资者只享有获得信息的权利而没有信息披露的义务。这种传统的以发行人为中心、披露义务人限于发行人与上市公司的披露哲学，适应的是 20 世纪 60 年代以证券市场为主要平台的并购浪潮出现以前的资本市场，那时的资本市场还未涉及太多的存量资产配置，在当时仅有一般证券交易的证券市场上，这种传统的信息披露制度能够较好地发挥保护投资者和防止证券欺诈的作用。但是，第二次世界大战以后的资本市场情况发生了变化，针对上市公司的收购风起云涌，在一系列经济条件和制度环境的孕育下，收购方绕过上市公司管理层而直接向目标公司股东发出公开收购要约的敌意收购大量涌现。由于公司收购具有一定特殊性，主要是：①收购方与目标公司中小股东之间的信息不对称；②分散的中小股东之间缺乏信息沟通与

---

[1] 1993 年 9 月 30 日，深圳宝安上海分公司在上海证券交易所大量购入上海延中公司股票，并据此要求延中公司召开董事会，重新选举董事长。延中公司董事会提出宝安公司没有按照《股票发行与交易管理暂行条例》的规定履行信息披露义务，从而引发中国证券市场上第一个"敌意收购事件"，此为"宝延事件"。

联合，缺乏与收购方谈判的能力；③收购极易诱发内幕交易和市场操纵，这些使得传统的围绕着发行人的信息披露制度不能有效地发挥其保护投资者和防止证券欺诈的功能。鉴于传统的披露哲学对上市公司收购中的一些特殊问题的解决已不能起到指导作用，也不能适应公司收购实践的需要，资本市场发达国家对传统的披露哲学进行了补充和发展，主要是将披露义务人扩大到实施公司收购的投资者和潜在实施公司收购的投资者，要求其在持股达到一定规模时披露持股目的、对目标公司未来的计划、持股者的详细情况、持股变动情况、收购资金来源、一致行动人的情况及合并持股数等内容。因公司收购实践发生的信息披露哲学的转变，西方主要国家从 20 世纪 60 年代后期开始，陆续修改或制定了有关公司收购的法律和制度，这些法律和制度包括：英国于 1968 年由自治组织收购与合并委员会颁布的《伦敦城收购与兼并守则》；美国国会于 1968 年通过的对 1934 年《证券交易法》的修正案，即《威廉姆斯法案》；加拿大安大略省于 1980 年通过的《证券法》；澳大利亚于 1980 年的《公司股份买卖法》；荷兰于 1970 年的《有关兼并行为的规则》；德国于 1979 年由股票交易专家委员会发布的自律性公司收购指南；法国于 1978 年对整个收购法规体系的全面修改；欧盟于 1990 年发布的关于公司收购的《第 13 号指令》；日本于 1971 年对《证券交易法》的修改。[1]上市公司收购信息披露制度的建立及此后适应公司收购实践发展而不断进行的持股权益披露制度完善，使得通过投资者及其一致行动人持股权益的信息披露得以对具体的交易行为进行干涉，保证了目标公司股东获得平等的对待，保证了投资者有充足的时间在信息充分的条件下作出明智的判断和决策，并在相当大程度上遏制了内幕交易、市场操纵和欺诈行为。

我国适应公司收购实践的发展，本着保护目标公司中小股东利益的原则，在 1993 年 4 月 22 日，由国务院颁布的《股票发行与交易管理暂行条例》第 47 条正式建立了投资者持股权益披露制度，1998 年 12 月 29 日，第九届全国人大常委会第六次会议通过的《证券法》第 79 条对权益披露制度中的"慢走规则"进行了调整。此后，第十届全国人大常委会又于 2005 年 10 月 27 日修订《证券法》时在第 86 条对投资者权益披露制度中的披露义务人进行了补充与完善，扩大了披露义务人的范围。2019 年 12 月 28 日，第十三届全国人大会常委会第十五次会议对《证券法》进行了大幅修订，新修订的《证券法》在第 63 条进一步细化了权益披露规则，对于违反披露规则买入的表决权股份，增加了限期限制表决权行使的内容。基于《证券法》的授权，中国证监会于 2006 年 5 月 17 日审议通过了《上市公司收购管理办法》（以下简称《收购办法》），2020 年 3 月 20 日，依据新《证券法》对该办法进行了修正，《收购办法》设专章对权益披露义务人、披露内容、披露方式、披露时间、整体披露及连带责任等进行了细化规定。

上市公司收购中的权益披露实质上是证券法公开原则的具体体现，它不仅对上市公司收购制度具有意义，对于禁止市场操纵行为及公司法上的限制利益冲突同样具有意义。

二、权益披露义务人及披露内容

（一）权益披露义务人及权益披露义务点

不同于传统的信息披露义务人为发行人、上市公司，在上市公司收购中，权益披露的

---

〔1〕　王化成、陈晋平："上市公司收购的信息披露——披露哲学、监管思路和制度缺陷"，载《管理世界》2002 年第 11 期。

义务人是投资者及其一致行动人。前已述及，上市公司收购是一种证券交易，然而公司收购中的投资者进行证券交易的目的与一般交易中的投资者进行证券交易的目的不同，前者意在控制权的取得或是巩固，后者意在投资获利。在以上市公司为目标公司的收购中，为了便利收购和降低收购成本，投资者往往运筹帷幄，想方设法规避信息披露义务，普遍性做法是通过各种协议和非协议的私下安排，联合他人分散购买目标公司的股份，或者在披露前即已实际持有相当大比例的筹码，使得广大中小股东措手不及，或者根本不必披露即已获得了实际控制权，完全剥夺了广大中小股东的知情权。对此，各国法律的应对机制是将信息披露义务人的范围扩大，将这些联合在一起的人视为"一个整体"，合并计算持有一个公司的股份数量。我国 2005 年修订《证券法》时将公司收购中的权益披露义务人由先前的仅限于投资者扩大到了一致行动人。

投资者及其一致行动人只有在通过证券交易持股达到一定比例及此后增减达到一定幅度时，才负有信息披露义务。权益披露的义务点包括权益披露触发点及权益增减变动披露点，作为履行披露义务的标准（持股临界线），各国或地区法律无不作出规定，以利遵循。然而，各国或地区法律规定的权益披露义务点存在较大差异，在美国，权益披露触发点为 5%，增减变动披露点为 1%；[1]在英国，权益披露触发点为 3%，增减变动披露点为 1%；在加拿大，权益披露触发点为 10%，增减变动披露点为 2%；在我国香港地区，权益披露触发点为 10%，增减变动披露点为 1%。权益披露触发点及权益增减变动披露点直接影响着公司控制权的有效性或其作用的成本，一般情况下，股权分散、股市发达的国家或地区较低，而股权较集中、股市不甚发达的国家或地区则较高。不论高低，一个基本的原则是使公司控制权市场对公司管理层产生有效的制衡作用，同时又不至于对目标公司的中小股东造成损害。

在我国，依据现行法律，投资者及其一致行动人持股权益披露触发点和权益增减变动披露点均为 5%。意味着，投资者及其一致行动人持有一个上市公司已发行的有表决权股份达到 5% 时，将触发权益披露义务，此后所持该上市公司已发行的有表决权股份比例每增加或者减少 5%，应当再次进行权益披露。其中，投资者在一个上市公司中拥有的权益，包括登记在其名下的股份和虽未登记在其名下但该投资者可以实际支配表决权的股份，并且投资者及其一致行动人在一个上市公司中拥有的权益应当合并计算。[2]尽管一

---

[1] 美国使用"受益所有权"概念，经 1972 年《威廉姆斯法》修正后的《1934 年证券交易法》第 13（d）节［简写为 SEA13（d）］及 SEC 依此制定的证券交易法条例 13D－G（Regulation 13D－G）规定，任何人或任何一群人，如果获取根据《1934 年证券交易法》注册的某一类股本证券 5% 以上的受益所有权，必须在取得该等股本证券后 10 天内向 SEC 申报 13D 表格（Schedule 13D），并且必须分送给发行人及交易所；在取得 5% 受益所有权后，发生任何重要的变化都必须马上修改表格，重要变化是指增减 1% 同一类股份，至于购买和处理股份不到 1% 是否属于重要变化，视具体情况由 SEC 决定。

[2] 信息披露义务人涉及计算其拥有权益比例的，应当将其所持有的上市公司已发行的可转换为公司股票的债券中有权转换部分与其所持有的同一上市公司的股份合并计算，并将其持股比例与合并计算非股权类证券转为股份后的比例相比，以二者中的较高者为准；行权期限届满未行权的，或者行权条件不再具备的，无需合并计算。上述二者中的较高者，应当按下列公式计算：①投资者持有的股份数量÷上市公司已发行股份总数；②（投资者持有的股份数量＋投资者持有的可转换为公司股票的非股权类证券所对应的股份数量）÷（上市公司已发行股份总数＋上市公司发行的可转换为公司股票的非股权类证券所对应的股份总数）。上述所称"投资者持有的股份数量"包括投资者拥有的普通股数量和优先股恢复的表决权数量，"上市公司已发行股份总数"包括上市公司已发行的普通股总数和优先股恢复的表决权总数。

直以来对权益披露义务的触发点存在异议，应该说，现行权益披露标准是立法者在保护投资者与鼓励公司收购行为之间权衡的结果，因为过高的触发点标准虽然有利于收购，却以目标公司股东溢价收益的减少为代价；反之，过低的触发点标准又容易使投资者收购意图过早暴露，可能过早面临竞争者的挑战以及目标公司管理层反收购措施的阻遏，使收购时间跨度延长，收购难度加大，收购成本上升，最终影响收购机制本身作用的发挥。

（二）权益披露文件与披露内容

权益披露制度的目的在于提醒市场存在收购的可能性，因此，披露内容是以持股人持股目的及是否有进一步增持的计划为核心的。我国现行法律根据投资者及其一致行动人拥有权益的比例，区分是否为第一大股东或者实际控制人，规定了不同的披露内容，并将权益披露文件设置为简式和详式两种格式：

1. 简式权益变动报告书。简式权益变动报告书是一种内容相对简化的权益披露文件，在收购主体不是上市公司第一大股东或实际控制人且持股权益比例不高的情况下使用。依据我国证券法律，投资者及其一致行动人不是上市公司的第一大股东或者实际控制人，其拥有权益的股份达到或者超过该公司已发行股份的5%，但未达到20%的，应当编制包括下列内容的简式权益变动报告书：

（1）投资者及其一致行动人的姓名、住所；投资者及其一致行动人为法人的，其名称、注册地及法定代表人。

（2）持股目的，是否有意在未来12个月内继续增加其在上市公司中拥有的权益。

（3）上市公司的名称、股票的种类、数量、比例。

（4）在上市公司中拥有权益的股份达到或者超过上市公司已发行股份的5%或者拥有权益的股份增减变化达到5%的时间及方式、增持股份的资金来源。

（5）在上市公司中拥有权益的股份变动的时间及方式。

（6）权益变动事实发生之日前6个月内通过证券交易所的证券交易买卖该公司股票的简要情况。

（7）中国证监会、证券交易所要求披露的其他内容。

2. 详式权益变动报告书。详式权益变动报告书是一种内容较为详实的权益披露文件，在收购主体是上市公司第一大股东或者实际控制人，或者不是上市公司第一大股东与实际控制人但持股比例较高的情况下使用。依据我国证券法律规定，投资者及其一致行动人为上市公司第一大股东或者实际控制人，其拥有权益的股份达到或者超过一个上市公司已发行股份的5%，但未达到20%的；投资者及其一致行动人拥有权益的股份达到或者超过一个上市公司已发行股份的20%，但未超过30%的，应当编制详式权益变动报告书。详式权益变动报告书除包括全部简式权益报告书的内容外，还应包括以下内容：

（1）投资者及其一致行动人的控股股东、实际控制人及其股权控制关系结构图。

（2）取得相关股份的价格、所需资金额，或者其他支付安排。

（3）投资者、一致行动人及其控股股东、实际控制人所从事的业务与上市公司的业务是否存在同业竞争或者潜在的同业竞争，是否存在持续关联交易；存在同业竞争或者持续关联交易的，是否已做出相应的安排，确保投资者、一致行动人及其关联方与上市公司之间避免同业竞争以及保持上市公司的独立性。

（4）未来12个月内对上市公司资产、业务、人员、组织结构、公司章程等进行调整的后续计划。

（5）前 24 个月内投资者及其一致行动人与上市公司之间的重大交易。

（6）不存在不得收购上市公司的情形。[1]

（7）能够公告上市公司收购报告书时，提交法定的备查文件。[2]

上述投资者及其一致行动人拥有权益的股份达到或者超过一个上市公司已发行股份的 20% 但未超过 30%，且为上市公司第一大股东或者实际控制人的，还应当聘请财务顾问对上述权益变动报告书所披露的内容出具核查意见，但国有股行政划转或者变更、股份转让在同一实际控制人控制的不同主体之间进行、因继承取得股份的除外。投资者及其一致行动人承诺至少 3 年放弃行使相关股份表决权的，可免于聘请财务顾问和提供上述第 7 项规定的文件。

证券法关于权益披露文件的规定可以用下表列示：

表 9 - 1　不同持股比例披露文件的法定要求一览表

持股权益比例	投资者及一致行动人	权益披露文件	是否需要聘请财务顾问
5% ~ 20%	不是上市公司第一股东或实际控制人	简式权益变动报告书	否
	是上市公司第一股东或实际控制人	详式权益变动报告书	否
20% ~ 30%	不是上市公司第一股东或实际控制人	详式权益变动报告书	否
	是上市公司第一股东或实际控制人	详式权益变动报告书	是（特例除外）

---

[1] 《上市公司收购管理办法》第 6 条规定：任何人不得利用上市公司的收购损害被收购公司及其股东的合法权益。有下列情形之一的，不得收购上市公司：①收购人负有数额较大债务，到期未清偿，且处于持续状态；②收购人最近 3 年有重大违法行为或者涉嫌有重大违法行为；③收购人最近 3 年有严重的证券市场失信行为；④收购人为自然人的，存在《公司法》第 146 条规定情形；⑤法律、行政法规规定以及中国证监会认定的不得收购上市公司的其他情形。

[2] 《上市公司收购管理办法》第 50 条规定：收购人公告上市公司收购报告书时，应当提交以下备查文件：①中国公民的身份证明，或者在中国境内登记注册的法人、其他组织的证明文件；②基于收购人的实力和从业经验对上市公司后续发展计划可行性的说明，收购人拟修改公司章程、改选公司董事会、改变或者调整公司主营业务的，还应当补充其具备规范运作上市公司的管理能力的说明；③收购人及其关联方与被收购公司存在同业竞争、关联交易的，应提供避免同业竞争等利益冲突、保持被收购公司经营独立性的说明；④收购人为法人或者其他组织的，其控股股东、实际控制人最近 2 年未变更的说明；⑤收购人及其控股股东或实际控制人的核心企业和核心业务、关联企业及主营业务的说明；收购人或其实际控制人为两个或两个以上的上市公司控股股东或实际控制人的，还应当提供其持股 5% 以上的上市公司以及银行、信托公司、证券公司、保险公司等其他金融机构的情况说明；⑥财务顾问关于收购人最近 3 年的诚信记录、收购资金来源合法性、收购人具备履行相关承诺的能力以及相关信息披露内容真实性、准确性、完整性的核查意见；收购人成立未满 3 年的，财务顾问还应当提供其控股股东或者实际控制人最近 3 年诚信记录的核查意见。境外法人或者境外其他组织进行上市公司收购的，除应当提交上述第 2 ~ 6 项规定的文件外，还应当提交以下文件：①财务顾问出具的收购人符合对上市公司进行战略投资的条件、具有收购上市公司的能力的核查意见；②收购人接受中国司法、仲裁管辖的声明。

已披露权益变动报告书的投资者及其一致行动人在披露之日起6个月内，因拥有权益的股份变动需要再次报告、公告权益变动报告书的，可以仅就与前次报告书不同的部分作出报告、公告。但是，自前次披露之日起超过6个月的，投资者及其一致行动人应当按照法律规定编制简式或是详式权益变动报告书，履行报告、公告义务。

通过证券交易所进行证券交易或者通过协议进行转让乃投资者及其一致行动人主动行为引发的持股权益增减变动，投资者及其一致行动人持股权益触及权益披露义务点的，自然应当进行权益披露。对于因上市公司减少股本导致的投资者及其一致行动人拥有权益的股份被动变动，出现持股5%或以上情形的，投资者及其一致行动人将免于履行权益披露的报告和公告义务，上市公司仅需自完成减少股本的变更登记之日起2个工作日内，就因此导致的公司股东拥有权益的股份变动情况作出公告。但是，因公司减少股本可能导致投资者及其一致行动人成为公司第一大股东或者实际控制人的，该投资者及其一致行动人应当自公司董事会公告有关减少公司股本决议之日起3个工作日内，制作详式权益变动报告书履行权益披露的报告、公告义务。

三、权益披露时间、方式与整体披露

（一）权益披露时间

本着让广大投资者进行信息充分的交易的原则，证券法律制度就投资者及其一致行动人的权益披露时间作出限定。我国证券法区分交易所交易与交易所外交易、主动取得与被动受让，作出了不同规定：

1. 场内交易受让股份。通过证券交易所的证券交易，投资者及其一致行动人拥有权益的股份达到一个上市公司已发行股份的5%时，应当在该事实发生之日起3日内编制权益变动报告书，向中国证监会、证券交易所提交书面报告，通知该上市公司，并予公告；在上述期限内，不得再行买卖该上市公司的股票，但中国证监会规定的情形除外。投资者及其一致行动人拥有权益的股份达到一个上市公司已发行股份的5%后，通过证券交易所的证券交易，其拥有权益的股份占该上市公司已发行股份的比例每增加或者减少5%，应当依照上述规定进行报告和公告。在报告期限内和作出报告、公告后3日内，不得再行买卖该上市公司的股票，但中国证监会规定的情形除外。违反上述规定买入在上市公司中拥有权益的股份的，在买入后的36个月内，对该超过规定比例部分的股份不得行使表决权。

为保护上市公司及其股东的利益，上述投资者及其一致行动人拥有权益的股份达到一个上市公司已发行股份的5%后，其拥有权益的股份占该上市公司已发行股份的比例每增加或者减少1%，还应当在该事实发生的次日通知该上市公司，并予公告。

2. 协议转让受让股份。通过协议转让方式，投资者及其一致行动人在一个上市公司中拥有权益的股份拟达到或者超过一个上市公司已发行股份的5%时，应当在该事实发生之日起3日内编制权益变动报告书，向中国证监会、证券交易所提交书面报告，通知该上市公司，并予公告。投资者及其一致行动人拥有权益的股份达到一个上市公司已发行股份的5%后，其拥有权益的股份占该上市公司已发行股份的比例每增加或者减少达到或者超过5%的，应当依照上述规定履行报告、公告义务。前述投资者及其一致行动人在作出报告、公告前，不得再行买卖该上市公司的股票。相关股份转让及过户登记手续按照法律关于协议收购规定及证券交易所、证券登记结算机构的规定办理。

3. 被动受让股份。投资者及其一致行动人通过行政划转或者变更、执行法院裁定、

继承、赠与等方式拥有权益的股份变动达到5%的，应当按照协议转让的规定履行报告、公告义务，并参照协议转让规定办理股份过户登记手续。

由于持股触及5%的事实发生与权益人披露信息存在短暂的时间间隔，其间，广大投资者是在不知情的情况下进行交易的，市场往往会出现一些传闻，有关媒体难免会做一些捕风捉影的报道，从而引发股价的异常波动。为保护投资者利益，我国证券法规定，上市公司的收购及相关股份权益变动活动中的信息披露义务人依法披露前，相关信息已在媒体上传播或者公司股票交易出现异常的，上市公司应当立即向当事人进行查询，当事人应当及时予以书面答复，上市公司应当及时作出公告。这样做一方面有效保护了投资者，另一方面也使披露义务人在此期间持股增减变动在技术上不可能实现。

（二）权益披露方式

上市公司收购中的权益披露在遏制内幕交易、操纵市场等方面的重要性，使得权益披露方式成为收购立法中必须解决的重要问题，对此，我国法律规定：上市公司的收购及相关股份权益变动活动中的信息披露义务人应当在证券交易所的网站和符合中国证监会规定条件的媒体上依法披露信息；在其他媒体上进行披露的，披露内容应当一致，披露时间不得早于上述网站和媒体的披露时间。

事实上，收购本身的戏剧性，股权争夺的激烈性，使得公告以外的其他方式披露了很多信息，这些信息的发布相当随意，使得整个收购扑朔迷离，也使投资者无所适从。究竟应不应该允许在正式公告之外进行信息披露？对业已存在的非正式披露如何规制？已是世界性的难题，需要理论和实务工作者共同努力，研究解决问题的机制。

（三）整体披露

一致行动是各国或地区上市公司收购立法中重点监管的行为，也是上市公司收购法律制度中不可或缺的重要组成部分，它直接关系到上市公司收购信息披露的公开、公正和公平。实践中，收购方为了规避法律规定，逃避信息披露或要约收购等法定义务，往往通过非关联化的处理，由多个收购主体出面共同采取行动，每个收购主体购买低于法定比例的同一家上市公司的股票，进而达到既逃避义务又控制上市公司或实现利益输送的目的。为了打击上述规避法律法规的行为，证券法上关于"一致行动"和"一致行动人"的法律制度应运而生，凡是被认定为实施"一致行动"的"一致行动人"，则以各个一致行动人合并计算的收购比例作为其履行法定义务的判断标准，同时其在一般情况下也将被视为具有关联关系。[1]如此，持股权益披露制度中的披露单位问题自然呈现：是各个一致行动人分别进行信息披露还是全体一致行动人共同进行整体的信息披露？抑或是可以由信息披露义务人自由选择具体的披露形式？事实上，上述三种方式已被不同的证券立法所承认，并衍生出三种不同类型的立法模式：第一种模式以英国为代表，第二种模式以中国香港地区为代表，而第三种模式则以美国为代表。我国《证券法》本身没有对一致行动人如何进行持股权益披露的规定，中国证监会颁布的《上市公司收购管理办法》规定："上市公司的收购及相关股份权益变动活动中的信息披露义务人采取一致行动的，可以以书面形式约定由其中一人作为指定代表负责统一编制信息披露文件，并同意授权指定代表在信息披

---

〔1〕　杜晓堂："一致行动人的界定及相关法律制度的适用"，载《新财富》2006年第11期。

露文件上签字、盖章。各信息披露义务人应当对信息披露文件中涉及其自身的信息承担责任；对信息披露文件中涉及的与多个信息披露义务人相关的信息，各信息披露义务人对相关部分承担连带责任。"显然，我国采用的是由一致行动人自由选择的美国模式。对此，学界一直存有异议，有学者认为分别披露和选择披露均不符合监管实际，容易走入执行难的陷阱，主张重构立法，一律禁止分别披露，采用整体披露的香港模式，并在证券基本法中明确整体披露是唯一的法定形式。究竟哪一种披露模式更适宜中国证券市场的收购，需要我们结合既往发生的收购实例，进行利弊分析后作出选择。

第四节　要约收购、协议收购与间接收购

一、要约收购

要约收购是指收购人公开向目标公司的股东发出要约，并按照要约中的价格、期限等条件收购目标公司的股份，以期获得或者巩固目标公司的控制权的行为。要约收购是一种在证券交易所市场的集中竞价系统之外进行的收购，是成熟证券市场收购上市公司的基本形式。由于要约收购需要大量资金进入股市，股价波动大，又易出现内幕交易、操纵市场等损害投资者利益和影响证券市场稳定的行为，因此各国证券立法都将要约收购作为公司收购制度的重点规制对象。

（一）要约收购方式的适用

依据证券法，投资者可以自愿选择以要约方式（既可以向被收购公司的所有股东发出全面要约，也可以向被收购公司的部分股东发出部分要约）收购上市公司的股份。但在下列三种情形下，实行强制性要约方式进行收购：

1. 投资者及其一致行动人通过证券交易所的证券交易，持有一个上市公司已发行股份的30%时，继续增持股份的，应当向所有股东发出收购要约。

2. 采用协议收购方式的，收购人收购或者通过协议、其他安排与他人共同持有一个上市公司已发行的股份达30%时，继续进行收购的，应依法向该上市公司所有股东发出收购上市公司全部或者部分股份的要约，但按照国务院证券监督管理机构的规定免除发出要约的除外；如果收购人拟通过协议方式收购一个上市公司的股份超过30%，超过30%的部分，应当改以要约方式进行，但按照国务院证券监督管理机构的规定免除发出要约的除外。

3. 采用间接收购方式的，收购人拥有权益的股份超过该公司已发行股份的30%的，应向该公司所有股东发出全面要约。收购人预计无法在事实发生之日起30日内发出全面收购要约的，应在前述30日内促使其控制的股东将所持有的上市公司的股份减至30%或者30%以下，并自减持之日起2个工作日内予以公告，其后收购人或者其控制的股东拟继续增持的，应当采取要约方式。拟依据《收购办法》的规定免于发出要约的，应当按照协议收购的相关的规定[1]办理。

---

[1] 以协议方式收购上市公司股份超过30%，收购人拟依据《收购办法》第62条、第63条第1款第1项、第2项、第10项的规定免于发出要约的，应当在与上市公司股东达成收购协议之日起3日内编制上市公司收购报告书，通知被收购公司，并公告上市公司收购报告书摘要。收购人应当在收购报告书摘要公告后5日内，公告其收购报告书、财务顾问专业意见和律师出具的法律意见书。

收购人按照规定免于发出要约的，应当聘请符合《证券法》规定的律师事务所等专业机构出具专业意见。

强制要约收购始于 20 世纪 60 年代的英国，采用强制要约收购制度的有英国、法国、新加坡、中国香港等国家和地区，起始点从 30% 到 50% 不等；不采用强制要约收购制度的有美国、德国、日本、澳大利亚及韩国。我国借鉴了英国、法国等国的立法经验，采用了强制要约收购制度。为避免要约收购走形式之嫌，收购人以要约方式收购一个上市公司股份的，其预定收购的股份比例均不得低于该上市公司已发行股份的 5%。

（二）要约收购的规则

1. 大宗持股披露规则。大宗持股披露规则是指通过证券交易所的证券交易，投资者及其一致行动人持有上市公司一定比例的股份及在该比例后每增减一定比例的股份须报告与公告的规则。依据《证券法》，通过证券交易所的证券交易，在下列情形下须履行信息披露义务：①投资者及其一致行动人持有一个上市公司已发行的有表决权股份达 5% 时；②投资者及其一致行动人持有一个上市公司已发行的有表决权股份达 5% 后，其所持该上市公司已发行的有表决权股份比例每增加或者减少 5% 时。披露的义务主体是投资者及其一致行动人；信息披露的时限是事实发生之日起 3 日内；披露的文件是权益变动报告书。信息披露前投资者及其一致行动人的义务是将情况通知证券监督管理机构、证券交易所，最初持股达 5% 时还应通知上市公司；信息披露期间投资者及其一致行动人的义务是不得买卖该上市公司的股票，其中，持股 5% 后发生 5% 的增减变化的，限制买卖的期间延长到公告后 3 日。

此外，为保护上市公司及其股东的利益，防止恶意收购，新《证券法》加强了大宗持股的信息披露力度，投资者及其一致行动人持有一个上市公司已发行的有表决权股份达到 5% 后，其所持该上市公司已发行的有表决权股份比例每增加或者减少 1% 时，应当在该事实发生的次日通知该上市公司，并予以公告。

确立大宗持股披露规则的目的与作用是：其一，让目标公司股东注意到公司控制权发生变化的可能性，从而在重新估计持有股份价值的基础上作出投资决策；其二，确定收购人持有的表决权股份是否触发强制要约收购义务；其三，避免突发性收购对公司股东和管理层产生的负面影响，保护公司的稳定和持续经营发展；其四，防范内幕交易和操纵市场行为，保护中小投资者的权益。

2. 增减股份的台阶规则。增减股份的台阶规则又称"慢走"规则，是指投资者及其一致行动人在持股达一定比例后，增减股份的比例受到限制，并确定增减最短间隔时间的规则。依据《证券法》，投资者及其一致行动人在持有的表决权股份达 5% 后，每一次增加或者减少表决权 5% 时，应当在事实发生之日起 3 日内进行报告与公告，在报告期限内和作出报告、公告后 3 日内，不得再行买卖该上市公司的股票。这意味着，持股达 5% 后，投资者及其一致行动人每一次可以买进或者卖出股份的量最大是 5%，并且每一次变动后须停止 6 天的交易。

法律设置"台阶"规则的目的在于：控制大股东买卖股票的节奏，让投资者有充分的时间来接收和消化信息，并尽可能作出理性的选择。

3. 强制要约规则。强制要约规则是指通过证券交易所的证券交易，投资者及其一致行动人控制一定比例上市公司的股份，强制收购人发出收购要约的规则。依据《证券法》，通过证券交易所的证券交易，投资者及其一致行动人持有一个上市公司已发行的有表决权股份达到30%时，继续增持股份的，应当向上市公司所有股东发出收购上市公司全部或者部分股份的要约。收购上市公司部分股份的收购要约应当约定，被收购公司股东承诺出售的股份数额超过预定收购的股份数额的，收购人按比例进行收购。这表明，强制要约收购的触发点是30%，但仅仅达到这个触发点还不能触发强制要约义务，它还需要另外一个条件，即"继续增持股份"。实际上，导致强制要约成为收购人的一项法律义务的应该是"30%＋1股"。收购要约的发出对象是被收购公司的所有股东。强制仅仅是要约方式的强制，而不是全面要约的强制，收购人可以选择全面要约收购，也可以选择部分要约收购。

　　法律确立强制要约规则的理由主要有两个：一是避免出现歧视中小股东的现象，着眼于使所有股东获得平等的待遇。一旦收购人取得了目标公司的控制权，他就有义务发出要约，以不低于其为取得控制权所付的价格，收购公司其他股东所持有的股份，以避免大小股东之间的差别待遇。二是赋予非控股股东以撤出公司的权利。非控股股东作出投资决定，是出于对公司原经营者能力和道德品质的信任，现在公司的控制权发生转移，非控股股东就失去了作出投资的依据。既然他们无法影响控制权的转移，至少应有公平的机会撤出他们的投资。但是，如果他们一起在股市上出售股票，必然会引起股价下跌而蒙受损失。所以，法律强制收购人发出收购要约，使这些股东有机会以公平的价格出售其股份，撤回投资。

　　4. 股东待遇平等规则。股东待遇平等规则是指要约收购中，收购人应当对被收购的上市公司的所有股东一视同仁，不得实施歧视性待遇。股东待遇平等的具体体现主要是：①被收购公司的股东有平等参与要约收购的权利，部分要约收购中，当股东承诺出售的股份数额超过预定收购的股份数额时，收购人应按比例收购。②收购要约提出的各项收购条件，适用于被收购公司的所有股东；当然，上市公司发行不同种类的股份的，收购人可以针对不同种类股份提出不同的收购条件。③如果在要约有效期限内，要约人需要变更要约收购条件，则应对所有出售股份的股东适用变更后的条件，不论股东是在变更前预受要约还是在变更后预受要约。④在要约收购期间内，不得采用要约规定以外的形式或超出要约的条件买入被收购公司的股票。

　　法律确立股东待遇平等规则的主要目的是保护中小股东的利益。

　　5. 价格从高规则。价格从高规则又称最高价规则，是指在公开要约收购中，收购人的要约价格应该是其在一段时期内购买目标公司股份的最高价格。依据《证券法》，收购人进行要约收购的，对同一种类股票的要约价格，不得低于要约收购提示性公告日前6个月内收购人取得该种股票所支付的最高价格。要约价格低于提示性公告日前30个交易日该种股票的每日加权平均价格的算术平均值的，收购人聘请的财务顾问应当就该种股票前6个月的交易情况进行分析，说明是否存在股价被操纵、收购人是否有未披露的一致行动人、收购人前6个月内取得公司股份是否存在其他支付安排、要约价格的合理性等。

　　在上市公司收购中，目标公司大股东与收购人有讨价还价的优势，为了顺利完成收购，收购人往往给予大股东更优惠的条件，而这些优惠是小股东不能享受的。法律确立价格从高规则的目的是防止收购人在收购中歧视中小股东。

（三）要约收购的程序

要约收购的程序是：

1. 聘请财务顾问、编制要约收购报告书、通知被收购公司，同时对要约收购报告书摘要作出提示性公告。收购人进行上市公司的收购必须具备主体资格，有下列情形的人不得收购上市公司：①收购人负有数额较大的债务，到期未清偿，且处于继续状态；②收购人最近3年有重大违法行为或者涉嫌重大违法行为；③收购人最近3年有严重的证券市场失信行为；④收购人为自然人的，存在《公司法》第146条规定的情形；⑤法律、行政法规及证券监督管理机构认定的不得收购上市公司的情形。

收购人进行上市公司的收购，应当聘请符合《证券法》规定的专业机构担任财务顾问。财务顾问负责对收购人的相关情况进行尽职调查；应收购人的要求向收购人提供专业化服务，全面评估被收购公司的财务和经营状况，帮助收购人分析收购所涉及的法律、财务、经营风险，就收购方案所涉及的收购价格、收购方式、支付安排等事项提出对策建议，并指导收购人按照规定的内容与格式制作公告文件；对收购人进行证券市场规范化运作的辅导，使收购人的董事、监事和高级管理人员熟悉有关法律、行政法规和中国证监会的规定，充分了解其应当承担的义务和责任，督促其依法履行报告、公告和其他法定义务；对收购人是否符合《收购办法》的规定及公告文件内容的真实性、准确性、完整性进行充分核查和验证，对收购事项客观、公正地发表专业意见；与收购人签订协议，在收购完成后12个月内，持续督导收购人遵守法律、行政法规、中国证监会的规定、证券交易所规则、上市公司章程，依法行使股东权利，切实履行承诺或者相关约定。收购人未按规定聘请财务顾问的，不得收购上市公司。

收购人发出收购要约，必须公告要约收购报告书，并同时对要约收购报告书摘要作出提示性公告。编制的要约收购报告书应载明以下事项：①收购人的姓名、住所；收购人为法人的，其名称、注册地及法定代表人，与其控股股东、实际控制人之间的股权控制关系结构图。②收购人关于收购的决定及收购目的，是否拟在未来12个月内继续增持。③上市公司的名称、收购股份的种类。④预定收购股份的数量和比例。⑤收购价格。⑥收购所需资金额、资金来源及资金保证，或者其他支付安排。⑦收购要约约定的条件。⑧收购期限。⑨公告收购报告书时持有被收购公司的股份数量、比例。⑩本次收购对上市公司的影响分析，包括收购人及其关联方所从事的业务与上市公司的业务是否存在同业竞争或者潜在的同业竞争，是否存在持续关联交易；存在同业竞争或者持续关联交易的，收购人是否已作出相应的安排，确保收购人及其关联方与上市公司之间避免同业竞争以及保持上市公司的独立性。⑪未来12个月内对上市公司资产、业务、人员、组织结构、公司章程等进行调整的后续计划。⑫前24个月内收购人及其关联方与上市公司之间的重大交易。⑬前6个月内通过证券交易所的证券交易买卖被收购公司股票的情况。⑭中国证监会要求披露的其他内容。收购人发出全面要约的，应当在要约收购报告书中充分披露终止上市的风险、终止上市后收购行为完成的时间及仍持有上市公司股份的剩余股东出售其股票的其他后续安排；收购人发出以终止公司上市地位为目的的全面要约，无须披露前述第10项内容。

收购涉及行政审批的，收购人还应当在收购报告书摘要中作出特别提示。以要约方式收购上市公司股份的，收购人还应当通知被收购公司。

2. 公告收购要约。收购人自作出要约收购提示性公告之日起 60 日内，应当公告要约收购报告书，涉及行政审批的应当在批准后公告要约收购报告书。未在规定期限内公告要约收购报告书的，收购人应当在期满后次一个工作日通知被收购公司，并予公告；此后每 30 日应当公告一次，直至公告要约收购报告书。收购人作出要约收购提示性公告后，在公告要约收购报告书之前，拟自行取消收购计划的，应当公告原因；自公告之日起 12 个月内，该收购人不得再次对同一上市公司进行收购。收购要约约定的收购期限不得少于 30 天，并不得超过 60 天；但是出现竞争要约的除外。确定法定最短期限是为了确保股东有充裕的时间了解信息，进行投资决策；确定法定最长时间是为了防止被收购公司长期处于前途未卜的状态，影响其发展。

在收购要约确定的承诺期限内，收购人不得撤销其收购要约。上市公司发行不同种类股份的，收购人可以针对持有不同种类股份的股东提出不同的收购条件。收购要约的变更须遵守以下规定：①不得随意变更；②需要变更其收购要约的，必须及时予以公告，载明具体变更事项，并通知被收购公司，且不得存在降低收购价格、减少预定收购股份数额、缩短收购期限等监管机构规定的不允许变更的情形；③收购要约期限届满前 15 日内不得变更收购要约，但出现竞争要约的除外；④出现竞争要约时，发出初始要约的收购人变更收购要约距初始要约收购期限届满不足 15 日的，应延长收购期限，使延长后的要约期限不少于 15 日，但不得超过最后一个竞争要约的期满日，并须按规定追加履约保证金或者追加证券。

当要约收购报告书所披露的基本事实发生重大变化时，收购人应当在该重大变化发生之日起 2 个工作日内作出公告，并通知被收购公司。

发出竞争要约的收购人最迟不得晚于初始要约收购期限届满前 15 日发出要约收购的提示性公告，并应当依法履行前已述及的公告与通知义务。

3. 预受和收购。预受是指被收购公司股东同意接受要约的初步意思表示，在要约收购期限内、不可撤回之前不构成承诺。预受股东应委托证券公司办理相关手续。在要约收购期限届满前 3 个交易日内，预受股东不得撤回其对要约的接受。为了使受要约人了解其他股东的情况，以便更好地作出投资安排，在要约收购期限内，收购人应当每天在证券交易所网站上公告已预受收购要约的股份数量。当出现竞争要约时，接受初始要约的预受股东可以撤回全部或者部分预受的股份，并将撤回的股份售予竞争要约人。此种情境下，接受初始要约的预受股东应当委托证券公司办理撤回预受初始要约的手续和预受竞争要约的相关手续。

收购人实施收购的价格不得低于要约收购提示性公告日前 6 个月内收购人取得该种股票所支付的最高价格。收购人可以采用现金、证券、现金与证券相结合等合法方式支付收购上市公司的价款。收购人以证券支付收购价款的，应当提供该证券的发行人最近 3 年经审计的财务会计报告、证券估值报告，并配合被收购公司聘请的独立财务顾问的尽职调查工作。收购人以在证券交易所上市的债券支付收购价款的，该债券的可上市交易时间应当不少于 1 个月。收购人以未在证券交易所上市交易的证券支付收购价款的，必须同时提供现金方式供被收购公司的股东选择，并详细披露相关证券保管、送达被收购公司股东的方式和程序安排。为充分保障预受股东的权益，收购人聘请的财务顾问应当对收购人支付收购价款的能力和资金来源进行充分的尽职调查，详细披露核查的过程和依据，说明收购人是否具备要约收购的能力；并且，收购人应当在作出要约收购提示性公告的同时，提供以下至少一项安排保证其具备履约能力：①以现金支付收购价款的，将不少于收购价款总额的 20% 作为履约保证金存入证券登记结算机构指定的银行；收购人以在证券交易所上市交易的证券支付收购价款的，将用于支付的全部证券交由证券登记结算机构保管，但上市公司发行新股的除外。②银行对要约收购所需价款出具保函。③财务顾问出具承担连带保证责任的书面承诺，明确如要约期满收购人不支付收购价款，由财务顾问进行支付。收购人为终止上市公司的上市地位而发出全面要约的，或者因不符合免除发出要约规定而发出全面要约的，应当以现金方式支付收购价款；以依法可以转让的证券支付收购价款的，应同时提供现金方式供被收购公司股东选择。

收购期限届满，发出部分收购要约的收购人应按照约定的条件购买被收购公司股东预受的股份，预受要约股份的数量超过预定收购数量时，应按同等比例收购预受要约的股份；以终止被收购上市公司为目的的，收购人应按照收购要约约定的条件购买被收购公司股东预受的全部股份；因不符合免除发出要约规定而发出全部要约的收购人应购买被收购公司股东预受的全部股份。收购期限届满后 3 个交易日内，接受委托的证券公司应向证券登记结算机构申请办理股份转让结算过户登记手续，解除对超过约定收购比例的股票的临时保管；收购人应公告本次要约收购的结果。

收购人在要约收购期限内不得卖出被收购公司的股票，也不得采用要约规定以外的形式和超过要约的条件买入被收购公司的股票。要约收购的是上市公司的股份，作为上市公司，其股票是在证券交易所挂牌交易的，投资者应当在证券交易所通过交易来获得股份。基于此，《证券法》规定，除要约方式外，投资者不得在证券交易所外公开求购上市公司的股份。

4. 收购结束报告与公告。收购期限届满后 15 日内，收购人应向证券交易所提交关于本次收购情况的书面报告，并予公告。

（四）要约收购的豁免

要约收购的豁免是指收购人在实施可触发法定要约收购的增持行为时，依法免除发出收购要约义务。依据中国证监会制定的《收购办法》，免除发出收购要约分为两种情况，一是免于以要约收购方式增持股份；二是存在主体资格、股份种类限制或者法律、行政法规、中国证监会规定的特殊情形的，免于向被收购公司的所有股东发出收购要约。有下列情形之一的，收购人可以免于以要约收购方式增持股份：①收购人与出让人能够证明本次股份转让是在同一实际控制人控制的不同主体之间进行，未导致上市公司的实际控制人发生变化；②上市公司面临严重财务困难，收购人提出的挽救公司的重组方案取得该公司股东大会批准，且收购人承诺 3 年内不转让其在该公司中所拥有的权益；③中国证监会为适应证券市场发展变化和保护投资者合法权益的需要而认定的其他情形。有下列情形之一的，投资者可以免于发出要约：①经政府或者国有资产管理部门批准进行国有资产无偿划转、变更、合并，导致投资者在一个上市公司中拥有权益的股份占该公司已发行股份的比例超过 30%；②因上市公司按照股东大会批准的确定价格向特定股东回购股份而减少股本，导致投资者在该公司中拥有权益的股份超过该公司已发行股份的 30%；③经上市公司股东大会非关联股东批准，投资者取得上市公司向其发行的新股，导致其在该公司拥有权益的股份超过该公司已发行股份的 30%，投资者承诺 3 年内不转让本次向其发行的新股，且公司股东大会同意投资者免于发出要约；④在一个上市公司中拥有权益的股份达到或者超过该公司已发行股份的30%，自上述事实发生之日起1年后，每12个月内增持不超过该公司已发行的2%的股份；⑤在一个上市公司中拥有权益的股份达到或者超过该公司已发行股份的50%，继续增加其在该公司拥有的权益不影响该公司的上市地位；⑥证券公司、银行等金融机构在其经营范围内依法从事承销、贷款等业务导致其持有一个上市公司已发行股份超过30%，没有实际控制该公司的行为或者意图，并且提出在合理期限内向非关联方转让相关股份的解决方案；⑦因继承导致在一个上市公司中拥有权益的股份超过该公司已发行股份的30%；⑧因履行约定购回式证券交易协议购回上市公司股份导致投资者在一个上市公司中拥有权益的股份超过该公司已发行股份的30%，并且能够证明标的股份的表决权在协议期间未发生转移；⑨因所持优先股表决权依法恢复导致投资者在一个上市公司中拥有权益的股份超过该公司已发行股份的30%；⑩中国证监会为适应证券市场发展变化和保护投资者合法权益的需要而认定的其他情形。相关投资者应在上述规定的权益变动行为完成后3日内就股份增持情况做出公告，律师应就相关投资者权益变动行为发表符合规定的专项核查意见并由上市公司予以披露。相关投资者按照上述第5项规定采用集中竞价方式增持股份的，每累计增持股份比例达到上市公司已发行股份的2%，在事实发生当日和上市公司发布相关股东增持公司股份进展公告的当日不得再行增持股份；上述第4项规定的增持不超过2%的股份锁定期为增持行为完成之日起6个月。

收购人按照规定免除发出要约的，应当聘请符合《证券法》规定的律师事务所等专业机构出具专业意见。不符合免除发出要约规定情形的，投资者及其一致行动人应当在30日内将其或者其控制的股东所持有的被收购公司股份减持到30%或者30%以下；拟以要约以外的方式继续增持股份的，应当发出全面要约。

二、协议收购

协议收购是指收购人在证券交易所外与目标公司的股东（主要是持股比例较高的大股东）在股票的价格、数量等方面进行私下协商，购买目标公司股东持有的股份，从而巩固或者获得目标公司控制权的行为。

（一）协议收购的特征

与要约收购相比，协议收购具有如下特征：

1. 交易对手具有特定性。要约收购必须面向目标公司的所有股东，协议收购仅针对目标公司的少数大股东，由收购人分析目标公司的股权结构后自行选择交易对象。

2. 协议转让是在场外进行的。要约收购在证券交易所进行，对二级市场的影响较大；协议收购在场外进行，故不会对二级市场直接造成冲击，不会引起股市大幅度波动。

3. 协议过程的不公开性。要约收购必须公开要约，让目标公司所有股东依据要约的条件进行接受或者拒绝的选择。协议收购则是在私下由收购人与特定股东进行协商，如果就各项事宜达成一致，最终完成对目标公司的收购。

4. 协议收购价格的自主性。要约收购的价格基本上是随行就市，与市场价格保持一定的均衡，如果存在反收购或者竞争要约的情形，价格可能会更高，这使得收购成本较高。协议收购的价格是双方协商谈判的结果，可能与股票市场存在较大的偏离。

5. 收购标的的特定性。要约收购的标的限于流通的股份，而协议收购的标的包括流通股和非流通股。协议收购曾经是国有股及法人股的主要流转方式。

6. 协议收购方式可以与集中竞价交易方式同时使用，而要约收购只能单独运用。

7. 协议收购的交易程序和法律规制相对简单，交易手续费用低廉，可以迅速地获得对目标公司的控制权。要约收购被各国法律作为重点进行规范，交易程序较为繁琐，收购成本、费用较高。

（二）协议收购的程序

协议收购的程序相对简单，根据《证券法》及《上市公司收购管理办法》的规定，协议收购一般经过以下程序：

1. 聘请财务顾问、协商并签订收购协议。收购人进行协议收购，首先应当聘请财务顾问，由财务顾问对收购人的资格进行把关，并对收购人收购资金来源的合法性、收购人具备履行相关承诺的能力及相关信息披露内容的真实性、准确性、完整性进行核查。

收购人在决定收购一个上市公司之前，一般都通过各种渠道对目标公司进行详细的调查。进行协议收购一般需要先取得目标公司董事会的支持，然后收购人与目标公司的大股东就收购数量、价格等进行具体协商，达成一致并签订书面协议。

2. 报告与公告收购协议。在收购人与目标公司的股东获得相应的内部批准、达成收购协议后，收购人必须在 3 日内将该收购协议向证券监督管理部门及证券交易所作出书面报告，并予公告。在未作出公告之前，不得履行收购协议。

收购上市公司中由国家授权投资的机构持有的股份，还应当按照国务院的规定，经有关主管部门批准，批准后才可以正式签订收购协议。

3. 保存股票与资金存放。为了保证收购协议的顺利履行，协议双方可以临时委托证券登记结算机构保管协议转让的股票，并将资金存放在指定的银行。保存股票与存放资金只是一种选择性权利，而不是强制性规定。

4. 履行收购协议。协议收购的当事人在依法履行收购报告书公告等义务后，应按证券交易所和证券登记结算机构的业务规则，申请办理股份转让和过户登记手续。收购人如果在收购报告书公告后 30 日内未完成相关股份过户手续，应当立即作出公告，说明理由；在未完成相关股份过户期间，应当每隔 30 日公告相关股份过户办理进展情况。

协议收购中有两点需要注意：

（1）通过协议方式进行收购，当收购人拥有权益的股份达到该公司已发行股份的30%时，继续进行收购的，应当依法向该上市公司的股东发出全面要约或者部分要约，即应当转以要约的方式并按照要约收购的程序进行收购。但符合免除发出要约规定情形的，可以免于发出收购要约。

（2）收购人拟以协议方式收购上市公司股份超过30%的，超过30%的部分，应当改以要约方式进行。但符合免除发出要约规定情形的，可以免于发出收购要约，履行其收购协议。不符合免除发出要约规定情形的，在履行其收购协议前，应当发出全面要约。

以协议方式收购上市公司股份超过30%，收购人拟依据《收购办法》免于以要约方式增持股份的规定和免于发出要约第 1、2、10 项的规定免于发出要约，应当在与上市公司股东达成收购协议之日起 3 日内编制上市公司收购报告书，通知被收购公司，并公告上市公司收购报告书摘要。收购人应当在收购报告书摘要公告后 5 日内，公告其收购报告书[1]、财务顾问专业意见和律师出具的法律意见书。不符合免除发出要约规定的情形，即收购人未获得豁免的，应当予以公告，并应当在 30 日内将其或者其控制的股东所持有的被收购公司股份减持到 30% 或者 30% 以下；拟以要约以外的方式继续增持股份的，应当发出全面要约。

5. 收购结束报告与公告。收购行为完成后，收购人应在 15 日内将收购情况报告证券监督管理机构和证券交易所，并予公告。

（三）协议收购中收购人与被收购公司控股股东及关联方的义务

由于协议收购在股东待遇平等、交易公正与信息公开、有效监管等方面存在很大的局限性，只有证券市场发达、法律制度完备的国家才允许上市公司的协议收购。我国上市公司的股本结构具有复杂性与特殊性，证券立法允许协议收购，某种程度上是为了解决国有股、法人股的流通问题。从实践来看，证券市场已发生的收购上市公司的案例中绝大多数都采用了协议收购方式。为了保护中小股东的权益，防止协议收购的暗箱操作，《证券法》规定了协议收购中收购人与被收购公司控股股东及其关联方的义务。

1. 协议收购中收购人的义务与行为限制。协议收购中收购人的义务主要是：

（1）信息披露义务。信息披露是上市公司收购的基本原则之一，由于协议收购较要约收购而言具有天然的保密性，收购双方就有关收购事宜达成共识后即签订收购协议，而中小股东很可能就收购事宜一无所知，为了使中小股东在上市公司的控制权发生转移或者可能发生转移时能够作出选择，同时也为了避免收购中的国有资产流失，我国证券法律制度规定了收购人的信息披露义务。具体内容是：①在协议收购中，收购人在一个上市公司中拥有权益的股份拟达到或者超过 5% 时，应当在事实发生之日起 3 日内编制权益变动报告书，向证券监督管理机构、证券交易所提交书面报告，通知上市公司，并予公告；收购人拥有权益的股份达到一个上市公司已发行股份的 5% 后，其拥有权益的股份占该上市公司已发行股份的比例每增加或者减少达到或者超过 5% 的，应当在该事实发生之日起 3 日内继续履行报告、公告义务。在履行报告、公告义务之前，不得再行买卖该上市公司的股票。其中持股介于 5%～20% 之间且不是第一大股东或者实际控制人的，编制简式权益变动报告书，简要披露信息；持股介于 20%～30% 之间或者持股介于 5%～20% 之间且是第一大股东或者实际控制人的，编制详式权益变动报告书，详细披露信息；对成为公司第一

---

[1]　此情况下的上市公司收购报告书须披露的内容包括：①收购人的姓名、住所；收购人为法人的，其名称、注册地及法定代表人，与其控股股东、实际控制人之间的股权控制关系结构图。②收购人关于收购的决定及收购目的，是否拟在未来 12 个月内继续增持。③上市公司的名称、收购股份的种类。④预定收购股份的数量和比例。⑤收购价格。⑥收购所需资金额、资金来源及资金保证，或者其他支付安排。⑦公告收购报告书时持有被收购公司的股份数量、比例。⑧本次收购对上市公司的影响分析，包括收购人及其关联方所从事的业务与上市公司的业务是否存在同业竞争或者潜在的同业竞争，是否存在持续关联交易；存在同业竞争或者持续关联交易的，收购人是否已作出相应的安排，确保收购人及其关联方与上市公司之间避免同业竞争以及保持上市公司的独立性。⑨未来 12 个月内对上市公司资产、业务、人员、组织结构、公司章程等进行调整的后续计划。⑩前 24 个月内收购人及其关联方与上市公司之间的重大交易。⑪前 6 个月内通过证券交易所的证券交易买卖被收购公司股票的情况。⑫收购协议的生效条件和付款安排。⑬中国证监会要求披露的其他内容。已披露收购报告书的收购人在披露之日起 6 个月内，因权益变动需要再次报告、公告的，可以仅就与前次报告书不同的部分作出报告、公告；超过 6 个月的，应编制收购报告书，履行报告、公告义务。

大股东或者实际控制人并且持股 20% 以上的，还应当聘请财务顾问对权益变动报告书所披露的内容出具核查意见。②收购协议达成后，收购人必须在 3 日内就该收购协议向证券监督管理机构及证券交易所作出书面报告，并予公告，在公告之前不得履行收购协议。

（2）强制要约收购义务。协议收购只针对目标公司的大股东进行，为了保护中小股东的利益，一方面使中小股东在公司控制权发生转移时有机会撤出公司，另一方面使中小股东与控股股东平等地享有股份转移所带来的控制权溢价，我国《证券法》在协议收购中导入了强制要约收购方式。具体内容是：采用协议收购方式的，当收购人收购或者通过协议、其他安排与他人共同收购一个上市公司已发行股份达 30% 时，继续进行收购的，应转用要约收购方式，即应向上市公司所有股东发出收购上市公司全部或者部分股份的要约。但符合免除发出要约规定的除外。

协议收购具有一定的隐蔽性，因此在监管上存在相当的困难。收购实践中，有些收购人在未成为上市公司股东之前，已经通过"股权托管"等协议控制相关股份的表决权而实际控制上市公司，在这种情况下，控股股东不依法履行其控股股东职责，而收购人虽然实际控制上市公司，但是不承担控股股东的责任，上市公司的经营管理处于极不确定的状态，为收购人恶意侵害上市公司和其他股东的权益提供了条件。为防范收购人无实力、不诚信、掏空被收购公司等突出问题，证券法律对签订收购协议起至相关股份完成过户的过渡期间内收购人、被收购公司的行为进行了限制，主要内容是：收购人不得通过控股股东提议改选上市公司董事会，确有充分理由改选董事会的，来自收购人的董事不得超过董事会成员的 1/3；被收购公司不得为收购人及其关联方提供担保；被收购公司不得公开发行股份募集资金，不得进行重大购买、出售资产及重大投资行为或者与收购人及其关联方进行其他关联交易，但收购人为挽救陷入危机或者面临严重财务困难的上市公司的情形除外。

2. 协议收购中被收购公司控股股东及其关联方的义务。协议收购中被收购公司的控股股东及其关联方要承担忠实义务和注意义务。忠实义务要求控股股东不得滥用股东权利损害被收购公司或者其他股东的合法权益；控股股东在转让被收购公司的控制权之前，有损害被收购公司及其他股东合法权益行为的，应主动消除损害，未能消除损害的，应当就其出让相关股份所得收入用于消除全部损害做出安排，对不足以消除损害的部分应当提供充分有效的履约担保或安排，并依照公司章程取得被收购公司股东大会的批准；控股股东及其关联方在转让其对公司的实际控制权时，未清偿其对公司的负债，未解除公司为其负债提供的担保，或者存在损害公司利益的其他情形的，应提出切实可行的解决方案，被收购公司的董事会应对前述情形予以披露，并采取有效措施维护公司的利益。注意义务要求控股股东对收购人的主体资格、财务背景及收购意图进行调查，并在其权益变动报告书中披露有关调查情况，如果发现收购人可能是一个劫掠者，就不得将控股股份出售。

三、间接收购

间接收购是指作为实际控制人的收购人虽不是上市公司的股东，但通过投资关系、协议、其他安排导致其拥有目标公司权益的股份达到法定的比例，从而取得或巩固对目标公司的控制权的收购。间接收购因其间接、隐蔽，极易给收购人留下规避信息披露和强制要约收购等法律义务的空间。为此，间接收购在各国引起了立法者的重视，我国也在《上市公司收购管理办法》中对间接收购设专章进行了规范。

（一）间接收购的特征

1. 目的明确性。间接收购的目的在于获得或巩固对目标公司的实际控制权。对一个公司的实际控制权是指对该公司的经营管理、方针决策具有决定性的影响力，取得控制权的外在显现通常是能够决定公司董事会半数以上的成员选任、足以对公司股东大会的决议产生重大影响。世界各国都会根据其上市公司的股权分散程度对相对控制权的持股比例标准进行大致的界定，该标准一般也就是要约收购的触发点。

2. 方式间接性。间接收购的收购人不需要成为上市公司的股东，而是通过控制上市公司的母公司、控股股东等方式实现对上市公司的实际控制。间接收购一般不会引发上市公司股东及股东结构的变化，而只是通过投资关系、协议或是其他安排导致上市公司的母公司、控股股东发生了变化，这些上游公司通常不是上市公司，信息透明度低，很多相关信息上市公司不能获得。如此，收购人很容易在市场毫不知情的情况下获得对上市公司的实际控制权，并可能指使其控制的股东侵害上市公司及其他股东合法权益。间接性是间接收购区别于要约收购、协议收购等直接收购的最大特点。

3. 过程隐蔽性。间接收购的收购人不是上市公司的股东，其收购行为通过其控制的上市公司股东完成，收购过程极其隐蔽，如果收购人不主动披露信息，上市公司及其中小股东就很难获得相关信息。隐蔽性对上市公司及中小股东存在潜在的威胁，也与证券法的公开原则相悖，成为各国证券法律规范间接收购的正当、充分理由。

4. 手段灵活性与多样性。间接收购在实践中可采用的手段灵活、多样，主要有：收购人通过由其控股的子公司收购上市公司；收购人通过上市公司的控股股东或者母公司间接收购；收购人对上市公司的控股股东或者母公司增资扩股；上市公司控股股东或母公司托管其股份；上市公司的股东以上市公司的股权作价出资，与收购方合资成立一家新公司，该公司成为上市公司的控股股东；收购人利用管理层进行收购；等等。间接收购因手段的多样性、灵活性，带来了收购成本上的优势，备受推崇。

（二）间接收购与要约收购、协议收购的比较

为便于理解间接收购的内涵，有必要对要约收购、协议收购、间接收购加以比较。

1. 收购方式。要约收购与协议收购都是收购人及其一致行动人直接性地收购目标公司的股份，使自身能够控制目标公司；间接收购则是采用间接的收购方式，通过投资关系、协议、其他安排间接取得或者巩固目标公司的控制权，收购人本人并不成为目标公司的股东。

2. 收购场所。要约收购在证券交易所通过证券交易进行，但不通过集中竞价系统；协议收购在证券交易所以外通过协商方式进行；间接收购既有可能在场外协议转让股份，又有可能触发要约义务在交易所内进行证券交易，除此之外，还可能会通过其他非交易性的安排进行收购。

3. 目标公司态度。要约收购通常触碰目标公司管理层利益，遭遇管理层的阻遏，是敌意收购；协议收购一般是经过协商订立协议，基本是友好收购。间接收购由于不直接收购目标公司股份，不存在与目标公司的直接协商，一般也是敌意收购。

4. 适用情形。要约收购适应于目标公司股权分散的情形；协议收购适应于目标公司股权较为集中、存在控股股东的情形；间接收购在我国上市公司股权结构的特殊情境下，大多是外国资本、民营资本收购国有控股公司。

5. 收购程序。要约收购经过的环节较多，收购人要履行严格的信息披露等义务，法律规定严格、收购成本高；协议收购相对于要约收购而言，只需达成协议、报告、公告等手续，可以迅速获得目标公司控制权，收购成本低。间接收购也要进行持股权益披露、持股触发全面要约等环节，在外资收购的情形下还可能涉及市场准入、反垄断审查等程序。

（三）间接收购的法律规范

间接收购方式的间接性、收购过程的隐蔽性，导致其与其他收购方式相比更加复杂、特殊，对收购人的间接收购进行规范存在共识。然而，立法规范应遵从什么样的宗旨却存在分歧，一种观点认为：间接收购在收购实践中应用广泛，在促进外国投资、盘活国有资本、优化资源配置等方面发挥了重要作用，也利于提升目标公司竞争力和管理水平，对收购的程序、要求等规定不宜过严，规范的重点应放在信息披露上。另一种观点认为：间接收购因其间接性、隐蔽性，易于损害目标公司及中小股东利益，应对收购的程序、要求等作出严格规定，以确保证券市场的秩序，维护中小股东的利益，规范的重点应放在保护公众投资者和禁止规避法律义务上。我国法律对间接收购基本秉持促进与鼓励的态度，与直接收购适用同样的报告、公告与要约义务，一并纳入上市公司收购的统一监管体系。具体规范内容如下：

1. 收购人的权益披露义务。收购人虽不是上市公司的股东，但通过投资关系、协议、其他安排导致其拥有权益的股份达到或者超过一个上市公司已发行股份的5%未超过30%的，应当按照权益披露的规定披露信息。

2. 收购人的强制要约义务。收购人拥有权益的股份超过该公司已发行股份的30%的，应当向该公司所有股东发出全面要约；收购人预计无法在事实发生之日起30日内发出全面要约的，应当在前述30日内促使其控制的股东将其持有的上市公司股份减持至30%或者30%以下，并自减持之日起2个工作日内予以公告；其后收购人或者其控制的股东拟继续增持的，应当采取要约方式；拟按照规定免于发出要约的，应当按照规定办理。

3. 权益披露的衰减原则。衰减原则是在因投资关系形成多层控制结构的情形下，基于重要性原则要求取得了上市公司控制权的投资者履行报告、公告义务，反之，如果上市公司股权对于投资者投资公司的利润和资产不构成重要影响，即为不重要，则免于再向上追溯进行披露，投资者只需将有关投资关系的变化情况通知目标上市公司，由目标上市公司进行披露。举例说明：投资者收购母公司的控制权，母公司通过控股子公司持有上市公司10%的股份，该部分股份在子公司的资产和利润中所占比重不足30%，在此情形下，投资者收购母公司的主要目的并不是取得对上市公司10%的股份的支配权，因此，投资者可免于履行报告、公告义务。确立衰减原则是为了衡量间接收购中的收购人是否为实际控制人，是否应当履行报告、公告义务。按照这一原则，如果间接收购中的投资者不是目标公司的股东，但通过投资关系取得上市公司的控制权，受其支配的上市公司股东所持股份达到了30%以上或者在5%~30%之间，且对该股东的资产和利润构成重大影响，就应按照规定履行权益披露义务，反之，就不用履行相关的报告、公告义务。衰减原则的适用，是间接收购中对于投资者信息披露要求的一个例外。

4. 实际控制人及其支配股东的配合义务。上市公司实际控制人及受其支配的股东，负有配合上市公司真实、准确、完整披露有关实际控制人发生变化的信息的义务；实际控制人及受其支配的股东拒不履行上述配合义务，导致上市公司无法履行法定信息披露义务而承担民事、行政责任的，上市公司有权对其提起诉讼。实际控制人、控股股东指使上市公司及其有关人员不依法履行信息披露义务的，由中国证监会依法进行查处。

5. 上市公司的义务与实际控制人的违信责任。上市公司实际控制人及受其支配的股东未履行报告、公告义务的，上市公司应当自知悉之日起立即进行报告和公告。上市公司就实际控制人发生变化的情况予以公告后，实际控制人仍未披露的，上市公司董事会应当向实际控制人和受其支配的股东查询，必要时可以聘请财务顾问进行查询，并将查询情况向中国证监会、上市公司所在地的中国证监会派出机构和证券交易所报告；中国证监会依法对拒不履行报告、公告义务的实际控制人进行查处。上市公司知悉实际控制人发生较大变化而未能将有关实际控制人的变化情况及时予以报告和公告的，中国证监会责令改正，情节严重的，认定上市公司负有责任的董事为不适当人选。

6. 上市公司董事会的责任与实际控制人的违信责任。上市公司实际控制人及受其支配的股东未履行报告、公告义务，拒不履行上述对上市公司的配合义务，或者实际控制人存在不得收购上市公司情形的，上市公司董事会应当拒绝接受受实际控制人支配的股东向董事会提交的提案或者临时议案，并向中国证监会、中国证监会派出机构和证券交易所报告。中国证监会责令实际控制人改正，可以认定实际控制人通过受其支配的股东提名的董事为不适当人选；改正前，受实际控制人支配的股东不得行使其持有股份的表决权。上市公司董事会未拒绝接受受实际控制人及受其支配的股东所提出的提案的，中国证监会可以认定负有责任的董事为不适当人选。

四、上市公司收购的后果

上市公司收购完成后，将产生一系列的法律后果。这些后果包括：

(一) 在一定期限内禁止转让股份

以获得或者巩固上市公司的控制权为目的的收购行为，在收购行为完成后，收购人不会在很短的时间内而是会在一定期间内支配被收购的上市公司。但是有的投资者可能进行恶意收购，利用收购来操纵上市公司股票行情，阻碍与其存在竞争关系的上市公司的正常经营。为了保持市场交易的秩序、维护中小股东的利益，《证券法》规定，收购人持有的上市公司的股票在收购行为完成后的 18 个月内不得转让。

(二) 目标公司的股票终止上市交易

股票上市必须符合证券交易所规定的上市交易要求，收购期限届满，被收购公司股权分布不再符合证券交易所规定的上市交易要求的，该上市公司的股票应当由证券交易所依法终止上市交易。

(三) 余额股东享有强制性出售权

强制性出售权是指基于上市公司的收购导致被收购公司的股票终止上市交易时，法律赋予被收购公司的其余股东以收购要约的同等条件将其所持有的被收购公司股票出售给收购人的权利。强制性出售权是法律为了避免控股股东对少数股东可能的压榨与剥削，为少数股东提供的一条退出通道。

依据《证券法》，强制性出售权的行使条件是收购期限届满后被收购的上市公司的股票终止上市交易；行使时间是收购期限届满后；行使主体是收购期限届满后仍持有被收购公司股票的股东；权利内容是要求收购人按照收购要约的同等条件购买其股票；法律效力是收购人必须按照收购要约的同等条件收购其股票。余额股东强制性出售权是一项法定权利，对收购人而言构成法定义务，收购人不履行法定义务的，其他股东可以向人民法院提起诉讼。

（四）变更企业形式

收购行为完成后，被收购公司不再具备股份公司条件的，应当依法变更其企业形式。例如经过收购，收购人已经持有了被收购的上市公司的全部股份，被收购的上市公司的股东就只有收购人一人，该公司将不再是股份公司，而要变更为其他形式的企业。变更企业形式的范围，可以是有限责任公司，也可以是有限公司以外的企业形式。

（五）更换股票

收购行为完成后，需要更换被收购的上市公司的股票的情形是，收购人购入被收购的上市公司的具有控制权的股份，通过股东大会决议，将被收购的上市公司与收购人合并，解散被收购的上市公司。

收购人兼并被收购的上市公司后，被收购的上市公司成为收购人的一部分，被收购的上市公司的股东成为收购人的出资人，收购人应给这部分出资人签发证明其对本企业出资的出资证明，并注销这部分人持有的被收购的上市公司的股票。

第五节　上市公司收购中的相关问题

一、上市公司收购中的反收购问题

上市公司收购作为一种证券交易行为，其主体是收购人与目标公司股东，与目标公司经营者无关。但由于收购的结果往往意味着公司经营者的改变和公司经营策略的变化，这对目标公司原经营者的利益、目标公司及股东的利益都至关重要。为了维护自己的利益或公司股东的利益，目标公司的经营者经常利用手中的权力，动用公司的资源，采取一系列措施防止收购的发生或者挫败已经发生的收购。一般来说，收购人在收购要约中都会向目标公司股东提出高于当时市场股价的有吸引力的溢价，股东可以由此获利，所以对收购的阻碍会损害股东的利益。但是目标公司的经营者也可能有充分的理由认为收购人提出的要约价格仍然没有反应公司股票的内在价值，或者收购人提出的公司未来的经营计划会损害公司的发展，因而收购行动并不符合公司股东的最大利益，应当对收购行动予以防范和回击。由于目标公司经营者和公司股东之间存在着潜在的利益冲突，因而如何既鼓励公司董事会运用其专业知识和技能保护公司股东的利益，又防止经营者为保护自己的私利而阻止、破坏对目标公司有利的收购行动，一直是各国立法者费尽心力要解决的问题。

上市公司反收购的法律规制所涉及的主要是目标公司股东和公司经营者之间的问题，这在本质上是一个公司法人内部治理结构的问题。因此，一些国家收购立法中反收购的规制主要体现在公司法中，证券法中的有关规定仅仅是对公司法的补充。

随着公司收购的发展，目标公司为对抗敌意收购行为，创造出了许多反收购措施。根据采取反收购措施的不同阶段，主要分为防御策略与抵御策略两种类型。[1] 防御策略是公司经营者为防止本公司成为他人收购的目标，事先采取的预防性措施，如"驱鲨剂条

---

[1]　徐杰主编：《经济法论丛》（第1卷），法律出版社2000年版，第332页。

款"[1]和"毒丸策略"[2]等。抵御策略是发生在收购行为后，公司经营者为对抗收购而采取的各种策略，如新股发行、[3]股份回购、[4]寻找白衣骑士[5]等。反收购措施的核心思想是使目标公司变得不再具有吸引力，或者是收购者为取得公司控制权需要付出高昂代价，乃至不可能取得目标公司控制权，以防止收购行为的发生，或者挫败已发生的收购行为。区分收购预防策略与收购抵御策略的意义在于法律规制不同，实践中并无严格界限，比如"毒丸策略"，目标公司在收购开始前可以采取，收购开始后同样可以。

　　我国《公司法》没有直接针对反收购问题的规定，侧重于对董事行为是否符合忠实义务的审查。《证券法》对上市公司收购的立法过于原则化，根本没有触及上市公司的反收购问题。但在实践中，上市公司收购中的反收购现象已经出现，如在1993年发生的"宝延事件"中，延中公司在整个事件中采取了一系列宣传、经济等方面的反收购措施；起始于2015年7月万科推出百亿回购计划，截至2016年7月仍在激战的"万宝控制权之争"，在万科股票2015年12月18日紧急停牌的同日，管理层便已筹划股份发行，用于重大资产重组及收购资产，打响了反击宝能系的第一枪。宝延事件之后，许多上市公司[6]对反收购问题给予了高度重视，采取了一系列相应的反收购预防措施，比如员工内部持股计划、在公司章程中增订反收购条款限制董事会改选的人数等。考虑到《证券法》的实施及全流通的市场环境导致敌意收购发生成为可能，国务院证券监督管理部门根据《证券法》第77条第1款的授权制定了《上市公司收购管理办法》，该办法第8、32、33、34条对反收购问题进行了规定。具体内容是：被收购公司的董事、监事、高级管理人员对公

---

[1] "驱鲨剂条款"是指通过在公司章程中设计一些收购人不愿接受的条款而为控制权的转移制造障碍的反收购措施。这类条款较为常见的有：交错选举董事条款、特别决议条款（公平价格条款）。交错选举董事条款是规定每次股东大会只改选一部分董事（如1/3），每个董事任期3年，这一条款使获得多数股权的人，至少要经过两次股东大会才能获得公司的控制权，但这一条款的作用有限，收购人可以利用自己的股权通过股东大会修改公司章程。特别决议条款（公平价格条款）是规定在收购人取得目标公司一定比例的股份时，除非经非利害关系人股东多数同意（或收购人以公平价格收购持异议股东），否则该取得股份没有投票权。

[2] "毒丸"是股东对公司股份或债券的购买权或卖出权。"毒丸策略"是公司或者分配给股东具有优先表决权、偿付权的有价证券，或者一种购买期权。当某些事件发生时，将会导致目标公司股东能够以较低价格购买公司的股票或债券，或以较高的价格向收购人出售股份或者债券。毒丸策略的指导思想是通过发行若干不同证券或期权，稀释收购人持股或者弱化目标公司的财务状况，使收购人在收购后遭受经济上严重不利后果。毒丸策略在实践中有多种形式，如向内翻转毒丸和向外翻转毒丸。向内翻转毒丸是目标公司给予股东一种购买权，当收购人未经目标公司经营者同意而收购目标公司股份达一定比例时，其他股东低价认股的权利即生效，有权以较低的价格购买目标公司的股份，这将导致目标公司的股份总数激增，不仅稀释了收购人持股，而且加重了其负担。向外翻转毒丸是指公司作为分红给予股东一种购买权，如果收购人将目标公司兼并，被挤出的股东可以凭此权利以半价购买合并后存续公司（一般是收购公司）的股份。

[3] 新股发行是指目标公司向原股东配售新股，或者向特定主体定向发行或向社会公众发行新股，通过增加股本总额稀释收购者持股，或使特定主体持股增加的方式使收购难度加大。

[4] 股份回购是指目标公司购买自己发行在外份额的行为，该方式可以提高目标公司经营者或控股股东的持股比例，增加他们对公司的控制力，同时还会提高目标公司股份价格，迫使收购人提高出价。

[5] 寻找白衣骑士是收购发生后，目标公司经营者往往寻找一个更能友好合作的公司，使其以更高的价格向目标公司的股东们发出收购要约，以挫败敌意收购者，这个友好公司被形象地称为"白衣骑士"。白衣骑士实际上是一个救援者，目标公司为了吸引救援者或减少本公司的吸引力，往往给予救援者一种选择权，使救援者在敌意收购人获得目标公司一定比例的股份时，有权以一定价格（多为优惠价格）购买目标公司最有价值的子公司、分公司或财产，这种交易被称为"定局交易"。定局交易会使敌意收购人在完成收购后一无所获，因此在很大程度上增加了救援者在收购战中获胜的可能性；另外，救援者一旦收购失败，这种选择权可以为救援者提供补偿。

[6] 这方面的实例枚不胜数，爱使公司便是其中的一例。截至1998年7月，大港油田所属三家企业持有爱使公司总股份9%，成为第一大股东，并提出举行股东大会改选董事会的建议。但遭到爱使公司董事会的否决，理由是，根据爱使公司的章程，股东行使董事提名权的持股必须在10%以上，且须持股半年以上，大港油田尚不具备该要件。

司负有忠实义务和勤勉义务，应当公平对待收购本公司的所有收购人；被收购公司董事会针对收购所做出的决策及采取的措施，应当有利于维护本公司及其股东的利益，不得滥用职权对收购设置不适当的障碍，[1]不得用公司资源向收购人提供任何形式的财务资助，不得损害公司及其股东的合法权益。[2]被收购公司董事会应当对收购人的主体资格、资信情况及收购意图进行调查，对要约条件进行分析，对股东是否接受要约提出建议，并聘请独立财务顾问提出专业意见，在收购人公告要约收购报告书后 20 日内，被收购公司董事会应当公告被收购公司董事会报告书与独立财务顾问的专业意见。收购人对收购要约条件作出重大变更的，被收购公司董事会应在 3 个工作日内公告董事会及独立财务顾问就要约条件的变更情况所出具的补充意见。收购人作出提示性公告后至要约收购完成前，被收购公司除继续从事正常的经营活动或者执行股东大会已经作出的决议外，未经股东大会批准，被收购公司董事会不得通过处置公司资产、对外投资、调整公司主要业务、担保、贷款等方式，对公司资产、负债、权益或者经营成果造成重大影响。在要约收购期间，被收购公司董事不得辞职。由此可以看出：我国不禁止董事会提出有关反收购的议案，但必须经股东大会批准方可采取反收购措施。

二、上市公司收购中的关联交易问题

在上市公司的收购中，很多情况下是上市公司的董事、监事、高级管理人员、员工或者其所控制或者委托的法人或者其他组织，以自有资产或者通过外部融资直接或者间接对上市公司进行收购，从而改变该公司的所有者结构、控制权结构和资产结构，进而达到重组公司并获得预期收益的目的。人们一般把这种收购称之为上市公司中的管理层收购[3]（Management Buy – Outs，简称 MBO）。这种收购引发的股份转让实际上是一种关联交易，

---

[1]　例如金降落伞计划（目标公司董事会通过决议，由公司董事及高级管理人员与目标公司签订合同，一旦目标公司被并购，其董事及高级管理人员被解雇，则公司必须一次性支付巨额的退休金或解职费、股票选择权收入或额外津贴）；在公司章程中设置不当反收购条款（比如设置超过《公司法》规定的董事会、股东大会决议通过的比例、提高小股东召集临时股东大会的比例、提高小股东提案权的比例、独立董事以外董事需在公司服务满 3 年）。

[2]　例如焦土战术（目标公司在遇到收购袭击而无力反击时所采取的一种两败俱伤的做法）。

[3]　关于管理层收购（MBO）的起源，一直存在争议，一种流行的说法认为其发端于 20 世纪 60 ~ 70 年代。第一例 MBO 与美国的 KKR 公司息息相关。1976 年美国人 Kohlberg、Kravis 和 Roberts 创建的 KKR 公司决定收购罗克威尔公司的一个制造齿轮部件的分厂。为了达到顺利收购的目的，KKR 采取了与以往不同的手段，他与被收购公司的管理人员联合而不是准备解雇他们，许诺将来给予管理层一定比例的股权，从而得到被并购公司董事会的批准和支持。KKR 最终以每股 1 美元实施了对该分厂的收购，其中管理人员控股 20%，KKR 控股 80%。收购完成后，KKR 对公司进行了改革，执行了一系列压缩成本的措施。5 年后，KKR 将梳妆打扮好的所谓"简练有效率"的公司以每股 22 美元再次出售，获得丰厚收益，9 名原高级管理人员也都暴富。这就是所谓 MBO 的由来。也有人认为管理层收购（MBO）发源于英国，1980 年，英国经济学家迈克·莱特（Mike Wright）在研究公司的分立和剥离时发现了一种奇特的现象：在被分立或剥离的企业中，有相当一部分被出售给了原先管理该企业的管理（或经理）层。在当时的研究中，人们笼统地把它称之为"buy – outs"。后来，英国对此类收购进行融资的主要机构工商金融公司（Industrial and Commercial Finance Corporation）把这种现象起名为经理人融资收购（Management Buy – Outs），简称为 MBO，该名称一直沿用至今。另外 MBO 的一种重要的变体是职工经理人融资收购（Management and Employee buy – out，简称 MEBO），即原有企业的职工和管理人员共同出资买下公司，从而改变公司的所有权结构。此后，在美国和欧洲大陆，这种新的收购方式也得到了很大的发展。一些由计划经济向市场经济转型的国家，如俄罗斯、东欧国家，也在某种程度上采用了 MBO 形式，以加快其产权转轨速度。从国际上通用的 MBO 来看，它的操作过程可以分为四个阶段：第一阶段是筹集用于收购目标公司的大量现金。第二阶段是实施收购计划，具体可分为购买股票和收购资产两种情况。如果是购买股票，由投资主体（目标公司管理层）买下该公司所有股票，并使其从交易所摘牌退市。如果是购买资产，则由投资主体组成一家由他们控制的新公司，由这家新公司来购买目标公司的资产。第三阶段是公司管理层从纯粹的经营者转变成为既是经营者又是所有者的混合身份，充分调动经理人的主观能动性，通过整合业务，提升公司经营和管理的有效性和影响力。第四阶段是使该公司成为公众公司，因为当目标公司成为非上市公司时，MBO 的发动者往往会对公司进行重组整合，待取得一定的经营绩效后，再寻求上市，使 MBO 的利害关系人获得超常的回报。

这种交易不仅涉及国家税收及会计监管问题，更关系到公平交易和投资者利益保护等问题，成为各国证券法规制的一个重要方面。我国《证券法》对上市公司收购中的关联交易未作规定，但是《证券法》第77条赋予了国务院证券监督管理机构依据《证券法》的原则制定上市公司收购的具体办法的权力。

国务院证券监督管理机构根据法律的授权，在《上市公司收购管理办法》第51条对管理层收购进行了相应规定。由于一直以来对于管理层收购毁誉参半，证券监督管理机构采取了谨慎的态度，对管理层收购在公司治理、批准程序、信息披露、公司估值等方面作出了特别要求：①在公司治理方面，要求上市公司应当具备健全且运行良好的组织机构以及有效的内部控制制度，独立董事的比例应当达到或者超过董事会成员的1/2。②在批准程序上，要求本次收购经董事会非关联董事作出决议，并且2/3以上的独立董事赞成本次收购，之后经出席公司股东大会的非关联股东所持表决权的半数通过。③在信息披露上，要求管理层及其直系亲属就其在最近24个月内与上市公司业务往来情况、定期报告中管理层还款计划落实情况等予以披露；要求独立董事就管理层收购一事发表意见，独立董事在发表意见前必须聘请独立财务顾问出具专业意见，[1]独立董事及独立财务顾问的意见应当一并予以公告。④上市公司应当聘请符合《证券法》规定的资产评估机构提供公司资产评估报告。⑤收购人必须聘请财务顾问，由财务顾问进行事前把关、事中跟踪及事后持续督导，独立董事聘请的独立财务顾问不得担任收购人的财务顾问或者与收购人的财务顾问存在关联关系。⑥上市公司董事、监事、高级管理人员存在《公司法》第148条规定的情形，或者最近3年有证券市场不良诚信记录的，禁止收购上市公司。

此外，在协议收购的过渡期内（自签订收购协议至相关股份完成过户的期间），应保持上市公司的独立与稳定经营，收购人不得通过控股股东提议改选上市公司的董事会，确有充分理由改选董事会的，来自收购人的董事不得超过董事会成员的1/3；被收购公司不得为收购人及其关联方提供担保；被收购公司不得公开发行股份募集资金，不得进行重大购买、出售资产及重大投资行为或者与收购人及其关联方进行其他关联交易。但收购人为挽救陷入危机或者面临严重财务困难的上市公司的情形除外。

三、上市公司收购中的反垄断问题

上市公司收购的价值在于，通过对目标公司的控制权的转移，实现企业的联合，形成规模效应，获得规模效益，即适应价值规律的要求，通过竞争发挥规模经济的优势。美国的经济学家斯莱格勒说过，纵观美国著名的大企业，几乎没有哪一家不是以某种方式、在某种程度上应用了并购而发展起来的。但是，这种收购规模的扩大极易导致市场的相对集中，形成垄断，从而妨碍技术进步和创新，扭曲市场机制，降低市场效率，最终危及整个国民经济秩序的健康运行。一旦垄断形成，受到超额垄断利润的诱惑，市场主体就会不断侵害其他主体的利益甚至危害国家经济运行。因此，必须加强对上市公司收购中的垄断问题的法律规制，使上市公司收购朝良性方向发展。但各国的证券立法都没有直接规定上市公司收购中的反垄断问题，只是将上市公司收购作为企业购并中的一个问题予以规范。很

---

[1]　在发生管理层收购时，独立董事聘请的独立财务顾问，应对上市公司进行估值分析，就本次收购的定价依据、支付方式、收购资金来源、融资安排、还款计划及其可行性，上市公司内部控制制度的执行情况及其有效性、管理层及其直系亲属在最近24个月内与上市公司业务往来情况以及收购报告书披露的其他内容进行全面核查，发表明确意见。

多国家都在反垄断立法中将上市公司收购作为一种合并方式予以规制，同时上市公司收购也受到反垄断立法的监督，如美国、英国、德国等。

按照收购人与目标公司的行业关系，上市公司收购可以分为横向收购、纵向收购、混合收购。横向收购是两个或两个以上生产或销售相同、相似产品的公司之间的收购。纵向收购是生产过程或经营环节相互衔接，密切联系的公司之间，或者具有纵向协作关系的专业化公司之间的收购。混合收购是非竞争对手又非现实中或潜在的客户或供应商，从事不相关类型经营的公司之间的收购。由于横向收购方式具有迅速扩大规模，节约共同费用，提高通用设备的使用效率，降低成本等好处，易造成资本在同一生产、销售领域或部门集中，形成高度垄断，因此是反垄断法的重点规制对象；纵向收购能够加强生产过程各环节的配合，利于协作化生产、扩大生产规模，缩短产品周期、节约能源等。与横向收购比，纵向收购较少受到各国反垄断法的限制。混合收购中的收购公司与目标公司之间没有直接的业务关系，不易被认定为垄断，因此它基本上不作为反垄断法规制的对象，很少受到反垄断法的打击。

在我国，股权分置改革已经完成，股市进入了全流通时代，利用证券市场，通过公司收购实现产业结构调整、追求规模经济效益已在资本市场涌起。作为经营者集中的一种方式的股权收购被纳入了 2007 年 8 月 30 日颁布的《反垄断法》中，这标志着上市公司收购中的反垄断问题步入了有法可依的时代。但是，《反垄断法》的规范是原则性的，仅仅对反垄断审查的机构、审查应予考虑的因素、初步审查与进一步审查进行了粗糙规定，对于达到什么标准应进行反垄断申报以启动审查程序、未进行申报的责任等均未作出规定。此后，国务院制定发布了《关于经营者集中申报标准的规定》，商务部作为法定的反垄断执法机构先后制定并发布了《经营者集中申报办法》《经营者集中审查办法》《关于评估经营者集中竞争影响的暂行规定》等文件对《反垄断法》的内容进行了细化规定。根据上述办法或规定，在上市公司收购中，达到申报标准的收购人必须向国务院反垄断执法机构进行申报，具体的申报标准是：①参与集中的所有经营者上一会计年度在全球范围内的营业额合计超过 100 亿元人民币，并且其中至少两个经营者上一会计年度在中国境内的营业额均超过 4 亿元人民币；②参与集中的所有经营者上一会计年度在中国境内的营业额合计超过 20 亿元人民币，并且其中至少两个经营者上一会计年度在中国境内的营业额均超过 4 亿元人民币。营业额的计算，应当考虑银行、保险、证券、期货等特殊行业、领域的实际情况，具体办法由国务院商务主管部门会同国务院有关部门制定。收购人向国务院反垄断执法机构申报集中，应当提交下列文件、资料：①申报书；②集中对相关市场竞争状况影响的说明；③集中协议；④参与集中的经营者经会计师事务所审计的上一会计年度财务会计报告；⑤国务院反垄断执法机构规定的其他文件、资料。申报书应当载明参与集中的经营者的名称、住所、经营范围、预定实施集中的日期和国务院反垄断执法机构规定的其他事项。国务院反垄断执法机构自收到申报文件、材料之日起 30 日内进行初步审查，作出是否实施进一步审查的决定；国务院反垄断执法机构决定实施进一步审查的，应当自决定之日起 90 日内审查完毕，作出是否禁止经营者集中的决定。收购人实施收购的，在向证券主管部门提供的申报材料中应当说明其经营者集中行为是否达到国务院规定的申报标准并提供有关依据；对于达到申报标准的，收购人应当提供国务院反垄断执法机构作出的不实施进一步审查的决定或对经营者集中不予禁止的决定；收购人聘请的财务顾问应就相关经营者集中行为是否达到国务院规定的申报标准、是否符合有关法律规定等进行核查，并发表专业意见；收购人聘请的法律顾问应就相关经营者集中行为是否符合《反垄断法》的有关规定、是否已经有权部门审查批准、是否存在法律障碍等问题发表明确意见；收购人的有关说明、国务院反垄断执法机构作出的有关决定以及相关专业机构出具的专业意见，均应作为信息披露文件的组成部分予以公告。收购人为外国投资者，并且收购行为涉及国家安全的，收购人还应当提供国家安全审查的相关文件及行政决定，并由财务顾问、法律顾问发表专业意见。

第六节 上市公司重大资产重组

一、重大资产重组与并购重组

重大资产重组是资本市场实现资源优化配置的重要手段，在一国的经济结构调整、产业整合中发挥着重要作用。本章第一节已明了本章所谈重大资产重组是上市公司日常经营活动之外导致资产结构、盈利能力甚至主营业务发生重大变化的资产交易行为。从具体形态看，重大资产重组主要包括上市公司股权（控股权）转让、资产重组（置换、购买、出售）、股份收购、合并、分立等对上市公司股权结构以及资产、负债、权益和业务结构产生重大影响的活动。从交易结构看，重大资产重组可分为三种类型：产业并购、整体上市与借壳上市。[1]其中，产业并购通常指上市公司直接向独立第三方发行股份购买资产或以新增股份吸收合并或以现金等方式收购第三方持有的产业资产，实现同行业或行业上下游或跨行业并购；整体上市主要是指上市公司母公司或实际控制人通过上市公司发行股份收购资产或换股吸收合并等方式实现主体资产整体上市或整个集团整体上市；借壳上市是先收购"壳公司"控股权，然后通过资产出售、资产置换等方式将"壳公司"剥离成"净壳"，借壳方再通过发行股份购买资产、资产置换、吸收合并等方式注入剩余资产，实现借壳上市，或者直接通过资产置换、发行股份购买资产等方式实现借壳上市。整体上市大多发生在早期上市的国有上市公司中，它的一个重要背景是监管机构要求彻底解决上市公司的同业竞争或关联交易，提高企业的公司治理水平。近年来，由于互联网思维的兴起，涉及产业并购的数量最多，其中跨行业并购增长较快，创业板、中小板的上市公司成为跨行业并购的主力军。借壳上市在案例数量上没有产业并购多，但整体上热度不减，其中的一个重要原因是我国 IPO 的审核制度，2012 年以来，A 股 IPO 审核断断续续，排队审核企业越来越多，排队审核的时间成本和财务成本越来越高，使不少企业转而谋求"借壳"。

并购重组，顾名思义，分为并购与重组两部分，在国外，由于证券发行的注册制等缘由，导致资产重组的大多数原因是并购，所以，常将两者并在一起作为一个词组使用。事实上，并购只是资产重组的原因、方式和手段，达到资产的重组并实现优化配置才是最终目的与结果。因而，重大资产重组与并购重组是有区别的概念，重大资产重组能够涵盖并购重组。然而，并购重组已成为资本市场的通俗说法，实然的内涵已大大超出应然的内

---

[1] 三种称谓均为约定俗成的叫法，不是法律用语。

涵，资本市场上对重大资产重组与并购重组常常不加区分地使用，证券监管部门在发行审核委员会中也设置有并购重组审核委员会（以下简称"并购重组委"）对需要其审议的重大资产重组或者发行股份购买资产履行审核职责。基于此，下文中如无特别标注，对二者不再加以细分。

二、重大资产重组的标准

域外成熟资本市场上，公司并购重组风起云涌，我国随着股票进入全流通时代，资本市场快速发展，并购重组的案例日渐增多，并购重组的方式也越来越灵活。由于上市公司的重大资产重组是上市公司调整业务、实现战略目标的重要途径，对上市公司的价值影响颇大，一般都会引起股价的较大波动，为规范上市公司重大资产重组行为，保护上市公司和投资者的合法权益，促进上市公司质量的不断提高，维护证券市场秩序和社会公共利益，在启动《证券法》第二次修订时立法机关拟将上市公司的重大资产重组纳入其中，但多种缘由致使最终修订的《证券法》没有对重大资产重组进行专门性规定。尽管现行《证券法》仍旧欠缺针对重大资产重组的专门条款，但是，重大资产重组本身具有资源配置的效应，我国经济结构调整、行业整合和产业升级不断推进，资本市场并购重组的热情持续高涨，所有这些促使证券监督管理部门顺应市场需要，在《证券法》没有明确授权的情况下，依据《证券法》监管职责的规定，制定、发布了《上市公司重大资产重组管理办法》，该办法对重大资产重组的主体、重组的交易类型及重大标准均进行了界定，具体是：

1. 上市公司及其控股或者控制的公司为重大资产重组的主体。其中借壳上市的，购买资产对应的经营实体除了应当是股份有限公司或者有限责任公司，在创业板上市的，还应当是符合国家战略的高新技术产业和战略性新兴产业。中国证监会对证券交易所相关板块上市公司重大资产重组另有规定的，从其规定。

2. 重大资产交易是在日常经营活动之外发生的，交易类型包括：购买资产、出售资产和通过其他方式进行资产交易。这里的"其他方式"包括：①与他人新设企业、对已设立的企业增资或者减资；②受托经营、租赁其他企业资产或者将经营性资产委托他人经营、租赁；③接受附义务的资产赠与或者对外捐赠资产；④证券监管机构根据审慎监管原则认定的其他情形。

3. 重大资产交易必须达到规定的比例，导致上市公司的主营业务、资产、收入发生重大变化。证券法律对于"重大"标准分别从资产总额、营业收入、净资产额三个方面进行了划定，只要满足其中之一，便构成重大资产重组，具体标准是：①购买、出售的资产总额占上市公司最近一个会计年度经审计的合并财务会计报告期末资产总额的比例达到50%以上；②购买、出售的资产在最近一个会计年度所产生的营业收入占上市公司同期经审计的合并财务会计报告营业收入的比例达到50%以上；③购买、出售的资产净额占上市公司最近一个会计年度经审计的合并财务会计报告期末净资产额的比例达到50%以上，且超过5000万元人民币。

4. "借壳上市"的认定。"借壳上市"，也称"重组上市"，在香港被俗称为"后门上市"，是上市公司重大资产重组的主要交易类型，市场影响大，投资者关注度高，证券法律对其与IPO由实行"趋同式"监管到现今实行"等同式"监管，以此应对资本市场中"壳资源"的爆炒。判断是否构成"借壳"，需同时满足两个要件：一是上市公司发生控制权变更，二是上市公司资产交易达到法定规模。其中"控制权变更"主要从"股本比例""董事会构成""管理层控制"三个维度认定，与上市公司收购执行同样的"控制权"认定标准，[1]对此，前面章节已述及，不再重复。为遏制规避套利，在重大资产重组的法律规范中，上市公司股权分散，董事、高级管理人员可以支配公司重大的财务和经营决策的，也被视为具有上市公司控制权。"资产交易规模"实行首次累计原则，自控制权发生变更之日起36个月内，上市公司向收购人及其关联人购买的资产在资产总额、营业收入、资产净额、股份四个指标中是否任一达100%以上，凡是达100%以上的，构成"借壳上市"；100%以下，可能导致上市公司主营业务发生根本变化的，也被认定为"借壳上市"，否则不做"借壳"认定。具体标准为：①购买的资产总额占上市公司控制权发生变更的前一个会计年度经审计的合并财务报告期末资产总额的比例达到100%以上；②购买的资产在最近一个会计年度所产生的营业收入占控制权发生变更的前一个会计年度经审计的合并财务会计报告营业收入的比例达到100%以上；③购买的资产净额占控制权发生变更的前一个会计年度经审计的合并财务会计报告资产净额的比例达到100%以上；④为购买资产发行的股份占上市公司首次向收购人及其关联人购买资产的董事会决议前一个交易日的股份的比例达到100%以上。但是，上市公司向收购人及其关联人购买的资产属于金融、创业投资等特定行业的，证券监管机构另行加以规定。

"重大"是判断是否构成重大资产重组的关键性标准，在计算上述比例时应当遵守以下规定：①购买的资产为股权的，其资产总额以被投资企业的资产总额与该项投资所占股权比例的乘积和成交金额二者中的较高者为准，营业收入以被投资企业的营业收入与该项投资所占股权比例的乘积为准，资产净额以被投资企业的净资产额与该项投资所占股权比例的乘积和成交金额二者中的较高者为准；出售的资产为股权的，其资产总额、营业收入以及资产净额分别以被投资企业的资产总额、营业收入以及净资产额与该项投资所占股权比例的乘积为准。购买股权导致上市公司取得被投资企业控股权的，其资产总额以被投资企业的资产总额和成交金额二者中的较高者为准，营业收入以被投资企业的营业收入为准，资产净额以被投资企业的净资产额和成交金额二者中的较高者为准；出售股权导致上市公司丧失被投资企业控股权的，其资产总额、营业收入以及资产净额分别以被投资企业的资产总额、营业收入以及净资产额为准。②购买的资产为非股权资产的，其资产总额以该资产的账面值和成交金额二者中的较高者为准，资产净额以相关资产与负债的账面值差额和成交金额二者中的较高者为准；出售的资产为非股权资产的，其资产总额、资产净额分别以该资产的账面值、相关资产与负债账面值的差额为准；该非股权资产不涉及负债的，不适用前述资产净额标准。③上市公司同时购买、出售资产的，应当分别计算购买、出售资产的相关比例，并以二者中比例较高者为准。④上市公司在12个月内连续对同一或者相关资产进行购买、出售的，以其累计数分别计算相应数额。已按照规定编制并披露重大资产重组报告书的资产交易行为，无须纳入累计计算的范围，但是借壳上市的除外。

[1] 《上市公司收购管理办法》第84条规定，有下列情形之一的，为拥有上市公司控制权：①投资者为上市公司持股50%以上的控股股东；②投资者可以实际支配上市公司股份表决权超过30%；③投资者通过实际支配上市公司股份表决权能够决定公司董事会半数以上成员选任；④投资者依其可实际支配的上市公司股份表决权足以对公司股东大会的决议产生重大影响；⑤中国证监会认定的其他情形。

交易标的资产属于同一交易方所有或者控制，或属于相同或者相近的业务范围，或在监管机构认定的其他情形下，可以认定为同一或者相关资产。

三、重大资产重组的原则

资本市场上发生重大资产重组的数量逐年增多，重大资产重组的原因各种各样，可能是收购同业或上下游产业资产实现产业链升级和整合，以规模经济提高生产能力，扩大市场占有率；可能是主营业务业绩上升缓慢，收购无关联行业资产，暂时度过寒冬；也可能是主营业务停滞或已破产重整，收购新资产实现借壳上市，等等。重大资产重组呈现出的具体交易形态也各不相同，可能是资产出售、资产购买、资产置换，还可能是控制权转让，等等。无论是基于何种缘由、以何种具体形态进行重大资产交易，都必须遵从以下原则：

1. 合法合规。即重大资产重组应符合国家产业政策和有关环境保护、土地管理、反垄断等法律和行政法规的规定。

2. 维持上市。即资产交易结果不会导致上市公司不符合股票上市条件。

3. 定价公允。即重大资产重组所涉及的资产定价公允，不存在损害上市公司和股东合法权益的情形。

4. 权属清晰。即重大资产重组所涉及的资产权属清晰，资产过户或者转移不存在法律障碍，相关债权债务处理合法。

5. 提高盈利。即重大资产重组完成后有利于上市公司增强持续经营能力，不存在可能导致上市公司重组后主要资产为现金或者无具体经营业务的情形。

6. 保持独立。即重组有利于上市公司在业务、资产、财务、人员、机构等方面与实际控制人及其关联人保持独立，符合监管机构关于上市公司独立性的相关规定。

7. 治理健全。即重组有利于上市公司形成或者保持健全有效的法人治理结构。

四、重大资产重组的程序

重大资产重组按照对上市公司股权结构的影响，可以分为不涉及股权结构的资产重组、涉及股权结构但不涉及控制权变更的资产重组与导致控制权变更的资产重组；按照重组涉及的层面，可以分为单纯资产重组、资产重组与发行股份结合型重组；按照重组的具体交易形式，可以分为一般性购买资产、发行股份购买资产、合并、出售资产、分立等；按照重组方动机，可以分为产业并购、整体上市、借壳上市（重组上市）。不同交易形态、不同交易结构、不同交易动机的资产重组，在程序上稍有不同。一般情况下，重大资产重组按照以下流程进行：

（一）重组筹划

（二）初步磋商，达成意向

（三）引入中介机构，由中介机构出具报告、意见

（四）上市公司董事会决议、独立董事发表意见

（五）上市公司股东大会审议，通过重组议案

（六）证券监管机构审核

（七）重组方案调整

（八）实施重组

（九）上市公司后续义务，独立财务顾问持续督导义务

9 - 1

五、资产重组敏感信息管理

重大资产重组本身异常复杂，一个重组预案的形成需经历意向性接触、框架协议签订、交易价格确定、相关主管部门原则同意、董事会审议等多个环节，从重组预案审核通过到最后交易完成仍然需要一定时间，这期间事关资产重组的任何信息都将对股价波动产生较大影响，属于股价敏感信息，易于产生内幕交易。为维护中小投资者的知情权、参与权，证券法律对资产重组信息实施全过程管理，并将市场上的重组传闻纳入了信息披露的规范环节。

资产重组股价敏感信息管理的具体要求是：

1. 采取保密措施，限制股价敏感信息知悉范围。上市公司与交易对方就重大资产重组事宜进行初步磋商时，应当立即采取必要且充分的保密措施，制定严格有效的保密制度，限定相关敏感信息的知悉范围。上市公司及交易对方聘请中介服务机构的，应当立即与所聘请的证券服务机构签署保密协议。上市公司公告关于重大资产重组的董事会决议前，相关信息已在媒体上传播或者公司股票交易出现异常波动的，上市公司应当立即将有关计划、方案或者相关事项的现状以及相关进展情况和风险因素等予以公告。

2. 公平披露股价敏感信息。上市公司筹划、实施重大资产重组，相关信息披露义务人应当公平地向所有投资者披露可能对上市公司股票交易价格产生较大影响的相关信息，不得有选择性地向特定对象提前泄露股价敏感信息。

3. 获悉股价敏感信息及时申请停牌并披露。上市公司的股东、实际控制人以及参与重大资产重组筹划、论证、决策等环节的其他相关机构和人员，应当主动、及时、准确地向上市公司通报涉及公司重大资产重组的信息，并配合上市公司及时、准确、完整地进行披露。上市公司获悉股价敏感信息的，应当及时向证券交易所申请停牌并披露。

4. 禁止利用股价敏感信息进行内幕交易。上市公司及其董事、监事、高级管理人员，重大资产重组的交易对方及其关联方，交易对方及其关联方的董事、监事、高级管理人员或者主要负责人，交易各方聘请的证券服务机构及其从业人员，参与重大资产重组筹划、论证、决策、审批等环节的相关机构和人员，以及因直系亲属关系、提供服务或业务往来等知悉或者可能知悉股价敏感信息的其他相关机构和人员，在重大资产重组的股价敏感信息依法披露前负有保密义务，禁止利用该信息进行内幕交易。

5. 妥当保存股价敏感信息，明确责任主体。上市公司筹划重大资产重组事项，应当详细记载筹划过程中每一具体环节的进展情况，包括商议相关方案、形成相关意向、签署相关协议或者意向书的具体时间、地点、参与机构和人员、商议和决议内容等，制作书面的交易进程备忘录并予以妥当保存。参与每一具体环节的所有人员应当即时在备忘录上签名确认。

6. 难以保密及泄露股价敏感信息及时申请停牌。上市公司预计筹划的重大资产重组事项难以保密或者已经泄露的，应当及时向证券交易所申请停牌，直至真实、准确、完整地披露相关信息。停牌期间，上市公司应当至少每周发布一次事件进展情况公告。

7. 市场出现重组传闻及时申请停牌并予澄清。上市公司股票交易价格因重大资产重组的市场传闻发生异常波动时，上市公司应当及时向证券交易所申请停牌，核实有无影响上市公司股票交易价格的重组事项并予以澄清，不得以相关事项存在不确定性为由不履行信息披露义务。

与资产重组相关的内幕交易监管向来是证券监管的重中之重，因资产重组事项停牌后，作为一线监管者的交易所应立即启动二级市场股票交易核查程序，督促上市公司及时提供内幕信息知情人名单、重组进程备忘录，并在后续阶段对二级市场股票交易情况进行持续性监管。如果资产重组事项涉嫌内幕交易被监管机构立案调查或者司法机关立案侦查，尚未受理资产重组申请的，监管机构将不再受理申请，已经受理的，暂停审核。主要交易方因资产重组相关的内幕交易被监管机构行政处罚或者被司法机关追究刑事责任的，监管机构终止重组审核。不仅如此，违反资产重组敏感信息管理的成本巨大、影响深远，控股股东、实际控制人一旦因资产重组相关的内幕交易被监管机构行政处罚或者被司法机关追究刑事责任，上市公司应承诺自公告之日起至少 12 个月内不再筹划重大资产重组；交易对方、主要参与方因资产重组事项涉嫌内幕交易被监管机构立案调查或者司法机关立案侦查的，自立案之日起至责任认定前不得参与任何上市公司资产重组，被追究行政责任或者刑事责任的，自相关裁判生效之日起至少 36 个月内不得参与任何上市公司重组。

六、发行股份购买资产

发行股份购买资产指上市公司用股份作为支付对价的方式来购买资产，是上市公司进行资产重组最常用的一种方式。它既不同于资产出售、置换、现金购买等形式的普通重大资产重组，也不同于上市公司按照经监管机构核准的发行证券文件披露的募集资金用途，使用募集资金购买资产、对外投资的行为。后者指用经过发审委审核发行证券募集的资金收购资产，是一种利用现金进行的资产交易，无需并购重组委审核。但是，特定对象以现金或者资产认购上市公司发行的股份后，上市公司用同一次发行所募集的资金向该特定对象购买资产的，视同上市公司发行股份购买资产，须经并购重组委审核。

并购重组是资本市场盘活存量的重要工具、手段，为促进上市公司质量的不断提高，推动行业整合和产业升级，证券法律鼓励依法设立的并购基金、股权投资基金、创业投资基金、产业投资基金等投资机构参与上市公司并购重组，允许上市公司发行股份购买资产。在发挥资本市场配置资源能力、为上市公司创造更好条件、助推中小型上市公司做大做强的同时，必须对资产重组中的借壳行为加以规范，并遏制"壳资源"的爆炒。为此，需要对发行股份购买资产的适用、配套融资、发行定价等作出安排。

（一）适用限制

（二）配套募集资金

（三）发行股份购买资产的定价

（四）特定对象持股锁定期

（五）触发要约收购与稳定股价义务

9 - 2

■ 前沿问题

9 - 3　反收购规制问题的理论争议

■ 思考题

一、简答题

1. 上市公司收购与重大资产重组的联系与区别是什么?

2. 试述上市公司收购的价值评判。

3. 试述要约收购的规则。

4. 试述强制要约收购的适用。

5. 分析上市公司收购中权益披露的作用。

6. 分析重大资产重组中股价敏感信息管理的作用。

7. 试述发行股份购买资产的适用。

8. 谈谈你对上市公司收购中目标公司反收购问题的看法。

9. 你如何看待上市公司收购与重大资产重组中独立财务顾问的作用与功能?

10. 分析国内现行的管理层收购的现状,谈谈你的看法。

11. 你如何看待上市公司收购中可能出现的垄断问题?

12. 在上市公司收购中对于"一致行动人"进行规制的法律意义何在?

13. 你如何看待我国资本市场上的借壳上市现象?

二、案例分析与思考

以下是延中实业(方正科技)发生的四次收购案例,围绕着这些案例,请大家思考上市公司收购中的"一致行动人"问题、收购程序问题、信息披露问题、反收购问题。

延中实业是最早在上海证券交易所(以下简称"上交所")上市的公司之一,其前身是延中复印工业公司,1985年1月改组为股份制企业,并向社会公开发行500万元股票,1990年增发新股500万元,筹资1000万元。1986年9月26日,股票在工商银行上海信托公司静安证券业务部股票柜台(注:当时银行可以经营证券业务)挂牌上市。1990年12月19日上交所开业,股票转到上交所交易。1992年6月公司向股东定向配股,以每1股配1股的比例增加股本1000万元,1993年3月以2送1的比例向股东定向送股,增加股本1000万元,送股后公司的总股本为3000万元。其中,法人持股663.6万股,占总股本的22.12%;个人持股2336.4万股,占总股本的77.88%。这是一家没有国有股,全部股本都可流通的公司,公司的股票非常分散。延中实业的业绩虽有波动,1993年以前的净资产收益率也逐年降低,但公司一直处于盈利状态。

9-4　案例1:"宝延风波"——深圳宝安收购延中实业

9-5　案例2:北大方正收购延中实业

9-6　案例3:裕兴举牌方正科技

9-7　案例4：高清再次举牌方正科技

三、实例题

起始于2015年末，至2017年6月才基本结束的一场收购、重组大战吸引了众人目光，大战的主体涉及万科、万科管理层、潜在收购人宝能系、央企背景的万科原第一大股东华润、主要投资者安邦保险、万科重大资产交易（发行股份购买资产）的相对人深圳地铁等。其中，万科也称万科集团，全称为万科企业股份有限公司，是一家在深交所上市的房地产开发公司，为中国最大的专业住宅开发企业，也是股市里代表性的地产蓝筹股；万科管理层以王石、郁亮为代表，前者为万科创始人、任集团董事会主席，后者为万科集团总裁。宝能系是一家位于深圳的汇集了地产、保险、物流、小额贷款、教育、医疗、农业等众多产业的庞大商业帝国，以前海人寿、钜盛华投资、宝能地产为核心，姚振华为宝能投资集团董事长。万科事件充满戏剧性，波澜丛生，立法者、金融监管者、公司法学者、证券法学者、经济学者、管理学者、投资者及社会大众都对当年的宝能系与万科管理层在资本市场上针对万科的控制权争夺大战给予了极大关注。"宝万之争"涉及的问题之多、关注度之大，均为我国公司收购、重组之最，基于万科事件的整个脉络，请选择公司治理、反收购、一致行动人、收购程序、重组程序、发行股份购买资产、金融监管中的某个视角对该事件进行分析、思考。

第十章　证券市场信息披露法律制度

■ 学习目的和要求

　　学习本章的目的和意义在于深刻理解证券信息披露制度在证券市场运行过程中的核心作用。证券市场就本质而言是一个信息市场，证券市场的运转过程就是一个证券信息处理的过程，证券市场的信息披露是《证券法》"公开、公平、公正"原则的具体体现，通过对信息披露的真实、准确和完整来保护投资者的权益和市场的稳定。通过信息披露对投资者进行保护，进而保护整个证券市场的稳定，因此，信息披露制度在证券法律制度的框架中居于基础性地位。2019 年 12 月 28 日，第十三届全国人大常委会第十五次会议审议通过了修订后的《中华人民共和国证券法》，并于 2020 年 3 月 1 日起正式施行。引人注目的是，修订后的《证券法》取消了核准制，将注册制全面推广至所有证券公开发行行为。此外，该法在第五章中系统完善了信息披露制度。信息披露制度作为注册制的核心，将在我国由证券发行核准制向注册制转轨的关键时期发挥重要作用。

第一节　证券市场信息披露制度概论

一、证券市场信息披露制度的概念

证券市场信息披露制度，又称证券市场信息公开制度或证券市场信息公示制度，是证券市场较成熟的国家对其证券市场进行规范、管理的重要制度之一，包括强制性信息披露制度和自愿性信息披露制度。所谓强制性信息披露制度，是指证券发行公司于证券的发行与流通诸环节中，为维护公司股东和债权人的合法权益，依法将与其证券有关的一切真实信息予以公开，以便投资者据此作出投资判断的法律制度。所谓自愿性信息披露制度，是对作为基本信息披露制度的强制性信息披露的补充和深化，是发行证券的公司在法定披露信息以外，根据自身的情况自愿披露的信息，这些信息对于提高公司信息披露质量，展现公司未来和真正价值具有重要意义，对于投资者决策具有重要的参考价值。[1]

通常所说的信息披露制度，主要指强制性信息披露制度，按照信息披露阶段的不同，信息披露制度分为证券发行市场信息披露和证券交易市场信息披露。信息披露制度贯穿于证券发行、交易的整个过程，集中体现了证券市场的公开原则。

---

[1]　参考吴红梅、王俊莉、张明燕："国内外证券市场信息披露制度发展趋势比较——以矿业项目信息披露为例"，载《资源与产业》2009 年第 5 期。

二、证券市场信息披露制度的历史沿革

（一）国外信息披露制度的发展

证券市场信息披露制度肇始于英国，在美国证券市场得以发展和完善，并为世界各国所接受。1720年，英国发生的"南海泡沫事件"（South Sea Bubble）导致了"诈欺防止法案"（Bubble Act of 1720）的出台，之后1844年英国《合股公司法》（The Joint Stock Companies Act 1844）首次确立了强制信息披露原则。但是，当今世界信息披露制度最完善、最成熟的立法在美国。美国的证券市场关于信息披露的要求最初源于1911年堪萨斯州的《蓝天法》（Blue Sky Law）。1929年经济大危机之后，美国政府反思大危机前证券市场的非法投机、欺诈与操纵行为，为了重振证券市场，恢复投资者信心，先后于1933年和1934年通过了《1933年证券法》（Securities Act of 1933）和《1934证券交易法》（Securities Exchange Act of 1934），建立起了信息披露制度的基本框架，其中在《1933年证券法》中美国首次规定实行财务信息公开制度，这被认为是世界上最早的信息披露制度。[1]信息披露制度的建立和逐步完善，为美国证券市场的发展和繁荣扫除了障碍。但是进入21世纪，"随着美国新一轮股市泡沫的破裂，安然、世通等大公司的财务欺诈案曝光，美国证券市场信息披露体系再次遭到质疑。为了弥补监管漏洞，2002年美国国会通过了《萨班斯—奥克斯利法案》（Sarbanes - Oxley Act），该法案对信息披露进行了更为严格的规定，并主要治理公司财务造假，其措施的严厉程度为近年来公司和证券立法所仅见"。[2]现在信息披露制度已经成为美国证券制度的基石。受美国的影响，目前，世界大部分国家和地区的证券法均确立了强制信息披露制度，例如日本在1948年制定证券法律时，即参照了美国的《1933年证券法》和《1934年证券交易法》，确立了信息披露制度，之后随着本国证券市场实践的发展及理论研究的深入，几经修订，逐步完善证券法律制度。

（二）国内信息披露制度的发展

我国大陆地区第一部证券法是1998年12月29日发布，1999年7月1日实施的《中华人民共和国证券法》，该证券法也确立了证券市场信息披露制度。随着我国证券市场的发展和证券理论研究的深入，该法几经修订，特别2015年以来，股票发行实行注册制改革，信息披露制度的作用更加重要，其中2015年4月20日人大审议的《证券法（修订草案）》，一改以往关于信息披露的规定夹杂于证券发行与证券交易章节的模式而独立成章。历经4年，新《证券法》于2019年12月28日由第十三届全国人大常委会修订通过，并于2020年3月1日起正式施行。该法律在第五章中系统完善了信息披露制度，包括：扩大信息披露义务人的范围；完善信息披露的内容；强调应当充分披露投资者作出价值判断和投资决策所必需的信息；规范信息披露义务人的自愿披露行为；明确上市公司收购人应当披露增持股份的资金来源；确立发行人及其控股股东、实际控制人、董事、监事、高级管理人员公开承诺的信息披露制度等。[3]新《证券法》取消了核准制，将注册制全面推

---

〔1〕　参考百度百科"信息披露制度"，https：//baike. baidu. com/item/% E4% BF% A1% E6% 81% AF% E6% 8A% AB% E9% 9C% B2% E5% 88% B6% E5% BA% A6/10056173？fr = aladdin，访问日期：2021年5月30日。

〔2〕　孙旭："美国证券市场信息披露制度研究"，吉林大学2008年博士学位论文。

〔3〕　参考证监会："完善证券市场基础制度保障资本市场改革发展——中国证监会祝贺《中华人民共和国证券法》修订通过"，载中国证监会官网：http：//www. csrc. gov. cn/pub/newsite/zjhxwfb/xwdd/201912/t20191228_368688. html，访问日期：2019年12月29日。

广至所有证券公开发行行为。而信息披露制度作为注册制的核心，将在我国证券发行核准制向注册制转轨的关键时期发挥重要作用。我国台湾地区于 1968 年 4 月颁布的"证券交易法"也规定了证券市场信息披露制度，其后该法经过五次修订，现已发展成为甚为严明的信息披露制度。

三、证券市场信息披露制度的价值

信息披露制度是保护投资者利益的重要制度，是证券市场赖以存在的基石，是证券法律的核心内容。

证券市场信息披露制度的价值是指通过建立信息披露法律制度，证券市场上的信息披露义务主体依据法律规定公开其信息所能产生的具体作用和体现的积极意义。证券市场信息披露制度是保证现代证券市场健康运行的核心制度，其具体价值体现在以下四个方面：

1. 信息披露制度是保护投资者利益的重要前提。信息披露制度要求信息披露义务人及时向社会公众披露有关证券的真实、准确、完整信息，保证了社会公众的知情权，便于投资者依据真实充分的信息作出理性的投资决策，有效维护投资者的合法权益。2019 年修订通过的新《证券法》为投资者保护增设了独立章节，并扩大了证券的定义，将资产证券化和资产管理业务中发行的资产支持证券、资产管理产品视作"准证券"。此番修订使强制信息披露和反欺诈作为保护投资者的主要手段得以更好地发挥作用，有利于消除监管套利和监管真空，形成更为公平的竞争环境。

2. 信息披露是防止证券欺诈的重要手段。发行公司信息隐匿是公司欺诈产生的土壤。公司信息越隐匿，公司发起人、内部关系人和证券中介机构就越容易垄断公司信息，而投资者不能直接或间接获取公司信息，垄断公司信息者就极易进行证券欺诈行为。并且，由于公司透明度差，即使发生证券欺诈行为也很难被发现。信息公开后公司的信息不为少数人所垄断，社会公众也能够公平获得和利用信息，同时，信息公开将公司发起人、内部关系人和证券中介机构的行为置于公众的监督之下。因此，信息公开是防止证券欺诈的重要手段。[1] 此外，2019 年修订的新《证券法》通过强化信息披露的要求、提升对信息披露违法行为罚款金额的幅度，增加了证券欺诈等违法违规行为的成本。

3. 有利于提升公司治理水平。证券市场信息披露制度要求发行证券的公司定期或不定期地将公司经营、内部管理、人事和资产状况向社会公开披露，接受证券管理机关和社会公众的监督，这种监督促使证券发行公司不断改善公司治理结构，提升公司业务水平，以便获得投资者的支持。

4. 有利于优化资源配置。证券发行和证券投资实质上是一个资源配置的过程。投资者参与证券投资的最大目的就是获得投资回报，要想达到此目的，投资者往往会将投资投向业绩良好、回报率高且有发展前途的行业和公司。证券市场信息披露制度通过强制证券发行公司及时披露关于公司经营的真实、准确、完整信息，使投资者根据该信息作出理性投资判断与决策，从而充分发挥了市场调节机制，促进资源的优化配置。

---

[1] 李爱君主编：《证券法教程》，对外经济贸易大学出版社 2014 年版，第 27 页。

第二节　证券市场信息披露基本理论

一、证券市场强制信息披露理论

目前证券市场上的信息披露制度为强制性信息披露制度，自美国《1933 年证券法》确立以来，美国学术界关于此制度就争论不休，经历了从要不要建立强制性信息披露到建立什么样的信息披露制度的历程，现在基本上在要建立强制性信息披露制度上达成了一致，其具体理由如下：

证券市场上存在信息的不完全性和非对称性。证券市场信息的不完全性表现在投资者对证券市场影响证券价值的各种信息缺少了解和发行人提供不实陈述或掩盖。[1]证券市场信息的不对称性表现在证券市场具有风险性和复杂性，相对于证券市场上的投资者，证券发行人及其服务机构了解证券发行和交易的各个环节，掌握更多的证券信息，熟悉证券市场的各种风险，处于强势地位；而相比于证券发行人及其服务机构，证券投资者无法观察到证券发行和交易各环节当事人的行为，掌握的证券信息更少，对于证券市场风险的认知不够，处于弱势地位。如果不强制证券发行者及其服务机构进行信息披露，那么投资者就没有充分的信息作出投资判断，不免遭受损失，因此必须建立强制信息披露制度才能克服证券市场信息的不完全性和非对称性。

证券市场信息具有公共产品的特征。公共产品是满足社会公共利益需要的物品和劳务，在某种意义上，它们被集体加以消费，突出特征是具有消费上的非竞争性和利益上的非排他性。一旦公共产品被提供，没有人能独自享受、消费而不让他人受益，即另一个人消费公共产品的额外成本为零，最典型的公共产品就是国防。公共产品的这些特征使得任何人都希望自己不破费什么而从他人付费的产品中得到好处，结果是谁也不去生产，供应量为零。因为这种"搭便车"心理的存在，再加上公共产品的生产成本往往很高，使得公共产品不可能由私人生产和供给，不可能通过私人交易来实现公共产品的最优配置，而只能由政府来生产和供给。证券市场上，信息的获取可以减少经济活动的不确定性，有效降低证券投资的风险，增加投资者的收益，但在市场经济条件下，信息可以作为一种商品，成为买卖的对象，因为其搜寻和生产是有成本的，尤其是在信息不完全性和非对称性的证券市场上，更是存在着高昂的成本。由于同股同权、同股同利原则，证券市场上某一信息生产者为付出高昂成本生产的证券信息不能排除那些没有为之付出费用的人去使用，这使得证券市场上的信息成了公共产品。要想减少证券投资中的不确定性，改善证券市场信息不完全、非对称的状态，就必须尽可能地及时获取真实、准确、完整的信息。然而，证券市场信息的公共产品特征，使私人生产和供给动力不足。证券市场信息生产和供应不足，导致证券市场信息失灵，增加了证券投资的不确定性，降低了证券市场运作效率，扭曲了社会资源配置。为克服证券市场信息失灵的不利后果，政府必须进行适当干预，承担起向证券市场提供信息的职责，即制定并执行证券市场强制性信息披露制度，为所有投资者创造均等获取真实、准确、完整的各类信息的市场环境。所以强制性信息披露制度是国

---

[1]　万建华主编：《证券法学》，北京大学出版社 2013 年版，第 193 页。

家对证券市场进行适度干预的必然结果，也是矫正证券市场信息失灵的良方。[1]

二、证券市场信息披露的监管理论

世界各国对证券发行的监管主要体现在对证券发行信息披露的监管上，其监管理论主要有完全信息披露理论下的监管理论、实质性审核监管信息披露监管理论。

（一）完全信息披露理论下的监管理论

完全信息披露理论是指"使有价证券之发行公司完全公开有关其证券的为投资判断所必要之情报，而投资决定之本身则委托诸投资者之自由判断及责任者。因其发行证券时，依规定向主管机关申报并公开有关资料，申报后经过一段时间主管机关未提出异议者，即得以发行证券，无需主管机关积极核准，故称为申报制或注册登记制"。[2]完全信息披露监管理论认为信息虚假、证券欺诈在完全信息披露制度下无立足之地，证券市场本身是高度透明的，足以满足证券投资者作出投资判断的要求，因此投资者投资证券需风险自担，政府监管部门的主要职责只是保证证券发行人真实、准确、完整、及时地公开披露其证券的各种相关信息，维护证券市场有序运转，无需对发行证券做是否具有投资价值、是否可以盈利的价值判断，即不对发行证券做实质审查。

完全信息披露制度理念下的信息披露制度，是比较成熟和完善的自由有效市场经济下，政府对证券市场最低程度限制和干预的证券监管理想模式。美国的证券监管模式是完全信息披露制度理念下的典型模式。

（二）实质性审核监管信息披露监管理论

实质性审核理论认为证券主管机关不仅必须对证券发行人公开披露的与其自身以及发行证券相关的信息的全面性、准确性和真实性进行审查，而且必须审查证券发行人和发行证券是否满足国家制定的证券发行相关法律规定之统一标准，只有满足了上述法定标准的证券发行公司才被允许发行证券，因此也被称为核准制。实质性审核理念体现出政府对证券发行人及证券本身投资价值的深切关注，并且实现了在公众与个体选择权、效益与公平、市场自由与国家干预等这些相互对立的概念之间为寻求和谐而不得不作出的艰难选择和精细平衡。[3]证券发行实质性审核理论的实质是，在要求证券发行人充分、准确和及时地披露信息的基础上，通过管理者的分析判断，对证券发行人披露的信息进一步核实过滤并且审查发行人是否符合国家相关法规有关证券发行的特定标准，由政府所属证券主管机关决定并筛选出合格的允许发行证券的证券发行公司。实质性审核理论认为，通过对申请人提供的全部信息的严格审查，能提高披露信息的信用程度和完整程度，这对稳定证券市场秩序、保障投资者合法权益有着重要的作用。

相比来说，实质性审核监管模式适用于证券市场不发达，证券投资者不太成熟，缺乏风险识别和判断能力的国家。

（三）我国现行证券信息披露监管制度

世界上大多数国家和地区采用的是完全信息披露制度和实质性审核兼容并存的混合性监管理论。我国证券市场建立以来，证券发行实行的是建立在充分信息披露基础上的实质

---

〔1〕　参考侯汉杰："证券信息披露法律制度的理论依据"，载《政法论丛》2004年第1期。

〔2〕　齐斌：《证券市场信息披露法律监管》，法律出版社2000年版，第27页。

〔3〕　参见齐斌：《证券市场信息披露法律监管》，法律出版社2000年版，第27页。

审核制度，即股票发行核准制。但是在 2015 年 4 月 20 日，第十二届全国人大常委会第十四次会议审议了《中华人民共和国证券法（修订草案）》，其第二章"证券发行"的第二节规定了"股票发行注册"，至此，拉开了股票发行注册制的序幕。2015 年 12 月 27 日，第十二届全国人民代表大会常务委员会第十八次会议审议通过了《关于授权国务院在实施股票发行注册制改革中调整适用〈中华人民共和国证券法〉有关规定》的议案，授权国务院对拟在上海证券交易所、深圳证券交易所上市交易的股票的公开发行，调整适用《证券法》关于股票发行核准制度的有关规定，自 2016 年 3 月 1 日起实施，为期两年，这标志着股票发行从核准制过渡到注册制有了法律依据，这将进一步促进我国证券市场的市场化。2019 年 12 月 28 日，第十三届全国人民代表大会常务委员会第十五次会议表决通过了新修订的《中华人民共和国证券法》，修订后的证券法自 2020 年 3 月 1 日起施行。现行《证券法》第 9 条第 1 款规定："公开发行证券，必须符合法律、行政法规规定的条件，并依法报经国务院证券监督管理机构或者国务院授权的部门注册。未经依法注册，任何单位和个人不得公开发行证券。证券发行注册制的具体范围、实施步骤，由国务院规定。"由此可见，现行证券法明确全面推行注册制，标志着中国资本市场在市场化、法治化道路上又迈出坚实一步。现行《证券法》第五章增设"信息披露"专章，进一步强化信息披露要求，其中第 87 条规定："国务院证券监督管理机构对信息披露义务人的信息披露行为进行监督管理。证券交易场所应当对其组织交易的证券的信息披露义务人的信息披露行为进行监督，督促其依法及时、准确地披露信息。"该条明确了国务院证券监督管理机构和证券交易场所对信息披露行为的监督责任。从此证券发行人负有全面提供真实信息的义务，成为诚信发行证券和公众对市场建立信心的动力；政府监管机构超然于价值判断之外，对新发行证券的信誉是否良好，价值是否稳定，或者资产是否能够盈利，既不予以确认，也不提供任何担保或承诺，政府监管机构唯一的任务就是监督新发行的证券必须完全公开信息；投资者在证券发行上市高度透明的前提下，按照风险自担的原则自主地对证券的投资价值和收益进行判断。[1]因此我国证券市场信息披露监管理论已经属于完全信息披露理论下的监管理论。

第三节　证券市场信息披露制度的原则

一、证券市场信息披露制度的基本原则

《证券法》第 19 条规定："发行人报送的证券发行申请文件，应当充分披露投资者作出价值判断和投资决策所必需的信息，内容应当真实、准确、完整。为证券发行出具有关文件的证券服务机构和人员，必须严格履行法定职责，保证所出具文件的真实性、准确性和完整性。"第 78 条规定："发行人及法律、行政法规和国务院证券监督管理机构规定的其他信息披露义务人，应当及时依法履行信息披露义务。信息披露义务人披露的信息，应当真实、准确、完整，简明清晰，通俗易懂，不得有虚假记载、误导性陈述或者重大遗漏。"第 80 条第 1 款规定："发生可能对上市公司、股票在国务院批准的其他全国性证券

---

〔1〕　参考郭富青："论我国股票发行注册制改革：理念·制度·环境"，载《证券法苑》2015 年第 3 期。

交易场所交易的公司的股票交易价格产生较大影响的重大事件，投资者尚未得知时，公司应当立即将有关该重大事件的情况向国务院证券监督管理机构和证券交易场所报送临时报告，并予公告，说明事件的起因、目前的状态和可能产生的法律后果。"这些规定都体现了证券信息披露需要遵循以下基本原则：

（一）真实性原则

"真实性原则是指披露信息应以客观事实或在事实基础上的分析判断为基础，以没有扭曲和不加粉饰的方式，再现和反映真实状态。对发布的信息不存在虚假陈述、不合理评价、夸张性描述或恭维性的评价。"[1]从上面关于真实性的定义中，可以得出证券市场信息披露内容分为两大类：描述性信息和判断性信息，这两类信息的真实性判断标准不同。其中描述性信息是对已经发生的客观事实的描述，因此只要与客观事实相一致，就符合真实性原则的要求，这种信息是已然的、静态的，其真实性往往易于观察，容易判断，例如对公司控股股东的持股比例的披露；而判断性信息是根据客观事实加上逻辑推理得出的预测结果，这种信息要符合真实性原则的要求，既要有客观事实基础，同时要符合明确的逻辑关系，这种信息是未然的、动态的，其真实性难以观察和判断，例如上市公司对于本公司发展前景的披露。

真实性原则是证券市场信息披露活动所要遵循的首要原则。证券市场信息披露制度建立的最大目的就是将真实信息呈现在投资者面前，以便投资者根据真实信息作出理性判断，这样投资者承担投资的风险和收益，才符合公平原则。

为了保证信息公开的真实性，现行《证券法》规定了事前介入的法律机制。其内容包括：

1. 证券监督管理机构对真实性的核准、监督。在证券的发行阶段，现行《证券法》第11、12条规定了股份有限公司公开发行股票和公开发行新股，应向国务院证券监督管理机构报送相关申请和相关文件，由国务院证券监督管理机构对发行人依法申请公开发行的文件进行核准。[2]此外，该法第87条还规定，国务院证券监督管理机构对信息披露义务人的信息披露行为进行监督管理。

2. 证券发行人及证券中介机构对所披露文件及信息的真实性担保。现行《证券法》第29条规定，证券公司承销证券，应当对公开发行募集文件的真实性、准确性、完整性进行核查。发现有虚假记载、误导性陈述或者重大遗漏的，不得进行销售活动；已经销售的，必须立即停止销售活动，并采取纠正措施。证券公司承销证券，不得进行虚假的或者误导投资者的广告宣传或者其他宣传推介活动。该法第82条第3款规定，发行人的董事、监事和高级管理人员应当保证发行人及时、公平地披露信息，所披露的信息真实、准确、完整。第85条规定，信息披露义务人未按照规定披露信息，或者公告的证券发行文件、定期报告、临时报告及其他信息披露资料存在虚假记载、误导性陈述或者重大遗漏，致使投资者在证券交易中遭受损失的，信息披露义务人应当承担赔偿责任；发行人的控股股

〔1〕　万建华主编：《证券法学》，北京大学出版社2013年版，第191页。

〔2〕　虽然旧《证券法》中第13条规定的"上市公司非公开发行新股……报国务院证券监督管理机构核准"在现行《证券法》第12条中改成了"……具体管理办法由国务院证券监督管理机构规定"，但在证券监督管理机构的网站上，目前仍然使用"上市公司公开发行股票核准""公司首次公开发行股票核准"等办事流程。

东、实际控制人、董事、监事、高级管理人员和其他直接责任人员以及保荐人、承销的证券公司及其直接责任人员，应当与发行人承担连带赔偿责任，但是能够证明自己没有过错的除外。

3. 证券交易所对真实性的审查。现行《证券法》第 112 条第 1 款规定，证券交易所对证券交易实行实时监控，并按照国务院证券监督管理机构的要求，对异常的交易情况提出报告。第 87 条第 2 款规定，证券交易场所应当对其组织交易的证券的信息披露义务人的信息披露行为进行监督，督促其依法及时、准确地披露信息。[1]

（二）准确性原则

准确性原则是指披露信息时必须用精确不含糊的语言表达其含义，在内容与表达方式上不得使人误解。[2] 同真实性原则对信息披露内容的强调不同，准确性原则主要侧重于披露信息的表达方式。因为信息披露的实质就是信息传递，而任何信息的传递都需要载体，证券市场信息披露的载体就是语言文字，而语言具有多义性、表达具有多样性。因此必须对信息披露义务披露信息时科以准确性的要求。

准确性原则要求信息披露义务人不得为了达到证券发行、证券交易或者推卸法律责任的目的，故意或者过失地使用易使正常理性的投资人产生投资误解的语言，涉及各类证券信息资料披露中的测算和描述不得含有含糊其辞、模棱两可的语句。当然，法律不可能要求信息披露义务人作出符合所有人语言习惯和理解能力的准确性描述，法律认为信息披露的准确性应从是否会给"一般理性的资产证券的投资者"造成投资误解为衡量尺度。[3]

对于准确性的要求应该包含以下内容：

1. 要式性。为了保证信息公开的准确性，确切地传达有关信息，信息公开义务人应该按照法定的事项、范围和格式进行，只有按照法定标准进行信息公开才能达到准确的要求，才能让投资者不致被纷繁复杂的信息所困扰。

2. 易理解性。信息公开义务人公开的文件应当容易为投资者所解读。信息公开的目的是向投资者传递用于投资判断的信息。确保投资者了解有关信息是信息公开的关键所在，如果所公开的文件资料信息冗长，语言晦涩难懂，技术性用语过多，甚至故弄玄虚等，将会干扰投资者的投资决策判断，影响信息公开制度的功能，降低信息公开制度的功效。因此，信息公开制度的准确性要求公开信息的语言应该简单明了，尽量使用简短的句子，采用社会通常使用的语言，尤其是投资者阅读频率高的部分应该保证用语清楚准确、简练明了和容易读懂。[4]

（三）完整性原则

完整性原则也称充分性原则或全面性原则，是指证券市场信息披露义务主体在披露信息时必须将所有可能影响投资者决策的信息均进行披露。在披露某一具体信息时，必须对该信息的所有方面进行周密、全面、充分的揭示，不仅要披露对所发证券价格有利的信息，更

---

〔1〕　李爱君主编：《证券法教程》，对外经济贸易大学出版社 2014 年版，第 28 页。

〔2〕　参见齐斌：《证券市场信息披露法律监管》，法律出版社 2000 年版，第 116 页。

〔3〕　参见万建华主编：《证券法学》，北京大学出版社 2013 年版，第 192 页。

〔4〕　李爱君主编：《证券法教程》，对外经济贸易大学出版社 2014 年版，第 29 页。

要披露对所发证券价格不利的各种潜在或现实风险因素，不能有所遗漏。[1]完整性并不要求发行公司将其知悉的所有信息全部予以公开，一方面，发行公司不可能事无巨细地公开其所有的信息，另一方面，证券市场充斥过多的信息也会导致投资者陷入众多细小琐碎却无关紧要的信息之中，引发市场"噪音"问题。[2]因此，法律所能要求的是发行公司应尽可能地将所有可能影响投资者决策的信息全面公开，既包括对公司证券价格有利的信息，也包括对公司证券价格不利的信息，并且不得有重大遗漏、误导性或虚假陈述。[3]

（四）及时性原则

及时性原则是指证券市场上的信息披露义务主体在披露信息时，一方面要做到以最快的速度公开其信息，即一旦发生影响证券价格变动或投资者决策的情况变动，信息披露义务主体应当立即向社会公众公开其变化细节；另一方面，信息披露义务主体应当保证所公开披露的信息处于最新状态，不能给社会公众以过时的、陈旧的信息。[4]

及时性原则是信息的本质特性所决定的，因为任何有价值的信息都是具有时效性的，如果证券发行人所披露的信息已经过时，那么对于依据证券发行人披露的信息作出投资决策的投资者来说将是没有任何意义的，有违证券信息披露制度建立的初衷。为保证及时性原则得到贯彻执行，现行《证券法》规定发行人及法律、行政法规和国务院证券监督管理机构规定的其他信息披露义务人，应当及时依法履行信息披露义务，并且法律对一些信息披露事项还有明确的时间限制，例如，年度报告必须在每一会计年度结束之日起4个月内，向国务院证券管理机构和交易所报送并予以公告；中期报告必须在每一会计年度的上半年结束之日起2个月内，向国务院证券管理机构和交易所报送报告并予以公告；发生法定的重大事件需要临时报告的，应当在事件发生后，立即向国务院证券管理机构和交易所报送报告并予以公告。

二、现行《证券法》中的一些新规定的原则

近年来，随着我国证券市场的发展及理论研究的深入，契合市场需要的信息披露原则被提出，并有被新修订的法律所采纳的趋势，现对2019年修订通过的现行《证券法》中的一些新规定的原则加以介绍，这些原则主要有：

（一）简明性原则

简明性原则，又被称为可理解性原则，是指信息披露义务主体披露的信息应当清晰明了，便于投资者理解和使用。过去《证券法》中并没有明确提出简明性原则，但是现行《证券法》中第78条第2款明确规定："信息披露义务人披露的信息，应当……简明清晰，通俗易懂……"

简明性原则符合证券市场信息披露的目的，证券市场信息披露制度建立的最主要的目的是为投资者的投资决策提供参考。投资者要依据所披露的信息作出理性的投资判断，首先就要理解所披露信息的意义和内涵，这就要求信息披露义务主体所披露的信息简明清晰、通俗易懂。只有这样，才能提高所披露信息的有用性，实现信息披露的目标，满足向

[1] 参见齐斌：《证券市场信息披露法律监管》，法律出版社2000年版，第113页。
[2] 盛学军：《证券公开规制研究》，法律出版社2004年版，第171页。
[3] 李爱君主编：《证券法教程》，对外经济贸易大学出版社2014年版，第29页。
[4] 参见齐斌：《证券市场信息披露法律监管》，法律出版社2000年版，第118页。

投资者等所披露信息的使用者提供决策有用信息的要求。当然证券市场信息披露主体披露的信息毕竟是一种专业性较强的信息产品，在强调所披露信息要符合简明性要求的同时，还要假定使用者具有一定的证券市场投资方面的基本知识，不能片面理解简明性原则，要求所有人都能理解所披露的所有信息。

（二）公平性原则

选择性披露是指将重大的未公开信息仅向证券分析师、机构性投资者或者其他人披露，而不向所有市场上的投资者披露。选择性披露将直接造成信息获得不平等，并与利用内幕信息交易有密切联系。公平性原则主要就是针对选择性披露问题而被提出的，是指证券市场上的信息披露义务人应当同时向所有投资者披露，不得提前向任何单位和个人透漏或者泄露，这一原则要求信息披露义务人不得差别对待不同的投资人，这是证券法律公平原则在信息披露制度中的体现，反映了随着证券市场的发展，法律在追求效率的同时，更加注重对公平价值的追求。过去《证券法》的信息披露制度中也没有关于公平性原则的明确规定，但是现行的《证券法》明确提出了公平性原则，其第83条规定："信息披露义务人披露的信息应当同时向所有投资者披露，不得提前向任何单位和个人泄露。但是，法律、行政法规另有规定的除外。任何单位和个人不得非法要求信息披露义务人提供依法需要披露但尚未披露的信息。任何单位和个人提前获知的前述信息，在依法披露前应当保密。"第78条第3款规定："证券同时在境内境外公开发行、交易的，其信息披露义务人在境外披露的信息，应当在境内同时披露。"

从上面的法律规定可以看出，公平性原则不仅对证券市场上的信息披露义务人提出了要求，而且对不特定对象——"任何单位和个人"也提出了要求，公平性原则要求信息披露义务人不仅要向国内证券市场上的所有投资者同时披露信息，而且如果证券同时在国内和国外市场上发行，国内市场的信息披露应该与国外市场的信息披露是同时的，这一规定适应了当前全球化融资的新情况。公平性原则对不特定对象"任何单位和个人"提出了两方面要求：一是"不得非法要求提供未公开信息"，这里的不特定对象更多地指向证券市场上的投资者，要求投资者不得非法要求信息提前公开，形成不法投资优势；二是知情人保密要求，这一要求主要针对信息披露义务主体的内部人员，例如证券发行公司的董事、高级管理人员。违反公平性原则，容易触犯内幕交易、泄露内幕信息罪。

（三）一致性原则

一致性原则是指信息披露义务人在强制信息披露以外，自愿披露信息的，所披露的信息应当与强制信息披露内容相一致，不能自相矛盾。关于一致性原则，过去《证券法》中也没有明确规定，是现行《证券法》的新增内容，其第84条明确规定"除依法需要披露的信息之外，信息披露义务人可以自愿披露与投资者作出价值判断和投资决策有关的信息，但不得与依法披露的信息相冲突，不得误导投资者。"。

第四节　证券市场信息披露的主体和内容

一、证券市场信息披露义务的性质及责任主体

（一）证券市场信息披露义务的性质

证券市场信息披露义务，是指依照我国《证券法》等相关法律法规的规定，信息披

露义务人在证券发行、上市和交易过程中应当承担的披露相关信息的义务。这种义务产生的依据是我国《证券法》等相关法律法规的规定，而非合同的约定，因此证券市场信息披露义务是一种法定义务，而非合同义务。"虽然在证券市场上发行和认购证券是一个合同成立过程，向社会募集资金发行证券的行为具有要约性质，证券投资人认购证券具有承诺的性质"，[1]但是不能据此认为证券市场信息披露义务是一种合同义务，因为信息披露义务所针对的对象是社会公众，而不仅仅是指从证券发行人那里购买证券的投资人。

证券市场信息披露义务为法定义务而非约定义务，除了表现为该义务产生的依据是法律规定而非合同约定，信息披露义务指向的对象是不特定社会公众外，还表现在信息披露事项的法定、披露范围的法定、披露时间的法定等方面。

（二）证券市场信息披露义务的责任主体

证券市场信息披露义务主体是指在证券发行、上市和交易的整个动态过程中负有信息披露的法定义务，违反该法定义务将依法承担相应法律责任的民事主体。[2]现行《证券法》第78条规定："发行人及法律、行政法规和国务院证券监督管理机构规定的其他信息披露义务人，应当及时依法履行信息披露义务。"该条确立了以"信息披露义务人"为主体的监管原则，改变了原《证券法》以"发行人、上市公司"为第一责任人的披露主体规则，使信息披露义务人的范围更加广泛和全面。

在具体类型上，信息披露义务人主要分为三类：一是公开发布信息披露文件的证券发行人；二是在公开发布的信息披露文件上签章表示对其负责的那部分文件内容的真实性、合法性、准确性承担保证责任的当事人，包括证券发行公司内部的发起人、董事、监事、高级管理人员和其他直接责任人员、保荐人、承销的证券公司、会计师事务所、律师事务所、评估事务所等为证券发行提供服务的中介服务机构及该机构的相关专业人员；三是发行公司的控股股东、实际控制人。需要明确的是上述三类主体承担责任的范围和认定责任的原则是不同的，第一类主体承担的是首要的、全部的责任，采取的责任认定原则为无过错责任原则；第二类和第三类主体承担的是次级的、部分的责任，采取的责任认定原则为过错推定原则，与发行人承担连带责任。例如从现行《证券法》第85条的规定就可以明确看出这一点，该条规定："信息披露义务人未按照规定披露信息，或者公告的证券发行文件、定期报告、临时报告及其他信息披露资料存在虚假记载、误导性陈述或者重大遗漏，致使投资者在证券交易中遭受损失的，信息披露义务人应当承担赔偿责任；发行人的控股股东、实际控制人、董事、监事、高级管理人员和其他直接责任人员以及保荐人、承销的证券公司及其直接责任人员，应当与发行人承担连带赔偿责任，但是能够证明自己没有过错的除外。"相比于原《证券法》，现行《证券法》修改了发行人的控股股东、实际控制人的责任，将其过错责任原则修改为过错推定原则，进一步加重了其在信息披露上的责任。

二、证券发行市场的信息披露

证券发行市场信息披露又称初次信息披露或者一级市场信息披露，是指证券发行人在首次发行证券时将与所发行证券相关的一切重要信息向社会公众予以完全公开。证券发行

---

〔1〕　万建华主编：《证券法学》，北京大学出版社2013年版，第197页。

〔2〕　万建华主编：《证券法学》，北京大学出版社2013年版，第198页。

市场信息披露制度是保证证券市场有序发展的基础。现行《证券法》关于证券发行市场的信息披露主要通过强制证券发行人或其承销机构在证券发行前必须依法进行申请文件的预先披露制度和制作股票的招股说明书或债券的募资说明书来实现。[1]

(一) 发行文件的预先披露制度

发行文件的预先披露制度是指发行人申请公开发行证券的，在依法向国务院证券监督管理机构或者国务院授权的部门报送有关申请文件后，预先向社会公众披露有关申请文件，而不是等监管部门对发行文件审核完毕，作出予以注册或不予注册的决定之后再进行披露的制度。发行文件的预先披露制度是我国 2005 年修订《证券法》时的一种独创，将美国行之有效的对发行上市中虚假陈述的举报制度上升到了法律层面，意在加强社会监督，提高发行证券的质量。该制度要求证券发行人在监管部门作出予以注册或不予注册的决定之前预先向社会公众披露注册或申请文件，其原因在于，首先，便于社会公众提前了解发行人的信息，有助于其进行投资决策；其次，社会公众可以对申请文件中的问题进行举报，促使审核机构提前调查、了解有关情况，有助于提高审核效率；最后，实现社会公众对发行审核工作的监督，避免暗箱操作。[2]

发行文件的预先披露制度已超出一般意义上证券信息公开的范围，使证券市场信息披露在时间上向前延伸，极大丰富了信息披露制度的内涵，确保信息披露价值的实现。现行《证券法》关于发行文件的预披露制度的规定只有一条，即《证券法》第 20 条规定："发行人申请首次公开发行股票的，在提交申请文件后，应当按照国务院证券监督管理机构的规定预先披露有关申请文件。"从这条法律规定，我们可以看出现行《证券法》关于发行文件的预先披露制度，只适用于首次公开发行股票（IPO），而不适用于债券发行，适用范围较窄。

(二) 股票发行信息披露制度

现行《证券法》第 13 条规定："公司公开发行新股，应当报送募股申请和下列文件：①公司营业执照；②公司章程；③股东大会决议；④招股说明书或者其他公开发行募集文件；⑤财务会计报告；⑥代收股款银行的名称及地址。"由上面的规定可以知道，招股说明书是股票发行信息披露的核心文件。招股说明书是指公开发行股票的公司依照法定的格式内容制作的，供社会公众了解与股票发行有关的实质情况，邀请公众认购公司股票的规范性文件。[3]从我国《民法典》合同编的角度来看，招股说明书具有要约的性质，作为一个具有法律效力的文件，招股说明书的内容和编制形式都有严格的法律规定。根据股票发行阶段的不同，招股说明书分为募集设立招股说明书和发行新股招股募集说明书，其中募集设立招股说明书的内容和编制形式要符合中国证监会于 2015 年修订发布的《公开发行证券的公司信息披露内容与格式准则第 1 号——招股说明书》的规定，发行新股募集说明书的内容和编制形式要符合中国证监会于 2006 年修订发布的《公开发行证券的公司信息披露内容与格式准则第 11 号——上市公司公开发行证券募集说明书》的规定。

另外，上市公司成立后发行新股不同于募集设立公司发行股票之处在于其还要披露

---

[1] 参见李东方主编：《证券法学》，中国政法大学出版社 2012 年版，第 189 页。

[2] 李燕：《证券法学》，武汉大学出版社 2009 年版，第 171 ~ 172 页。

[3] 李燕：《证券法学》，武汉大学出版社 2009 年版，第 172 页。

上市公司的财务会计报告，即包括资产负债表、损益表、财务状况变动表、财务状况说明书、利润分配表及财务会计明细在内的反映公司生产经营和财务状况成果的总结性文件。

（三）债券发行信息披露制度

现行《证券法》第16条规定："申请公开发行公司债券，应当向国务院授权的部门或者国务院证券监督管理机构报送下列文件：①公司营业执照；②公司章程；③公司债券募集办法；④国务院授权的部门或者国务院证券监督管理机构规定的其他文件。"公司债券募集办法，是指发行人根据法定的格式内容制作的，供社会公众了解发行人的资产及负债情况，说明与公司债券发行相关的一切重要信息的规范性文件。[1]相对于招股说明书而言，公司债券募集办法要简单得多，其内容主要包括：公司名称；债券募集资金的用途；债券总额和债券的票面金额；债券利率的确定方式；还本付息的期限和方式；债券担保情况；债券的发行价格、发行的起止日期；公司净资产额；已发行的尚未到期的公司债券总额；公司债券的承销机构；等等。

（四）证券发行的信息披露方式

现行《证券法》第23条第1款规定："证券发行申请经注册后，发行人应当依照法律、行政法规的规定，在证券公开发行前公告公开发行募集文件，并将该文件置备于指定场所供公众查阅。"由此可见，公司公开发行证券的信息披露方式是公告和置备。其中，公告是指公司债券发行人将公司债券募集办法刊登在证券监管机构指定的刊物上的行为；置备是指将公司债券募集办法存放在指定场所供公众查阅，这些指定场所一般包括公司债券发行人主要办公场所或营业场所、承销发行的证券公司的营业场所等。

三、证券交易市场的信息披露

证券交易市场信息披露又称二级市场信息披露或持续性信息披露，是指证券进入交易市场依法进行上市交易期间，证券发行人应定期或不定期地公开披露与其发行证券相关的影响证券交易的所有重要信息。[2]二级市场的持续性信息披露制度通过强制证券发行人定期向社会公众披露自身的财务状况和经营情况，或者不定期向社会公众披露对所发证券价格产生重大影响的重大事件，便于证券市场上的投资者及时了解证券市场的真实准确信息，从而作出正确理性的投资判断和决策，有效防止证券欺诈、内幕交易和操纵市场的不法行为。证券交易市场持续性信息披露的文件主要有：

（一）定期报告

定期报告是指公司在一定时期内（某一会计核算期间）分别向证券主管机关提交和向社会公众公布的反映上市公司某个会计期间的财务状况、经营情况、股本变动和股东的情况、募集资金的使用情况和公司重要事项的报告。其报告形式有年度报告、中期报告（半年度报告）和季度报告。

关于定期报告，现行《证券法》规定了年度报告和中期报告，其中《证券法》第79条对年度报告和中期报告的内容和披露时间作了详细规定，具体内容如下："上市公司、公司债券上市交易的公司、股票在国务院批准的其他全国性证券交易场所交易的公司，应

〔1〕　李燕：《证券法学》，武汉大学出版社2009年版，第174页。

〔2〕　参见万建华主编：《证券法学》，北京大学出版社2013年版，第196页。

当按照国务院证券监督管理机构和证券交易场所规定的内容和格式编制定期报告，并按照以下规定报送和公告：①在每一会计年度结束之日起4个月内，报送并公告年度报告，其中的年度财务会计报告应当经符合本法规定的会计师事务所审计；②在每一会计年度的上半年结束之日起2个月内，报送并公告中期报告。"

相比于原《证券法》，2019年修订的《证券法》关于定期报告的规定有以下变化：首先，定期报告的披露主体范围扩大。现行《证券法》要求披露定期报告的主体包括上市公司、公司债券上市交易的公司以及股票在国务院批准的其他证券交易场所公开交易的公司，相比原《证券法》增加了股票在国务院批准的其他证券交易场所公开交易的公司。其次，现行《证券法》要求定期报告中的年度财务会计报告应当经过会计事务所的审核，与第12条中规定的首次公开发行的条件"最近3年财务会计报告被出具无保留意见审计报告"形成呼应。在注册制语境下，会计师的责任加重，成为证券市场重要的守门人。再其次，现行《证券法》相比原《证券法》增加了董监高对于证券发行文件和定期报告提出异议并公开的权利。最后，相比于原《证券法》对于各个定期报告披露的主要内容和具体时间作出了详细规定，2019年修订的《证券法》只对定期报告披露时间作了详细规定，同时通过委任性规范，将规定定期报告具体内容的权力下放给了国务院证券监督管理机构和证券交易场所。

（二）临时报告

临时报告是指上市公司、股票在国务院批准的其他证券交易场所公开交易公司发生可能对其股票交易价格产生较大影响的重大事件时，或者公司债券上市交易的公司发生可能对公司债券的交易价格产生较大影响的重大事件时，投资者尚未得知的，上市公司、股票在国务院批准的其他证券交易场所公开交易的公司及公司债券上市交易的公司应当立即向证券监管部门提交和向社会公众披露报告。临时报告可以有效弥补定期报告的缺陷，是证券市场信息披露制度的重要组成部分。

现行《证券法》对上市公司、股票在国务院批准的其他全国性证券交易场所交易的公司以及公司债券上市交易的公司临时报告制度都进行了规定。《证券法》第80条规定了上市公司、股票在国务院批准的其他全国性证券交易场所交易的公司关于临时报告的要求："发生可能对上市公司、股票在国务院批准的其他全国性证券交易场所交易的公司的股票交易价格产生较大影响的重大事件，投资者尚未得知时，公司应当立即将有关该重大事件的情况向国务院证券监督管理机构和证券交易场所报送临时报告，并予公告，说明事件的起因、目前的状态和可能产生的法律后果。前款所称重大事件包括：①公司的经营方针和经营范围的重大变化；②公司的重大投资行为，公司在1年内购买、出售重大资产超过公司资产总额30%，或者公司营业用主要资产的抵押、质押、出售或者报废一次超过该资产的30%；③公司订立重要合同、提供重大担保或者从事关联交易，可能对公司的资产、负债、权益和经营成果产生重要影响；④公司发生重大债务和未能清偿到期重大债务的违约情况；⑤公司发生重大亏损或者重大损失；⑥公司生产经营的外部条件发生的重大变化；⑦公司的董事、1/3以上监事或者经理发生变动，董事长或者经理无法履行职责；⑧持有公司5%以上股份的股东或者实际控制人持有股份或者控制公司的情况发生较大变化，公司的实际控制人及其控制的其他企业从事与公司相同或者相似业务的情况发生较大变化；⑨公司分配股利、增资的计划，公司股权结构的重要变化，公司减资、合并、分立、解散及申请破产的决定，或者依法进入破产程序、被责令关闭；⑩涉及公司的重大诉讼、仲裁，股东大会、董事会决议被依法撤销或者宣告无效；⑪公司涉嫌犯罪被依法立案调查，公司的控股股东、实际控制人、董事、监事、高级管理人员涉嫌犯罪被依法采取强制措施；⑫国务院证券监督管理机构规定的其他事项。"

《证券法》第 81 条规定了公司债券上市交易的公司关于临时报告的重大事件要求："发生可能对上市交易公司债券的交易价格产生较大影响的重大事件，投资者尚未得知时，公司应当立即将有关该重大事件的情况向国务院证券监督管理机构和证券交易场所报送临时报告，并予公告，说明事件的起因、目前的状态和可能产生的法律后果。前款所称重大事件包括：①公司股权结构或者生产经营状况发生重大变化；②公司债券信用评级发生变化；③公司重大资产抵押、质押、出售、转让、报废；④公司发生未能清偿到期债务的情况；⑤公司新增借款或者对外提供担保超过上年末净资产的 20%；⑥公司放弃债权或者财产超过上年末净资产的 10%；⑦公司发生超过上年末净资产 10% 的重大损失；⑧公司分配股利，作出减资、合并、分立、解散及申请破产的决定，或者依法进入破产程序、被责令关闭；⑨涉及公司的重大诉讼、仲裁；⑩公司涉嫌犯罪被依法立案调查，公司的控股股东、实际控制人、董事、监事、高级管理人员涉嫌犯罪被依法采取强制措施；⑪国务院证券监督管理机构规定的其他事项。"

现行《证券法》关于临时报告的规定相较于原《证券法》有很多修改，最重大的修改是将临时报告的主体适用范围扩大，从仅适用于上市公司扩大到适用于上市公司、股票在国务院批准的其他证券交易场所公开交易的公司和公司债券上市交易的公司。其次是对需要临时报告的重大事件进行细化，并扩大其范围，将现行《证券法》第 80 条的内容与原《证券法》第 67 条加以比较可以轻易地发现，关于需要临时报告的重大事件的规定在多处细节上有所修改，并且进一步扩大了重大事件的范围，从而更好保护投资者的知情权，为投资者作出决策提供更全面的依据，维护投资者的利益。

四、信息披露豁免制度

信息披露豁免制度是指证券市场的信息披露义务人依法需要披露的信息如果涉及国家秘密、商业秘密，披露可能违反国家保密法律法规或者损害公司利益的，可以向监管机关申请豁免披露，经过监管机关同意，可以依法将有关信息不予披露的制度。现行《证券法》没有明确规定信息披露豁免制度，但是其他相关法规如上海证券交易所发布的《上市公司信息披露暂缓与豁免业务指引》《上海证券交易所股票上市规则》《上海证券交易所科创板股票发行上市审核问答》等对信息披露的豁免进行了规定，同时，《军工企业对外融资特殊财务信息披露管理暂行办法》规定，针对军工行业无法进行脱密处理，或者经脱密处理后仍然存在泄露国家秘密风险的财务信息，军工企业应当依照该办法的规定，向国家相关主管部门或者证券交易所申请豁免披露。

五、自愿性信息披露

自愿性信息披露是指信息披露义务人在依法需要披露的信息之外，主动自愿披露与投资判断和决策有关的信息的行为，其与强制性信息披露共同构成"充分披露原则"的两大主要规则，从而弥补证券市场的信息不对称。《证券法》第 79～81 条是强制性信息披露的主要内容，其目的在于让投资者和市场获得与证券价格有关的基本信息（上述内容主要针对强制性披露）；而《证券法》第 84 条规定了自愿性信息披露："除依法需要披露的信息之外，信息披露义务人可以自愿披露与投资者作出价值判断和投资决策有关的信息，但不得与依法披露的信息相冲突，不得误导投资者。"其目的在于鼓励信息披露义务人主动自愿披露与投资者作出价值判断和投资决策有关的信息，以此作为强制性信息披露的补充。

自愿性信息披露主要有以下几个方面的内容。首先，关于自愿性信息披露的主体，《证券法》将其规定为信息披露义务人，因此，同一披露主体针对不同的信息类型会适用不同的披露规则。其次，自愿披露的客体是指与投资者作出价值判断和投资决策有关的信息，而关于该类信息的具体内容，目前尚无定论，但根据相关法规以及实务中的情况，主要包括公司的经营和财务信息，社会责任的履行情况以及未来经营战略等除与证券价格相关的基本信息之外的信息。最后是关于自愿性信息披露的要求和限制。《证券法》第78条第2款规定的信息披露的基本要求，是对强制性和自愿性信息披露的共同约束，因此，即便自愿披露信息不是法定义务，但是该披露行为也应当以真实、准确、完整为前提，如果信息披露义务人在自愿披露过程中违反该基本原则，也需承担相应的法律责任。同时，《证券法》对自愿性信息披露进行了基本限制，即不得与强制性披露的信息相冲突，不得误导投资者。

第五节　信息披露监督管理及法律责任

一、信息披露的监督管理

（一）中国证监会的监督管理

中国证监会依法对上市公司年度报告、中期报告、季度报告、临时报告以及公告的情况进行监督，对上市公司分派或者配售新股的情况进行监督，对上市公司控股股东及其他信息披露义务人的行为进行监督。

中国证监会有权要求上市公司及其他信息披露义务人或者其他董事、监事和高级管理人员对有关信息披露问题作出解释、说明或提供相关资料，并要求上市公司提供证券公司或者证券服务机构的专业意见。对证券公司和证券服务机构出具的文件的真实性、准确性、完整性有疑义的，可以要求相关机构作出解释、补充，并调阅其工作底稿。发行人、上市公司及其他信息披露义务人、证券公司和证券服务机构应当及时作出回复，并配合中国证监会的检查、调查。

信息披露义务人及其董事、监事和高级管理人员，上市公司的股东、实际控制人、收购人及其董事、监事和高级管理人员违反信息披露规定的，中国证监会对其可以采取以下监管措施：①责令改正；②监管谈话；③出具警示函；④责令公开说明；⑤责令参加培训；⑥责令定期报告；⑦认定为不适当人选；⑧暂不受理与行政许可有关的文件；⑨限制股东权利（如限制行使表决权等）；⑩责令暂停或者终止重组活动（或者责令暂停、停止收购活动）；⑪依法可以采取的其他监管措施。

中国证监会对于违反信息披露义务的责任人还可以采取警告、罚款、证券市场禁入等措施。

（二）证券交易所的监督管理

证券交易所按照章程、协议以及业务规则，对上市公司信息披露情况进行监管。

证券交易所按照章程、协议以及业务规则，督促证券上市交易公司及相关信息披露义务人依法披露上市公告书、定期报告、临时报告等信息披露文件。证券交易所对信息披露文件进行审核，可以要求证券上市交易公司及相关信息披露义务人、上市保荐人、证券服务机构等作出补充说明并予以公布，发现问题应当按照有关规定及时处理，情节严重的，报告中国证监会。

证券交易所可以根据发行人、上市公司及相关信息披露义务人违反信息披露有关规定的行为，采取通报批评、公开谴责、收取惩罚性违约金、向相关主管部门出具监管建议函等自律监管措施或者纪律处分。

二、信息披露的法律责任

违反证券市场信息披露义务，相关责任主体要依法承担民事赔偿责任，对此《证券法》第85条明确规定："信息披露义务人未按照规定披露信息，或者公告的证券发行文件、定期报告、临时报告及其他信息披露资料存在虚假记载、误导性陈述或者重大遗漏，致使投资者在证券交易中遭受损失的，信息披露义务人应当承担赔偿责任；发行人的控股股东、实际控制人、董事、监事、高级管理人员和其他直接责任人员以及保荐人、承销的证券公司及其直接责任人员，应当与发行人承担连带赔偿责任，但是能够证明自己没有过错的除外。"另外，《证券法》第84条第二款还规定了违反公开承诺的披露义务的赔偿责任："发行人及其控股股东、实际控制人、董事、监事、高级管理人员等作出公开承诺的，应当披露。不履行承诺给投资者造成损失的，应当依法承担赔偿责任。"

此外，上市公司、股东和实际控制人发生下列行为之一的，中国证监会将依法给予相应的行政处罚：上市公司未按规定制定上市公司信息披露事务管理制度的，经中国证监会责令改正而拒不改正的；上市公司通过隐瞒关联关系或者采取其他手段规避信息披露、报告义务的；上市公司股东、实际控制人未依法配合上市公司履行信息披露义务的，或者指使上市公司不依法履行信息披露义务的；信息披露义务人未在规定期限内履行信息披露义务，或者所披露的信息有虚假记载、误导性陈述或者重大遗漏的。为信息披露义务人履行信息披露义务出具专项文件的证券公司、证券服务机构及其人员违反《证券法》、行政法规和中国证监会的规定，由中国证监会依法采取责令改正、监管谈话、出具警示函、责令公开说明、责令定期报告、暂不受理与行政许可有关的文件、将相关责任人员认定为不适当人选等监管措施；应当给予行政处罚的，中国证监会依法给予处罚。如果信息披露义务人以及有关机构和人员违反信息披露的有关规定，其行为涉嫌犯罪的，应移送司法机关追究其刑事责任。

■ 前沿问题

10－1　提高会计信息的可靠性

■ **思考题**

1. 试述证券信息披露制度的概念及其重要意义。
2. 在注册制背景下如何完善我国证券信息披露制度?
3. 如何进一步完善我国证券发行预披露制度?
4. 试述证券信息披露的标准。
5. 试述我国证券信息披露的制度框架。

第十一章　投资者保护制度

■ 学习目的和要求

　　投资者是证券市场交易的重要主体。投资者保护一直以来都是证券法的核心目标之一，也逐渐发展成为当前证券监管的主要目标之一。证券市场存在与发展的核心在于投资者信心的维持，而维持信心最基本的要求就是建立各种有效机制，做好对于各类证券投资者的多重保护。本章应重点掌握的内容主要包括：侵害投资者权益的主要形式、股权投资者的保护方式、债券投资者的保护方式、证券投资者的赔偿救助机制、投资者教育等。

第一节　投资者保护概述

一、证券投资者

（一）定义

　　"投资"一词的英文"invest"源自拉丁文动词"investire"，投资者是指投入现金购买某种资产以期望获取利益或利润的人。一般认为，证券市场的投资者，是指从事证券投资活动，享有投资收益并承担投资风险的自然人、法人或者非法人组织。这一定义的核心在于指出投资者的投资行为在于"从事证券投资活动"，但由于我国《证券法》及其他法律法规并未对证券投资者一词作出界定，因此无论在理论界还是实务界，对其含义都还存在争议。这涉及证券与投资的定义问题。在我国，证券市场的投资者包括：

　　1. 在证券市场上购买上市公司、国务院批准的其他全国性证券交易场所上的公司股票的自然人、法人与非法人组织，此处的股票包括了非流通股票。

　　2. 在证券市场上购买债券的自然人、法人与非法人组织。

　　3. 在证券市场上购买基金的自然人、法人与非法人组织。

　　至于投资购买证券的人是否以参与公司管理为目的，在所不论。上述定义内含了投资行为业已实施的意思，但此外还有"潜在投资者"一说，也即证券法律保护的所谓证券投资者，不局限于实际做出了投资行为的人，即实际拥有了上市公司或在国务院批准的其他全国性证券交易场所的公司股票、基金或债券等的投资人，还包括那些虽没有持股，但在交易场所开设了股东账户或者有意向受让上市公司非流通股的任何自然人、法人与非法人组织。比如，证券法律也保障这些潜在投资者获取公司真实经营状况等信息的权利等。

（二）分类

　　1. 股权投资者与债券投资者。这是按照投资者投资的项目类别进行的划分。股权投资者也即股东，属于公司的成员，是参与公司治理的内部人，债券投资者则属于公司外部的利益相关者，是一般不参与公司治理的外部人。因此，对于二者的保护具有共性，比如都需要进行信息披露，但在公司治理的制度安排上二者的地位有很大差别。

2. 普通投资者与专业投资者。这是根据财产状况、投资知识和经验、专业能力等因素进行的划分，也是证券立法的法定分类。这一划分的最大意义在于他们与证券经营机构之间的关系上，立法强调对于普通投资者的特殊保护。在我国，普通投资者在数量上占据绝对优势，他们相对于专业投资者而言缺乏投资知识、经验和专业能力，抗击投资风险的能力也较差，处于极端信息不对称的不利地位，需要特殊的法律保护机制，亟需以揭示投资风险为中心的投资教育。

《国务院办公厅关于进一步加强资本市场中小投资者合法权益保护工作的意见》（国办发〔2013〕110 号）提出了要"健全投资者适当性制度"，并在该意见中指出了要制定完善中小投资者分类标准，以此进行动态评估和调整，进一步规范不同层次市场及交易品种的投资者适当性制度安排。随后，2016 年证监会发布了《证券期货投资者适当性管理办法》（已被修改），对投资者适当性管理制度作出了系统规定，将投资者分为普通投资者与专业投资者，并且明确指出普通投资者在信息告知、风险警示、适当性匹配等方面享有特别保护。2019 年修订《证券法》则在总结此前的实践经验的基础之上提高了立法之位阶，第 88 条对证券公司适当性管理义务作出了明确规定，并根据投资者适当性管理的要求，在第 89 条中对投资者进行分类且实行差异化保护，具体为：普通投资者与证券公司发生纠纷的，证券公司应当证明其行为符合法律、行政法规以及国务院证券监督管理机构的规定，不存在误导、欺诈等情形。证券公司不能证明的，应当承担相应的赔偿责任。

3. 实际投资者与潜在投资者。这是按照投资行为实施与否进行的分类。实际投资者，顾名思义就是已经完成了投资行为、现实持有证券的投资人。潜在投资者，并非任意的可能在未来进行投资的人，而是特指虽未现实持有有价证券，但在证券交易场所开设了股东账户或者有意向受让上市公司非流通股的人。

4. 场内投资者与场外投资者。这是根据投资场所的不同进行的分类。场内投资者，是指通过公开的证券市场完成交易，进而成为公司的实际投资者。场外投资者，主要是指投资公司非流通股而成为公司的实际投资者。

二、证券投资者保护的意义

IOSCO（国际证监会组织）定义投资者保护（Investor Protection）为：投资者应当受到保护以免被误导、操纵或者被欺诈，包括内幕交易、插队交易和滥用客户资产等。"保护投资者"也与"确保市场公平、有效和透明"和"减少系统风险"并列成为 IOSCO 指定的证券监管三大目标。

投资者保护进入立法者视野始于 1929 年 10 月美国股票市场的崩溃，这次崩溃的直接原因就在于投资者在危机前长时间在资本市场受到欺诈而无法得到有效保护因而对资本市场丧失信心，投资者信心的丧失直接导致股市的崩溃，进而引发了全面性的大萧条。在这一背景下，美国 1933 年颁布《联邦证券法》标志着美国资本市场立法开始重视投资者保护的问题。由此开始，投资者保护逐渐成为各国证券法立法以及证券监管机构监管的核心内容与首要目标，在此意义上，可以直接将证券法叫作"证券投资者保护法"。而后，美国证券市场在 1968～1970 年间又发生了一场来源于券商的"订单拖欠危机"，由于大量订单出乎意料地出现，券商在现有的技术能力下无法完成相应订单的及时处理，给投资者造成了较大损失，证券市场信誉基础再次摇摇欲坠。为此，1970年美国颁布《证券投资者保护法》，旨在对由于券商危机而给投资者造成的损失提供一定程度的保护，并由此建立起完整的证券投资者保护制度。在这部法律的基础上，美国还成立了一个非营利性的政府机构——证券投资者保护公司（Securities Investor Protection Corporation，SIPC），使投资者免因券商破产而造成损失。

证券投资市场的本质，决定了投资者是非常脆弱的，对其保护具有基础性意义，"投资者保护是证券市场能否持续健康发展的关键因素，投资者保护越好，证券市场就越健全，投资者就越有信心，对资本市场的发展就越有利"。[1]"投资者的信息与资本的形成之间存在某种正相关关系，缺乏对投资者的保护会使得投资者丧失信心，证券市场将丧失正常运转的基础。"[2]同时，投资者保护是一项系统工程。投资者保护是通过法律、行政、行业自律等各种手段对投资者合法权益采取的保护性措施，使投资者能够公平地获得信息和投资机会，降低投资风险和系统性风险，免受各种不公平、歧视及社会环境差异等可能带来的损害或无谓损失；主要涉及法治因素、政策因素以及社会文化环境等影响投资者决策、资金安全、合法权益、经营状况和争取效益等一系列建立在硬环境基础上的后天可以改变或者完善的结构体系。[3]虽然投资者保护具有系统性与复杂性，但也是一项必须去完成的工作，尤其是在资本市场迅速发展、金融创新不断出现的阶段。因为一旦对于投资者保护不力导致投资者信心丧失，那么影响到的将不仅仅是证券市场，整个经济社会都会出现较大的波动。在我国，保护投资者特别是广大中小投资者的利益，也一直被列为市场建设与市场监管诸多工作的重中之重。

三、我国证券投资者保护存在的主要问题

中国证券市场发展至今经历了多次的起伏与整顿，每次整顿后往往都难以形成一个理想的市场环境，归根结底在于我们对于证券投资者的保护水平尚处在一个不理想的阶段。长期以来，控股股东、实际控制人对外部投资者的侵害、各类证券欺诈行为对投资者的侵害、证券经营机构对投资者利益的忽视与侵害、不当监管对于证券投资者利益的侵害等各种侵害投资者权益的现象屡屡发生，甚至某些情况还成了业界常态。具体来说，证券市场上侵害投资者的行为主要有以下几类：

1. 控股股东、实际控制人对外部投资者的侵害。公司控股股东、实际控制人为了自身利益对公司和中小股东造成损害，一直以来都是公司治理中的一个突出问题，例如，将公司的利润或者现金流转移，不按照市场价格实施资产置换等各类利益输送行为，高管层过高的职务消费与薪酬，等等。对于这类对投资者的侵害，主要还是需要通过公司治理结构的完善来加以解决。

2. 各类证券欺诈行为对投资者的侵害。这是证券市场上最常见的侵害投资者利益的现象。由于证券市场上的上市公司与普通投资者之间存在着巨大的信息不对称，证券投资

---

〔1〕朱从玖："证券交易所与投资者保护"，载朱从玖主编：《投资者保护——国际经验与中国实践》，复旦大学出版社2002年版，第3页。

〔2〕杜煊君：《中国证券市场：监管与投资者保护》，上海财经大学出版社2002年版，第17页。

〔3〕参见林勇、陈创练：《投资者保护理论与中国实践的发展》，人民出版社2008年版，第2页。

者处于相对弱势一方，这就为虚假陈述、内幕交易、欺诈客户以及操纵市场等违法行为提供了存在的空间。对于这类侵害证券投资者利益的现象，除了要突出违法行为的法律责任、完善信息披露制度外，还要辅之以专门针对投资者受到此类侵害的事后救济制度。

3. 证券经营机构对投资者利益的侵害。证券市场上除了上市公司与投资者之间存在信息不对称的问题外，作为证券交易的服务机构，证券经营机构相对于普通投资者来说也拥有着更加全面、准确、及时的市场信息。因为这些信息资料并非证券经营机构自身的信息，且这种信息不对称是由于信息获取者自身能力的差异造成的，证券监管者无法通过类似信息披露的制度来均衡两者之间的信息鸿沟，这就往往导致券商挪用客户资金、不优先处理客户交易指令等侵害投资者利益的现象出现。对于这类问题，对证券经营机构课以投资者的适当性管理义务可在一定程度上规避证券经营机构对投资者利益的侵害，从而实现对投资者的保护。

4. 不当监管对投资者利益的侵害。证券市场监管应当恪守依法管理与保护投资者利益等原则。这要求证券监管者在制定和实施各项法律、法规、制度的时候，必须以要求各方市场参与者达到诚实信用为原则，据此来划分有关各方的权利与义务，保护市场参与者的合法权益。由于投资者是拿出自己的财产购买证券，且大多数投资者缺乏证券投资的专业知识与技巧，证券市场发展的关键在于投资者对市场的信心。要确保投资者信心，就必须切实保护投资者的利益。为此，在证券市场管理中，必须采取相应措施来维护公开、公平与公正原则的实现，努力减少、杜绝欺诈、操纵市场、内幕交易、虚假陈述等行为，使投资者得到公平的对待，维护其合法权益，以促进投资的增加。反之，如果监管者对证券市场监管过度，抑或监管不足，都会对投资者的利益造成不利影响甚至损害。

第二节 股权投资者的保护

公司治理中股权投资者利益受损的理论根源在于公司治理的代理问题，解决这一问题的核心在于防止管理层和控股股东对中小股东的"掠夺"。此种"掠夺"，在股权分散的情况下主要表现为管理层对于股东（尤其中小股东）的掠夺，在股权相对集中的情况下主要表现为控股股东对于中小股东的掠夺，当然在很多公司，也可能表现为管理层和控股股东对中小股东的双重侵害。因此，对于股权投资者的保护，应当从两个层面上进行，针对管理层的掠夺，投资者保护机制建设应主要着眼于完善上市公司在证券市场上的信息披露制度；针对控股股东的掠夺，着眼点在于公司治理机制的完善，这种完善当然不能寄希望于公司章程的自治，而应当在公司法或者证券法中以强制性规范的形式加以明确规定。当然，以上两个层面的保护机制不是孤立的，而是密切关联的。总之，股权投资保护的重心是对于中小股东的保护，其由公司法与证券法协力完成。

一、公司法提供的保护机制

在我国，多数上市公司股权相对集中，股东间的利益冲突很常见，控股股东对于中小股东的掠夺问题比较突出，但在一些股权较为分散的上市公司，以及某些国有控股公司，管理层与股东（尤其与中小股东）之间的利益冲突较为常见，内部人控制问题也较为突出，管理层利用控制公司经营管理的权力，采用各种手段侵害公司股东利益。对此，现行《公司法》对于保护中小股东权益作出了比较全面的规定，使得中小股东的权益保护既有法可依又具体可行。现行《公司法》对中小股东权益保护的几项重要举措如下：

（一）股东之间利益冲突治理机制

股东之间的利益冲突及其框架下中小股东的不利地位，是由于"资本多数决"规则造成的，所以，对于中小股东的保护机制也是围绕"资本多数决"规则而进行设计的。《公司法》提供的股东利益冲突治理机制包括两个层面：一是限制控股股东的滥权行为，二是强化中小股东对于控股股东的对抗权利。

1. 限制控股股东。

（1）股东诚信义务。《公司法》第20条规定，公司股东应当遵守法律、行政法规和公司章程的规定，依法行使股东权利，不得滥用股东权利损害公司、其他股东以及公司债权人的利益。这是关于股东诚信义务的一般规定。对于该条规定，在立法的语义表述上，股东诚信义务主体是所有股东，义务对象包括三类主体，即公司、其他股东与公司债权人，但实质上，无论从立法者的真正意旨，还是从公司实践经验看，该诚信义务的主体主要是多数股东。因为一般而言，只有掌握了公司控制权的股东（还有实际控制人）才更有可能滥用权力侵害公司、其他股东及债权人。股东间的诚信义务，存在于彼此之间，但主要指多数股东对少数股东的义务。制度意旨主要在于调整股东间的利益冲突，保护作为公司外部人的少数股东不受作为公司内部人的多数股东的侵害。当然，少数股东对多数股东也负有义务，制度意旨是防范少数股东滥用权力而增大多数股东的成本。

（2）规制股东自我交易。股东自我交易属于公司关联交易的一种。所谓关联交易，指公司与其关联人之间发生的一切转移资源或者义务的法律行为。其特征是：交易双方中一方是公司，另一方是公司的关联人；交易双方的法律地位名义上平等，但交易实际由关联人一方所决定；交易双方存在利益冲突，关联人可能利用控制权损害公司的利益。控制股东忠实义务的主要适用场合就是关联交易，法律加强对控制股东自我交易的规制，就是对控制股东忠实义务的最好落实。《公司法》主要通过两个条款加以规制：①第21条规定，公司的控股股东、实际控制人不得利用其关联关系损害公司利益，否则，赔偿由此给公司造成的损失。这是《公司法》关于关联交易的一般性规定，核心思想是不禁止关联交易本身，而是要求控股股东、实际控制人不得违反对公司的忠实义务，通过不公平关联交易损害公司利益。②第16条规定，公司为股东、实际控制人提供关联担保的，须经股东大会决议，且该股东以及受实际控制人支配的股东回避表决。这一规定排除关联股东的表决权，以免不公平关联担保行为的发生。此外，《证券法》第123条第2款规定，证券公司除依照规定为其客户提供融资融券外，不得为其股东或者股东的关联人提供融资或者担保。这是对于证券公司的特殊规定，切合证券公司的治理现状。

（3）多数股东表决权的限制。多数股东的优势地位凭借"资本多数决"原则而取得，如能够对其表决权进行必要的限制，无疑对症下药。依据各国（地区）公司法经验，限制多数股东表决权行使的设计有很多，有表决权排除、表决权比例限制、表决权代理限制等，可以单独适用，也可以并用。股东表决权排除，又称表决回避，指股东会表决时，与决议事项有利害关系的股东应当回避，不得就该决议事项行使表决权，也不得由他人代理或者代理他人行使表决权。我国《公司法》关于表决权排除的规定体现在第16条规定的关联担保，但针对上市公司，证监会有关规章扩展了适用对象。如《上市公司股东大会规则》第31条规定：股东大会就关联交易进行表决时，关联股东应当回避表决，其所持有表决权的股份不计入出席股东大会有表决权的股份总额。此外，如公司通过章程规定了适用股东表决权排除的其他事项的，对全体股东均应有拘束力。

2. 保护少数股东。

（1）股东知情权。股东知情权是指股东了解公司信息的权利。在实质内容上，股东知情的对象包括公司经营状况、财务状况等与股东利益存在利害关系的公司信息。我国《公司法》规定的股东知情权包括：

第一，查阅权。《公司法》第97条规定，股东有权查阅公司章程、股东名册、公司债券存根、股东大会会议记录、董事会会议决议、监事会会议决议、财务会计报告。

第二，质询权。表现为股东向管理层提出质询，要求就涉及公司经营的有关问题作出解释或说明，通过被质询人的回答获取公司有关信息。《公司法》第97条规定，股份公司股东有权对公司的经营提出质询。这是关于日常质询权的规定。第150条规定，股东会要求管理层列席会议的，上述人员应当列席并接受股东的质询。这是关于股东会议上行使质询权的规定。

第三，信息接受权。表现为股东通过公司提供或公告的文件获取公司相关信息。可见，与信息接受权相对应的是公司的信息披露义务。有关信息披露义务的规定见于公司法、证券法，这里仅分析公司法的规定。《公司法》第96条规定，股份有限公司应当将公司章程、股东名册、公司债券存根、股东大会会议记录、董事会会议记录、监事会会议记录、财务会计报告置备于本公司。第116条规定，公司应当定期向股东披露董事、监事、高级管理人员从公司获得报酬的情况。第145条规定，上市公司必须依照法律、行政法规的规定，公开其财务状况、经营情况及重大诉讼，在每会计年度内半年公布一次财务会计报告。第165条规定，有限责任公司应当按照公司章程规定的期限将财务会计报告送交各股东；股份有限公司的财务会计报告应当在召开股东大会年会的20日前置备于本公司，供股东查阅；公开发行股票的股份有限公司必须公告其财务会计报告。

（2）少数股东表决权的放大。限制多数股东的表决权，与放大少数股东的表决权，是一枚硬币的双面，内容不同，但功能殊途同归，都旨在适当抑制"资本多数决"原则的内在缺陷。依据各国公司法与公司章程规定的经验，放大少数股东表决权的设计有很多，可以单独适用，也可以并用。在我国公司法上，这些措施主要有：

第一，类别股单独表决。类别股单独表决，就是提请股东会表决的特定议案须经特定类别股股东同意，方能获得通过；反之，纵使多数表决权同意，只要类别股股东不同意，该议案仍不能通过。可见，类别股单独表决实质上放大了类别股股东（多为少数股东）的表决权，也反向构成了对普通股股东（多为多数股东）的表决权限制，有利于少数股东利益的保护。

第二，累积投票制。与直接投票制相比，累积投票的优点是更加民主化，实现了少数股东选进代言董事（watch dog director）的愿望，有利于少数股东利益的保护。现行《公司法》以及证监会颁布的《上市公司治理准则》对于累积投票制的规定是：单一股东及其一致行动人拥有权益的股份比例在30%及以上的上市公司强制实行，其他上市公司积极实行，非上市股份公司任意实行，对有限公司没有强制要求。

第三，非现场投票。非现场投票包括书面投票与通信投票。少数股东通常由于参会成本大、收益小而不愿亲自参与股东大会行使表决权，而非现场投票便利了少数股东表决权的行使，降低了行权成本，一定程度上能够激发广大公众股东行使表决权的积极性。毫无疑问，更多的公众公司少数股东积极参与股东大会投票，对其利益保护具有积极意义。

第四，表决权代理。表决权代理通常适用于公众公司，因为其股东人数众多，所有股东亲自投票不现实，少数股东也缺乏亲自投票的激励，这使得表决权代理成为少数股东参与公司决策的重要方式。

（3）与表决权相关的程序性权利。

第一，提议权。公司有重大情形出现时如果不能及时召开股东会议，可能对少数股东不利，赋予其享有提议召开临时股东会议的权利，非常必要。《公司法》第100条规定，单独或者合计持有公司10%以上股份的股东请求时，应当在两个月内召开临时股东大会。

第二，自行召集、主持权。股东会议的召集、主持权事关股东会能否正常进行，对于股东权利的维护和公司经营的进行具有现实意义。股东会议应由董事会召集、董事长主持，在董事会、董事长不履行职责时，监事（会）可以代行；若监事（会）也不代行，将延误股东会议及时作出相关决议，也会阻碍股东尤其是少数股东依法行使股权，所以有必要赋予股东召集、主持权，以及时启动股东会议。《公司法》第101条规定，持续90日以上单独或者合计持有公司10%以上股份的股东享有自行召集、主持股东大会会议的权利。

第三，临时提案权。股东大会的提案一般由董事会负责，如果多数股东控制了董事会，完全可以借此控制股东大会议程。有鉴于此，唯有被赋予临时提案权，少数股东才有机会就公司发展和关系自身利益的问题提出议案，使公司的意志能在一定程度上反映少数股东的意志，体现其利益诉求，否则，少数股东只能被动选择对议题同意与否。《公司法》第102条规定，单独或者合计持有公司3%以上股份的股东有权向股东大会提出临时提案，董事会应当在收到提案后2日内通知其他股东，并将该临时提案提交股东大会审议。但是，如果董事会拒绝将股东临时提案列入会议议案，提案人如何获得救济？对此，《公司法》目前尚无明确规定。

（4）公司决议瑕疵诉权。虽然名义上任何股东都可以提起公司决议瑕疵之诉，但现实生活中，原告一般为少数股东，多数股东不存在起诉之必要，因为股东会决议以及多数股东控制下的董事会决议本来就是多数股东的意思，决议程序也在其直接、间接控制之下。在"资本多数决"原则下，少数股东的表决意思为多数股东所吸收，故只能事后提起决议瑕疵之诉，以期阻挡违背其意愿的公司决议的执行。在此意义上，决议瑕疵之诉的主要制度价值是保护少数股东。

（5）异议股东评估权。"资本多数决"决定了公司决议中少数股东须服从多数股东。但当少数股东发现多数股东主导下的商业决策有违自己的投资期待或者干脆就是一项愚蠢的决定时，却无力阻止；或者多数股东滥用权力欺压少数股东，少数股东却无力反抗，在这些情况下，异议股东评估权是《公司法》对特定交易中的异议股东提供的一种保护性措施，核心是对在特定交易中受到不公平对待的少数股东的一种救济方式。《公司法》第142条第1款第4项规定所有的异议股东均享有此权利，但在制度逻辑和现实生活中，所谓"异议股东"，都是不能左右决议的少数股东。所以，评估权的实质，在于通过赋予少数股东特殊的退出机制来达到保护其利益之目的。这对于缺少股东退出机制的封闭公司尤为重要。

（6）股利分配请求权。股东投资公司的主要目的是获取投资回报，但在获取回报方式的选择上可能存在差异，多数股东还可能通过左右股利分配政策来利己损人（少数股东）。所以，股利分配中存在着股东间的利益冲突，法律应该关注对少数股东的保护。

（7）强制解散公司请求权。股东之间发生纷争、欺压或者僵局的，现代公司法提供了若干解决方案，其中最具破坏性、也最具终局意义的就是股东行使强制解散公司请求权，由法院判令公司解散清算。《公司法》第182条名义上规定任何持有10%以上表决权的股东都可以提起解散公司请求，但实践中提起人主要还是少数股东。在此意义上，强制解散公司请求权是保护少数股东的一项重要制度安排。

（8）特别清算请求权。《最高人民法院关于适用〈中华人民共和国公司法〉若干问题的规定（二）》第7条规定，符合特别清算法定条件，债权人未提起清算请求的，股东也可以提起特别清算申请。这一规定对于保护少数股东的意义在于：多数股东、管理层由于控制着公司财产而拒绝解散清算，由此受损害的不限于债权人，少数股东也可能是受害人，因为公司不清算，剩余财产分配权就无以实现。早在上述规定出台之前，有的地方法院就已经进行了有益的探索：在公司被吊销营业执照而进入清算程序时，允许少数股东在其他股东不履行清算义务时作为原告提起申请公司清算的诉讼。

（9）股东代表诉权。公司利益受到侵害而不能获得救济，会间接损害股东利益。公司之所以不能获得救济，很可能因为侵害人就是多数股东、管理层及其关联人，因而他们违背对公司的忠实义务，作出不予起诉自己的决定。有鉴于此，赋予少数股东代表诉权不仅必要，而且重要。

《公司法》第151条规定的股东代表诉讼指向的对象是公司管理层与"他人"，此处的"他人"实质是指控股股东、实际控制人及其关联人，管理层的关联人，以及解散清算组成员。可见，股东代表诉讼的制度功能，是调整股东与管理层的利益冲突，以及股东间的利益冲突。该条规定的代表诉讼的原告在股份有限公司是持股时间达到180天以上的合计或者单独持股1%以上的股东，实践中提起代表诉讼的基本上都是少数股东。这充分说明，代表诉讼是保护少数股东的一项重要制度安排。

（二）管理层与股东之间的利益冲突治理机制

1. 管理层的诚信义务。《公司法》提供的治理管理层与股东间利益冲突的机制，就是课以管理层对于公司、股东的诚信义务。管理层基于与公司间的信托关系而承担的"诚信义务"（fiduciary duties），又称受信义务、诚信义务、信义义务，具体包括忠实义务和注意义务。《公司法》第147条第1款规定："董事、监事、高级管理人员应当遵守法律、行政法规和公司章程，对公司负有忠实义务和勤勉义务。"这是关于管理层诚信义务的基本规定，其回答了两个主要问题：①谁是义务人？我国《公司法》的立法特色在于将董事、监事和高级管理人员（以下统称为管理层）的诚信义务一并作了规定。②对谁负有义务？首先是公司。管理层对公司负有诚信义务，在各国公司法上毫无争议。其次，在传统公司法上，公司的利益最大化就是股东的利益最大化，因此，管理层对公司的义务（法律意义上的）也就是对股东的义务（实质意义上的），此处的"股东"是指全体股东，而非某一个（类）股东。

管理层违反诚信义务就要承担违信责任。管理层的诚信义务属于法定义务，违信责任实际上是侵权责任在公司法上的特殊体现。所以，违信责任的构成与一般侵权责任并无根本不同。如何追究违信责任，是一个重要的问题。显然，追究这一责任的权利属于公司。然而，由于作为责任人的控制股东、管理层属于公司内部人（insiders），公司起诉与否又由他们来决定，让他们决定公司起诉自己，无异于与虎谋皮。所以，公司不能或者怠于追究其责任，完全可能出于他们的意志。为了解决这一问题，公司法发展出一种替代救济措施——股东代表诉讼。

2. 股东代表诉讼。股东代表诉讼（shareholder representative litigation），又称代位诉讼、派生诉讼或衍生诉讼（shareholder derivative litigation），指公司的利益受到侵害而公司不能或怠于起诉时，股东为了公司的利益以自己的名义代表公司提起的诉讼。股东代表诉讼的最基本特征是股东基于股东身份而产生的诉讼。这一诉讼可能由单个或者多个股东提起，无论如何，原告一方肯定是公司股东。因此，股东代表诉讼是一种民事诉讼，要遵循民事诉讼的一般原则，但各国民事诉讼法并不直接规定之，而是由公司法、证券法直接规定。

股东代表诉讼的本质，是为被滥用控制权的管理层、控制股东所控制的公司主持公道而设计的司法救济措施，救济对象是公司及其少数股东。因而，股东代表诉讼对公司的管理层、控制股东具有威慑作用，并有利于保护公司及少数股东的利益，同时也是违信责任得以执行的法律设计。我国《公司法》第151条对于股份公司的股东代表诉讼作出了规定。

3. 股东直接诉讼。股东直接诉讼（shareholder direct suits），指股东在自身权利受到公司、其他股东、管理层侵害时，以自己名义对侵害者提起的诉讼。直接诉讼是公司法、民事诉讼法赋予股东的权利。我国立法有关股东直接诉讼的规定很多，被告主要有三类人，分别对应的典型条款是：

（1）《公司法》第152条规定，董事、高级管理人员违反法律、行政法规或者公司章程的规定，损害股东利益的，股东可以向人民法院提起诉讼。这是关于起诉管理层的股东直接诉讼的直接依据。

（2）《公司法》第20条规定，股东应当遵守法律、行政法规和公司章程，依法行使股东权利，不得滥用股东权利损害其他股东的利益，否则，给其他股东造成损失的，应当承担赔偿责任。这是关于起诉其他股东的股东直接诉讼的直接依据。

（3）《证券法》第85条规定，信息披露义务人未按照规定披露信息，或者公告的披露文件存在虚假陈述或者重大遗漏，致使投资者在证券交易中遭受损失的，信息披露义务人应当承担赔偿责任，一些相关主体可能承担连带责任。这是关于股东直接诉讼的典型规定。

二、证券法提供的保护机制

（一）强制信息披露制度

股东知情权的重要性是由现代公司法上的信息不对称决定的。信息不对称理论很好地解释了非对称信息所导致的市场失灵问题。作为导致市场失灵的诸多原因之一，非对称信息所导致的不均衡结果对社会来讲是一种无效率的状态。[1]美国经济学家施莱弗关于49

---

〔1〕 厉以宁主编：《西方经济学》，高等教育出版社2005年版，第227页。

个国家的证券发行强制信息披露、责任标准和公共执法的实证研究表明，广泛的信息披露要求和便利投资者请求损害赔偿的责任标准，与证券市场的发达程度密切相关。施莱弗进而肯定了证券法的作用：公共执法对证券市场发展只起有限的作用，证券法却可以便利私人缔约、降低私人诉讼的成本和不确定性，从而有益于市场的发展。[1]施氏的研究带来的一个有益启示是：法律的作用在于建立一套标准，使人们能够尽可能地减少缔约成本和获得救济成本。概言之，证券法的作用就是：充分的信息公开；制定一整套标准化的程序。[2]以美国的《蓝天法》（Blue Sky Act）为例，该法的支柱由公认的两个制度构成：一个是虚假陈述的民事责任即反欺诈规则；一个是强制信息披露制度。反欺诈规则的作用在于有效降低了证券市场的交易成本，使得劣质公司试图通过虚假信息披露模仿优质公司面临高昂的成本。然而仅有反欺诈规则还不够。为股东利益考虑，如仅有反欺诈规则，公司大可沉默不语，这对股东相当不利，他们无法得到公司的持续信息披露。为公共利益考虑，如仅有反欺诈规则，那么市场提供的证券信息将少之又少。因为证券市场的信息具有"公共产品"的性质，一家公司披露的信息可能被其他公司无偿利用，从而间接地有益于其他公司的投资者。[3]解决公共产品搭便车问题的途径之一就是由法律干预公共产品的供给。在证券市场上，这一任务由强制信息披露制度完成。法律将公司应当披露什么信息、何时披露信息、怎样披露信息、违反披露义务时的责任等问题标准化，一方面减少单个公司提供信息的成本（统一的披露文件格式），另一方面保证每个公司都提供信息以避免被搭便车。

作为公司成员，股东类似于代议制政体中的普通公民，有权利了解公司的运作并监督作为执行机关的董事会是否以其利益最大化目标行事。在此意义上，股东知情权就是股东获取公司信息、了解公司情况的权利。各国公司法、证券法都分散设立了保障股东知情权实现的具体规则。在我国，股东知情权主要由三个权利构成：《公司法》明确规定股东查阅权（第33、97条）、质询权（第150条），公开发行股票的股份有限公司还适用《证券法》上的信息披露制度。这三个组成部分在不同类型公司的股东知情权体系中所扮演的角色具有相当大的差异，相应地，股东知情权制度存在一个梯度立法模式：大致根据公司公众性程度和规模大小而划分，在这一梯度中，公众性程度越高、规模越大的公司负有的主动披露信息义务的强制程度越高，信息披露的范围也更为广泛，但在另一方面，公司法对此类公司的股东查询权的享有与行使设置更多的限制；相反，公众性程度越低、规模越小的公司负有的主动披露信息义务的强制程度越低，在披露范围上获得很大程度的豁免，股东知情权更多地通过股东个别地行使查询权获得满足，所以，与此相适应，公司立法为此类公司的股东建立起周全的查询权制度，赋予其便利、充分的查询权，对股东行使查询权的行为不设限制或者设置较少的限制。

对于上市公司这样的公众公司而言，股东的知情权很大程度上依赖公司履行向其披露

〔1〕　［美］安德烈·施莱弗："证券法中什么在起作用？"，载吴敬琏主编：《比较》（第23辑），中信出版社2006年版。

〔2〕　M. Halloran, J. H. Halperin and H. H. Makens, *Blue Sky Laws: A Satellite Program*, Practising Law Institute, 1985, p. 14.

〔3〕　John C. Coffee, "Market Failure and the Economic Case for a Mandatory Disclosure System", *Virginia Law Review*, Vol. 70, (1984), pp. 721 – 723.

信息的义务而获得实现，从而使信息披露成为上市公司股东知情权制度的最重要的组成部分。所以，多数国家的公司法并不规定仅仅适用于上市公司的信息披露制度，而多由证券法来提供上市公司或者公开发行证券的强制信息披露制度。这涉及公司信息披露的立法模式问题。与其他大陆法系国家、地区的立法模式类似，我国关于公司信息披露的规定几乎全在《证券法》，《公司法》只有几个条文对于公开发行股票的股份有限公司、上市公司的信息披露作出原则性规定，《公司法》第 165 条规定，公开发行股票的股份有限公司必须公告其财务会计报告。第 145 条规定，上市公司必须依照法律、行政法规的规定，公开其财务状况、经营情况及重大诉讼，在每会计年度内半年公布一次财务会计报告。第 116 条规定，股份公司应当定期向股东披露董事、监事、高级管理人员从公司获得报酬的情况。对于其他类型公司的信息披露则几乎没有提及。与多数国家立法体例一样，我国通过《证券法》规范公开发行证券的公司的信息披露，包括发行披露和持续披露，前者的主要保护对象为潜在的投资者，后者兼顾潜在投资者与股东。[1] 现行《证券法》有关于公司信息披露的规定较为系统，主要集中于《证券法》的第五章"信息披露"章节之中，并于第 78 条明确规定了信息披露的主体，即信息披露义务人，包括发行人及法律、行政法规和国务院证券监督管理机构规定的其他信息披露义务人。相较于此前《证券法》所确立的几乎仅限于上市公司的单一主体的信息披露制度，此次修订的《证券法》对于上市公司外的"新三板"挂牌公司的持续信息披露制度进行了补充，作出了较大的突破。从《证券法》的变动可以看出，为配合证券市场多层次化的发展趋势，通过完善证券立法从而建立差异化的信息披露制度势在必行。因此，如何在同一个制度平台下系统整合公司法、证券法关于各类公司强弱度不同的信息披露义务的规定，是今后我国《证券法》以及《公司法》修订的一个重要课题。

（二）对股东大会投票基数的限制

为了防止相对控股股东滥权，有必要对上市公司股东大会有效表决的投票基数作出限制。比如可以规定，上市公司召开股东大会并作出决议，出席会议的股东所持表决权不低于表决权总数的 1/3；对于一些重大事项或涉及给予大股东或内部管理人扩权获益事项的表决，则更是需要出席会议的股东所持表决权应当不低于表决权总数的 1/2。这些特殊事项主要包括：①按照《公司法》或者公司章程规定，须经出席会议的股东所持表决权 2/3 以上通过的事项；②增加对董事会的授权事项，或者提高对董事会的授权额度；③提高董事、监事的薪酬；④实施股权激励计划；⑤国务院证券监督管理机构规定的其他事项。

（三）股权征集等提升中小股东投票权机制

根据《证券法》第 90 条的规定，所谓股权征集，是指上市公司董事会、独立董事、持有 1% 以上有表决权股份的股东、国务院证券监督管理机构规定设立的投资者保护机构可以作为征集人自行或者委托证券经营机构、证券服务机构，公开请求上市公司股东委托其代为出席股东大会，并代为行使提案权、表决权等股东权利。

股权征集制度在制度的设计思路上类似于累积投票制，都是为了提升中小股东的投票权，扩大其声音，不同于累积投票制的零散股权在时间轴上的纵向累积，股权征集制度则

---

〔1〕　赖英照：《股市游戏规则——最新证券交易法解析》，中国政法大学出版社 2006 年版，第 7 页。

可以看作在同一时间对于零散股权的横向累积。此外，与累积投票制由同一股东自行完成股权累积不同，股权征集涉及了较多的股东，也因为此，为了保证股权征集维持其制度设计之初的目的，股权征集禁止以有偿或者变相有偿的方式开展。

除了股权征集制度和累积投票制外，《国务院办公厅关于进一步加强资本市场中小投资者合法权益保护工作的意见》（国办发〔2013〕110号）在"健全中小投资者投票机制"部分还提到了"上市公司股东大会网络投票方式""上市公司股东大会投票表决第三方见证制度""中小投资者提出罢免公司董事提案的制度"和"中小投资者单独计票机制"等保护投资者的各种制度创新，都属于证券法上提升中小股东投票权的制度措施。

（四）保障底线式的资产收益权

《国务院办公厅关于进一步加强资本市场中小投资者合法权益保护工作的意见》（国办发〔2013〕110号）明确提出要完善利润分配制度。其要求上市公司应当披露利润分配政策（尤其是现金分红政策）的具体安排和承诺。对不履行分红承诺的上市公司，要记入诚信档案，未达到整改要求的，不得进行再融资。独立董事及相关中介机构应当对利润分配政策是否损害中小投资者合法权益发表明确意见。对此，新《证券法》作出了相应的回应，《证券法》第91条确立了上市公司的现金分红制度，上市公司应当在章程中明确分配现金股利的具体安排与决策程序，依法保障股东的资产收益权；上市公司当年的税后利润，在弥补亏损及提取法定公积金后有盈余的，应当按照公司章程的规定分配现金股利。据此，我国上市公司股利分配的主要形式体现为现金分红，《证券法》通过对现金分红制度的规定保障了中小投资者的资产收益权。

第三节 债券投资者的保护

债券投资者作为公司外部的利益相关方，也应该纳入证券投资者保护的范围。债券持有人与一般的债权人之间存在着明显区别，一般债权人是债权债务关系中权利与义务明确指向的相对方，而在基于债券的债权债务关系中，由于债券持有人的不特定性，权利与义务则主要指向债券权证。因此，一般的债法规则也无法完全解决存在于债券之上的法律问题。另一方面，传统公司法对于一般公司债权人的保护之理论基础无外乎来源于社会责任理论和利益相关者理论。而债券投资人并非直接一对一地与公司建立债权债务关系，而是在一个公开的资本市场上，按照市场交易规则进行投资而获得债权人身份。此时的债券持有人并不仅仅是一个独立的主体，对于这一债权的违约还可能影响整个债券资本市场的稳定。可见，将债券投资者纳入证券投资者保护的范围是应当和必要的。与股权投资者一样，债权投资人的保护机制也应当根据债权人自身的特点，从两个维度来进行考虑。由于债券投资者自身的弱势地位主要来源于两个原因，即信息不对称和债权人的分散性。因此，对债券投资人的利益保护首先还是要强调债券发行公司应尽到的信息披露义务，其次才是公司法与证券法对于债券投资人保护的各项具体制度。

一、公司法对于债权人的一般保护

债券投资人作为债券的持有人，是公司的债权人，当然适用债法、合同法、公司法等关于债权人保护的一般规定。其中，对于债权人利益的保护目前已经成为现代公司法的主要目标之一。公司法一般主要通过对公司的独立财产进行保护来间接地保护债权人利益。

公司法对债权人的保护贯穿于公司设立、运行以及清算终止的整个过程，主要包括公司资本原则、对公司越权行为的处理原则、董事的责任、债权人对公司经营的制约机制以及公司清算规则等具体制度。此外，法人人格否认制度与次级债权理论也是极端情况下债权人保护自身利益可以采取的有效措施。

公司法之所以提供保护债权人的一般规定，是因为公司的股东与债权人之间存在利益冲突。此种冲突包括两种情形：①全体股东与债权人的利益冲突。在对外与债权人的利益冲突中，全体股东的利益是一致的。最简单的例子：如公司能够成功逃废一笔债务，则全体股东都是受益者。于此场合，如适用公司法人格否认规则，全体股东将被债权人追究连带责任（《公司法》第20条第3款）。②多数股东与债权人的利益冲突。但根据我国的公司实践，股东与债权人的利益冲突更多地表现为多数股东与债权人的利益冲突，其间还夹杂着公司管理层与多数股东相勾结共同侵害债权人。多数股东滥用控制权从公司攫取不法利益的，少数股东与债权人同是受害者。比如，持股达60%的多数股东通过不公平关联交易从公司转移走1000万元不法利润时，不仅损害了其他合计持股40%的股东的利益，也减少了公司的责任财产，可能构成对债权人的侵害。于此场合，如适用公司法人格否认规则，被债权人追究连带责任的仅限于多数股东（《公司法》第20条第2款）。

（一）法人人格否认制度

公司法为解决股东与债权人的利益冲突提供的法律机制，主要是通过课以股东对债权人的诚信义务来实行对债权人的倾斜保护。《公司法》第20条规定，"公司股东应当遵守法律、行政法规和公司章程，依法行使股东权利……不得滥用公司法人独立地位和股东有限责任损害公司债权人的利益"，"公司股东滥用公司法人独立地位和股东有限责任，逃避债务，严重损害公司债权人利益的，应当对公司债务承担连带责任"。这就是我国《公司法》关于公司法人人格否认的一般规定。

（二）次级债权理论

次级债权理论，又称债权居次，指在从属公司的清算、和解或重整等程序中，控制公司对从属公司的债权，不论其有无别除权、优先权，在法定条件下或者自动次于其他债权人受清偿。次级债权理论分为自动居次与衡平居次。自动居次（automatic subordination），或称绝对居次（absolute subordination），主张控制公司对从属公司之债权受清偿应一律次于从属公司其他债权人，不论控制公司对从属公司存在过度控制的行为与否。衡平居次（equitable subordination），又称"深石原则"（deep rock doctrine），主张根据控制公司是否有不公平行为，从而决定其对从属公司的债权是否劣后于其他债权人或者优先股股东受清偿。

次级债权理论产生的原因，是在控制公司与从属公司之间，控制公司可能利用其控制权滥用公司独立人格与股东有限责任，损害其他债权人的利益。其制度主旨是限制控制公司对从属公司的债权行使，以免对从属公司的其他债权人过于不公平。故被学者视为公司法人格否认规则的姊妹原则。但是，自动居次一律要求控制股东之债权次于其他债权人受清偿，可能导致控制股东受到的惩罚大大超过其依控制地位所得利益，从而导致控制股东不愿意贷款给从属公司，其结果将增加从属公司的破产风险，从而危及从属公司债权人，故为大多数公司立法和司法实践摒弃。而衡平居次原则由于既保护从属公司的其他债权人的利益，也兼顾控制公司的债权利益，已成为法院处置控制公司对从属公司之债权的一般原则。

次级债权的适用涉及合同法。《民法典》第 538 条规定的债权人撤销权也可以适用于控制、从属公司之间。如果控制公司利用控制关系强令从属公司放弃对控制公司的债权，或无偿、低价取得从属公司的财产，损害了从属公司的债权人利益的，从属公司的债权人可以要求法院撤销这些不正当交易行为。次级债权与债权人撤销权的区别在于：当控制股东滥用控制权从从属公司优先获取债权利益时，按次级债权规则应视为无效，故应返还给从属公司以保障其他债权人利益；而按债权人撤销权规则，债权人只有先撤销从属公司对控制公司的放弃债权、无偿或低价转让财产的行为，而后才能获得债权的清偿。

次级债权的适用又涉及破产法。我国台湾地区"公司法"称："前项债权无论有无别除权或优先权，于从属公司依'破产法'之规定为破产或和解，或依本法之规定为重整或特别清算时，应次于从属公司之其他债权受清偿。"可见次级债权的适用限于从属公司破产清算的场合。显然，如果从属公司有足够的财产清偿所有的债权人，也就无所谓孰先孰后的问题。所以，次级债权理论对债权人四种权利（抵销权、别除权、优先权、求偿权）的限制中，除了抵销权外，其他三种都与破产法有关，都以从属公司破产为前提。事实上，公司法或者破产法都可以规定关于次级债权的规则。

在我国，公司集团内部往往存在复杂的业务联系，由此形成错综复杂的债权债务关系，控制公司通过过度控制从属公司经营而损害从属公司其他债权人的现象，相比其他国家有过之而无不及。在此背景下，我国公司法很有必要引进次级债权理论。在现行《公司法》没有明确规定次级债权的前提下，由最高人民法院根据《公司法》第 20～21 条规定的基本原则来制定司法解释是比较恰当的，因为衡平居次本来就属于法官根据公平原则确立的衡平法规则。

二、公司法、证券法对于债券持有人的特殊保护

债券持有人即债券投资者，他们区别于一般的公司债权人。为加强对其的保护，使其摆脱力量分散的状况，更有能力维护自身权益，公司法与证券法从各自不同的角度规定了对于债券持有人的特殊保护制度。

（一）公司债债权人的法律地位

公司债债权人的法律地位的特殊性，源于与公司股东的法律地位的比较。从公司财务的视角来看，股东和债券持有人都是公司经营资金的提供者，只不过前者是永久性资金提供者，后者是长期的资金提供者。在经济学上，股票购买者与债券购买者从事的是同一种活动，即投资活动，且为基本类似的目标所驱使，即都期望他们的投资能在有所回报的基础上回收，都带有投机性。债券投资与股票投资之间不存在明显的区别，且可以不断转换，今天的股票持有人可能就是明天的债券持有人，反之亦然。可转换公司债的发行，更使二者的界限趋于模糊。

然而，在公司法上，公司股东与公司债券持有人的法律地位泾渭分明。尽管股东承担公司经营风险，且在公司解散、破产场合的剩余财产分配顺序劣后于公司债债权人，但股东被定位为公司的所有者，享有资产受益、参与重大决策和选择管理者等权利。同样也承担一定的公司经营风险的公司债债权人，与公司之间仅限于债权债务关系，不享有参与公司重大决策和选择管理者等权利，这些权利由股东独占。反映在公司内部治理上，股东是公司内部人（insider），公司债债权人是公司外部人（outsider），在公司内部治理中，公

司债债权人没有一席之地，无法参与公司治理。比如，由于不是公司股东，所以美国法院拒绝承认公司债债权人可以享有代表发行公司提起派生诉讼的权利。[1]公司债债权人与公司股东之间存在一定的利益冲突。公司法的这一制度安排，使公司债债权人客观上处于不利的法律地位。股东滥用公司控制权侵害公司债债权人利益的现象时有发生，正说明了这一点。

（二）公司债债权人利益保护制度概观

债法为公司债债权人提供了最基本的保护。如果发行公司到期不支付债券本息，属于债的不履行，公司债债权人依照债法的规定，有权向发行公司请求损害赔偿。在有担保的公司债中，债权人还可以受到担保物权或者保证债权的保护。

但仅仅依靠债法的一般规则，还不足以充分保护公司债债权人的利益，有必要从公司组织法的角度对公司债债权人提供特殊的保护措施。此处的特殊保护措施，即体现为公司债债权人整体利益保护制度。同一次发行的公司债券的持有人是利益立场相同的群体，但由于分散，每一个公司债债权人都难以单独与发行公司相抗衡。同时，分散性特征决定了单个债权人监督发行公司履约的高成本、低收益，再加之部分债权人存在投机心理，"搭便车"（free ride）成为个人的理性选择。这显然不利于公司债债权人的整体利益保护。对于发行公司而言，在公司债存续期间，可能客观上需要对发行合同的内容进行必要变更，但要实现与每一个债权人的谈判，几乎不可能。有鉴于此，有必要创设一种可以使同一次发行的公司债债权人采取集体行动（collective actions）的法律机制，以维护其整体利益，也降低发行公司的谈判成本。这一法律机制在各国公司法上的差异很大。英美公司法主要表现为公司债信托制度，大陆公司法主要表现为公司债债权人会议制度，也有国家兼采或稍作变形后融合上述两种制度，比如我国《证券法》第92条所确立的债券持有人会议和债券受托管理人制度，除此之外，还有国家采用公司债债权人代表制度。

1. 英美法的公司债信托制度。英美公司法利用信托制度，指定一个受托人（trustee）代表债券持有人行使权利。受托人一般由金融机构如银行、信托公司、证券公司等担当。英国成文法没有对受托人的资格作出限定，但证券交易所的规章规定，如果需要指定受托人，必须指定信托公司。美国、加拿大的法律都要求指定当地公司为受托人。

依照信托原理，受托人是普通法上的所有权人，而债券持有人是此项权益的受益人，是这些请求权在衡平法上的所有权人。信托是一种契约，受托人的权利、义务由信托契约（trust deed）约定。公司发行公司债时，可由发行公司与受托人成立信托契约。受托人根据信托契约接受发行公司的委托，并由发行公司支付费用。受托人为债券持有人的利益，负责查核、监督发行公司履约。同时，就债券本息享有请求偿还或者提起诉讼的权利。为公司债所设定的担保物权，可以由受托人为债权人取得，并可以在公司债发行前先行设定，受托人对于担保物应负责保管或者变现。另外，受托人可以为公司债债权人的共同利害关系事项召集公司债债权人会议，债权人会议的决议可以由受托人负责执行。根据信托法的一般原理，受托人应当为受益人的利益承担信赖义务，即负有勤勉与忠实义务。勤勉义务要求受托人必须为受益人的利益以应有的勤勉善意地行事。

---

[1] See Robert W. Hamilton, *Corporation Finance*, 2nd ed., West Publishing Co., 1989, p. 545.

受英美法的公司债信托制度的影响，部分学者认为我国《证券法》所确立的债券受托管理人制度起源于公司债信托制度，其法律基础应为信托法律关系。但由于立法并未明确债券受托管理人与发行公司间的法律关系究竟为信托法律关系还是委托代理法律关系，因此理论界对于其法律逻辑之构造也一直存有争议。

2. 公司债债权人代表制度。一些欧洲国家和大多数拉美国家采用指定公司债债权人代表制度。公司债债权人代表行使成文法赋予的权力，有些权力比英美公司法的公司债受托人的权力还要广泛，如公司债债权人代表有权出席发行公司股东大会甚至董事会。公司债债权人代表所承担的职责多于普通商事代理人。

3. 公司债管理人制度。日本实行公司债管理人制度。依据日本《公司法典》第702条的规定，公司发行公司债时须指定公司债管理人，以委托其为公司债债权人领取清偿、保全债权及进行其他管理行为。公司债管理人由银行、信托公司或者法务省规定的相当机构担当。公司债管理人对公司债债权人负有公平、诚实的义务和善良管理人的注意义务。公司债管理人实施对公司债债权人利益有重大影响的行为时，须经公司债债权人会议决议。法国《商事公司法》第294~303条规定，公司债债权人集团可任命3人以下的代理人，其性质类似于英美的公司债受托人与日本的公司债管理人。

（三）公司债债权人会议

多数大陆法系公司法、证券法规定了债券持有人会议制度。在我国，《证券法》已经建立公司债债权人会议制度，具体体现在《证券法》第92条第1款：公开发行公司债券的，应当设立债券持有人会议，并应当在募集说明书中说明债券持有人会议的召集程序、会议规则和其他重要事项。

1. 法律地位。公司债债权人会议，是为了公司债债权人的共同利益而设立，通过会议的形式集体行权的法律机制。公司债债权人会议不是常设机构，与公司股东会相似，但公司债债权人会议不是公司的组织机构，故又区别于股东会。此外，公司债债权人会议也区别于破产程序中的债权人会议，二者在适用情形、组成、具体功能等方面均存在区别。只有个别公司法赋予公司债债权人会议以法人资格。如法国《商事公司法》第293条规定，"同一次发行的公司债债券持有人，为维护其共同利益依法自动组成享有民事法律人格的集团"。大多数公司法承认公司债债权人会议的社团性。我国最高人民法院印发的《全国法院审理债券纠纷案件座谈会纪要》承认了公司债债权人会议的诉讼地位：在案件审理中，人民法院应当根据当事人的协议约定或者债券持有人会议的决议，承认债券受托管理人或者债券持有人会议推选的代表人的法律地位；应当以债券受托管理人或者债券持有人会议推选的代表人集中起诉为原则，以债券持有人个别起诉为补充。

2. 会议的组成。我国《证券法》未对公司债债权人会议是否由同一次发行的债券持有人组成作出明文规定。但在比较法的视野中，按照多数公司法规定，公司债债权人会议应由同一次发行的债券持有人组成。如日本《公司法典》第715条规定，"公司债债权人，按每一种公司债种类，组织公司债债权人会议"。法国《商事公司法》第293条第2款、第308条第1款亦作同样的规定。这一规定的法理依据在于：不是同一次发行的公司债券持有人或者不是同一种类的公司债券持有人，不具有共同的利益，甚至存在冲突的利益，因此须将公司债债权人会议的成员限于同一次发行的同一种公司债券持有人。一些国家（如意大利）规定，发行公司的董事、监事可以参加公司债债权人会议，但不享有表决权。日本《公司法典》第 729 条规定，公司债债权人会议或其召集人认为必要时，可以请求发行公司派代表出席会议，该代表不享有表决权。

3. 会议的规则。关于召集人，有的规定一定比例的公司债债权人拥有召集权，如我国台湾地区"公司法"；有的规定一定比例的公司债债权人只享有召集提议权，如日本《公司法典》第 717 条规定，会议的召集人限于公司债发行公司与公司债管理人。而根据我国证监会发布的《公司债券发行与交易管理办法》的规定，受托管理人在出现可能影响债券持有人重大权益的事项时，有职责召集债券持有人会议。发行人、单独或合计持有本期债券总额 10% 以上的债券持有人可以向受托管理人提出书面提议，由受托管理人召开债券持有人大会。在债券受托管理人应当召集而未召集债券持有人会议时，单独或合计持有本期债券总额 10% 以上的债券持有人有权自行召集债券持有人会议。据此，债券受托管理人和特殊情形下的持有一定比例的债券持有人都可以召集持有人会议，但后者的召集权限受到前者应当召集而未召集的限制。

关于公司债债权人会议的权限，有的公司法只有原则性规定，如日本《公司法典》第 716 条规定，"公司债债权人会议，可以就本法规定的事项及有关公司债债权人利害的事项作出决议"。意大利《民法典》则作出了具体的规定。我国《证券法》仅对公司债债权人的会议权限与议事范围作出了原则性的概括规定，即交由募集说明书确定议事规则。

关于会议规则，由于公司债债权人会议同股东会一样是以决议方式行权，所以许多公司法规定，公司债债权人会议准用股东会的规定。在表决规则上，为了确保其功能的真正实现，有两项特殊规则值得提及：①发行公司的表决权排除。发行公司与公司债券的其他持有人的利益并不一致甚至对立，因此大多数公司法规定，发行公司就持有自己发行的债券在公司债债权人会议上不得行使表决权。②限制股东的表决权。在许多事项上，公司股东与公司债债权人存在利益冲突，一些国家的公司法规定，发行公司的股东持有公司债券的，其在公司债债权人会议上的表决权受到限制。如法国《商事公司法》规定，拥有发行公司的 10% 以上资本的股东拥有公司债的，不得参加公司债债权人会议的表决。

公司债债权人会议以多数决原则来决定全体债券持有人的意思，会议的决议对全体债券持有人均有约束力。

4. 费用负担。公司债债权人会议费用一般由发行公司负担。如日本《公司法典》第 742 条规定，公司债债权人会议的费用、为请求法院对会议决议认可而支付的费用，由发行公司负担。虽然我国《证券法》及其相关下位法并未直接规定公司债债权人会议费用的负担主体，但根据保护公司债债权人的立法价值取向，应当作出其会议费用由发行公司负担的解释。

（四）债券受托管理人

各国证券法多数规定发行债券的，应聘请债券受托管理人。根据我国《证券法》以及《公司债券发行与交易管理办法》的规定：公开发行公司债券的，发行人应当为债券持有人聘请债券受托管理人，并订立债券受托管理协议，受托管理人应当由本次发行的承销机构或者其他经国务院证券监督管理机构认可的机构担任，债券持有人会议可以决议变更债券受托管理人。债券受托管理人应当勤勉尽责，公正履行受托管理职责，不得损害债券持有人利益。非公开发行债券的，发行人可以参照公开发行的相关规定，设立债券持有人会议，聘请债券受托管理人。

为避免债券持有人过多而引起决策混乱，应直接赋予债券受托管理人代表诉讼的资格。即当债券发行人未能按期兑付债券本息的，债券受托管理人可以以自己名义代表债券持有人提起、参加民事诉讼或者清算程序。也即对于债券投资者来说，债券受托管理人可以为其提起代表诉讼，以解决主体分散的问题。当然，诉讼所获收益将归相应债券持有人。

（五）可转换公司债债权人的特殊保护

可转换公司债券的转换，是将公司债务变为公司资本的途径，也是公司筹集资本的手段，同时还是公司债的消灭原因。关于转换权的法律性质，理论上存在形成权与请求权之争。将转换权规定为形成权，有利于对可转换公司债券持有人的保护。发行公司在可转换公司债券发行合同中有关转换权的约定，可视为单方允诺。《公司法》第162条规定："发行可转换为股票的公司债券的，公司应当按照其转换办法向债券持有人换发股票，但债券持有人对转换股票或者不转换股票有选择权。"既然是选择权，持有人可以行使，也可以不行使。如果可转换公司债券的转换价格或者转换比率高于可转换公司债券的利息或者利率，持有人行使选择权较为有利；反之，对其不利。

除了适用前述公司债债权人保护制度外，可转换公司债债权人还受到特殊的保护。为增强可转换公司债的吸引力，各国法律规定或发行公司自行设计了一些保护可转换公司债债券持有人的特别条款。

1. 反稀释措施。可转换公司债发行时，初始转股价格已确定，后来因为发行公司股份分割、增发新股、配股等事项改变其股份的构成而使股价下降的，可转换公司债债权人若仍按原定股价转换，将遭受损失。为防止这种情形的发生，一些公司法规定了反稀释措施。如法国《转换公司债令》对于发行人在转换前的法律地位严加约束，并限制各种金融操作。美国、日本法对此不加干涉，但在实践中，发行人与持有人往往约定反稀释措施。

2. 发行担保。在各国公司实务中，可转换公司债发行时由发行公司或者第三人提供担保的比例，远高于普通公司债的担保比例，这使得可转换公司债的偿还获得更好的保障。

第四节　证券投资者的赔偿救助机制

没有救济就没有权利。对于证券欺诈行为等对投资者的侵害，不仅要加强对于相关责任人的责任立法，还要使此类侵害发生后投资者能有一个有效可行的诉讼体系来帮助其进行权利维护，能有一个稳定有保障的救助体系来对其进行紧急帮助。为此，我国的立法者也在不断的探索中总结经验、进行创新，主要确立与实施了如下几个制度：

一、对投资人的先期赔付制度

我国《证券法》第93条规定了对投资人的先期赔付制度，将此前由《公开发行证券的公司信息披露内容与格式准则第1号——招股说明书（2015年修订）》确立的先期赔付内容上升为法律规范层面。《证券法》第93条规定：发行人因欺诈发行、虚假陈述或者其他重大违法行为给投资者造成损失的，发行人的控股股东、实际控制人、相关的证券经营公司可以委托投资者保护机构就赔偿事宜与投资者达成协议，予以先行赔付。上述相关机构在完成先行赔付后，可以依法向发行人以及其他连带责任人进行追偿。一般而言，先期赔付制度之实现需要相关人员或机构与投资者通过达成协议的方式进行，并没有直接赋予投资者可以提起诉讼的优先赔付权。

二、投资者保护机构的股东代表诉讼

对于股东代表诉讼，《公司法》原本规定若是股份有限公司，则有资格提起相关代表诉讼的股东需要满足连续 180 日以上单独或者合计持有公司 1% 以上股份的要求。正如之前我们分析债券持有人与一般债权人在法律保护背后的法理存在差别一样。上市公司的流通股持有人与非上市公司的一般股东之间也存在类似的差异，因为前者的利益受损可能导致的后果并非单一性的，甚至可能引起股票市场的系统性反应。

基于这样的考虑，《证券法》于 2019 年的修订中增加了上市公司的股东代表诉讼制度，即投资者保护机构的股东代表诉讼。《证券法》第 94 条第 3 款规定：发行人的董事、监事、高级管理人员执行公司职务时违反法律、行政法规或者公司章程的规定给公司造成损失，发行人的控股股东、实际控制人等侵犯公司合法权益给公司造成损失，投资者保护机构持有该公司股份的，可以为公司的利益以自己的名义向人民法院提起诉讼，持股比例和持股期限不受《公司法》规定的限制。

三、投资者代表人诉讼制度

对于债券投资者来说，债券受托管理人可以为其行使代表诉讼，以解决主体分散的问题。而对于其他证券投资者，《证券法》第 95 条也专门规定了投资者代表人诉讼制度：投资者提起虚假陈述、内幕交易、操纵市场等证券民事赔偿诉讼时，诉讼标的是同一种类，且当事人一方人数众多的，可以依法推选代表人进行诉讼；对于可能存在有相同诉讼请求的其他众多投资者的，人民法院可以发出公告，说明该诉讼请求的案件情况，通知投资者在一定期间向人民法院登记，人民法院作出的判决、裁定，对参加登记的投资者发生效力；投资者保护机构受 50 名以上投资者委托，可以作为代表人参加诉讼，并为经证券登记结算机构确认的权利人依照前款规定向人民法院登记，但投资者明确表示不愿意参加该诉讼的除外。

结合《最高人民法院关于证券纠纷代表人诉讼若干问题的规定》，我国的投资代表人诉讼制度可以区分为证券普通代表人诉讼和证券特别代表人诉讼，前者是依照《证券法》第 95 条第 1、2 款提起的诉讼，一般由索赔投资者作为代表人参加诉讼；而后者是依据第 3 款提起的诉讼，由 50 名以上的投资者特别授权投资者保护机构作为代表人。两种不同的证券代表人诉讼制度对应着不同的投资者参与诉讼模式，证券普通代表人诉讼采用"明示加入＋明示退出"模式，人民法院作出的生效判决、裁定，对向人民法院登记权利的投资者发生效力；而证券特别代表人诉讼则采用"默示加入＋明示退出"模式，如果投资者认为投保机构的诉讼请求不足以保护其合法权益，明确表示不愿意参加诉讼的，按要求提交退出声明，可退出该代表人诉讼，法院判决或调解书的效力不及于明示退出的投资者。

四、证券投资者保护基金

事后补偿是证券公司经营失败后保护投资者权益的一项重要措施。在证券公司综合治理过程中，我国政府相关部门一起认真总结以往的经验教训，仔细研究、反复论证市场的发展状况和投资者的承受能力，并适当借鉴成熟市场的相关法律与案例，最终确定按照"依法清偿、适当收购"的原则处理个人债权问题，对破产关闭的证券公司实施了客户证券交易结算资金合法本息全额收购及个人债权打折收购的政策。这一收购政策适当改进了以往政府全盘承担被处置金融机构个人债务的做法，一方面保护了广大中小投资者的利益，保持了政策的连续性、稳定性，有利于社会稳定；另一方面也引导各类市场主体树立风险意识，建立市场约束机制。这一政策的实施实现了金融机构风险处置机制的重大突破和进步，意义重大。

此外，为保护投资人的利益，国家还设立了证券投资者保护基金。该基金由证券公司、证券合伙企业缴纳的资金及其他依法筹集的资金组成。该基金按照证监会发布实行的《证券投资者保护基金管理办法》进行管理运作，主要负责证券公司被撤销、被关闭、破产或被证监会实施行政接管、托管经营等强制性监管措施时，按照国家有关政策规定对债权人予以偿付。2005 年证券投资者保护基金的成立，标志着证券公司风险处置由国家收购向通过证券市场自身积累化解风险过渡，市场化的风险处置长效机制开始建立。截至 2015 年，证券投资者保护基金已经向证券投资者偿付了 214 亿元，保护了 700 余万经纪业务客户和 6 万多名个人债权人的权益，在保护投资者权益、维持投资者对证券市场的信心方面发挥了积极作用。

五、证券经营机构的特殊义务与责任

《国务院办公厅关于进一步加强资本市场中小投资者合法权益保护工作的意见》（国办发〔2013〕110 号）提出了要"健全投资者适当性制度"。该意见提出，要进一步完善规章制度和市场服务规则。证券期货经营机构和中介机构应当建立执业规范和内部问责机制，销售人员不得以个人名义接受客户委托从事交易；明确提示投资者如实提供资料信息，对收集的个人信息要严格保密、确保安全，不得出售或者非法提供给他人。严格落实投资者适当性制度并强化监管，违反适当性管理规定给中小投资者造成损失的，要依法追究责任。为具体落实与健全投资者适当性制度，新修订的《证券法》提高了投资者适当性制度的立法位阶，于第 88 条明确规定该制度，并在第 89 条中规定了对普通投资者的特别保护，围绕着如何规制证券经营机构与投资者的关系作出了较为详实的规定：

1. 证券经营机构的提示说明义务。证券经营机构向投资者销售产品或者提供服务时，应当全面了解客户信息，如实说明产品或者服务的重要内容，充分揭示投资风险，销售或者提供与投资者风险承受能力相匹配的产品或者服务。

2. 投资者的告知义务。普通投资者在购买产品或者接受服务时，应当按照证券经营机构明示的要求提供真实信息。拒绝提供或者未按照要求提供信息的，证券经营机构应当告知其后果，并按照规定可以拒绝向其销售产品或者提供服务。

3. 证券经营机构的责任与豁免。证券经营机构违反上述规定使投资者遭受损失的，应当承担相应的赔偿责任，但投资者拒绝提供必要信息或提供虚假信息，造成自己损失的，应相应减轻证券经营机构所应承担的赔偿责任。

第五节　投资者教育

一、证券投资者教育的重要性

建立健全证券市场投资者保护制度，除了做好法律上的制度完善外，还需要注重投资者教育。在我国的证券市场中，较多的投资者都缺乏对于资本市场全面、客观、清晰的认

识，对于如何投资、如何分析公开披露的信息、如何对公司的财务状况进行分析都缺乏足够的了解。这对于本来就处于信息劣势的投资者来说，进一步加深了其相对公司或其内部人的弱势地位。投资者教育，是指针对个人投资者所进行的一种有目的、有计划、有组织的传播有关投资知识，传授有关投资经验，培养有关投资技能，倡导理性的投资观念，提示相关的投资风险，告知投资者的权利和保护途径，提高投资者素质的一项系统的社会活动。其目的就是用简单的语言向投资者解释他们在投资过程中所面临的各种问题。[1]

近几年来，国内许多学者借鉴西方行为金融学的研究成果，[2]对中国证券投资者的交易行为特征进行了一系列的细致分析和实证检验。[3]结果表明，中国证券投资者同样具有在美国等成熟证券市场上个体证券投资者所表现出的各种非理性心理偏差，其中某些偏差的程度甚至较之美国投资者更大，更有某些典型的中国特色的心理偏差。这些偏差表明中国证券市场中的证券投资者的交易行为存在着许多非理性的特征。[4]导致这些非理性偏差出现的原因可能来自于证券市场的信息鸿沟，也可能源自于投资者自身投资能力的缺乏。非理性的投资行为往往也缺乏稳定的预期收益，并不利于投资人信心的持久维持。因此构建我国证券市场投资者教育体系的一个重要目标，就是要培育我国投资者的理性投资理念，克服原有的过度非理性投资行为。[5]

在我国证券市场引入投资者教育机制的早期阶段，由于投资者教育的功能与目标正处于逐步实施过程中，因此，证券市场投资者与投机者在初始阶段所表现出行为金融的非理性特征，这使得证券市场中投资者与投机者的结构处于不断演变与相互更替的动态过程。随着投资者教育机制的逐步完善，投资者教育工作的不断深入，证券市场投资者与投机者将逐渐克服行为金融的非理性弊端，使得证券市场中投资者与投机者的结构不断趋于稳定，从而实现证券市场的整体稳定目标。从我国证券市场发展历程来看，加强投资者教育工作，保护投资者合法权益，增强投资者信心，始终是培育和发展市场的核心课题和最重要的内容。今天，投资者教育机制的功能已经突破原有的外延边界，逐步演变成中国证券市场制度创新和市场创新的一个不可或缺的重要组成部分，并实实在在地肩负起为中国资本市场健康发展保驾护航的重要使命。[6]

二、证券投资者教育的主要内容与基本原则

（一）主要内容

投资者教育主要包含三方面的内容：

1. 投资决策教育。一般认为，投资决策就是对投资产品和服务作出选择的行为或过程，是整个投资者教育体系的基础。投资者的投资决策主要受到个人背景和社会环境两类

〔1〕 顾海峰："我国证券市场个人投资者教育问题研究"，载《上海金融》2009 年第 5 期。

〔2〕 Kenneth J. , *The Economics of Information* , Basil Blackwell Limited, 1994; Daniel Kahneman, Amos Tverty, "The Theory: Ananlysis of Decision Making Under Risk", *Econometrica*, Vol, 1999, No. 47, pp. 263 – 291; Robert J. Shiller, "From Efficient Markets Theory to Behavioralfinance", *Coules Foundation Discussion Paper* Vol, 2002 No. 1385.

〔3〕 张华庆："基于行为金融学的证券投资行为研究"，中国海洋大学 2003 年硕士学位论文；李心丹、王冀宁、傅浩："中国个体证券投资者交易行为的实证研究"，载《经济研究》2002 年第 11 期。

〔4〕 孙培源、施东晖："中国证券市场羊群行为实证研究"，载《证券市场导报》2004 年第 8 期。

〔5〕 顾海峰："我国证券市场个人投资者教育问题研究"，载《上海金融》2009 年第 5 期。

〔6〕 顾海峰："我国证券市场个人投资者教育体系的设计探讨——功能视角下体系内容的首次系统性建构"，载《证券市场导报》2009 年第 9 期。

因素的影响。其中，个人背景包括投资者本人的受教育程度、投资知识的多少、年龄、社会阶层、个人资产、心理承受能力、性格、法律意识、价值取向及生活目标等。社会环境因素包括政治、经济、社会制度、伦理道德、科技发展等。投资决策教育的最终目的就是要促使投资者学会分析投资问题、能够主动获得更加全面的投资信息，使得投资者作出的具体投资行为更加有的放矢，更加理性合理。正是因为这个原因，目前各国投资者教育机构在制定投资者教育策略时，都首先致力于普及证券市场知识和宣传证券市场法规。

2. 资产配置教育。资产配置主要是指投资者个人资产的具体组合方式，指导投资者进行个人资产配置的合理计划与控制便是资产配置教育的主要内容。随着我国经济的发展和人民生活水平的提高，居民个人财富的表现形式也从简单的银行存款越发多元化，各种投资理财方式也开始被人们接受。证券市场投资是个人投资者处置自己资产的重要方式之一，而证券市场投资本身也包括了许多不同的形式，投资者的个人财务计划对其投资决策和策略当然会产生重大影响。因此，许多投资者教育专家都认为，投资者教育的范围应超越投资者的具体投资行为，深入到整个个人资产配置中去，只有这样才能从根本上解决投资者的困惑。

3. 权益保护教育。这主要是改变以往消费者在投资过程中的被动态度和地位，即号召投资者为改变其投资决策的市场环境进行全程性、主动性的积极参与，提高保护自身权益的意识和能力。这是市场化对于投资者和市场环境的要求，也是"公平"原则在投资者教育领域中的具体体现。投资者权利保护的最终目标是要营造一个公开、公平、公正的市场环境，使参与其中的每个投资者在受到欺诈或不公平待遇时都能得到及时、充分的法律救助和其他制度辅助。这样理想化的市场法治环境自然少不了投资者自身的关注、实践与发声，为此，针对投资者进行的风险教育、风险提示以及为投资者维权提供的有关服务已经成为各国开展投资者教育的重要内容。

上述三个方面相辅相成，缺一不可，各国投资者教育的策略安排及方式选择基本上都是围绕上述三方面的内容进行的。[1]

（二）基本原则

国际证监会组织（IOSCO）为投资者教育工作设定的六个基本原则包括：

（1）投资者教育应有助于监管者保护投资者；

（2）投资者教育不应被视为对市场参与者监管工作的替代；

（3）投资者教育没有一个固定的模式，相反地，它可以有多种形式，这取决于监管者的特定目标、投资者的成熟度和可供使用的资源；

（4）鉴于投资者的市场经验和投资行为成熟度的层次不一，一个广泛适用的投资者教育计划是不现实的；

（5）投资者教育不能也不应等同于投资咨询；

（6）投资者教育应该是公正、非营利性的，应避免与市场参与者的任何产品或服务有明显的联系。

---

[1]　顾海峰："我国证券市场个人投资者教育问题研究"，载《上海金融》2009年第5期。

三、我国的证券投资者教育

《国务院办公厅关于进一步加强资本市场中小投资者合法权益保护工作的意见》（国办发〔2013〕110 号）提出了要"健全投资者适当性制度"。该意见提出，一要制定完善中小投资者分类标准。根据我国资本市场实际情况，制定并公开中小投资者分类标准及依据，并进行动态评估和调整。进一步规范不同层次市场及交易品种的投资者适当性制度安排，明确适合投资者参与的范围和方式。二要科学划分风险等级。证券期货经营机构和中介机构应当对产品或者服务的风险进行评估并划分风险等级。推荐与投资者风险承受和识别能力相适应的产品或者服务，向投资者充分说明可能影响其权利的信息，不得误导、欺诈客户。该意见又着重强调了要"强化中小投资者教育"。其将中小投资者的教育内容主要分成了两部分：一是加大普及证券期货知识的力度，二是提高投资者风险防范意识。而在教育方式上，则主要从以下四方面落实：一是将投资者教育逐步纳入国民教育体系；二是充分发挥媒体的舆论引导和宣传教育功能；三是证券期货经营机构应当承担各项产品和服务的投资者教育义务；四是自律组织应当强化投资者教育功能，健全会员投资者教育服务自律规则。

新《证券法》于第六章增设"投资者保护"专章，并在第 88 条中规定了投资者适当性制度，在法律层面确立了证券公司的说明义务与风险揭示义务。综合我国已有的投资者教育的理论和实践，我国建立与践行的是以风险提示为主要内容的投资者教育制度。投资者自我保护是投资者保护体系中必不可少的一环。规范证券公司营销行为，要求证券公司在营销活动的各个环节如实介绍产品并充分揭示风险，是培育和增强投资者自我保护意识及自我保护能力的重要措施。在证券公司营销活动中，正逐步建立以诚实推介、风险提示为主要内容的投资者教育制度。证券公司从事营销业务，应事先充分了解客户的身份、财产与收入状况、证券投资经验和风险偏好，并根据客户的情况推荐适当的产品和服务。证券公司推介产品，应充分揭示风险，介绍业务规则、普及投资知识，让投资者熟知自己的权利与义务，充分理解"买者风险自负"原则，真正明白"股市有风险，入市须谨慎"的具体含义。通过强化证券公司投资者的保护意识，将法规宣传、知识普及和风险揭示有机融入证券公司的各个业务流程，切实提高投资者的风险意识和自我保护能力。

■ **前沿问题**

11-1　投资者保护的立法模式选择

■ **思考题**

1. 简述证券法所称的投资者的含义。
2. 试论述证券法对于股权投资者的保护方式。
3. 试论述证券法对于债券投资者的保护方式。
4. 试论述投资者教育的主要内容。

第四编　证券经营与服务机构

第十二章　证券交易所与场外交易市场法律制度

■ 学习目的和要求

　　学习本章的意义在于通过了解证券交易所及其法律制度的基础知识，把握证券交易所的性质与特征，正确理解证券交易所的法律地位，组织结构和自律管理职能，领会证券交易所在证券市场中的重要地位以及所发挥的作用，并对建设多层次的证券交易市场的意义有所体会。本章学习的重点内容是：证券交易所的性质和特征；证券交易所的设立和终止；证券交易所的组织形式和组织结构；证券交易所的自律管理职能。本章的学习难点在于正确把握证券交易所的性质与特征，深刻理解证券交易所的组织形态与公司化改革的趋势，掌握证券交易所的自律管理职能并明晰自律管理与政府监管的关系。

第一节　证券交易所概述

一、证券交易所的概念

　　证券交易所，也称场内交易所，是指依法设立的，为证券交易提供场所、设施，组织和监管证券交易，实施自律管理的法人。证券交易所最早出现在西方国家，它伴随大规模的证券交易的实际需要产生，是提供证券集中交易服务的固定场所。[1]1936年出版的《财政金融大辞典》"证券交易所"（Stock Exchange）条为："以公债票、股票、公司债券等之大宗交易为目的之交易所，即称为证券交易所。"[2]根据我国《证券法》第96条第1款的规定，证券交易所、国务院批准的其他全国性证券交易场所为证券集中交易提供场所和设施，组织和监督证券交易，实行自律管理，依法登记，取得法人资格。这是我国现行法律对证券交易所最直接、明确的界定。

　　以证券交易所以外的形式存在的证券交易，称为场外交易，又称柜台交易（Over-the-Counter Market，即OTC市场）或店头市场。场外交易为各种品质的证券提供了一个流通的平台，有效弥补了主板市场价值取向单一性的缺陷，与证券交易所一起构成完整的

---

〔1〕　叶林：《证券法》，中国人民大学出版社2013年版，第262页。
〔2〕　张一凡、潘文安主编：《财政金融大辞典》，世界书局1937年版，第1452页。

证券交易市场，保证证券交易的多样性和连续性。

二、证券交易所的历史沿革

（一）国外发展概况

1531 年，比利时的安特卫普建立了世界上最古老的从事证券交易的专门场所，当时交易的主要是国家债券。到 16 世纪中期，荷兰的阿姆斯特丹一座非常著名的桥——"新桥"，来自世界各地的证券商人在这里进行证券交易。"新桥"成为人类历史上最早的股票交易场所。[1] 当时的证券交易多为自发、分散地进行。1602 年在荷兰建立的阿姆斯特丹证券交易所即为此种交易市场的首创，其交易方式多样化，不仅可以买卖股票、债券，甚至可以在缺少本钱以及股票的情况下进行一系列投机活动。

1695 年，英国伦敦一个露天的证券交易市场"皇家交易所"也开始进行公债、东印度公司以及英格兰银行股票的买卖交易。1773 年，"皇家交易所"迁入司威丁街的室内，并正式命名为"伦敦证券交易所"。在之后的很长一段时间里，其主要从事政府债券交易而非股票交易，直到大公司特别是铁路公司的发展，才使得证券交易种类不断丰富。

美国最初的证券交易形式和英国差不多，大都在咖啡馆或拍卖行里进行。1792 年 5 月 17 日，24 名经纪人在纽约华尔街和威廉街西北角的一家咖啡馆门前的梧桐树下签署了著名的"梧桐树协议"，成立了一个证券交易的自律性团体，即纽约交易所的前身。随着华尔街上股票交易的不断活跃，1817 年成立了"纽约证券和交易管理处"，就此一个集中的证券交易场所基本形成。1863 年更名为"纽约证券交易所"并沿用至今。

时至今日，世界上已经有很多国家和地区有自己的证券交易所，其中较为著名的有：美国的纽约证券交易所、英国的伦敦证券交易所、日本的东京证券交易所、我国香港地区的联合证券交易所……其中，美国的纽约证券交易所，无论是规模还是影响力，在整个世界的股市中都占据着十分重要的地位。

（二）我国证券交易所的发展进程

我国历史上最早出现的交易所是外国人在上海开办的。1869 年，上海出现了从事外商企业股票买卖的外国商号——长利公司。[2] 中国商人一面从事外商股票的投资与交易，一面也在亲友间买卖华商企业股票。随着股票发行量的扩大，持有股票者日益增多，股票买卖日益频繁，证券交易逐渐成为商民生财之道和经常需要。于是，"为各项公司通路径而固藩篱"的上海平准股票公司于 1882 年 9 月成立，首开中国有组织证券市场的先河。[3]

1891 年，西商在上海组织成立了我国早期证券交易所的雏形——上海股份公所，即西商证券掮客公会。1905 年，英国商人遵照《香港股份有限公司条例》开办了上海众业公所，并将上海股份公所并入。该所曾辉煌一时，直至 20 世纪 40 年代初被取缔。[4] 该所从成立至结束足足存续了 36 年之久，是中国近代存在时间最长的证券交易所，对中国近代证券市场乃至金融市场的形成与经济发展均产生了深远影响。

1918 年设立的北京证券交易所是中国人最早自办的证券交易所，而上海则是中国近

---

〔1〕　参见 2001 年由中国中央电视台经济部制作的十集电视纪录片《资本市场》第 2 集"交易之道"中的解说词。
〔2〕　更生："上海西商证券交易所之略史"，载《银行周报》1919 年第 34 期。
〔3〕　张春廷："中国证券市场发展简史"，载《证券市场导报》2001 年第 4 期。
〔4〕　"众业公所正式解散"，载《银行周报》1946 年第 30 卷第 31 期（总第 1454 号）

代金融乃至证券市场的中心。中国公司股票在证券交易所成为主要交易品种之前，上海已经有外商证券交易所存在，其交易异常发达。上海存在过两个外商证券交易所，即英国所办上海众业公所及日商取引所。日商取引所营业范围包括证券和物品交易，是综合性的交易所。但是自从抗日战争尤其是太平洋战争爆发后，欧美各国在华的企业被日伪当局没收，公债和外商股票相继退出中国的证券市场。中国公司企业的股票遂于此时勃然兴起，一时称盛。当时上市交易的股份公司股票达 199 种之多，在数量上成为中国近代最鼎盛的时期。抗战胜利后，外商企业虽有恢复，但外商证券交易所却未能再行复业。此外，南京国民政府曾在一段时期内禁止上海所有交易所营业，并对黑市证券交易加以取缔。但事实上，上海市的黑市证券交易一直未曾停止。为使上海市的证券交易纳入正轨，1946 年 5月，南京国民政府行政院训令重新筹设上海证券市场。9 月 3 日，召开上海证券交易所发起人会议，宣告设立上海证券交易所。

1949 年，新中国成立后，天津成立天津证券交易所。但 1952 年 7 月和 10 月，天津证券交易所和上海证券交易所相继被政府关闭。此后，中国证券市场长期受到摒弃。直到1986 年 9 月 26 日，新中国第一家代理和转让股票的证券公司——中国工商银行上海信托投资公司静安证券业务部宣告营业，从此我国中断 30 多年的证券交易业务恢复。1990 年12 月 19 日和1991 年 7 月 3 日，上海证券交易所和深圳证券交易所分别成立，证券交易所在中国进入了一个新的历史阶段。

三、证券交易所的性质

明确证券交易所的性质，对于明确政府对交易所监管的正当性以及政府监管的边界甚为重要。该问题是证券交易所是企业组织抑或公共机构、政府应否以及如何监管证券交易所、法律应否充分尊重交易所的自治以及如何寻求政府管制与自由竞争平衡的重要理论前提。

（一）证券交易所的经济属性

1. 传统的市场观点。根据布莱克法律辞典的解释，交易所指"集中证券、商品等买者和卖者，以促进商人的习惯和惯例的统一，便利商业纠纷的快速解决，收集和发布有价值的商业和经济信息，并使成员获得他们在合法经营推进中的合作带来的利益的组织"。[1] 该定义揭示了交易所的功能，即交易所通过集中买卖双方，有利于统一交易规则，解决纠纷，收集和发布信息，保护交易所会员的利益；该定义同时描述了交易所产生的动因。我国学者对证券交易所的概括和布莱克法律辞典的解释基本一致，认为"证券交易所是证券集中和有组织交易的场所"。[2] 作为一个提供证券交易的市场和平台，证券交易所有下列经济功能：

（1）核心功能——提供流动性。提供流动性既是交易所的核心经济功能，也是其安身立命、参与并赢得竞争的根本。因此，流动性是交易所的一切。[3] 交易所常被称为"流动性提供者"。交易流动性，通常意义上是指投资者根据市场的基本供给和需求情况，

---

[1] Bryan A. Garner ed., *Black's Law Dictionary*, Minnesota：West Group, 1999, p. 585.

[2] 屠光绍主编：《证券交易所：现实与挑战》，上海人民出版社 2000 年版，第 1 页。

[3] Amihud, Mendelson, "Liquidity, Volatility and Exchange Automation", *Journal of Accounting*, *Auditing and Finance*, Vol. 3, 1988, pp. 369 – 395.

以合理的价格迅速成交的市场能力。[1]有学者指出："交易所作为市场和企业，销售的是一种特别的商品——流动性。"[2]如果不存在任何正式形式的经济组织或有组织的证券集中交易市场，投资者之间就必须相互接触以确定交易价格和交易数量从而完成证券交易。但由于交易对象需要寻找，以及存在信息不对称、交易违约等因素，会增加交易成本，降低交易效率。[3]

（2）基本功能。交易所市场的基本功能包括价格发现、投融资、资源配置。这些基本功能的实现有赖于证券交易所的核心功能——提供流动性作用的发挥。

第一，价格发现功能。证券交易所为证券的集中和有组织的交易提供场所和设施，证券交易的双方能在一个公开的市场进行竞价买卖，充分体现证券的供求关系，从而形成公平合理的价格。公平合理的价格不仅保护了投资者的利益，反映一国经济状况，同时反映了发行公司的经营情况，能对发行公司的高级管理人员起到监督的作用，是证券交易所作为集中交易市场本身独有的功能。

第二，投融资功能。证券交易所不仅为企业的融资提供了场所，也为投资者的投资提供了平台。虽然企业股票的发行在一级市场完成，证券交易所为二级市场即证券交易市场，但是企业在准备股票发行时就选定了证券交易所。信誉良好、富有流动性的交易所为企业的首选，因为在这样的交易所上市交易可以直接影响股票发行定价，长远看还可以增强上市企业的影响力，进而使企业筹集更多资金。对于投资者而言，其通过在证券交易所购买股票，获得股息与红利，并在卖出股票时赚取股票差价从而实现投资目的。

第三，资源配置功能。在整个资本市场当中，社会资本会流向流动性强、价格机制得到有效发挥的证券交易所；在证券交易所内部，投资者的资金通常又会流向流动性强、股价合理的股票，因此交易所能够以较低的成本不断筹集资金，实现资源的合理配置。

证券交易所是证券市场发展到一定阶段的产物。随着证券市场的发展，特别是人们经济观念和技术手段的进步，对证券交易所在证券市场中的地位和功能的认识也一直在深化。[4]

2. 证券交易所的企业属性。有些学者认为"运营证券集中交易市场，向来被视为交易所固有的经济功能，但是现代意义上的交易所的业务活动和管理理念日益类似于标准的经营性企业"。[5]此为典型的"企业观点"立场，主要从交易所提供的产品和服务出发，将交易所视为提供复合产品或者服务的企业，即从交易所的投入、产出以及经营目标来描述。证券交易所所提供的服务大致可以概括为上市服务，以及由此产生的交易服务、结算服务、信息服务和其他服务。其中上市服务是交易所提供的最主要的服务，同时也是交易所提供其他服务的前提。但交易所提供的服务并不是无偿的，作为提供产品和服务的回报，交易所从上市公司、证券公司以及其他机构收取各种相关费用作为收入。交易所和客户之间的关系也是建立在双方的合意之上，如公司在上市之前必须和交易所订立上市协

〔1〕　屠光绍主编：《交易体制：原理与变革》，上海人民出版社 2000 年版，第 37 页。

〔2〕　Paul G. Mahoney, "The Exchange as Regulator", Virginia Law Revlew, Vol. 1997. No. 7, pp. 1453、1479 – 1480.

〔3〕　Adam C. Pritchard, "Self – Regulation and Securities Markets", *Regulation*, 2003, Spring.

〔4〕　陈苏主编：《证券法专题研究》，高等教育出版社 2006 年版，第 156 页。

〔5〕　卢文道：《证券交易所自律管理论》，北京大学出版社 2008 年版，第 8 页。

议，明确双方的权利义务，交易所安排发行人的证券上市并收取发行人的上市费用。此种关系和一般企业向客户出售产品或者提供有偿服务并无本质区别。有研究指出："长久以来证券交易所被视为追求公共利益的慈善机构，随着私人利益的出现以及大部分证券交易所的非互助化，这种观点已经发生了激烈的变化。当前的证券交易所被认为是以市场为导向的商业主体。"[1]"企业观点"为肇始于20世纪90年代的证券交易所公司制改革提供了强有力的理论支撑。

（二）证券交易所的法律属性

就世界范围而言，由于证券交易所的市场组织者地位，其普遍承担着证券市场的自律管理职能，即通过对上市公司、证券公司和交易过程进行监管，实现交易所作为证券市场一线监管组织的职能。自律管理相对于政府监管而言，是指证券交易所作为证券市场的枢纽，出于维护证券交易市场秩序的需要，按照市场主体的一致意愿对上市交易证券的发行人、交易主体及其他参与者进行监督管理，以促进证券交易市场公平、有序地发展。[2]此乃证券交易所法律属性的彰显，该部分内容将在第四节进行详细阐述。

综上所述，证券交易所兼具公共性和营利性，证券交易所作为市场职能和监管职能的统一体，其与一般的经济组织相比，具有明显的公共机构性质，同时交易所作为证券市场的运营者，又具有企业组织的性质，可以说，证券交易所兼具公共机构和企业组织的双重属性。[3]交易所的多重角色使其具有独特魅力，也使其陷入市场职能和监管职能之间的冲突，以及自身利益和公共利益之间的冲突。交易所的双重属性，不仅是其面临利益冲突的根源，也构成了法律对证券交易所监管的正当性基础。

四、证券交易所的特征

通过上文对证券交易所的基本概念、历史沿革、性质及其功能的简要了解与分析，我们可以认为，证券交易所大致有如下特点：

（一）证券交易所是依法设立的法人

独立的法律主体资格是其在证券市场上发挥组织和监督作用的前提条件，也是其进行自律管理的必然要求。[4]根据各国通行的证券立法，证券交易所无论采取何种组织形式——会员制或公司制，均应具备法人资格，独立享有权利、履行义务和承担责任，是独立的法律主体。在中国目前的证券监管体制下，承认证券交易所的法人资格，有助于在观念上厘清证券交易所与中国证监会的关系，尊重证券交易所的独立人格，树立证券交易所独立自主的形象。

（二）证券交易所是证券交易的固定场所

相对于场外交易，场内交易最大的好处就是交易场所固定。场所的固定，就为吸引和

---

[1] Sofia B. Ramos, "Competition between Stock Exchange: A Survey", *International Center for Financial Asset Management and Engineering Research Paper*, Feb., 2003.

[2] 罗培新、卢文道等：《最新证券法解读》，北京大学出版社2006年版，第164、182页。

[3] 陈苏主编：《证券法专题研究》，高等教育出版社2006年版，第156页。

[4] 罗培新、卢文道等：《最新证券法解读》，北京大学出版社2006年版，第166页。也正是因为证券交易所具有法律主体资格，它才能够发挥证券交易媒介的作用。叶林：《证券法》，中国人民大学出版社2013年版，第262页。

聚集众多的买方和卖方提供了可能和便利。[1]证券交易所具有比较完备的证券交易设施、固定的交易区间、便捷的交易服务网络、大量的管理人员和专业人员，并制定适合大规模证券集中交易所需要的管理规则、交易规则和各项组织制度，是提供固定证券交易服务的有形市场，为集中交易提供了必要的物质保障。但随着计算机和通信技术的不断发展，传统意义上的、有形交易大厅式的"场所"正在发生转变。例如，上海证券交易所尽管是有形交易场所，但其绝大部分的申报是通过无形席位，在场外直接报盘进入交易主机进行撮合成交的，其交易大厅很大程度上仅具有象征意义。[2]

（三）证券交易所实行集中竞价的交易方式

集中竞价交易是指两个及以上的买家和两个及以上的卖家，通过公开竞价形式确定证券买卖的价格，并按照价格优先、时间优先的原则促成证券买卖双方的交易。该交易方式有利于合理确定证券交易价格，最大限度地实现证券的流通性。[3]

（四）证券交易所履行组织和监督证券交易的双重职能

由于证券交易所为证券交易提供了完备的场所和设施，并负责接受上市申请、审核、安排股票和公司债券上市，因而汇集了众多的证券交易当事人。所以，创造公开、公平、公正的市场环境从而保证证券交易市场的正常运行就显得尤为重要。证券交易所要负责制定当事人在交易中必须遵循的一系列规则。证券交易所还要管理和公布市场信息，对会员、上市公司，以及信息披露情况进行监督，及时公布证券交易的即时行情，并按交易日制作证券市场行情表，予以公布。当出现突发事件、不可抗力事件或重大异常交易情况时，证券交易所可以决定停牌、临时停市或对证券账户限制交易，并报国家证券监督管理机构备案。

（五）证券交易所实行自律管理

证券交易所一开始便作为自律组织存在，其自律功能始终发挥着重要的市场作用，证券交易所的自律功能并不是法律所赋予的，而是由证券交易市场运行的内在需要和证券交易所的固有结构决定的。在国外，证券交易所和证券业协会通常是实行自律管理的组织。相对于政府监管，自律管理具有较大的灵活性、自觉性以及专业性特点，但缺乏政府监管所具有的一定的刚性。我国现行《证券法》考虑到证券交易的国际化和市场化趋势及要求，在其第96条第1款明确规定证券交易所为自律管理的法人。

五、证券交易所的种类

世界交易所联合会在其官方文件中，按交易所的法律形态将交易所划分为五类，即会员出资的有限公司、非互助的但没有公开上市的交易所、公开上市的交易所、协会或者互助组织和其他组织形式。[4]大陆法系国家或地区将交易所分为会员制交易所和公司制交易所。例如，日本和我国台湾地区的证券交易所均采取会员制与公司制两分法。会员制与公司制是典型的证券交易所的组织形式，但并不意味着绝对排除其他组织类型的证券交易所存在。

---

〔1〕　李东方主编：《证券法学》，中国政法大学出版社2012年版，第204页。

〔2〕　周友苏主编：《新证券法论》，法律出版社2007年版，第410页。

〔3〕　范再峰："试论我国证券交易所的法律地位"，载《科技信息》2011年第36期。

〔4〕　See Word Federation of Exchanges Cost & Revenue Survey 2003, p.6.

(一) 公司制证券交易所

公司制证券交易所是由股东出资成立的，以股份有限公司或有限责任公司为主要形式的公司法人。其由股东出资成立，并由股东享有所有权。和一般公司法人一样，公司制证券交易所的股东以出资为限对外承担法律责任。在内部，股东大会是权力机构，拥有对交易所重大事项的决定权；董事会是执行机构，拥有对交易所日常事务的处理权。但是，与一般公司法人相比，公司制证券交易所又具有如下特点：

1. 设立依据特殊，公司制证券交易所的设立，除应遵守《公司法》设立普通公司的一般规定外，还须同时遵守证券交易法的特别规定。

2. 营业性质特殊，公司制证券交易所必须为证券交易提供交易的场所、设施及条件，并以之为专门的特殊的营业内容。

3. 社会功能特殊，公司制证券交易所在追求利润最大化的同时，还承担着稳定证券交易市场秩序的特殊职责。[1]

一般认为，我国台湾地区的证券交易所属于公司制。在台湾地区的证券市场改革开创之初，从事证券业的公司并不多，其经营也没有完全走上轨道，无法成立会员制的证券交易所。于是，就成立了公司制的证券交易所。13 家公营企业及银行认购其 42% 的官股，30 家民营企业认购其 58% 的民股。我国台湾地区"证券交易法"第 125 条第 2 项规定，"（公司制证券交易所）之存续期间，不得逾 10 年，但得视当地证券交易发展情形，于期满 3 个月前，呈请主管机关核准延长之"。[2]

(二) 会员制证券交易所

会员制证券交易所是由证券公司依法自愿出资共同设立的、旨在提供证券集中交易服务的非营利法人。[3]根据大陆法系对法人的分类，会员制证券交易所属于社团法人。其由会员出资组成，并依章程以出资额为限，对外承担责任。会员制证券交易所中，设立会员大会、理事会、监事会、总经理和职能部门等组织机构，其中会员大会为最高权力机构。

会员制证券交易所体现出以下基本特征：

1. 非营利性。会员制证券交易所在证券交易过程中，为发挥其证券交易的媒介职能，可以向会员收取会员费，但不得向证券交易各方收取交易佣金，也不得向证券交易所会员分配利润。[4]

2. 身份性。会员制证券交易所由会员组成，因此，证券公司若想进入该证券交易所，进行证券交易、经纪等相关业务，就必须获得会员资格。非会员公司及其工作人员不得进场交易。

3. 自律性。会员制证券交易所中的会员实行自律管理。由会员组成的会员大会是最高权力机关。同时，所有会员都具有平等的地位和表决权。他们遵循法律法规等规章制度以及交易所的章程。若有违反，则会被会员大会处分。

东京证券交易所采取的是会员制的组织形式，具有民营性和非营利性。其最高权力机

---

〔1〕 杨峰、刘兴桂主编：《证券法》，中山大学出版社 2003 年版，第 183 页。

〔2〕 林国全：《证券交易法研究》，中国政法大学出版社 2002 年版，第 322 页。

〔3〕 杨峰、刘兴桂主编：《证券法》，中山大学出版社 2003 年版，第 184 页。

〔4〕 杨峰、刘兴桂主编：《证券法》，中山大学出版社 2003 年版，第 184 页。

构为会员大会，下设理事会，作为日常经营管理机构。[1]伦敦证券交易所表面上为股份有限公司，股东多为交易所成员，但是其组织形式还是会员制。会员选举设立理事会，下设各专门委员会，负责经营管理等一般事务。1974年，伦敦证券交易所设立了总裁一职，主持交易所的日常工作。[2]

（三）公司制与会员制证券交易所的比较

公司制证券交易所与会员制证券交易所，具有以下共同之处：

第一，均为社团法人。公司制证券交易所以股东为基础，会员制证券交易所以会员为基础，根据大陆法系对法人的分类，二者都属于社团法人。

第二，业务范围相同。无论是公司制还是会员制，证券交易所都是作为证券交易的中介机构存在的，并以为证券的集中交易提供场所、设施及条件为主要业务。

第三，均为自律性组织。公司制证券交易所以股东大会为最高权力机构，会员制证券交易所以会员大会为最高权力机构。他们进行自律管理，并扮演着证券交易活动的组织者和管理者的角色。

然而，公司制证券交易所与会员制证券交易所之间，也存在着以下几点基本区别：

第一，组织形式及结构不同。公司制证券交易所的组织形式是公司，包括有限责任公司或者股份有限公司，设立股东大会（股东会）、董事会和监事会等普通公司的组织机构。而会员制证券交易所的组织形式是会员团体，其组织机构则包括会员大会、理事会和监察委员会。

第二，设立目的不同。公司制证券交易所以营利为目的，追求利润和生产剩余的最大化，其为证券的集中交易提供场所、设施及条件，并以向使用者收取的费用作为其利润来源，该利润可分配给股东。会员制证券交易所为会员营业的效率和安全而设立，会员为设立证券交易所而缴纳的资金以及根据章程缴纳的会费不属于资本，而是维持证券交易所运行的费用。[3]

第三，成员身份不同。各国对公司制证券交易所的股东的身份有着不同的规定。有的予以限定，有的则没有，甚至允许在证券交易所上市。股东必须缴纳交易席位费，才可进入证券交易所参与交易。而会员制证券交易所的会员具有专门性，基本上是证券公司或证券商，专门从事证券业务。会员可以当然进入证券交易所参与交易，其会员席位由证券交易所分配。但如果会员需要增加交易席位，则必须另行缴纳席位费用。

第四，成员权利义务不同。在公司制证券交易所中，每一股东依其出资额行使表决权，且不得退股。在会员制证券交易所中，会员缴纳会费的数额不能决定其表决权，每一会员的表决权相等，并且他们可以自由退出。[4]

（四）我国证券交易所组织形式的选择

我国的上海证券交易所和深圳证券交易所在主流观点上被认为是会员制证券交易所，登记为国有性质的事业单位法人。1999年，深交所在深圳市事业单位登记管理中心将企

〔1〕　王京、滕必焱编：《证券法比较研究》，中国人民公安大学出版社2004年版，第253页
〔2〕　王京、滕必焱编：《证券法比较研究》，中国人民公安大学出版社2004年版，第252页。
〔3〕　陈苏主编：《证券法专题研究》，高等教育出版社2006年版，第165页。
〔4〕　陈苏主编：《证券法专题研究》，高等教育出版社2006年版，第165页。

业营业执照变更为事业单位法人证书。2003 年，上海证券交易所也变更为事业单位法人，并于 2003 年 7 月 10 日获得由国家事业单位登记管理局上海市机构编制委员会办公室颁发的《事业单位法人证书》。参见《上海证券交易所 2003 年年报》。我国《证券交易所管理办法》第 2 条规定，"本办法所称的证券交易所是指经国务院决定设立的证券交易所"。

1990 年，中国的计划经济体制还在盛行，中央政府对"股份制"尚抱有怀疑与谨慎的态度。上海的国有企业因为资金匮乏，急需借助股票市场融资。中央政府为了支持上海的发展，允许上海进行股票发行试点。但由于缺乏规范，股票交易秩序陷入混乱。为了融资和整顿市场交易秩序，上海市政府建议创办一家证券交易所，中央政府同意并授权中国人民银行组建上海证券交易所。可见，上海证券交易所"不是会员发动的非官方产物，而是属于政府主导下的强制性制度变迁"。所以我国实行的会员制证券交易所不同于西方国家，它不是会员自愿出资设立的，而是实行由中国证监会直接管理的体制。同时，我国的证券交易所显然也不是公司制证券交易所。如此，我国证券交易所的结构、机制便陷入模糊。

第二节　证券交易所的设立、变更和终止

一、证券交易所的设立

证券交易所的设立是指由证券公司或股东依照法律规定的条件和程序，为成立证券交易所而进行的一系列法律行为的总称。

（一）证券交易所的设立体制

无论采用会员制还是公司制的组织形式，证券交易所作为一种具有独立法律地位的法人，其设立原则必然受到传统的法人设立理论的影响。一个国家或地区选择采用何种设立体制，反映了其对证券交易所所采用的方针、政策及确认方式。综观各国家或地区立法，证券交易所的设立体制大致分为三种：

1. 注册制，也称准则主义、登记主义，是指由立法明确规定证券交易所的设立条件，申请人只需依法提交申请文件，主管机构仅进行形式审查，符合规定后即予以登记注册。目前仅美国等少数几个国家采用注册制。根据美国《1934 年证券交易法》第 78 条之五规定，在未经注册的交易所进行交易均为违法行为，除非这个交易所"按本编第 78 条之六的规定已注册为国家证券交易所"或者"当交易所提出申请时，委员会认为，鉴于该交易所成交额有限，要求其注册是不可行不必要或不合乎公众利益的，或为了保护投资方，而使该交易所免于注册"。注册制强调的是对设立要件的形式审查，只要申请人和申请文件符合法律规定的条件，主管机构无权拒绝将其注册为证券交易所。

2. 核准制，也称许可主义，是指主管机构不仅进行形式审查，而且进行实质审查。从理论上来说，这种许可包括一般许可和特别许可，后者为我国大陆、台湾地区及日本等世界上多数国家和地区所采用。根据我国《证券法》第 96 条第 2 款规定，"证券交易所、国务院批准的其他全国性证券交易场所的设立、变更和解散由国务院决定"。台湾地区"证券交易所管理规则"第 2 条规定，"证券交易所之组织分会员制及公司制两种，其设立应经'财政部'证券管理委员会之许可"。在特许主义体制下，即使申请人提交的申请文件完全符合法定条件，也履行了相应的法律程序，也不一定能够成功设立证券交易所，主管机构还需综合考虑经济、市场等多种因素，最后决定是否批准。

由于我国尚未具备发达的证券市场、完善的证券法制和成熟理性的投资者队伍，因此对证券市场一直采取审慎态度，特别注重金融风险防范和经济宏观调控，选择最能体现国家管理政策的特许主义确是适合国情的。但是我们同时也应该注意到，证券交易所的设立由且仅由作为中央政府的国务院决定，这意味着是否设立、何时设立、何地设立、设立多少均由其决定，如此严苛的特许主义与我国飞速发展的证券市场必然存在一些矛盾：

（1）目前我国仅有上交所、深交所，证券交易所数量相对于人口密度和地域密度而言严重不足，且两个交易所均处于东南沿海地区，布局的不均衡导致了上市公司分布结构的失衡，进一步拉大了中西部地区与东南沿海地区的差距。[1]

（2）能否设立证券交易所完全由国务院决定，即使证券交易所发起人或者筹备者具备各种优势和条件，国务院也有权否决设立证券交易所的申请，[2]这就造成了我国《证券法》及《证券交易所管理办法》对证券交易所设立条件规定的过度简略，加强了政府对证券交易所的实质性控制，对提高证券交易所的自律管理能力、促进证券市场的健康发展造成了不利影响。

3. 承认制，也称认可主义、豁免主义，是指主管机构承认业已存在的证券交易所的合法地位。采此体制的国家有英国、巴基斯坦和印度等，[3]以证券交易所先于立法存在为历史背景，以证券交易所自律为监管原则。与登记主义相比，承认主义在贯彻自由市场经济理念上走得更远，"最好的政府就是管得最少的政府"为其理论依据。[4]

（二）证券交易所的设立条件

如前所述，我国《证券法》未对证券交易所的设立条件作出系统规定，仅在第99、100、102 和103 条简要规定了设立证券交易所必须制定章程、在名称中标明证券交易所字样以及设立理事会、任命总经理。正是由于我国现阶段立法对证券交易所性质、法律定位的不明朗，直接导致了法律无法对证券交易所的设立条件进行明确规定，学界对证券交易所是否为法人、营利还是非营利、公司制还是会员制也众说纷纭，无法就证券交易所的设立条件达成统一。从法律解释论的角度，证券交易所的设立条件首先应符合法人的设立条件。根据我国《证券法》的有关规定，设立证券交易所应具备以下条件：

1. 主体条件：有一定数量的会员或股东。会员是会员制证券交易所成立的前提，股东是公司制证券交易所成立的前提。尽管我国《证券法》《证券交易所管理办法》均未明确规定我国证券交易所的组织形式，但其中很多关于"会员"的提法以及体现会员制交易所本质特征的表述使诸多学者倾向性地认为我国证券交易所采用的是会员制。[5]《证券法》也未对会员资格及数量作出明确规定，然而第105 条规定，进入实行会员制的证券交易所参与集中交易的，必须是证券交易所的会员。证券交易所不得允许非会员直接参与股票的集中交易。《上海证券交易所章程》第19 条明确规定会员必须是证券公司，《深圳证券交易所章程》第18 条也规定会员应该是"经批准设立、具有法人地位的境内证券经

〔1〕　符启林主编：《证券法学》，中国金融出版社 2003 年版，第 227 页。
〔2〕　叶林主编：《证券法教程》，法律出版社 2005 年版，第 188 页。
〔3〕　罗培新、卢文道等：《最新证券法解读》，北京大学出版社 2006 年版，第 168 页。
〔4〕　冯果主编：《证券法》，武汉大学出版社 2014 年版，第 242 页。
〔5〕　陈洁编著：《证券法》，社会科学文献出版社 2006 年版，第 214 页。

营机构"，二者同时也对会员的经营状况、组织机构、业务人员、缴纳会员费等其他资格条件作出了规定，但均没有明确规定具体应由多少会员组成。根据《证券交易所管理办法》第 50 条规定，除经有权部门批准设立并具有法人地位的境内证券经营机构外，境外证券经营机构设立的驻华代表处经申请可以成为证券交易所的特别会员，特别会员的资格及权利、义务由证券交易所章程和业务规则规定。如果证券交易所采用公司制，则只需根据《公司法》的相关规定满足股东或发起人的数量或资格条件即可。

2. 资金条件：有必要的财产。证券交易所作为法人，必须有自己的财产，这不仅是其维系自身运作的物质基础，也是对外独立承担民事责任的必要前提。很难设想，一个没有自己的财产或财产属于会员或股东的证券交易所能进行民事活动，甚至能进行有效的自律管理。[1]

我国《证券法》并未对证券交易所设立时的资金进行规定，但是《证券交易所管理办法》第 19 条规定了章程中应记载"资本和财务事项"，而且《上海证券交易所章程》第 6 条规定了"本所注册资本为人民币 3 亿元"、《深圳证券交易所章程》第 6 条规定了"本所注册资本为人民币 5 亿元"，这表明我国也肯定了证券交易所设立时应当有必要的财产。但实践中，我国上交所、深交所的情况要复杂得多。与国外会员制证券交易所将会员缴纳的会员费作为注册资本的做法不同，由于我国证券交易所是在政府主导下成立的，注册时会员并未缴纳会员费，上交所设立之初将会员缴纳席位费的一部分作为注册资金的来源，深交所注册资金则是政府借款。[2]要想改变这种错综迷离的状况，必须要求会员缴纳会员费，这本就应当是会员制证券交易所注册资金的来源。考虑到席位费已经成为我国证券交易所现有财产的主要部分，可以将一部分席位费作为会员费，其余部分仍作为会员有偿使用交易席位的费用，但应该指出的是，无论哪一部分都应是证券交易所的财产，与会员无关。根据我国《证券法》第 101 条第 2 款的规定，"实行会员制的证券交易所的财产积累归会员所有，其权益由会员共同享有，在其存续期间，不得将其财产积累分配给会员"，将证券交易所的积累财产定位于会员共同共有，显属不当。证券交易所成立后具有独立人格，积累的财产当然应归其所有，会员在证券交易所存续期间不得请求分配积累财产为各国通例，但这只是金融管理行政法规的强制性约束，并不是积累财产归会员共同共有的结果，会员仅能在证券交易所终止时请求分配剩余财产。将积累的归属理解为会员共同共有，即将证券交易所视为合伙，与《证券法》的精神相违背，是无法正确解决证券交易所与会员的财产关系的。[3]

公司制证券交易所的注册资金则来源于股东出资，自无疑问。

3. 组织条件：

我国法律法规规定了大量证券交易所管理人员和从业人员任职的消极条件：

（1）我国《证券法》第 103 条规定，有《公司法》第 146 条规定的情形或下列情形之一的，不得担任证券交易所的负责人：①因违法行为或者违纪

12－1

---

〔1〕 朱慈蕴："论证券交易所与会员公司的法律关系——两者关系法律构造的问题点"，载《法商研究》2001 年第 3 期。

〔2〕 冯果主编：《证券法》，武汉大学出版社 2014 年版，第 243 页。

〔3〕 朱慈蕴："论证券交易所与会员公司的法律关系——两者关系法律构造的问题点"，载《法商研究》2001 年第 3 期。

行为被解除职务的证券交易所、证券登记结算机构的负责人或者证券公司的董事、监事、高级管理人员，自被解除职务之日起未逾 5 年；②因违法行为或者违纪行为被吊销执业证书或者被取消资格的律师、注册会计师或者其他证券服务机构的专业人员，自被吊销执业证书或者被取消资格之日起未逾 5 年。

该法第 104 条规定，因违法行为或者违纪行为被开除的证券交易场所、证券公司、证券登记结算机构、证券服务机构的从业人员和被开除的国家机关工作人员，不得招聘为证券交易所的从业人员。

（2）《证券交易所管理办法》第 34 条规定，有下列情形之一的，不得担任证券交易所理事、监事、高级管理人员：①犯有贪污、贿赂、侵占财产、挪用财产罪或者破坏社会经济秩序罪，或者因犯罪被剥夺政治权利；②因违法行为或者违纪行为被解除职务的证券交易场所、证券登记结算机构的负责人，自被解除职务之日起未逾 5 年；③因违法行为或者违纪行为被解除职务的证券公司董事、监事、高级管理人员，自被解除职务之日起未逾 5 年；④因违法行为或者违纪行为被吊销执业证书或者被取消资格的律师、注册会计师或者其他证券服务机构的专业人员，自被吊销执业证书或者被取消资格之日起未逾 5 年；⑤担任因违法行为被吊销营业执照的公司、企业的法定代表人并对该公司、企业被吊销营业执照负有个人责任的，自被吊销营业执照之日起未逾 5 年；⑥担任因经营管理不善而破产的公司、企业的董事、厂长或者经理并对该公司、企业的破产负有个人责任的，自破产之日起未逾 5 年；⑦法律、行政法规、部门规章规定的其他情形。

此外，该办法对理事、监事、高级管理人员的任免也作出了严格限制。第 35 条规定："证券交易所理事、监事、高级管理人员的产生、聘任有不正当情况，或者前述人员在任期内有违反法律、行政法规、部门规章和证券交易所章程、业务规则的行为，或者由于其他原因，不适宜继续担任其所担任的职务时，中国证监会有权解除或者提议证券交易所解除有关人员的职务，并按照规定任命新的人选。"

在解读这些法律规范时，需要注意《证券法》规定的证券交易所负责人和《证券交易所管理办法》规定的高级管理人员的区别，不能将证券交易所负责人限定在高级管理人员范围内。证券交易所的负责人包括理事长、总经理、副总经理，高级管理人员只能是除这些人之外的其他人员。[1]

（三）证券交易所的设立程序

由于我国的会员制证券交易所带有深刻的政府主导烙印，并不同于传统的国外会员制证券交易所，因此设立过程也带有很强的行政色彩。我国《证券法》第 99 条第 2 款规定，"设立证券交易所必须制定章程。证券交易所章程的制定和修改，必须经国务院证券监督管理机构批准"。《证券交易所管理办法》第 2 条规定 "本办法所称的证券交易所是指经国务院决定设立的证券交易所"。

公司制证券交易所设立程序的相关规范很多，各国公司法已形成了一套相对完善的流程，就申请文件、主管机构、审批时限等均作了详细规定。

---

〔1〕　徐明、李明良：《证券市场组织与行为的法律规范》，商务印书馆 2002 年版，第 66 页。

二、证券交易所的变更

证券交易所的变更，是指证券交易所在组织形式、组织机构、财产状况以及名称、住所等方面的重大变更，如注册资本的增减、由会员制改为公司制、收购或被收购等。一般来说，法人的变更可依法人意思自主决定，完成相应的变更登记即可发生变更效力。但证券交易所作为特殊法人，任何变更都可能影响到投资者的切身利益、证券市场的稳定及市场经济的发展，因此各国均对此进行了严格限制。在我国，该限制表现为证券交易所的变更事项均在章程中有相应记载，而章程的修改必须经国务院证券监督管理机构批准。

现阶段，我国证券交易所的变更主要聚焦在是否应允许证券交易所由会员制改为公司制，也即证券交易所的公司化改制。2015 年的《证券法（草案）》第 183 条规定，"证券交易所的组织形式，可以采取会员制或者公司制"，为公司制证券交易所留下了空间，但是并未规定从会员制转化为公司制的具体程序。目前，我国现行《证券法》并没有相关规定。

公司制的证券交易所发生变更的，原则上经由股东（大）会作出决议并向工商行政管理部门申请变更登记即可。但出于维护交易秩序和投资者的信赖利益的考虑，证券法、公司法等法律可对证券交易所收购、被收购或者其他重要事项变更作出特殊规定。

三、证券交易所的终止

证券交易所的终止，也即证券交易所法人资格消灭，不再享有民事权利能力和民事行为能力，终结一切民事法律关系。证券交易所发生解散事由后，应经依法清算，申请注销登记，公告证券交易所终止。

（一）证券交易所解散的情形

我国《证券法》《证券交易所管理办法》均未对证券交易所的终止情形进行规定，仅上交所、深交所在章程中有所规定。《上海证券交易所章程》第 62 条规定，"本所解散由国务院批准，并按国家规定的程序进行清算"。《深圳证券交易所章程》第 59 条规定，"本所解散由国务院批准，并按国家规定的程序进行清算"。公司制证券交易所的解散情形通常包括：①营业期限届满；②股东（大）会决议解散；③被收购或兼并；④依法被吊销营业执照、责令关闭或者被撤销；⑤依法宣告破产；⑥法律规定的其他情形。

（二）证券交易所清算的程序

我国《证券法》第 96 条第 2 款，证券交易所、国务院批准的其他全国性证券交易场所的设立、变更和解散由国务院决定。上交所、深交所的章程仅规定按国家规定的程序进行清算。根据《民法典》总则编第 72 条的规定，"清算期间法人存续，但是不得从事与清算无关的活动。法人清算后的剩余财产，按照法人章程的规定或者法人权力机构的决议处理。法律另有规定的，依照其规定。清算结束并完成法人注销登记时，法人终止；依法不需要办理法人登记的，清算结束时，法人终止"。如前所述，我国证券交易所采用会员制，但自有其特色，兼具了事业单位法人、社会团体法人的特征。《事业单位登记管理暂行条例》（2004 年 6 月 27 日）第 13、14 条和《社会团体登记管理条例》（2016 年 2 月 6 日修改）第 20、21、22、23 条分别规定了事业单位法人、社会团体法人的清算程序和注销手续。在《证券法》《证券投资基金法》出台相关规定前，可参照上述条例进行清算。

公司制证券交易所依法被宣告破产时，依《破产法》等相关法律进行破产清算；因非破产事由清算时，依照《公司法》等相关法律进行非破产清算，在清偿了全部公司债务之后，由股东按照出资比例或者持股比例分配公司剩余财产。

（三）证券交易所的注销

证券交易所无论采取何种组织形式，清算完毕后，都应该在登记机关申请注销登记并备案，由登记机关进行公告，至此证券交易所的法人资格彻底消灭。

第三节　证券交易所的组织结构及其会员

一、证券交易所的组织结构

（一）证券交易所的组织形式

证券交易所的组织形式主要有会员制和公司制两种。两种类型的证券交易所通常都由权力机构、执行机构、监督机构构成，但是在具体的机构设置上存在差别。证券交易所组织机构的设置是否合理直接决定着证券交易所的运作效率，是其存在和运作的前提和基础。

由于我国证券交易所的组织形式为会员制，下文重点介绍会员制证券交易所的组织机构及其会员，对公司制证券交易所仅作简单介绍。

（二）会员制证券交易所的组织机构

我国的上海证券交易所和深圳证券交易所，都采用会员制的组织形式，这两家交易所的组织架构基本一致。一般情况下，会员制证券交易所都包括这些组织机构：会员大会、理事会、经理机构、专门委员会。

1. 会员大会。会员大会由证券交易所的全体会员组成。会员大会作为权力机构，有权决定证券交易所的一切重大事项。《证券交易所管理办法》中规定，会员大会有权决定以下事项：①制定和修改证券交易所章程；②选举和罢免会员理事、会员监事；③审议和通过理事会、监事会和总经理的工作报告；④审议和通过证券交易所的财务预算、决算报告；⑤法律、行政法规、部门规章和证券交易所章程规定的其他重大事项。

会员大会分为年会和临时会议两种形式。按照《证券交易所管理办法》第20条的规定，会员大会由理事会召集，每年召开1次。有下列情形之一的，应当召开临时会员大会：①理事人数不足该办法规定的最低人数；②占会员总数1/3以上的会员提议；③理事会或者监事会认为有必要的。

会员大会的议事规则主要有：①每一会员有一票表决权；②会员大会须有2/3以上会员出席，其决议须经出席会议的过半数以上会员表决通过后方为有效；③会员大会结束后10个工作日内，证券交易所应当将大会全部文件及有关情况报证监会备案。

会员大会以有效决议方式对证券交易所重大事项作出决定。有效决议包括内容有效和程序有效。内容有效是指会议决议的内容与现行法律法规相一致。程序有效包括召集有效、会议法定人数有效以及决议通过人数有效等。

2. 理事会。理事会是证券交易所的决策执行机构。我国证券交易所的理事会主要有以下职权：①召集会员大会，并向会员大会报告工作；②执行会员大会的决议；③审定总经理提出的工作计划；④审定总经理提出的财务预算、决算方案；⑤审定对会员的接纳；⑥审定取消会员资格的纪律处分；⑦审定证券交易所业务规则；⑧审定证券交易所上市新的证券交易品种或者对现有上市证券交易品种作出较大调整；⑨审定证券交易所收费项目、收费标准及收费管理办法；⑩审定证券交易所重大财务管理事项；⑪审定证券交易所重大风险管理和处置事项，管理证券交易所风险基金；⑫审定重大投资者教育和保护工作事项；⑬决定高级管理人员的聘任、解聘及薪酬事项，但中国证监会任免的除外；⑭会员大会授予和证券交易所章程规定的其他职权。

《证券交易所管理办法》规定，理事会由会员理事和非会员理事组成，其中，会员理事由会员大会选举产生，非会员理事由证监会委派。理事会设理事长1人，副理事长1~2人。理事总人数为7~13人，其中非会员理事人数不少于理事会成员总数的1/3，不超过理事会人员总数的1/2。理事会任期为每届3年。

3. 总经理。《证券法》和《证券交易所管理办法》规定，总经理的主要职能是在理事会的领导下负责证券交易所的日常管理工作。一般证券交易所的章程中会对总经理的职责作出规定。例如《深圳证券交易所章程》中规定总经理的职责有：①执行会员大会和理事会决议，并向其报告工作；②主持本所的日常工作；③拟定并组织实施本所工作计划；④拟定本所年度财务预算、决算方案；⑤审定业务细则及其他制度性规定；⑥审定除取消会员资格以外的其他纪律处分；⑦审定除应当由理事会审定外的其他财务管理事项；⑧理事会授予的其他职权。此外，证券交易所总经理由国务院证券监督管理机构任免。

4. 专门委员会。一般在证券交易所的理事会下会分设各类的专门委员会。《证券交易所管理办法》中规定，理事会、监事会根据需要设立专门委员会。各专门委员会的职责、任期和人员组成等事项，由证券交易所章程具体规定。

（三）公司制证券交易所的组织机构

公司制证券交易所的组织机构依照的是《公司法》的规定。因此，公司制证券交易所的组织机构主要包括股东大会、董事会和经理。

1. 股东大会。股东大会由证券交易所的全体股东组成，是证券交易所的意思形成机关和最高权力机关。证券交易所的股东大会中股东的表决权以持股比例为依据。

2. 董事会。董事会是按照法定程序产生的，实行经营决策和管理的执行机构。对于公司制证券交易所，一个独立的董事会能够确保其化解公共利益和商业利益之间的冲突。

3. 经理。经理是由董事会聘任的负责证券交易所日常经营工作的负责人。经理的主要职能是把握商业发展战略，提升市场的运营和监管，平衡商业目标和社会公共利益。

二、证券交易所的会员

在我国，证券交易所的会员就是证券公司，这些会员公司经中国证监会批准设立，具有法人资格，而且取得了证券交易所的会员资格，可依法从事证券交易及相关业务。

（一）会员种类

在我国，中国证监会负责审查批准证券公司的设立。依据其业务类型的不同，我国《证券法》将证券公司分为综合类和经纪类两大类，并由证监会按照其分类颁发营业许可证。[1]

综合类证券公司，是指经有权机关批准，在核定范围内从事证券业务的证券公司。综合类证券公司的业务范围呈现出综合性，主要包括证券经纪业务、证券自营业务、证券承

---

[1] 杨峰、刘兴桂主编：《证券法》，中山大学出版社2003年版，第198页。

销业务等。[1]

经纪类证券公司，是指经有权机关批准，仅能从事证券经纪业务的证券公司。该类证券公司的业务范围极其有限，只可从事证券经纪业务。证券经纪业务，又称证券代理业务，是指证券公司根据投资者的委托和授权，以投资者的名义和账户进行的买卖证券和其他证券业务。[2]根据一般的证券交易规则，非会员投资者若要投资证券，则必须以证券公司为中介，借助证券公司来完成投资或交易。此时，证券公司必须遵循相关法律、法规，以及证券交易规则的规定，执行投资者作出的委托指令。这是证券经纪业务中证券公司的基本职责。

（二）会员资格

我国证券交易所采用的组织形式为会员制。因此，证券公司必须依据各交易所的自治章程的规定，提出会员申请。只有符合条件，且经过批准后，才可成为会员。规定这些条件，主要是为了保障交易所的证券交易秩序，并方便证券交易所进行管理。[3]我国深圳证券交易所和上海证券交易所，都在自己的章程中规定了对会员的资格要求。

我国《深圳证券交易所章程》对会员资格的要求，规定在章程的第18条中，需要同时具备下列条件："①经批准设立、具有法人地位的境内证券经营机构；②具有完善的风险管理及内部控制制度；③具有合格的经营场所、业务设施和技术系统；④承认并遵守本所章程及业务规则；⑤中国证监会及本所规定的其他条件。"

《上海证券交易所章程》第19条规定："申请成为本所会员，应当同时具备下列条件：①经批准设立、具有法人地位的境内证券经营机构；②具有良好信誉和经营业绩；③组织机构和业务人员符合中国证监会和本所规定的条件，符合本所对内部管理制度、技术系统及风险防范提出的各项要求；④承认并遵守本所章程和业务规则，按规定交纳会员费用；⑤本所要求的其他条件。"

（三）会员的权利义务

1. 会员的权利。作为会员制证券交易所的会员，证券公司享有与其地位相适应的一系列的平等权利。这些权利被具体地规定在各个证券交易所的章程之中。总结起来看，会员的权利主要包括下列几项内容：

（1）与会权。会员大会是会员制证券交易所的最高权力机构。每一位会员都有参加会员大会的权利。我国的上海证券交易所和深圳证券交易所都在其章程中规定了会员的这一权利。

（2）选举权和被选举权。每一位会员享有平等的选举权与被选举权，他们有权参加证券交易所理事和监事的选举，也有权被选举为理事或监事。

（3）提案权和表决权。证券交易所是一个自律组织，由会员自己管理自己交易所的事务。因而，上海证券交易所和深圳证券交易所都规定了会员的提案权和表决权。会员对自己所在交易所的事务，有建议提案权和表决权。每一个会员的表决权相等。

（4）场内交易权。证券交易所为证券公司、投资者等各证券交易主体提供了证券交

---

[1]　杨峰、刘兴桂主编：《证券法》，中山大学出版社2003年版，第200页。

[2]　杨峰、刘兴桂主编：《证券法》，中山大学出版社2003年版，第200页。

[3]　杨峰、刘兴桂主编：《证券法》，中山大学出版社2003年版，第194页。

易的场所。证券交易所的会员有权进入其所在的证券交易所，从事证券交易，以及享受该所提供的其他服务。不同种类的会员，所从事的证券交易业务的种类也不同。

（5）监督权。除了监察委员会对证券交易所的事务进行监察监督外，交易所的会员也享有监督权。会员有权对其所在的证券交易所的事务进行监督。而各个会员之间也形成了互相监督的模式。会员有权对其他会员的活动进行监督，以保护自己以及整个证券交易所的正当合法利益。

（6）转让席位权。会员只有拥有了交易席位，才可以在证券交易所内进行证券交易业务。上海证券交易所与深圳证券交易所的章程都规定会员可以转让交易席位，但前提是保留至少1个交易席位。

2. 会员的义务。对于证券交易所的会员的义务，我国两大证券交易所在各自章程中的规定大体雷同。综合来说，会员的义务主要包括下列几项内容：

（1）遵守国家的有关法律、法规、规章和政策，依法开展证券经营活动；

（2）遵守证券交易所的章程、业务规则及其他相关规章制度，自觉执行该所各项决议；

（3）派遣合格代表从事证券交易活动；

（4）履行对证券交易所市场的交易及交收义务；

（5）保证投资者的合法权益；

（6）维护证券交易所的合法利益，促进证券交易市场的稳定发展；

（7）按规定交纳各项经费和提供有关信息资料；

（8）接受证券交易所以及其他监督主体的监管；

（9）其他相关的义务。

三、证券交易所组织结构的完善

（一）公司化改革

1. 证券交易所公司化改革的现状。自20世纪90年代以来，在竞争日趋激烈、市场环境瞬息万变的背景下，传统的会员制证券交易所，在全世界范围内发生了组织形式的变化。1993年，瑞典的斯德哥尔摩证券交易所完成了公司制改革。之后，越来越多的证券交易所从传统的会员制，或形式上的公司制、实质上的会员制，放开了交易所所有者范围限制，改革为公司制的交易所。[1]这些证券交易所开始允许交易所股份的自由转让，并且切断了交易权与所有权之间的联系，从而在组织形式上真正转变为公司制。伴随证券交易所的改制浪潮，作为描述该浪潮的一个新兴词汇"非互助化"（Demutualization）成为国际证券期货业的热门词汇。一般认为，证券交易所从会员制转向公司制，主要经历了三个方面的变化：①在所有权结构上，由会员所有转变为股东所有，从会员所有权、控制权与证券交易所设施和服务的使用权有机统一，转变为这些权利的相对分离；②在组织结构上，由互助性组织转变为非互助性组织，由一人一票转变为资本多数决；③在经营目标上，由注册为不以营利为目的的法人，转变为公开声称营利性并追求股东利益最大化的商事组织。公司制证券交易所将交易所的企业属性即营利性展现得淋漓尽致，坚持交易所企

---

〔1〕 王京、滕必焱编：《证券法比较研究》，中国人民公安大学出版社2004年版，第259页。

业属性的"企业观点"为公司化改革提供了强有力的理论支持。

近几年完成公司制改革的交易所如下表所示:[1]

表 12 - 1　世界多国证券交易所公司制改革时间表

序号	证券交易所名称	改制时间（年）
1	瑞典斯德哥尔摩证券交易所	1993
2	芬兰赫尔辛基证券交易所	1995
3	丹麦哥本哈根证券交易所	1996
4	荷兰阿姆斯特丹证券交易所	1997
5	意大利证券交易所	1997
6	澳大利亚证券交易所	1998
7	奥地利维也纳证券交易所	1999
8	希腊雅典证券交易所	1999
9	冰岛证券交易所	1999
10	新加坡证券交易所	1999
11	英国伦敦证券交易所（LSE）	2000
12	德意志交易所（法兰克福证券交易所）	2000
13	加拿大多伦多证券交易所	2000
14	加拿大蒙特利尔证券交易所	2000
15	泛欧证券交易所（Euronext）	2000
16	墨西哥证券交易所	2000
17	香港联合证券交易所	2000
18	美国纳斯达克证券交易系统	2000
19	挪威奥斯陆证券交易所	2001
20	西班牙证券交易所	2001
21	日本东京证券交易所	2001
22	日本大阪证券交易所	2001
23	菲律宾证券交易所	2001
24	匈牙利布达佩斯证券交易所	2002
25	瑞士证券交易所	2002
26	新西兰证券交易所	2003
27	马来西亚吉隆坡证券交易所	2004
28	印度孟买证券交易所	2005

---

〔1〕　资料来源：根据世界交易所联合会 2012 年调查报告整理，时间截止到 2012 年底。

序号	证券交易所名称	改制时间（年）
29	印度国家证券交易所	2005
30	纽约证券交易所（NYSE）	2006
31	美国证券交易所（AMEX）	2006
32	巴西证券交易所	2007
33	莫斯科交易所	2011

根据世界交易所联合会 2012 年的统计数据，截至 2012 年 12 月，在全球范围内，协会或会员互助制（Association or mutual）的证券交易所只有 7 家。其他的法律组织形式包括：公开上市交易公司（Public listed company）23 家、可转让股份但未挂牌上市的交易所（Demutualized exchange with transferable ownership but not listed）9 家、主要由会员持有的私人有限公司（Private limited company mainly owned by its members）8 家、其他 10 家。[1]

2. 证券交易所公司化改革的动因。20 世纪 90 年代以来，经济快速发展，市场竞争激烈，证券业市场环境无时无刻不处在变化之中。这些外界因素成为证券交易所公司化改革的直接动因。

（1）电子化、互联网交易的出现。随着现代信息技术的迅猛发展，高效率、高准确率的电子化交易和互联网交易随之出现。证券交易的电子化、网络化使投资者摆脱了对中介机构的依赖，导致"脱媒现象"的出现，即投资者不再通过经纪交易商进入证券交易所，而是直接进入市场。同时，电子交易技术的发展为新型交易系统提供了巨大的发展空间，使交易所与场外交易的竞争日趋激烈，对交易所的创新和决策能力提出了挑战。[2]

（2）经济全球化。会员制证券交易所在证券业发展初期，有其存在的理由与价值。然而，随着经济全球化的发展，证券交易所的会员制组织形式逐渐显现出其弊端。经济全球化的发展趋势，使得证券交易所有了扩大规模的必要性，需要进行再融资，并加大对科学技术的投入。然而会员制交易所筹资成本高，越来越不能适应交易所发展的需要。[3]

3. 证券交易所公司化改革的市场绩效分析。公司制本身所具有的对于上述外部因素的适应性为证券交易所的发展提供了动力机制，表现为公司化改革所带来的良好的市场绩效，体现在以下几个方面：

（1）完善交易所的内部治理。公司化改革能够使证券交易所的内部治理更加完善。相比较会员制证券交易所，公司制证券交易所的所有者和交易者是相互分离的。这种分离状态能够减小所有者和交易者的利益冲突，可以保证证券交易所作为中介的中立和公正的态度。决策时，交易所的管理者可以作出更好的选择，尽量追求所有者和交易者的一致利益。

---

〔1〕 2012 World Federation of Exchanges Cost & Revenue Survey.
〔2〕 丁化美、任碧云：《交易所：功能、运转及效力》，中国金融出版社 2014 年版，第 243 页。
〔3〕 丁化美、任碧云：《交易所：功能、运转及效力》，中国金融出版社 2014 年版，第 244 页。

此外，证券交易所在公司化改革后，就可以运用一般公司的治理模式来完善其自身。例如，利用股东对其股份价值、红利的关注，激励他们积极行使股东的监督权，更有力地监督管理层的管理及经营行为。

（2）实现交易所的市场价值。证券交易所经过公司化改革后，可转变为上市公司。作为上市公司，证券交易所可以发行自己的股票，也可以在证券市场上进行证券交易，以实现其市场价值。公司制证券交易所自身股票的交易可以形成控制权市场，即通过收集股权或投票代理权取得对证券交易所的控制，达到接管和更换不良管理层的目的。由此可以对证券交易所管理层形成巨大的市场压力，促使其不断改善证券交易所的经营。[1]

此外，作为上市公司，证券交易所承担着更多的信息披露义务，并接受所有监督主体对其经营行为的监督，保证其运营的透明化。

（3）易于扩大规模。会员制证券交易所往往会限制会员的人数，非常不利于证券交易所未来的发展。而证券交易所完成公司化改革后，能够更方便地扩大规模。随着参与交易的容量的扩充，股东类型也变得更加多元化。交易所在资本市场上的筹资能力也得到了极大的提高，这同时为交易所的并购能力提供了有力的资金支持。[2]而证券交易所之间的合并、分立或设立分支机构，直接提高了证券交易所的竞争力。

（4）拓展证券交易市场。会员制证券交易所公司化改革之后，从非营利性转向以营利为目的的，追求自身更高的利润。获取更高利润的首要保障，就是提高市场服务质量，包括在其交易所上市的证券，即交易产品的质量。证券交易所必须不断地开发创新，使该所的交易品种及交易方式趋于多样化，从而更好地满足投资者的投资需要。

（5）提高规模经济性。证券交易所的公司化改革，将促使交易所更频繁地使用多元化经营和并购联盟策略，从而导致一种新的交易所组织模式——交易所集团的出现。[3]正是因为这种多元化的经营，交易所集团可以提供一系列相关服务，包括现货、衍生产品、结算等。这种交易所集团将更加充分地发展交易所的规模经济。

（二）我国证券交易所组织结构的不足

1. 会员制证券交易所的弊端与不足。虽然我国的证券交易所的组织形式并非完全意义上的会员制，但是根据法律的表述和多数学者的观点，其更接近于会员制证券交易所的组织形式。因此，会员制证券交易所存在的弊端和不足在我国的证券交易所中也有体现。与公司制证券交易所的分离机制——所有者与交易者的利益相分离不同，会员制证券交易所的会员既是所有者，又是证券交易主体，会员在追逐自身利益的同时可能牺牲公众利益。这是会员制证券交易所的主要弊端。可以从以下几个方面具体分析：

（1）阻碍竞争力的提高。会员制证券交易所对竞争力的限制，主要体现在会员身上。几乎所有的会员制证券交易所都会对会员的数量进行严格的限制，这也导致了交易所对其规模的控制，间接地消灭了交易所之间的竞争。

除了交易所之间的竞争被消灭，会员之间的竞争也被限制了。有学者研究发现，会员制证券交易所的会员之间，容易形成佣金卡特尔。卡特尔是指由一系列生产类似产品的独

---

〔1〕 陈苏主编：《证券法专题研究》，高等教育出版社2006年版，第168页。

〔2〕 丁化美、任碧云：《交易所：功能、运转及效力》，中国金融出版社2014年版，第245页。

〔3〕 丁化美、任碧云：《交易所：功能、运转及效力》，中国金融出版社2014年版，第245页。

立企业所构成的组织、集体行动的生产者，目的是提高该类产品价格和控制其产量，其实质是形成价格垄断。会员制证券交易所的会员即证券公司之间形成的佣金卡特尔就是证券公司结成价格联盟，对拟上市公司的佣金收取形成价格垄断。实践也证明，佣金卡特尔的存在使会员获取垄断的利益。[1]这种垄断利益的获取，利用了会员资格的市场价值。会员可以借其资格的出售获得巨大的经济利益，并可阻止其他市场主体进入证券交易所展开业务竞争。[2]

（2）影响执行和决策的正当性。由于会员制证券交易所的所有者和交易者都是会员，交易所被会员控制，因此，为了维护会员的利益，证券交易所制定的规则以及作出的决策，往往都以会员利益为出发点，从而牺牲了公众利益。

一方面，交易所对其会员负有执行法律和交易所规则以及会员大会的决策等义务。证券交易所本应是自律性组织，但是由于会员对交易所的控制，往往会出现交易所自律失灵的情形。另一方面，证券交易所对会员的监管趋于放松，也容易出现执行不力的倾向。

2. 我国证券交易所的组织结构在实践中的不足。从我国的实践来看，上海证券交易所和深圳证券交易所实质上是"准会员制"或者"行政会员制"。1998年4月，中国证监会拥有了作为国内证券、期货市场主管部门的地位。上海、深圳两大证券交易所都要接受证监会的管理。于是，我国形成了一种集中监管体系，以政府统一监管为主，以证券交易所自律管理为辅。

在交易所之间，证监会的集中监管导致了行政分配上的垄断。证监会享有公司上市的决定权，因此上市资源几乎是由证监会在两个交易所之间进行行政分配。[3]此外，证券交易所在行使其对交易市场的组织、管理功能时，受到证监会的严重牵制，失去了应有的独立性。例如，证监会，而非证券交易所，掌握着更多对交易主体违规行为进行处罚的权力。

同时，证监会通过掌握证券交易所的人事任免权，实现对交易所的严格监管。证监会任命证券交易所的总经理，实质上导致总经理的负责对象变成了证监会，而不是会员大会和理事会。总经理行使其职权，本应以维护证券交易所和会员的整体经济利益为宗旨，现在却是更多地从证监会、政府的角度出发。[4]

这种政府主导型的证券交易所存在着以下弊端：

（1）证券市场的交易费用和运行成本高。在我国，企业上市的规则制定权、审批决定权等一系列权力都掌握在行政机关手中，证券交易所实际上缺乏自主决定企业上市的权力。这就产生一种非常矛盾的现象：最接近拟上市企业、最了解市场行情的组织无权决定企业的上市，而该决定权由不了解市场行情、远离拟上市企业的行政机关行使，导致企业上市审批周期长，上市成本居高不下。此外，当发生市场波动，遇到突发情况时，证券交易所无法在第一时间实施合理有效的措施，而是要等待市场敏感程度更低的行政机关采取相应措施，效率十分低下，大大增加了市场活动的时间成本。

（2）市场机制发挥不充分，加剧市场的不稳定性。政府主导型的证券交易市场无法

〔1〕 陈苏主编：《证券法专题研究》，高等教育出版社2006年版，第166页。
〔2〕 陈苏主编：《证券法专题研究》，高等教育出版社2006年版，第166页。
〔3〕 丁化美、任碧云：《交易所：功能、运转及效力》，中国金融出版社2014年版，第253页。
〔4〕 彭冰：《中国证券法学》，高等教育出版社2007年版，第172页。

充分发挥市场调节机制，政府干预抑或人为措施十分容易影响到证券市场的发展方向。目前我国经济转轨时期政策、市场环境的多变和经济工作重心的不断转移注定了经济政策目标的游离不定，使得政府在对待证券市场的态度上一直游离于规范和发展之间。[1]这种游离导致我国证券市场的行情受到国家政策的影响甚至比受市场调节的影响程度更大，使得投资者在证券市场中无法根据市场规律作出合理的投资判断，在面对市场波动时无所适从。这也是我国证券市场投机行为盛行的一个重要原因。相比于市场规律，许多投资者更倾向于关注政府决策，热衷于所谓的"小道消息"，一旦证券投资盈利就会立刻撤资，寻求下一个短线投资的目标，缺乏长期投资和经营的计划。

（3）证券交易所的市场作用被忽视，市场活力受损。从历史上看，证券交易所是为了满足证券买卖的需要由证券商自发组建起来的，而不是政府决策的产物，政府仅是为了克服市场调节的弊端而对证券交易所进行监督，它从来不主导证券市场的发展。在一个健康合理的证券市场中，政府、证券交易所、市场主体各自扮演着不同的角色，并在市场中发挥着不同的作用。从监管的角度而言，政府监管和证券交易所的监管也代表了不同的监管力量、监管要求和监管目标。而在我国政府主导型的证券交易市场中，证券交易所的作用被大大地弱化了，其在很多时候只是政府决策的执行者和监督实施者，其自身的规则制定权力被极大地限制，成为附属于政府的监管力量。这导致证券交易所的市场活力受到损害，市场创新能力不足。

（三）证券交易所公司化改革对我国的启示

1. 证券交易所组织形式的选择争论。资本市场的发展与金融创新的加剧，极大地改变了传统证券交易所的运作环境。已经存在的和可以预见的激烈竞争，使得生存还是死亡，成为悬在证券交易所头上的一柄"达摩克利斯之剑"。在这种背景下，对证券交易所组织形式和治理结构的反思成为世界各国金融现代化和资本市场改革的一个重要课题。面对金融机构全球化、金融市场一体化、金融业务综合化以及证券交易所非互助化的全球化浪潮，中国的金融法制不可能故步自封，更不可能独善其身，唯有积极进行规则调适与制度变革，才能强化其时代适应性品格。[2]此外，我国证券交易所面临的境外证券交易所竞争的挑战还是严峻的，如果不进行制度改革增强竞争力，改善自身治理结构，我国的证券交易所在激烈的国际竞争环境中也将难以发展。

我国立法对证券交易所组织形式的态度，并不是一成不变的。在我国第一部《证券法》出台之前，所有的草案都一致规定了证券交易所的会员制组织形式。但是1998年最终通过的《证券法》中，却取消了这一规定。此外，中国证监会于2001年发布了《证券交易所管理办法》，其中也未坚持会员制。这说明了未实行会员制的证券交易所存在的可能，也从另一方面肯定了非会员制这一组织形式。

在此情况下，我国两大证券交易所都对世界范围内的证券交易所公司化改革进行了大量研究。"中国证券交易所产品创新与国际化发展战略研究"课题报告，由上海证券交易所牵头，着重研究了内地证券交易所在信息时代的发展战略问题，并提出了"技术和产

---

[1]　郑彧："我国证券交易所法律性质之重塑——兼论证券交易所互助化与非互助化的取舍"，载《法商研究》2008年第6期。

[2]　陈风："坚持、放弃抑或改良？——对我国证券交易所组织形式的审思"，载《江西社会科学》2012年第11期。

品创新化、治理结构公司化、交易所国际化"的建议。[1]"公司制改革席卷全球证券交易所"报告由深圳证券交易所综合研究所作出，认为公司制改革改善了证券交易所的市场绩效，已是交易所治理结构的主导模式。[2]

然而，学术界并不完全认为公司制证券交易所就是我国证券交易所改制的最好选择。一种主张认为，我国现在的证券交易所的独立性受到行政机关的限制过多，并不是真正的会员制的自律。因而，有必要从各方面促使我国的证券交易所发展成为真正意义上的会员制证券交易所。[3]另一种主张认为，并不一定要将证券交易所改制为公司，而是借鉴国外的非互助化改制经验，对我国交易所进行股份化改革。[4]

2. 回归真正的会员制证券交易所的非必要性。由于历史原因，我国存在着上交所、深交所与"新三板"三个全国性证券交易场所和四家衍生品交易场所，全国性的资本市场被人为分割。在经营上，各交易所在监管层划定的特定领域内垄断性地运营，彼此之间缺乏竞争，导致整个中国资本市场交易平台缺乏活力，金融产品种类与推出速度都远远落后于国外同行。在监管上，交易所各自为战，缺乏跨市场协同机制，不能提前发现市场风险的不断积聚，在突发性的市场动荡面前多处被动。信息技术的迅猛发展、资本市场的蓬勃与金融创新的加剧，已经极大地改变了传统证券交易所的运作环境，各国的普遍经验也告诉我们，会员制很难形成治理规范的交易所集团。

此外，会员制并非证券交易所的必经阶段。我国台湾地区的证券交易所一开始便在政府的推动下采用公司制的组织形式。其间虽几次欲改制为会员制交易所，但一直保留着公司制的组织结构。印度国家交易所于 1993 年成立时即为公司制交易所。这些事例说明，在证券交易所非自发形成的背景下，政府完全可以根据证券市场环境和发展阶段，推动采用适当的证券交易所组织形式。

3. 盲从公司化改革的不可取性。如果存在良好的法治环境和灵敏的市场机制，公司制证券交易所股东的自我利益和证券市场的公共利益可以在市场运行中统一起来。但是公司的营利性和交易所的公共职责的双重性质，以及我国证券交易所所处的市场环境和法治环境的不完善性，使得商业利益和公共利益的冲突在现实中难以避免。

我们应当清楚地看到我国进行证券交易所公司化改制面临的现实困难与风险。这些困难和风险至少来自以下四个方面：

（1）内部竞争压力不足。我国上交所、深交所的组织结构与治理结构并无本质差别，二者在各自地域范围内进行着证券交易权的垄断，加上严格的市场准入，彼此间难以形成真正意义上的竞争局面，在此情况下仓促进行公司化改制，既无法提升交易所的竞争力，也不利于资本市场的充分发展，反而可能形成一种新的垄断力量。银行体系"大而不倒"、监管套利等现象是前车之鉴，应引起我们的重视。

（2）证券交易所公司化改制的利益冲突不可避免。公司制证券交易所的缺点，集中

〔1〕　王京、滕必焱编：《证券法比较研究》，中国人民公安大学出版社 2004 年版，第 259 页。
〔2〕　王京、滕必焱编：《证券法比较研究》，中国人民公安大学出版社 2004 年版，第 259 页。
〔3〕　北京大学光华管理学院——上海证券有限公司联合课题组："证券交易所管理市场职能的法律性质研究"，载《上证研究（2003 年法制专辑）》，复旦大学出版社 2003 年版，第 50 页。
〔4〕　于绪刚：《交易所非互助化及其对自律的影响》，北京大学出版社 2001 年版，第 201 页。

体现为以营利为目的商业组织与自律管理性质组织的冲突：首先，公司制证券交易所是以商业化为导向的，其经营目标就是要增进股东的利益。同时，交易所的股东又因为可能是市场的参与者而成为交易所应该进行监管的对象。这造成其营利的商业化目标与保护市场公正的监管职能之间的冲突。[1]一直以来，我国证券交易所存在着自律管理不足的问题。在国外的证券交易所公司化改制实践中，不少国家采取剥离证券交易所的监管职能，将其交予政府或第三人的做法，我国如果也如此改革，证券交易所本来就薄弱的自律管理权将进一步弱化，建立多层次的监管体系更是遥不可及。

（3）对公司制证券交易所的治理结构研究不足。证券交易所公司化改制的第一步就是变革交易所的治理结构。如何完成从"会员大会—管理层"二级结构到"股东（大）会—董事会—经理层"三级结构的转变，如何改革现行的人事任免制度以保持公司制证券交易所的独立性，如何设计股权结构以防止公司制证券交易所被少数股东控制或被外国交易所敌意收购，如何有效发挥独立董事的作用等问题均有待进一步深入探讨，罔顾现实的可操作性而强制进行公司化改制，同样可能会重新塑造一种"四不像"的股份制证券交易所形式。[2]

（4）证券交易所国际并购压力巨大。公司制的组织形式给证券交易所的并购重组带来了极大的便利性。在欧美国家率先完成内部整合后，新兴市场纷纷效仿、加紧并购，跨国跨洲并购愈演愈烈。最新的动态莫过于，2016年3月16日伦敦证券交易所发布声明表示，该集团与德意志交易所同意进行全股票对等合并，预计合并将于2016年末或2017年初完成，届时将创建全球最大的交易所集团。曾有进一步消息称，目前拥有纽约证券交易所的洲际交易所集团（ICE），以及芝加哥商业交易所（CME）也在考虑竞购伦交所，新一轮交易所争购战一触即发。在我国证券交易所尝试走向公司制的过程中，如何防止发生因收购而导致证券交易所终止的情形也应引起我们足够的重视。

综上，我国目前的当务之急并非进行证券交易所公司化改制，而是着力打造有效竞争的资本市场和完善交易所的治理结构，提升交易所的竞争力，为交易所公司制改造创造条件，[3]在此基础上再谈如何具体操作变更事宜尚不算迟。改革的目的并不是使证券交易所公司化，也不是实现其营利目的，而是非互助化后减少会员对治理结构的制约，实现决策机制社会化、公益化，融资渠道多样化，市场主体、市场结构国际化，以适应经济全球化的新形势。[4]

第四节　证券交易所的自律管理职能

一、证券交易所自律管理的概念

证券交易所的监管职能主要是通过自律管理实现的，自律管理是证券交易所法律属性

---

〔1〕　参见屠光绍主编：《市场监管：架构与前景》，上海人民出版社2000年版，第166页。

〔2〕　李秋高、宗频："证券交易所股份化中的利益冲突及其解决——兼析我国证券交易所股份化的可能性"，载《江西社会科学》2011年第8期。

〔3〕　冯果主编：《证券法》，武汉大学出版社2014年版，第237页。

〔4〕　王京、滕必焱编：《证券法比较研究》，中国人民公安大学出版社2004年版，第261页。

的彰显。自律管理，对应英文中的"self - regulation"，也有人称之为"自律监管""自我监管"，另有学者将之表述为"自治"，[1]是指证券交易所通过制定和执行交易所的规则并且承担执行法律、行政法规、规章的法定义务，对上市公司、会员以及交易过程进行自律管理，履行交易所的监管职能。

该定义揭示证券交易所自律管理权的来源有二：一是证券交易所自己制定的规则，这些规则不属于法律法规的范畴，不具有法律强制力，其对证券市场主体的约束力来自于交易所与市场主体之间签订的协议，例如交易所与企业所签订的上市协议；二是法律、行政法规与规章的授权，在这种情况下，国家通过立法的方式赋予了证券交易所相应的管理权。

二、自律管理和政府监管的关系

（一）两者的不同之处

自律管理与政府监管不同，自有其特点：①监管依据不同。自律组织成员签署的章程是主要的法律依据，自律组织成员违反自律规则的，应当受到章程及规则的处分。而政府监管是指监管机构根据法律或者法律、行政法规的授权行使监管职权，没有法律或者其授权机构，不能行使政府监管职权。②监管性质不同。自律规则属于民事监管，政府监管属于行政执法。自律组织成员违反章程及相关规则，自律组织也不能采取罚款、限制人身自由的手段。政府监管属于行政监管，证券监管机构有权依照法律采取罚款、限制经营等法定措施。③监管效力不同。自律规则是自律成员之间达成的协定，不是法律、法规，因此违反自律规则承担的是有限的民事后果。政府监管通常以行政违法性为前提，证券监管机构依照法律授权对违法者施以行政处罚。

（二）自律管理的优势

证券交易所的自律制度之所以在各国证券市场的发展过程中扮演重要的角色，主要是因为相对于政府监管，其自身具有比较优势。国外学者鲁本·李在《什么是交易所》一书中从十个方面概述了支持自律的理由。[2]国内有学者指出，自律具有"全面监管、专业监管、深度监管、柔性监管和预防性监管的功能属性"。[3]还有学者通过信息—决策机制和激励—约束机制两组理论分析模型，说明建立和参与自律组织是市场参与者的理性选择。[4]综合来看，证券交易所自律管理的优点如下：

1. 符合市场环境，提高效率。自律管理组织作为证券市场的组织者和运营者，直接参与证券的发行与交易，了解各种运行方式，有利于提高监管的效率。

2. 对市场的反应迅速，监管灵活性强。自律管理组织对证券市场违法违规行为的发现具有敏锐性和洞察力，相对行政监管表现得更加迅速和快捷，这一点在解决突发性事件时表现得尤其明显。

3. 监管成本低，自律性强。自律监督的范围包括职业道德与操守等法律法规的监管

---

〔1〕 参见鲁篱："自治如何形成——对证券交易所法律地位的历史比较"，载《现代法学》2004 年第 4 期；鲁篱："证券交易所自治地位的比较研究"，载《社会科学研究》2004 年第 5 期。

〔2〕 See Ruben Lee, *What is an Exchange? The Automation, Management, and Regulation of Financial Markets*, Oxford University Press Inc., New York, 1998, pp. 190 - 191.

〔3〕 中国人民大学民商事法律科学研究所课题组："证券市场诚信、自律与法治原则研究"，载《上证研究（2005 年法制专辑）》，复旦大学出版社 2005 年版，第 28 ~ 29 页。

〔4〕 刘波：《资本市场结构：理论与现实选择》，复旦大学出版社 1999 年版，第 58 ~ 62 页。

无法发挥作用的领域，降低了监督成本，强调了自律要求。

4. 重视理性与信誉，能够抑制政府干预。自律监管能够排斥不当的行政干预，约束政府监管者的行为，预防政府监管带来的"寻租"现象。

但是自律管理也存在明显的缺陷，主要包括权威性弱、监管力度不够、统一性差等，因此仍然需要政府部门的指导和配合。片面强调自律管理或政府监管都是不可取的。明智的做法是将自律管理和政府监管相结合，合理安排双方的责任，构建一个分工明确、权责清晰的综合性证券市场监管体制。

（三）两者的有机统一

证券市场必须受到行政和自律的双重监管。通过双重监管体制，证券交易所可以最大限度地消除金融风险、鼓励投资，使得证券市场能够有序繁荣发展。对于双重监管体制，有的学者偏重行政监管，有的偏重自律管理。证券交易属于交易行为，只要没有危及公共利益或国家利益，行政机关应当最大限度退出监管，交给证券交易所实行自律管理。制定完善的证券监管体制，推行有力的行政监管制度是必要的，但是过度依靠法律或是行政干预推行市场规则，会使市场面临许多问题。一方面，法律不是万能的，证券市场出现的新情况新问题，不能完全由国家立法所涵盖和调整；另一方面，证券交易本质上是一种合同行为，政府应当尊重当事人之间的自由意志，为维护合同意思自治创造良好的市场空间。因此，对于证券交易所的管理，应当以自律性为主，以行政规范性为辅。

根据国际证券委员会组织于 2002 年发布的文件《证券监管目标和原则》，证券监管的目标包括：保护投资者；确保市场是公正、高效和透明的；降低系统风险。作为自律组织的证券交易所承担着和政府监管同样的目标，具有明显的公共机构色彩，因此至少在交易所的运营目标中，也应包括上述公共利益目标。

我国的证券市场天生就存在行政授权的属性。与国外证券交易所的产生由证券商自发组织成立不同，我国的证券交易所是在政府的主导下成立的，其成立的目的是解决国有企业的融资困难。在交易所运行初期，政府又采取了一系列严格的控制措施以防止国有资产的流失，这种政府主导的监管模式始终发挥着惯性作用，导致目前我国证券交易所实际上是在政府监管体制下发展运行的，应该说，我国证券交易所尚未探索出一条自律管理的道路。投资者遇到问题时往往向政府寻求帮助，而政府也体现出愈益强大的监管作用。在当前日益活跃的国际证券市场上和我国注册制改革的风潮中，应当努力突破"重政府监管、轻自律管理"的传统模式，在政府监管与自律管理之间寻求平衡点。

三、证券交易所自律管理的内容

（一）证券交易所对证券交易活动的监督

1. 制定交易规则。我国《证券法》第 115 条第 1 款规定："证券交易所依照法律、行政法规和国务院证券监督管理机构的规定，制定上市规则、交易规则、会员管理规则和其他有关业务规则，并报国务院证券监督管理机构批准。"据此，证券交易所拥有规则的制定权，主要包括：制定上市规则，包括上市条件、程序、暂停上市、终止上市的事项；制定证券交易具体规则，主要包括证券交易的方式、操作程序、交割事项和交易纠纷的解决等；制定会员管理规则以及制定其他规则。

2. 实时监控。实时监控是指证券交易所对交易情况及交易秩序进行即时和全面监控。我国《证券法》第 112 条第 1 款规定："证券交易所对证券交易实行实时监控，并按照国务院证券监督管理机构的要求，对异常的交易情况提出报告。"实时监控使证券交易所能够及时获取证券交易的各种信息，及时发现证券交易中出现的异常情况，可以及时采取临时停市、暂停上市的补救措施和处理措施，有效维护证券交易秩序。

3. 公开证券交易信息。我国《证券法》第 109 条第 1 款规定："证券交易所应当为组织公平的集中交易提供保障，实时公布证券交易即时行情，并按交易日制作证券市场行情表，予以公布。"根据《证券交易所管理办法》第 38 条的规定，按日制作的证券行情，应记载以下事项：上市证券的名称；开盘价、最高价、最低价、收盘价；与前一交易日收盘价比较后的涨跌情况；成交量、值的分计及合计；证券交易所市场基准指数及其涨跌情况；中国证监会要求公布或者证券交易所认为需要公布的其他事项。

4. 技术性停牌和临时停市。我国《证券法》第 111 条第 1 款规定，"因不可抗力、意外事件、重大技术故障、重大人为差错等突发性事件而影响证券交易正常进行时，为维护证券交易正常秩序和市场公平，证券交易所可以按照业务规则采取技术性停牌、临时停市等处置措施，并应当及时向国务院证券监督管理机构报告"。突发性事件是指在证券交易过程中无法预测或者难以预测、对证券交易产生较大影响的人为或客观事件。例如电脑系统的瘫痪、地震、罢工等。技术性停牌是停牌的一种方式。停牌是指停止某一特定证券的继续交易，包括例行停牌和技术性停牌。技术性停牌是指因某种即时出现的突发性事件影响证券交易的正常进行，由证券交易所采取的临时停止某种证券继续交易的手段。临时停市是针对整个证券交易所而言的，一旦出现临时停市事件，证券交易所有权停止证券交易所内的全部交易活动。例如不可抗力事件、罢工、暴力事件、电脑故障等。

5. 限制交易。我国《证券法》第 112 条第 2 款规定："证券交易所根据需要，可以按照业务规则对出现重大异常交易情况的证券账户的投资者限制交易，并及时报告国务院证券监督管理机构。"

（二）证券交易所对会员和从业人员的监督

证券公司作为证券交易所的会员，必须遵守证券交易所的章程和规则，证券交易所应当对其会员执行交易所章程和规则的具体情况实行监督。我国《证券法》对证券公司的准入有以下规则：①证券交易所制定会员管理规则，对证券公司实施监控。②证券交易所应当建立市场准入规则，禁止非会员单位进入证券交易所进行集中竞价。③交易所有权依照规则，决定接纳和开除会员。④证券公司必须遵守席位管理规定，严禁违法使用会员席位。⑤证券交易所有权监督证券公司的财务状况、内部风险控制和业务执行情况。⑥证券交易所有权查处证券公司的违规行为。同时，我国《证券法》第 105 条规定："进入实行会员制的证券交易所参与集中交易的，必须是证券交易所的会员。证券交易所不得允许非会员直接参与股票的集中交易。"

根据《证券业从业人员资格管理办法》，证券经营机构在证券交易所的出市代表，必须按照规定取得证券从业资格证书后，才可在相应专业岗位上工作。此外，对于证券从业人员，凡遇到与其本人或亲属有利害关系事项者应当回避。

（三）证券交易所对上市公司的监督

证券交易所对上市公司的监管建立在证券交易所与上市公司之间民事合同的基础之上。证券交易所与上市公司之间具有特殊的权利与义务关系。上市协议是约束证券交易所和上市公司的法律基础。上市协议不仅记载着证券法强制性要求的记载事项，还记载着证券交易所会员大会要求记载的条款。因此上市协议是证券交易所对上市公司实施监管的基础之一。

我国《证券法》中关于证券交易所对上市公司监管的规定较为概括。但是，《上海证券交易所章程》第15条规定，"本所根据业务规则的规定，对违规的证券上市交易公司及相关市场参与主体实施口头警示、书面警示、要求限期改正、监管谈话、向相关主管部门出具监管建议函、通报批评、公开谴责、收取惩罚性违约金等自律监管措施或者纪律处分"。《深圳证券交易所章程》的14条也规定，"本所根据业务规则的规定，对违规的证券上市交易 公司等证券发行人及相关市场参与主体实施口头或者书面警示、约 见谈话、要求限期改正、通报批评、公开谴责、收取惩罚性违约金、向相关主管部门出具监管建议函等自律监管措施或者纪律处分"。

第五节 场外交易市场

一、场外交易市场的概念和特征

场外交易市场是指证券交易所以外的，投资人通过相对买卖、拍卖、标购等方式买卖证券的合法交易市场。场外交易又称为柜台交易或者店头交易。因为证券交易所不能满足所有证券的流通需求，因此场外交易市场为各种品质的证券提供了一个可以流通的平台，用于弥补证券交易所流通证券的单一性，使证券交易具有多样性和连续性。

与场内交易相比，场外交易场所有其特征：

第一，场外交易市场为那些不能上市的证券提供交易流通的渠道，降低了公司的上市成本，也有助于减少证券交易的成本。

第二，区别于交易所集中竞价的方式，场外交易市场可以采取议价的方式，有助于买卖双方达成交易。

第三，场外交易为证券交易所退市的证券提供一个平台。当在交易所上市的公司面临退市情况时，可以选择进入场外市场交易，这样能更好地保护公司股东的合法权益。

同时，场外交易市场有其不足之处：

第一，场外交易市场组织性差，分散于各地，规模不一。场外交易存在分散性和多样性，它既可以是证券公司的柜台、拍卖公司的拍卖市场，也可以是自动报价的电子交易系统。场外交易的多样性在为交易者带来极大便利的同时，也带来了不利于监督的风险。

第二，场外交易的价格通过协商达成，缺乏充分的竞争。场外交易市场的买卖主要是通过买卖双方的协商达成的交易，多为一对一还价、公开拍卖或是数个当事人的议价，竞争性小。

第三，场外交易市场中的证券流动性差，转让效率低。场外交易的证券没有采用集中竞价的方式，参与者有限，没有形成公开竞争的局面，转让的信息不对称，因此证券的流动性不足。

二、场外交易的形式

场外交易有三种形式：

1. 柜台交易，是指证券商在自己的业务经营场所直接同投资者进行证券交易。柜台交易根据参与方式的不同，又分为自营买卖和代理买卖。自营买卖是指证券商以自己的名义和账户，用自己的资金买入证券，然后再以略高价格卖出，其中的差价为证券自营商的利润。代理买卖是指证券商接受投资者委托，代理投资者买卖证券的交易方式。

2. 第三市场交易，是指在证券交易所和证券经营机构之外进行买卖证券的交易。第三市场形成的最主要原因是避开固定的高昂佣金。

3. 第四市场交易，是指机构投资者绕开证券经纪人，彼此间在证券交易所直接利用计算机网络进行大宗交易。第四市场交易主要有直接电脑交易和间接电脑交易，前者是指交易会员之间利用报价系统进行交易；后者是指会员之间利用专用网络外的通信工具交易。

三、我国场外交易市场的发展历程

我国的场外交易市场距离成熟和完善还存在一定距离。我国现在的场外交易市场主要有全国中小企业股权交易平台（新三板）、地方区域性的股权交易平台（新四板）等。近十年来，我国场外交易市场的发展主要经历了以下几个过程：

1. 场外交易市场的自由发展时期。1992年和1993年，经国务院有关部门批准，北京成立了以STAQ系统和NET系统为代表，主要从事定向募集公司中的法人股流通的证券交易自动报价系统。出于对个人大量购买国有法人股导致国有资产流失的担忧，从1993年开始两个系统停止扩容，到1999年，两个系统分别因为"国庆彩排交通管制"和"设备检修"等原因暂停至今。1993年底，区域性的为乡镇企业服务的淄博证券交易报价系统成立。之后全国各地还陆续成立了28家证券交易中心，主要从事定向私募公司中内部职工股的柜台交易和过户转让。从1994年起，全国成立了190家各种各样的产权交易中心。到1998年，国务院发文对场外交易市场进行全面清除，仅剩下上海的两家产权交易所。

2. 上海地区产权交易所。从1998年保留下来的上海地区的产权交易所分别为上海产权交易所和上海技术产权交易所。两家交易所办理股权转让并在全国发展会员。2004年《上海市产权交易市场管理办法》规定，产权交易所是指经上海市人民政府设立的产权交易场所，其中以上海联合产权交易所为核心，其是由上海市政府批准设立的具有事业单位法人资格的综合性产权交易服务机构，是国务院国有资产监督管理委员会选定从事中央企业国有资产转让的首批试点交易机构，是上海多层次证券市场中的一个重要组成部分。

3. 高新技术产权交易中心。从2002年起，创业投资、风险投资作为介于证券投资和长期投资、金融投资和战略投资的一种中间形态迅速发展起来，全国一些重点城市陆续成立了高新技术产权交易中心（所）。

4. 股权托管中心。股权托管中心于1996年开始在全国陆续成立，主要从事大量改制而未上市的股份制企业的代办股份转让、企业增资扩股、委托分红派息、股权质押登记、查证咨询、信息披露等工作。实际上，其已经形成了柜台交易的雏形。

5. 代办股权转让系统。2001年，中国证监会批准设立了代办股权转让系统。代办股权转让系统的服务业务是指证券公司以其自有或者租用的业务设施，为非上市公司提供股份转让服务业务。中国证券业协会依法履行自律性管理职责，对代办股份转让服务业务进行监督管理。

6. "新三板"市场。其来源于中关村科技园区的非上市股份有限公司进入代办股份系统进行转让试点，因挂牌企业均为高科技企业而不同于原转让系统内的退市企业及原STAQ、NET系统挂牌公司，故被形象地称为"新三板"。目前，新三板不再局限于中关村科技园区的非上市股份有限公司，也不局限于天津滨海、武汉东湖以及上海张江等试点地的非上市股份有限公司，而是全国性的非上市股份有限公司股权交易平台，主要针对的是中小微型企业。

7. 2012 年，为促进中小企业发展，解决"中小企业多、融资难；社会资金多、投资难"，即"两多两难"问题，中央允许各地重新设立区域性股权市场，研究并推动在沪深交易所之外进行场外资本市场试验。2012 年 8 月，证监会发布了《关于规范证券公司参与区域性股权交易市场的指导意见（试行）》（已失效），从政策层面首次确认中国多层次的资本市场包括四个层次：主板（中小板）市场，创业板市场，全国性场外交易市场，区域性股权交易市场。截至 2015 年，全国各省市自治区已陆续成立 35 家区域性股权交易中心。区域性股权市场是由地方政府管理的、非公开发行证券的场所，是资本市场服务小微企业的新的组织形式和业态，是多层次资本市场体系的组成部分。2017 年，证监会发布了《区域性股权市场监督管理试行办法》，对区域性股权市场的监督管理进行了细化规定。

四、对场外市场的监督

场外市场有其优势，也存在不足。为了保护股东和投资者的合法权益，保证场外交易市场正常运行，必须对场外市场进行监督。我国主要借鉴的是美国对场外市场的监督模式。政府对场外市场进行间接管理，自律性组织即证券业协会、证券交易所落实自律管理的职责，适当正确地对场外交易进行监管。此外，场外市场的交易主体应当加强风险管理与内部控制。因为场外市场交易的主体为非上市公司，在风险提示、信息披露方面要做好科学管理和规制。此外，在场外交易市场中，由于证券商处于连接证券发行与交易的重要中间环节，证券商也应是监管重点。

■ **前沿问题**

12 – 2 构建多层次市场的重要性

■ **思考题**

1. 如何理解证券交易所的性质及其法律特征？
2. 简述公司制和会员制证券交易所的差异。
3. 证券交易所的设立体制有哪些？
4. 简述证券交易所的设立条件。
5. 比较公司制与会员制证券交易所的组织机构。
6. 简述证券交易所会员的权利。
7. 试论述证券交易所的公司化改革浪潮。
8. 试论述我国证券交易所组织机构的完善。
9. 试论述证券交易所自律管理的理论基础和自律管理的特点。
10. 如何理解证券交易所自律管理和政府监管的关系？
11. 简述证券交易所对证券交易活动的监督。
12. 简述证券交易所对会员和从业人员的监督。
13. 简述证券交易所对上市公司的监督。

第十三章　证券公司法律制度

■ **学习目的和要求**

学习证券公司法律制度的意义在于理解证券公司的法律特征、经营业务与合规风险管理，把握证券公司在设立、运作、变更与终止等方面的特殊要求。本章的重点包括证券公司的法律特征；证券公司的业务范围和业务规则；证券公司的设立体制、设立条件和程序；证券公司的具体运作、变更和终止；证券公司的合规管理与风险管理。本章的难点在于深刻理解证券公司的法律特征、证券公司的业务范围；领会证券公司合规管理与风险管理的重要性，掌握证券公司合规管理与风险管理的主要职责。

通过对本章的学习，应对上述重点和难点有深刻理解，并能结合理论和实务问题进行分析和应用。

第一节　证券公司概述

一、证券公司的概念

证券公司是指依照《公司法》和《证券法》的规定设立的经营证券业务的有限责任公司或者股份有限公司。世界各国对证券公司的划分和称呼不尽相同，美国的通俗称谓是"投资银行"，英国则称为"商人银行"。以德国为代表的一些国家实行银行业与证券业混业经营，通常由银行设立公司从事证券业务经营。日本等一些国家和我国一样，将专营证券业务的金融机构称为"证券公司"。[1]

根据《证券法》第118条的规定，经营证券业务的只能是公司这一种组织形式，公司以外其他组织形式的机构或个人不得以证券公司名义开展证券业务活动。证券公司是我国资本市场最为重要的中介机构之一，对资本市场发展和金融安全都具有重大的影响。因此，《证券法》对证券公司的注册资本、公司治理、内部控制提出了比较高的要求。根据证券公司开展业务不同，法律法规对其注册资本的要求也不同。证券公司的注册资本应当是实缴资本。证券公司的业务活动，应当与其治理结构、内部控制、合规管理、风险管理以及风险控制指标、从业人员构成等情况相适应，符合审慎监管和保护投资者合法权益的要求。

与公司相比，合伙企业等组织形式具有较强的人合性。《证券法》修订过程中，曾在

---

[1]　中国证券业协会编：《金融市场基础知识》，中国财政经济出版社2019年版，第142页。

2015 年 4 月一审稿《证券法（修订草案）》第 212 条规定，本法所称证券期货经营机构，是指依照《中华人民共和国公司法》《中华人民共和国合伙企业法》和本法规定设立的证券公司、证券合伙企业，以及经国务院证券监督管理机构按照规定核准经营证券业务的其他机构，即除公司外还可以采取合伙企业形式从事证券业务，但这一修订建议最终未被采纳。

公司制企业尤其是股份有限公司是现代企业的主要组织形式。目前，我国证券公司共计 138 家，其中股份有限公司 69 家，有限责任公司 69 家。[1] 除作为证券业务子公司且从事单项证券业务类的证券公司外，证券公司的股东通常为多数。公司制企业通过引入公司内部制衡机制，有利于形成有效的公司治理结构，有助于控制证券公司内部经营风险，维护资本市场的稳定。

证券公司既具有普通公司制企业的基本属性，又显著区别于普通公司制企业，其中最主要的区别是经营范围不同。证券公司经营证券业务，涉及证券经纪、证券投资咨询、证券财务顾问、证券承销与保荐、证券融资融券、证券做市交易、证券自营等业务。正是基于证券公司这一特殊的经营范围，证券公司有着不同于普通的公司制企业的设立要求和管理制度。

二、证券公司的法律特征

与普通公司相比，证券公司具有以下典型法律特征：

（一）设立实行审批制

证券市场是一个充满风险的市场，证券公司作为证券市场的重要参与者，风险与其经营相伴，防范风险必须从源头抓起。世界各国普遍对证券公司的设立采取严格要求。我国对证券公司设立采取审批制。《证券法》第 118 条规定，设立证券公司，应具备法定条件，并经国务院证券监督管理机构批准。未经国务院证券监督管理机构批准，任何单位和个人不得以证券公司名义开展证券业务活动。

（二）设立条件严格

证券公司的设立必须满足《公司法》规定的有关公司设立的条件，同时还必须满足《证券法》规定的设立条件。《证券法》明确规定的证券公司设立条件远远高于《公司法》明确规定普通公司的设立条件。证券公司自身设立需要满足法定的准入条件，证券公司的股东同样也必须满足较高的准入条件。《证券法》第 118 条规定，证券公司主要股东及公司的实际控制人具有良好的财务状况和诚信记录，最近 3 年无重大违法违规记录。《证券公司股权管理规定》对证券公司的第一大股东控股股东、主要股东、持有证券公司 5% 以下股权的股东等分别明确了相应要求。

（三）经营证券业务

证券公司与其他公司主要的区别之一是其经营范围的特殊性。按照《证券法》第 120 条的规定，经国务院证券监督管理机构核准，取得经营证券业务许可证，证券公司可以经营证券经纪、证券投资咨询、与证券交易或证券投资活动有关的财务顾问、证券承销与保荐、证券融资融券、证券做市交易、证券自营及其他证券业务中的部分或者全部证券业

---

〔1〕　参见《证券公司名录（2021 年 4 月）》，载 http：//www.csrc.gov.cn/pub/zjhpublic/G00306205/201509/t20150924
　　_284310.htm，访问日期：2021 年 5 月 12 日。

务。证券公司经营证券资产管理业务的，应当符合《证券投资基金法》等法律、行政法规的规定。除证券公司外，任何单位和个人不得从事证券承销、证券保荐、证券经纪和证券融资融券业务。

（四）实行严格的管理控制

证券公司严格的管理控制包括管理控制体系要求和营业规则具体规定。

证券公司的管理控制体系包括宏观的公司治理体系和具体的内部业务控制体系。证券公司治理以"三会一层"为架构，通过内部或外部的制度或机制来规范处理证券公司与公司股东之间、证券公司与客户之间的关系，并且通过对证券公司董事会、监事会、高级管理人员设置严格要求，来保障公司有效运营，形成对经营者的监督与制衡，同时保护客户的合法权益。证券公司内部控制以合规与风险管理为核心，对证券经营与管理过程中的风险进行识别、评价、管理以及控制。

证券公司的经营以安全稳健为原则，经营规则复杂且严格。证券公司应当采取有效隔离措施，防范本机构与客户之间、不同客户之间、不同业务之间的利益冲突；证券公司从事证券自营业务的，应当使用自有资金和依法筹集的资金，并以自己的名义进行，不得假借他人名义或者以个人名义进行，不得将其自营账户借给他人使用；证券公司客户的交易结算资金应当存放在商业银行，以每个客户的名义单独立户管理，不得将客户的交易结算资金和证券归入其自有财产；证券公司办理经纪业务，不得接受客户的全权委托，决定证券买卖、选择证券种类、决定买卖数量或者买卖价格；证券公司不得允许他人以证券公司的名义直接参与证券的集中交易；证券公司不得对客户证券买卖的收益或者赔偿证券买卖的损失作出承诺，不得违背客户的委托为其买卖证券，不得为牟取不正当利益，诱使客户进行不必要的证券买卖；等等。[1]

三、证券公司分类

按照不同的标准，可以将证券公司做不同分类。

（一）综合类证券公司和专业类证券公司

根据证券公司所从事业务的风险特征，将证券公司分为综合类证券公司和专业类证券公司。[2]

专业类证券公司是指从事证券经纪、证券投资咨询、财务顾问、证券承销与保荐、证券自营等中的一种或多种业务的证券公司。由于专业类证券公司的业务活动以中介服务或自有资金使用为主，仅要求持有证券公司5%以下股权的股东、主要股东具备《证券公司股权管理规定》的基本条件，第一大股东、控股股东具备《证券法》《证券公司监督管理条例》《证券公司股权管理规定》等规定的基本条件。

综合类证券公司是指从事股票期权做市、场外衍生品、股票质押回购等复杂业务的证券公司。由于相关业务具有显著杠杆属性，对证券公司净资本消耗较高，或风险的外部性显著，综合类证券公司的第一大股东和控股股东需要具备较高的管控水平和资本补充能力；要对完善证券公司治理结构、推动证券公司长期发展有切实可行的计划安排；对保持

---

[1] 李东方主编：《证券法学》，中国政法大学出版社2017年版，第255页。

[2] 参见证监会有关负责人就《证券公司股权管理规定》有关问题答记者问，http://www.csrc.gov.cn/pub/newsite/zjhxwfb/xwdd/201907/t20190705_359018.html，访问日期：2020年9月18日。

证券公司经营管理的独立性和防范风险传递、不当利益输送，有明确的自我约束机制。

证券公司可以根据自身战略规划和风险管控能力，选择不同的发展路径。专业类证券公司在其第一大股东控股股东具备《证券公司股权管理规定》明确的资质条件后，可以依法申请转型为综合类证券公司。综合类证券公司也可以根据自身发展战略考虑，依法变更业务范围，转型为专业类证券公司。

（二）经纪类证券公司和综合类证券公司

按照证券公司业务功能，可以将证券公司分为经纪类证券公司和综合类证券公司。

我国1998年《证券法》将证券经营机构分为经纪类证券公司和综合类证券公司，并由国务院证券监督管理机构按照其分类颁发营业许可证。[1]经纪类证券公司亦即证券经纪商，是指在证券交易中接受客户委托买卖证券，从事中介业务的证券公司。经纪类证券公司只允许从事证券经纪业务，不得从事证券自营、承销等证券业务。经纪类证券公司必须在其名称中标明"经纪"字样。[2]实际上，当时在我国，经纪类证券公司是证券市场的主要力量，是证券公司中数量最多、最活跃的一部分。综合类证券公司即综合证券商，是指兼营证券经纪、自营、承销业务的证券商。证券自营商是指以自有资金买卖依法公开发行的股票、债券、权证、证券投资基金等的证券公司。证券承销商是指按照承销协议，以包销或者代销的方式为证券发行人销售证券的证券公司。2005年《证券法》直接取消了经纪类证券公司和综合类证券公司的分类，在证券公司的名称上无区分地统一称为证券公司。[3]

（三）规范类证券公司和创新类证券公司

证券公司综合治理期间，为推动证券公司合规经营，提升证券行业的整体声誉，中国证监会组织开展规范和创新类证券公司评审。按照资本实力和规范程度，将证券公司分为规范类证券公司和创新类证券公司。

规范类证券公司是指具备以下条件的证券公司：风险底数清楚，财务数据真实完整，各项财务和业务指标符合有关法律法规和规章的基本要求；公司治理完善，内部控制有效，具备防止出现重大风险和违法违规行为的机制；经营合规，管理规范，不存在严重违法违规行为和重大历史遗留问题，并能按期完成有关整改事项等符合《规范类证券公司评审暂行办法》规定的申请条件的证券公司。

创新类证券公司是指具备公司治理和内部风险控制较好、资本充足水平较高、经营管理较规范等《关于从事相关创新活动证券公司评审暂行办法》规定的申请条件，在风险可测、可控、可承受的前提下，从事相关创新活动试点的证券公司。规范类证券公司达到《关于推进证券业创新活动有关问题的通知》及创新试点类证券公司评审标准有关文件规定条件的，可申请评审成为创新类证券公司。

---

[1] 1998年《证券法》第119条：国家对证券公司实行分类管理，分为综合类证券公司和经纪类证券公司，并由国务院证券监督管理机构按照其分类颁发业务许可证。

[2] 1998年《证券法》第120条：证券公司必须在其名称中标明证券有限责任公司或者证券股份有限公司字样。经纪类证券公司必须在其名称中标明经纪字样。

[3] 李东方：《证券监管法论》，北京大学出版社2019年版，第453页。

四、证券公司的业务范围

根据《证券法》第 120 条的规定，经国务院证券监督管理机构核准，取得经营证券业务许可证，证券公司可以经营下列部分或者全部证券业务：证券经纪、证券投资咨询、与证券交易、证券投资活动有关的财务顾问、证券承销与保荐、证券融资融券、证券做市交易、证券自营及其他证券业务。证券公司经营证券资产管理业务的，应当符合《证券投资基金法》等法律、行政法规的规定。《证券法》首次将证券融资融券和证券做市交易明确纳入证券公司业务范围。同时明确规定证券经纪、证券承销和保荐、证券融资融券只能由证券公司经营。

实践当中，证券公司除经营《证券法》明确规定由国务院证券监督管理机构核准的证券业务外，还经营其他与证券紧密相关的业务。证券公司在履行相应的登记、备案或开通交易权限等程序后可以从事上海证券交易所、深圳证券交易所、全国股转公司、中国证券业协会、中国证券投资基金业协会、中国证券投资者保护基金公司等自律组织实施自律管理的证券相关业务。

（一）核准类证券业务

1. 证券经纪业务。证券经纪业务，又称代理买卖证券业务，是指证券公司接受客户委托，按照客户指令代理客户买卖证券的业务。证券经纪业务是证券公司最基本的一项业务，同时也是证券公司的专营业务。

证券经纪业务的业务规则和风险管理，具体包括以下几个方面：

（1）账户管理。证券公司受证券登记结算机构委托，为客户开立证券账户，应当按照证券账户管理规则，对客户申报的姓名或者名称、身份的真实性进行审查。同一客户开立的资金账户和证券账户的姓名或者名称应当一致。证券公司为证券资产管理客户开立的证券账户，应当自开户之日起 3 个交易日内报证券交易所备案。

（2）客户交易结算资金第三方存管。具体是指证券公司将客户的交易结算资金存放在指定的商业银行，以每个客户的名义单独立户管理。指定商业银行与证券公司及其客户签订客户的交易结算资金存管合同，约定客户的交易结算资金存取、划转、查询等事项，并按照证券交易净额结算、货银对付的要求，为证券公司开立客户的交易结算资金汇总账户。客户的交易结算资金的存取，应当通过指定商业银行办理。指定商业银行应当保证客户能够随时查询其交易结算资金的余额及变动情况。

客户的交易结算资金属于客户，客户交易结算资金应当与证券公司、指定商业银行、资产托管机构的自有资产相互独立、分别管理。证券公司破产或者清算时，客户的交易结算资金和证券不属于其破产财产或者清算财产。非因客户本身的债务或者法律规定的其他情形，不得查封、冻结、扣划或者强制执行客户的交易结算资金和证券。

（3）交易委托。投资者与证券公司签订证券交易委托协议，并在证券公司实名开立账户，以书面、电话、自助终端、网络等方式，委托该证券公司代其买卖证券。

证券公司办理经纪业务，应当置备统一制定的证券买卖委托书，供委托人使用。采取其他委托方式的，必须作出委托记录。客户的证券买卖委托，不论是否成交，其委托记录应当按照规定的期限，保存于证券公司。证券公司与客户签订证券交易委托业务合同，应当事先指定专人向客户讲解有关业务规则和合同内容，并将风险揭示书交由客户签字确认。证券公司接受证券买卖的委托，应当根据委托书载明的证券名称、买卖数量、出价方式、价格幅度等，按照交易规则代理买卖证券，如实进行交易记录；买卖成交后，应当按照规定制作买卖成交报告单交付客户。证券交易中确认交易行为及其交易结果的对账单必须真实，保证账面证券余额与实际持有的证券相一致。

证券公司从事证券经纪业务，应当对客户账户内的资金、证券是否充足进行审查。客户账户内的资金不足的，不得接受其买入委托；客户证券账户内的证券不足的，不得接受其卖出委托。

（4）信息查询制度。证券公司应当建立客户信息查询制度，确保客户在证券公司营业时间内能够随时查询其账户信息、委托记录、交易记录、证券和资金余额，证券公司业务经办人员和证券经纪人的姓名、执业证书、证券经纪人证书编号，以及其他与接受服务或者购买产品有关的重要信息。证券公司应当妥善保存客户开户资料、委托记录、交易记录和与内部管理、业务经营有关的各项信息，任何人不得隐匿、伪造、篡改或者毁损。上述信息的保存期限不得少于 20 年。

（5）佣金管理。证券公司收取的证券交易佣金，是证券公司为客户提供证券代理买卖服务收取的报酬。证券公司向客户收取证券交易费用，应当符合国家有关规定，并将收费项目、收费标准在营业场所的显著位置予以公示。

（6）证券经纪人制度。证券经纪人是指接受证券公司的委托，代理其从事客户招揽和客户服务等活动的证券公司以外的自然人。证券经纪人应当具有证券从业资格。证券公司应当与接受委托的证券经纪人签订委托合同，颁发证券经纪人证书，明确对证券经纪人的授权范围，并对证券经纪人的执业行为进行监督。证券经纪人应当在证券公司的授权范围内从事业务，并应当向客户出示证券经纪人证书。证券经纪人应当遵守证券公司从业人员的管理规定，其在证券公司授权范围内的行为，由证券公司依法承担相应的法律责任；超出授权范围的行为，证券经纪人应当依法承担相应的法律责任。证券经纪人只能接受一家证券公司的委托，进行客户招揽、客户服务等活动。证券经纪人不得为客户办理证券认购、交易等事项。

（7）禁止行为。证券公司在从事证券经纪业务过程中禁止下列行为：接受客户的全权委托而决定证券买卖、选择证券种类、决定买卖数量或者买卖价格；允许他人以证券公司的名义直接参与证券的集中交易；对客户证券买卖的收益或者赔偿证券买卖的损失作出承诺；将客户的交易结算资金和证券归入其自有财产，以任何形式挪用客户的交易结算资金和证券；将客户的资金账户、证券账户提供给他人使用。

2. 证券投资咨询业务。1997 年，原国务院证券委发布《证券、期货投资咨询管理暂行办法》，将证券投资咨询业务纳入监管。证券投资咨询，是指从事证券投资咨询业务的机构及其投资咨询人员以下列形式为证券投资人或者客户提供证券投资分析、预测或者建议等直接或者间接有偿咨询服务的活动：接受投资人或者客户委托，提供证券投资咨询服务；举办有关证券投资咨询的讲座、报告会、分析会等；在报刊上发表证券投资咨询的文章、评论、报告，以及通过电台、电视等公众传播媒体提供证券投资咨询服务；通过电话、传真、电脑网络等电信设备系统，提供证券投资咨询服务；中国证监会认定的其他形式。证券投资咨询业务包括证券投资顾问业务和发布证券研究报告。

证券投资顾问业务，是证券投资咨询业务的一种基本形式，指证券公司、证券投资咨询机构接受客户委托，按照约定，向客户提供涉及证券及证券相关产品的投资建议服务，辅助客户作出投资决策，并直接或者间接获取经济利益的经营活动。投资建议服务内容包括投资的品种选择、投资组合以及理财规划建议等。证券投资顾问业务主要适用《证券投资顾问业务暂行规定》《证券投资咨询机构执业规范（试行）》等监管规定和自律规则。证券公司向客户提供投资建议，不得对证券价格的涨跌或者市场走势做出确定性的判断。证券公司及其从业人员不得利用向客户提供投资建议而谋取不正当利益。

发布证券研究报告，是证券投资咨询业务的一种基本形式，是指证券公司、证券投资咨询机构对证券及证券相关产品的价值、市场走势或者相关影响因素进行分析，形成证券估值、投资评级等投资分析意见，制作证券研究报告，并向客户发布的行为。证券研究报告主要包括涉及证券及证券相关产品的价值分析报告、行业研究报告、投资策略报告等。发布证券研究报告主要适用《发布证券研究报告暂行规定》《发布证券研究报告执业规范》等监管规定和自律规则。

在上述规范的基础上，2020 年 4 月 17 日，中国证监会发布《证券基金投资咨询业务管理办法（征求意见稿）》，将《证券法》《证券、期货投资咨询管理暂行办法》规定的证券投资咨询业务，《证券投资基金法》规定的基金投资顾问业务整合为证券基金投资咨询业务，并具体划分为证券投资顾问业务、基金投资顾问业务、发布证券研究报告业务等类别。可以看出，依据行业发展情况，中国证监会意在制定统一的部门规章，对投资咨询业务进行全面规范，以促进行业长期规范发展。

3. 与证券交易、证券投资活动有关的财务顾问业务。《证券法》第十章"证券服务机构"就财务顾问机构在业务资格的核准管理、对从业人员的基本要求及禁止行为、出具文件时的义务与责任等方面作出了指导性规定。除此以外，《公司法》《证券法》《上市公司收购管理办法》《上市公司重大资产重组管理办法》及《上市公司并购重组财务顾问业务管理办法》等法律法规均对上市公司并购重组财务顾问业务规则作出了规定。上市公司并购重组财务顾问业务是证券公司财务顾问业务的重要业务形式之一，是指为上市公司的收购、重大资产重组、合并、分立、股份回购等对上市公司股权结构、资产和负债、收入和利润等具有重大影响的并购重组活动提供交易估值、方案设计、出具专业意见等专业服务的经营活动。

4. 证券承销与保荐业务。证券承销与保荐是证券公司的专营业务，见本书第六章相关内容。

5. 证券融资融券业务。证券融资融券业务，是指在证券交易所或者国务院批准的其他证券交易场所进行的证券交易中，证券公司向客户出借资金供其买入证券或者出借证券供其卖出，并由客户交存相应担保物的经营活动。《证券法》首次将证券融资融券业务明确纳入证券公司的业务范围，并规定该项业务是证券公司的专营业务，证券公司以外任何单位和个人不得从事该项业务。与之相适应，中国证监会公告〔2020〕18 号《关于取消或调整证券公司部分行政审批项目等事项的公告》中明确将证券公司为客户买卖证券提供融资融券服务审批纳入证券公司业务范围审批。证券公司从事证券融资融券业务，应当建立有效控制措施，严格防范和控制风险，不得违反规定向客户出借资金或者证券。证券融资融券业务主要适用《证券法》《证券公司监督管理条例》《证券公司融资融券业务管理办法》《上海证券交易所融资融券交易实施细则》《深圳证券交易所融资融券交易实施细则》《融资融券合同必备条款》等法律法规和自律规则。

证券融资融券业务的业务规则和风险管理，具体包括以下几个方面：

（1）证券公司经营融资融券业务应具备的条件。具体条件包括：证券公司治理结构健全，内部控制有效；风险控制指标符合规定，财务状况、合规状况良好；有经营融资融券业务所需的专业人员、技术条件、资金和证券；有完善的融资融券业务管理制度和实施方案；国务院证券监督管理机构规定的其他条件。

（2）账户和资金管理。证券公司从事融资融券业务，应当与客户签订融资融券合同，并按照国务院证券监督管理机构的规定，以证券公司的名义在证券登记结算机构开立客户证券担保账户，在指定商业银行开立客户资金担保账户。客户资金担保账户内的资金应当参照客户交易结算资金第三方存管规定进行管理。在以证券公司名义开立的客户证券担保账户和客户资金担保账户内，应当为每一客户单独开立授信账户。

（3）证券公司从事融资融券业务资金和证券来源要求。证券公司向客户融资，应当使用自有资金或者依法筹集的资金；向客户融券，应当使用自有证券或者依法取得处分权的证券。证券公司从事融资融券业务，自有资金或者证券不足的，可以向证券金融公司借入。

（4）业务所形成的债权担保的有关规定。①证券公司向客户融资融券时，客户应当交存一定比例的保证金，保证金可以用证券充抵。客户交存的保证金以及通过融资融券交易买入的全部证券和卖出证券所得的全部资金，均为对证券公司的担保物，应当存入证券公司客户证券担保账户或者客户资金担保账户并记入该客户授信账户。②客户证券担保账户内的证券和客户资金担保账户内的资金为信托财产。证券公司不得违背受托义务侵占客户担保账户内的证券或者资金。除法律法规规定的特定情形或者证券公司和客户依法另有约定的情形外，证券公司不得动用客户担保账户内的证券或者资金。③证券公司应当逐日计算客户担保物价值与其债务的比例。当该比例低于规定的最低维持担保比例时，证券公司应当通知客户在一定的期限内补交差额。客户未能按期交足差额，或者到期未偿还融资融券债务的，证券公司应当立即按照约定处分其担保物。④客户交存保证金的比例，由国务院证券监督管理机构授权的单位规定。证券公司可以向客户融出的证券和融出资金可以买入证券的种类，可充抵保证金的有价证券的种类和折算率，融资融券的期限、最低维持担保比例和补交差额的期限，由证券交易所规定。前述由被授权单位或者证券交易所做出的相关规定，应当向国务院证券监督管理机构备案，且不得违反国家货币政策。证券公司应当根据市场情况、客户资信和公司风险管理能力等因素，审慎评估并与客户约定最低维持担保比例。

6. 证券做市交易业务。做市是指证券公司或其他金融机构作为做市商，就证券或其他金融产品买入和卖出双向报价，并在其报价数量范围内按其报价履行与投资者成交义务的行为。从我国证券市场已经实施的业务情况来看，证券做市交易包括证券公司从事证券交易所股票期权做市业务、全国股份转让系统做市业务等。证券公司必须将其证券经纪业务、证券承销业务、证券自营业务、证券做市业务和证券资产管理业务分开办理，不得混合操作。

（1）股票期权做市业务。根据《股票期权交易试点管理办法》第8条的规定，股票期权交易可以实行做市商制度。股票期权做市商应当依据证券交易所的相关业务规则，承担为股票期权合约提供双边报价等义务，并享有相应的权利。做市商从事做市业务，应当严格遵守法律法规、行政规章和证券交易所有关规定；建立健全信息隔离制度，防范做市业务与其他业务之间的利益冲突；不得利用从事做市业务的机会，进行内幕交易、市场操纵等违法违规行为，或者谋取其他不正当利益。股票期权做市业务主要适用《股票期权交易试点管理办法》《证券期货经营机构参与股票期权交易试点指引》《上海证券交易所股票期权试点交易规则》《上海证券交易所股票期权试点做市商业务指引》《深圳证券交易所股票期权试点交易规则》《深圳证券交易所股票期权试点做市商业务指引》等法律法规和自律规则。

（2）全国股份转让系统做市业务。证券公司作为全国股转系统的主办券商，经向全国股转公司申请备案后，可以在全国股转系统从事做市业务。《全国中小企业股份转让系统做市商做市业务管理规定（试行）》所称做市商是指经全国股转公司同意，在全国股转系统发布买卖双向报价，并在其报价数量范围内按其报价履行与投资者成交义务的证券公司或其他机构。全国股份转让系统做市业务主要适用全国股转公司制定的《全国中小企业股份转让系统做市商做市业务管理规定（试行）》等相关规则。

除此以外，证券公司还可以从事上海证券交易所与伦敦证券交易所互联互通中国存托凭证（沪伦通 CDR）做市业务；在全国银行间债券市场从事做市业务；从事上海证券交易所和深圳证券交易所上市基金做市业务等其他证券或金融产品的做市业务。

7. 证券自营业务。证券自营业务，是指证券公司用自有资金以自己的名义开设证券账户买卖依法公开发行的股票、债券、权证、证券投资基金或者国务院证券监督管理机构认可的其他证券的经营行为。证券公司的自营业务必须以自己的名义进行，不得假借他人名义或者以个人名义进行。证券公司的自营业务必须使用自有资金和依法筹集的资金。证券公司从事证券自营业务，应当使用实名证券自营账户。证券公司不得将其自营账户借给他人使用。

（1）投资范围。证券公司从事证券自营业务，限于买卖依法公开发行的股票、债券、权证、证券投资基金或者国务院证券监督管理机构认可的其他证券。《关于证券公司证券自营业务投资范围及有关事项的规定》[1]明确规定了证券公司自营投资清单管理制度。证券公司自营投资清单包括：已经和依法可以在境内证券交易所上市交易和转让的证券；已经在全国中小企业股份转让系统挂牌转让的证券；已经和依法可以在符合规定的区域性股权交易市场挂牌转让的私募债券，已经在符合规定的区域性股权交易市场挂牌转让的股票；已经和依法可以在境内银行间市场交易的证券；经国家金融监管部门或者其授权机构依法批准或备案发行并在境内金融机构柜台交易的证券。

（2）风险控制指标。证券公司从事证券自营业务，自营证券总值与公司净资本的比例、持有一种证券的价值与公司净资本的比例、持有一种证券的数量与该证券发行总量的比例等风险控制指标，应当符合国务院证券监督管理机构的规定。《证券公司风险控制指标计算标准规定》对此作出了详细规定。

（3）禁止行为。证券公司从事证券自营业务，不得有下列行为：违反规定购买本证券公司控股股东或者与本证券公司有其他重大利害关系的发行人发行的证券；违反规定委

---

[1]　中国证监会于 2011 年 4 月 29 日发布，于 2012 年 11 月 16 日修订、2020 年 3 月 20 日修正。

托他人代为买卖证券；利用内幕信息买卖证券或者操纵证券市场；法律、行政法规或者国务院证券监督管理机构禁止的其他行为。

8. 证券资产管理业务。证券资产管理业务是指证券公司依照法律法规规定，接受投资者的委托，对受托的投资者财产进行投资和管理，由投资者自行享受投资收益、承担损失，证券公司按照约定收取管理费用的经营活动。证券公司从事证券资产管理业务，应当与客户签订证券资产管理合同，约定投资范围、投资比例、管理期限及管理费用等事项。

《证券法》明确规定，证券公司经营证券资产管理业务的，应当符合《证券投资基金法》等法律、行政法规的规定。《证券投资基金法》《证券法》及《证券公司监督管理条例》等法律及行政法规是中国证监会等监管机构制定资产管理业务相关监管政策的重要法律依据。除此之外，《关于规范金融机构资产管理业务的指导意见》《证券期货经营机构私募资产管理业务管理办法》《证券期货经营机构私募资产管理计划运作管理规定》等是证券资产管理业务的主要监管规定。

（1）资产管理产品分类。①按照募集方式不同，可以将资产管理产品分为公募产品和私募产品。公募产品面向不特定社会公众公开发行。私募产品面向合格投资者通过非公开方式发行。②按照投资标的不同，可以将资产管理产品分为固定收益类产品、权益类产品、商品及金融衍生品类产品和混合类产品。固定收益类产品投资于存款、债券等债权类资产的比例不低于资产管理计划总资产的80%。权益类产品投资于股票、未上市企业股权等股权类资产的比例不低于资产管理计划总资产的80%。商品及金融衍生品类产品投资于商品及金融衍生品的持仓合约价值的比例不低于资产管理计划总资产的80%，且衍生品账户权益超过资产管理计划总资产的20%。混合类产品投资于债权类、股权类、商品及金融衍生品类资产的比例未达到前三类产品标准。③按照投资人数不同分类，可以将资产管理产品分为单一资产管理产品和集合资产管理产品。单一资产管理产品投资者人数为1人。集合资产管理产品的投资者人数不少于2人。证券公司使用多个客户的资产进行集合投资，应当符合法律、行政法规和国务院证券监督管理机构的有关规定。

（2）禁止行为。证券公司从事证券资产管理业务，不得有下列行为：向客户做出保证其资产本金不受损失或者保证其取得最低收益的承诺；接受一个客户的单笔委托资产价值，低于国务院证券监督管理机构规定的最低限额；使用客户资产进行不必要的证券交易；在证券自营账户与证券资产管理账户之间或者不同的证券资产管理账户之间进行交易，且无充分证据证明已依法实现有效隔离；法律、行政法规或者国务院证券监督管理机构禁止的其他行为。[1]

9. 其他证券业务。其他基于《证券法》及中国证监会部门规定，需要行政许可的业务，例如证券投资基金销售、代销金融产品、证券公司为期货公司提供中间介绍业务、基金托管业务等。

（二）备案类证券相关业务

除中国证监会核准的证券业务外，证券公司还可以从事行业自律组织备案管理的证券相关创新业务。

---

〔1〕 国务院《证券公司监督管理条例》第46条，2008年4月23日公布，2014年7月29日修订。

《证券公司监督管理条例》第 4 条规定，国家鼓励证券公司在有效控制风险的前提下，依法开展经营方式创新、业务或者产品创新、组织创新和激励约束机制创新。国务院证券监督管理机构、国务院有关部门应当采取有效措施，促进证券公司的创新活动规范、有序进行。《证券法》规定中国证券业协会履行引导行业创新发展的职责。中国证监会于 2004 年 8 月 12 日发布《关于推进证券业创新活动有关问题的通知》鼓励证券公司在业务和管理等方面开展创新活动。据此通知，中国证券业协会于 2004 年 8 月 13 日发布《关于从事相关创新活动证券公司评审暂行办法》，规定从事相关创新活动试点的证券公司的申请条件和评审程序等事项。中国证监会机构部于 2011 年下发《证券公司业务（产品）创新工作指引（试行）》，鼓励证券公司报送业务（产品）创新方案，并要求规范报送方案的程序和内容。在中国证监会相关规则的基础上，中国证券业协会制定了《证券公司创新业务（产品）专业评价工作指引》。经中国证监会授权，中国证券业协会通过专家评审、后续备案管理等手段规范证券公司创新业务。上海和深圳证券交易所等其他自律组织也建立了类似的创新业务管理机制。证券公司主要有以下几种备案类创新业务：

1. 股票质押回购业务。股票质押回购是指符合条件的资金融入方以所持有的股票或其他证券质押，向符合条件的资金融出方融入资金，并约定在未来返还资金、解除质押的交易。证券公司根据融入方和融出方的委托通过上海证券交易所或深圳证券交易所综合业务平台的股票质押回购交易系统进行交易申报。交易系统对交易申报按相关规则予以确认，并将成交结果发送至中国结算上海分公司或中国结算深圳分公司。中国结算上海分公司或中国结算深圳分公司依据上海证券交易所或深圳证券交易所确认的成交结果为股票质押回购提供相应的证券质押登记和清算交收等业务处理服务。证券公司从事股票质押回购业务，应向上海证券交易所和深圳证券交易所申请交易权限，并经证券交易所同意后方可开展。《股票质押式回购交易及登记结算业务办法》及证券交易所相关业务指南是股票质押回购业务的主要规范依据。

2. 约定购回业务。约定购回是指符合条件的客户以约定价格向其指定交易的证券公司卖出标的证券，并约定在未来某一日期客户按照另一约定价格从证券公司购回标的证券，除指定情形外，待购回期间标的证券所产生的相关权益于权益登记日划转给客户的交易行为。约定购回业务在证券公司向上海证券交易所和深圳证券交易所申请交易权限，并经其同意后方可开展。《约定购回式证券交易及登记结算业务办法》及证券交易所相关业务指南是约定购回业务的主要规范依据。

3. 质押式报价回购业务。质押式报价回购是指证券公司将符合规定条件的自有资产作为质押券，以质押券折算后的标准券总额为融资额度，向其指定交易客户以证券公司报价、客户接受报价的方式融入资金，在约定的购回日客户收回融出资金，并获得相应收益的交易。质押式报价回购业务在证券公司向上海证券交易所和深圳证券交易所申请交易权限，并经其同意后方可开展。《质押式报价回购交易及登记结算业务办法》及证券交易所相关业务指南是质押回购业务的主要规范依据。

4. 场外衍生品交易业务。金融衍生品是指远期、期货、互换、期权等价值取决于股权、债权、信用、基金、利率、汇率、指数、期货等一种或多种基础资产的金融协议。场外衍生品交易指证券公司在集中交易场所以外，根据与交易对手方达成的金融衍生品交易协议，与交易对手方直接开展的交易。证券公司在开展场外衍生品业务前应向中国证券业协会进行备案，并取得相应业务方案备案确认函。中证机构间报价系统股份有限公司对证券公司金融衍生品备案和后续监测进行管理。《证券公司金融衍生品柜台交易业务规范》《证券公司场外期权业务管理办法》及其他相关规定是场外衍生品业务的主要规范依据。

5. 区域性股权市场业务。根据《区域性股权市场自律管理与服务规范（试行）》相关规定，证券公司参与区域性股权市场的业务范围包括：①证券公司可以参股、控股区域性股权市场运营机构。②证券公司可以在区域性股权市场开展以下业务：推荐企业挂牌；承销可转换为股票的公司债券，推荐本公司承销的可转换为股票的公司债券在区域性股权市场挂牌转让；代理开立区域性股权市场证券账户；为在区域性股权市场开户的合格投资者买卖证券提供居间介绍服务；利用自有资金或依法管理的资产等产品投资区域性股权市场的证券；为证券的非公开发行组织合格投资者进行路演推介或其他促成投融资需求对接的活动；为合格投资者提供企业研究报告和尽职调查信息；与商业银行、小额贷款公司等开展业务合作，为企业提供融资服务；改制辅导、管理培训、管理咨询、财务顾问等相关服务；推荐企业展示；中国证监会或中国证券业协会规定的其他业务。[1]《区域性股权市场监督管理试行办法》《区域性股权市场自律管理与服务规范（试行）》是区域性股权市场业务的主要规范依据。

6. 私募基金外包业务。私募基金外包业务是指私募基金服务机构为私募基金管理人提供基金销售、销售支付、份额登记、估值核算、信息技术系统等服务业务的经营活动，俗称为基金外包业务。私募基金外包服务机构应到中国证券投资基金业协会办理备案，并按照备案的外包服务业务类别开展业务。从事公募基金的销售、销售支付、份额登记、估值、投资顾问、评价、信息技术系统服务等基金服务业务的机构，应当按照证监会的规定进行注册或者备案。已获得中国证监会公募基金销售业务资格或销售支付结算机构备案的基金业务外包服务机构，开展私募基金的销售或销售支付业务的，仅需在线填报机构基础材料、私募基金销售结算资金归集账户信息及合作的销售机构或销售支付机构。《证券投资基金销售管理办法》《私募投资基金服务业务管理办法（试行）》等相关规定是基金外包业务的主要规范依据。

7. 其他证券相关业务。除上述业务外，备案类业务还包括全国股转系统推荐等其他证券相关业务。

（三）子公司从事业务

1. 另类投资业务。证券公司另类子公司从事《证券公司证券自营投资品种清单》所列品种以外的金融产品、股权等另类投资业务，应当符合法律法规、监管要求和《证券公司另类投资子公司管理规范》的规定。另类子公司不得从事投资业务以外的业务。

另类子公司不得存在下列行为：向投资者募集资金开展基金业务；从事或变相从事实体业务，财务投资的除外；下设任何机构；投资违背国家宏观政策和产业政策；以商业贿赂等非法手段获得投资机会，或者违法违规进行交易；以拟投资企业聘请母公司或母公司的承销保荐子公司担任保荐机构或主办券商作为对企业进行投资的前提；为他人从事场外配资活动或非法证券活动提供便利；从事融资类收益互换业务；投资于高杠杆的结构化资

---

〔1〕　中国证券业协会《区域性股权市场自律管理与服务规范（试行）》第14条，2018年8月17日公布。

产管理产品；违反法律法规规定或合同约定的保密义务；中国证监会和中国证券业协会禁止的其他行为。

2. 私募基金业务。私募基金是指以非公开方式向投资者募集资金设立的投资基金。私募基金财产的投资包括买卖股票、股权、债券、期货、期权、基金份额及投资合同约定的其他投资标的。证券公司私募基金子公司从事私募投资基金业务，应当符合法律法规、监管要求和《证券公司私募投资基金子公司管理规范》的规定。私募基金子公司不得从事与私募基金无关的业务。

私募基金子公司不得存在下列行为：以自有资金投资于除《证券公司私募投资基金子公司管理规范》第13、14条以外的投资标的；从事或变相从事实体业务，财务投资的除外；在下设的基金管理机构等特殊目的机构之外设立其他机构；以拟投资企业聘请母公司或母公司的承销保荐子公司担任保荐机构或主办券商作为对企业进行投资的前提；中国证监会和中国证券业协会禁止的其他行为。私募基金子公司下设的特殊目的机构原则上不得再下设任何机构。

3. 其他业务。证券公司除可以设立全资子公司开展另类投资业务、私募投资基金业务外，亦可以根据法律法规规定和监管要求设立子公司开展公募基金、期货、信息技术服务等其他业务。如《证券基金经营机构信息技术管理办法》第27条第3款规定，证券基金经营机构可以设立信息技术专业子公司，为母公司提供信息技术服务。信息技术专业子公司经中国证监会备案后可为其他金融机构提供信息技术服务。

五、证券公司的发展历程

我国证券业及证券公司30余年的发展历程，大致可以分为以下五个阶段：

（一）萌芽发展阶段

20世纪80年代开始，我国恢复发行国债，一批中小企业开始进行多种形式的股份制、企业债券的尝试。1984年，工商银行上海投资公司代理发行公司股票；1986年，沈阳信托投资公司和工商银行上海信托投资公司率先开始办理柜台交易业务；1987年，我国第一家专业性证券公司——深圳特区证券公司成立；1988年，国债柜台交易正式启动。之后，各省（市）陆续组建了一批证券公司、信托投资公司、财务公司、保险公司、中小商业银行，财政系统陆续设立了证券营业网点。这些机构的出现形成了证券公司的雏形，在我国证券市场的早期探索试验中扮演了重要角色。1990年12月19日和1991年7月3日，上海、深圳证券交易所先后正式营业，各证券经营机构的业务开始转入集中交易市场。1991年8月，中国证券业协会成立。[1]

我国证券业萌芽建立的过程，是个不断试错和纠正的过程。在这一阶段，证券市场的法律规则不健全，单个的证券公司甚至整个行业的抗风险能力都相当薄弱。证券行业最初的摸索过程也为其后的发展埋下了很多系统性的风险隐患。在证券公司治理层面，最初实行混业经营，大多是银行办证券，证券公司内部治理普遍存在严重缺陷，缺乏有效的内部约束和外部监督机制；在投资者保护层面，缺乏最起码的资产隔离机制和客户资产保护意识，自营账户与客户账户混淆不清；在交易基础设施保障方面，证券交易的软硬件设备配

备不足等。

（二）清理整顿阶段

随着经济体制改革的深化和全国性统一证券市场体系的确立，我国于1998年颁布《证券法》。1998年《证券法》规定，国务院证券监督管理机构，即中国证监会，依法对全国证券市场试行集中统一的监督管理。1998年《证券法》明确对证券业、银行业、信托业、保险业实行分业经营、分业管理；对证券公司实行分类管理，证券公司按功能分为经纪类和综合类证券公司。按照分业经营的要求，证券经营机构进行了一次大的调整，各类兼营机构逐步退出了证券中介领域，原有业务与网点整合转型为证券公司。[1]在初步清理整顿后，效果初显，证券公司的资产规模普遍得到了壮大，并且随着市场行情的走强，证券公司开始了第一次全行业大规模的扩张。但是，证券业初始阶段的隐患并未得到根治，表面的繁荣掩盖了行业的系统性风险，账外自营等问题仍时有发生。

（三）综合治理阶段

2003年底~2004年上半年，一批证券公司的问题急剧暴露，证券业多年累积的风险集中爆发，证券业面临自产生以来的第一次全行业性的危机。当时，证券公司的风险已经严重危及资本市场的安全，成为制约资本市场健康发展的突出问题。

2004年1月，国务院发布《关于推进资本市场改革开放和稳定发展的若干意见》，从战略和全局的高度，对我国资本市场的改革和发展作出了全面部署，并对加强证券公司监管、推动证券公司规模经营提出了明确要求。经国务院同意，于2004年8月在系统内全面部署和启动了综合治理工作，开始实施分类监管。在排查全行业风险底数的基础上，中国证监会强调优胜劣汰，处置和关闭了30多家高风险券商，同时鼓励和扶持行业内优质券商做大做强、积极创新；在保持行业稳定发展的基础上，中国证监会对全行业的基础性制度进行了大刀阔斧的改革，比如实施高管人员的资格管理和问责机制；全面推行客户交易结算资金的第三方存管和全面清理规范客户账户；全面推行证券公司信息披露制度等。2005年7月，国务院办公厅转发中国证监会《证券公司综合治理工作方案》，要求各地区、各部门积极支持配合，共同做好综合治理工作。2005年10月，经全国人大常委会修订的《证券法》，对证券公司监管的基本制度做了规定，吸收了综合治理阶段的许多经验。

经过3年的综合治理，主要取得了三大成果：一是证券公司历史遗留风险彻底化解，财务状况显著改善，合规经营意识和风险管理能力明显增强；二是证券公司监管法规制度逐步完善，基础性制度的改革取得实质性进展，日常监管、市场退出和投资者保护的长效机制初步形成；三是监管队伍得到了全面锻炼，监管的有效性、针对性明显增强，监管权威大大提高。[2]2007年7月，中国证监会下发了《证券公司分类监管工作指引（试行）》和相关通知，标志着以证券公司风险管理能力为主要指标的分类监管体系得以确立。

（四）创新发展阶段

为了总结十多年来证券业发展的经验教训，巩固全行业综合治理取得的成果，为常规监管阶段证券公司的创新发展指明方向，2008年4月国务院首次以行政法规的形式颁布和实施了《证券公司监督管理条例》及《证券公司风险处置条例》，从事前、事中的风险

---

〔1〕　中国证券业协会编：《金融市场基础知识》，中国财政经济出版社2019年版，第144页。

〔2〕　中国证券业协会编：《金融市场基础知识》，中国财政经济出版社2019年版，第145页。

防范与控制，到事后的风险处置，对证券公司的运行、监管和退出机制作了完整的制度安排，总结和巩固了综合治理阶段全行业的宝贵经验和丰硕成果，为全行业的今后发展理清了思路，拓展了空间。

《证券公司监督管理条例》第4条明确规定，国家鼓励证券公司在有效控制风险的前提下，依法开展经营方式创新、业务或者产品创新、组织创新和激励约束机制创新。国务院证券监督管理机构、国务院有关部门应当采取有效措施，促进证券公司的创新活动规范、有序进行。中国证监会机构部于2011年下发《证券公司业务（产品）创新工作指引（试行）》，并于2012年发布《关于证券公司报送业务（产品）创新方案有关问题的通知》，鼓励证券公司报送业务（产品）创新方案，并要求规范报送方案的程序和内容。证券公司场外金融衍生品、柜台市场、互联网证券等创新业务（产品）得到试行和发展，证券行业进入创新发展的新阶段。

（五）规范发展阶段

2015年，中国股市出现异常波动。总结创新发展阶段以来证券公司内部合规管理的经验和不足，中国证监会于2017年6月6日颁布了《证券公司和证券投资基金管理公司合规管理办法》。该办法明确要求证券公司构建完善的合规管理制度和系统，实现合规管理全覆盖，切实保障合规管理的独立性、权威性，细化了合规管理的各项保障机制。该办法旨在通过证券公司合规体系的不断完善，促使证券业形成卓有成效的自我约束机制。2019年全国人民代表大会常务委员会对《证券法》进行了大幅度修订。本次修订调整了证券公司的业务范围，精简了证券公司行政审批事项，明确证券公司应当审慎合规经营，勤勉尽责，强化了证券公司的投资者保护职责。《证券法》的修订开启了资本市场的新时代，也彰示着证券公司进入规范发展阶段。

第二节　证券公司的设立、运作、变更和终止

一、证券公司的设立

（一）设立体制

证券公司是经营证券业务的特殊法人，其设立监管要求严于一般的公司。证券公司的设立体制主要有注册制和审批制。

1. 注册制。注册制是指设立证券公司只要符合法定条件和程序，政府主管机构就应准许登记注册。按照注册制，只要申请人和申请文件符合法定的条件，政府主管机构即不得随意驳回。

2. 审批制。审批制是指设立证券公司必须经政府主管机构审查。政府主管机构经过实质审查后，在综合考虑各种因素的基础上，决定是否准许设立。按照审批制，即使设立申请人和设立行为完全符合法定条件和程序，也有可能不获得批准。是否准许设立，主管机构除了要审查申请人是否具备法定条件和程序外，还要考虑经济、市场等很多因素，最后决定是否批准设立。[1]

---

〔1〕 李东方主编：《证券法学》，中国政法大学出版社2017年版，第258页。

证券市场是一个充满风险的市场，证券经营机构以经营证券为业，风险与经营相伴，防范风险必须从源头，即从市场准入时开始防范。[1]世界各国对证券经营机构的市场准入普遍实行国家干预，我国在证券公司设立体制上实行的也是审批制。根据《证券法》第118条的规定，设立证券公司，应经国务院证券监督管理机构审查批准。未经国务院证券监督管理机构批准，任何单位和个人不得以证券公司名义开展证券业务活动。

在证券市场开放问题上，我国一直采取比较慎重的态度。在这种特殊国情下，对设立证券公司采取严格审查态度，与我国资本市场现有的发展阶段、发展规模和发展水平较为吻合。除此之外，我国对证券公司设立采取审批制还考虑到证券公司的市场地位、证券市场的稳定性、证券公司的管理制度以及证券市场的容量等方面的综合因素。证券公司是我国资本市场的重要组成部分，证券公司连接着上市公司和投资者的利益，直接关系着证券市场的安全稳定问题。与此同时，出于证券市场容量的考虑，需要适当地限制证券公司的数量，把好准入的闸门。[2]根据《证券公司监督管理条例》第16条的规定，国务院证券监督管理机构审批证券公司及其分支机构的设立申请，应当考虑证券市场发展和公平竞争的需要。

我国证券市场处于新兴时期，市场容量有限，市场的成熟度、规范度也相对不高，如不加限制地允许随意设立证券公司，极易导致证券公司因"僧多粥少"而展开恶性竞争。因此，为促进证券公司适度竞争，维护证券市场的稳定，有必要对证券公司的设立采取审慎态度，实行审批制。

（二）设立条件

1. 公司条件。根据《证券法》第118条的规定，设立证券公司，应当具备下列条件：

（1）有符合法律、行政法规规定的公司章程；

（2）主要股东及公司的实际控制人具有良好的财务状况和诚信记录，最近3年无重大违法违规记录；

（3）有符合本法规定的公司注册资本；

（4）董事、监事、高级管理人员、从业人员符合本法规定的条件；

（5）有完善的风险管理与内部控制制度；

（6）有合格的经营场所、业务设施和信息技术系统；

（7）法律、行政法规和经国务院批准的国务院证券监督管理机构规定的其他条件。

证券公司经营证券经纪、证券投资咨询、与证券交易、证券投资活动有关的财务顾问业务的，注册资本最低限额为人民币5000万元；经营证券承销与保荐、证券融资融券、证券做市交易、证券自营、其他证券业务之一的，注册资本最低限额为人民币1亿元；经营证券承销与保荐、证券融资融券、证券做市交易、证券自营、其他证券业务两项以上的，注册资本最低限额为人民币5亿元。证券公司的注册资本应当是实缴资本。国务院证券监督管理机构根据审慎监管原则和各项业务的风险程度，可以调整注册资本最低限额，但不得少于前款规定的限额。

另外，根据《证券公司监督管理条例》第12条规定，证券公司设立时，其业务范围

---

〔1〕　李东方：《证券监管法论》北京大学出版社2019年版，第450页。

〔2〕　李东方主编：《证券法学》，中国政法大学出版社2017年版，第259页。

应当与其财务状况、内部控制制度、合规制度和人力资源状况相适应。证券公司的股东应当用货币或者证券公司经营所必需的非货币财产出资。证券公司股东的非货币财产出资总额不得超过证券公司注册资本的30%。证券公司股东的出资，应当经具有证券、期货相关业务资格的会计师事务所验资并出具证明；出资中的非货币财产，应当经具有证券相关业务资格的资产评估机构评估。

2. 股东条件。《证券法》规定，证券公司的主要股东及公司的实际控制人应具有良好的财务状况和诚信记录，最近3年无重大违法违规记录。最新《证券法》修订过程中，删掉了对证券公司主要股东持续盈利能力和最低净资产的条件。但中国证监会对证券公司的股东提出了严格的要求，根据《证券公司股权管理规定》第7条规定，证券公司设立时，中国证监会依照规定核准其注册资本及股权结构并对以下类别的股东明确了具体监管要求。

（1）持有证券公司5%以下股权的股东。持有证券公司5%以下股权的股东，应当符合下列要求：①自身及所控制的机构信誉良好，最近3年无重大违法违规记录或重大不良诚信记录；不存在因故意犯罪被判处刑罚、刑罚执行完毕未逾3年的情形；没有因涉嫌重大违法违规正在被调查或处于整改期间。②不存在长期未实际开展业务、停业、破产清算、治理结构缺失、内部控制失效等影响履行股东权利和义务的情形；不存在可能严重影响持续经营的担保、诉讼、仲裁或者其他重大事项。③不存在股权结构不清晰，无法逐层穿透至最终权益持有人的情形；股权结构中原则不允许存在理财产品，中国证监会认可的情形除外。④自身及所控制的机构不存在因不诚信或者不合规行为引发社会重大质疑或产生严重社会负面影响且影响尚未消除的情形；不存在对所投资企业经营失败负有重大责任且经营失败未逾3年的情形。⑤中国证监会基于审慎监管原则规定的其他要求。通过证券交易所、股份转让系统交易或者认购证券公司公开发行股份取得证券公司5%以下股份的股东，不适用本条规定。

（2）主要股东。证券公司主要股东是指持有证券公司5%以上股权的股东。除了应当满足上述5%以下股权的股东要求以外，证券公司的主要股东还应当符合下列条件：①财务状况良好，资产负债和杠杆水平适度，净资产不低于5000万元人民币，具备与证券公司经营业务相匹配的持续资本补充能力；②公司治理规范，管理能力达标，风险管控良好；③不存在净资产低于实收资本50%或有负债达到净资产50%或者不能清偿到期债务的情形；④能够为提升证券公司的综合竞争力提供支持。

（3）第一大股东、控股股东。证券公司第一大股东是指持有证券公司5%以上股权的第一大股东。证券公司控股股东是指持有证券公司50%以上股权的股东或者虽然持股比例不足50%，但其所享有的表决权足以对证券公司股东（大）会的决议产生重大影响的股东。除了应当满足上述主要股东条件以外，证券公司的第一大股东、控股股东还应当符合下列条件：①开展金融相关业务经验与证券公司业务范围相匹配；②入股证券公司与其长期战略协调一致，有利于服务其主营业务发展；③对完善证券公司治理结构、推动证券公司长期发展有切实可行的计划安排；④对保持证券公司经营管理的独立性和防范风险传递、不当利益输送，有明确的自我约束机制；⑤对证券公司可能发生风险导致无法正常经营的情况，制定合理有效的风险处置预案。

（4）综合类证券公司的股东。综合类证券公司从事的业务具有显著杠杆性质，且多项业务之间存在交叉风险，资本消耗较高，与其他金融体系联系紧密，外部性显著，其第一大股东和控股股东需具备更高的管控水平和资本补充能力，具体应当符合下列条件：最近 3 年持续盈利，不存在未弥补亏损；最近 3 年长期信用均保持在高水平，最近 3 年规模、收入、利润、市场占有率等指标居于行业前列。控股股东还应当符合下列条件：总资产不低于 500 亿元人民币，净资产不低于 200 亿元人民币；核心主业突出，主营业务最近 5 年持续盈利。

（三）设立程序

1. 设立申请。申请证券公司设立过程中，应当提交以下文件：[1]

（1）申请报告及申请表。

（2）所有拟任股东就申报事项已经履行完备法定程序的证明文件。

（3）所有拟任股东签署的相关合同或协议。

（4）证券公司股权结构图以及股东间关联关系、一致行动人关系说明。

（5）拟设证券公司及拟任股权管理事务负责人承诺书，相关主体对可能出现的违反规定或承诺行为事先约定处理措施的文件。

（6）公司章程草案。章程草案应当经所有拟任股东加盖公章，并由其法定代表人或者授权代表签字。

（7）拟设证券公司的名称预核准通知书。

（8）内部管理制度，内部机构设置及职能、营业场所和技术系统、组织管理架构、业务范围和业务发展规划等情况说明。

（9）拟任董事长、总经理、合规负责人简历及符合任职条件的说明。

（10）中国境内律师事务所出具的法律意见书。

（11）拟任股东及持有证券公司 5% 以上股权的实际控制人符合相应资格条件的证明文件。

（12）中国证监会规定的其他文件。

申请设立外商投资证券公司或证券公司专业子公司的，还应当遵守相应文件报送要求。

2. 设立审批。国务院证券监督管理机构应当自受理证券公司设立申请之日起 6 个月内，依照法定条件和法定程序并根据审慎监管原则进行审查，作出批准或者不予批准的决定并通知申请人；不予批准的，应当说明理由。

3. 申请设立登记。证券公司设立申请获得批准的，申请人应当在规定的期限内向公司登记机关申请设立登记，领取营业执照。

4. 申请证券业务许可。证券公司应当自领取营业执照之日起 15 日内，向国务院证券监督管理机构申请经营证券业务许可证。未取得经营证券业务许可证，证券公司不得经营证券业务。

二、证券公司的运作

（一）证券公司治理

公司治理的概念包含狭义和广义两个方面。狭义的公司治理是指公司股东对公司经理

---

〔1〕　参见中国证监会《【行政许可事项服务指南】证券公司设立审批》，2020 年 3 月 5 日发布。

层的一种监督与制衡机制，即通过一种制度安排来合理地配置所有者与经营者之间的权利与责任关系，目标是保证股东利益的最大化，防止经营者对所有者利益的背离；广义的公司治理则涉及更广泛的公司利害相关者，是指通过一套正式或非正式的、内部的或外部的制度或机制来协调公司与所有利害相关者之间的利益关系，目标是使公司各利害相关者的利益最大化。有效的公司治理结构有利于化解证券公司的内部经营风险，保护投资者，提高证券公司质量，促进资本市场稳定健康发展。由于证券公司的特殊性，在实现证券公司股东对经营管理层监督与制衡的同时，保护客户的合法权益成为证券公司治理的重要目标。与此相适应，在《证券法》《公司法》关于公司治理的规定之外，中国证监会对证券公司的治理作出了许多特殊性的规定。

1. 证券公司治理的基本要求。根据《证券公司治理准则》的规定，证券公司应当按照《公司法》等法律、行政法规的规定，建立健全"三会一层"的组织架构，明确股东会、董事会、监事会、经理层之间的职责划分；按照法律、行政法规和中国证监会的规定建立完备的合规管理、风险管理和内部控制体系；不得挪用客户交易结算资金，不得挪用客户委托管理的资产，不得挪用客户托管在公司的证券；证券公司对客户负有诚信义务，不得侵犯客户的财产权、选择权、公平交易权、知情权及其他合法权益；证券公司及其股东、实际控制人、董事、监事、高级管理人员应当遵守法律、行政法规和中国证监会的规定；证券公司的股东和实际控制人不得占用客户资产，损害客户合法权益。

2. 证券公司与股东之间关系的特别规定。证券公司对客户负有诚信义务，证券公司股东和实际控制人在行使合法权利的同时不得占用客户资产，损害客户合法权益。根据《证券公司治理准则》第 20～25 条的规定，证券公司的股东、控股股东、实际控制人应当特别注意以下几点：①证券公司的控股股东、实际控制人不得利用其控制地位或者滥用权利损害证券公司、公司其他股东和公司客户的合法权益。②证券公司的控股股东不得超越股东会、董事会任免证券公司的董事、监事和高级管理人员。③证券公司的股东、实际控制人不得违反法律、行政法规和公司章程的规定干预证券公司的经营管理活动。④证券公司与其股东、实际控制人或者其他关联方应当在业务、机构、资产、财务、办公场所等方面严格分开，各自独立经营、独立核算、独立承担责任和风险。证券公司股东的人员在证券公司兼职的，应当遵守法律、行政法规和中国证监会的规定。⑤证券公司的控股股东、实际控制人及其关联方应当采取有效措施，防止与其所控制的证券公司发生业务竞争。证券公司控股其他证券公司的，不得损害所控股的证券公司的利益。⑥证券公司的股东、实际控制人及其关联方与证券公司的关联交易不得损害证券公司及其客户的合法权益。证券公司章程应当对重大关联交易及其披露和表决程序作出规定。⑦证券公司不得持有股东（或者股东的关联方）的股权，但法律、行政法规或者中国证监会另有规定的除外；不得通过购买股东（或者股东的关联方）持有的证券等方式向股东输送不当利益；股东（或者股东的关联方）不得违规占用证券公司资产。

3. 对证券公司董事会、监事会、高级管理人员的相关要求。

（1）对董事、监事、高级管理人员任职资格的要求。根据《关于取消或调整证券公司部分行政审批项目等事项的公告》（中国证券监督管理委员会公告〔2020〕18 号），证券公司董事、监事、高级管理人员任职资格由核准改为事后备案管理。证券公司任命董事、监事和高级管理人员，应当自作出决定之日起 5 个工作日内向公司住所地中国证监会派出机构提交以下材料：①备案情况说明；②公司决定文件及相关决议；③相关人员符合任职条件的证明文件；④相关人员签署的诚信经营承诺书；⑤高级管理人员职责范围说明。符合任职条件的证明文件包括：任职情况登记表，身份、学历、学位证明，最近3年个人诚信情况说明，最近3年曾任职单位的鉴定意见；董事、监事还需提交证券公司或股东单位的推荐意见；高级管理人员还需提交符合证券从业条件的证明文件；高级管理人员、董事长类人员还需提交2名推荐人的书面推荐意见、资质测试合格证明、最近3年担任主要负责人的还应当提交离任审计报告。中国证监会派出机构应当依法审慎履职，发现相关人员不符合《证券法》《证券公司监督管理条例》及中国证监会相关规定的，应当责令限期更换。证券公司高级管理人员不得在其他营利性机构兼职，但法律、行政法规或者中国证监会另有规定的除外。

　　根据《证券公司治理准则》第29～33条规定，经营证券经纪业务、证券资产管理业务、融资融券业务和证券承销与保荐业务中两种以上业务的证券公司，应当建立独立董事制度。其中，证券公司有下列情形之一的，独立董事人数不得少于董事人数的1/4：①董事长、经营管理的主要负责人由同一人担任；②内部董事人数占董事人数1/5以上；③中国证监会认定的其他情形。独立董事与公司其他董事任期相同，连任时间不得超过6年。独立董事在任期内辞职或者被免职的，独立董事本人和证券公司应当分别向公司住所地中国证监会派出机构和股东会提交书面说明。独立董事应当根据法律、行政法规和中国证监会的规定独立履行董事职责，并在股东会年会上提交工作报告。独立董事未履行应尽职责的，应当承担相应的责任。证券公司应当保障独立董事享有与其他董事同等的知情权。

　　（2）对董事会的要求。根据《证券公司治理准则》第34～40条的规定，证券公司章程应当明确董事人数、董事会的职责、议事方式和表决程序并就董事长不能履行职责或者缺位时，董事长职责的行使作出明确规定。证券公司设董事会的，内部董事人数不得超过董事人数的1/2。董事会应当在股东会年会上报告并在年度报告中披露董事的履职情况，包括报告期内董事参加董事会会议的次数、投票表决等情况。证券公司董事会每年至少召开2次会议。董事会会议应当制作会议记录，并可以录音。会议记录应当真实、准确、完整地记录会议过程、决议内容、董事发言和表决情况，并依法保存。出席会议的董事和记录人应当在会议记录上签字。证券公司董事会、董事长应当在法律、行政法规、中国证监会和公司章程规定的范围内行使职权，不得越权干预经理层的经营管理活动。董事会表决有关关联交易的议案时，与交易对方有关联关系的董事应当回避。该次董事会会议由过半数的无关联关系董事出席即可举行，董事会会议所作决议须经无关联关系董事过半数通过。出席董事会的无关联关系董事人数不足3人的，应当将该事项提交股东会审议。证券公司董事会决议内容违反法律、行政法规或者中国证监会的规定的，监事会应当要求董事会纠正，经理层应当拒绝执行。证券公司应当设董事会秘书，负责股东会和董事会会议的筹备、文件的保管以及股东资料的管理，按照规定或者根据中国证监会及其派出机构、股东等有关单位或者个人的要求，依法提供有关资料，办理信息报送或者信息披露事项。

　　（3）对董事会专门委员会的要求。按照《证券公司治理准则》第41、42条的规定，证券公司经营证券经纪业务、证券资产管理业务、融资融券业务和证券承销与保荐业务中两种以上业务的，其董事会应当设立薪酬与提名委员会、审计委员会和风险控制委员会，并应当在公司章程中规定各委员会的组成、职责及其行使方式。专门委员会应当向董事会负责，按照公司章程的规定向董事会提交工作报告。董事会在对与专门委员会职责相关的事项作出决议前，应当听取专门委员会的意见。证券公司董事会各专门委员会应当由董事组成。专门委员会成员应当具有与专门委员会职责相适应的专业知识和工作经验。审计委员会中独立董事的人数不得少于 1/2，并且至少有 1 名独立董事从事会计工作 5 年以上。薪酬与提名委员会、审计委员会的负责人应当由独立董事担任。

(4) 对监事会的要求。按照《证券公司治理准则》第 51~53 条的规定，证券公司监事有权了解公司经营情况，并承担相应的保密义务。证券公司应当将其内部稽核报告、合规报告、月度或者季度财务会计报告、年度财务会计报告及其他重大事项及时报告监事会。监事会应当就公司的财务情况、合规情况向股东会年会作出专项说明。证券公司监事会可要求公司董事、高级管理人员及其他相关人员出席监事会会议，回答问题。监事会可根据需要对公司财务情况、合规情况进行专项检查，必要时可聘请外部专业人士协助，其合理费用由证券公司承担。监事会对公司董事、高级管理人员履行职责的行为进行检查时，可以向董事、高级管理人员及公司其他人员了解情况，董事、高级管理人员及公司其他人员应当配合。对董事、高级管理人员违反法律、行政法规或者公司章程，损害公司、股东或者客户利益的行为，证券公司监事会应当要求董事、高级管理人员限期改正；损害严重或者董事、高级管理人员未在限期内改正的，监事会应当提议召开股东会，并向股东会提出专项议案。对董事会、高级管理人员的重大违法违规行为，监事会应当直接向中国证监会或者其派出机构报告。监事知道或者应当知道董事、高级管理人员有违反法律、行政法规或者公司章程的规定、损害公司利益的行为，未履行应尽职责的，应当承担相应的责任。

(5) 对高级管理人员的要求。证券公司的高级管理人员是指证券公司的总经理、副总经理、财务负责人、合规负责人、首席风险官、首席信息官、董事会秘书以及实际履行上述职务的人员。

按照《证券公司治理准则》第 59~61 条的规定，证券公司经营管理的主要负责人应当根据董事会或者监事会的要求，向董事会或者监事会报告公司重大合同的签订、执行情况，资金运用情况和盈亏情况。经营管理的主要负责人必须保证报告的真实、准确、完整。未担任董事职务的经营管理的主要负责人可以列席董事会会议。证券公司经理层应当建立责任明确、程序清晰的组织结构，组织实施各类风险的识别与评估工作，并建立健全有效的内部控制制度和机制，及时处理或者改正内部控制中存在的缺陷或者问题。证券公司高级管理人员应当对内部控制不力、不及时处理或者改正内部控制中存在的缺陷或者问题承担相应的责任。证券公司分管合规管理、风险管理、稽核审计部门的高级管理人员，不得兼任或者分管与合规管理、风险管理、稽核审计职责相冲突的职务或者部门。证券公司高级管理人员应当支持合规管理、风险管理、稽核审计部门的工作。

4. 证券公司与客户关系的基本要求。证券公司在开展业务的过程中，应当坚持客户利益至上。证券公司不得侵犯客户的财产权、选择权、公平交易权、知情权及其他合法权益。不得挪用客户交易结算资金，不得挪用客户委托管理的资产，不得挪用客户托管在公司的证券。根据《证券公司治理准则》第 70~73 条规定，证券公司应当：①保守客户秘密。证券公司对客户资料负有保密义务，证券公司有权拒绝其他任何单位或者个人对客户资料的查询，但法律、行政法规或者中国证监会另有规定的除外。②履行法定信息披露义务，保障客户在充分知情的基础上作出决定。证券公司向客户提供产品或者服务应当遵守法律、行政法规和中国证监会的规定，并对有关产品或者服务的内容及风险予以充分披露，不得有虚假陈述、误导及其他欺诈客户的行为。③完善客户沟通、投诉处理机制。证券公司应当设专职部门或者岗位负责与客户进行沟通，处理客户的投诉等事宜。④履行公司财务报告披露义务。证券公司应当按照规定向社会公众披露本公司经审计的年度财务报告及其他信息，并保证披露信息的真实、准确、完整。

（二）证券公司内部控制

证券公司内部控制是指证券公司为实现经营目标，根据经营环境变化，对证券经营与管理过程中的风险进行识别、评价和管理的制度安排、组织体系和控制措施。证券公司是资本市场的重要参与者，是资本市场重要的桥梁和纽带。如果对证券公司内部控制没有严格的要求，就会影响资本市场正常秩序。

完善的内部控制机制是证券公司设立和规范运作的前提条件。《证券法》规定，设立证券公司应当具有完善的风险管理与内部控制制度。证券公司应当依法审慎经营，勤勉尽责，诚实守信。证券公司的业务活动，应当与其治理结构、内部控制、合规管理、风险管理以及风险控制指标、从业人员构成等情况相适应，符合审慎监管和保护投资者合法权益的要求。证券经营机构应当采取有效隔离措施，防范本机构与客户之间、不同客户之间、不同业务之间的利益冲突；将其证券经纪业务、证券承销业务、证券自营业务和证券资产管理业务分开办理，不得混合操作。

（三）证券公司分类监管

证券公司分类监管是指中国证监会以证券公司风险管理能力为基础，结合公司市场竞争力和持续合规状况，定期评价和确定证券公司的类别。中国证监会及其派出机构根据证券公司分类结果对不同类别的证券公司实施有差别的监管政策。分类监管制度是证券行业的一项基础性制度，对促进证券公司加强合规管理、提升风险控制能力、培育核心竞争力，发挥了极其重要的正向激励作用。

1. 分类评价期限。证券公司分类评价每年进行一次，评价期为上一年度5月1日～本年度4月30日。

2. 分类评价实施。分类评价首先将正常经营的证券公司基准分设定为100分。在基准分的基础上，根据证券公司风险管理能力评价指标与标准、持续合规状况、业务发展状况等方面的情况，进行相应加分或扣分以确定证券公司的评价计分。根据《证券公司分类监管规定》，证券公司分为A（AAA、AA、A）、B（BBB、BB、B）、C（CCC、CC、C）、D、E5大类11个级别。其中，风险管理能力主要根据资本充足、公司治理与合规管理、全面风险管理、信息技术管理、客户权益保护、信息披露6类评价指标，体现证券公司对流动性风险、合规风险、市场风险、信用风险、技术风险及操作风险等的管理能力。持续合规状况主要根据司法机关采取的刑事处罚措施，中国证监会及其派出机构采取的行政处罚措施、行政监管措施及证券期货行业自律组织纪律处分、自律监管措施的情况进行评价。证券公司业务发展状况主要根据证券公司经纪业务、投资银行业务、资产管理业务、综合实力、创新能力等方面的情况进行评价。

3. 分类评价的应用和影响。中国证监会根据证券公司分类结果对不同类别的证券公司在行政许可、监管资源分配、现场检查和非现场检查频率等方面实施区别对待的监管政策。其影响主要体现在以下几个方面：①券商分类评级将直接影响证券公司投资者保护基金缴纳数。根据《证券投资者保护基金管理办法》的规定，证券公司缴纳证券投资者保护基金实施差别缴纳比例，结合其分类评价结果分别按照营业收入的 0.5% ~5% 缴纳证券投资者保护基金。[1] 证券公司的分类评价结果不同，对应缴纳的证券投资者保护基金差别极大。②影响证券公司风险资本准备的计提。各类证券公司风险资本准备根据分类评价结果进行调整，证券公司风险资本计提结果直接影响证券公司的各类业务规模限额。③证券公司分类评价结果将作为证券公司申请增加业务种类、发行上市等事项的审慎性条件，各类创新业务也将优先从 A 类券商开始试点。以场外期权业务为例，最近一年分类评级在 A 类 AA 级以上的证券公司，经中国证监会认可，可以成为一级交易商；最近一年分类评级在 A 类 A 级以上的证券公司，经中国证券业协会备案，可以成为二级交易商。

（四）证券公司从业人员管理

证券公司从业人员的品行和业务能力直接影响证券公司的规范经营和资本市场的正常秩序，我国对证券公司从业人员进行严格的日常管理。

1. 证券公司从业人员的基本条件。证券公司从业人员应当符合《证券法》等法律法规、中国证监会规定、协会自律规则的要求。具体如下：

（1）品行端正，具有良好的职业道德；

（2）最近 3 年未受过刑事处罚；未被中国证监会认定为证券市场禁入者，或者已过禁入期；

（3）通过相应的证券业从业人员资格考试等。

从事证券投资咨询业务的人员还应当符合《证券、期货投资咨询管理暂行办法》第 13 条的相关规定。保荐代表人还应当符合《证券发行上市保荐业务管理办法》第 4 条的相关规定。证券经纪人还应当符合《证券经纪人管理暂行规定》第 7 条的相关规定。

根据《证券法》的规定，因违法行为或者违纪行为被开除的证券交易场所、证券公司、证券登记结算机构、证券服务机构的从业人员和被开除的国家机关工作人员，不得被招聘为证券公司的从业人员。

2. 证券公司从业人员的登记管理。证券公司应当自从业人员入职（含试用期）之日起 7 个工作日内，通过协会从业人员管理平台完成登记。从业人员应当根据从业人员实际从事的业务类别和相应要求进行登记，同一人员只能登记为一个类别。从业人员登记类别包括一般证券业务、证券经纪人、证券投资咨询（投资顾问）、证券投资咨询（分析师）、证券投资咨询（其他）、保荐代表人等六类。

从业人员所从事的业务类别或其他重要登记信息发生变化的，所在机构应当自发生变化之日起 7 个工作日内办理变更登记。从业人员离职的，所在机构应当自劳动关系（或委托代理关系）解除之日起 7 个工作日内办理注销登记。

3. 证券公司从业人员执业行为管理。《证券业从业人员执业行为准则》规定，证券从

---

[1] 为进一步强化资本市场对新型冠状肺炎疫情防控工作的支持，加强金融逆周期调节力度，降低疫情对证券公司经营活动的暂时性影响，增强证券公司服务实体经济能力，2020 年 3 月 6 日，中国证监会发布公告（〔2020〕19 号），明确 A 类、B 类、C 类、D 类证券公司，分别按照证券公司营业收入的 0.5%、0.6%、0.7%、0.7% 的比例缴纳 2019 年度证券投资者保护基金。2020 年证券投资保护基金的缴纳比例参照执行。

业人员应遵守以下准则：①从业人员应自觉遵守法律、行政法规，接受并配合中国证监会的监督与管理，接受并配合协会的自律管理，遵守交易场所有关规则、所在机构的规章制度以及行业公认的职业道德和行为准则。②从业人员在执业过程中应当维护客户和其他相关方的合法利益，诚实守信，勤勉尽责，维护行业声誉。③从业人员应依照相应的业务规范和执业标准为客户提供专业服务，了解客户需求、财务状况及风险承受能力，为客户推荐合适的产品或服务，充分揭示其推荐产品或服务涉及的责任、义务及相关风险，包括但不限于法律风险、政策风险、市场风险等。④从业人员应具备从事相关业务活动所需的专业知识和技能，取得相应的从业资格，通过所在机构向协会申请执业注册，接受协会和所在机构组织的后续职业培训，维持专业胜任能力。⑤从业人员应保守国家秘密、所在机构的商业秘密、客户的商业秘密及个人隐私，对客户服务结束或者离开所在机构后，仍应按照有关规定或合同约定承担上述保密义务。⑥从业人员应当公平对待所有客户，不得从事与履行职责有利益冲突的业务。遇到自身利益或相关方利益与客户的利益发生冲突或可能发生冲突时，应及时向所在机构报告；当无法避免时，应确保客户的利益得到公平的对待。⑦机构或者其管理人员对从业人员发出指令涉嫌违法违规的，从业人员应及时按照所在机构内部程序向高级管理人员或者董事会报告。机构未妥善处理的，从业人员应及时向中国证监会或者协会报告。⑧从业人员应当尊重同业人员，公平竞争，不得贬损同行或以其他不正当竞争手段争揽业务。⑨从业人员不得从事以下活动：从事内幕交易或利用未公开信息交易活动，泄露利用工作便利获取的内幕信息或其他未公开信息，或明示、暗示他人从事内幕交易活动；利用资金优势、持股优势和信息优势，单独或者合谋串通，影响证券交易价格或交易量，误导和干扰市场；编造、传播虚假信息或做出虚假陈述或信息误导，扰乱证券市场；损害社会公共利益、所在机构或者他人的合法权益；从事与其履行职责有利益冲突的业务；接受利益相关方的贿赂或对其进行贿赂，如接受或赠送礼物、回扣、补偿或报酬等，或从事可能导致与投资者或所在机构之间产生利益冲突的活动；买卖法律明文禁止买卖的证券；利用工作之便向任何机构和个人输送利益，损害客户和所在机构利益；违规向客户做出投资不受损失或保证最低收益的承诺；隐匿、伪造、篡改或者毁损交易记录；中国证监会、协会禁止的其他行为。⑩从业人员应主动倡导理性成熟的投资理念，坚持长期投资、价值投资导向，自觉弘扬行业文化，加强自身职业道德修养，规范自身行为，履行社会责任，遵守社会公德，服务社会和投资者。

4. 廉洁从业管理。廉洁从业，是指证券公司及其工作人员在开展证券期货业务及相关活动中，严格遵守法律法规、中国证监会的规定和行业自律规则，遵守社会公德、商业道德、职业道德和行为规范，合规经营，诚实守信，不直接或者间接向他人输送不正当利益或者谋取不正当利益。

根据《证券期货经营机构及其工作人员廉洁从业规定》第9～12条的规定，证券公司及其工作人员不得有以下行为：①证券期货经营机构及其工作人员在开展证券期货业务及相关活动中，不得以下列方式向公职人员、客户、正在洽谈的潜在客户或者其他利益关系人输送不正当利益：提供礼金、礼品、房产、汽车、有价证券、股权、佣金返还等财物，或者为上述行为提供代持等便利；提供旅游、宴请、娱乐健身、工作安排等利益；安排显著偏离公允价格的结构化、高收益、保本理财产品等交易；直接或者间接向他人提供内幕信息、未公开信息、商业秘密和客户信息，明示或者暗示他人从事相关交易活动；其他输送不正当利益的情形。②证券期货经营机构工作人员不得以下列方式谋取不正当利益：直接或者间接收受、索取他人的财物或者利益；直接或者间接利用他人提供或主动获取的内幕信息、未公开信息、商业秘密和客户信息谋取利益；以诱导客户从事不必要交易、使用客户受托资产进行不必要交易等方式谋取利益；违规从事营利性经营活动，违规兼任可能影响其独立性的职务或者从事与所在机构或者投资者合法利益相冲突的活动；违规利用职权为近亲属或者其他利益关系人从事营利性经营活动提供便利条件；其他谋取不正当利益的情形。③证券期货经营机构及其工作人员不得以下列方式干扰或者唆使、协助他人干扰证券期货监督管理或者自律管理工作：以不正当方式影响监督管理或者自律管理决定；以不正当方式影响监督管理或者自律管理人员工作安排；以不正当方式获取监督管理或者自律管理内部信息；协助利益关系人，拒绝、干扰、阻碍或者不配合监管人员行使监督、检查、调查职权；其他干扰证券期货监督管理或者自律管理工作的情形。④证券期货经营机构及其工作人员在开展投资银行类业务过程中，不得以下列方式输送或者谋取不正当利益：以非公允价格或者不正当方式为自身或者利益关系人获取拟上市公司股权；以非公允价格或者不正当方式为自身或者利益关系人获取拟并购重组上市公司股权或者标的资产股权；以非公允价格为利益关系人配售债券或者约定回购债券；泄露证券发行询价和定价信息，操纵证券发行价格；直接或者间接通过聘请第三方机构或者个人的方式输送利益；以与监管人员或者其他相关人员熟悉，或者以承诺价格、利率、获得批复及获得批复时间等为手段招揽项目、商定服务费；其他输送或者谋取不正当利益的行为。

（五）客户交易结算资金第三方存管制度

根据《证券法》第131条的规定，证券公司客户的交易结算资金应当存放在商业银行，以每个客户的名义单独立户管理。证券公司不得将客户的交易结算资金和证券归入其自有财产。禁止任何单位或者个人以任何形式挪用客户的交易结算资金和证券。证券公司破产或者清算时，客户的交易结算资金和证券不属于其破产财产或者清算财产。非因客户本身的债务或者法律规定的其他情形，不得查封、冻结、扣划或者强制执行客户的交易结算资金和证券。

1. 客户交易结算资金第三方存管制度出台背景。证券市场发展早期，不存在客户交易结算资金第三方存管制度，证券公司可以自主使用客户结算资金，最终给证券公司和证券市场带来了较大的风险。为规范证券交易结算资金的管理，保护投资者合法利益，2001年5月16日中国证监会发布了《客户交易结算资金管理办法》，建立了客户资金的独立存管制度，要求客户资金必须与证券公司自有资金分别管理。

2. 客户交易结算资金第三方存管制度的主要内容。

（1）账户管理。证券公司从事证券经纪业务，应当以自己的名义，在指定商业银行开立客户资金汇总账户，用于存放客户资金。一家证券公司在一家指定商业银行只能开立一个客户资金汇总账户。证券公司与指定商业银行应当在客户资金存管合同签订后，以客户的名义，分别开立与客户资金汇总账户对应的二级账户，用于记载客户资金的明细数据。证券公司为客户开立的二级账户称为客户的资金账户，指定商业银行为客户开立的二级账户称为客户的管理账户。客户的资金账户、管理账户应当实名对应。

（2）资金划转。客户应当使用开立在指定商业银行的银行结算账户，以银证转账方式存取客户资金。客户应当在进行证券交易前，将所需资金从其银行结算账户转入客户资金汇总账户。客户取出的资金，应当经客户资金汇总账户转入其银行结算账户。办理客户资金存取，应当由客户逐笔发出转账指令，在开立于同一家指定商业银行的客户资金汇总账户和客户的银行结算账户之间进行。指定商业银行根据客户指令，负责在客户的银行结算账户与客户资金汇总账户之间划转资金，无须证券公司介入，从而防止证券公司挪用客户交易结算资金。

（3）核对与监控。证券公司、指定商业银行应当按照账账相符、账实相符的原则，于每个交易日对客户资金数据进行核对，并保存核对记录。证券公司应当对客户资金变动情况及余额进行核对，指定商业银行应当对在本行开立的客户资金汇总账户与管理账户的客户资金变动情况及余额进行核对。证券公司应当保证客户在交易时间内能够查询资金账户余额及变动情况。指定商业银行应当保证客户能够随时查询管理账户余额及变动情况。

证券公司、指定商业银行和证券登记结算机构应当按照规定，向投资者保护基金公司报送客户资金有关数据。证券公司向投资者保护基金公司报送数据，应当通过证券登记结算机构进行。投资者保护基金公司应当对证券公司、指定商业银行、证券登记结算机构等报送的客户资金有关数据进行比对，发现客户资金被违法动用的，应当在 1 个工作日内报告证券公司住所地中国证监会派出机构。

（4）监督管理。根据《客户交易结算资金管理办法》的规定，证券公司应当制定客户交易结算资金操作办法和规程，报中国证监会备案。对于证券公司、证券营业部违反本法规定的，应根据《客户交易结算资金管理办法》第 30～36 条的规定，责令限期改正，给予通报批评、公开批评，单处或者并处警告、3 万元以下罚款；情节严重的，并处撤销相关业务许可或者责令关闭。对于存管银行、结算公司工作人员泄露证券交易结算资金秘密的，按有关法律、法规、规章进行处罚。

（六）监管信息报送

证券公司在业务经营过程中，必须遵守法律、法规、部门规章及其他规范性文件的规定，定期或不定期向国务院证券监督管理机构、国务院反洗钱行政主管部门等监管部门报送信息。

1. 定期报送。根据《证券法》第 138 条，《证券公司监督管理条例》第 63、64、65 条的规定，证券公司应当按照规定向国务院证券监督管理机构报送业务、财务等经营管理信息和资料。报送的内容包括年度、月度报告、临时报告。

证券公司应当自每一会计年度结束之日起 4 个月内，向国务院证券监督管理机构报送年度报告；自每月结束之日起 7 个工作日内，报送月度报告。证券公司年度报告中的财务会计报告、风险控制指标报告以及国务院证券监督管理机构规定的其他专项报告，应当经具有证券、期货相关业务资格的会计师事务所审计。证券公司年度报告应当附有该会计师事务所出具的内部控制评审报告。证券公司的董事、高级管理人员应当对证券公司年度报告签署确认意见；经营管理的主要负责人和财务负责人应当对月度报告签署确认意见。在证券公司年度报告、月度报告上签字的人员，应当保证报告的内容真实、准确、完整；对报告内容持有异议的，应当注明自己的意见和理由。对证券公司报送的年度报告、月度报告，国务院证券监督管理机构应当指定专人进行审核，并制作审核报告。审核人员应当在审核报告上签字。审核中发现问题的，国务院证券监督管理机构应当及时采取相应措施。

2. 不定期报送。根据《证券法》第 138 条、《证券公司监督管理条例》第 67 条的规定，国务院证券监督管理机构有权要求证券公司及其主要股东、实际控制人在指定的期限内提供有关信息、资料。证券公司及其主要股东、实际控制人向国务院证券监督管理机构报送或者提供的信息、资料，必须真实、准确、完整。

发生影响或者可能影响证券公司经营管理、财务状况、风险控制指标或者客户资产安全的重大事件的，证券公司应当立即向国务院证券监督管理机构报送临时报告，说明事件的起因、目前的状态、可能产生的后果和拟采取的相应措施。

此外，国务院证券监督管理机构可以要求下列单位或者个人，在指定的期限内提供与证券公司经营管理和财务状况有关的资料、信息：①证券公司及其董事、监事、工作人员；②证券公司的股东、实际控制人；③证券公司控股或者实际控制的企业；④证券公司的开户银行、指定商业银行、资产托管机构、证券交易所、证券登记结算机构；⑤为证券公司提供服务的证券服务机构。

3. 报送要求。根据《证券公司监督管理条例》第 69 条的规定，证券公司以及有关单位和个人披露、报送或者提供的资料、信息应当真实、准确、完整，不得有虚假记载、误导性陈述或者重大遗漏。

（七）证券公司信息技术管理

随着信息技术的进步及其在证券行业内应用程度的加深，证券公司各项业务活动以及合规风控等各类管理活动已与信息系统深度融合，信息系统已经成为证券市场基础设施的重要组成部分。2008 年以来，中国证监会先后出台了《证券期货业信息安全保障管理办法》《证券期货业信息安全事件报告与调查处理办法》等监管规定，以信息技术安全为核心提出了监管要求，对经营机构与服务机构信息技术管理提出了原则要求，同时也以自律规则、行业标准的形式提出了一些具体要求。为进一步加强证券公司信息技术管理，保障证券基金行业信息系统安全、合规运行，保护投资者合法权益，促进信息系统支持证券业务创新发展，中国证监会已于 2018 年 12 月 19 日发布了《证券基金经营机构信息技术管理办法》。

证券公司作为从事证券业务活动的经营责任主体，应当保障与业务活动规模及复杂程度相适应的信息技术投入水平，在依法合规、有效防范风险的前提下，充分利用现代信息技术手段完善客户服务体系，改进业务运营模式，提升内部管理水平，增强合规风控能力，持续强化信息技术对证券业务活动的支撑作用。为保证信息技术管理工作的落实，证券公司应当指定一名熟悉证券业务，具有信息技术相关专业背景、任职经历、履职能力的高级管理人员为首席信息官，由其负责信息技术管理工作。证券公司应当设立信息技术管理部门或指定专门机构负责实施信息技术规划、信息系统建设、信息技术质量控制、信息安全保障、运维管理等工作。

中国证监会及其派出机构依法对证券基金经营与服务机构借助信息技术手段从事证券基金业务活动或提供相关服务实施监督管理。根据《证券基金经营机构信息技术管理办法》的规定，证券公司违反本办法规定的，中国证监会及其派出机构可以依法对其采取责令改正、暂停业务、出具警示函、责令定期报告、责令增加合规检查次数、公开谴责等行政监管措施；对直接负责的主管人员和其他责任人员采取责令改正、监管谈话、出具警示函、公开谴责等行政监管措施。

三、证券公司的变更和终止

（一）证券公司的变更

证券公司的变更，包括登记事项的变更和组织的变更。登记事项的变更是指证券公司设立登记事项的变化，包括公司名称、经营场所、法定代表人、业务范围、注册资本等事项的变更。证券公司组织的变更是指证券公司的合并、分立和组织形式的变化，如从有限责任公司变为股份有限公司。对于一般事项的变更，由公司自主决定，无须经过审批，直接到公司登记机关办理变更登记手续即可。对于重要事项的变更，特别是经过审批事项的变更，要履行报批手续。《证券法》第122条规定，证券公司变更证券业务范围，变更主要股东或者公司的实际控制人，合并、分立、停业、解散、破产，应当经国务院证券监督管理机构核准。规定这些事项变更时要经过审批，主要是考虑到这些事项的重要性。它们的变更不仅会影响证券市场的正常秩序，还会涉及投资者、债权人的利益。其中变更主要股东或者公司的实际控制人要经过审批，目的是限制和预防证券公司的主要股东、实际控制人在公司决策时滥用股东权和控制权，损害公司、中小股东和投资者的利益。

《证券法》在证券公司的变更上，减少了证券公司的行政审批事项，主要包括：①证券公司董监高的任职采取备案制，不再需要批准任职资格。②取消证券公司设立、收购或者撤销分支机构审批。③取消证券公司增加注册资本且股权结构发生重大调整，减少注册资本审批。④将证券公司变更持有5%以上股权的股东审批修改为变更主要股东审批。⑤取消证券公司变更公司章程中的重要条款审批。⑥取消证券公司在境外设立、收购或者参股证券经营机构审批。《证券法》2019年的总体修订思路是放松管制，简政放权，强化监管执法和法律责任。该修订减少了行政审批程序，扩大了证券公司的自主经营空间，有利于证券公司的高效运作，提高竞争力。

（二）证券公司的终止

证券公司的终止是指证券公司依照法定程序，彻底结束经营活动，并使证券公司的法人资格归于消灭的过程。根据《公司法》《破产法》的规定，公司终止的原因包括解散[1]与破产。证券公司终止的原因既有一般公司共同适用的解散，也有其自身的特殊性。

1. 《证券法》规定的解散事由。根据《证券法》第207、208条的规定，证券公司违反本法规定从事证券自营业务的，将客户的资金和证券归入自有财产，或者挪用客户的资金和证券，情节严重的，证券监管机构并处撤销相关业务许可或者责令关闭。

2. 《证券公司风险处置条例》规定的解散事由。《证券公司风险处置条例》第19条规定，证券公司同时有下列情形的，国务院证券监督管理机构可以直接撤销该证券公司：①违法经营情节特别严重、存在巨大经营风险；②不能清偿到期债务，并且资产不足以清偿全部债务或者明显缺乏清偿能力；③需要动用证券投资者保护基金。该条例第20条规定，证券公司经停业整顿、托管、接管或者行政重组在规定期限内仍达不到正常经营条

---

[1] 《公司法》第180条公司因下列原因解散：①公司章程规定的营业期限届满或者公司章程规定的其他解散事由出现；②股东会或者股东大会决议解散；③因公司合并或者分立需要解散；④依法被吊销营业执照、责令关闭或者被撤销；⑤人民法院依照本法第182条的规定予以解散。即公司解散包括自愿解散、行政强制解散与司法强制解散。

件，并且有本条例第 19 条第 2 项或者第 3 项规定情形的，国务院证券监督管理机构应当撤销该证券公司。

证券公司是经营风险的金融机构，其风险较为复杂，并具有明显的外溢性。在实践当中，关闭证券公司这种严厉的监管处理措施或证券公司停业、解散、破产面临很多制约因素，需要中国证监会做出决定或核准。[1]《证券法》在总结近些年中国证监会处理高风险证券公司经营风险成功经验的基础上，为关闭证券公司这一强制性措施设置了缓冲，对证券公司违法经营或者出现重大风险，严重危害证券市场秩序、损害投资者利益的，国务院证券监督管理机构可以对该证券经营机构依法采取责令停业整顿、指定其他机构托管、接管或行政重组等挽救性监管措施，而非直接予以关闭，以减少对证券市场的冲击。[2]通过上述措施仍难以恢复正常经营的，国务院证券监督机构应当撤销证券公司。

第三节　证券公司合规管理与风险管理

证券公司的业务活动，应当与其治理结构、内部控制、合规管理、风险管理以及风险控制指标、从业人员构成等情况相适应，符合审慎监管和保护投资者合法权益的要求。合规管理与风险管理是证券公司内部控制的核心内容，同时也是证券公司规范经营的基本保障。

一、证券公司合规管理

（一）证券公司合规管理概述

1. 证券公司合规管理相关概念。证券公司合规是指证券公司及其工作人员的经营管理和执业行为符合法律、法规、规章及规范性文件、行业规范和自律规则、公司内部规章制度，以及行业普遍遵守的职业道德和行为准则（以下统称"法律法规和准则"）。

证券公司合规管理是指证券公司制定和执行合规管理制度，建立合规管理机制，防范合规风险的行为。

证券公司合规风险是指因证券公司或其工作人员的经营管理或执业行为违反法律法规和准则而使证券公司被依法追究法律责任、采取监管措施、给予纪律处分、出现财产损失或商业信誉损失的风险。

2. 证券公司合规管理的总体要求和理念。《证券公司和证券投资基金管理公司合规管理办法》（以下简称《合规管理办法》）明确了合规管理全覆盖的总体要求和全员合规、合规从管理层做起、合规创造价值、合规是公司生存基础等理念。在总结前期证券公司合规管理经验基础上，《合规管理办法》新增了"合规创造价值、合规是公司生存基础"这两个理念，进一步提升了对合规管理工作重要性的认识，对于倡导和推进证券公司合规文化建设，培育全体工作人员合规意识，提升合规管理人员的职业荣誉感和专业化、职业化水平具有积极的意义。

---

[1]《证券法》第 122 条：证券公司变更证券业务范围，变更主要股东或者公司的实际控制人，合并、分立、停业、解散、破产，应当经国务院证券监督管理机构核准。

[2]《证券法》第 143 条：证券公司违法经营或者出现重大风险，严重危害证券市场秩序、损害投资者利益的，国务院证券监督管理机构可以对该证券公司采取责令停业整顿、指定其他机构托管、接管或者撤销等监管措施。

（1）合规管理全覆盖。证券公司的合规管理应当覆盖所有业务，各部门、各分支机构、各层级子公司和全体工作人员，贯穿决策、执行、监督、反馈等各个环节。

（2）全员合规。合规是证券公司全体工作人员的基本行为准则。证券公司全体工作人员，包括各部门、各分支机构、各层级子公司的工作人员，都应当严格遵守法律、法规和准则，主动防范、发现并化解合规风险。

（3）合规从管理层做起。建立公司高层基调是国际投行合规管理有效运作的重要经验之一。《合规管理办法》规定，证券公司董事会应积极履行职责，对合规管理的有效性负责；证券公司董事会、监事会、高级管理人员应当重视公司经营的合规性，承担有效管理公司合规风险的责任，积极培育合规文化，促进公司合规经营。

（4）合规创造价值。证券公司通过有效的合规管理防范或化解合规风险，积极为业务发展提出合规解决方案，为证券公司自身、证券行业和社会创造价值。证券公司应当推动全体员工认同合规管理能力是证券公司的核心竞争力之一，积极培育"合规、诚信、专业、稳健"的行业文化。

（5）合规是公司生存基础。证券公司作为资本市场最为重要的中介机构之一，是资本市场的"看门人"。正是基于证券公司这一重要的地位，《证券法》对证券公司的经营管理提出了严格的要求，同时针对证券公司的违规行为制定了严厉的惩罚措施。如果被中国证监会给予行政处罚，证券公司还可能卷入巨额民事诉讼。能否实施有效的合规管理已经成为证券公司能否在市场中生存的基础工作。证券公司应当进一步提升对合规管理的重视程度，坚持合规经营，为公司长期、稳健发展奠定基础。

3. 证券公司合规管理的基本原则与应遵守的基本要求。《合规管理办法》第6条规定，证券公司开展各项业务，应当遵守合规经营、勤勉尽责、坚持客户利益至上三项基本原则，并遵守下列基本要求：

（1）了解客户的义务。证券公司应当首先了解自己的客户（即通常所说的 KYC，know your customers），充分了解客户的基本信息、财务状况、投资经验、投资目标、风险偏好、诚信记录等信息并及时更新。

（2）适当性管理义务。证券公司应当在了解客户的基础上合理划分客户类别，结合产品、服务的性质将其划分为不同的风险等级，确保将适当的产品、服务提供给适合的客户。

（3）客户行为管理义务。包括客户发行行为管理和投资者异常交易行为管理。证券公司应持续督促客户规范证券发行行为，动态监控客户交易活动，及时报告、依法处置重大异常行为，不得为客户违规从事证券发行、交易活动提供便利。

（4）从业人员执业行为管理义务。严格规范工作人员执业行为，督促工作人员勤勉尽责，防范其利用职务便利从事违法违规、超越权限或者其他损害客户合法权益的行为。

（5）敏感信息管理义务。有效管理内幕信息和未公开信息，防范公司及其工作人员利用该信息买卖证券、建议他人买卖证券，或者泄露该信息。

（6）利益冲突管理义务。及时识别、妥善处理公司与客户之间、不同客户之间、公司不同业务之间的利益冲突，切实维护客户利益，公平对待客户。

（7）关联交易管理义务。依法履行关联交易审议程序和信息披露义务，保证关联交易的公允性，防止不正当关联交易和利益输送。

（8）防止扰乱市场秩序义务。审慎评估公司经营管理行为对证券市场的影响，采取有效措施，防止扰乱市场秩序。

（二）我国证券公司合规管理发展历程

合规管理作为一个独立和完整的管理体系正式在我国证券公司出现，截至目前只有10余年的历史。总体来看，证券公司的合规管理经历了三个主要阶段。

1. 合规试点阶段。在总结我国证券公司发展的经验和教训基础上，为解决证券公司内部约束缺位、内部约束与外部监管脱节的问题，形成监管机制从行政监管为主向行政监管、行业自律和公司自我约束有机结合转变，中国证监会于2007年4月12日下发了《关于指导证券公司设立合规总监建立合规管理制度试点工作方案》。中国证监会选取了中国国际金融有限公司、海通证券股份有限公司等7家证券公司进行合规试点。试点证券公司均建立了"董事会（专门委员会）—合规总监—合规管理部门—部门（分支机构）合规管理人员"四个层级的合规管理组织架构。参与试点的证券公司要通过公司章程、内部管理制度等公司内部规定，明确合规总监和合规部门的地位、职权、工作流程及履职保障，在组织架构和规章制度上为合规管理工作的开展提供保障。同时，中国证监会鼓励未参与试点的证券公司比照上述要求，建立公司内部合规管理体系。各证券公司内部管理制度和业务流程得到初步梳理，合规管理逐步渗透到经营管理和业务流程的各个环节。[1]

2. 全面推广阶段。2008年4月23日，国务院正式颁布《证券公司监督管理条例》，以行政法规的形式正式明确所有证券公司均应设立合规总监，明确合规总监是证券公司高级管理人员，证券公司的业务范围应与其合规管理制度建设情况相适应，监管机构可以根据证券公司的合规管理水平及其他合规因素对其业务范围进行调整。2008年7月14日，中国证监会发布了《证券公司合规管理试行规定》，进一步对证券公司合规管理的理念、组织架构、制度体系、合规总监的任职条件、合规管理的职能及其履职保障等方面作出了全面规定。至此，证券公司合规管理的法规体系在全行业正式确立。证券公司逐步健全了合规管理制度体系和组织架构，设立或指定了合规部门，遴选、配备了合规总监和合规管理人员，并为合规管理工作的开展提供了必要的物力、财力和技术保障。

3. 规范发展阶段。《证券公司合规管理试行规定》颁布以来，证券公司合规管理体系日益健全，在保障证券公司业务规范运作方面发挥了积极作用。但随着资本市场的发展，证券行业整体情况和监管实践都发生了较大变化，证券行业仍存在主动合规意识不强、合规管理全覆盖落实不到位、合规管理履职保障不足、合规问责力度不够等突出问题。针对这些问题，中国证监会修订了《证券公司合规管理试行规定》，并于2017年6月6日颁布了《合规管理办法》。《合规管理办法》增加了合规经营基本原则，明晰了全员、全业务线的合规要求，理清了证券公司内部各个主体的合规管理责任，强化了合规管理组织体系，提升了合规总监的履职保障。2017年9月8日，中国证券业协会发布了《证券公司合规管理实施指引》，进一步细化了证券公司合规管理的具体要求。

《证券法》明确将证券公司的合规管理纳入监管范围。证券公司的业务活动，应当与其治理结构、内部控制、合规管理、风险管理以及风险控制指标、工作人员构成等情况相

---

〔1〕　张云东主编：《证券公司合规管理》，中国金融出版社2009年版，第27页。

适应，符合审慎监管和保护投资者合法权益的要求。经过多年发展，证券公司合规管理体系更加成熟，证券公司合规管理进入规范发展阶段。

（三）证券公司合规管理的重要性

证券公司合规管理的重要性主要来源于以下三个方面：

1. 证券公司重要的市场地位。证券公司是资本市场的重要参与者，承担着承销、保荐、经纪、登记、结算、托管、做市、融资融券等重要业务职能。证券公司连接着发行人与投资者，是资本市场的桥梁和纽带。证券公司的合规经营是资本市场稳健发展的重要保障。中国证监会主席易会满在证券基金行业文化建设动员大会上讲话时明确指出，"资本市场是规则导向的市场，法治兴，则市场兴。证券基金公司作为资本市场最重要的专业机构，是资本市场的'看门人'，必须坚持一切经营活动以符合法律法规、监管规定为第一准绳。合规经营始终是证券基金公司生存发展不可逾越的底线，这既是行业在长期经营实践中形成的经验，也是付出巨大代价换来的教训"。[1]

2. 证券公司法律主体身份的复杂性。证券公司在资本市场承担着证券交易的经纪商、证券发行中的保荐人与承销商、与证券交易及证券投资活动相关的财务顾问、融资融券的融出方、做市业务中的做市商、资产管理的管理人、场外交易中的交易对手方、托管业务中的托管人、债券受托管理中的受托管理人、登记结算中的结算参与人、自营业务中的专业投资机构、证券回购中的回购方等二十余种法律主体身份，每种主体身份都有复杂和完整的规则体系支撑，涉及的法律关系极其复杂，且很多明显区别于普遍的民商事法律关系。同时，证券公司不同业务之间可能存在利益冲突，需要实施有针对性的合规管理措施。

3. 合规管理是价值创造的重要参与者。当前，建立有效的合规管理体系已经成为证券公司的内生需求。合规管理覆盖证券公司所有业务，合规部门通过解决业务合规障碍、提出合规解决方案，使业务得以顺利开展，直接创造新价值。金融机构最重要的资产是自身良好的声誉，合规管理工作可以持续维护公司良好声誉，促进证券公司形成良好的市场竞争优势，为公司创造价值。

合规管理通过避免遭受损失间接创造价值。违规行为会给证券公司带来系统危害，一是直接经济损失，包括证券投资者保护基金、客户赔偿费用、行政罚没支出、处置合规事件巨大人力资源投入等。二是业务资格的丧失，包括已有业务许可的暂停或撤销、新业务资格延迟、创新试点业务申请不予受理等。中国证监会曾经研究将分类评级结果与债券承销、资产证券化等业务挂钩，违规的结果可能导致失去许多核心业务资格。三是直接影响证券公司业务规模。违规行为导致证券公司分类评价下降，直接影响各类业务风险资本的计提和业务规模指标，导致证券公司业务规模受到限制。四是限制证券公司参与市场竞争的机会。许多机构在选定业务合作对象时，都将证券公司是否有监管处罚记录、分类评价级别纳入合作准入条件。

（四）证券公司合规管理组织架构与职责分工

证券公司董事会、监事会或监事、高级管理人员、下属各单位负责人及其他工作人员

---

[1] 参见"易会满主席出席证券基金行业文化建设动员大会并讲话"，载中国证监会网站：http://www.csrc.gov.cn/pub/newsite/zjhxwfb/xwdd/201911/t20191121_366345.html，访问日期：2020年9月18日。

应当充分了解和掌握与其经营管理和执业行为有关的法律法规和准则，并在经营决策、运营管理和执业行为过程中充分识别相关的合规风险，并主动防范、应对和报告。

13－1

1. 证券公司董事会的合规管理职责。

2. 证券公司监事会或监事的合规管理职责。

3. 证券公司高级管理人员的合规管理职责。

4. 合规管理部门合规管理职责。

5. 证券公司下属各单位负责人的合规管理职责。

6. 证券全体工作人员的合规管理职责。

（五）证券公司合规管理基本职责

13－2

二、证券公司风险管理

（一）证券公司全面风险管理概述

1. 证券公司全面风险管理的含义。全面风险管理是指证券公司董事会、经理层以及全体员工共同参与，对公司经营中的流动性风险、市场风险、信用风险、操作风险、声誉风险等各类风险，进行准确识别、审慎评估、动态监控、及时应对与全程管理。

由此可见，全面风险管理的"全面"包括全员参与、全面风险和全程管理。

（1）全员参与。全面风险管理需要证券公司董事会、经理层以及全体员工共同参与。

（2）全面风险。全面风险管理要求对公司经营中的流动性风险、市场风险、信用风险、操作风险、声誉风险等各类风险进行管理。

（3）全程管理。全面风险管理包括对风险进行准确识别、审慎评估、动态监控、及时应对以及全程管理。

2. 证券公司全面风险管理体系。证券公司应当建立与公司自身发展战略相适应的全面风险管理体系。全面风险管理体系应当包括可操作的管理制度、健全的组织架构、可靠的信息技术系统、量化的风险指标体系、专业的人才队伍、有效的风险应对机制。证券公司应当定期评估全面风险管理体系，并根据评估结果及时改进风险管理工作。

证券公司应当在全公司推行稳健的风险文化，形成与本公司相适应的风险管理理念、价值准则、职业操守，建立培训、传达和监督机制。

（二）证券公司风险管理发展历程

2006 年 7 月 20 日，中国证监会发布《证券公司风险控制指标管理办法》，确立了以净资本为核心的证券公司风险控制指标制度。2014 年 2 月 25 日，中国证券业协会发布了《证券公司全面风险管理规范》和《证券公司流动性风险管理指引》，推动证券公司建立全面风险管理体系，进一步提高风险管理能力。

中国证监会 2016 年 6 月 16 日修订了《证券公司风险控制指标管理办法》，以提升风险控制指标的持续有效性，促进证券公司持续稳定健康发展。中国证券业协会 2016 年 12 月 30 日对《证券公司全面风险管理规范》《证券公司流动性风险管理指引》《证券公司压力测试指引（试行）》及《证券公司风险控制指标动态监控系统指引（试行）》等四项自律规则进行了修订，并于 2019 年 7 月 15 日发布了《证券公司信用风险管理指引》，进一步完善了证券公司全面风险管理体系。

（三）证券公司全面风险管理的重要性

伴随着我国证券公司业务日益多元化，风险管理工作的重要性日益凸显，主要有以下几个方面的原因：

1. 证券公司重资本类业务不断增多。近年来，证券公司的融资融券、回购业务、场外衍生品、销售交易、私募投资、另类投资等业务逐步开展，自有资金使用日益增多，证券公司面临的市场风险、信用风险、流动性风险、操作风险等越来越突出。

2. 证券公司业务复杂程度增强。证券公司业务与产品创新带来跨业务、跨品种、跨市场因素逐渐增多，证券公司面临的风险种类和风险复杂度积聚，风险的隐蔽性及传导性加剧，对证券公司风险管理提出了新的挑战。

3. 监管转型带来证券行业风险管理转变。证券业行政监管逐步从事前监管转为事后监管，从业务管制转向风险与违规监管，业务风险管理更多由证券公司自身承担。证券公司自身全面风险管理的重要性随着监管转型变得更加重要。

（四）全面风险管理的组织架构

证券公司应当明确董事会、监事会、经理层、各部门、分支机构及子公司履行全面风险管理的职责分工，建立多层次、相互衔接、有效制衡的运行机制。

1. 证券公司董事会的风险管理职责。证券公司董事会承担全面风险管理的最终责任，履行以下职责：

（1）推进风险文化建设；

（2）审议批准公司全面风险管理的基本制度；

（3）审议批准公司的风险偏好、风险容忍度以及重大风险限额；

（4）审议公司定期风险评估报告；

（5）任免、考核首席风险官，确定其薪酬待遇；

（6）建立与首席风险官的直接沟通机制；

（7）公司章程规定的其他风险管理职责。

董事会可授权其下设的风险管理相关专业委员会履行其全面风险管理的部分职责。

2. 证券公司监事会的风险管理职责。证券公司监事会承担全面风险管理的监督责任，负责监督检查董事会和经理层在风险管理方面的履职尽责情况并督促整改。

3. 证券公司经理层的风险管理职责。证券公司经理层对全面风险管理承担主要责任，应当履行以下职责：

（1）制定风险管理制度，并适时调整；

（2）建立健全公司全面风险管理的经营管理架构，明确全面风险管理职能部门、业务部门以及其他部门在风险管理中的职责分工，建立部门之间有效制衡、相互协调的运行机制；

（3）制定风险偏好、风险容忍度以及重大风险限额等的具体执行方案，确保其有效落实；对其进行监督，及时分析原因，并根据董事会的授权进行处理；

（4）定期评估公司整体风险和各类重要风险管理状况，解决风险管理中存在的问题并向董事会报告；

（5）建立涵盖风险管理有效性的全员绩效考核体系；

（6）建立完备的信息技术系统和数据质量控制机制；

（7）风险管理的其他职责。

证券公司应当任命一名高级管理人员作为首席风险官负责全面风险管理工作。首席风险官不得兼任或者分管与其职责相冲突的职务或者部门。

4. 证券公司风险管理部门职责。证券公司应当指定或者设立专门部门履行风险管理职责，在首席风险官的领导下推动全面风险管理工作，监测、评估、报告公司整体风险水平，并为业务决策提供风险管理建议，协助、指导和检查各部门、分支机构及子公司的风险管理工作。

5. 证券公司各业务部门、分支机构及子公司负责人的风险管理职责。证券公司各业务部门、分支机构及子公司负责人应当全面了解并在决策中充分考虑与业务相关的各类风险，及时识别、评估、应对、报告相关风险，并承担风险管理的直接责任。

6. 证券公司全体员工的风险管理职责。证券公司每一名员工对风险管理的有效性承担勤勉尽责、审慎防范、及时报告的责任。包括但不限于：通过学习、经验积累增强风险意识；谨慎处理工作中涉及的风险因素；发现风险隐患时主动应对并及时履行报告义务。

（五）全面风险管理基本职能

1. 制定风险管理制度。证券公司应当制定并持续完善风险管理制度，明确风险管理的目标、原则、组织架构、授权体系、相关职责、基本程序等，并针对不同风险类型制定可操作的风险识别、评估、监测、应对、报告的方法和流程。证券公司应当通过评估、稽核、检查和绩效考核等手段保证风险管理制度的贯彻落实。证券公司的风险管理制度体系主要包括四个层级：在公司整体层面上的全面风险管理基本制度；针对各主要专业风险及管控要素的相关制度；各项业务的风险管理细则或指引；子公司风险管理制度。[1]

2. 建立授权管理体系。证券公司应当建立健全授权管理体系，确保公司所有部门、分支机构及子公司在被授予的权限范围内开展工作，严禁越权从事经营活动。通过制度、流程、系统等方式，进行有效管理和控制，并确保业务经营活动受到制衡和监督。

3. 建立风险指标体系。证券公司应当制定包括风险容忍度和风险限额等在内的风险指标体系，并通过压力测试等方法计量风险，评估承受能力，指导资源配置。风险指标应当经公司董事会、经理层或其授权机构审批并逐级分解至各部门、分支机构和子公司，证券公司应对分解后指标的执行情况进行监控和管理。

4. 开展新业务风险管理。证券公司应当建立针对新业务的风险管理制度和流程。证券公司应充分了解新业务模式，并评估公司是否有相应的人员、系统及资本开展该项业务。董事会、经理层、相关业务部门、分支机构、子公司和风险管理部门应当充分了解新业务的运作模式、估值模型及风险管理的基本假设、各主要风险以及压力情景下的潜在损失。

5. 建立风险应急机制。证券公司应当针对流动性危机、交易系统事故等重大风险和

---

〔1〕　中国证券业协会：《中国证券业发展报告2019》，中国财政经济出版社2019年版，第167页。

突发事件建立风险应急机制，明确应急触发条件、风险处置的组织体系、措施、方法和程序，并通过压力测试、应急演练等机制进行持续改进。

6. 建立绩效考核及责任追究机制。证券公司应当建立与风险管理效果挂钩的绩效考核及责任追究机制，保障全面风险管理的有效性。

7. 风险信息跟踪、识别和分类。证券公司应当全面、系统、持续地收集和分析可能影响实现经营目标的内外部信息，识别公司面临的风险及其来源、特征、形成条件和潜在影响，并按业务、部门和风险类型等进行分类。

8. 风险评估。证券公司应当根据风险的影响程度和发生可能性等建立评估标准，采取定性与定量相结合的方法，对识别的风险进行分析计量并进行等级评价或量化排序，确定重点关注和优先控制的风险。证券公司应当关注风险的关联性，汇总公司层面的风险总量，审慎评估公司面临的总体风险水平。

9. 逐日盯市。证券公司应当建立逐日盯市机制，准确计算、动态监控关键风险指标情况，判断和预测各类风险指标的变化，及时预警超越各类各级风险限额的情形，明确异常情况的报告路径和处理办法。

10. 压力测试。证券公司应当建立健全的压力测试机制，及时根据业务发展情况和市场变化情况，对证券公司流动性风险、信用风险、市场风险等各类风险进行压力测试。

11. 风险应对。证券公司应当根据风险评估和预警结果，选择与公司风险偏好相适应的风险回避、降低、转移和承受等应对策略，建立合理、有效的资产减值、风险对冲、资本补充、规模调整、资产负债管理等应对机制。

12. 风险沟通机制。证券公司应当在分支机构、子公司、业务部门、风险管理部门、经理层、董事会之间建立畅通的风险信息沟通机制，确保相关信息传递与反馈的及时、准确、完整。

13. 风险报告。风险管理部门发现风险指标超限额的，应当与业务部门、分支机构、子公司及时沟通，了解情况和原因，督促业务部门、分支机构、子公司采取措施在规定时间内予以有效解决，并及时向首席风险官报告。

风险管理部门应当向经理层提交风险管理日报、月报、年报等定期报告，反映风险识别、评估结果和应对方案，对重大风险应提供专项评估报告，确保经理层及时、充分了解公司风险状况。

经理层应当向董事会定期报告公司风险状况，重大风险情况应及时报告。

（六）风险控制指标管理

1. 证券公司风险控制指标体系。证券公司风险控制指标体系以净资本和流动性为核心，包括净资本、风险覆盖率、资本杠杆率、流动性覆盖率、净稳定资金率等。

2. 证券公司风险控制指标管理的基本要求。

（1）证券公司应当按照中国证监会的有关规定，遵循审慎、实质重于形式的原则，计算净资本、风险覆盖率、资本杠杆率、流动性覆盖率、净稳定资金率等各项风险控制指标，编制净资本计算表、风险资本准备计算表、表内外资产总额计算表、流动性覆盖率计算表、净稳定资金率计算表、风险控制指标计算表等监管报表（以下统称"风险控制指标监管报表"）。

（2）证券公司应当根据自身资产负债状况和业务发展情况，建立动态的风险控制指标监控和资本补足机制，确保净资本等各项风险控制指标在任一时点都符合规定标准。

（3）证券公司应当在发生重大业务事项及分配利润前对风险控制指标进行压力测试，合理确定有关业务及分配利润的最大规模。证券公司应当建立健全压力测试机制，及时根据市场变化情况及监管部门要求，对公司风险控制指标进行压力测试。压力测试结果显示风险超过证券公司自身承受能力范围的，证券公司应采取措施控制业务规模或降低风险。

（4）证券公司经营证券自营业务、为客户提供融资融券服务的，应当符合中国证监会对该项业务的风险控制指标标准。

（5）对于未规定风险控制指标标准及计算要求的新产品、新业务，证券公司在投资该产品或者开展该业务前，应当按照规定事先向中国证监会、公司注册地的中国证监会派出机构报告或者报批。中国证监会根据证券公司新产品、新业务的特点和风险状况，在征求行业意见基础上确定相应的风险控制指标标准及计算要求。

3. 净资本计算标准。证券公司净资本由核心净资本和附属净资本构成。核心净资本＝净资产－资产项目的风险调整－或有负债的风险调整－／＋中国证监会认定或核准的其他调整项目；附属净资本＝长期次级债×规定比例－／＋中国证监会认定或核准的其他调整项目。

4. 证券公司从事相关证券业务的净资本标准。

（1）证券公司经营证券经纪业务的，其净资本不得低于人民币 2000 万元。

（2）证券公司经营证券承销与保荐、证券自营、证券资产管理、其他证券业务等业务之一的，其净资本不得低于人民币 5000 万元。

（3）证券公司经营证券经纪业务，同时经营证券承销与保荐、证券自营、证券资产管理、其他证券业务等业务之一的，其净资本不得低于人民币 1 亿元。

（4）证券公司经营证券承销与保荐、证券自营、证券资产管理、其他证券业务中两项及两项以上的，其净资本不得低于人民币 2 亿元。

5. 证券公司应持续符合的风险控制指标标准。证券公司必须持续符合下列风险控制指标标准：

（1）风险覆盖率不得低于100%；

（2）资本杠杆率不得低于8%；

（3）流动性覆盖率不得低于100%；

（4）净稳定资金率不得低于100%。

其中：

风险覆盖率＝净资本/各项风险资本准备之和×100%；

资本杠杆率＝核心净资本/表内外资产总额×100%；

流动性覆盖率＝优质流动性资产/未来 30 天现金净流出量×100%；

净稳定资金率＝可用稳定资金/所需稳定资金×100%。

6. 风险控制指标报告要求。

（1）证券公司应当至少每半年经主要负责人、首席风险官签署确认后，向公司全体董事报告一次公司净资本等风险控制指标的具体情况和达标情况；证券公司应当至少每半年经董事会签署确认，向公司全体股东报告一次公司净资本等风险控制指标的具体情况和达标情况，并至少获得主要股东的签收确认证明文件。

（2）净资本指标与上月相比发生 20% 以上不利变化或不符合规定标准时，证券公司应当在 5 个工作日内向公司全体董事报告，10 个工作日内向公司全体股东报告。

（3）证券公司应当在每月结束之日起 7 个工作日内，向中国证监会及其派出机构报送月度风险控制指标监管报表。

（4）证券公司的净资本等风险控制指标达到预警标准或者不符合规定标准的，应当分别在该情形发生之日起 3 个、1 个工作日内，向中国证监会及其派出机构报告，说明基本情况、问题成因以及解决问题的具体措施和期限。

前沿问题

13 – 3　《证券法》对证券公司发展的深远影响

■ 思考题

1. 简述证券公司的概念和法律特征？
2. 简述证券公司的业务范围？
3. 证券公司的设立体制包括哪些？
4. 试述证券经纪业务的规则和风险管理？
5. 试述证券投资咨询业务的规则和风险管理？
6. 试述证券融资融券业务的规则和风险管理？
7. 试述证券自营业务的规则和风险管理？
8. 如何理解证券公司合规管理的重要性？
9. 证券公司合规管理的主要原则有哪些？
10. 证券公司合规管理基本职责有哪些？
11. 如何理解证券公司风险管理的重要性？
12. 证券公司风险控制指标管理的基本要求有哪些？
13. 证券公司风险管理基本职责有哪些？

第十四章　证券登记结算机构

■ **学习目的和要求**

　　证券登记结算系统是证券登记、存管和结算的统称。证券登记结算系统为证券市场的高效和安全运行提供了重要的后台支持，是证券市场重要的基础设施。

　　通过本章的学习，学生应该掌握证券登记结算的概念，证券登记结算系统在证券市场中的重要地位，我国有关证券登记结算的法律法规及规则体系，证券登记结算机构的法律特征，我国证券登记结算机构的发展与演变史，证券登记结算机构的设立条件及组织结构，我国证券登记结算机构的职能以及基本的证券登记结算制度。

第一节　证券登记结算概述

一、证券登记结算的内涵及功能

（一）证券登记结算的内涵

一般而言，证券登记结算包括证券登记、存管和结算，是三者的总称。

证券登记，是指证券登记结算机构接受证券发行人的委托，通过设立和维护证券持有人名册、确认证券持有人持有证券事实的行为。证券登记实质上是对证券持有人持有事实及权利的确认，可以由证券发行人自行办理，也可由获得主管部门批准和注册的专门机构来进行。目前，境外证券市场大都没有统一的登记机构，呈现分散化的经营格局，各机构开展的业务也不尽相同，不过通常都提供证券持有人登记、过户登记、发放和注销证券凭证等业务。[1] 相比之下，我国的证券登记业务则由证券法规定的登记结算机构集中办理。

证券存管，是指证券登记结算机构接受证券公司委托，集中保管证券公司的客户证券和自有证券，并提供代收红利等权益维护服务的行为。随着证券市场规模和交易量的不断提升，证券交易方式逐渐演变为集中式交易，依托于信息技术的发展，证券的"无纸化"和"非移动化"逐渐成为主流。在这一背景下，各国纷纷建立起了中央证券存管机构，证券交易的效率大幅提高。

证券结算，是指交易双方根据成交结果确定和履行相应权利义务的过程，包括清算和交收两个步骤。清算，是指按照确定的规则计算证券和资金的应收应付数额的行为。清算结果确定了交易双方的履约责任。交收是指根据确定的清算结果，通过转移证券和资金履

---

[1]　戴文华主编：《登记托管结算》，中国金融出版社 2020 年版，第 62 页。

行相关债权债务的行为。只有交收完成之后，一笔证券交易才算真正意义上完成了。可以说，结算是证券市场交易持续进行的基础和保证。由于现代证券市场证券交易的参与者数量众多，交易量大，品种复杂，证券交易的结算一般都是由专业的结算机构组织完成的。结算机构通常利用强大的技术系统，为结算参与人提供高效、安全的结算服务。

（二）证券登记结算的功能

只有将证券登记结算纳入整个证券市场的大背景下，才能深刻地理解其重要意义。现代证券市场是一个复杂的功能集合体，包含多种不同的流程，其运作有赖于多种服务系统的配合和支持。从最基本的层面来看，包括两大类功能系统，即证券交易系统和证券登记结算系统，前者构成证券市场运作的"前台"，后者则被称为证券市场运作的"后台"。其中，证券登记结算是证券登记、存管和结算的总称，这些功能相互区别而又密切联系，共同为证券市场的高效和安全运行提供后台支持。

证券登记结算系统是证券市场的重要基础性设施，发挥着不可替代的重要作用。其一，保证证券交易的连续进行。证券登记结算系统对整个交易的意义在于，没有结算不但整个交易无法实现，而且下一轮交易也无法开展，结算的效率直接影响交易的效率。市场越发展，越深化，结算对市场的制约就越大。其二，减少证券市场风险。随着证券市场交易品种的丰富、交易方式的创新、交易者数量的剧增，证券市场所蕴含的风险有不断扩大的趋势，任何市场参与者的行为都可能影响整个市场的稳定性。证券登记结算机构作为共同对手方居中承担参与人对手方风险的制度设计，是证券市场安全高效运行的基础。强化证券结算体系的风险管理，建立一个独立于交易所的结算体系，才能保证证券市场的健康运行。其三，提高市场运行效率。统一的证券结算体系能为若干个交易场所服务，促进了统一市场的形成，降低了交易成本，提高了资金使用效率，从而提高了证券市场的运行效率。最后，证券市场的产品创新和制度创新，也离不开登记结算系统的支持。

二、证券登记结算的多层次规则体系

（一）法律层面

《证券法》专章规范了登记结算机构相关内容。从主要内容看，《证券法》第九章确立了证券结算业务的基本规则，包括明确了证券登记结算公司的法律地位及基本职责；明确了证券公司与证券登记结算机构之间的证券存管关系；明确了证券登记结算机构与证券公司、证券公司与客户分别进行结算的二级结算体制；明确了净额结算和货银对付原则；规定了证券结算机构处理违约结算的法律手段，强化了对用于结算的证券和资金的保护措施，明确了结算履约优先原则。从修订变化看，相比原证券法，2020年实施的新《证券法》第九章证券登记结算机构部分共15条，主要规定了证券登记结算机构的设立与解散、性质、法律地位、职能、运营、保障措施、业务规则等内容。主要的修订体现在：一是明确了证券登记结算机构的中央对手方地位，即作为中央对手方提供证券结算服务，是结算参与人共同的清算交收对手，进行净额结算，为证券交易提供集中履约保障；二是扩大了证券登记结算的适用范围，即在证券交易所和国务院批准的其他全国性证券交易场所交易的证券的登记结算，应当采取全国集中统一的运营方式。

（二）行政法规与部门规章层面

我国尚无专门规范证券登记结算的行政法规，仅在部分行政法规中涉及了登记结算的相关内容，比如《关于股份有限公司境内上市外资股的规定》《证券结算风险基金管理暂行办法》等。[1]总的来看，该领域主要是通过部门规章的形式具体规范，比如《证券登记结算管理办法》《客户交易结算资金管理办法》等，其中《证券登记结算管理办法》最为全面翔实，现以其为主简要介绍。

2006年4月，中国证券监督管理委员会（以下简称"证监会"）颁布了《证券登记结算管理办法》，2009年11月、2017年12月、2018年8月分别作了修订完善。《证券登记结算管理办法》对《证券法》确立的基本原则进行了细化，为证券登记结算体系的规范运作以及登记结算业务规则体系的完善奠定了较为完备的法律基础。

主要内容体现在以下几个方面：

第一，进一步明确了证券交易清算交收中的"分级结算"原则。"分级结算"原则规定证券登记结算机构的交收对手是结算参与人，而不是结算参与人的客户。"分级结算"原则确定了交收过程中相关当事人的基础法律关系，是证券登记结算机构制定有关清算交收业务规则和业务流程的依据。

第二，对"共同对手方"作出了具体规定，正式确立了证券登记结算机构的"共同对手方"的地位。在我国证券登记结算的实践过程中，中国证券登记结算有限责任公司实际充当了"共同对手方"的角色，在提供净额结算服务时承担了担保交收的责任。此次《证券登记结算管理办法》明确证券登记结算机构充当"共同对手方"后，具体规定了证券登记结算机构通过约务更替成为参与人共同交收对手的过程和法律含义，确认了实践中的做法，夯实了证券登记结算制度的法律基础。

第三，对"货银对付"作了比较详尽的规定。"货银对付"是指证券登记结算机构与结算参与人在交收过程中，当且仅当资金交付时给付证券、证券交付时给付资金，俗称"一手交钱，一手交货"。"货银对付"原则是证券登记结算机构防范结算风险最根本的手段，是保障证券登记结算系统安全运行的关键。

第四，明确了结算财产履约优先的原则。《证券登记结算管理办法》对处于交收过程中的证券和资金的强制执行问题进行了明确规定，即证券集中交收账户、资金集中交收账户、专用清偿账户内的证券和资金以及根据业务规则设立的其他专用交收账户及账户内的证券和资金，只能按业务规则用于已成交的证券交易的交收，不得被强制执行。这些规定对维护证券登记结算体系安全运行具有重要意义。同时该办法还厘清了实践中容易混淆的证券托管、存管和登记的关系，进一步强调了证券账户实行实名开户制度，具体提出了包括建立证券互保基金、交收履约担保以及结算参与人违约处理等有关风险防范和控制措施。

（三）业务规则层面

中国证券登记结算有限责任公司在《证券法》和《证券登记结算管理办法》的基础上，出台了包括证券账户管理、证券登记、证券存管、结算参与人管理、证券结算等一系列业务规则。

---

[1]　张国平：《中国证券登记结算制度研究》，中山大学出版社2012年版，第118页。

第二节 证券登记结算机构概述

一、证券登记结算机构的基本内涵

（一）部分国家和地区立法例

在我国，登记、存管、清算等服务集中由中国证券登记结算有限责任公司这一证券登记结算机构来提供，而在其他市场更多地是由不同的机构来提供。例如，在韩国，存管和清算服务统一由一家机构提供，而登记服务相对分散地由多家机构来提供。在英国、日本，存管、清算和登记服务各有各的提供机构，其中，提供登记服务的机构通常称为"证券登记机构"或"过户处"，提供存管服务的机构称为"中央证券存管机构"，提供清算服务的机构称为"清算公司"或者"清算所"。

1. 证券登记机构。发行记名股票的公司需要设立股东名册，用以记录其股东的身份和持有数量等信息。在发生股份转让时，发行人需要在股东名册上变更相应的股权记录。股东名册最初是由发行人自己来完成，即使在目前证券市场相对发达的条件下，仍然有不少发行人（特别是非上市公司）自己维护股东名册。由专业的证券登记机构来完成此项工作，是证券市场规模不断扩大和专业分工不断发展的结果。

证券登记机构为发行人维护股东名册，并根据与发行人的约定，提供其他相关服务，如股票发行、权益派发、股份合并或拆细等公司行为服务，以及向证券持有人寄发公司报告、通告或信函、向投资者提供查询服务等。在存在实物证券的情况下，还提供实物证券挂失补领等服务。专业的证券登记机构一般为商业性机构，而且一个国家或地区可能存在多家证券登记机构，它们分别为不同的发行人服务。

2. 中央证券存管机构。在20世纪60年代之前，证券交收一般是手工办理背书过户手续，效率比较低。随着证券交易的发展，这种以人工操作为主的实物股票背书过户制度越来越阻碍了证券交易的发展。1968年美国出现了纸上作业危机（Paperwork Crisis）。当时，纽约证券交易所日均成交股数达1300万股，是1960年的4倍，但证券商仍然对每一笔交易采取实体股票及支票交割。为了办理过户手续，减少积压的文件，交易所必须在每星期三休市，并且缩短每日的交易时间。为了解决这一危机，美国设立了中央证券存管机构即美国证券存管信托公司（DTC）。此后，世界上其他国家，也纷纷成立了本国的中央证券存管机构。

中央证券存管机构提供了存管职能，用电子簿记记录变更取代了纸面证券的背书过户程序。在这一体系下，投资者将证券托管到证券公司，证券公司再将自身及客户的证券集中交存到中央证券存管机构，由后者设立证券账户，对收到的证券进行记录。对于收到的证券，中央证券存管机构全部交到登记机构办理变更登记，使自身成为证券的名义持有人。这样，投资者买卖的证券均是以中央证券存管机构名义登记，买卖成交后变更交易双方的账户记录即可实现证券所有权的移转，而无需再办理纸面证券的背书过户手续，从而极大地提高证券交收的效率。目前，国际上大多数的证券市场都建立了中央存管机构，实现了证券交收的簿记管理。

3. 清算机构。证券交易所出现后，参与人相互之间达成大量的交易，如逐笔进行交收，效率比较低，因此市场上逐渐出现了专门面向证券交易所交易的清算机构，其中以美国在 1976 年设立的 NSCC 公司最为典型。NSCC 为证券交易所达成的交易提供了交收保证和净额结算两方面职能。首先，清算机构取代原先合同当事人一方，将原先买卖双方的合同转化成了买方和清算机构、清算机构和卖方的两份合同，这在法律上称作"约务更替"（Novation）。买卖双方分别与清算机构进行交收，而不必担心原交易对手方的信用风险，这就为交易的交收提供了保证。其次，对于会员达成的交易，清算机构可以将证券应收应付的数量以及资金的应收应付金额进行抵消轧差，算出会员证券的应收应付净额和资金的应收应付净额，再与会员进行相应的交收。经过净额结算后，会员需要交收的证券数量和资金金额可以大幅下降，实际应交收的资金一般还不到交易总金额的 15%。

目前，证券存管、清算和登记领域的机构存在一定的合并趋势。合并的目的是通过整合这一领域的业务，以进一步降低风险和成本，提高运作效率。

（二）我国证券登记结算机构的概念

在我国，证券登记结算机构指的是为证券交易提供集中登记、存管与结算服务，不以营利为目的的法人。具体而言，我国证券登记结算机构为中国证券登记结算有限责任公司（以下简称"中国结算"）。

从具体职责看，根据《证券法》、证监会发布实施的《证券登记结算管理办法》和公司《章程》，中国结算的职能包括：证券账户、结算账户的设立和管理；证券的存管和过户；证券持有人名册登记及权益登记；证券和资金的清算交收及相关管理；受发行人的委托派发证券权益；依法提供与证券登记结算业务有关的查询、信息、咨询和培训服务；中国证监会批准的其他业务。其具体的业务覆盖范围包括：①为上海、深圳证券交易所及全国中小企业股份转让系统公司全部上市或挂牌的证券提供登记、清算和交收服务；②为上海、深圳证券交易所上市的股票期权等金融衍生品提供清算、交收服务；③为沪港通等跨境证券交易提供登记、存管、清算、交收服务；④为内地发行的开放式基金产品、证券公司资产管理产品及陆港基金互认产品提供登记、清算、交收及托管服务；⑤为中国证券金融公司转融通业务提供登记结算服务；⑥为中国金融期货交易所上市国债期货提供实物交割服务；⑦为非上市公众公司提供集中登记存管服务；⑧为境外上市公司（主要在香港）非境外上市股份提供集中登记存管服务；⑨为债券在证券交易所市场与银行间市场流动提供转托管（转登记）服务。

从职能属性看，中国结算提供证券的存管、清算和登记服务，在不同服务中扮演了不同的角色。在提供存管服务时，扮演的是中央证券存管机构的角色；在提供清算服务时，扮演的是清算机构的角色；在提供登记服务时，扮演的是证券登记机构的角色。可以说，中国结算集中央证券存管机构、清算机构和证券登记机构等多种角色于一身。登记方面，我国证券交易所上市的证券目前都采取了无纸化的发行方式，所发行的全部证券，均利用中国结算的计算机系统记入到投资者的证券账户中。此后发生证券交易或者转让，中国结算将相应变更证券账户记录，并定期或根据证券发行人的申请非定期地向证券发行人发送证券持有人名册。存管方面，中国结算对证券公司与客户之间的托管关系进行维护，并存管证券公司自有及客户证券。结算方面，中国结算充当共同对手方，为结算参与人提供净额结算的服务，在证券交易和结算体系中居于枢纽地位。

二、我国证券登记结算机构的法律特征

《证券法》第 145 条规定：证券登记结算机构为证券交易提供集中登记、存管与结算

服务，不以营利为目的，依法登记，取得法人资格。设立证券登记结算机构必须经国务院证券监督管理机构批准。第 148 条规定：在证券交易所和国务院批准的其他全国性证券交易场所交易的证券的登记结算，应当采取全国集中统一的运营方式。前款规定以外的证券，其登记、结算可以委托证券登记结算机构或者其他依法从事证券登记、结算业务的机构办理。《证券登记结算管理办法》第 7 条规定：证券登记结算机构的设立和解散，必须经中国证监会批准。第 10 条规定：证券登记结算机构的下列事项，应当报中国证监会批准：①章程、业务规则的制定和修改；②董事长、副董事长、总经理和副总经理的任免；③依法应当报中国证监会批准的其他事项。前款第 1 项中所称的业务规则，是指证券登记结算机构的证券账户管理、证券登记、证券托管与存管、证券结算、结算参与人管理等与证券登记结算业务有关的业务规则。

据此，我国证券登记结算机构是为证券交易提供集中的登记、存管与结算服务的专门机构，是不以营利为目的的法人单位，具有自律管理职能，可以依法制定与证券登记结算业务有关的基本业务规则；根据证券主管部门的授权，还可以履行部分监管职能。

证券登记结算机构有如下法律特征：

1. 证券登记结算机构的非营利性。我国现有证券登记结算机构虽然以"公司"命名，但不向其成员分配利润，在性质上属于非营利法人。

2. 证券登记结算机构的特许性。依照《证券法》规定，证券登记结算机构的设立和解散，必须获得国务院证券监管机构的批准，其名称也应当标明"证券登记结算"字样。之所以采取特许制，主要原因在于证券登记结算机构在证券市场中发挥着重要的作用，关系到证券交易的安全和效率，因此应当通过特许这一准入制度加以有效的监管。

3. 证券登记结算机构职能的法定性。一方面，证券登记结算机构负责向委托人提供证券集中交易所需的登记、存管和结算服务。法律法规明确规定了证券登记结算机构的职能范围；另一方面，证券登记结算机构在证券交易中发挥着交易服务功能，它不是证券交易的直接参与者和投资者，也不得以存管证券进行投资或融资。法律法规从禁止性的角度规定了其禁止性的行为种类。《证券登记结算管理办法》第 9 条规定：证券登记结算机构不得从事下列活动：①与证券登记结算业务无关的投资；②购置非自用不动产；③在本办法第 65、66 条规定之外买卖证券；④法律、行政法规和中国证监会禁止的其他行为。

4. 证券登记结算机构职能的多样性和基础性。证券登记结算活动涉及登记、存管、清算和交收等一系列环节，涉及证券登记结算机构、发行人、投资者、证券公司等多方参与主体，这些参与主体在登记结算业务中产生了复杂的权利义务关系，这些权利义务关系是证券登记结算业务中的基本法律问题。因此，法律对此做出了清楚的界定，为证券登记结算的发展奠定了法律基础。

三、我国证券登记结算机构的历史演变

我国证券登记结算机构伴随着证券市场发展演变而不断发展演变。

上海证券交易所自 1990 年成立运作以来就在内部设立清算部。1993 年 3 月 8 日，上海证券交易所成立了全资子公司——上海证券中央登记结算公司，同时撤销清算部。上海证券中央登记结算公司是交易所全资的，不以营利为目的的会员制市场公共服务机构。

深圳在结算体系的组织上，经历了结算公司与交易所相分离，到结算公司归口交易所的过程。1988 年 2 月，经中国人民银行深圳特区分行批准，深圳特区证券公司开办"证

券交易专户"用于与证券交易有关的收付清算，如支付买入证券价款、保证金、佣金、手续费，收取卖出证券价款、股息红利等，结束了证券现金交易的历史，开始了证券交易的转账结算，此时的深圳特区证券公司兼有交易所、登记公司和券商的职能。1990 年 11 月，由深圳 5 家金融机构出资成立了深圳证券登记有限公司。1995 年深圳证券登记公司归口交易所，成为深交所的全资子公司——深圳证券结算有限公司。

2001 年 3 月 30 日，中国证券登记结算有限责任公司成立，随后着手将原上海证券交易所、深圳证券交易所的登记结算公司改制成为中国结算上海深圳分公司。2001 年 9 月 20 日，上海分公司成立；2001 年 9 月 21 日，深圳分公司成立。2001 年 9 月 20 日，中国结算公司分别与上交所和上海证券中央登记结算公司、深交所和深圳证券登记结算公司联合发表公告，宣布从 2001 年 10 月 1 日起，中国证券市场的证券登记结算业务全部由中国证券登记结算公司承接，这标志着全国集中统一的证券登记结算体制的组织架构已经基本形成。[1]

从证券登记结算机构的发展演变历史中可以看到，在中国登记结算有限责任公司成立以前，虽然我国《证券法》明确规定，证券登记结算机构采取全国集中统一的运营方式，但实际上，我国并不存在一个统一的证券登记结算机构，上海和深圳证券交易所均具有相互独立、自成体系的登记结算机构。原来的系统基本适应了我国证券业早期的发展需要，但是，随着证券市场的进一步发展，证券交易量急剧增加，上述体制的不足便逐渐暴露。两个证券登记结算系统运作规则和流程等方面不尽相同，为了适应不同体系的要求，每个券商必须分别在两个结算体系中设立清算账户和存入资金，分别与两家结算公司进行结算，资金使用效率大打折扣；证券登记结算机构地位独立性不强，过多依赖于证券交易所，风险增加等等。证券登记结算采取全国集中统一的运营方式是由我国统一的证券市场以及集中统一的监督管理体制所要求和决定的。证券登记结算采取集中统一的运营方式，有助于促进证券登记结算业务的发展，提高证券登记结算效率，节约投资者的投资成本，也更有利于防范风险。

第三节　我国证券登记结算机构的设立条件及组织结构

一、我国证券登记结算机构的设立条件

根据《证券法》第 146 条和《证券登记结算管理办法》的相关规定，证券登记结算机构的设立和存续条件包括：

1. 自有资金条件。根据《证券法》的规定，设立证券登记结算机构的自有资金不少于人民币 2 亿元。这是因为提供证券登记结算服务需要相当水平的物质基础，需要雄厚的资金条件。

2. 服务场所与设施条件。证券登记结算机构应具有证券登记、存管和结算服务所必须的场所和设施。证券登记结算机构设立申请人提出申请时，应向审批登记机关提供其服务场所的有效证明。同时，为了顺利办理上市证券集中登记、存管和结算，证券登记结算机构应当建立与此相适应的结算系统，配备必要的电脑、通信设备，有完整的数据安全保

---

[1]　徐士敏主编：《证券结算》，中国人民大学出版社 2006 年版，第 208 页。

护和数据备份措施，确保证券登记、存管和结算资料以及电脑系统的安全。另外，还应具有完整的风险管理系统。证券登记结算机构应设立结算系统风险保证基金，并建立一套完整的风险管理系统，保证证券交易与结算的连续性和安全性。还应具有健全的内部管理规则，即应当按照证券监管机构的要求，建立健全本机构的业务、财务和安全防范等内部管理制度和工作程序。

3. 有合法确定的名称。证券登记结算机构应标明"证券登记结算"字样。其目的有三：一是便于辨认，二是防止其他机构使用同样或类似名称造成混乱，三是防止利用这个名称进行欺诈或误导社会公众。

4. 国务院证券监督管理机构规定的其他条件。

二、我国证券登记结算机构的组织结构

从不同的角度看，证券登记结算机构的组织形式有不同的分类方式：

从所有权结构上看，国际上证券登记结算机构大体上可以分为三类：第一类登记结算机构附属于交易所，是交易所的全资子公司或交易所的内设部门。例如，中国香港、新加坡的结算机构就是交易所的全资子公司。第二类是所谓"用户拥有"的登记结算机构，这类登记结算机构的股东就是证券经纪公司、银行等结算系统的参与者和使用者，如欧洲结算公司。第三类是其他所有权形式的登记结算机构。如波兰的全国证券存管结算公司由中央银行、财政部和交易所各占 1/3 的股份。我国证券登记结算公司的股东是上海、深圳证券交易所，二者分别持有公司 50% 的股份。

从业务一体化程度上看，证券登记结算机构可分为两种类型：一类是一体化程度较高的集中型，如德国交易所集团的证券现货和衍生产品交易、清算、交收和存管等业务都是由交易所集团负责。第二类是各种业务由不同机构承担的分散型。多数证券市场的登记业务与清算业务是分设的，有的市场清算与交收业务也分别由不同的机构承担。如日本市场，东京大阪等交易所集中交易的清算都是由日本证券清算公司负责；证券存管和交收由日本证券存管中心负责；场外交易的清算和交收均由日本证券存管中心 DVP 清算公司负责；证券的登记由上市公司或证券登记处负责。我国的证券登记结算业务集中由中国证券登记结算公司承担。[1]

具体来看，中国证券登记结算有限责任公司是依据《证券法》和《公司法》组建的我国证券市场证券登记结算机构。根据《公司法》和公司《章程》，公司设立股东会、董事会、监事会和经营管理层。公司下设上海、深圳、北京三家分公司及中国证券登记结算（香港）有限公司、中国证券期货业信息基地开发建设有限公司两家全资子公司。中国证监会是公司主管单位。

第四节　我国证券登记结算机构的基本职能

《证券法》第 147 条规定："证券登记结算机构履行下列职能：①证券账户、结算账户的设立；②证券的存管和过户；③证券持有人名册登记；④证券交易的清算和交收；

---

[1]　周正庆、李飞、桂敏杰主编：《新证券法条文解析》，人民法院出版社 2006 年版，第 407 页。

⑤受发行人的委托派发证券权益；⑥办理与上述业务有关的查询、信息服务；⑦国务院证券监督管理机构批准的其他业务。"具体内容如下：

一、证券账户、结算账户的设立

证券账户是证券投资者在证券登记结算机构开立的股票账户、债券账户和投资基金账户等，主要用来记载和反映投资者持有的证券种类、数量等情况。结算账户是为办理证券交易中的钱券交割和提高交易安全性，由证券公司设立的结算账户。就证券登记结算公司诸多职能之间的关系而言，证券账户和结算账户的开立，是其他职能得以发挥的基础。鉴于下文将详细介绍证券结算问题，此处重点研究证券账户的管理问题。

（一）证券账户的开立流程

个人和一般机构开立证券账户须持有效证明、证件向证券公司申请。证券公司在受理投资者开户申请后，根据证券登记结算机构的业务规则，认真审核投资者提供的有效身份证明文件及其他开户资料，确保开户资料的真实、准确、完整。对于审核合格的开户申请，证券公司将有关开户申请信息通过开户系统提交证券登记结算机构，证券登记结算机构作必要的审核后，予以配号并将证券账户号反馈给证券公司，由证券公司打印证券账户卡交给投资者，至此证券账户开户手续完成。投资者开立证券账户后，就可以委托证券公司参与证券买卖了。

在现代证券市场交易活动中，投资者买卖证券需要开立证券账户。证券账户相当于投资者的证券存折，是用于记录投资者持有证券的余额及变动情况的载体。对证券账户的管理是证券市场的一项基础性工作，涉及证券交易、清算交收和登记存管等各个环节，也直接关系到市场参与者和广大投资者的切身利益。

（二）规范证券账户开立的法律法规

我国有关证券账户开立的法律法规主要是《证券法》和《证券登记结算管理办法》。

《证券法》第 157 条规定："投资者委托证券公司进行证券交易，应当通过证券公司申请在证券登记结算机构开立证券账户。证券登记结算机构应当按照规定以投资者本人的名义为投资者开立证券账户。投资者申请开立账户，应当持有证明中华人民共和国公民、法人、合伙企业身份的合法证件。国家另有规定的除外。"《证券法》确立了我国以直接持有为主的证券账户体制以及证券账户开户实名制两大原则。

《证券登记结算管理办法》对证券账户管理进行了比较系统、清晰的规范。《证券登记结算管理办法》第三章"证券账户的管理"部分，规定了证券账户的性质、功能、证券账户的开立和使用、对证券账户的开立和使用环节的监督管理等内容。一是明确了投资者通过证券账户持有证券，证券账户用于记录投资者持有证券的余额及其变动情况（第17 条）。二是规定了投资者开立证券账户应当向证券登记结算机构提出申请，投资者申请开立证券账户应当保证其提交的开户资料真实、准确、完整（第 19 条）。证券登记结算机构可以直接为投资者开立证券账户，也可以委托开户代理机构代为办理（第 20 条）。三是规定了证券应当记录在证券持有人本人的证券账户内，但依据法律、行政法规和中国证监会的规定，证券记录在名义持有人证券账户内的，从其规定（第 18 条），为我国市场部分间接持有模式的存在留下了空间。同时规定，证券登记结算机构为依法履行职责，可以要求名义持有人提供其名下证券权益拥有人的相关资料。四是规定证券公司代理开立证券账户，应当向证券登记结算机构申请取得开户代理资格。证券公司代理开立证券账户，应当根据证券登记结算机构的业务规则，认真审核投资者提供的有效身份证明文件原件及其他开户资料，确保开户资料真实、准确、完整，并应当妥善保管相关开户资料（第 21 条）。证券公司对投资者的真实身份和资信状况履行审核责任，这是证券公司应当履行的基本诚信义务。五是规定了投资者不得将本人的证券账户提供给他人使用（第 22 条）。这体现了对账户开立和使用环节的实名制要求。六是规定了证券登记结算机构对开户代理机构开立证券账户的活动进行监督，证券登记结算机构及证券公司对投资者申请开立和使用证券账户进行监督的具体措施，并明确了对违规行为进行处置的措施（第 23 ~ 25 条）。

（三）我国的证券账户管理体制

我国的证券账户体系伴随着证券市场的发展不断完善。从证券账户的发展历史看，经历了一个从地方到全国、从分散到集中统一的过程。自证券市场出现以来，中国证券账户管理制度经历了四个主要的发展阶段：一是证券账户的萌芽期；二是各地登记机构代理开户形成分布式登记体系；三是证券公司代理开户并落实账户实名制；四是构建一码通账户体系。[1]证券账户管理制度与证券持有模式密切相关，持有模式不同，证券账户体系设置也不尽相同。当前，从证券持有情况如何在证券账户中加以记录的角度看，世界各国和地区主要有直接持有、间接持有和介于二者之间的看穿式间接持有三种证券持有模式。

1. 直接持有模式。在直接持有体系下，投资者（证券实际持有人）直接持有证券，证券登记于以其本人名义开立的证券账户中，投资者名称直接列示于证券持有人名册。投资者直接以本人名义行使证券相应权利，如投票权等。证券登记结算机构掌握着投资者的明细数据，中介机构主要起着投资通道的作用。[2]澳大利亚市场是典型的直接持有体系。澳大利亚建立了一个直接具有登记功能的证券结算系统即 CHESS（Clearing House Electronic Sunbregister System）系统。澳大利亚 CHESS 系统为投资者开立了登记账户（HIN：Holder Identification Number，持有人识别码），并由 CHESS 来维护投资者持有证券的情况，投资者就其在 CHESS 系统中持有的证券拥有对发行人的直接请求权。在直接持有体系下，证券登记结算机构一般直接为投资者开立和维护证券账户。

2. 间接持有模式。在间接持有体系下，投资者将持有证券交付给证券公司，后者再将投资者交付的证券交存到中央证券存管机构（CSD），中央证券存管机构在登记机构取得股东或债权人的法律地位。美国是典型的间接持有体系。在美国，证券中介机构分散给投资者开立证券账户，美国存管信托公司（DTC）给参与人开立证券账户。DTC 则被登记机构登记为所存管股票的"股东"，证券交易不对股东名册产生影响，而只影响 DTC 系统内相关证券账户的余额。在间接持有体系下，证券公司直接为其客户开立证券账户，中央证券存管机构不负责为证券公司的客户开立证券账户，只为证券公司开立证券账户总账。客户证券账户和证券公司的证券账户是分层次的，二者在数量上存在分账和总账的对应关系，证券公司各自管理自身为客户开立的证券账户，中央证券存管机构不负责维护投资者层面的证券账户明细。

〔1〕　戴文华主编：《证券交易结算制度沿革》，中国金融出版社 2020 年版，第 53 页。
〔2〕　戴文华主编：《登记托管结算》，中国金融出版社 2020 年版，第 68 页。

3. 看穿式间接持有模式。我国台湾证券市场实行的是两段式的法律架构,证券账户法律上由证券公司为投资者维护,但强制规定证券公司须委托台湾集中保管结算所股份有限公司(以下简称"集保公司")处理。证券公司与投资者的证券划拨则通过证券公司给集保公司发送指令,集保公司执行指令的方式得以完成。集保公司被登记为"股东",但集保公司将证券持有人名册送交发行人时,默认将股票过户给实际持有人,从而使其取得"股东"的法律地位。这种体系与间接持有体系不同的是,中央证券存管机构可以看到投资者层面的证券持有信息,因此称之为"看穿式的间接持有体系"。

我国证券账户体制是以直接持有为主的体制。投资者直接登记在股东名册上,对发行人拥有直接的请求权。但对于一些特殊品种的交易或特殊模式的交易,也存在间接持有的模式,如部分 B 股境外投资者和 QFII 等则采取的是以名义持有人持有证券的模式。在这种体制下,我国市场由证券登记结算机构直接为投资者开立证券账户,在具体实现方式上,登记结算机构也可以委托开户代理机构代为办理。一般而言,个人和一般机构开立证券账户由证券公司等开户代理机构受理。证券公司、保险公司、证券投资基金、社保基金等特殊机构投资者直接向证券登记结算机构申请开立证券账户。[1]

(四)证券账户实名制原则

根据我国法律规定,个人开户必须持有公安机关制发的证明中国公民身份的有效居民身份证,法人开户必须持有工商行政管理部门颁发的证明其具有中国法人资格的合法文件。其目的在于在证券行业实施证券交易实名制。近年来,我国已实行银行存款实名制,证券行业作为金融体系的重要一环也应当实行这一制度,通过确保开户资料的真实性,保证证券交易当事人使用本人账户,便于加强对证券市场的监管,维护证券市场正常秩序。2006 年,《证券法》在法律层面确立了证券账户实名制原则。2020 年实施的新《证券法》,将证券账户实名制适用主体从法人扩大到所有机构和自然人,同时明确了证券公司落实证券账户实名制的责任。

二、证券的存管和过户

在存管方面,我国市场由中国证券登记结算有限责任公司作为中央证券存管机构,统一办理证券存管业务。中国结算设立了电子化证券簿记系统,实行证券非移动化和无纸化管理制度。

《证券法》明确了登记结算机构的存管职能,第 147 条规定:证券登记结算机构履行证券的存管和过户职能。《证券登记结算管理办法》第 78 条明确规定了存管、托管的概念,厘清了存管和托管之间的区别,规范了投资者、证券公司和证券登记结算机构之间关系。"托管,是指证券公司接受客户委托,代其保管证券并提供代收红利等权益维护服务的行为。""存管,是指证券登记结算机构接受证券公司委托,集中保管证券公司的客户证券和自有证券,并提供代收红利等权益维护服务的行为。"存管和托管的主要区别在于承办主体和服务对象不同:存管业务一般由中央证券存管机构办理,中央证券存管机构对其存管的证券负有保管责任,应采取有效措施,确保证券公司交存证券的安全,防止被挪用或盗卖;而托管业务一般由证券公司、托管银行及其他类似机构办理,托管的服务对象

---

[1] 屠光绍主编:《证券登记结算管理办法导读》,中国金融出版社 2006 年版,第 35 页。

主要是证券持有人或者下一层面的证券托管人，证券公司等托管机构对其托管的客户证券负有保管责任，应采取有效措施，保证其托管的客户证券的安全，防止被挪用或盗卖。厘清托管和存管的概念，是分清证券公司和证券登记结算机构的法律关系及各自权利、义务、责任的前提。

在此基础上，《证券登记结算管理办法》进一步明确了投资者与证券公司托管关系建立的具体形式和程序。该办法规定，证券登记结算机构为证券公司设立客户证券总账和自有证券总账，用以统计证券公司交存的客户证券和自有证券。证券公司应当委托证券登记结算机构维护其客户及自有证券账户，但法律、行政法规和中国证监会另有规定的除外。投资者买卖证券，应当与证券公司签订证券交易、托管与结算协议。证券登记结算机构应当制定和公布证券交易、托管与结算协议中与证券登记结算业务有关的必备条款。必备条款应当包括但不限于以下内容：①证券公司根据客户的委托，按照证券交易规则提出交易申报，根据成交结果完成其与客户的证券和资金的交收，并承担相应的交收责任；客户应当同意集中交易结束后，由证券公司委托证券登记结算机构办理其证券账户与证券公司证券交收账户之间的证券划付。②实行质押式回购交易的，投资者和证券公司应当按照业务规则的规定向证券登记结算机构提交用于回购的质押券。投资者和证券公司之间债权债务关系不影响证券登记结算机构按照业务规则对证券公司提交的质押券行使质押权。③客户出现资金交收违约时，证券公司可以委托证券登记结算机构将客户净买入证券划付到其证券处置账户内，并要求客户在约定期限内补足资金。客户出现证券交收违约时，证券公司可以将相当于证券交收违约金额的资金暂不划付给该客户。此外，《证券登记结算管理办法》强化了证券公司的托管责任和登记结算机构的存管责任，有利于保护投资者的财产权益，维护证券市场的正常秩序。[1]《证券登记结算管理办法》规定，客户要求证券公司将其持有证券转由其他证券公司托管的，相关证券公司应当依据证券交易所及证券登记结算机构有关业务规则予以办理，不得拒绝，但有关法律、行政法规和中国证监会另有规定的除外。证券公司应当采取有效措施，保证其托管的证券的安全，禁止挪用、盗卖。证券登记结算机构应当采取有效措施，保证其存管的证券的安全，禁止挪用、盗卖。

三、证券持有人名册登记

（一）证券持有人名册登记及其法律关系

证券持有人名册登记，又叫证券登记，是指证券登记结算机构接受证券发行人的委托，通过设立和维护证券持有人名册确认证券持有人持有证券事实的行为。

我国证券市场起步较晚，但发展较快，在证券市场建立初期，就已基本实现了证券的无纸化发行与交易，是世界上实行证券无纸化较为彻底的国家之一。与此相适应，证券登记结算机构设立了电子化证券登记簿记系统，依据电子登记簿记系统记录的结果，向证券发行人提供证券持有人名册。根据《证券法》设立的中国证券登记结算公司是我国证券交易所市场唯一的证券登记结算机构，兼有登记、存管和结算职能，但其涉及的法律关系有严格区分。在登记方面，证券登记结算机构的职能就是提供证券登记服务。

证券登记的主体是证券发行人或其委托的证券登记机构，境外一般称为登记处或过户

---

〔1〕 屠光绍主编：《证券登记结算管理办法导读》，中国金融出版社 2006 年版，第 46 页。

处。从证券登记的起源来看，证券登记最初是由证券发行人自己来完成，即使在目前证券市场相对发达的条件下，仍然有大量股份公司（特别是非上市公司）自己办理股份登记。而由专业的证券登记机构来完成此项工作，一方面是证券市场规模不断扩大和专业分工不断发展的要求，同时也是防范证券市场风险、维护证券市场秩序的需要。在这种情况下，证券登记机构代理证券发行人进行证券登记，成为沟通证券发行人和证券持有人的桥梁。根据证券登记的主体不同，可以将登记模式分为两类：即实际持有人登记模式和名义持有人登记模式。实际持有人登记是指证券的实际持有人（即投资者）以自己的名义直接登记在发行人的证券登记簿上。目前，澳大利亚、英国等国采用的就是这种直接登记模式。名义持有人登记是指在发行人的持有人名册上，证券的实际持有人不再以自身名义登记，代之以存管机构作为其名义持有人，即中央存管机构被作为存管在其名下的证券的名义持有人登记在持有人名册上，发行人或其代理登记机构不掌握中央存管机构名下的中介机构及实际持有人的明细资料。存管机构名义上拥有证券的法定所有权，但它所获得的一切证券权益最终都将通过存管系统参与者转交回实际持有人——投资者。美国、法国、德国等地，采用的就是这种以名义持有人登记为主的登记模式。

我国的证券登记以实际持有人直接登记为主，《证券登记结算管理办法》第 18 条规定："证券应当记录在证券持有人本人的证券账户内，但依据法律、行政法规和中国证监会的规定，证券记录在名义持有人证券账户内的，从其规定。证券登记结算机构为依法履行职责，可以要求名义持有人提供其名下证券权益拥有人的相关资料。"从实际情况来看，绝大部分证券登记在其实际持有人名下，证券账户的开立人与证券的受益人是一致的；但也存在一些以名义持有人进行登记的情况，如境内上市外资股（B 股）市场中的境外投资者。根据国务院《关于股份有限公司境内上市外资股的规定》第 22 条的规定，"境内上市外资股的权益拥有人，可以将其股份登记在名义持有人名下。境内上市外资股的权益拥有人应当依法披露其持股变动信息"。2001 年以前，B 股市场的投资者限定为境外投资者，因此，境外投资者持有的 B 股，有一部分是登记在名义持有人名下的，这些名义持有人主要为证券公司、托管银行、代理人公司等。

证券登记的客体是持有人名册，也称证券登记簿，就股份公司而言，也称股东名册。持有人名册是证券登记的直接结果。发行人的持有人名册内容至少包括持有人名称或姓名、持有证券数量、持有状态等。

证券登记的目的是对证券持有人持有证券的事实及权属状态予以确认，这也是证券登记公示效力的重要体现。持有人名册有法律上的严肃性，在没有相反证据证明其错误的情况下，持有人名册的记录是证明持有人持有证券事实的法律依据。[1]

（二）我国有关证券登记的法律法规

《证券法》第 151 条规定：证券登记结算机构应当向证券发行人提供证券持有人名册及有关资料。证券登记结算机构应当根据证券登记结算的结果，确认证券持有人持有证券的事实，提供证券持有人登记资料。证券登记机构应当保证证券持有人名册和登记过户记录真实、准确、完整，不得隐匿、伪造、篡改或者毁损。

---

[1] 屠光绍主编：《证券登记结算管理办法导读》，中国金融出版社 2006 年版，第 40 页。

《证券登记结算管理办法》规定：证券登记结算机构根据证券账户的记录，确认证券持有人持有证券的事实，办理证券持有人名册的登记。同时详细规定了有关登记的相关要求。证券登记结算机构应当保证证券持有人名册和登记过户记录真实、准确、完整，不得隐匿、伪造或者毁损。

（三）我国证券登记结算机构的主要证券登记业务

根据《证券法》第147、151条以及《证券登记结算管理办法》的规定，我国证券登记结算机构主要从事下列证券登记业务：

第一，证券初始登记。上市证券的发行人，应当委托证券登记结算机构办理其所发行证券的登记业务。证券登记结算机构应当与委托其办理证券登记业务的证券发行人签订证券登记及服务协议，明确双方的权利义务。证券登记结算机构应当制定并公布证券登记及服务协议的范本。证券登记结算机构可以根据政府债券主管部门的要求办理上市政府债券的登记业务。证券登记结算机构根据证券账户的记录，确认证券持有人持有证券的事实，办理证券持有人名册的登记。证券公开发行后，证券发行人应当向证券登记结算机构提交已发行证券的证券持有人名册及其他相关资料。证券登记结算机构据此办理证券持有人名册的初始登记。证券发行人应当保证其所提交资料的合法、真实、准确、完整。证券登记结算机构不承担由于证券发行人原因导致证券持有人名册及其他相关资料有误而产生的损失和法律后果。

第二，证券变更登记。证券在证券交易所上市交易的，证券登记结算机构应当根据证券交易的交收结果办理证券持有人名册的变更登记。证券以协议转让、继承、捐赠、强制执行、行政划拨等方式转让的，证券登记结算机构根据业务规则变更相关证券账户的余额，并相应办理证券持有人名册的变更登记。证券因质押、锁定、冻结等原因导致其持有人权利受到限制的，证券登记结算机构应当在证券持有人名册上加以标记。

第三，证券登记派生业务。除上述证券登记业务外，证券登记结算机构还向发行人提供持有人名册发送、权益派发、查询等与证券登记相关的服务。具体包括：证券登记结算机构应当按照业务规则和协议定期向证券发行人发送其证券持有人名册及有关资料。证券发行人申请办理权益分派等代理服务的，应当按照业务规则和协议向证券登记结算机构提交有关资料并支付款项。证券发行人未及时履行上述义务的，证券登记结算机构有权推迟或不予办理，证券发行人应当及时发布公告说明有关情况。证券发行人或者其清算组等终止证券登记及相关服务协议的，证券登记结算机构应当依法向其交付证券持有人名册及其他登记资料。

四、证券交易的结算职能

结算是清算和交收的统称。清算是确认证券交易双方于某特定日期的债权债务关系的行为，通过对交易各方进行债权债务核算，确定彼此之间应转移的资金或证券的具体数量。交收作为清算基础上的进一步业务，是完成证券和资金交付的过程。从投资者角度来看，交收即交割。

（一）证券结算的基本原则与法律规范

《证券法》明确了证券结算的基本原则。第158条规定：证券登记结算机构作为中央对手方提供证券结算服务的，是结算参与人共同的清算交收对手，进行净额结算，为证券交易提供集中履约保障。证券登记结算机构为证券交易提供净额结算服务时，应当要求结算参与人按照货银对付的原则，足额交付证券和资金，并提供交收担保。在交收完成之前，任何人不得动用用于交收的证券、资金和担保物。结算参与人未按时履行交收义务的，证券登记结算机构有权按照业务规则处理前款所述财产。本条明确了证券结算的多项基本原则。其一，建立了中央对手方制度。国际清算银行将中央对手方定义为"将自己介入交易对手之间，成为每一个买方的卖方和每一个卖方的买方，因此保证合约顺利履行"。通过其技术和风险管理能力，中央对手方如同短路器一样保护着金融系统。[1]中央对手方在证券市场的重要性，可被类比为人体的"免疫系统"，可以有效防止系统性风险。通过简化对手方之间的交互关系，增强市场效率，降低运行成本，促进要素流通，保证交收顺利完成。[2]其二，明确了净额结算原则。净额结算又称差额结算，是与全额结算相比较的结算方式，具体是指以交易对手为单位，对其符合净额结算标准的全部交易进行冲抵轧差，从而降低结算风险，简化操作步骤，是国际证券市场通用的做法。其三，明确了货银对付原则。货银对付是全球金融基础设施普遍采用的重要结算原则，可以理解为券款对付，俗称的"一手交钱，一手交货"，可以有效防范和消除结算过程中的本金风险。上述三项原则相互作用，构成了证券结算系统的基本运作机制：在证券交易达成后，证券结算机构介入到所有的交易中去，成为共同对手方，以净额的方式对交易进行结算，并通过货银对付控制风险，最终使交易各方的权利义务得到实现。这是一个精致的过程，每一个环节都需要坚实的法律基础作为支撑。[3]

在《证券法》上述原则基础上，《证券登记结算管理办法》对证券交易涉及的证券和资金的清算交收作出了一系列详细的规定，具体为：

第一，明确了登记结算机构结算参与人制度的基本要求。证券公司参与证券和资金的集中清算交收，应当向证券登记结算机构申请取得结算参与人资格，与证券登记结算机构签订结算协议，明确双方的权利义务。没有取得结算参与人资格的证券公司，应当与结算参与人签订委托结算协议，委托结算参与人代其进行证券和资金的集中清算交收。证券登记结算机构应当制定并公布结算协议和委托结算协议范本。

第二，明确了分级结算的制度安排，确立了证券登记结算机构中央对手方的地位，强调了货银对付的结算原则和具体实现方式，并且为结算机构针对不同的产品和参与人采取灵活的结算模式留下了空间。规定了证券和资金结算实行分级结算原则。证券登记结算机构负责办理证券登记结算机构与结算参与人之间的集中清算交收；结算参与人负责办理结算参与人与客户之间的清算交收。证券登记结算机构采取多边净额结算方式的，应当根据业务规则作为结算参与人的共同对手方，按照货银对付的原则，以结算参与人为结算单办理清算交收。证券登记结算机构进行多边净额清算时，应当将结算参与人的证券和资金轧差计算出应收应付净额，并在清算结束后将清算结果及时通知结算参与人。

第三，明确了证券和资金结算账户体系的设置。规定了证券登记结算机构应当设立证券集中交收账户和资金集中交收账户，用以办理与结算参与人的证券和资金的集中清算交收。结算参与人应当根据证券登记结算机构的规定，申请开立证券交收账户和资金交收账

〔1〕 〔英〕彼得·诺曼：《全球风控家：中央对手方清算》，梁伟林译，中国金融出版社2013年版，第7页。
〔2〕 戴文华主编：《登记托管结算》，中国金融出版社2020年版，第103页。
〔3〕 范中超：《证券无纸化的法律问题》，中国政法大学出版社2009年版，第164页。

户用以办理证券和资金的交收。同时，经营证券自营业务和经纪业务的结算参与人，应当申请开立自营证券、资金交收账户和客户证券、资金交收账户，分别用以办理自营业务的证券、资金交收和经纪业务的证券、资金交收。

第四，以结算协议必备条款的形式明确了登记结算机构担当共同对手方角色的法律内涵，理清了登记结算机构与结算参与人在多边净额结算中的权利义务关系。规定了证券登记结算机构与参与多边净额结算的结算参与人签订的结算协议应当包括下列内容：①对于结算参与人负责结算的证券交易合同，该合同双方结算参与人向对手方结算参与人收取证券或资金的权利，以及向对手方结算参与人支付资金或证券的义务一并转让给证券登记结算机构；②受让前项权利和义务后，证券登记结算机构享有原合同双方结算参与人对其对手方结算参与人的权利，并应履行原合同双方结算参与人对其对手方结算参与人的义务。

第五，明确了证券登记结算机构按照依法制定的业务规则进行的证券和资金交收具有最终性，不可撤销。规定了在集中交收过程中，证券登记结算机构应当在交收时点，向结算参与人收取其应付的资金和证券，同时交付其应收的证券和资金。交收完成后不可撤销。

（二）我国的分级结算制度

现代证券交易的结算一般实行分级结算制度，即证券登记结算机构与证券公司等结算参与人进行资金和证券的法人结算（又称一级结算）；证券公司再与其客户即投资者进行二级结算。[1]具体而言，其一，证券登记结算机构负责组织完成一级结算。证券登记结算机构是一级结算的组织者，其介入证券交易双方的交易关系中，成为"所有买方的卖方"和"所有卖方的买方"，即共同对手方。在证券交易清算时，证券登记结算机构以结算参与人为单位对其达成的所有交易的应收应付证券和资金进行轧差，每个结算参与人根据轧差所得净额与证券登记结算机构进行交收。证券登记结算机构需要为结算参与人开立证券和资金结算账户，以办理相关证券和资金交收。其二，结算参与人负责组织完成二级结算。从证券登记结算机构获得一级清算结果后，结算参与人根据其客户证券交易的成交明细，清算出每个客户的应收应付证券数额和资金金额，并据此与客户进行证券和资金的二级交收。

分级结算体制的优势在于：其一，在分级结算体制下，证券登记结算机构面对的交收对手方数量大大减少了，只需负责与结算参与人进行一级结算，由各结算参与人负责与其客户进行二级结算。减少了参与人资金和证券实际交收的数量，大大提高了结算效率。其二，在分级结算制度下，只有获得证券登记结算机构结算参与人资格的证券经营机构才能直接进入登记结算系统参与结算业务。一般投资者不能直接进入登记结算系统，只能通过结算参与人办理有关证券结算业务。通过对结算参与人实行准入制度，制订风险控制和财务指标等要求，证券登记结算机构可以更为有效地控制结算风险，维护结算系统安全。

---

〔1〕 李飞主编：《中华人民共和国证券法（修订）释义》，法律出版社 2005 年版，第 251 页。

前沿问题

14 – 1　区块链技术与证券登记结算

■ 思考题

1. 谈谈你对证券登记结算系统在证券市场中的重要地位的认识。
2. 新《证券法》对证券登记结算部分作了哪些重要修改?
3. 试分析证券登记结算机构与投资者、证券公司之间的法律关系。
4. 谈谈对证券分级结算体系的理解。
5. 谈谈对于净额结算、中央对手方、货银对付等制度之间关系的理解。

■ 参考文献

张国平:《中国证券登记结算制度研究》,中山大学出版社 2012 年版。

戴文华主编:《证券交易结算制度沿革》,中国金融出版社 2020 年版。

戴文华主编:《登记托管结算》,中国金融出版社 2020 年版。

戴文华主编:《中央对手方》,中国金融出版社 2020 年版。

范中超:《证券无纸化的法律问题》,中国政法大学出版社 2009 年版。

〔英〕彼得·诺曼:《全球风控家:中央对手方清算》,梁伟林译,中国金融出版社 2013 年版。

徐士敏主编:《证券结算》,中国人民大学出版社 2006 年版。

周正庆、李飞、桂敏杰主编:《新证券法条文解析》,人民法院出版社 2006 年版。

屠光绍主编:《证券登记结算管理办法导读》,中国金融出版社 2006 年版。

李飞主编:《中华人民共和国证券法(修订)释义》,法律出版社 2005 年版。

廖凡:《证券客户资产风险法律问题研究》,北京大学出版社 2005 年版。

罗培新、卢文道等:《最新证券法解读》,北京大学出版社 2006 年版。

叶林:《证券法》,中国人民大学出版社 2006 年版。

徐杰主编:《证券法理论与实务》,首都经济贸易大学出版社 2000 年版。

中国证券业协会编:《证券交易》,中国财政经济出版社 2006 年版。

程合红主编:《〈证券法〉修订要义》,人民出版社 2020 年版。

王瑞贺主编:《中华人民共和国证券法释义》,法律出版社 2020 年版。

第十五章　证券服务机构

第一节　证券服务机构概述

一、证券服务机构的概念和范围

证券市场及其法治要求公正、高效地将发行的证券销售给投资者，并保障这些证券在投资者间的交易。为便利证券发行和交易，在监管者、发行人和投资者等基本的证券市场主体外，产生了各种服务于证券发行、交易活动的市场中介主体。例如，发行证券需要由证券公司提供保荐和证券承销服务，会计师事务所审计有关财务事项并出具会计、审计报告，律师事务所起草各种法律文件并出具法律意见书，资产评估机构评估资产并出具评估报告；债券发行须由资信评级机构提供资信评级报告。再如，投资者购买证券，为获得专业投资建议，可能会向证券投资咨询机构或财务顾问寻求咨询建议；证券交易需经证券登记结算机构的交割结算登记等服务。上述各参与证券市场活动，为证券发行、上市、交易提供各类专业服务的机构，统称为证券服务机构。

广义的证券服务机构既包括非营利性的证券交易所、证券登记结算机构，也包括营利性的会计师事务所、律师事务所、证券投资咨询机构、资产评估机构、资信评级机构等主体。通常所称证券服务机构为狭义范围，将非营利性的证券交易所、证券登记结算机构排除在外。[1]按照《证券法》（2019年修订）第160条列举，证券服务机构包括"会计师事务所、律师事务所以及从事证券投资咨询、资产评估、资信评级、财务顾问信息技术系统服务的证券服务机构"。本节介绍证券服务机构的相关内容，对其范围有一点说明：按照《证券法》规定及证券市场实践，证券公司从事了大量证券服务业务，如承销与保荐、证券投资咨询等。同时，证券公司还从事经纪、自营业务，其作为证券市场的一类重要主体为《证券法》专章规定，通常不在证券服务机构部分对其专门论述。

二、对证券服务机构规制的重点

证券服务机构的产生是为满足证券发行、上市、交易等需求：证券发行和上市，发行人需要向潜在投资者介绍其基本情况，投资者需了解发行人及发行证券的信息以判断是否投资。然则，发行人可能或因不熟悉证券信息披露规则而拙于信息披露，或为实现证券发行上市而提供误导性、欺诈性信息。为解决这些问题，需由专业机构提供服务，一方面核实、规范发行人披露的信息，另一方面以其专业服务履行社会公证、社会监督职能。证券服务机构在履职中扮演多重角色：一方面，证券服务机构接受发行人等各类客户委托，作为受托人提供有偿专业服务；另一方面，其也承担"看门人"职责，即"以自己职业声

---

〔1〕　参见周友苏主编：《证券法新论》，法律出版社2020年版，第496页。

誉为担保向投资者保证发行证券品质"，以"减少信息不对称，进而提高市场的透明度和降低资本成本"，[1]进而服务公共利益、承担社会监督职能。为确保证券服务机构切实履行上述职责，法律对其规制的重点有：

第一，证券服务机构以其专业知识技能和职业声誉为基础，其资质或市场准入应受规制。法律应对进入证券市场提供中介服务的机构设定底线标准，以出清部分滥竽充数的"浑水摸鱼者"，也可激励合法准入的服务机构勤勉尽责。

第二，基于有偿委托关系，证券服务机构对委托人负有忠诚、勤勉义务。由于现行的证券服务付费机制是由委托人支付费用，容易出现证券服务机构为短期利益而默许、配合委托人违法行为的情形。为避免付费机制可能导致的弊端，一方面需强调证券服务机构作为受托人而勤勉尽责、忠诚守信，注重避免利益冲突；另一方面，也需为证券服务机构确立相关业务规则和指引，使其恪尽职守。

证券服务机构的资质、收费、勤勉尽职等规定，不仅存在于《证券法》及证券监管类规范性文件中，而且在规范各类证券服务机构的法律、部门规章等规范性文件中也有体现，如《律师法》《注册会计师法》《资产评估法》等。

三、证券服务资格的取得

我国现行立法对普通商事主体采取主体资格和营业资格统一登记的制度，但对金融活动主体的主体资格和营业资格需要区分。从事证券服务业务的会计师事务所、律师事务所、资产评估机构、资信评级机构等主体，其主体资格依据《民法典》法人或非法人组织的规定以及《公司法》《合伙企业法》《注册会计师法》《律师法》《资产评估法》等法律取得。

依法设立的会计师事务所、律师事务所等主体，从事证券服务业务还应获取证券服务资格。根据《证券法》（2019 年修订）第 160 条第 2 款的规定，获得证券服务资格有核准和备案两种方式：

第一，从事证券投资咨询服务业务，应当经国务院证券监督管理机构核准；未经核准，不得为证券的交易及相关活动提供服务。我国原先采取分业经营的做法，证券投资咨询机构是独立于证券公司的商事主体；《证券法》（2005 年修订）修订后将证券投资咨询列入证券公司的业务范围，出现了证券公司和证券投资咨询机构都从事该业务的局面。[2]《证券法》（2019 年修订）第 120 条规定，证券公司从事证券投资咨询业务，应当经过国务院证券监督管理机构核准，取得经营证券业务许可证。

第二，从事其他证券服务业务，应当报国务院证券监督管理机构和国务院有关主管部门备案。2020 年，中国证监会、工业和信息化部、司法部和财政部联合发布《证券服务机构从事证券服务业务备案管理规定》（证监会公告〔2020〕52 号），调整原来相关证券服务机构事前准入审批的监管体制，细化了备案机构、备案业务范围、备案时点和备案程序等内容。该规定第 3 条明确证券服务业务备案"不代表对证券服务机构执业能力的认可"。

经过《证券法》修订及相关规则细化，我国对证券服务资格的获取已从核准制过渡

---

〔1〕　[美] 约翰·C. 科菲：《看门人机制：市场中介与公司治理》，黄辉、王长河等译，北京大学出版社 2011 年版，第 3、425 页。

〔2〕　参见朱锦清：《证券法学》，北京大学出版社 2011 年版，第 76 页。

到核准与备案相结合的体制，降低了证券服务准入门槛，符合简政放权和优化营商环境的趋势。

四、证券服务机构业务规范的基本要求

诸多证券服务业务规则具体规定在《注册会计师法》《律师法》《资产评估法》等相关法律及监管（主管）机关的规范性文件中。《证券法》（2019 年修订）专列第十章"证券服务机构"，对各类证券服务机构提出总括性要求：

第一，勤勉尽责，恪尽职守。勤勉尽责，既是证券服务机构与发行人、投资方等委托人签订的委托合同义务，也是证券服务机构的法定义务，是证券监管机构和行业主管部门对证券服务机构监管的要求。证券服务机构勤勉尽责，有助于提升证券市场披露信息的质量，帮助投资者据此分析决策；有助于矫正发行人等主体的市场行为，实现证券服务机构承担的社会公证、社会监督职能。同时，证券服务机构勤勉尽责，也是其累积良好"声誉资本"的必要条件，可有效避免因各类证券违法行为而产生的民事赔偿或行政处罚等法律责任。

判断证券服务机构是否"勤勉"的标准，《证券法》未明确规定。事实上，对于"勤勉"的判断需要主客观相结合：一方面，证券监管机构和行业主管部门出台相关业务规则或指引，指导证券服务机构的执业行为；各证券服务机构也形成部分经验习惯或惯例，可作为判断勤勉的参考因素。另一方面，勤勉也需在具体情境中判断，因社会经济情势、法律及政策、委托事项、委托人所处行业等因素而有所变化。总之，证券服务机构是利用专业知识和技能提供服务的商事主体，具有营利性和专业性特征，应适用专业人士标准来判断其是否勤勉尽责。当然，越高的勤勉标准也会有越高的服务成本，两者需在实践中平衡协调。

《证券法》第 160 条要求证券服务机构"应当勤勉尽责、恪尽职守，按照相关业务规则为证券的交易及相关活动提供服务"；第 163 条规定："证券服务机构为证券的发行、上市、交易等证券业务活动制作、出具审计报告及其他鉴证报告、资产评估报告、财务顾问报告、资信评级报告或者法律意见书等文件，应当勤勉尽责，对所依据的文件资料内容的真实性、准确性、完整性进行核查和验证……"

第二，诚信忠诚，避免利益冲突。诚信原则是民商事活动应遵循的基本原则，忠诚守信、避免利益冲突是诚信原则的固有含义。证券服务机构执业中应忠诚于委托人；广义讲，还应忠诚于投资者，因为投资者是证券市场繁荣和证券法治建设的重要力量。

由诚信原则和忠诚义务导出的要求是，证券服务机构不得从事利益冲突行为。作为市场中介，证券服务机构联系证券买卖双方；同时，其也可能成为证券交易的当事人，如证券公司同时经营证券自营、经纪、投资咨询等业务。如果同时介入证券交易和证券服务，且没有有效的隔离机制，受经济利益驱动，证券服务机构可能会从事损害委托人利益的行为。为此，《证券法》第 161 条第 1 款明令禁止部分证券服务机构及其从业人员的行为，包括：①代理委托人从事证券投资；②与委托人约定分享证券投资收益或者分担证券投资损失；③买卖本证券投资咨询机构提供服务的证券；④法律、行政法规禁止的其他行为。

第三，妥善保管信息和资料。证券服务机构业务活动中的各种信息和资料，既是其业务活动内部控制的重要保障，也是事后核查其是否勤勉尽责的法律证据，对投资者保护有

重要作用。为此，《证券法》第162条规定："证券服务机构应当妥善保存客户委托文件、核查和验证资料、工作底稿以及与质量控制、内部管理、业务经营有关的信息和资料，任何人不得泄露、隐匿、伪造、篡改或者毁损。上述信息和资料的保存期限不得少于10年，自业务委托结束之日起算。"

五、证券服务机构的法律责任

证券服务机构违反法律应承担民事、行政或刑事责任。

《证券法》（2019年修订）第161条第2款规定，证券投资咨询机构及其从业人员存在第161条第1款所禁止的利益冲突行为，给投资者造成损失的，应当依法承担赔偿责任。第163条规定，证券服务机构应当勤勉尽责，若其制作、出具的文件有虚假记载、误导性陈述或者重大遗漏，给他人造成损失的，应当与委托人承担连带赔偿责任，但是能够证明自己没有过错的除外。该条规定确立证券服务机构违反勤勉义务应与委托人承担连带责任，且采取过错推定原则。关于虚假陈述的民事责任，《最高人民法院关于审理证券市场因虚假陈述引发的民事赔偿案件的若干规定》（法释〔2003〕2号）第24条规定，专业中介服务机构及其直接负责人虚假陈述，给投资人造成损失的，就其负有责任的部分承担赔偿责任。但有证据证明无过错的，应予免责。该表述遵循1998年《证券法》第161条的规定"就其负有责任的部分承担连带责任"，但《证券法》（2019年修订）中并未采用此种表述。尽管《证券法》及相关司法解释都采用过错推定原则确定证券服务机构的民事责任，但证券民事赔偿实践中，如何证明没有过错、多家证券服务机构间的民事责任内部划分等问题，都还需要进一步明确。[1] 2020年，《国务院关于进一步提高上市公司质量的意见》（国发〔2020〕14号）提出"健全中介机构执业规则体系，明确上市公司与各类中介机构的职责边界，压实中介机构责任"。

《证券法》第十三章对不同类别证券服务机构的不同违法行为分别设定了行政处罚。其一，证券投资咨询机构未经国务院证券监督管理机构核准擅自开展业务，或者存在违反第161条规定即有利益冲突行为的，责令改正，没收违法所得，并处以违法所得1倍以上10倍以下的罚款；没有违法所得或者违法所得不足50万元的，处以50万元以上500万元以下的罚款；对直接负责的主管人员和其他直接责任人员，给予警告，并处以20万元以上200万元以下的罚款。其二，会计师事务所、律师事务所以及从事资产评估、资信评级、财务顾问、信息技术系统服务的机构未依法向国务院证券监督管理机构和国务院有关部门备案的，责令改正，可以处20万元以下的罚款。其三，证券服务机构未勤勉尽责，所制作、出具的文件有虚假记载、误导性陈述或者重大遗漏的，责令改正，没收业务收入，并处以业务收入1倍以上10倍以下的罚款；没有业务收入或者业务收入不足50万元的，处以50万元以上500万元以下的罚款，情节严重的，并处暂停或者禁止从事证券服务业务；对直接负责的主管人员和其他直接责任人员给予警告，并处以20万元以上200万元以下的罚款。

---

〔1〕　在欣泰电气欺诈强制退市引发的证券民事赔偿案中，律师事务所等证券服务机构如何证明自己没有过错，各证券服务机构在对外承担连带责任的基础上，内部如何划分责任，都存在不小争议。

第二节 会计师事务所（证券审计机构）

证券投资人判断证券的投资价值，所倚重的重要信息来源于发行人、证券服务机构等主体披露的各种报告等文件。其中，发行人财务信息是投资人最关注的内容，证券发行和交易涉及的财会报告都需审计。会计师事务所和注册会计师需对审计报告及审计内容的真实性和准确性负责。

从英美国家的会计审计发展来看，[1]英国基于中世纪公共企业财政官员问责制等传统，较早发展出审计人作为独立财务检查人的审计制度，并由成文法确立会计师的公共"看门人"职责。美国会计职业于20世纪蓬勃发展，其刺激因素是联邦立法，包括所得税法和证券法。相较于英国的公共"看门人"定位，美国更将会计师视为私人"看门人"，即客户需要查明他人财务报表可信度时才需要审计服务。鉴于20世纪美国会计行业中咨询服务对会计师事务所的影响、诉讼威胁的减少、行业纪律的失败以及合并趋势和日益激烈的竞争，会计行业抵制对其最低程度的控制的做法也受到挑战，最终于20世纪70年代产生美国注册会计师协会自律监管机制，并在2002年出台《萨班森法案》，设立公众公司会计监督委员会（PCAOB），负责为美国公开发行证券公司出具审计报告的会计师事务所的登记注册、制定审计标准、进行常规或临时检查，并享有对登记的会计师事务所及相关人员进行调查和惩戒的权力。

我国《注册会计师法》规定，会计师事务所是依法设立并承办注册会计师业务的机构。注册会计师是依法取得注册会计师证书并接受委托从事审计和会计咨询、会计服务业务的执业人员。

一、会计师事务所证券业务准入及业务范围

根据《注册会计师法》，会计师事务所的组织形式可以是合伙或负有限责任的法人。按照2019年修订的《会计师事务所执业许可和监督管理办法》（财政部令第97号）第6条，会计师事务所从事证券服务业务，应当采用普通合伙或者特殊普通合伙形式，接受财政部的监督。

在会计师事务所从事证券业务的准入方面，2016年以前，我国对注册会计师、会计师事务所执行证券、期货相关业务实行许可证管理。[2]《证券法》（2019年修订）第160条第2款规定："……从事其他证券服务业务，应当报国务院证券监督管理机构和国务院有关主管部门备案。"依此规定，会计师事务所从事证券业务准入采备案制。

---

〔1〕 详见［美］约翰·C.科菲：《看门人机制：市场中介与公司治理》，黄辉、王长河等译，北京大学出版社2011年版，第五章"审计人的兴衰与再定义"。

〔2〕 《注册会计师执行证券、期货相关业务许可证管理规定》（财协字〔2000〕56号）为2016年8月18日发布实施的《财政部关于公布废止和失效的财政规章和规范性文件目录（第十二批）的决定》废止。注册会计师、会计师事务所执行证券、期货业务实行许可证管理制度，是2000年财政部和证监会共同规定的（财协字〔2000〕56号文）确立的。2004年国务院第三批取消行政审批项目的决定中，将财政部和证监会关于注册会计师从事证券、期货相关业务许可证审批、核发的行政许可事项取消了。但是没有取消对会计师事务所的行政许可。2016年《财政部关于公布废止和失效的财政规章和规范性文件目录（第十二批）的决定》"三、废止的财政规范性文件目录"当中，第598项废止了财协字〔2000〕56号文。

《注册会计师法》规定，注册会计师业务包括审计业务、会计咨询、会计服务业务。与证券服务紧密相关的为审计业务，范围包括：审查企业会计报表，出具审计报告；验证企业资本，出具验资报告；办理企业合并、分立、清算事宜中的审计业务，出具有关报告；法律、行政法规规定的其他审计业务。

二、会计师事务所和注册会计师从事证券业务的要求

从事证券业务的会计师事务所和注册会计师，负有《证券法》对证券服务机构所要求的勤勉尽责、诚信忠诚及妥善保管信息和资料等义务。《注册会计师法》、相关司法解释及行业规范还提出部分具体要求：

第一，接受委托。注册会计师承办业务，由其所在的会计师事务所统一受理并与委托人签订委托合同。会计师事务所对本所注册会计师依照前款规定承办的业务，承担民事责任。

第二，回避和保密。注册会计师与委托人有利害关系的，应当回避；委托人有权要求其回避。注册会计师对在执行业务中知悉的商业秘密，负有保密义务。

第三，拒绝出具报告。注册会计师执行审计业务，遇有下列情形之一的，应当拒绝出具有关报告：①委托人示意其作不实或者不当证明的；②委托人故意不提供有关会计资料和文件的；③因委托人有其他不合理要求，致使注册会计师出具的报告不能对财务会计的重要事项作出正确表述的。

第四，依执业准则、规则出具报告。注册会计师执行审计业务，必须按照执业准则、规则确定的工作程序出具报告。注册会计师执行审计业务出具报告时，不得有下列行为：①明知委托人对重要事项的财务会计处理与国家有关规定相抵触，而不予指明；②明知委托人的财务会计处理会直接损害报告使用人或者其他利害关系人的利益，而予以隐瞒或者作不实的报告；③明知委托人的财务会计处理会导致报告使用人或者其他利害关系人产生重大误解，而不予指明；④明知委托人的会计报表的重要事项有其他不实的内容，而不予指明。

第五，其他禁止性行为。注册会计师不得有下列行为：①在执行审计业务期间，在法律、行政法规规定不得买卖被审计单位的股票、债券或者不得购买被审计单位或者个人的其他财产的期限内，买卖被审计单位的股票、债券或者购买被审计单位或者个人所拥有的其他财产；②索取、收受委托合同约定以外的酬金或者其他财物，或者利用执行业务之便，谋取其他不正当的利益；③接受委托催收债款；④允许他人以本人名义执行业务；⑤同时在两个或者两个以上的会计师事务所执行业务；⑥对其能力进行广告宣传以招揽业务；⑦违反法律、行政法规的其他行为。

中国注册会计师协会依法拟定并经国务院财政部门批准后施行的执业准则和规则以及诚信公允的原则，对会计师事务所和注册会计师从事证券审计业务提出了更细致的规范要求。为规范注册会计师的执业行为，提高执业质量，财政部2006年印发《关于中国注册会计师执业准则》（财会〔2006〕4号），规定注册会计师鉴证业务基本准则和审计准则。2019年修订的《中国注册会计师审计准则第1101号——注册会计师的总体目标和审计工作的基本要求》（财会〔2019〕5号）要求注册会计师应当遵守与审计工作相关的所有审计准则。中国注册会计师协会编辑《中国注册会计师执业准则应用指南》，为更好地理解和运用审计准则提供指引。

三、会计师事务所民事责任的若干规定

会计师事务所从事证券服务活动涉及的民事责任，遵循《证券法》第163条证券服务机构民事责任的规定。为应对司法实践中的具体问题，2007年最高人民法院印发《关于审理涉及会计师事务所在审计业务活动中民事侵权赔偿案件的若干规定》（法释〔2007〕12号），细化了相关规则：

第一，《证券法》规定以过错推定原则确定会计师事务所承担侵权责任，会计师事务所需证明自己没有过错，可向人民法院提交与该案件相关的执业准则、规则以及审计工作底稿等。《审计工作底稿》是注册会计师对制定的审计计划、实施的审计程序、获取的相关审计证据，以及得出的审计结论作出的记录，是证明注册会计师已按照审计准则和相关法律法规的规定计划和执行了审计工作的重要证明材料。会计师事务所能够证明下列情形之一的，不承担民事赔偿责任：①已经遵守执业准则、规则确定的工作程序并保持必要的职业谨慎，但仍未能发现被审计的会计资料错误；②审计业务所必须依赖的金融机构等单位提供虚假或者不实的证明文件，会计师事务所在保持必要的职业谨慎下仍未能发现其虚假或者不实；③已对被审计单位的舞弊迹象提出警告并在审计业务报告中予以指明；④已经遵照验资程序进行审核并出具报告，但被验资单位在注册登记后抽逃资金；⑤为登记时未出资或者未足额出资的出资人出具不实报告，但出资人在登记后已补足出资。会计师事务所在报告中注明"本报告仅供年检使用""本报告仅供工商登记使用"等类似内容的，不能作为其免责的事由。

第二，会计师事务所承担民事侵权责任的主观要件包括明知和过失。其中，明知包括：其一，与被审计单位恶意串通。其二，注册会计师按照执业准则、规则应当知道的，人民法院应认定为明知：①明知被审计单位对重要事项的财务会计处理与国家有关规定相抵触，而不予指明；②明知被审计单位的财务会计处理会直接损害利害关系人的利益，而予以隐瞒或者作不实报告；③明知被审计单位的财务会计处理会导致利害关系人产生重大误解，而不予指明；④明知被审计单位的会计报表的重要事项有不实的内容，而不予指明；⑤被审计单位示意其作不实报告，而不予拒绝。注册会计师在审计过程中未保持必要的职业谨慎，存在下列情形之一，并导致报告不实的，人民法院应当认定会计师事务所存在过失：①违反《注册会计师法》第20条第2、3项的规定，即委托人故意不提供有关会计资料和文件的，以及因委托人有其他不合理要求，致使注册会计师出具的报告不能对财务会计的重要事项作出正确表述的；②负责审计的注册会计师以低于行业一般成员应具备的专业水准执业；③制定的审计计划存在明显疏漏；④未依据执业准则、规则执行必要的审计程序；⑤在发现可能存在错误和舞弊的迹象时，未能追加必要的审计程序予以证实或者排除；⑥未能合理地运用执业准则和规则所要求的重要性原则；⑦未根据审计的要求采用必要的调查方法获取充分的审计证据；⑧明知对总体结论有重大影响的特定审计对象缺少判断能力，未能寻求专家意见而直接形成审计结论；⑨错误判断和评价审计证据；⑩其他违反执业准则、规则确定的工作程序的行为。

第三，因合理信赖或者使用会计师事务所出具的不实报告，与被审计单位进行交易或者从事与被审计单位的股票、债券等有关的交易活动而遭受损失的自然人、法人或者其他组织，为利害关系人。利害关系人明知会计师事务所出具的报告为不实报告而仍然使用的，人民法院应当酌情减轻会计师事务所的赔偿责任。

第三节　证券律师

一、我国证券律师的历史发展过程

1993 年，国务院颁布《股票条例》，要求申请公开发行股票并上市需要由律师出具法律意见。这是我国第一次以法规形式确立某项业务必须由律师参与。同年，《司法部、中国证券监督管理委员会关于从事证券法律业务律师及律师事务所资格确认的暂行规定》（司发通〔1993〕008 号）（已失效）明确，律师事务所和律师欲从事证券法律业务，应提出申请，由省、自治区、直辖市司法厅（局）审核报司法部，经司法部会同证监会批准并发给从事证券法律业务的资格证书。1998 年《证券法》规定，律师事务所为法定专业服务机构，从而确立律师证券法律服务的地位和使命。

2002 年 12 月 23 日，证监会、司法部发布《关于取消律师及律师事务所从事证券法律业务资格审批的通告》，取消了律师及律师事务所从事证券法律业务的资格审批，即自 2002 年 11 月 1 日起，下列行政审批项目予以取消：律师事务所从事证券法律业务资格审批、律师从事证券法律业务资格审批、外国律师事务所协助中国企业到境外发行股票和股票上市交易备案。律师及律师事务所从事证券法律业务不再受资格的限制。2007 年，证监会和司法部联合颁布《律师事务所从事证券法律业务管理办法》，确立律师从事证券法律业务的执业准则、监管要求和法律责任追究等一系列制度。2010 年，证监会和司法部联合颁布《律师事务所证券法律业务执业规则（试行）》（以下简称《执业规则》），对律师事务所及其指派的律师从事证券法律业务开展核查和验证、制作和出具法律意见书等执业活动进行细化规定。此外，证监会还颁布了《公开发行证券公司信息披露的编报规则第 12 号——公开发行证券的法律意见书和律师工作报告》（以下简称《编报规则第 12 号》）。

二、律师事务所从事证券法律服务的备案管理

根据《证券法》第 160 条第 2 款的规定，律师事务所从事证券法律业务，应当报国务院证券监督管理机构和国务院有关主管部门备案。新《证券法》规定的备案，不是变相行政许可：一是通过备案掌握证券服务机构的基本信息，为事中事后监管提供信息支持；二是及时掌握行业发展状况，更好地发挥政府作用，为创造良好的证券服务市场生态奠定基础；三是在证券服务机构未进行备案而从事证券业务的情况下，其所签订的服务协议、从事的证券业务、签署的相关文件依然具有法律效力。但对于拒不备案的行为，监管机构有权按照《证券法》第 213 条第 2 款处以 20 万元以下的罚款，对于在监管机构指定期限内仍不进行备案的证券服务机构，可处以再次罚款。[1]

2020 年，中国证监会、工业和信息化部、司法部和财政部联合发布《证券服务机构从事证券服务业务备案管理规定》，规定律师事务所为下列证券活动提供证券服务业务，制作、出具法律意见书，应当按照《备案管理规定》向中国证监会和国务院有关主管部门备案：①首次公开发行股票、存托凭证及上市；②上市公司发行证券及上市；③上市公

---

〔1〕　参见程合红主编：《〈证券法〉修订要义》，人民出版社 2020 年版，第 317 页。

司及非上市公众公司收购、重大资产重组及股份回购；④上市公司合并、分立及分拆；⑤上市公司及非上市公众公司实行股权激励计划或者员工持股计划；⑥公开发行公司债券及上市交易；⑦境内企业直接或者间接到境外发行证券或者将其证券在境外上市交易（包括后续增发股份）；⑧股份有限公司股票向特定对象转让导致股东累计超过 200 人，以及股份有限公司申请股票在全国中小企业股份转让系统挂牌并公开转让；⑨股份有限公司向特定对象发行股票导致股东累计超过 200 人，股东人数超过 200 人的非上市公众公司向特定对象发行股票，以及向不特定合格投资者公开发行股票。

三、证券律师业务规则

律师事务所及其指派的律师从事证券法律业务，应当按照依法制定的业务规则，勤勉尽责，审慎履行核查和验证（以下简称"查验"）义务。律师事务所从事证券法律业务，应当建立、健全内部业务质量和执业风险控制机制，确保出具的法律意见书内容真实、准确、完整，逻辑严密，论证充分。

律师事务所及其指派的律师从事证券法律业务，应当依法对所依据的文件资料内容的真实性、准确性、完整性进行核查和验证；应当运用自己的专业知识和能力，依据自己的查验行为，独立作出查验结论，出具法律意见。

对于收集证据材料等事项，律师应当亲自办理，不得交由委托人代为办理；使用委托人提供的材料，律师应当对其内容、性质和效力等进行必要的查验、分析和判断。律师事务所及其指派的律师对有关事实、法律问题作出认定和判断，应当有适当的证据和理由。

律师在出具法律意见时，对与法律相关的业务事项应当履行法律专业人士特别的注意义务，对其他业务事项履行普通人一般的注意义务，其制作、出具的文件不得有虚假记载、误导性陈述或者重大遗漏。

律师事务所及其指派的律师对受托事项进行查验时，应当独立、客观、公正，遵循审慎性及重要性原则。在进行核查和验证前，应当编制核查和验证计划，明确需要核查和验证的事项，并根据业务的进展情况，对其予以适当调整。查验计划应当列明需要查验的具体事项、查验工作程序、查验方法等。查验工作结束后，律师事务所及其指派的律师应当对查验计划的落实情况进行评估和总结；查验计划未完全落实的，应当说明原因或者采取其他查验措施。

律师进行核查和验证，可以采用面谈、书面审查、实地调查、查询和函证、计算、复核等方法。律师应当合理、充分地运用查验方法，除按有关规定必须采取的查验方法外，还应当根据实际情况予以补充。在采取有关查验方法不能实现验证目的时，应当对相关情况进行评判，以确定是否采取替代的查验方法。

从不同来源获取的证据材料或者通过不同查验方式获取的证据材料，对同一事项所证明的结论不一致的，律师应当追加必要的程序，作进一步查证。

在律师从事证券法律业务时，委托人应当向其提供真实、完整的有关材料，不得拒绝、隐匿、谎报。律师发现委托人提供的材料有虚假记载、误导性陈述、重大遗漏，或者委托人有重大违法行为的，应当要求委托人纠正、补充；委托人拒不纠正、补充的，律师可以拒绝继续接受委托，同时应当按照规定向有关方面履行报告义务。

四、法律意见书与工作底稿

律师事务所及其指派的律师应按《律师证券业务管理办法》《执业规则》，进行尽职调查和审慎查验，对受托事项的合法性出具法律意见，并留存工作底稿。

（一）法律意见书

法律意见是律师事务所及其指派的律师针对委托人委托事项的合法性，出具的明确结论性意见，是委托人、投资者和证监会及其派出机构确认相关事项是否合法的重要依据。法律意见应当由律师在核查和验证所依据的文件资料内容的真实性、准确性、完整性的基础上，依据法律、行政法规及相关规定作出。

法律意见书应当列明相关材料、事实、具体核查和验证结果、国家有关规定和结论性意见。法律意见书发表的所有结论性意见，都应当对所查验事项是否合法合规、是否真实有效给予明确说明，并应当对结论性意见进行充分论证、分析。法律意见不得使用"基本符合""未发现"等含糊措辞。

有下列情形之一的，律师应当在法律意见中予以说明，并充分揭示其对相关事项的影响程度及风险：①委托人的全部或者部分事项不符合证监会的规定；②事实不清楚，材料不充分，不能全面反映委托人的情况；③核查和验证范围受到客观条件的限制，无法取得应有证据；④律师已要求委托人纠正、补充而委托人未予纠正、补充；⑤律师已依法履行勤勉尽责义务，仍不能对全部或者部分事项作出准确判断；⑥律师认为应当予以说明的其他情形。

律师从事规定的证券法律业务，其所出具的法律意见应当由2名执业律师和所在律师事务所负责人签名，加盖该律师事务所印章，并签署日期。

法律意见书随相关申请文件报送证监会及其派出机构后，律师事务所不得对法律意见书进行修改，但应当关注申请文件的修改和证监会及其派出机构的反馈意见。申请文件的修改和反馈意见对法律意见书有影响的，律师事务所应当按规定出具补充法律意见书。法律意见书等文件在报送证监会及其派出机构后，发生重大事项或者律师发现需要补充意见的，应当及时提出补充意见。

（二）工作底稿

工作底稿是判断律师是否勤勉尽责的重要证据。证监会及其派出机构可根据监管工作需要调阅、检查工作底稿。律师事务所应当完整保存在出具法律意见书过程中形成的工作记录，以及在工作中获取的所有文件、资料，及时制作工作底稿。律师应当归类整理核查和验证中形成的工作记录和获取的材料，并对法律意见书等文件中各具体意见所依据的事实、国家相关规定以及律师的分析判断作出说明，形成记录清晰的工作底稿。工作底稿应当内容真实、完整，记录清晰，标明目录索引和页码，由律师事务所指派的律师签名，并加盖律师事务所公章。工作底稿由出具法律意见的律师事务所保存，保存期限不得少于7年；证监会对保存期限另有规定的，从其规定。

五、监督管理与法律责任

律师、律师事务所从事证券法律业务有下列情形之一的，证监会及其派出机构可以采取责令改正、监管谈话、出具警示函等措施：①未按照《律师证券业务管理办法》的规定勤勉尽责，对所依据的文件资料内容的真实性、准确性、完整性进行核查和验证；②未按照《律师证券业务管理办法》的规定编制核查和验证计划；③未按照《律师证券业务管理办法》的规定要求委托人予以纠正、补充，或者履行报告义务；④未按照《律师证券业务管理办法》的规定在法律意见中作出说明；⑤未按照《律师证券业务管理办法》

的规定讨论复核法律意见；⑥未按照《律师证券业务管理办法》的规定履行告知义务；⑦法律意见的依据不适当或者不充分，法律分析有明显失误；⑧法律意见的结论不明确或者与核查和验证的结果不对应；⑨未按照《律师证券业务管理办法》的规定制作工作底稿；⑩未按照《律师证券业务管理办法》的规定保存工作底稿；⑪法律意见书不符合规定内容或者格式；⑫法律意见书等文件存在严重文字错误等文书质量问题；⑬违反业务规则的其他情形。

律师、律师事务所被证监会及其派出机构、司法行政机关立案调查或者责令整改的，在调查、整改期间，证监会及其派出机构暂不受理和审核该律师、律师事务所出具的法律意见书等文件。

律师事务所及其指派的律师从事证券法律业务，违反《证券法》和有关证券管理的行政法规应予行政处罚的，由证监会依法实施处罚；需要对律师事务所给予停业整顿处罚、对律师给予停止执业或者吊销律师执业证书处罚的，由司法行政机关依法实施处罚。

第四节　资产评估机构

一、资产评估机构的概念

广义的资产评估机构是指组织专业人员，依照国家有关规定和数据资料，按照特定的目的，遵循适当的原则、方法和计价标准，对资产价格进行评定估算的专门机构。本节所指的资产评估机构仅指证券法上的资产评估机构，即根据申请人的委托，对从事股票公开发行、上市交易的企业资产进行估值，企业资产包括企业的不动产、动产、无形资产、企业价值、资产损失或者其他经济权益及其他证券业务相关资产，并出具评估报告的专业服务机构。资产评估机构与财务顾问机构、资信评级机构、投资咨询机构在性质上相同，均为证券服务机构。

二、资产评估机构的特征

（一）提供服务专业化

资产评估的主要功能是资产评估机构及其评估人员为评估对象提供专业化的评定、估算并出具评估报告，这对资产评估机构和评估人员的专业水平具有较高要求。并且资产评估机构应对其出具的评估报告承担法律责任，根据《证券法》的规定，资产评估机构作为证券服务机构，如出具的评估报告存在虚假记载、误导性陈述或者重大遗漏，给他人造成损失的，除能证明自己没有过错外，应与委托人承担连带赔偿责任。

（二）资质确认法定化

资产评估机构资质的取得应通过法定途径，对此多部法律作了专门规定。例如，《资产评估法》第 16 条规定，设立评估机构，应当向工商行政管理部门申请办理登记，评估机构应当自领取营业执照之日起 30 日内向有关评估行政管理部门备案。《证券法》第 160条规定，从事其他证券服务业务，应当报国务院证券监督管理机构和国务院有关主管部门备案。《证券服务机构从事证券服务业务备案管理规定》第 6 条规定，为证券公司及其资产管理产品制作、出具资产评估报告，以及中国证监会和国务院有关主管部门规定的其他文件，应当按照本规定向中国证监会和国务院有关主管部门备案。

（三）评估服务有偿化

根据《资产评估法》第 15 条的规定，评估机构应当依法采用合伙或者公司形式，聘用评估专业人员开展评估业务。可见，作为证券服务机构的资产评估机构具有商主体属性，设立形式一般为公司或者合伙组织，其设立之初便存在盈利目的，资产评估机构提供资产评估服务有偿化是为实现盈利目的的一种方式。

三、资产评估机构的备案管理

资产评估机构从事证券业务时实行备案制，为资产评估机构从事证券服务业务备案，不代表对其从事证券服务业务执业能力的认可，但是，未依法备案的，需承担法律责任。2021 年 10 月 21 日，财政部与证监会联合印发了《资产评估机构从事证券服务业务备案办法》（以下简称《备案办法》）的通知，根据《备案办法》第 6 条规定，资产评估机构从事证券服务业务，应当向财政部、证监会备案，并保证备案材料和信息真实、准确、完整、及时。

具体而言，资产评估机构从事证券服务业务备案按照业务环节划分可分为首次从事证券服务业务备案、重大事项备案和年度备案三种类型。

（一）首次从事证券服务业务备案

资产评估机构首次从事证券服务业务，应当在订立委托合同之日（不含）起 10 个工作日内，报送下列材料：

（1）资产评估机构首次从事证券服务业务备案表；

（2）从事证券服务业务质量控制制度及执行情况说明；

（3）资产评估机构营业执照及从事资产评估业务的备案公告信息；

（4）截至备案上月末资产评估师及股东（合伙人）情况表；

（5）资产评估机构及其资产评估专业人员因执业行为涉嫌违法违规被立案调查，或者被司法机关侦查，以及近 3 年因执业行为受到刑事处罚、行政处罚、监督管理措施、自律监管措施、纪律处分的情况；

（6）上一年度财务报表审计报告；

（7）职业责任保险保单信息（如有）；

（8）财政部、证监会规定的其他材料。

资产评估机构首次从事证券服务业务的实际时间早于订立委托合同时间的，应当在实际从事证券服务业务之日起 10 个工作日内备案。

（二）重大事项备案

资产评估机构从事证券服务业务，发生下列重大事项的，应当进行备案：

（1）名称变更；

（2）法定代表人（执行合伙事务的合伙人）变更；

（3）合伙人或持有 5% 以上股份的股东变更；

（4）经营场所变更；

（5）组织形式变更；

（6）设立或撤销分支机构；

（7）质量控制负责人变更；

（8）与证券服务业务有关的质量控制制度发生重大变更；

（9）资产评估机构及其资产评估专业人员因执业行为涉嫌违法违规被立案调查，或者被司法机关侦查，以及因执业行为受到刑事处罚、行政处罚、监督管理措施、自律监管措施、纪律处分；

（10）资产评估机构及其资产评估专业人员因执业行为与委托人、投资者发生民事纠纷，进行诉讼或仲裁；

（11）财政部、证监会规定的其他重大事项。

资产评估机构发生上述第1~6项重大事项，应当按照规定在财政部门履行相关变更程序后10个工作日内进行证券服务业务重大事项备案；发生其他重大事项的，应当在该事项发生之日起10个工作日内进行证券服务业务重大事项备案。

（三）年度备案

资产评估机构从事证券服务业务，应当在每年4月30日前提交年度备案表。年度备案内容包括资产评估机构基本情况和经营情况、资产评估专业人员变动情况、从事证券服务业务质量控制制度执行情况和变动情况，以及财政部、证监会规定的其他事项。

资产评估机构连续一个自然年度未从事证券服务业务的，可以不进行重大事项备案和年度备案，但未进行重大事项备案和年度备案的资产评估机构，再次从事证券服务业务的，应当按首次从事证券服务业务备案的规定提交材料。资产评估机构应当在每年5月31日前按财政部、证监会规定的格式公开上一年度基本情况、诚信记录、执业情况等相关信息。

四、资产评估机构的业务范围

根据《资产评估法》第3条的规定，自然人、法人或者其他组织需要确定评估对象价值的，可以自愿委托评估机构评估。涉及国有资产或者公共利益等事项，法律、行政法规规定需要评估的，应当依法委托评估机构评估。

资产评估机构的业务包括法定评估业务与非法定评估业务。法定评估业务是指必须让资产评估机构进行评估的业务，具体包括国有资产交易、资本市场并购服务、政府资产估值以及其他涉及法律、行政法规规定的必须进行评估的事项等；非法定评估业务是指，只要资产评估服务需求方认可，可以自愿委托评估机构进行评估，而非必须让资产评估机构进行评估的业务。评估机构及其评估专业人员是否可以提供满足资产评估业务需求方需求的专业服务成为非法定评估业务未来发展的关键。

五、资产评估机构的活动原则

资产评估机构同其他证券服务机构一样，承担着证券法上的信息真实义务，在资产评估服务中应遵循以下原则：

（一）评估服务应保持独立、客观、公正

独立、客观、公正既是工作原则也是对专业评估人员的职业道德要求，资产评估结果和过程均应体现。其一，独立即资产评估机构应保持应有的职业谨慎，不为片面追求利益而受到外界干扰出具与事实不符的评估报告；其二，客观即资产评估机构应严格按照评估准则和程序，实事求是地出具评估报告，不出现对评估结论具有重要影响的实质性疏漏和错误；其三，公正即资产评估机构在整个资产评估服务中应严格遵守规则，保证出具评估报告的公正性。

根据《资产评估法》第4条的规定，评估机构及其评估专业人员开展业务应当遵守法律、行政法规和评估准则，遵循独立、客观、公正的原则；根据《资产评估基本准则》第 4 条的规定，资产评估机构及其资产评估专业人员开展资产评估业务应当遵守法律、行政法规的规定，坚持独立、客观、公正的原则。

（二）建立健全质量控制和内部管理制度

资产评估机构应当建立健全质量控制和内部管理制度，其中，内部管理制度包括资产评估业务管理制度、业务档案管理制度、人事管理制度、继续教育制度、财务管理制度等。资产评估机构建立健全质量控制有助于保证出具的评估报告的客观、真实、合理；建立健全内部管理制度是对机构的评估专业人员遵守职业道德、法律、行政法规和评估准则的情况进行监督以及理清资产评估机构与专业评估人员责任界限的客观要求。根据《资产评估法》第 50 条的规定，评估机构对于评估专业人员的违法行为造成的损失有先行赔偿责任，同时可以对故意或重大过失原因导致的赔偿向评估专业人员追偿。

（三）依法接受监督和检查

资产评估机构应当依法接受监督检查，如实提供评估档案以及相关情况。一方面，根据《资产评估法》第 17 条的规定，资产评估机构必须接受监督检查；另一方面，资产评估机构及其评估专业人员执业行为受法律保护，执业过程中符合规则的评估程序的实施亦受法律保护。这种监督检查既是资产评估机构依法必须履行的义务，又是资产评估机构客观、公正开展业务的保障。

六、资产评估机构的作用

资产评估机构所提供的资产评估服务，具有以下作用：

第一，资产评估机构能够正确判断资产价值量进而保障涉及经济各方的合法利益。资产评估机构以专业的评估方法提供评估服务，并且这种服务在行政监管、行业自律与自主管理的规范运行下，可以实现资产评估报告体现评估资产的真实价值量，为交易资产提供价值依据，使得经济各方能在资产价值真实基础上顺利开展交易活动。

第二，资产评估机构有效的规范资本运作、维护经济秩序。在证券市场上进行股票发行、上市公司资本经营及财务报告的披露，一般都应进行资产评估，资产评估机构为上市公司筹集资金、优化资源配置、调整产业结构提供了专业服务和支撑，其出具的资产评估报告是证券发行、上市的必备法律文件。例如，《证券法》第 17 条规定，申请公开发行公司债券，应当向国务院授权的部门或者国务院证券监督管理机构报送的文件中就包括资产评估报告。

第三，维护我国基本经济制度。我国是以公有制为主体、多种所有制经济共同发展为基本经济制度的社会主义国家，国有资产占有相当大的比重。随着国有企业改革的深化和多元化经济体制的发展，国有企业和非公有制企业之间的资产转让、并购、重组、股权交易比较频繁，资产评估机构的专业资产评估服务为防止国有资产流失，维护公共利益，保护各种所有制资本的合法权益具有重要作用。

七、资产评估机构的监督与管理

随着资产评估机构在市场上发挥的作用越来越重要，其多元化发展的需求随之强烈，服务过程中面对的经济行为也更加复杂，加强监管显得更为重要。当前，对资产评估机构的监督管理办法具体体现为以下两点：

（一）行政监管、行业自律与机构自主管理相结合

财政部门对资产评估行业的监督管理，实行行政监管、行业自律与机构自主管理相结合的原则。其中，资产评估协会作为资产评估机构和资产评估专业人员的自律性组织，接受有关财政部门的监督，不得损害国家利益和社会公共利益，不得损害会员的合法权益。依照法律、行政法规、《资产评估行业财政监督管理办法》和其协会章程的规定，中国资产评估协会负责全国资产评估行业的自律管理；地方资产评估协会负责本地区资产评估行业的自律管理。

（二）全国统筹监管与地方分层监管相结合

根据相关法律的规定，财政部负责统筹财政部门对全国资产评估行业的监督管理，制定有关监督管理办法和资产评估基本准则，指导和督促地方财政部门实施监督管理。财政部门对资产评估机构从事证券期货相关资产评估业务的监督管理，由财政部负责；各省、自治区、直辖市、计划单列市财政厅（局）负责对本行政区域内资产评估行业实施监督管理。省级财政部门负责本地区资产评估机构和分支机构的备案管理。

第五节　证券资信评级机构

一、证券资信评级机构概述

证券是收益机会与风险共存的商品，其风险评级和评估尤为重要。对证券的风险评估，可以在一定程度上维护证券市场的稳定，也可以为投资者提供较可靠的分析结果与信息。

证券资信评级机构是指对债券或者股票等金融产品作出投资者可能要承担的风险或者投资收益率等评估，进而为投资者提供参考性建议的机构。根据国际普遍实践，证券评级机构一般为独立、非官方机构。其既有别于行政机关等享有公权力的管理机关，也区别于有资格发行债券或者股票等的金融性公司。

证券信用评级机构的作用主要是监督各证券发行公司的发行行为，促使其切实承担起维护客户合法权益的责任。证券资信评级机构对评级结果的客观、公正和及时性负责，其要被市场认可并取得公信力，必须严格遵循独立、客观、公正原则。证券质量的评定对发行者、投资者和证券商都是十分重要的。这些资信评级机构评出的证券等级，较客观地反映了证券发行人及证券本身的资信程度，其业务活动本身就形成了对证券市场的一种监督。目前，许多国家有关当局都对不同级别的证券发行人在证券市场的活动范围作了不同的限制，取得最高等级的发行人一般可以较低成本发行证券，其发行的证券在市场上也较受欢迎。

二、证券资信评级机构的监管与法律责任

我国的证券资信评级机构是专门从事有价证券评级业务的机构，受中国证监会监督。《证券法》第160条第2款规定证券资信评级机构从事证券评级业务，应当报国务院证券监督管理机构和国务院有关主管部门备案。根据《证券市场资信评级业务管理暂行办法》第2条第2款的规定，证券评级业务，是指对下列评级对象开展资信评级服务：①中国证监会依法核准发行的债券、资产支持证券以及其他固定收益或者债务型结构性融资证券；②在证券交易所上市交易的债券、资产支持证券以及其他固定收益或者债务型结构性融资

证券，国债除外；③本款第 1、2 项规定的证券的发行人、上市公司、非上市公众公司、证券公司、证券投资基金管理公司；④中国证监会规定的其他评级对象。

监管体制方面，中国证监会及其派出机构依法对证券评级业务活动进行监督管理。中国证券业协会依法对证券评级业务活动进行自律管理。同时，证券评级机构内部也存在"内部合规程序"。证券评级效果的可信度很大程度上取决于评级机构内部运营程序的有效性。这一内部合规程序可理解为证券评级机构以及工作人员的经营管理和相关执业行为为需要符合法律法规和其内部制度约束。合规程序能保障合规管理效果，使证券评级机构制定执行的各项管理制度有效防范风险，为投资者提供较为准确的参考性信息和依据。《证券资信评级机构执业行为准则》第七章"合规检查"对此进行了详细规定。

《证券法》第 160、163、213 条规定了证券资信评级机构的法律责任包括：从事资产评估和其他证券服务的机构，应当勤勉尽责、恪尽职守，按照相关业务规则为证券的交易及相关活动提供服务；出具资产评估报告和资信评级报告等文件的机构，应当勤勉尽责，对所依据的文件资料内容的真实性、准确性、完整性进行核查和验证。其制作、出具的文件有虚假记载、误导性陈述或者重大遗漏，给他人造成损失的，应当与委托人承担连带赔偿责任，但是能够证明自己没有过错的除外。未勤勉尽责，制作、出具的文件有虚假记载、误导性陈述或者重大遗漏的，责令改正，没收业务收入，并处以业务收入 1 倍以上 10 倍以下的罚款，没有业务收入或者业务收入不足 50 万元的，处以 50 万元以上 500 万元以下的罚款；情节严重的，并处暂停或者禁止从事证券服务业务。对直接负责的主管人员和其他直接责任人员给予警告，并处以 20 万元以上 200 万元以下的罚款。

三、与日本证券信用评级立法的比较

15 – 1

第六节　信息技术系统服务机构

20 世纪 90 年代以来，电子技术和互联网应用引发证券交易的电子化趋势在世界主要证券市场相继呈现。1971 年，美国纳斯达克市场率先采用用于交易的电脑自动报价系统，交易效率明显提高；其后各国证券交易所普遍实现无纸化和电脑化，证券交易的竞价方式也由手工竞价过渡到电脑自动撮合。[1]我国上海证券交易所在成立之初就采用电脑交易系统，深圳证券交易所经过短暂的手写报价撮合后也转采用类似技术。[2]以证券公司为代表的机构在从事业务活动和风控合规管理中也采用计算机信息系统，并与交易所信息系统深度融合。

---

〔1〕　参见李响玲："试论电子化交易环境下的证券市场监管"，载黄红元、徐明主编：《证券法苑》（第八卷），法律出版社 2013 年版，第 316 页。

〔2〕　参见王海航："证券公司信息技术应用与发展"，载《金融电子化》2019 年第 10 期。

电子化交易带来了对电子化设备及其支持系统的依赖风险，也产生了对信息技术系统服务的监管需求，包括市场准入、技术标准、管理规范等方面。为规范相关信息系统建设和管理，中国证监会先后发布《证券经营机构营业部信息系统技术管理规范（试行）》（证监信字〔1998〕2号）、《〈证券经营机构营业部信息系统技术管理规范（试行）技术指引〉》（证监信息字〔1999〕18号）、《证券期货业信息安全保障管理暂行办法》（证监信息字〔2005〕5号），中国证券业协会发布《证券公司集中交易安全管理技术指引》（2006年）等规范性文件。

新《证券法》在证券服务机构中新增信息技术系统服务机构的规定，体现了数字经济的内容。[1]实践中，2012年《证券期货业信息安全保障管理办法》（证监会令第82号）和2018年《证券基金经营机构信息技术管理办法》（证监会令第152号，以下简称《管理办法》）是当前监管信息技术系统服务的主要法律规范。

一、信息技术系统服务机构的界定与服务范围

《证券法》未界定信息技术系统服务机构的概念，《证券投资基金法》（2015年修订）虽出现"信息技术系统服务机构"的表述，但也未作界定。《管理办法》中，信息技术服务机构指为证券基金业务活动提供信息技术服务的机构。有学者将证券信息技术系统服务机构定义为"为证券业务活动重要信息系统提供开发、集成、运维、测评等服务的机构"。[2]

《管理办法》中，信息技术服务的范围包括：①重要信息系统的开发、测试、集成及测评；②重要信息系统的运维及日常安全管理；③中国证监会规定的其他情形。

二、对信息技术系统服务机构的监管

新《证券法》规定信息技术系统服务机构从事证券服务业务的备案准入，并要求其勤勉尽责、恪尽职守，按照相关业务规则提供服务。对其监管的主要规则体现在《管理办法》中，包括：

1. 监管体制。证券经营机构是从事证券业务活动的责任主体，应保障充足的信息技术投入。中国证监会及其派出机构依法实施监管；中国证券业协会依《管理办法》制定完善相关自律规则，实施自律管理；中证信息技术服务有限责任公司在证监会指导下制定相关配套业务规则，协助开展信息技术相关备案、监测、检测和检查等工作。

2. 备案管理。证券基金经营机构应当选择符合下列条件并向中国证监会备案的信息技术服务机构开展合作：①近3年未因从事非法金融活动，违反金融监管部门有关规定展业，为非法金融活动提供信息发布服务等情形受到监管部门行政处罚或重大监管措施；②信息技术服务机构及其控股股东、实际控制人、实际控制人控制的其他信息技术服务机构最近1年内不存在证券期货重大违法违规记录；③具备安全、稳定的信息技术服务能力；④具备及时、高效的应急响应能力；⑤熟悉相关证券基金业务，具备持续评估信息技术产品及服务是否符合监管要求的能力；⑥中国证监会规定的其他情形。

3. 服务委托。证券基金经营机构委托信息技术服务机构提供服务，应对该机构及相关信息系统进行内部审查，并向中国证监会及其派出机构报送审查意见及相关资料。内部

---

〔1〕　参见邢会强："数字经济视角下的新《证券法》"，载《浙江工商大学学报》2020年第4期。

〔2〕　周友苏主编：《证券法新论》，法律出版社2020年版，第509页。

审查内容包括：①业务系统的流程设计、功能设置、参数配置和技术实现应当遵循业务合规的原则，不得违反法律法规及中国证监会的规定；②风险管理系统功能完备、权限清晰，能够与业务系统同步上线运行；③具备完善的信息安全防护措施，能够保障经营数据和客户信息的安全、完整；④具备符合要求的信息系统备份及运维管理能力，能够保障相关系统安全、平稳运行。

4. 信息技术服务机构为证券基金业务活动提供信息技术服务，不得有下列行为：①参与证券基金经营机构向客户提供业务服务的任何环节或向投资者、社会公众等发布可能引发其从事证券基金业务误解的信息；②截取、存储、转发和使用证券基金业务活动相关经营数据和客户信息；③在服务对象不知情的情况下，转委托第三方提供信息技术服务；④提供的产品或服务相关功能、操作流程、系统权限及参数配置违反现行法律法规；⑤无正当理由关闭系统接口或设置技术壁垒；⑥向社会公开发布信息安全漏洞、信息系统压力测试结果等网络安全信息或泄露未公开信息；⑦法律法规及中国证监会禁止的其他行为。

第七节　投资顾问机构与智能投资顾问

一、投资顾问的概念

根据证监会《证券投资顾问业务暂行规定》（以下简称《投顾规定》）对证券投资顾问行为的定义，我国证券投资顾问的主体限于证券公司、证券投资咨询公司；投资建议服务内容包括"投资的品种选择、投资组合以及理财规划建议"等。《投顾规定》调整的投资顾问行为具有以下特点：①行为是有偿的，范围包括直接获得经济利益，如佣金、服务费等；也包括利润的比例抽成。②针对证券或者证券相关的产品的投资建议。③顾问意见是辅助性的。《投顾规定》还要求客户作出投资决策并自担风险，投顾单位不得代客决策。换言之，我国的证券投顾业务仅仅是提供顾问意见，不允许证券投资顾问从事客户账户的全权委托管理。

根据美国 1940 年《投资顾问法》第 202 条（a）（11）的界定，投资顾问包括任何人有偿地为他人提供关于证券价值或者证券买卖的咨询意见；或者任何人作为其日常经营的一部分，有偿地发布有关证券的分析报告。这里的"人"（person）既指自然人也包括公司，但是这里排除了特定的机构和个人：美国国内银行和银行控股公司、存贷机构、联邦储蓄银行、外国银行以及其他信用组织。律师、会计师、工程师、教师仅仅在执业中附随性地（incidentally）提供咨询意见也不被认为是投资顾问。任何善意的正常发行渠道的报纸、新闻杂志或者商业、金融出版物的出版人也不被认为是投资顾问。该定义包括三个核心因素：①就证券价值、买卖提供建议。"证券"是广义的证券，指任何形式的投资工具，但排除由美国政府担保的或者指定财政部发行的证券。②获取报酬的日常业务经营行为。这里的报酬包括任何形式的经济利益。③该提供建议为日常经营行为，并不需要将咨询业务作为专门的主营业务，只要是在其业务范围内即可。

二、投资顾问和客户的法律关系

受客户委托为客户提供咨询意见的专业投资顾问和客户之间存在着信义关系，投资顾问对客户负有信义义务（FiduciaryDuty）。1963 年美国联邦最高院在 SEC v. Capital Gains Research Bureau, Inc 案中确定了投资顾问的信义义务。根据该案确定的规则，投资顾问应当审慎尽职地履行义务，将客户的利益置于自己的利益之前，并且有义务披露任何利益冲突的事项。所谓受托人（Fiduciary）指的是在信义关系中，为他人之利益而行事者。[1] 投资顾问的信义义务包括忠诚义务（DutyofLoyalty）和注意义务（DutyofCare）。由投资机构的信义义务衍生出了更加具体的投资者适当性义务和披露义务。

忠诚义务是信义义务的核心。我国《证券法》与证监会《投顾规定》均强调投顾单位忠实于客户利益。忠实义务要求受托人的行为必须是善意的（inGoodFaith），为了受益人的利益行事，避免自我交易或者披露任何利益冲突。[2]具体而言，在投资顾问关系中，投资顾问既是金融机构的员工，又是投资者的受托人，不同身份形成不同法律关系，而每种法律关系代表不同的价值或者利益取向，并且投资顾问也有个人利益，这些利益可能与投资者的根本利益冲突。而忠实义务的设定给予投资顾问在面对利益冲突时的取舍标准。投资顾问还可能面临着对某些投资者的披露义务与对其他投资者的保密义务之间的冲突，因此忠实义务要求投资顾问不得为任何委托人之利益泄露其他委托人之秘密。[3]

注意义务要求受托人以在同样的目标和情境中的谨慎投资顾问的标准行事，具有履行义务必需的合理的谨慎、技能和警惕。[4]注意义务更多的是对投资顾问的工作态度而非工作结果的强调。如果按照行业惯例、流程和敬业态度行事，即使投资失败，投资顾问也不需要承担责任。[5]

投资者适当性义务是受托人说明义务的延伸，[6]它要求将无法承受高风险的投资者提前隔离在高风险的产品之外。隔离义务由对投资者负有信义义务的金融机构和其从业人员予以履行。[7]金融产品的日益复杂性和投资者本身的异质化使将合适的产品卖给合适的投资者的义务成为必要，从而在监管层面衍生出金融机构的适当性义务。我国法律上规定了投资顾问的投资者适当性义务，以确保投资顾问把合格的产品销售给对风险有足够认知并有足够财力承受风险的投资者。

1963 年美国联邦最高院在 SEC v. CapitalGainsResearchBureau, Inc 案中认为，投资顾问的信义义务要求其"诚信、完全且充分公开所有重要事实"。[8]我国《投顾规定》第19 条规定："证券投资顾问向客户提供投资建议，应当提示潜在的投资风险，禁止以任何方式向客户承诺或者保证投资收益。鼓励证券投资顾问向客户说明与其投资建议不一致的观点，作为辅助客户评估投资风险的参考。"为什么投资顾问和客户之间的关系被定义为信义关系呢？

第一，投资顾问和客户之间形成个体化的关系：客户基于投资顾问的专业能力，对于其能够提供的服务产生了期待和依赖；投资顾问对客户的信息和财产产生控制。这种关系容

〔1〕 Mothew （t／aStapley&Co） v. Bristol&WestBuildingSociety ［1996］ EWCACiv. 533，［1998］ Ch. 1（24July1996），CourtofAppeal（EnglandandWales）.

〔2〕 UniformPrudentInvestorAct § 5.

〔3〕 甘培忠、周淳："证券投资顾问受信义务研究"，载《法律适用》2012 年 10 期。

〔4〕 刘正锋："美国信托法受托人谨慎义务研究"，载《当代法学》2003 年第 9 期。

〔5〕 甘培忠、周淳："证券投资顾问受信义务研究"，载《法律适用》2012 年 10 期。

〔6〕 王敏："证券推荐的适合性义务——从职业道德到法律责任"，载《环球法律评论》2010 年第 6 期。

〔7〕 邢会强："金融机构信义义务与适合性原则"，载《人大法律评论》2016 年第 3 期。

〔8〕 SecuritiesandExchangeCommissionv. CapitalGainsResearchBureau, Inc.，375U. S. 180（1963）.

易导致投资顾问渎职或者欺诈，致使对投资顾问适用更高的谨慎和忠诚要求成为必要。[1]

第二，投资顾问和客户之间的受托关系是因为专业关系（expertrelationship）而形成的，为的是平衡专业人员和客户之间的专业差距，这种差距使客户处于易受损害的不利地位。信义关系的本质就是要矫正这种不平衡，使得处于优势地位、被另一方依赖的当事人忠实地履行义务。

第三，这是合同不完全性下的事后规制手段。投资顾问在形成投资建议的过程中必须依靠非常个性化的因素，这些因素构成投资顾问的专业判断的基础，也决定了不同投资顾问之间的优劣差异。除了专业判断水平，直接影响投资顾问最后作出判断的是职业伦理水平，特别是在出现利益冲突时的利益衡量，这些个性化的因素都构成了事前合同难以控制的风险。因此需要事后的规制手段，信义义务就是事后规制手段。[2]

三、投资顾问的其他主要合规要求

第一，投资咨询机构必须获得监管部门的批准。由于金融本身的专业性和高风险性，金融业是严格实行许可制的行业。机构和个人从事金融业必须得到相关部门的批准，否则构成非法经营金融业务。从事投资咨询也是如此。我国《证券法》第 160 条规定证券投资咨询业务需要国务院证券监督管理机构核准。为了降低金融中介的道德风险，法律法规对金融中介的注册资本有严格的要求，如《证券、期货投资咨询管理暂行办法》第 6 条规定注册资金不得少于 100 万元。

第二，专业人员胜任性的要求。提供咨询服务的专业人员需要通过监管部门的执业能力测试，获得专门的执照，以保证其胜任性。证监会《投顾规定》第 7 条规定，证券投资顾问应当具有执业资格，并在中国证券业协会注册登记。金融机构的高级管理人员、董事、监事虽然不直接接触投资者和从事交易，但其对于直接从业人员有实质性的影响力，并管理金融机构的日常事务，因此，法律上对他们的任职资格一般都有要求，以保证其胜任性。

第三，投资咨询机构服务的范围和留痕的要求。《证券法》第 161 条禁止证券投资咨询机构及其从业人员"代理委托人从事证券投资"，这意味着代客投资仍不被允许。此外，《证券法》第 162 条强化了对于证券服务机构包括投资咨询机构留痕的要求。

四、智能投资顾问的概念、特征与法律关系

近年来，人工智能技术逐步应用于投资顾问业，催生了新的投资顾问行业，即智能投资顾问行业。智能投资顾问又称为机器人投资顾问（Robo – advisor）或者自动化投资顾问（automatedadvisor）。对于智能投资顾问，各国监管者从本国的实践出发，给出了不同的定义。美国 SEC 将智能投资顾问定义为利用创新技术通过在线的算法系统向客户提供资产管理意见的注册的投资顾问。[3]澳大利亚证券与投资委员会认为智能投资顾问是利用算法和技术代替自然人投资顾问来提供自动化的金融产品咨询意见。[4]我国证监会在2016 年 8 月给投资者的风险提示中将智能投资顾问定义为"网络虚拟人工智能产品，它

---

〔1〕　Lowev. SEC. , 472. U. S. 181. （1985）.

〔2〕　高丝敏："智能投资顾问模式中的主体识别和义务设定"，载《法学研究》2018 年第 5 期。

〔3〕　SEC, Investment Management Robo – Adviser Guidance （2017）, at1.

〔4〕　Australian Securitiesand Investments Commission，Regulatory Guide 255：Providing Digital Financial ProductAdviceto Retail Clients （August 2016）, RG 255. 1.

基于投资者自身的理财需求、资产状况、风险承受能力、风险偏好等因素，运用现代投资组合理论，通过算法搭建数据模型，利用人工智能技术和网络平台提供理财顾问服务"[1]虽然目前各国对智能投资顾问的定义各异，但是在其特征上还是有共识的：其一，智能投资顾问是为客户提供投资顾问服务的，从这点上讲投资顾问服务需要遵循的合规要求，对智能投资顾问也适用。其二，智能投资顾问代替了传统的人工投资顾问，利用了算法和互联网技术，来提供投资顾问服务。这使原本建立在自然人行为基础上的规制体系面临挑战。

智能投资顾问具有了某种程度的智能性，可以在没有人类直接干预的情况下自主地实施某些行为和执行某些任务，不需要人类或者其他机构的直接操控就可以执行指令，能够代理人类或者其他的中介为某些行为。[2]智能投资顾问并不是有意识的代理人（intention-alagents）。目前人工智能的发展阶段只是在增加人类的智能（Augmented Intelligence，简称 AI），而远没有到独立拥有智能的高度。因此，智能投资顾问不具有独立的法律主体地位。

从与投资者面对面开展业务的自然人投资顾问，到人机交互的智能投资顾问，投资顾问业务的法律关系发生了改变。此前金融机构中的自然人投资顾问与投资者接触，借此了解投资者需求之后才提供投资顾问服务。而在智能投资顾问模式下，咨询行为被算法开发机构前置化地预设到算法程序中，程序替代自然人接触投资者并完成咨询行为。这是智能投资顾问关系与传统投资顾问关系的典型区别。当投资者使用智能投资顾问代替自然人投资顾问时，原先以金融从业者为规制对象的法律体系面临着适用的困境。由此，如何将以自然人为规制对象的法律体系在智能投资顾问语境中进行重构是法律需要重新回答的问题。智能投资顾问一般由第三方机构或者金融机构的技术部门开发，其核心是包含匹配顾客特征和市场产品特征的算法。[3]顾问和投资服务被前置化地预设到算法程序中，而这是传统的投资顾问关系所没有的，属于典型的金融行为技术化的过程。如何规制这部分关系，是法律需要应对的另一个挑战。[4]

五、对智能投资顾问的法律规制

我国智能投资顾问行业一开始是以荐股软件的形式出现的。2012 年证监会颁行《关于加强对利用"荐股软件"从事证券投资咨询业务监管的暂行规定》（以下简称《荐股软件规定》），销售或者提供荐股软件明确被认定为从事证券投资咨询业务，应当经证监会许可，取得证券投资咨询业务资格。[5]关于证券投资咨询机构义务的规定，同样适用于荐股软件相关业务，[6]但《荐股软件规定》非常简略，仅仅是准用性的规定。

---

[1] "警惕'智能投顾'，非法投资咨询陷阱"，载中国证监会网站：http://www.csrc.gov.cn/pub/shanxidong/ztzl/djffzqhd/201608/t20160801_301505.htm，访问日期：2021 年 5 月 30 日。

[2] 高丝敏："智能投资顾问模式中的主体识别和义务设定"，载《法学研究》2018 年第 5 期。

[3] 算法指的是计算机如何完成特定任务的一系列指令的总称，其包含计算、处理和推理。Robyn Caplan, Joan Donovan, Lauren Hanson, & Jeanna Matthews, "Algorithmic Accountability：APrimer", Data *Society Working Paper*, April 18th, 2018, p. 2.

[4] 高丝敏："智能投资顾问模式中的主体识别和义务设定"，载《法学研究》2018 年第 5 期。

[5] 《荐股软件规定》（证监会公告〔2012〕40 号）第 2 条。

[6] 《荐股软件规定》（证监会公告〔2012〕40 号）第 4 条。

　　2018 年中国人民银行联合其他金融业监管者颁布《关于规范金融机构资产管理业务的指导意见》（以下简称《资管意见》），对于应用智能投资顾问开展资产管理业务的资质作了原则性的规定。应用人工智能开展资产管理业务并不使该业务脱离金融监管的范畴，《资管意见》将胜任性的要求、投资者适当性和披露要求穿透到算法层面，将主体责任穿透到金融机构。利用人工智能开展资产管理业务面临的新问题是，算法的同质性容易引发系统风险。《资管意见》要求金融机构"避免算法同质化加剧投资行为的顺周期性，并针对由此可能引发的市场波动风险制定应对预案"，并且"因算法同质化、编程设计错误、对数据利用深度不够等人工智能算法模型缺陷或者系统异常，导致羊群效应、影响金融市场稳定运行的"，金融机构有义务采取人工干预，消除风险。《资管意见》的内容在整体上仍以原则性的意见为主，对于主体识别和义务内容没有详细的规定，尤其对于算法开发和维护的责任人没有规定。

　　从域外的经验来看，对智能投资顾问的法律规制有如下的趋势，我国未来立法中可以加以参考：其一，智能投资顾问也要满足注册和投资顾问其他的合规要求，即避免通过使用智能投资顾问逃避金融监管。其二，在智能投资顾问没有主体地位的情况下，赋予运营机构信义义务和监督并保证人工智能提供适格服务的义务。其三，对于智能投资顾问的技术开发机构和人员也应当有一定的规制，如要求参与其中的技术人员完成基本的系统风险和职业伦理的培训等。其四，重构投资顾问语境下信义义务的内容，重点在于通过忠诚义务的设定避免算法中包含损害投资者利益的设置；通过谨慎义务的设定保证智能投资顾问所提供的服务相当于谨慎的自然人投资顾问所能提供的服务。其五，算法语境下的合规义务重点仍然在于保证智能投资顾问的胜任性、履行投资者适当性义务，并且通过许可和注册的要求预先设定进入市场的门槛和掌握被监管者的信息。而算法下的合规义务的设定难点，在于算法的披露必须足以达到帮助监管者判断被监管者是否达到要求的程度。

■ **前沿问题**

15-2　关于证券服务机构的义务与责任及其评价

■ **思考题**

1. 《证券法》规定证券服务机构的主要义务有哪些？
2. 会计师事务所承担证券民事赔偿责任的主观要件有哪些类型和情形？
3. 简述律师事务所从事证券业务出具法律意见的基本要求。
4. 简述资产评估机构从事证券业务活动的基本原则。
5. 证券评级业务针对不同评级对象开展资信评级服务的类别有哪些？
6. 信息技术服务机构为证券基金业务活动提供信息技术服务活动，不得从事哪些行为？
7. 借鉴域外经验，我国今后对智能投资顾问的法律规制可以有哪些重点？

第五编　证券监管法律制度

第十六章　证券监管法律制度概述

■ **学习目的和要求**

　　证券监管法律制度是证券法的重要组成部分，就监管权的类型而言，包括政府监管机构行使的政府监管权和证券业协会、证券交易所等自律监管机构行使的自律监管权；就监管的制度内容而言，包括监管的主体、监管的内容、监管的目标和原则等，其核心是监管体制的选择和运行方式，即证券监管机构的权限配置、行使及其制衡。

　　学习本章，应掌握证券监管的概念、目标和原则，有关证券监管的主要理论和证券监管的不同模式，并应当关注全球证券监管的发展新动向。

第一节　证券监管的概念、特征及其基本内容

一、证券监管的概念

　　金融是现代经济的核心，以证券市场为主体的资本市场构成了金融市场的重要组成部分，其在市场经济的发展和日趋成熟过程中发挥着举足轻重的作用。为了更好地发挥证券市场的投融资功能、市场定价功能和资源配置功能，各主要证券市场所在的国家和地区都十分重视证券市场的管理，通过强制信息披露、打击欺诈行为等方式来保护投资者的合法权益，这就是通常所说的证券监管。

　　从广义上说，证券监管指国家的立法机关、司法机关、行政机关乃至行业自律组织对证券市场的参与者及其行为所实施的直接监管和间接监管。此概念反映出监管主体的多样性、监管内容的广泛性、监管方式的灵活性，但失之过宽，不利于监管架构的高效运行和监管职责的统一行使。

　　从狭义上说，证券监管则是指行政机关依照证券法律、法规对证券的发行、上市、交易及相关活动进行的监督与管理。此概念把监管主体界定为国家行政机关，反映出监管主体的唯一性、监管内容的明确化、监管方式的固定化，但界定过于狭窄，难以适应证券市场的复杂性和快速变化的实际需要。

　　基于以上分析，我们认为，所谓证券监管，是指法定监管组织依据法律和规则，对证券市场的主体及其行为施加影响，旨在维护证券市场的秩序和效率，进而保护投资者合法

权益的活动。

二、证券监管的特征

通过对证券监管概念的分析，我们可以概括出其具有以下特征：

1. 监管主体的特定性。尽管证券监管有不同的模式，但各种模式下的监管主体，无论是依法设立的法定机构，还是依法或者依证券行业自律管理规则成立的证券业协会和证券交易所，这些主体均是明确而特定的，而不是随意设立或自封为证券监管的主体。证券市场的创新发展中，会出现新的履行证券监管职责的机构或组织，但需经由相关制度和规则加以确认。

2. 监管行为的合法合规性。证券市场作为市场经济的高级发展形式，其运行对规则具有高度的依赖性，不仅要求市场参与者的行为合法合规，市场监管者的行为也应如此。监管者要严格依照规定的权限和程序履行监管职责。

3. 监管实施对象的广泛性。证券监管的实施对象是证券的发行、交易活动和参与证券市场活动的主体。证券的发行和交易是一种十分复杂的融资活动，它涉及面广、内容复杂、影响广泛。因此，各国都对证券的发行和交易实施程度不同的监管。对证券发行的监管，主要通过证券发行审核制度和证券发行信息披露制度来实现；而对证券交易，则主要是通过证券上市制度和上市公司信息持续性披露制度来实施监管。同时还采取诸如禁止操纵市场、禁止内幕交易和禁止欺诈客户等禁止性行为来实施对证券发行和交易的监管。

证券监管的另一类监管对象是参与证券市场活动的主体，这些主体主要包括证券发行主体、证券交易主体、证券投资主体和证券中介服务机构等。

4. 监管目标的明确性。证券监管的目的必须符合证券法的宗旨，即保护证券投资者尤其是中小投资者的合法权益，服务实体经济，支持创业创新，维护证券市场的稳定、有序和健康发展。

三、证券监管的必要性

在证券市场上，证券监管是政府干预经济运行的重要体现。20 世纪以来证券市场的管理实践证明，证券市场与传统市场相比，在市场失灵等方面更加敏感，影响范围也相对更大，危害更为严重，许多国家和地区愈发强调政府监管的重要性，陆续介入证券市场，行使管理职能。证券监管的必要性可以概括为：

（一）克服证券市场信息不对称所产生弊端的需要

信息不对称是证券市场的典型特征。证券信息使用者与提供者之间，如发行人与投资者之间、证券经营机构与客户之间、证券交易所与投资者之间以及证券监管部门与其他市场参与者之间存在获取信息的不平等性，最突出的是证券发行人与投资者之间的信息不对称，这是证券市场的特有问题。由于交易双方有信息优劣的差异，如内幕人员对公司的状况较外部人员具有优势，证券经营机构相对于一般投资者更能掌握证券市场的最新动态。信息优势的一方可轻易获利而一般投资者会因此受损，甚至认为游戏规则不公平而退出市场，中小投资者面临较大的投资风险。同时，由于投资者对证券市场上足以影响价格的客观事实缺乏了解或者披露义务人故意隐瞒事实真相、掩盖真实信息甚至提供虚假信息，造成证券信息的不完全性。此外，搜集和处理信息的高昂成本以及搭便车现象，使得即使主观上愿意开发信息资源的市场主体也失去其积极性，从而导致证券市场信息供给不足。证券市场信息是证券市场投资人投资决策的依据，为缓和并改变这种不对称分布，保护处于劣势的市场参与者的合法权益，通过对证券市场进行信息披露的监管来实现市场参与者的地位平等和机会均等，进而实现公平和正义的价值目标就成为必然选择。

（二）解决证券市场外部性问题的需要

外部性问题是指某些经济主体在其生产、消费过程中不以市场为媒介对其他经济主体产生的附加效应。外部性问题最重要的后果是对资源配置产生不利的影响。外部性效应出现时，市场对于资源的配置是缺乏效率的。证券市场外部性问题表现为：证券活动会对其他市场主体和社会整体造成不利影响，而该证券活动的主体并未就该活动对其他市场造成的不利影响承担相应的责任。尤为关键的是，证券市场处于国民经济的核心，涉及面非常广泛，一旦证券市场出现问题，整个社会都会有连锁反应。例如，证券公司的破产倒闭将可能影响整个交易环节的正常运行，其连锁反应可能引起整个证券市场及金融市场的危机，对金融体系和整个国家经济造成显著的外部负面影响。由于外部性问题也无法通过市场机制的自由交换得以消除，因此，需要一种市场以外的力量介入来限制证券市场体系负面的外部影响。

（三）控制证券市场风险的需要

证券市场参与者众多，投机性强、敏感度高，是一个高风险的市场。而证券市场的风险具有突发性强、影响面广、传导速度快的特点，具有一般市场所没有的、由市场特性和市场结构所决定的内生的不稳定性：首先，过度投机是证券市场多见的现象，也是高风险的体现。由于证券交易的内在特殊性，投机行为在相当程度上根源于并不一定理性的心理预期，同时又伴有一般商品市场难以比拟的强烈示范效应，由此引起的连锁反应常常导致证券市场价格扭曲，出现暴涨暴跌，价格信号失真，进而抑制资源的有效配置，并且在相当长的一段时期内无法恢复到均衡水平。现代证券市场的交易大规模、高速度则极大地增加了这种风险。其次，证券市场容易为少数人所操纵。证券市场是信息经济的重要场所，信息的全面、及时、有效对于证券而言即意味着价值。但是，信息不对称和不完全是证券市场自身的缺陷。少数人利用预先获得的信息进行内幕交易或操纵市场，从中牟取暴利，而广大的中小投资者虽人数众多，但较为分散，很难协调一致对抗少数人的市场操纵。最后，虚拟化的证券市场进一步加大了风险。与以实物交易为主的传统商品市场不同的是，证券市场建立在信用制度的基础之上，其交易品种是虚拟的，因此，理论上，证券市场的交易量可以无限放大，并且随着高科技在证券业的广泛应用，这些交易可在瞬间完成。巨大的交易规模和迅速完成的交易本身就蕴藏很大的风险。因此，证券市场的自身特性亟须政府通过干预来抑制过度投机、制止市场操纵、减少系统性风险，以使市场保持相对稳定。

四、证券监管法律制度的基本内容

证券监管主体对证券市场参与者及其业务行为实施监督与管理的一系列规范构成证券监管法律制度，涵盖证券监管的目标和原则、证券监管体制、证券监管机构的职责权限以及证券监管的国际合作等内容。主要包括四方面的内容：监管主体、监管目标、监管对象和监管方式。

（一）监管主体

监管主体，即由谁监管。在一国和地区中，往往有专门的机构负责对证券市场的监管。例如，美国是证券交易委员会（SEC），我国香港地区是证券及期货事务监察委员会

（SFC），我国内地则是中国证券监督管理委员会（CSRC）。每一个监管机构作为监管规则的制定者和实施者，都拥有自己特定的思维倾向，都会在其监管理念指导下开展监管活动。证券监管理念直接决定证券监管的方式，在证券制度上会得到充分的体现，并且监管主体在制定法律法规的同时也确立了监管的模式。各国监管理念的差异决定监管模式的不同，具体的监管模式也体现了各自的监管理念。

（二）监管目标

监管目标，即为何监管。明确的目标是监管得以开展的前提。一般对证券市场监管的目标主要是两个方面：①保护投资者的合法权益；②维护市场系统的稳定、有序和效率。监管理念和监管目标常常被等同看待。在通常意义上，监管的目标和监管理念十分相似，通用也不会引起歧义或曲解。当然，在我们上面的论述中提到，理念是一种思想、一种精神，更具有抽象意义，而目标则往往指实现的具体内容和预期达到的效果。因此，我们也应当认识到，监管理念和监管目标其实不是同一层面的用语。监管理念指引监管目标的制定，监管目标是监管理念在监管活动中的具体表现。

（三）监管对象

监管对象，即监管什么。证券监管的对象主要包含以下两方面：①证券市场参与者。包括发行人及上市公司、投资者、证券交易所，证券公司、证券登记结算机构、证券服务机构（包括证券投资咨询机构、资信评估机构），以及为证券的发行、上市或者证券交易提供服务的法律服务机构、审计服务机构和评估服务机构等。②证券市场发生的行为和活动。包括证券发行、上市、交易、退市、信息披露、收购等。证券参与者在证券市场所实施的行为及开展的活动都应当是监管的对象。监管理念是监管主体对整个监管活动的认识和安排。监管对象就是依据监管理念来确定的。证券监管对象中的市场参与者虽然也会因证券监管理念的影响而受到不同程度的关注，但是往往相对固定。对于证券市场发生的行为和活动而言，不同的监管理念却可能决定它们能否成为监管的对象。

（四）监管方式

监管方式，即如何监管。主要包括三个方面：①监管制度的建立和完善。证券监管制度主要以两种形式存在，即具有强制约束力的法律法规和行业的自我约束规则。②监管职责和监管的权限及其行使的方式。③采取监管的具体手段，法律手段和行政手段是证券监管中的常用方式。

第二节　证券监管的理论解析

证券市场是社会经济发展的实证产物，而非逻辑推演的结果。证券法律制度作为上层建筑的组成部分，是为服务于经济基础、辅助证券市场经济功能的实现而存在的，是经济政策法律化的反映。在此过程中，法学理论、经济学理论均对证券法律制度产生了较大影响。

理论上对证券监管的解释经历了从无到有、由浅入深的发展，在此简要介绍公共利益理论、俘虏论、监管经济学理论、法律不完备理论和私法变迁理论及其对完善证券监管法制的影响。

一、公共利益理论与证券监管

20 世纪二三十年代的经济危机使人们开始重视市场与政府的关系，经济学家提出了市场失灵理论予以解释，该理论认为，由于市场不完全性的存在，市场失灵不可避免。为了减少市场失灵的影响，需要政府进行干预，以监管者的角色来弥补市场的缺失。证券市场同样存在由垄断、外部性、产品的公共性、信息的不完整性、过度竞争所带来的不稳定性以及分配的不公平所造成的市场失灵，其结果是导致证券产品和证券服务价格信息的扭曲，引发社会资金配置的效率下降，所以社会必须通过一定的手段避免、消除或部分消除由证券市场机制本身所引起的证券产品和服务价格信息扭曲，以实现社会资金的有效配置。其中一个重要的手段就是对容易产生上述现象的活动和行为实施监管。

公共利益理论是从市场失灵论派生而出，并在很长一段时间内成为统领监管实践的重要理论。该理论认为，政府是公共利益的代表，追求专一的监管目标，能够提高资源配置效率，通过监管增进社会福利。政府制定监管规则，目的是控制企业垄断价格和消费者滥用权利，内容包括准入控制、价格限制、确定服务条件和质量等。该理论假定政府具有理性，监管结果会实现帕累托改进。

公共利益理论有两个基本假设：①市场单独运行会缺乏效率；②政府干预可以提高市场运行效率。它的核心逻辑是市场失灵产生了监管需求，监管供给消除市场失灵，提高了市场资源配置的效率。该理论对监管存在的理由、可能的监管范围和监管的总体目标给出了合理的解释，但有两个缺陷：①因为监管是通过立法行为和监管机构的行为来实现的，而该理论显然缺失了这个研究环节，没有对监管者进行分析，没有剖析公众如何使潜在的监管需求转化为监管现实的机制，因此它不能解释为什么会出现监管者背离初衷而与被监管者形成相互依赖关系的现象。②它对证券市场失灵机理的认识并不十分清晰，无法解释市场主体有限理性等问题，无法真正解决监管效率问题。

该理论对法律制度的影响是：既然政府监管能够纠正市场失灵，于是哪里有市场失灵，哪里就应该实施相应的政府干预；既然市场失灵不可避免，那么政府监管也就没有边际。管制过度在很大程度上是受该理论的影响。

二、俘虏论与证券监管

俘虏论是继公共利益论后形成的又一个关于监管的理论。该理论最初从一些案例出发展开研究，把注意力从研究市场失灵转向决策过程，尤其是公共政策的制定过程。它从利益集团对监管的影响来分析监管。该理论认为，监管者或者政策制定者的目标不一定是社会福利最大化，而可能是自身利益最大化。有观点认为，"有理由相信，监管在限制垄断权力方面已经变得越来越没有效率，监管机构往往被某些行业巨头所俘虏，成为他们的总管家，他们的监管行为将严重地损害正常合理的资源配置，导致行业和部门之间投资以及其他要素的不合理搭配"。也就是说，随着时间的推移，监管机构会越来越为监管对象所支配，监管者会越来越迁就被监管者的利益，而不是保护所谓的"公共利益"。

俘虏论从监管机构本身的行为出发，比较完整地论述了其产生和发展的整个过程，其积极意义在于将人们的注意力从以往的仅仅从经济学理论出发对监管进行研究，转向对监管者实际行为和动机的考察，说明了究竟是什么原因导致了对监管的需求。缺陷在于俘虏理论的论证欠缺规范性和完整性，缺乏理论生命力。它不能说明为什么监管者会背离初衷而与被监管者形成相互依赖的关系，更不能说明为什么只有被监管者才是唯一能够对监管机构施加影响的利益集团。

俘虏论对证券监管的启示是：一方面监管机构可能会成为个别利益集团的守护神，而不再是社会福利的保护神，这样政府监管在一定程度上就会失去存在的必要性；另一方面，既然监管机构也会有失公允，就需要加强对执法者的监督，建立监管的激励和约束机制。

三、监管经济学理论与证券监管

随着监管理论研究的深化，监管经济学理论随后出现。美国经济学家斯蒂格勒发表《经济管制论》等一系列文章，奠定了监管经济学的理论基础。斯蒂格勒的分析有三个假设：①国家是强制权的基本源泉，它能够改善利益集团的处境；②与散户投资者相比，利益集团有更多的激励来影响监管者；③监管当局是理性的，会选择效用最大化的行为。监管经济学把监管看成一种商品，这种商品的分配受供求关系的支配。利益集团为了通过国家权力增加自身的收益，产生了监管需求。正如斯蒂格勒所说，"政治体制是实现社会成员愿望的合适的工具"，"监管只是政治家用来向某些利益集团进行收入再分配的一种工具"，同时"如果这些利益集团反过来能够向政治家提供选票和其他好处，那么，政治家就可以通过监管向他们输送经济上的好处"，产生监管供给。"因此，这是一桩买卖，导致监管这种商品产生的供求关系完全可以用经济学的原理解释。"

为了分析监管供求均衡的特性，持此理论的学者假设立法者选择政策的目的是使其政治支持最大化。他们发现均衡结果往往是立法者宁愿选择相对较小的利益集团。因为从政治支持力度看，同样的倾斜，大的利益集团的人均收益较低，政治支持的强度就会较弱，为了使人均收益水平提高，利益集团就应该小一些。相反，从政治反对力度看，同样的损害，大的利益集团的人均损害较低，反对的强度也就会降低。综合起来，选择相对较小的利益集团，会获得较大的政治支持、较小的政治反抗。例如，生产者相对于消费者常常是较小的利益集团，有可能得到更大的政策支持力度。

监管经济学理论是在公共利益论和俘虏论的基础上发展起来的一种新的监管理论，它保留了公共利益理论关于市场失灵的假设，同时，也利用了俘虏论关于监管需求原因的观点。它将经济学中的供求理论引入监管，论述了监管的供给是如何产生的，监管的供给与需求之间又是如何相互作用的。它可以解释哪些人可以通过监管获得好处，哪些人将承担监管的成本，监管将以何种形式实施，以及监管对资源配置的影响。监管经济学理论认为既然市场机制会产生失灵，而监管不过是市场中由政府提供的产品，它也是通过市场机制发挥作用的，不可避免地也会失灵，其中主要的失灵就是监管所带来的高额成本和对竞争条件的破坏，这种失灵被称为"政府失灵"。由于政府失灵的存在，就不可能解决所有因市场失灵产生的问题。所以，监管并非可以发挥无所不能的作用。

监管经济学理论解释了监管为什么会向生产者倾斜的问题，并预示了四种政策倾向：①由于受消费者的影响，价格政策不会设定在产业利润最大化的水平，而是在该水平之下。②监管最有可能发生在相对竞争或相对垄断的产业部门，因为在这些产业部门中，监管会产生最大影响。③市场失灵的存在使得监管更有可能，因为市场失灵领域的监管会增加社会福利，一些利益集团获取的收益相对而言比其他利益集团的损失要大。④监管不过是市场中由政府提供的一种产品，也是通过市场机制发挥作用。它不可避免地会失灵，即"政府失灵"，其结果是，监管并不是一种简单、便宜和包治百病的万用良药。所以，从法律的角度观察，证券监管制度及其实施建立在市场需求的基础之上，并与市场的需求达到平衡时，才是低成本的；由于平衡受市场失灵和政府失灵的影响，监管的作用不应被扩大到无所不能的地步。

四、法律不完备理论与证券监管

法律经济学新近的研究提出"法律的不完备性"假设：法律不可能穷尽世间万物的规则，人们可能认为某些行为不会受到法律约束，即"阻吓不够"；如果立法机关"一刀切"地禁止所有行为，又会带来"阻吓过度"。法律不完备理论的代表性观点认为：由于法律的不完备性，设计最优的法律是不可能的。在法律不完备的情况下，仅仅依靠法院的被动执法，就会导致对违法行为的阻吓不足或者阻吓过度，进而可能导致以下两种结果：人们或者利用法律的不完备性钻法律的空子，弱化法律的应有作用；或者一旦出现违法行为，就采取非常严厉的立法和执法措施，遏制金融市场的创新和发展。因此，引入金融监管机构以主动方式执法可以改进法律的效果，弥补法律的不完备之处。

法律不完备性理论论证了证券监管的必要性，认为证券监管是市场行为与法院执法之间的一种过渡和缓冲，可以防止法院对市场行为的管理不足或立法对市场行为的限制过度。这是对证券监管必要性的进一步充实。该理论还对监管者的执法与法院的执法作了区分：强调法院的执法是被动执法，而监管者的执法则往往是主动执法。单单依靠被动执法是不够的，不足以保证金融市场的稳定健康发展。引入主动执法作为被动执法的补充，有助于执法的真正贯彻，并提高执法的效率，从而促进金融市场的发展。主动执法有助于提高效率，同时，也保证了法院的中立。通过监管者的主动执法，一方面可以有效地减少风险，防止风险累积而导致大的金融危机的爆发；另一方面，可以使法院从大量的琐碎事务中脱离，从而侧重于对监管者的行为进行法律监督，更能体现法院的中立。

需要指出的是，证券监管者对保障市场秩序和市场主体的平等权利至关重要，是整个监管体系的核心部分；而法院是保证公正的有效救济手段，市场行为和监管行为的合法性及公正性都将留待法院来解决。监管强调效率，是市场发展的要求；法院保障公平，是市场赖以生存的根本。在证券监管中，单单依靠行政监管的力量是远远不够的，法院的力量应当受到充分的重视，法院才是证券监管的最后一道防线。

五、私法变迁理论与证券监管

在研究私法与公法关系的过程中，有研究者在私法和公法二分已经达成共识的前提下，以证券市场的发生与发展为背景，更为细致地讨论私法所发生的变化、公法对私法目的实现的影响等问题，进而提出证券化背景下的私法变迁理论。该理论认为：证券市场的发生、发展不仅是一种经济的动态发展过程，更是一个法律完善发展和变迁的过程。从法律制度层面上看，这一过程是一个私法应证券化法治理念要求而发生变迁的过程；从法制实践层面上看，则是一个证券投资者在私法中享有的权利如何转化为现实的权利并获得有效保护的过程。对投资者私权的保护，可以从三个途径得以实现：①通过私法确认投资者的财产权利神圣和意思自由，使投资者能够以己之力实现权利，追求财富价值；②借公法介入私法，以公法执行私法，为权利运行提供公平、高效的市场平台和市场秩序以及司法救济，并适度地限制私权的滥用，使私法主体自由、高效又负责任地行使权利；③经由私法主体的结社活动，通过自律达到维护行业利益的直接目的，制约证券经纪商等强势市场中介对投资者权益的侵害，并促使其以专业化的品格为投资者提供优质金融服务，实现私法领域内的有效自治。第三种途径在证券市场的实践中体现为：政府管制退半步，市场参与者的自由退半步，使对立的双方在自律上找到契合点，实现统一；政府与企业之间实现有妥协、有节制的管制和有组织、有自律的自治。共同维护公开、有序、高效的证券市场，维护证券投资者和其他市场参与者的合法权益。

私法随证券市场的发生、发展而发生变迁的诸观点，对我们探讨证券监管的启示是：证券市场发展进程中，私法的理念、制度、方法的变迁，既是推进证券化发展的客观需要，也是保护证券投资者私权的必然选择。而对投资者私权的有效保护，又是增强证券市场的吸引力、提高证券化效率的重要前提。私法制度的变革和衍生，其目的则是保障私法主体更加自由地行使私权，扩大私权的空间，优化私权的内容。证券市场的社会化、高风险、流动性等特征，构成公法介入的缘由，但公法介入的目的不是单纯地限制，而是更好地保障私权。私法与公法的均衡调整是证券市场顺利发展的制度基础。但如果公法介入本应由私法调整的区域，出现监管过度问题，不仅会影响证券市场的效率，压制证券业的成长，而且以保护投资者名义进行的管制，其结果反而不利于投资者私权的保护。为消除其危害，通过自律对管制过度进行矫正是可取之策。

第三节　证券监管的目标

证券监管目标是指证券监管机构对证券市场实施监督管理所要达到的宏观或具体的目的。证券立法通常对证券监管目标予以明确规定，用以指导证券监管实践。

一、主要国家和地区证券监管目标的立法例

立法文本多以立法宗旨的形式对证券监管目标进行规定，并以此作为贯穿立法和执法始终的指导思想。

美国1933年《证券法》第2节（b）规定："无论何时，当联邦证券委员会进行立法或判断一个行为是否必需或者符合公共利益时，它除了考虑保护投资者以外，还要考虑该行为是否有利于促进效率、竞争和资本的形成。"其1934年《证券交易法》第2节则指出：监管的必要性在于"清除障碍，完善国家证券市场制度和证券交易的交割清算制度"，以及"保护州际商业、国家信用、联邦征税权和国家银行系统和联邦储备系统的有效"和"维护市场的公平和诚实"。

英国2000年《金融服务与金融市场法》规定，金融服务管理局的目标是：提高市场信心、提高公众意识、保护消费者、减少金融犯罪。德国《有价证券交易法》第4条把监管者的任务界定为："制止有损于规范实施有价证券交易、有价证券服务或者可能严重损害有价证券市场的弊端。""联邦证券监督局只为公共利益而行使本法指派给它的任何任务和职权。"日本《证券交易法》第1条则称："本法乃以促进国民经济的正常运转及保护投资者，使有价证券的买卖以及其他的交易公正进行，并使有价证券顺利流通为目的。"

我国香港特别行政区《证券及期货条例》第4条将监管目标表述为：①维持和促进证券期货业的公平性、效率、竞争力、透明度及秩序；②提高公众对证券期货业的运作及功能的了解；③向投资于或持有金融产品的公众提供保障；④尽量减少在证券期货业内的犯罪行为及失当行为；⑤减低在证券期货业内的系统风险；⑥采取与证券期货业有关的适

当步骤，以协助财政司司长维持香港在金融方面的稳定性。我国台湾地区的"证券交易法"则把立法宗旨表述为：发展国民经济并保障投资。

二、证监会国际组织确立的证券监管目标

证监会国际组织（International Organization of Securities Commissions，简称 IOSCO）是国际各证券及期货管理机构所组成的国际合作组织，总部设在西班牙马德里。该组织正式成立于 1983 年，其前身是成立于 1974 年的证监会美洲协会。目前共有 150 多个成员机构。我国于 1995 年的巴黎年会加入了该组织，成为正式会员。证监会国际组织（IOSCO）是国际证券市场监管机构最重要的组织，其章程的序言规定：证券监管机构决议共同合作，确保从国内市场和国际层次更好地监管市场，以保持公正和有效的市场；根据各自的经验交换信息，以促进国内市场的发展；共同努力设立标准和建立对国际证券交易的有效监督；相互提供协助，通过有力地执行各项标准和对违规行为的有效监管来确保市场的完善。

作为最重要的国际证券监管机构组织，证监会国际组织承担了帮助建立较高监管标准的责任，并出台了一系列的决议、咨询文件、报告等，成为国际证券业准则的渊源。1998 年 9 月，证监会国际组织内罗毕年会正式通过的《证券监管的目标和原则》是该组织近年来最具实质内容的文件，它总结了世界各国和地区证券监管机构的监管经验和教训，反映了世界范围内证券市场发展与监管的一般趋势。该文件提出的证券监管的目标和原则若得以落实，不但可以加强国际、国内投资者对证券市场的信心，还将大力推进该证券市场融入全球金融市场的进程。因此，尽管它是非约束性的，但被成熟市场奉为圭臬，集中体现了证券业的一般国际准则。该文件进一步表明了证监会国际组织对于建立和维护证券业一贯的高监管标准的共识。该文件在 2017 年 5 月进行了全新的修订。[1]

《证券监管的目标和原则》认为证券市场监管的主要目标有三项：保护投资者利益；保证市场公平、高效和透明；减少系统风险。这三项目标是紧密相连的，而且在某些方面还是相互重叠的。许多确保公平、有效和透明的市场的要求也会促进对投资者的保护并有助于减少系统性风险。同样，许多减少系统性风险的方法也会为投资者提供保护。

（一）保护投资者利益

投资者利益应受到保护，免受因信息误导、操纵市场或欺诈造成的损失。要保护投资者利益，最重要的是上市公司完全披露影响投资者投资抉择的重要信息。同时，作为披露要求的重要组成部分，应具备会计和审计的标准，且应是高水平、得到国际认可的标准。只有正式获得执照或得到授权的人员才被准许公开地提供投资服务。要通过为市场参与者设立最低标准来监督市场中介机构，以保护投资人。中介机构应根据商业准则规定的标准以公正和平等的方式对待投资者。这就需要一套全面的关于检查、监督及相关项目的制度。证券投资者尤其容易受到中介机构及其他机构行为不当的影响，而个人投资者所能采取行动的能力有限。此外，由于证券交易和欺诈行为的复杂特性，需要坚决地执行证券法。当出现违反法律的行为时，要通过严格执法来保护投资者。投资者应有权与中立机构（如法院或其他解决争议机构）取得联系，对其遭受不当行为的损害要求补救和赔偿。有

---

〔1〕《证券监管的目标和原则》，载中国证监会网站：http://www.csrc.gov.cn/pub/newsite/gjb/gjzjhzz/ioscojgmbyyz/200507/t20050729_79388.html，访问日期：2021 年 5 月 30 日。

效的监督和执法有赖于国内和国际层次的监管机构之间的密切合作。

（二）保证市场公平、高效和透明

有关证券交易所、交易系统运营者和交易规则的建立应征得监管机构的同意，这有助于确保市场的公正。市场的公平与对投资者的保护，特别是与防止不正当交易紧紧联系在一起。市场的机制不应过分地向一些市场使用者倾斜。监管应包括对市场操纵及其他不公平交易的发觉、阻止和惩罚。监管应确保投资者拥有平等的机会使用市场设施和了解市场及价格信息。监管还应促进市场运作以确保对客户订单公平处理和可靠的定价程序。在一个有效的市场内，相关信息的传播应是及时的和广泛的，并可以反映在定价程序中。监管应提高市场的效率。

透明度可以被定义为有关交易的信息（包括交易前和交易后的信息）在实施的基础上公之于众的程度。交易前的信息包括确定的买价和卖价，以便投资者较为确定地了解他们是否能按此价格以及在什么价格下可以交易。交易后的信息应是关于所有实际完成的交易额和交易量。监管应确保最高的透明度。

（三）减少系统性风险

尽管我们不能期待监管机构防止市场中介机构出现倒闭，但监管应旨在减少倒闭的风险（包括通过资金和内部控制要求）。尽管财务倒闭不可避免，监管也应减少该倒闭所造成的影响。因此，市场中介机构应有充足和持续的资金并满足其他审慎性的要求。必要的话，中介机构应做到逐渐停止业务，不让客户或交易对方有丝毫损失，或造成任何系统性破坏。对一个积极的市场来说，存在投机套利是必要的。所以，监管不必抑制合法投机套利的存在。反之，监管机构应促进和允许对风险的有效管理，确保有足够的资金和其他审慎要求以允许适度的投机套利，可以消化一些损失和阻止过度投机。因此，有必要建立一套有效和精确的清算、结算程序，这套程序应得到正确的监督，并运用有效的风险管理工具。对拖欠的处理必须具有效力和有法律上安全的安排。这超出了证券法的范围而涉及一个国家（地区）内无偿债能力处理的规定。在另一国家（地区）或跨几国（地区）区域内，可能会出现由于一些问题引起的不稳定性，所以，监管机构对市场混乱的反应应通过相互间的合作与信息分享寻求促进国内和国际市场的稳定。

除了上述三项监管目标以外，各国根据其不同情况还会制定自己特殊的监管目标。除了在法律文本中明文表述的监管目标以外，尚有若干目标可能并未形成文本但却实际发生作用。因此，对于一国具体的监管目标应当具体分析。

三、我国证券监管的目标

我国《证券法》第1条规定：为了规范证券发行和交易行为，保护投资者的合法权益，维护社会经济秩序和社会公共利益，促进社会主义市场经济的发展，制定本法。本条开宗明义，提出了我国证券监管的目标。现分述之：

（一）规范证券发行和交易行为

证券发行是指发行主体为筹集建设资金或经营资本，向投资者签发代表一定权利的有价证券，将投资者手中的闲置资金转化为建设资金或经营资本的行为。证券交易是指对已依法发行的证券的转让或买卖。证券发行主体可以是政府，也可以是企业。投资者是法律允许的具有投资能力的自然人和法人。鉴于由证券发行和交易产生的发行主体、投资者、服务机构和监管当局之间的不同法律关系，不仅涉及证券持有者权利义务的设定、转移和市场秩序，也关系到我国投融资体制改革能否顺利进行并取得积极成果，因而必须予以规范。为此，法律规定，证券的发行和交易，必须实行公开、公平、公正的原则；必须遵守法律、行政法规；禁止欺诈、内幕交易和操纵证券市场的行为；国务院证券监督管理机构依法对全国证券市场实行集中统一监督管理。同时，证券法对证券发行核准制度、保荐制度、承销制度、信息披露制度、证券上市交易制度、持续信息公开制度、禁止的交易行为及相关法律责任等作了明确规定。

（二）保护投资者的合法权益

投资者是证券市场的支柱，投资者对证券市场的信心是维系证券市场存在和发展的保障。尤其是我国证券市场正处于发展初期，中小投资者占绝大多数，强调保护投资者利益尤为必要，因此，证券法将保护投资者合法权益确定为证券监管的根本目标。

近年来，随着我国证券市场的超常规发展，投资人队伍不断扩大，其中，中小投资者占绝大多数。他们资金不多，没有证券投资经验，出于对证券市场发展的预期，将自己多年的积蓄投资于证券市场，期望保值增值，从中获取合理的收益。他们处于弱势地位，却为我国证券市场的发展作出了巨大的贡献。他们是培育证券市场的沃土，需要悉心呵护。而我国证券市场的建立起步晚，与国外成熟市场相比，机构还不完整，市场投机性强，上市公司的控股股东掏空上市公司和证券公司非法挪用客户保证金的情况很普遍。历史和实践证明，证券市场要发展，必须取信于投资者，必须切实保护投资者的合法权益。为此，法律规定，国家设立投资者保护基金，其筹集、管理和使用的具体管理办法由国务院制定；证券交易所、证券公司、证券登记结算机构必须依法为客户开立的账户保密；对客户的交易结算资金实行独立第三方托管，证券公司不得将客户的交易结算资金和证券归入其自有资产；禁止以任何形式挪用客户的交易结算资金和证券；非因客户本身的债务，不得查封、冻结、扣划或者强制执行客户的交易结算资金和证券；发行人、上市公司依法披露的信息资料有虚假记载、误导性陈述或者重大遗漏，致使投资者的证券交易遭受损失的，应当承担赔偿责任。

（三）维护社会经济秩序和社会公共利益，促进社会主义市场经济的发展

促进社会主义市场经济的发展是我国经济体制改革的目标，实现整个目标要有良好的经济秩序作保障。良好的经济秩序的建立，一方面要靠国家立法和执法来保障，另一方面也要靠全体公民、各单位和其他组织自觉遵守法律来实现，即利用法律机制调整和规范市场经济条件下的各种社会关系，以维护社会经济秩序和社会公共利益，促进社会主义市场经济发展。这不仅是市场经济对法律的要求，也是市场经济健康发展的保障。

我国证券监管目标与证监会国际组织提出的三大目标基本一致，其精神实质完全吻合。该目标的三个方面是一个有机整体，相互关联，不可分割，是统率本法的灵魂，本法其他各项规范都是为实现这一宗旨服务的。

第四节　证券监管的原则

证券监管的原则是指贯穿证券监管始终，渗透于证券监管的各个方面，并为证券监管过程所时刻遵循的最一般行为准则。

证券监管的原则服务于证券监管的目标，欲实现保护证券投资者利益的目标，关键是

要建立起公平合理的市场环境，为投资者提供平等的交易机会和获取信息的机会，使投资者能够在理性的基础上，自主地决定交易行为。因此，建立和维护证券市场的公开、公平、公正的"三公"原则，是保护投资者利益的基础，也是世界范围内基本得到一致认同的证券监管的原则。由于"三公"原则在本书第二章第三节已作论述，故不再赘述。在此，仅就证券监管基本原则延伸而出的具体原则进行讨论。

除在抽象层面提出证券监管基本原则之外，各国立法例也提出为实现基本原则的一些具体原则。证监会国际组织（IOSCO）修订后的《证券监管的目标和原则》为实现上述监管目标，提出应在相关法律框架下实施38条原则。这些原则分为十大类：

一、与监管机构有关的原则

1. 对监管机构责任的规定应明确、客观。

2. 监管机构在行使职权时应该独立、负责。

3. 监管机构应拥有充分权力、适当资源和能力以行使其职权。

4. 监管机构应采取明确、一致的监管程序。

5. 监管机构工作人员应遵守包括适当的保密准则在内的最高职业准则。

6. 监管机构应根据其职权制定或促成相应程序，以识别、监控、减少并管理系统性风险。

7. 监管机构应制定或促成相应程序，以定期评估其监管范围。

8. 监管系统应努力确保避免、消除、披露或管理利益冲突及激励错配。

二、与自律有关的原则

9. 监管系统使用自律组织在其各自专长领域履行直接监督职责的，这些自律组织应接受监管机构的监督，并在行使权力和代行责任时遵循公平和保密原则。

三、执行证券监管的原则

10. 监管机构应具备全面的检查、调查和监察的权力。

11. 监管机构应具备全面的执法权。

12. 监管系统应确保以有效、可信方式行使检查、调查、监察和执法权力并实施有效的合规计划。

四、监管合作原则

13. 监管机构应有权与国内外同行分享公开和非公开的信息。

14. 监管机构应建立信息分享机制，阐明何时、如何与国内外同行分享公开和非公开的信息。

15. 外国监管机构为行使职权需要进行调查时，监管体系应允许向其提供协助。

五、发行人原则

16. 应充分、准确、及时披露对投资者决策关系重大的财务结果、风险及其他信息。

17. 公平、公正对待公司证券的所有持有人。

18. 发行人编制财务报表所使用的会计准则必须具有高质量并达到国际认可水准。

六、与审计师、资信评级机构和其他信息服务供应商有关的原则

19. 审计师应接受适当程度的监督。

20. 审计师应独立于其所审计的发行机构。

21. 审计准则必须具有高质量并达到国际认可水准。

22. 资信评级机构应接受适当程度的监督。监管系统应确保评级结果用于监管目的的资信评级机构必须进行注册登记并接受持续监管。

23. 向投资者提供分析或评估服务的其他机构应根据其活动对市场的影响情况或监管系统对其的依赖程度接受相应的监管。

七、集合投资计划原则

24. 监管系统应对希望销售或者运营集合投资计划的主体制定资格、治理、组织和运营行为标准。

25. 监管体系应对集合投资计划的法律形式和结构以及客户资产的隔离与保护做出规定。

26. 根据发行人原则的要求，监管应提出披露要求。这对于评估某一集合投资计划是否适合某一特定投资者以及投资者在该计划中利益的价值非常必要。

27. 监管应确保对集合投资计划进行的资产评估以及份额的定价和赎回建立在恰当、已披露的基础之上。

28. 监管系统应确保对冲基金和/或对冲基金管理人/顾问接受适当的监督。

八、市场中介机构原则

29. 监管应为市场中介机构设定最低准入标准。

30. 应根据市场中介机构所承担的风险，对市场中介机构提出相应的初始和持续资本要求及其他审慎要求。

31. 市场中介机构应设立一个职能部门，由其负责遵守内部组织和运营行为准则，以保护客户利益及客户资产，确保合理管理风险，中介机构管理层承担与此相应的首要责任。

32. 应确立处理市场中介机构破产的有关程序，以最小化投资者损失，控制系统性风险。

九、二级市场及其他市场原则

33. 设立交易系统（包括证券交易所）须获得监管部门授权并接受其监督。

34. 对交易所和交易系统应进行持续监管，目的是通过能恰当平衡不同市场参与者诉求的公平、公正的规则来确保诚信交易。

35. 监管应促进交易的透明度。

36. 监管应致力于发现并阻止操纵行为及其他不公平的交易行为。

37. 监管应确保对大额持仓、违约风险和市场中断进行适当管理。

十、与清算和结算有关的原则

38. 证券结算系统、中央证券存管机构、交易报告库和中央对手方，都应遵守监管要求，以确保其公平性、有效性、高效率并减少系统性风险。

上述 38 条证券监管原则作为实现证券监管三项基本目标的保障，对证券监管基本方面提出了基础性要求，为各个国家和地区完善证券监管法律制度提供了标杆。

第五节　证券监管的模式

由于证券市场在经济体系中的关键地位和其所引发问题的特殊性，世界上没有一个国家或地区以放任自由的态度对待证券市场,但不同的经济政治、历史文化背景及制度结构影响下的证券监管体制及其组织结构却不尽相同。一般认为存在三种不同的监管体制或管理模式。

一、集中型监管模式

在此种模式下,政府通过设立专门的全国性证券监管机构、制定和实施专门的证券市场管理法规来实现对证券市场的统一管理。美国是采用该管理体制的典型代表,此外,日本、加拿大、韩国、巴西、墨西哥等国家及我国台湾地区也实行了集中型管理体制。该模式的主要特色是:

(一) 设立统一的证券监管机构

以美国为例,其1934年证券交易法规定设立"证券交易委员会"(SEC),作为统一管理全国证券市场的最高行政机构。SEC具有一定的立法及司法权,专门行使管理、监督全国证券发行与交易活动的职能,负责制定和调整有关证券活动的管理决策,制定和解释证券市场的各种规章制度,管理全国范围内的一切证券发行和交易活动,维护市场秩序,调查、检查各种不法的证券发行与交易活动,执行行政管理和法律管理措施。20世纪40年代以来,美国联邦制定和颁布了一系列法律和法规,赋予了SEC更大的权限,包括调查权和处罚权。1990年《市场改革法》更增加了SEC在紧急情况下的处事权力、对大额交易的监管权力和监督自律机构执法等一系列权力,使SEC成为证券市场监管的核心与最高权威者。

(二) 确立完善的证券法体系

美国先后通过了1933年的《证券法》《银行法》,1934年的《证券交易法》,1935年的《公用事业控股公司法》,1939年的《信托契约法》,1940年的《投资公司法》《投资顾问法》等,构成了严密的证券监管制度体系,并随着市场的发展变化不断修改完善相关规则。

(三) 建立严密的证券监管三级体系

严密的证券监管体系使证券发行与交易行为始终处于政府及自律机构的严格监管之下,有效地保证了证券市场的效率。以SEC为核心的三级证券监管体系中,第一级为SEC及其在各州的分支机构,负责对证券市场的统一监督和管理;第二级为自律组织(包括证券交易所、证券交易商协会、清算公司等),负责监测在其各自市场上的交易并监督其成员的活动;第三级是各个成员公司的监督部门,监督公司与公众的交易,调查客户申诉以及答复监管机构的询问。集中型监管模式拥有超然于证券市场参与者之外的统一管理机构,可以独立、客观、公正、高效地履行监管职责,更好地保护投资者的利益,并有利于协调全国性市场,防止无序竞争。以专门的证券法律法规为证券监管的依托,可以提高证券监管的权威。但是,此种模式常常出现有效监管与过度干预之间的矛盾。

二、自律型监管模式

在自律型监管模式下,政府除了进行必要的立法外,较少对证券市场进行集中统一的干预,对证券市场的监管主要依靠证券交易所及证券商协会等组织实施自律管理。英国一直是自律型体制的典型代表,此外,荷兰、爱尔兰、芬兰、挪威、新加坡、马来西亚等国家或地区也实行自律管理。其主要特色是:

（一）采取分散的证券立法体制

采取此种模式的国家或地区不制定单行的证券管理法规，而通过一些分散的规则来间接规范证券市场行为。例如英国在大改革之前，其证券法律散见于各种具体法律法规，如《公司法》《反欺诈（投资）法》《公平交易法》和《金融服务法》等。这些法律分别规定了股份的募集、股票的交易、禁止内幕交易等多方面内容。《金融服务法》将自我管制责任以法定形式确立下来，建立了现代英国证券监管制度框架，由证券与投资委员会（SIB，后更名为金融服务局）制定自律管理规则并由不同的自律管理组织来执行。

（二）建立以自律机构为主体的证券监管机构

自律型监管不设立全国性的证券监管机构，而依靠市场自身及其参与者进行自我管理。政府除了进行必要的证券立法外，较少干预市场。例如在英国，除了具有官方性质的金融服务局外，证券交易所是证券市场监管的重要力量。充分发挥证券交易所的监管职能，是英国证券监管制度的重要特点。近年来的改革，在保持证券业自律管理传统的同时，进行由交易所的半公共管理体制向政府管理结构的融入与转变，使管理模式由自律为主导向集中监管与自律相结合转化。1997 年 10 月 28 日，SIB 更名为金融服务局（FSA），进一步加强了统一监控体制的建设。

自律型监管既可以为投资者提供充分的保护，又能发挥市场的创新和竞争优势，保持市场的活力。但由于其关注的中心在于市场的有效运转和保护会员公司的利益，相应地影响了对投资者利益的保障。

三、中间型监管模式

该模式是兼具集中型和自律型模式特点的一种监管模式，既强调立法管理，又注重自律约束。其特点是由官方、自律机构组成多元化的证券监管机构共同管理市场，证券立法也是多层次的，有关证券监管的规定发布于多部法律法规之中。德国是这种模式的典型代表。德国早期的证券市场主要接受各种债券作为上市债券，调整债券发行与交易的法律相对比较发达。随着工业革命和股份公司的发展，股票也逐渐成为德国证券市场的重要证券形态。在此过程中，德国逐渐发展出自己的证券交易所，形成了具有自己特点的证券监管体制。该模式的主要特色是：

（一）银行是证券市场上的主导力量

德国公司虽然采用了股份公司组织形式，但企业倾向于向银行贷款，企业发行的股票则主要由银行认购。在这种情况下，证券市场只能在银行业的影响下发挥着资金融通作用。由于银行在证券市场上的主导作用，德国对证券市场的监管主要是通过中央银行来管理，实行特许证管理，并通过银行监督局实施监督，而没有建立全面管理证券市场的专门机构。德国证券业同银行业混业经营、混业管理。德国于 1968 年颁布了《证券交易所法》，但交易所的组织、管理和监督则一般在州一级水平上执行。

（二）法律法规比较分散

从立法体系来观察，德国没有制定一个统一的证券法，有关证券监管方面的规定散见于多种法律文件之中。例如《股份法》《财务报表公布法》《证券交易所法》《银行法》《投资公司法》《外国投资公司法》《贸易法》《内幕人交易指导条例》中都涉及证券方面的规定，在关于保险、储蓄、银行等机构投资者的组织和管理法律中，也包含涉及证券法律的部分内容。德国关于证券市场的保护、控制和协调方面的许多规定采用自我管理而非强制的原则，不具有法律效力。1983年德意志股票交易所成立，证券上市须经"批注上市委员会"批准，信息披露由交易所监督。经济和金融事务部的证券交易专门委员会设立一个控制委员会，以便将任何违反道德准则的行为报告给联邦大臣。1993年底，政府又制定了内幕交易法和持股信息新规则，1994年成立了德国证监会，这反映出德国证券监管趋向集中型转变的迹象。

以上三种不同的监管模式是在不同的经济、政治和社会环境影响下，历经证券市场动荡、监管失灵和加强监管的循环过程中逐步形成和完善的，各有不同的优缺点，但从发展趋势来看，逐步趋向于取长补短，实现政府集中监管与自律监管的融合。在各国家和地区的证券监管实践中，以政府监管为运作核心的集中型模式需要行业自律的有效辅助；以自律管理为重心的自律型模式同样离不开政府监管的最终支持；中间型模式则是政府监管和自律管理的一种结合方式。因此，对于证券监管模式的优劣和选择的关键在于对政府监管和自律管理的定位及其相互关系的辩证分析。各国家和地区证券监管模式的改革和变迁过程也就是政府监管与自律管理之间不断协调融合，探索更为有效地实现证券监管目标途径的过程。

第六节　证券市场监管体制发展的新趋势与因应

各国证券市场的监管体制不是固定不变的，而是随着社会经济的发展而不断改变和完善的。近年来，在科技进步（尤其是电子计算机的广泛应用）和经济全球化、贸易自由化、金融市场一体化潮流的推动下，世界各国证券市场获得了迅猛的发展，也出现了许多新情况、新问题，给证券市场的监管提出了越来越高的要求。

一、金融创新带来证券监管体制的变革

金融创新是金融市场主体为逐利和维持竞争力而进行的创新性变革及其过程，主要包括金融工具和业务创新、金融组织创新、金融制度创新等内容。金融创新作为金融深化、金融发展的根本动力，在金融风险的防范、金融资产结构的更新优化以及金融机构盈利性、流动性的提高等方面都具有积极作用。

（一）金融工具与业务的不断创新和金融资产证券化的日益增长，将引起法律上和监管上的变革

证券公司为谋求生存和发展，纷纷推出了满足不同企业融资需求和投资者管理风险及投资需要的金融产品。与此相随，期权期货市场、资产证券化市场以及其他金融衍生品市场等迅速兴起并发展壮大。新的金融产品市场的形成又对现有的金融机构组织形式提出了新的挑战，出于加强风险管理和增强竞争力的需要，逐步形成金融控股集团，从而在不少发达国家形成了目前金融产品多样化和金融业务交叉的集团化经营模式。经营模式的变革和金融体系的变迁，促使人们对传统金融制度进行反思，由此带来了金融市场的改革和持续发展。根据国外权威报告预测，"衍生"证券，包括期货、期权、不动产抵押保证债券以及各种以国际股价指数为基础的金融工具将大受欢迎，这些金融证券的发行量和交易量在全球可能呈爆炸性增长，由于期货交易监管和证券交易监管所适用的法律不同，这在整个证券业的监管中必然会发生法律冲突。预计随着金融工具的不断创新，将会导致现行证券法的变革。

（二）金融创新促使证券市场管制趋于放松

从国际经验看，金融创新是金融企业提升并保持自身竞争力的关键。金融属公共产品，监管当局为了维护金融稳定，防范金融风险，往往采取种种措施和手段进行管制。若采取强化管制的做法，通过限制金融企业的业务范围、控制金融服务和金融产品价格、限制金融创新等方式来保证金融市场稳定，事实上却极有可能遏制金融市场的纵深发展，造成金融业竞争力低下，使整个金融体系脆弱，其结果是，为了表面上的金融安全，却付出了实质上遏制金融市场发展的代价。若放松金融管制，鼓励市场竞争，引导金融机构创新，不断提高监管当局防范金融风险的能力和监管水平，则可以有力地促进金融市场的发育和金融业的发展，更为有效地防范金融风险。从 20 世纪 70 年代开始，发达市场经济国家相继放松金融管制。

金融创新具有规避局部金融风险的功能，但其同时也在总体上增大了金融体系的风险，改变了以往金融监管运作的基础，甚至造成监管的重叠或缺位，从而对金融监管的能力和技巧提出了更高的要求。金融史的演进，特别是 2008 年以来的国际金融危机告诉我们，有效的监管既要为金融创新创造良好的外部环境，又要最大限度地防范和消除创新可能给市场带来的各种风险。也就是说，监管者要在促进市场的效率与维护市场的公平之间巧妙地寻求平衡点。金融创新是提升金融业服务水平和竞争力的关键。应当鼓励金融创新，为金融创新营造有利的制度环境和监管保障。要适应经济社会发展需要，充分运用现代科技成果，促进科技与金融结合，支持金融组织创新、产品和服务模式创新，提高金融市场发展的深度和广度。与此同时，金融创新必须以市场为导向，以提高金融服务能力和效率为根本目的，防止以规避监管为目的和脱离经济发展需要的"创新"。要动态把握金融创新的界限，把防范风险始终贯穿金融创新全过程，使监管能力建设与金融创新相适应。

为此，许多国家对金融监管制度进行重大改革和创新，主要是在监管方式上由主体监管转向功能监管，在监管标准上由资本充足率为主转向综合风险监管指标，在监管重点上由外部控制制度为主转向兼顾内部控制制度。一些新兴的市场经济国家则结合自身实际，在控制市场风险的前提下，放松金融管制，赋予金融市场主体更大的行动自由和创新空间。

（三）中国证券业及其监管体制的创新与变革

我国资本市场经过 20 多年的规范发展，证券业不断创新，通过提供证券交易、证券承销、财务顾问等金融服务，在满足企业和投资者的投融资需求、优化资源配置、推动金融创新等方面发挥了重要作用。与此同时，证券业在资产规模、治理结构、业务拓展和区域布局等方面也已经基本具备了相对完整的行业形态。当前，我国证券业面临许多困难，其成因是多方面的，但创新不足是重要原因。事实上，证券业的许多问题和困难也只有通过推进创新发展才能解决。监管者要为市场创新积极营造宽松良好的制度环境，在风险可测、可控、可承受的前提下，尽可能地消除和防范金融创新给证券市场带来的风险，鼓励创新、支持创新、引导创新。目标模式是逐步建立和完善以市场为导向的创新机制，充分发挥广大市场参与者，尤其是上市公司的主动性和创造性，积极进行金融创新，进而推动证券业的健康发展。

我国现行《证券法》较好地体现出鼓励创新、放松管制的立法意图，从以下六个方面为证券市场的创新发展打开法律空间：[1] ①为金融业的综合经营扫除法律障碍；②将金融衍生品纳入调整范围，允许融资融券交易；③对公开发行予以界定，将公开发行股票但不上市的公众公司纳入调整范围，为场外交易市场提供后备资源；④放松了对证券交易方式的管制；⑤增加了对证券交易场所的规定，为多层次资本市场发展提供了法律依据；⑥解除了相关资金向证券市场投资的限制，拓宽了资金融入渠道。

二、证券市场面临信息技术的发展对监管手段提出了挑战

由于科学技术的发展，证券业自动化程度大大提高，计算机网络系统将使证券市场进入无场地和无纸时代，这就对市场安全防护及监管提出了更高的要求，如果不能有效地防止违法和犯罪案件的发生，必然会对市场造成很大的破坏性后果。计算机网络化时代的到来，将使现行的证券业监管体制面临全面的挑战。

（一）信息技术发展给证券业带来的便利

首先，互联网技术的变革成为金融创新的重要推动力，重构了证券行业的商业运营模式，全球证券市场呈现 24 小时连续自动交易的趋势，打破了证券交易的国界，给世界各地的投资者带来了投资便利。其次，互联网技术的进步丰富了证券监管的手段，提高了证券监管的效率：证券监管者可以利用互联网进行投资者教育和提高市场的信息透明度。投资者教育和投资者保护可以帮助监管者进行反欺诈的监管，虽然监管者还需不断地识别欺诈及其他非法行为并与之进行斗争，但有效的投资者教育是反证券欺诈的重要武器。证券监管机构可以在互联网上建立互动的系统以方便投资者对市场参与者的合法性进行咨询。监管者、自律机构等可以通过互联网的方式向现在和未来的投资者，提供有关这些组织的信息、现行的法律法规条例，以及对相关机构的处罚情况等。互联网也成为证券监管机构进行快速有效监管的重要手段和工具。通过互联网也可以加强在执法上的合作。非法证券活动可能在不同国家或不同的目标群之间进行转移，监管者可以利用互联网收集在互联网上的证券违法和欺诈活动。通过互联网进行信息的共享，可以降低互联网上非法活动的机会，可以对其他监管者对类似的非法活动的监管产生提醒作用。而且通过互联网，各国监管机构可以相互交流监管经验。

（二）信息技术发展给证券监管带来的问题和挑战

在互联网给证券市场的发展带来积极影响的同时，也带来了许多证券监管机构必须面临的新问题和新挑战。证券监管规则以证券行业的运营环境为基础制定，大多数证券监管规则的制定所依赖的环境都发生在互联网和全球化的运营环境发生之前。而信息技术的进步正在对证券行业的运营环境和运营模式进行快速地创新和变革，使得证券监管者至少要面临如下五个方面的复杂问题：①互联网技术的发展使证券欺诈和市场操纵更为便利，对投资者保护提出了新的挑战；②交易所与证券公司之间的功能融合，证券监管方式面临新的课题；③互联网使投资者的投资行为和证券经营者的经营行为可以轻易地超越国界，这给以国界为基础的现有的证券监管体制带来问题；④技术推动所导致的金融混业经营的趋势不断加强，同时会对过去以分业经营为基础的监管体制形成极大的挑战；⑤互联网所导致的证券交易所的全球竞争的加剧及公司化改造，对证券交易所的自律监管带来较大影响。

---

〔1〕 参见《证券法》第 2、6、9、37、38、60、96 条。

（三）应对措施

一些国家的证券监管机构对互联网在证券市场的运用，采取了相对比较灵活的监管方式。例如，美国对证券经营机构利用互联网行为的监管的基本原则是：首先，证券监管不应该阻止市场参与者合法地利用互联网，应该积极鼓励证券经营机构的创新。其次，证券监管的基本原则和目标不变，如保护投资者利益、维持市场的公平、透明、有效、降低市场系统风险等在互联网环境下仍然不会改变。最后，证券监管机构在制定相应的监管政策时，应当充分地预见到互联网技术可能存在的演化的趋势。

证监会国际组织（IOSCO）同样提出，面临信息技术发展的新情况，为保护投资者的利益，确保证券市场的公平、高效及透明，以及降低系统性风险的监管目标不会改变。与此同时，证监会国际组织（IOSCO）1998 年对互联网上的相关活动还提出了下列监管原则：传统的证券监管原则仍应不变；监管机构不应阻止网络电子化在证券市场上的应用；监管机构应努力强化监管，提升电子化交易的透明度及一致性；各国监管机构应加强合作及信息交流；监管机构应深入了解电子媒体及其未来发展趋势。

相对于我国而言，在互联网技术发展日新月异的时代，对证券市场进行适度、及时的监管是必须的，但同时要保持相当的灵活性。从监管机构的角度来看，制定法规是用来约束市场不当行为的，但是监管原则不应该抑制市场创新活动的空间，而应通过监管来为新技术在证券市场的运用创造合适的环境，鼓励有利于增进投资者利益的正当金融创新活动，从而推动我国证券市场的健康规范发展。

三、外部监管与企业内部约束和行业自律间的互动成为世界各国证券监管的发展趋势

（一）外部监管与企业内部约束机制相结合

从哲学的角度来看事物的变化发展，内因是变化的基础，外因是变化的条件，外因通过内因而起作用。在证券市场的监管中，市场主体的内部自我约束是证券市场规范健康发展的基础或者说是内因，作为外因的行政监管力量，无论如何强大，监管的程度无论如何细致而周密，如果没有市场机构的内部约束机制相配合往往事倍而功半，其监管效果必然大打折扣。

在成熟的证券市场上，企业经营管理层的内控意识和合规意识很强，以此为非常重要的管理理念，贯穿于整个经营管理过程中，并专门成立独立的、对公司最高权力机构负责的内部审计机构和合规检查部门，建立了健全的合规和内控制度。证券市场相关机构的内部控制功能与外部行政监管的呼应，确保了证券监管法律法规的有效执行。近年来，由于巴林银行、大和银行以及住友商社等一系列严重事件的发生，都与内控机制存在的缺陷或执行不力有直接关系，许多国际金融集团和金融机构在震惊之余，纷纷开始重新检讨和审视自己的内控状况，以免重蹈他人覆辙，各国监管当局和一些重要的国际性监管组织也开始给予市场机构内部约束机制前所未有的关注。我国证券经营机构大都建立起包括法人治理、风险管理、内部控制、合规检查等在内的内部约束制度体系，呼应证券监管机构的监管行为，确保其在有效防范经营风险和合法合规的前提下运营。

（二）政府监管与行业自律监管相结合

从证券市场自律管理的实践看，行业协会是适应金融业行业保护、行业协调与行业监管的需要自发地形成和发展起来的。健全有效的自律监管体系是一个成熟证券市场监管体制中不可替代的组成部分。从本章第一节的论述中，我们可以看出，无论是以政府主导型

的美国监管模式，还是以自律主导型的英国监管模式，当今都在进一步探索政府监管与行业自律监管有机结合的最佳点。而且，这也成为各国探索上市公司与证券市场监管体制改革的共同发展方向。

四、各类金融业务间的相互渗透使全球金融向混业经营混业监管的方向发展，国际合作与跨境监管进一步加强

（一）国内金融走向混业经营、混业监管

随着金融市场的创新发展和不断深化，金融各行业间业务的不断渗透，银行、保险、证券三者的界线逐渐模糊，金融创新日益多元化、综合化，全能金融机构开展全方位、一揽子业务服务、混业经营已成为全球金融发展的主流。在各类市场主体的各类业务日益出现相互交叉和渗透的新趋势下，如果继续实行传统的通过划分市场主体进行分业监管的体制，势必导致一部分证券市场活动游离于证券监管之外，导致证券监管出现真空，产生较大的风险隐患。作为金融混业经营的应对，对监管格局进行重构和优化，推出更明确的符合市场发展方向的监管格局和监管规则，更进一步加强各有关部门的沟通与协作。一些国家金融监管体制的组织结构体系向部分混业监管或完全混业监管的模式过渡。

（二）金融监管法制国际化

金融全球化的发展趋势，使金融机构及其业务活动跨越了国界的局限，在这种背景下，客观上需要将各国独特的监管法规和惯例纳入一个统一的国际框架之中，金融监管法制逐渐走向国际化。双边协定、区域范围内监管法制一体化，尤其是巴塞尔委员会通过的一系列协议、原则、标准等在世界各国的推广和运用，都将给世界各国金融监管法制的变革带来冲击。金融监管规则日益趋同，国际监管合作日趋重要。金融国际化客观上要求实现金融监管本身的国际化，如果各国在监管措施上松紧不一，不仅会削弱各国监管措施的效应，而且还会导致国际资金大规模的投机性转移，影响国际金融的稳定。因此，西方各国致力于国际银行联合监管，如巴塞尔银行监管委员会通过的《巴塞尔协议》统一了国际银行的资本定义与资本率标准。国际证监会组织（IOSCO）等各种国际性监管组织也纷纷成立，并保持着合作与交流。

（三）国际合作与跨境监管进一步加强

在经济全球化、金融全球化的背景下，各国资本市场的国际化趋势日益增强，尤其在合格境外机构投资者制度即 QFII 制度实施后，跨国证券违法、违规活动日益猖獗，因此，跨境的监管合作已成为必然，各国间的国际合作与跨境监管将进一步加强。下面以我国为例对此问题加以说明。

我国证券市场的国际化是在世界证券市场国际化潮流的大背景下起步的。1982 年，中国国际信托投资公司首次对外发行国际债券，揭开了我国证券市场国际化的序幕。随着中国于 2002 年 12 月 11 日加入 WTO，我国进一步对外开放证券市场。WTO 推动着我国证券业在以下五个方面迈向国际化：国际债券市场上发行债券、向境外投资者发行 B 股、在海外直接上市、中资企业海外间接上市筹资、投资基金筹资等。到 2008 年所有中国入世承诺均已落实，这意味着我国的金融业全面开放。如外国证券机构可以（不通过中方中介）直接从事 B 股交易；外国证券机构驻华代表处可以成为所有中国证券交易所的特别会员；允许外国服务提供者设立合营公司，从事国内证券投资基金管理业务，外资比例不超过 33%，加入后 3 年内，外资比例不超过 49%；加入后 3 年内，允许外国证券公司设立合营公司，外资比例不超过 1/3。合营公司可以（不通过中方中介）从事 A 股的承销、B 股和 H 股、政府和公司债券的承销和交易、基金的发起。外国证券类经营机构可以从事财务顾问、投资咨询等金融咨询类业务。

　　在这样的国际化背景下，我国的证券业将面临新的风险，同时也会出现监管的盲点和误区。这些问题的解决需要证券监管的国际合作与协调。我国《证券法》第 177 条规定："国务院证券监督管理机构可以和其他国家或者地区的证券监督管理机构建立监督管理合作机制，实施跨境监督管理。境外证券监督管理机构不得在中华人民共和国境内直接进行调查取证等活动。未经国务院证券监督管理机构和国务院有关主管部门同意，任何单位和个人不得擅自向境外提供与证券业务活动有关的文件和资料。"各国资本市场的国际化趋势日益增强，为有效打击跨境违法违规行为，国际监管的合作与协调极为重要。尤其在合格境外机构投资者制度即 QFII 制度施行以后，跨国的证券监管合作就显得更为迫切。我国已经引入了 QFII 制度，因此，如果境外投资者有违法、违规行为，证监会在查处的过程中就要面临证券监管法的地域性和投资行为的跨国性这一矛盾，因此，在很大程度上要依靠国外相关证券市场监管机构的国际合作。与其他国家或地区签署合作备忘录是我国目前实现对外合作和跨境监管的主要方式。

■ **前沿问题**

16 – 1　证券市场永恒的话题——证券监管适度性的把握

■ **思考题**

1. 如何理解证券监管的概念和特征？
2. 证券监管的目标和原则各是什么？
3. 试比较分析证券监管的三种不同模式。
4. 谈谈你对证券监管发展趋势的看法。
5. 谈谈你对证券监管法的认识。

第十七章　证券监管机构

■ 学习目的和要求

在全球范围内，没有哪两个国家的证券监管架构完全一样。我国证券市场经历了从地方监管到中央监管、从分散监管到集中统一监管的发展，形成了目前的证券监管体制。如何发挥我国证券监管机构的应有作用，建立有效的证券执法监督约束机制，健全和完善科学、合理、高效的证券监管制度与体系，是亟待进一步解决的重大理论与实践课题。

学习本章，应了解主要市场证券监管架构的概况，掌握我国证券监管体制及其特点，特别是掌握我国证券监督管理机构的职责权限、实现方式及其执法权的监督约束等内容。

第一节　外国证券市场的监管架构

从主要证券市场的监管架构来看，因各国证券市场发展的历程及所在国政府对经济运行的调控方式及其受其他国家或地区监管模式的影响程度不同，监管架构有着不同的特点，监管机构的运作也有明显的差异。本节主要概述美国、英国、日本、德国的证券监管架构及其运作。

一、美国的证券监管架构

美国的证券监管机构是集中立法管理体制的典型代表。美国对证券市场的管理有一套完整的法律体系，其证券管理法规主要有 1933 年的《证券法》、1934 年的《证券交易法》、1940 年的《投资公司法》、1940 年的《投资顾问法》等。在管理体制上，以"证券交易管理委员会"（以下简称 SEC）为全国统一管理证券经营活动的最高管理机构。同时，全国性证券交易所（如纽约证券交易所）和全国证券交易协会（NASD）分别对证券交易所内的证券交易和场外证券交易进行管理，形成了以集中统一管理为主，辅以市场自律的较为完整的证券管理架构。

SEC 在证券管理上注重公开原则，对证券市场的监管主要以法律手段为主。例如对证券交易的监管，主要依据 1934 年《证券交易法》中的反欺骗、反操纵和虚假陈述条款，对违法者的处罚主要采取行政处罚和刑事处罚。美国证券法及证券交易法赋予 SEC 的执法手段相当充分，包括市场监视权、检查权、控诉权。在美国法院的许可下，SEC 可以进行传唤、搜查、扣押以保全证据；也可授权自律组织（NYSE、NASD 等）进行查核及处罚。美国《证券交易法》第 21 条赋予 SEC 准司法权，证交会可进行必要之调查，而 SEC

的任何委员或其指派的任何官员，有权传唤证人、强制拘留、搜查证据等，当事人如拒绝传唤，SEC 得经法院之命令令其到场或提出证据，否则以藐视法庭罪论处。

SEC 的主要职权包括下列各项：①规则制定权；②调查执行权；③裁定权；④民事制裁权；⑤提出诉讼权；⑥防范有价证券买卖的欺诈行为；⑦发布禁止令；⑧暂停或撤销登记权，经纪商、自营商、投资公司或投资顾问业有违法行为的，SEC 有权停止或撤销其登记；⑨行政罚款。

美国 SEC 执法机制的形成经过了一个长期的过程，其中显著的特征是 SEC 的执法手段不断增强，最值得注意的是 1984 年《内幕交易处罚法》（ITSA）、1990 年《证券执法和垃圾股票改革法》和 2002 年《萨班斯—克斯利法》（Sarbanes – Oxley Act）分别赋予了 SEC 对内幕交易者处以非法所得或者所避免损失的 3 倍罚款，对违规者直接要求责令改正、申请临时冻结公司已支付给其董事或高管人员的不合理报酬等权力。

二、英国的证券监管架构

1997 年以前，英国的金融管理架构顺应了银行、证券、保险等行业的发展与沿革，分属不同的主管机关。银行业、保险业及投资事业，分别由中央银行英格兰银行（Bank of England）、贸易与投资部（Department of Trade and Investment）及证券投资局（Securities and Investment Board，SIB）负责监管。其中证券投资局依据《金融服务法》第 114 条设立，以公司制组织而成，但根据金融服务法，其却被赋予实质管理权力。1992 年以后，SIB 的授权主管机关由贸易投资部改为财政部。

近年来，英国为使金融市场的整体活动更具效率与安全，一直朝着成立单一管理机构的方向前进。1997 年 5 月，财政部大臣宣布将英国金融管理组织重整，首先是把银行业务监督之职权从中央银行转移到证券投资局；其后，于 1997 年 12 月 28 日，将证券投资局更名为金融服务管理局（Financial Services Authorities，FSA），2001 年 12 月金融服务管理局成为单一的监管机构。改革以后，则由金融服务管理局负责监管银行、保险及投资事业，与中央银行（BOE）同为隶属于财政部之一级机构。金融服务管理局负责金融事业管理，而中央银行的主要任务是维持金融稳定。金融服务管理局以维护一个效率、秩序与公平的金融市场并确保投资人公平交易为目的。其具体措施有以下几点：①提供投资人公平交易的机会，即强调信息披露的重要性，这样可降低交易风险，也是维持市场公平、效率与竞争的方法之一，而市场信息的透明度可提升市场的纪律。②改善企业表现：为公司本身创造符合标准的诱因，使监管者能有效监督。③弹性而积极的监管：将监管重点置于被监管者最大风险产生的部分。

金融服务管理局的职责包括制定市场行为法规，防范违规炒作、内幕交易、信息滥用等不法行为，但其仅具有民事处理权利，未被赋予类似美国 SEC 的命令强制执行的权限，但金融服务管理局仍可协调配合重大案件的调查，并将涉嫌犯罪之行为，交由检察官或贸易投资部提起诉讼。此外，金融服务管理局还制定统一的银行与证券等相关机构的资本充足率标准，并针对银行与证券发展所需资本要求作明确规范。金融服务管理局也负责对银行证券业的检查，以确保其内部控制与内部稽核有效落实。在现行制度下，金融业转投资一般产业及彼此间董监事相互兼任没有限制，只需要向金融服务管理局报备完整资料，以了解该投资是否有必要，并且董监事是否称职。最后，金融服务管理局有权审核自律组织的设立。

　　金融服务管理局成立的目的在于促进金融市场发展与保障投资环境。根据金融服务及市场法（FSMA），金融服务管理局有四个法定目标：①维持市场信心。为此目标，金融服务管理局应监管银行、投资公司、保险公司、建筑融资协会、互助协会、信用合作社、交易所等，并协调国会与其他金融中介机构，执行市场监管。②提升大众对金融市场的认识，协助投资者获悉相关投资知识及技巧，使其能有效率地处理金融事务。③确保在适当程度内保障投资人权益。金融服务管理局对市场的管理主要以授权为原则，其主要权责包括通过授权自律组织、交易所、结算公司、证券中介人（律师、会计师、精算师等）及直接授权企业个体等不同组织，来完成任务。此外，金融服务管理局还负责制定法令规范及相关指引、监督公司、执行法令规范等，金融服务管理局仅允许符合标准（包括诚信、专业、财务健全等条件）的公司及个人从事规范活动。注册业者及个人经金融服务管理局授权后，应遵循金融服务管理局所制定的各项标准，金融服务管理局也会监督这些业者及个人是否符合这些标准的要求。一旦发生严重的问题，金融服务管理局将会进行调查、处罚或起诉违法者。④防范金融犯罪。金融服务管理局特别着重对洗钱、诈欺、市场不当行为（如内幕交易）三方面的金融犯罪行为的打击和防范。

　　金融服务管理局的监管权限有：①核准、拒绝或撤销执照，限制业务经营。②对违反准则或规定者罚款。③核准个人对受监管的业务执行特定任务。

三、日本的证券监管架构

　　1997年《金融改革法》颁布后，日本金融监督检查制度发生重大变革，大藏省的金融事业监督权被大幅削弱，而由1998年7月1日新成立的金融监督厅（Financial Supervisory Agency）取代，由金融监督厅统筹负责银行、保险、证券机构业务的发照、监督及检查工作，该机构属于金融再生委员会管辖。而大藏省因不再监督个别金融机构，整合原银行局及证券局，另设金融企划局负责财务企划的拟定及法案的修正。2000年7月1日更进一步整合金融监督厅及大藏省金融企划局，成立金融厅（Financial Supervisory Agency），负责与金融制度相关的政策制定及法案的制定，以及对证券公司、银行、保险公司的检查及监督，以确保金融稳定及保障投资大众的利益。2001年1月6日金融再生委员会并入金融厅。

　　金融厅依《金融厅设置法》第2条的规定，整合原金融监督厅及大藏省金融企划局，于2000年7月依《金融厅设置法》第3条的规定，负责确保金融机能安定、保护有价证券投资者等任务。为此目标，该法第4条规定应赋予其拟定金融制度相关政策及法案等27项职权。此外，该法第6条规定，金融厅应设置金融审议会及证券交易监视委员会。

　　金融审议会的成员为各方面的专家，其主要权责为就金融重要课题向大藏大臣提出意见。证券交易监视委员会负责证券交易的调查及审查、违法事件的调查等事务，其权限包括下列各点：①不法行为的调查权。②证券业务的检查权，以查核其营业活动是否符合法律规范。③监视交易执行，每日例行监视市场活动，对任何可疑之交易行为，可要求证券商或证券交易所提出详细报告。④根据检查或犯罪调查，发现具体违法事实，建议大藏大臣与金融监督厅长官采取行政处分行为，以处罚违反规定的证券公司或相关人员。

四、德国的证券监管架构

　　为顺应金融资本市场的发展变化，德国积极整合证券及期货市场，并于1994年基本完成。德国证券及期货的监管机关一致，均为联邦证券监理局 BaWe（Bundes aufsichtsamt furden Wertpapier handle；Federal Supervisory Authority for Securities Trading）。德国在 1995年 5 月才完成证券交易法中有关主管单位架构与监督权限的相关法条及法令的修正。该机关依 1994 年制定的《证券交易法》第 3 条的规定于 1995 年 1 月 1 日成立，主要受联邦财政部管辖。

2002 年 4 月，德国通过一项金融机构合并法，将原本分别负责监督银行、保险业务以及证券期货业务的三个主管机关合并在一个新的金融监管机构——联邦金融监督管理局 BaFin（Bundes anstalt fur Finanzidenst leistung saufsicht）之下，该项架构于 2002 年 5 月 1日正式运作。联邦金融监管局成立后，整个金融体系（包括银行、保险、证券）都在其监督之下，除了保护消费者权益及监督企业偿债能力的功能外，也希望维持德国经济稳定，并提升竞争力。

联邦金融机构监督管理局直接隶属总统，由副总统指挥，新的监管架构保留三个前监管机构的专业领域部分，这三个监管机构各自的行政部门，由中央单位统筹预算、组织、人力资源、控制及信息技术等。另外，联邦金融监督管理局建立了一个跨部门的单位，负责三个前监管机构有关的议题，例如金融市场及国际事务、消费者与投资者保护等。2002年 7 月，第四金融市场促进法案引进几个新的监管职责，包括反洗钱在内。

联邦金融监督管理局的主要功能之一就是使证券及期货市场适当运作，以达到保护投资人、促进市场透明及公平之目标。该机关的主要职权规范于《证券交易法》第 4 条，主要权责为确保交易市场运作能确实遵行各项法令规章、订立证券交易所的收费结构及费率、监督经理部门业务运作及对总经理的聘任与监督等。依据证券交易法及证券买卖公开说明书的相关规定，其一般权责主要包括下列各项：①打击及防范内幕交易行为；②监督所有证券及衍生性产品交易是否遵循《证券交易法》第 9 条相关报告的要求；③监督上市公司的公开揭露信息是否符合要求；④监督上市公司的持股异动是否符合揭露的要求；⑤监督行为准则及投资服务公司的组成；⑥招股说明书保管；⑦与国内其他机关合作；⑧与国外机关合作所有有关证券交易的监督事宜。

第二节　我国的证券监管体制

一、我国证券监管体制的沿革

我国证券监管体制的建立和完善是与我国社会主义市场经济体制改革亦步亦趋的。自20 世纪 80 年代末期以来，我国证券监管体制伴随证券市场本身的发展经历了由分散监管、多头监管到集中统一监管的过程，大体可分为三个阶段。

（一）分散监管阶段

从 1981 年到 1992 年 5 月是我国证券监管体制的初创时期。对证券市场的监管是在国务院的部署下，主要由上海、深圳两市地方政府进行管理。有关证券法规也是由两地政府和两地的人民银行制定并执行。主要特征是：以中国人民银行为主、多部门介入证券市场监管；地方政府在证券市场上扮演重要角色；证券交易所的自律监管发挥了交易市场监管的基础性作用。

（二）多头监管阶段

从 1992 年 5 月到 1997 年底是证券市场的多头监管时期。1992 年 5 月，中国人民银行成立证券管理办公室，同年 7 月，国务院建立国务院证券管理办公会议制度，代表国务院行使对证券业的日常管理职能。1992 年 10 月国务院成立由 14 个部委组成的国务院证券委员会及其执行机构——中国证券监督管理委员会作为专门的国家证券监管机构。这种制度安排，事实上是以国务院证券委代替了国务院证券管理办公会议制度，代替国务院行使对证券业的日常管理职能，以中国证监会替代了中国人民银行证券管理办公室。

同时，国务院赋予中央有关部门部分证券监管的职责，形成了各部门共管的局面。国家计委根据证券委的计划建议编制证券发行计划；中国人民银行负责审批和归口管理证券机构，报证券委备案；财政部归口管理注册会计师和会计师事务所，对其从事与证券业有关的会计事务的资格由证监会审定；国家体改委负责拟定股份制试点的法规，组织协调有关试点工作，同时企业主管部门负责审批中央企业的试点。

地方政府仍在证券管理中发挥重要作用。上海、深圳证券交易所由当地政府管理，由证监会实施监督；地方企业的股份制试点由省级或计划单列市人民政府授权的部门会同企业主管部门审批。同时，中国证监会向隶属于地方政府的地方证券期货监管部门授权，让它们行使部分监管职责。

上海、深圳证券交易所作为当时最主要的自律组织，担当了证券交易市场的日常管理工作。

（三）集中统一监管阶段

从 1997 年底至今是初步建立全国集中统一的证券监管体系阶段。1997 年 11 月，中央金融工作会议决定撤销国务院证券委，其监管职能移交中国证监会。1998 年 4 月，中国人民银行行使的对证券市场的监管职能（主要是对证券公司的监管）也移交中国证监会。同时，对地方证券监管体制进行改革，将以前由中国证监会授权、在行政上隶属各省市政府的地方证券监管机构收归中国证监会领导，同时扩大了中国证监会向地方证券监管机构的授权。此外，证券交易所也由地方政府管理转变为中国证监会管理，从而形成集中统一的监管体制。1998 年 12 月颁布并于 1999 年 7 月 1 日实施的《证券法》将国务院证券监督管理机构（中国证监会）对证券市场进行集中统一管理的职责从法律层面予以确认。

1999 年 7 月 1 日，《证券法》实施的同时，中国证监会派出机构正式挂牌。这标志着我国集中统一的证券、期货两级监管体制基本建立：证监会负责全国证券市场的监管；区域内上市公司和证券经营服务机构由证监会派出机构——地方证管办和特派员办事处、证监会专员办事处根据授权和职责分别监管。地方证管办还负责涉及跨省区重大案件的联合稽查的组织和重大事项的协调工作。

二、我国证券监管的组织架构

我国《证券法》第 7 条规定：国务院证券监督管理机构依法对全国证券市场实行集中统一监督管理。国务院证券监督管理机构根据需要可以设立派出机构，按照授权履行监督管理职责。

中国证监会是国务院证券监督管理机构，中国证监会设立两个专门委员会：股票发行审核委员会和行政处罚委员会。中国证监会下设有内部职能部门、直属事业单位、派出机构、专员办，直接管理证券、期货交易所，证券、期货业协会和中国证券登记结算公司、中国证券投资者保护基金公司等机构。

股票发行审核委员会（以下简称"发审委"）是中国证监会设立的专门负责股票发行审批的机构。依照 1999 年 9 月发布实施的《中国证券监督管理委员会股票发行审核委员会条例》（现已失效）的规定，发审委依照法定条件审核股票发行申请，以投票方式对股票发行申请进行表决，提出审核意见。证监会根据发审委提出的审核意见，依照法定条件核准股票发行申请。这使得发审委对提出上市申请的企业能否上市拥有了决定性的权力。经国务院批准，中国证监会于 2003 年 12 月 5 日发布并实施了《中国证券监督管理委员会股票发行审核委员会暂行办法》（现已失效），以取代原有的《中国证券监督管理委员会股票发行审核委员会条例》，对发审委制度作了较大的改革，中心思想是全面提高发审委工作的透明度，强化发审委委员的专家功能，加大发审委委员的审核责任，提高审核质量，将发审委的工作置于社会监督之下。根据该办法的相关规定，中国证监会还发布了发审委工作细则，就发审委会议前的准备工作、发审委会议的规程、发审委会议后相关事项的处理规则、发审委会议纪律等作出更加细致的规定。2017 年 7 月 7 日，为了适应创业板和证券市场监管的时代要求，中国证监会发布了修订的《中国证券监督管理委员会发行审核委员会办法》，将 2009 年修订的主板市场发审委、创业板发审委单独设置的体系转变为统一的发审委制度，并明确规定了发审委委员的人数、任期、选聘条件以及资格限制，强调了对审核证券专业化、规范化的要求和对投资者权益的保护。

根据《中国证券监督管理委员会行政处罚委员会组成办法》第 9 条的规定，行政处罚委员会的主要职责是：制定证券期货违法违规认定规则，草拟与行政处罚案件审理、听证有关的规定、细则，审理稽查部门移交的案件，依照法定程序主持听证，拟订行政处罚和市场禁入意见，必要时对相关部门提出建议函，监督、检查、指导证监会系统的行政处罚工作。行政处罚委员会下设的办公室是行政处罚委员会的日常办事机构，主要职责有：负责行政处罚委员会日常事务，办理案件交接和移送事项，组织安排听证、审理会议，协助行政处罚委员会委员开展相关工作，负责案件管理、送达法律文书及相关工作，负责办公室人员的行政管理，组织行政处罚工作的调查研究。

目前，中国证监会机关共设 20 个职能部门，1 个稽查总队，3 个中心。根据工作需要，中国证监会还设立其他部门和派出机构。派出机构是中国证监会监管职能的延伸，按照授权履行监督管理职权，直接对中国证监会负责。中国证监会对派出机构实行垂直领导、统一管理。目前，中国证监会在各省、自治区、直辖市、计划单列市共设有 36 个监管局。监管局的主要职责为：根据中国证监会的授权，对辖区内的上市公司，证券、期货经营机构，证券期货投资咨询机构和从事证券业务的律师事务所、会计师事务所、资产评估机构等中介机构的证券、期货业务活动进行监督管理；查处监管辖区范围内的违法、违规案件。此外，中国证监会在天津、沈阳、上海、济南、武汉、广州、深圳、成都、西安等地还设有 9 个稽查局。稽查局的主要职责有 6 项：组织、领导大区内证券期货违法违规案件的调查；对辖区内证券期货违法违规案件和证监会交办的案件进行调查，提出处理意见和依据授权进行处理；执行证监会和该稽查机构对证券期货违法违规案件的处罚决定；协助有关部门调查涉及证券期货的违法违规案件；处理证券期货方面的来信来访；完成中国证监会的其他任务。

三、证券市场的自律管理

按照《证券法》的规定，在国家对证券发行、交易活动实行集中统一管理的前提下，依法设立证券业协会、上市公司协会、证券投资基金业协会、证券交易所等，实行自律性管理。证券业协会依法接受中国证监会的指导和监督。证券交易所是为证券集中交易提供场所和设施，组织和监督证券交易，实行自律管理的法人。证券交易所依法接受中国证监会的监督管理。由此可见，我国证券监管实行的是以政府行政监管为主、行业自律组织自我监管为辅，政府监管与自律监管相结合的管理模式。自律管理是我国证券市场监管中不可或缺的组成部分。

（一）中国证券业协会的自律管理

中国证券业协会是依据《中华人民共和国证券法》和《社会团体登记管理条例》的有关规定设立的证券业自律性组织，是非营利性社会团体法人，接受中国证监会、国家民政部的业务指导、监督、管理。中国证券业协会成立于1991年8月28日。在中国证券市场的起步阶段，其在普及证券知识、开展国际交流以及提供行业发展信息等方面做了大量服务工作。1999年，按照我国《证券法》的要求，协会进行了改组，在行业自律方面开始了有益的探索。中国证券业协会的最高权力机构是由全体会员组成的会员大会，理事会为其执行机构。协会实行会长负责制，设专职会长1名，会长由中国证监会提名并由协会理事会选举产生。协会对会员进行分类管理，会员分为证券公司类、证券投资基金管理公司类、证券投资咨询机构类和特别会员类四类。

中国证券业协会的宗旨是：在国家对证券业实行集中统一监督管理的前提下，进行证券业自律管理；发挥政府与证券行业间的桥梁作用；为会员服务，维护会员的合法权益；维持证券业的正当竞争秩序，促进证券市场的公开、公平、公正，推动证券市场的健康稳定发展。我国《证券法》第166条明确规定了中国证券业协会履行下列职责：①教育和组织会员及其从业人员遵守证券法律、行政法规，组织开展证券行业诚信建设，督促证券行业履行社会责任；②依法维护会员的合法权益，向证券监督管理机构反映会员的建议和要求；③督促会员开展投资者教育和保护活动，维护投资者合法权益；④制定和实施证券行业自律规则，监督、检查会员及其从业人员行为，对违反法律、行政法规、自律规则或者协会章程的，按照规定给予纪律处分或者实施其他自律管理措施；⑤制定证券行业业务规范，组织从业人员的业务培训；⑥组织会员就证券行业的发展、运作及有关内容进行研究，收集整理、发布证券相关信息，提供会员服务，组织行业交流，引导行业创新发展；⑦对会员之间、会员与客户之间发生的证券业务纠纷进行调解；⑧证券业协会章程规定的其他职责。

有关证券业协会自律管理更多的内容，将在本书下一章详细论述。

（二）上市公司协会

上市公司协会是依据《证券法》和《社会团体登记管理条例》等相关规定成立的，由上市公司及相关机构等，以资本市场统一规范为纽带，为维护会员合法权益而结成的全国性自律组织，是非营利性的社会团体法人。上市公司协会是我国证券市场上一个重要的自律监管机构。有关上市公司协会自律监管的具体内容，将在本书下一章详细论述。

（三）证券交易所的自律管理

我国证券交易所是为证券集中交易提供场所和设施，组织和监督证券交易，实行自律管理的法人。我国目前有上海、深圳两家证券交易所，由国务院证券监督管理机构统一监督管理。根据《证券法》第七章和《证券交易所管理办法》（2020年修订）等的规定，证券交易所的自律管理职能包括六个方面：

1. 进入证券交易所参与集中交易的，必须具有证券交易所会员资格。

2. 经依法核准的上市交易的股票、公司债券及其他证券，应当在证券交易所挂牌交易。证券交易所依照法律、行政法规的规定，办理股票、公司债券的暂停上市、恢复上市或者中止上市等事务。

3. 因突发性事件而影响证券交易的正常进行时，证券交易所可以采取技术性停牌的措施；因不可抗力的突发性事件或者为维护证券交易的正常秩序，证券交易所可以决定临时停市。

4. 证券交易所对在交易所进行的证券交易实行实时监控，并按照国务院证券监督管理机构的要求，对异常的交易情况提出报告，证券交易所根据需要，可以对出现重大异常交易情况的证券账户限制交易，并报国务院证券监督管理机构备案。

5. 证券交易所对上市公司披露信息进行监督，督促上市公司依法及时、准确地披露信息。

6. 在证券交易所内从事证券交易的人员，违反证券交易所有关交易规则的，由证券交易所给予纪律处分；情节严重的，撤销其资格，禁止其入场进行证券交易。

四、国际监管协助

20 世纪 80 年代以来，随着经济全球化的发展，交易技术不断更新、跨境资本流动加快、金融管制放松，金融机构之间的业务可以互相交叉，混业经营。金融市场的开放便利了外国金融机构进入本国金融市场进行投资活动。电子信息技术的广泛应用、融资方式证券化的发展趋势，使世界各地的金融市场紧密地联系在一起，资本在各国间流动的速度逐步加快，规模逐步扩大。同时，由于金融创新的发展，金融市场的复杂性进一步加剧。因此，随着国际资本的流动，证券风险在世界各国传播的速度日益加快，影响程度也进一步加深，需要各国联合行动以消除证券风险的消极影响。另外，证券投资的国际化也需要运用统一的标准来衡量风险程度，以及用统一的标准进行监管。在上述背景下，各证券监管当局之间的合作日益密切，通过签署监管合作备忘录，进入国际组织等方式加强监管合作。全球范围内的国际监管协作，有利于监管机构监督上市公司和中介机构的合规经营情况，确保其有符合规定的业务能力和良好的记录，有利于采取跨境监管行动，查处证券违法犯罪行为，更好地维护公开、公平、公正的原则，保护投资者的合法权益。

自 1992 年 10 月以来，中国证券监督管理机构积极与境外证券期货监管机构在监管信息和跨境协查等方面开展交流与合作。截至 2019 年 12 月，已相继与 64 个国家和地区的证券期货监管机构签署了 79 个监管合作谅解备忘录。[1]《证券法》第 177 条也对跨境监管合作问题作出规定：国务院证券监督管理机构可以和其他国家或者地区的证券监督管理机构建立监督管理合作机制，实施跨境监督管理。境外证券监督管理机构不得在中华人民共和国境内直接进行调查取证等活动。未经国务院证券监督管理机构和国务院有关主管部门同意，任何单位和个人不得擅自向境外提供与证券业务活动有关的文件和资料。

---

〔1〕《中国证监会与境外证券（期货）监管机构签署的备忘录一览表（2019 年 12 月）》根据证监会官网数据更新。载 http：//www.csrc.gov.cn/pub/newsite/gjb/jghz/201912/t20191225_368346.html，访问日期：2020 年 9 月 26 日。

证券监管合作应遵循如下基本原则：维护证券市场的公开、公平、公正原则，谋求建立一个健康有序、高效运行的证券市场；维护投资者的利益。证券发行者、上市公司、证券公司以及证券服务机构和有关的当事人都应准确、完整、真实地披露信息，使投资者充分及时得到信息，并据以进行合理的投资选择。同时，依法制止对证券市场上的违规行为，避免违规行为对本国或外国投资者的损害；上市公司董事的行为应符合全体股东的整体利益。其股权如有改变，通常应以同等条件向所有股东发出全面收购、兼并要约；证券机构应具有充足的资金来源和合格的财务状况，应具备从事证券业务的相关经验、资格，并具有良好的信誉和职业道德品质；应当具备稳健且可持续的宏观经济政策，以及健全的金融法律，以促进和有效约束证券市场的健康发展。

第三节　我国证券监管机构的职责与权限

一、我国证券监管机构的职责

《证券法》第十二章"证券监督管理机构"对国务院证券监督管理机构（即中国证监会）的监管职责、监管权限等进行了明确的规定。其中，第168条规定，国务院证券监督管理机构依法对证券市场实行监督管理，维护证券市场公开、公平、公正，防范系统性风险，维护投资者合法权益，促进证券市场健康发展。第169条则规定了中国证监会对证券市场实施监督管理的具体职责，共十个方面。结合中国证监会对期货市场的监管职能，中国证监会的主要职责包括以下十四个方面：①研究和拟定证券期货市场的方针政策、发展规划；起草证券期货市场的有关法律、法规，提出制定和修改建议；制定证券期货市场的有关规章。②统一管理证券期货市场，并在地方设置证券期货市场的监管派出机构。③监督股票、可转换债券、证券投资基金的发行、交易、托管和清算、批准企业债券的上市；监管上市国债和企业债券的交易活动。④监管境内期货合约上市、交易和清算；按规定监督境内机构从事境外期货业务。⑤监督检查证券发行、上市、交易的信息披露，监管上市公司及其有信息披露义务股东的证券市场行为。⑥管理证券期货交易所、证券期货服务机构、证券期货登记结算机构；按规定管理上述机构的高级管理人员；管理证券业和期货业协会；指导中国证券业、期货业协会开展证券期货从业人员的资格管理工作。⑦监管证券期货经营机构、证券投资基金管理公司、证券期货投资咨询机构；与银监会共同审批基金托管机构的资格并监管其基金托管业务；制定上述机构高级管理人员任职资格的管理办法并组织实施。⑧监管境内企业直接或间接到境外发行股票、上市；监管境内机构到境外设立证券机构；监督境外机构到境内设立证券机构、从事证券业务。⑨监管证券期货信息传播活动，负责证券期货市场的统计与信息资源管理。⑩会同有关部门审批会计师事务所、资产评估机构从事证券期货中介业务的资格并监管其相关的业务活动。⑪依法对证券期货违法违规行为进行调查、处罚。⑫管理证券期货行业的对外交往和国际合作事务。⑬监测并防范、处置证券市场风险并开展投资者教育。⑭国务院交办的其他事项。

二、我国证券监管机构的权限

为保证监督管理职责的履行，法律赋予证券监督管理机构广泛的执法权限和手段。按《证券法》第170条的规定，中国证监会依法履行职责时拥有如下权力：

（一）现场检查权

证券监督管理机构的检查人员亲临证券发行人、证券公司、证券服务机构、证券交易场所、证券登记结算机构的业务现场，查验核对业务财务资料、检查风险管理和合规经营情况，及时发现问题，督促改进，促使监管有关市场参与者规范经营。

（二）调查取证权

证据是证券监管机构查明事实真相，判定某一行为是否构成违法以及如何处罚的基础。所以，法律赋予证券监督管理机构进入涉嫌违法行为发生场所调查取证的权力。

（三）询问权

证券监管机构为弄清事实真相，需要从多方面进行调查，包括询问当事人和与被调查事件有关的单位和个人，要求其对与被调查事件有关的事项作出说明，或者要求其按照指定的方式报送与被调查事件有关的文件和资料。在此基础上去伪存真，真正做到以事实为依据。

（四）查阅、复制、封存、扣押权

证券市场违法行为具有资金转移快、调查取证难的特点，如果证券监督管理机构没有必要的强制查处手段，就会失去及时有效打击证券违法犯罪行为的良机。为此，法律准许证券监管机构有权查阅、复制与被调查事件有关的财产权登记、通讯记录等文件和资料，还可以查阅、复制与被调查事件有关的单位和个人的证券交易记录、登记过户记录、财务会计资料及其他相关文件和资料；对可能被转移、隐匿或者毁损的文件和资料，可以予以封存、扣押。

（五）账户的查询、冻结、查封权

账户是证券交易的出发点和落脚点，通过查询相关的账户，可以比较清楚地理解交易情况，发现违法行为，及时控制违法行为，防止违法者转移资金。因此，法律赋予证券监督管理机构如下权力：查询当事人和与被调查事件有关的单位和个人的资金账户、证券账户和银行账户以及其他具有支付、托管、结算等功能的账户信息，可以对有关文件和资料进行复制；对有证据证明已经或者可能转移或者隐匿违法资金、证券等涉案财产或者隐匿、伪造、毁损重要证据的，经国务院证券监督管理机构主要负责人或者其授权的其他负责人批准，可以冻结或者查封，期限为6个月；因特殊原因需要延长的，每次延长期限不得超过3个月，冻结、查封期限最长不得超过2年。

（六）限制交易权

从我国证券市场的实际来看，赋予证监会一定的即时强制权是必要的。以操纵市场案的查处为例，在证监会稽查中，有的违法者采取迅速出货的方式，把风险全部转移给散户。在集中竞价的交易方式下，无法查明买家所对应的卖家和卖家所对应的买家，即便是查实了操纵市场的行为，受害人也难以得到相应的赔偿。在涉嫌发布虚假消息、内幕交易的案件中，等证监会查明相关的违法行为，并根据《行政处罚法》的规定履行告知、听证程序，则很可能给调查取证带来较大的困难，已经造成了社会不利影响和难以挽回的损失，因此，赋予证监会即时的行政强制权——限制交易权是有必要的。为慎用此项权力，法律规定限制交易权的行使仅限在调查操纵证券市场、内幕交易等重大证券违法行为时，经国务院证券监督管理机构主要负责人或者其授权的其他负责人批准，可以限制被调查事件当事人的证券买卖，但限制的期限不得超过3个月；案情复杂的，可以延长3个月。

（七）限制出境措施

随着金融资本在世界范围内的流动，证券市场加剧变动，形势更加复杂，证监会对于涉嫌违法人员的出入境管制也是本次修订《证券法》对于社会需求做出的有力回应。证监会有权力通知出入境管理机关依法阻止涉嫌违法人员、涉嫌违法单位的主管人员和其他直接责任人员出境。

第四节　我国证券监管机构职责的实现

我国证券监管机构的职责主要通过规章规则的制定、市场准入和行为许可等方面审批权的行使、日常监督管理、违法行为的查处四种方式来实现。

一、制定规章规则

对证券市场进行监督管理必须按照一定的规则和程序进行。制定有关证券市场监督管理的规章、规则是中国证监会的重要职能之一。由于法律的规定极为抽象和原则，而证券市场监管过程中的具体情况又很复杂，证监会制定的规章便成为监管过程中的主要依据。

为了规范规章规则的制定工作，衔接《规章制定程序条例》，进一步完善证券期货规章制定工作机制，中国证监会在 2020 年修订了《证券期货规章制定程序规定》，对于制定规章的原则，立项与计划、起草与审查，决定、公布和备案，解释、修改和废止，汇编和翻译等作了具体规定。

二、市场准入审批

市场准入审批即行使行政许可权，是中国证监会行使监管职责的重要方式之一。为全面贯彻落实我国《行政许可法》，进一步建立统一、快捷和规范的行政许可制度，中国证监会于 2018 年重新修订了《中国证券监督管理委员会行政许可实施程序规定》（以下简称《程序规定》）。《程序规定》分为总则、一般程序、简易程序、特殊程序、期限与送达、公示、附则七章，分别就行政许可申请受理、审查、决定等各个环节对受理部门和审查部门应承担的工作等方面作了规定。《程序规定》以《行政许可法》为依据，紧密结合证券期货行政许可工作实际，对中国证监会的行政许可工作程序予以具体化、流程化。

近年来，中国证监会转变监管理念和监管方式，积极推进行政审批制度改革。以市场化为导向，坚持市场优先和社会自治原则，凡是市场机制能够有效调节、市场主体能够自主决策、自律组织能够自律管理的事项，都取消行政审批。在大幅减少事前准入管理的同时，加强日常监管和事后问责，确保市场的有序和稳定运行。

三、日常监督管理

除了制度建设和事先审批制度外，中国证监会还承担了大量的日常监管工作，包括对证券市场中的各种行为、各类主体、从业人员、信息披露、自律组织活动等的监督检查等。

证券市场日常监督管理的方法主要有两种，即非现场监督和现场检查。

（一）非现场监督

证券监管的非现场监督是通过收集、分析报表、资料，揭示证券机构的经营稳健性和安全性的一种方式。以证券公司为例，其传统业务是证券承销和证券经纪，风险的影响因素主要取决于证券业的多变性和不可测性。因此，证券公司面临的风险主要是市场价格风险，单靠分析资产负债表、损益表等不能揭示证券公司的真正风险所在。因此，对证券公司风险的评价内容，应侧重于衡量和监控市场风险，评价资本充足性，判定盈利水平，衡量内部控制的有效性等方面。

（二）现场检查

证券监管的现场检查是指通过监管当局的实地作业来评估证券机构等市场参与者经营稳健性和安全性的一种方式。现场检查的内容包括合规检查和风险检查两种。

合规检查是证券监管现场检查的重点。合规检查主要是针对证券市场的违规行为，进行调查、取证和处罚等。检查的违规内容主要包括：①内幕交易，指根据尚未公布的信息买卖证券或泄露内幕消息帮助他人买卖证券的行为。②操纵市场，指利用资金、信息等优势制造市场假象，影响市场价格，扰乱市场秩序以从中牟利的行为。③欺诈客户，指证券发行者或证券公司在证券发行、交易中违背投资者意愿、损害客户利益的行为。④虚假陈述，指在证券发行、交易中对其真实情况有隐瞒、误导、遗漏，造成对他人损害的行为。⑤信用交易，指证券公司鼓励或默许投资者透支购买证券或延长交割时间，然后收取好处的行为。

风险检查主要是根据非现场监督当中发现的问题，对证券机构的风险状况进行实地审查、测量、分析和判断。风险检查的主要内容包括市场风险、资本、盈利性、内部控制和流动性等。通过风险检查，以准确衡量证券机构的风险，并在同一类别机构对比的基础上，准确判断证券市场的风险程度、风险来源和变化等。

四、调查处理违法行为

《证券法》规定了若干种类应予处罚的违法行为，包括：擅自公开或者变相公开发行证券的行为；以欺骗手段骗取发行核准的行为；承销或者代理买卖未经核准擅自公开发行的证券行为；内幕交易、操纵股市、欺诈客户的行为；骗取证券业务许可、非法开设证券交易场所、擅自设立证券公司或者非法经营证券业务的行为；证券公司、证券登记结算机构挪用客户的资金或者证券，或者未经客户的委托，擅自为客户买卖证券的行为；编造、传播虚假信息，扰乱证券市场的行为；提交虚假证明文件或者采取其他欺诈手段隐瞒重要事实骗取证券业务许可的行为；证券监督管理机构的工作人员和发行审核委员会的组成人员滥用职权、玩忽职守，利用职务便利牟取不正当利益，或者泄露所知悉的有关单位和个人的商业秘密的行为等。对于这些违法行为进行行政处罚的职责由中国证监会承担。

中国证监会对违法行为查处时，实行案件调查与处罚决定分开进行，建立调查权与处罚权相互配合、相互制约的机制。贯彻分工明确、职责清楚、程序规范、精简高效的原则，并对重大案件实行集体讨论制度。根据我国《行政处罚法》和有关法律法规及部门规章的规定，行政处罚分为五个阶段：①案件的调查；②案件的审理；③告知、听证程序；④《行政处罚决定书》的签发和送达；⑤执行。

第五节 对我国证券监管执法的监督约束

一、对我国证券监管执法监督约束的必要性

《证券法》赋予我国证券监管机构广泛的权力，既包括典型行政权性质的审批权、核准权以及行政处罚权，也包括类似立法权的规章、规则制定权。行政法理论认为，公共权力是由人民赋予的，应当用来为公共利益服务，并受人民的监督，但公共权力的行使有可能偏离为公共利益服务的目标，被掌权者滥用，甚至成为个人谋取私利的工具。"权力倾向于腐败，绝对的权力意味着绝对的腐败。"其结果是损害市场的公平和效率，也阻碍市场的发展。

健全证券监管权的监督约束机制，对公共权力的行使加以有效的监督和制约，防止权力腐败，更好地实现证券监管的目标，既是依法行政的要求，也是证券市场健康、有序发展的内在要求。

1. 对我国证券监管执法进行监督约束能够促使被监管者自觉守法，提高监管的有效性。通过恰当的监督约束，使监管者独立、公正、高效地履行监管权力，可以增强监管者的公信力和道德权威；有效的监督约束下的监管权力行使，能够对市场参与者产生示范作用，影响到监管对象的公司治理质量的提高，改善内部控制制度，自觉遵守监管法律法规。

2. 对我国证券监管执法进行监督约束能够实现监管权力运行的制度化和程序化，促使监管者主动实施监管。欲使监管者主动实施监管，需要具备三个条件：①监管者相对独立，在实施监管时不受政府其他部门和监管对象的不当干预；②监管者能够平衡利益冲突；③监管者滥用权力和玩忽职守的行为将被严惩。通过建立科学有效的框架，对我国证券监管的监督约束，有助于满足上述三个条件，确保证券监管权力的有效行使，防止行政不作为，实现有效的证券监管，达到保护投资者利益的目的。

二、我国证券监管执法的内部约束

（一）制约权力

从我国证券监管规章、规则的制定，到具体权力部门的设置，再到权力的行使，都要进行内部约束。中国证监会具有部门规章的制定权。这些规章的内容往往涉及我国证券市场上大量无先例、无参照物、无明确界定的概念。对这些概念的界定、规范，往往会牵动多方面的利益。为了对规章制定权进行制约，需要确立一套规章制定的制约机制，防止权力的滥用、误用。对审批权、审核权行使更要进行制约，《证券法》确立的发行审核委员会制度，是对股票发行监管权进行制约的具体体现。此外，还包括对证券违法行为查处权的制约。在履行对证券违法行为的查处职责方面，制约机制的重点在于调查权与处罚决定权的分离，确立了调查权与处罚权相互配合、相互制约的机制。

《证券法》还对证券监督管理机构从事监督检查和调查行为作出了程序性规定：监督检查、调查的人员不得少于2人，并应当出示合法证件和监督检查、调查通知书或者其他执法文书；监督检查、调查人员少于2人或者未出示合法证件和监督检查、调查通知书或者其他执法文书的，被检查、调查的单位和个人有权拒绝。

（二）避免利益冲突

证券监管权由监管者行使，如果出现利益冲突，将出现减弱甚至丧失其作为法定监管者执法的公正性，很可能滋生以权谋私等不正之风。《证券法》第40、51、179条等条款规定了可能存在利益冲突的场合，证券监管者要予以避免。

（三）保持透明度

证券监管机构及其工作人员的行为是一种行政执法行为，应当保持透明度，以便接受社会公众的监督，防止职权被滥用。根据《证券法》第174条的规定，保持透明度的要求包括两方面：①证券监管机构依法制定的规章、规则和监督管理工作制度应当公开；②证券监管机构依据调查结果，对证券违法行为作出的处罚决定，应当公开。

（四）尽职责任

证券监管权力是通过证券监督管理机构工作人员的行为来实现的，为了确保对证券市场有效、公正的管理，法律规定了国务院证券监督管理机构工作人员的尽职责任。《证券法》第179条第2款规定，证券监督管理机构工作人员在任职期间，或者离职后在《公务员法》规定的期限内，不得到与原工作业务直接相关的企业或者其他营利性组织任职，不得从事与原工作业务直接相关的营利性活动。

（五）保密义务

证券监管机构的工作人员在依法履行职责、进行监督检查和调查过程中，很可能触及被检查、调查单位和个人的商业秘密，这些秘密一旦泄漏，往往会给相关的企业和个人带来经济损失。为此，《证券法》第179条第1款规定，证券监督管理机构工作人员必须忠于职守、依法办事、公正廉洁，不得利用职务便利牟取不正当利益，不得泄露所知悉的有关单位和个人的商业秘密。

（六）操守要求

操守要求是指证券监管机构的工作人员在监管活动中，要保持良好的职业道德，具有正直诚实的品质。操守约束包括监管机构的道德规范、职员行为操守的考评、违法违纪的查处等内容，是监管机构及其工作人员自我约束的重要依据。我国证券监督管理机构执行《中国证券监督管理委员会工作人员行为准则》，用以约束监管人员的行为。

三、我国证券监管执法的外部监督

（一）立法监督

由于我国证券市场处于快速发展中，对于我国证券市场的管理，应当给予证监会一定的立法和规则制定权，以适应市场的变化。但同时，证监会制定的规章应当接受全国人大常委会的审查，通过人大监督使政府的立法能够更加公正，符合市场的要求。根据《宪法》的规定，全国人大常委会有权监督国务院及其各部委的工作，包括对证监会执法工作的监督。2001年进行的《证券法》执行检查，是立法机关对证券领域执法实行监督的典型事例。

（二）司法监督

司法对权力的监督主要是指对行政权力加以制约监督。在我国，司法权对行政权实行的监督是一种事后监督。司法机关的独立性是形成对政府权力制约的重要前提，是作为制约主体的首要本质特征。法院在宪法和法律的保障下，独立行使审判权，监督行政权力的运作，形成对政府的权力制约，这是依法治国的重要内容。

从广义上理解，法院对证券市场行为的执法也是证券监管的组成部分。并且，审查行政监管者的监管行为是否在法律尺度之内也是法院的权力，对监管的"监管"是对行政监管合法性的保障。当然，与证券监管者主动介入证券市场的监管执法不同，法院的执法是被动式执法，并且法院在市场各主体之间保持中立，甚至更侧重于对监管者的行为进行法律监督。我国的证券监管基本上采取"行政主导"的模式，中国证监会及其他政府部门在市场监管方面的作用十分突出。相对而言，司法机关较少介入证券事务。但是，随着证券法律的逐步完善、证券纠纷的增多以及维权意识的提高，法院也面临越来越多地涉及证券的诉讼。法院对证券监管者的监督作用日益显现。

（三）审计监督

国家审计机关是依宪法设立的国务院职能部门，在国务院总理的领导下依法对国务院各部门和地方各级政府的财政收支进行独立审计监督。我国《证券法》第8条规定，国家审计机关依法对证券监督管理机构进行审计监督，从而达到维护国家财经纪律、监督证券监管机构的目的。

（四）舆论监督

舆论监督并不具有强制力，但是其影响力和监督作用却不容忽视。在证券市场上，各类媒体对公共权力机构和上市公司的"揭丑行为"可以改善政府和投资者之间、投资者和上市公司之间的信息不对称状态，从而保护中小投资者的利益。作为与政府机构、机构投资者和上市公司中的既得利益者相抗衡的民间力量，媒体在促进证券市场公开透明以及证券监管的民主化、公司决策的民主化进程方面已经并且正在发挥着不可替代的作用。新闻机构本身并非权力机构，监督行政权力会使之承受巨大的压力和挑战。为此，既要进一步提高我国证券监管机构的透明度，又要实现舆论监督的制度化、规范化和程序化，保障舆论监督作用的充分发挥。

■ 前沿问题

17-1　对中国证监会法律性质的定位和法律变革的新思考

■ 思考题

1. 主要证券市场监管架构中的监管主体各是什么？
2. 我国证券监管体制的特点是什么？
3. 我国证券监督管理机构的职责和权限有哪些？
4. 对我国证券监督管理机构执法进行监督约束的原因何在？如何进行监督约束？

第十八章　证券业的自律监管

■ 学习目的和要求

　　自律监管是证券监管体系的重要组成部分，其主要通过证券业协会、证券交易所、证券公司等三种方式实现自我监管。证券业协会是自律监管的重要组成部分，由于经济体制、法律传统等的影响，证券业协会的自律监管作用也存在差异。

　　学习本章，应掌握证券业自律的机理、功能及其优缺点，证券业协会的概念、特征及其职能，中国证券业协会的职责、组织架构及其对投资者利益保护所发挥的作用；了解主要国家证券业协会的概况。

第一节　证券业自律监管概述

　　证券业自律监管通常包括三个方面的内容：对市场交易活动进行监督；对市场参与者进行注册管理、准入管理和相应的持续管理；以维护市场的公平、秩序和运作效率为出发点，处理争议，保护市场参与者的利益。证券业自律监管早于政府对证券市场的集中监管。美国在 18 世纪就存在证券经纪商结成的自律组织。英国在 1986 年《金融服务法》颁布以前的相当长的时间内没有证券管理的专门立法。目前，各主要证券市场，在实现政府管理的同时，根据证券市场的特殊性，结合所在地区的实际，采取不同程度的自律监管，与政府监管形成良性互动。

一、自律监管及其机理和功能

（一）自律监管的机理

　　自律是相对他律而言的，其基本做法是由同一行业的从业人员组织起来，共同制定规则，以此约束自己的行为，实现行业内部的自我监管，保护自己的利益。证券市场自律即由证券从业人员自发组织起来，制定规则，以进行自我规范、自我管理。它有三个要素：①组织内最初制定政策的人是实践者，这些实践者不仅包括中介机构，也包括市场的使用者；②自律组织由市场提供经费，而非由公共资金或政府拨款支持；③自律源于市场参与者的公共利益。排斥自律监管的监管结构难以实现有效监管目标，因此需要有自律监管机制的配合。

　　政府部门在依赖自律组织的一线监管的同时，多对自律组织的市场运作以及自律监管行为施以监管，以保证它们能有效行使职责和权力，避免损害公众利益的行为的出现。此外，自律监管还要面临来自受害者事后的赔偿诉讼，自律行为不当导致的任何损失都有可能引发受害者相应的赔偿诉讼。这两方面的压力使得自律监管组织必须诚信勤勉，恪尽职守，加强行业的自我约束管理，使行业免受来自政府的处罚和来自受害者的赔偿诉讼请求。当然，除了来自外界的直接压力以外，促使自律监管有效发挥作用的更有其内在机制，其中最为重要的是声誉机制和市场竞争力量本身。声誉机制意味着牺牲短期利益以换取长远利益，只有一个公平、高效和透明的市场运行环境，才能吸引越来越多的投资者加入进来，使得市场不断扩展壮大。

只有随着市场的发展，市场主要参与者才能分享市场成长的果实，获取更大的收益。此外，伴随着经济全球化和金融一体化，信息和资本的流通障碍日益变小，投资者面对的不再是以前那种单一狭小的市场，而是一个全天候、实时的全球性市场。由于投资者选择机会的增多，通过自律组织维持一个公平、高效和透明的市场环境，将有利于增加对投资者的吸引力，壮大投资者群体，在激烈的市场竞争中立于不败之地。

（二）证券业自律监管的功能

因为政府的监管存在缺陷，要求自律组织监管成为一种补充。在许多国家，证券自律组织是在政府证券监管机构的监管和指导下发挥行业自律作用。目前国际上存在着多种自律监管模式，而且各国使用自律的程度也各有不同。在大多数国家，自律组织的共同特点是：自律组织与政府监管机构相分离，一般由业内人士参与其运作，适当的情况下也可以由投资者参与。

自律组织的管理规章往往是政府部门所订立的证券法律更为严格和细密的延伸。在具体监管事务的处理上，自律组织一般取代政府部门而担当绝大多数的调查和执行职能。有的市场对自律组织的市场运作以及自律监管行为进行严密的监管，以保证它们能有效行使职责和权力，避免损害公众利益的行为的出现。自律组织以行为者的自觉进行约束，可以触及法律不能到达的灰色地带，因而更为有效。由于自律组织由其成员共同制定行为规范，并且得到法律的承认与授权，因此，其管理权兼具权利和权力双重属性。政府虽然主导着证券市场的监管，但政府的很多政策意图必须依靠自律组织去贯彻实施。投资者虽然可以通过事后的赔偿诉讼来维护自身的合法权益，但他们更希望自律组织加强对行业的自我约束和自我管理，以提供一个公平、高效和透明的市场环境。因此，自律组织在证券监管体系中起着十分重要的、承上启下的作用，不可或缺。声誉机制、市场竞争、来自政府和投资者的压力共同促使自律监管发挥有效作用。

二、证券业自律监管的特征

由自律监管在证券市场中发挥的特殊作用所决定，自律性监管具有不同于政府监管的特征。

1. 补充性。这是政府监管职能的延伸与发展的细化在自律监管中的直接体现。政府监管一般采取经济和法律手段，由于证券市场自身的复杂性，证券市场存在的问题不能完全通过以上方式得到解决。因为证券市场的问题不单纯是法律问题和经济问题，还有道德问题，而且在证券市场的实际操作中，很多技术问题等也非政府监管能够解决；在政府监管难以发挥作用的领域，自律性管理则发挥着独特的作用。自律性组织通过自身的组织机构与行业管理，将国家的有关证券的法律、规则、方针、政策等，落实到每个证券公司及其从业人员中，通过其媒介作用，使证券监管机构与证券市场的管理有机地结合起来，并将其演化为自觉的行动。该职能从深化证券管理作用的角度看，起着对证券机构间接管理的补充作用，并在一定程度上减轻了政府监管的压力。

2. 督导性。这是自律性监管功能的内在要求。自律性组织通过对会员的监督、指导，引导会员自觉地遵守证券法律、法规，通过为会员提供全面、系统的服务，不断提高证券从业人员的职业道德水准和业务水平，自觉防范证券市场风险。这种监督、指导是建立在会员公司和自律组织间平等、协商、协调、协作的基础上的，行业自律性组织主要通过劝诫、检查、批评和罚款等行政性手段对其会员的违纪行为进行处罚，以维持自律监管秩序，推动行业发展。

3. 建议性。这是行业自律性监管组织的重要任务。自律组织通过证券公司及其从业人员的努力，对证券公司发展中存在的所有问题系统、深入地研究，寻找证券市场发展的客观规律，为证券监管机构提供证券市场发展的长远战略和政策建议。

4. 传导性。在政府的宏观管理和券商的微观经济活动之间，需要有一个组织将二者有机地联系起来，以此为桥梁，在证券监管部门与证券公司之间建立起上传下达、下情上知的双向交流机制。一方面，传达政府的意图，把证券公司及其整体的行业发展纳入国民经济发展的总体规划中，实现行业发展的正规化、长期性和稳定性；另一方面，协调券商的行为，反映券商的要求，使证券监管部门能够随时了解证券市场发展中存在的各种问题，在广泛听取各种建议和要求的情况下，使各项措施的出台更具科学性、针对性和可操作性。

5. 服务性。这是自律监管的基本内容，它包括两个方面的内容：一方面，行业协会要为会员服务。行业协会应充分发挥其面向所有证券公司的行业辐射优势，为会员提供全方位、多层次的信息、业务等服务，使自律性监管始终建立在全面提高行业水平的基础上。另一方面，行业协会要为政府监管部门服务。充分发挥行业协会的服务功能，可以在一定程度上克服市场固有的缺陷，即市场调节机制的事后性和因公共产品的非营利性引致的市场投入不足的弊端，以实现社会经济发展的效率与公平的目标。

三、证券业自律监管的优势和局限

（一）证券业自律监管的优势

自律监管制度之所以为各主要市场经济国家证券法律所确认，在于自律监管制度具有许多优势。从历史的角度看，政府监管是在过去自律监管基础上的完善，先有自律监管，后有政府监管，自律组织是监管机构实现证券法规目标的有益补充，是监管机构直接管理的补充和延续。我国台湾学者余雪明认为，证券监管机构的管理是法律层次，自律监管是道德层次，两者可以互为补充。自律监管以行为者的自觉进行约束，可以触及法律不能到达的死角，因而更为有效。由于自律组织同样制定行为规范，并且得到法律的承认与授权，因此，其管理具有准法律的性质。由于自律监管有其不可替代的作用和优点，使得自律监管仍然可以在快速发展的证券市场中日益壮大成熟，成为整个证券监管体系中不可或缺的重要组成部分。

1. 自律监管具有灵活性。自律监管的一个重要好处是：自律监管者能在早期阶段察觉与理解复杂的问题，并采取相应的措施予以解决。这种随时发现问题、随时解决的灵活性，能够使潜在的危机在发生之前得到缓解。自律监管规则本身及其如何实施，可以方便地根据市场条件变化作出适当的调整，而且自律监管可以实施灵活的、高标准的道德规范和行为准则。与此相比，政府制定的法律应保持连续性和相对的稳定性，不宜经常变化，并且一般只能规定最低标准。依据道德标准的自律监管可以减少法律的刚性，更灵活地适应市场的变化。

2. 自律监管具有专业性。证券市场的主要参与者都是自律组织的成员，自律监管来自被管理的组织与个人，因此自律组织储备着大量的专业人才，这些人才大多是监管组织中的管理人员与雇员，是证券市场的参与者，因此更熟悉证券市场的运作及其出现的问题，在自律监管中，这些专业人员能够充分发挥自己的专业优势，提出专业的解决办法。同样，自律组织出台的规章也更容易为被监管者接受，并能较好地遵守。

3. 自律监管效率更高。自律监管的基础是会员之间的契约，因此，自律监管是建立在业内参与者自愿接受的基础之上的，其制定的监管规则一般都能得到被监管者的普遍认同，这样就减少了监管规则的执行阻力，监管规则也能得到被监管者的心理认同。自律监管具备商业上的敏感性，往往能意识到什么样的规则更有益于投资者与市场使用者。这与政府监管过程中立法与执行的繁琐程序形成鲜明对照。

4. 自律监管成本较低。自律监管机构一般是以会员组织的一个组成部分而运作，因此自律组织成员在利益上的一致性保证了监管者有监管成本最小化的动机。由于自律监管在成本上比较有效，并且这些成本大部分由被监管者来承担，因此成本已经在监管成本与监管收益的权衡过程中得以内生化，这将引致最优的监管水平。有效的自律监管可以减少政府监管的成本，从而减轻纳税人的负担。通过自律监管也能减少法律纠纷，显著降低诉讼成本。此外，自律组织本身的管理费用较低，会员具有很大的内在动力，以增加限制自律组织费用的可能性。

此外，随着资本的国际化，证券市场也正在走向国际化，一国证券市场的波动的影响往往都是全球性的，因此，对证券市场的监管也要逐步实现国际的合作。由于受国家主权的限制，政府的监管只能局限在一国范围之内，而自律组织的监管权力则可通过契约而获得。通过签署合同即能实现自律监管的国际化，这比政府之间通过备忘录或谅解协议进行跨国界监管要简单、迅速得多。

（二）自律监管的局限性

自律监管也有其固有的缺陷：①自律监管仅能作用于有限的市场参与者——自律组织的会员。由于自律监管是基于契约关系或自愿，使得自律仅限于会员，因此，自律监管能否有效处理具有外部性的问题尚存疑虑。②自律监管可能会限制竞争，形成垄断壁垒。在自律监管的场合，只有自律组织的会员才必须遵守规则，而这些规则通常将会成为行业规范，导致这些规则也施加于非会员。更为重要的是：会员管理着自律组织，负责这些规则的制定，因此存在着自律组织通过制定规则制造隐性进入壁垒的风险，从而为外部进入者开展正常有序的竞争和创新活动设置障碍。③自律监管的实施存在变数：自律组织能否筹集到足够的资金用于调查违规行为尚存疑虑；自律监管手段比较有限，不具备强制的约束力；很多自律组织在很多领域中都负有相似的责任和义务，由此可能造成它们之间的职能重复和利益冲突。④自律监管存在利益冲突。由于各自的目标不同，自律组织之间、自律组织及其会员之间、自律组织会员与非会员之间可能会存在利益冲突。自律组织可能受各方面压力集团的影响，妨碍正常有序的竞争，使得政府要花费大量精力进行彼此间的协调沟通工作。⑤自律监管较多地关注那些经常发生的小问题，而对那些发生概率较小的大问题（如系统风险等）的关注不够。

总之，相对于政府监管来说，自律监管既有其无法替代的优点，也有其自身固有的缺陷，因此，在整个证券监管体系中，两者都有其发挥作用的空间。政府监管适宜于那些需要一个稳定、清晰和可预期的制度环境的地方，而自律监管则适宜于那些需要较为具体详细、灵活的制度环境的地方。自律监管既需要政府监管给予支持，也需要通过加强政府监管以保证自律监管功能得以充分发挥。政府监管和自律监管相互促进，相辅相成，在更大程度上是一种互补关系，而不是替代关系。

第二节　外国证券业协会的比较

一、证券业协会的概念及其特征

证券业协会，又称证券商同业公会，是指由证券经营机构组成的全国证券行业自律性监管的组织，具有社团法人资格。

根据职责的不同，国际上的证券业协会通常有两种类型：一种是具有行业自律监管职责的行业协会即证券业自律组织，如美国证券业协会（NASD）、日本证券业协会（JSDA）、加拿大证券业协会（IDA）、韩国证券业协会（KSDA）；另一种是没有自律监管职责的行业协会，其主要职能是负责行业内的沟通和交流、代表行业向政府提供建议等，如英国、法国、澳大利亚、新加坡、马来西亚及我国香港特别行政区的证券业协会。无论是哪种类型，归结起来，其设立的目的都是促使证券交易的公正进行，保护投资者利益，谋求证券业的健康发展。

各国证券业协会通常具有如下特征：

（一）证券业协会是社会团体法人

所谓社会团体法人，是指由市场主体自愿组织成立的从事社会公益、学术研究、文学艺术等活动的一种法人。这种法人一般具有下述特点：①市场主体自愿成立；②其成员自愿出资成立自己的团体财产或基金，该财产或基金属于团体所有；③成员共同制定团体的章程；④以自己的财产承担民事责任；⑤不以营利为目的。证券业协会作为社团法人，其主要任务是促进证券市场的健康发展，推行证券交易法规，协调会员之间的关系，保护会员的合法权益。

（二）证券业协会是行业性和自律性组织

所谓自律，是指由协会会员通过订立章程对协会进行自我管理、自我约束。协会的成员自己组织起来，成立一个团体，一方面可以共同对抗外界包括政府的不当干预；另一方面，通过加入协会可以协调彼此关系，从而避免同行成员的共同排挤，参与公平竞争。为了促进证券业的自我约束，各国证券法律一般要求证券经营机构都必须加入证券业协会。

（三）接受政府机构的指导与监督

无论是具有自律监管职责类型的协会，还是纯粹的行业性组织，这些国家和地区的证券业协会在强调行业自律特点的同时，都自觉接受政府部门的监督指导，忠实履行法律赋予的职能，起到行政监管的重要补充作用。因此，从根本上讲，自律监管与政府监管的目标是一致的，那就是：繁荣国家经济，促进证券市场健康发展，保护投资者利益。

二、证券业协会的职能

作为有效维护证券市场运作的直接执行者，证券业协会为实现其宗旨，在对证券机构的具体业务行为规范中发挥了很大的作用，具体职能体现在以下各个方面：

（一）制定行业自律规则

证券业协会依照国家和地区相关法律制定相应的规则与章程，是保证证券业协会正常运转、维持证券交易公平顺畅、维护证券业稳健发展的必要条件。

全美证券交易商协会成立不久，由一个特别委员会制定了"统一执业准则"。第二次世界大战期间，全美证券交易商协会制定了新规则，规定了会员和注册人员的资格标准，以及协会纪律、处分权力和程序；韩国证券商协会颁布了公平交易规则、场外交易市场规则、场外债券交易规则、投资咨询规则等一系列自律规则；我国台湾地区证券商同业公会制定了覆盖面极广的自律规则与行业标准，涉及自律公约、收取手续费自律规则与行业标准等共计四十余件。各国或地区的证券业协会通过自律规则的制定，使会员在有章可循的基础上提高自律能力，促进行业健康发展。

（二）解决争端、调解和仲裁

随着证券市场规模的扩大，证券业协会在争端解决中日益扮演重要角色。其解决的争端包括投资者和证券公司之间、证券公司与其雇员之间、证券公司之间的争端。解决方式主要包括调解和仲裁。例如，日本证券商协会通过下设的调解仲裁委员会和设立在各个地区的投诉办公室来进行这项工作。前者主要负责一些较大的争端，后者负责处理本地区日常投诉、咨询和意见。韩国证券商协会下设投资者保护中心，负责调查并确定投资者的投诉，将调查结果送达会员，同时也参与调解投资者与会员的纠纷。全美证券交易商协会下设的监管公司也提供仲裁和调解服务。

（三）证券从业人员的管理

一般而言，各国政府监管部门主要侧重于机构的管理，而把对从业人员的管理授权给证券业协会。这种管理包括两个方面：①对从业人员的道德素质进行要求，通过法律、法规和自律规范进行自我约束；②对其业务素质进行要求，通过组织证券从业人员资格考试和进行教育培训得以实现。例如，全美证券交易商协会建有培训学院，为金融从业人员和监管者提供高质量的培训项目。其下辖的监管公司管理着证券经纪人的资格考试，考试内容十分广泛，包括证券法、行业自律规则、证券市场的运作和各种证券的应用、特征和税收政策。日本证券商协会在全国设立了4个培训中心，通过这些中心在全国对证券管理人员和一般员工进行各类培训。韩国证券商协会通过设立专门的证券学院对从业人员进行培训和考核，并根据学员能力的高低安排不同水平的课程。

（四）组织管理场外交易市场

许多国家的证券市场都有场外交易体系，而场外证券交易的管理则由各国证券业协会负责。例如，全美证券交易商协会管理着世界上最大的电子化市场——纳斯达克市场（NASD），1998年，纳斯达克市场与美国股票交易所合并，使其涉足的市场领域更为深入和广泛。日本场外证券交易管理也依靠证券商协会。韩国证券商协会也承担了许多市场监管职能，如二板市场（KOS-DAQ）、场外交易市场（OTCBB）、场外债券市场的管理。

（五）证券公司的管理

为了全面反映证券公司的资产流动性和整体业务的经营风险，满足对证券公司经营风险加强监管的需要，世界主要国家与地区的证券业协会都加强了对证券经营机构资本充足状况的监管。衡量证券经营机构"资本充足"状况的重要指标是"净资本"或"净资产"。在美国，证券商在其净资产低于早期警戒线时必须同时向证券交易委员会和全美证券交易商协会报告；在日本，证券商协会要求证券公司对其资本充足率的计算作出说明，并提交金融监督厅作出必要的修订。

另外，对证券商行为的管理是指对证券商的经营活动及其从业人员、管理人员的行为进行监督管理。证券商最易出现的欺诈舞弊行为包括：操纵市场价格、散布虚假信息、利用证券信用进行投机、骗取客户资金为己谋利等，各国证券业协会对此一般都实行较严格的监控。

全美证券交易商协会通过自律监管公司对其下属的五千多个会员逐一进行经纪业务的现场检查，并会同纽约证券交易所对其共同会员进行联合检查。检查包括：经纪人推荐证券的合理性、是否有未经授权的交易、佣金收取是否合理、是否滥用客户账户等。全美证券交易商协会自律监管公司除了动用自有力量外，还会同证券交易委员会、联邦调查局、律师公会等组织对垃圾股交易进行调查。

（六）部分执法职能

证券业协会有义务向政府监管部门报告其发现的证券机构违法、违规行为，配合政府监管部门对证券机构进行调查，向其提供证据，移交超出其监管职责范围的违法、违规案件。证券业协会有权调查可疑的不正当行为，处罚公司及其职员。在美国，该职能主要由全美证券交易商协会的执法检查部等承担；在韩国，证券商协会也有同美国证券商协会相类似的执法职能。

三、主要国家证券业协会的概况

尽管世界主要国家和地区的证券业协会有共同的宗旨，但其侧重有所不同。例如，日本证券商协会关注的首要问题是如何重新搞活证券市场；加拿大、我国台湾地区的证券业协会则将发展证券市场以促进经济发展放在首位；而全美证券交易商协会则将保护投资者利益放在首位，认为无论投资环境发生什么样的变化，协会都应站在保护投资者利益的第一线。

作为有效维护证券市场运作的直接执行者，证券业协会为实现其宗旨，在对证券机构的具体业务行为规范中发挥了很大的作用。

（一）美国证券商协会（NASD）

美国是实施政府集中统一监管模式的典型代表，政府是证券监管的主导力量。政府制定证券法律法规，设立专门的全国性监管机构，通过实施这些法律法规，对全国证券市场进行集中统一监管。

虽然美国证券市场中政府机构的监管起着主导作用，但自律监管在美国证券市场上也发挥着重要的作用。美国目前有 8 个国家证券交易所和 1 个全国证券商协会，其他还有各种地方性的证券业协会和其他职业共同体等，这些组织成了美国证券自律监管的重要力量，其中规模最大的自律组织就是全国证券交易商协会（NASD）。

1938 年的《马罗尼法》（The Maloney Act of 1938）对 1934 年《美国证券交易法》的第十五章 A 部分进行了补充，规定建立证券业自律机构，接受证券交易委员会的指导与监督，负责柜台交易市场。根据此法令，美国证券业协会于 1939 年成立，并于同年在证券交易委员会注册。

NASD 是一个行业自律组织，依法在 SEC 注册，依据国会赋予的特殊权力对其会员进行监管，它是规范柜台市场的唯一行业自律机构。NASD 的主要管理职能是：

1. 制定行业自律规则。美国证券业协会在成立之初，依照相关的国家法律制定了相应的规则与章程，保护了证券业协会的正常运转、维持证券交易公平顺利地进行。目前，NASD 共有 11 900 条规则，涉及四个方面：会员与注册规则、市场规则以及程序规则，对会员、从业人员的资格要求，会员公司的管理、场外市场交易以及 NASD 纪律处分和程序。

2. 建立会员制度，负责所有参加 NASD 的证券商的会员注册，监督和检查会员的日常经营活动。证券公司所有的专业人员必须在 NASD 注册，这些专业人员包括公司合伙人、董事、经理、部门主管、业务人员等，注册需要填报的内容广泛而详细，重点包括个人就业经历和接受各类处罚的经历。对会员公司的检查由会员部总部指导各地分支机构进行，分为常规检查和个案检查。个案检查是指在接到客户对会员的投诉时进行的检查。常规检查是按会员公司规模、会员业务内容、风险程度的不同将会员分成不同检查周期，目前有 1 年、2 年、4 年三类周期，按会员所属的周期定期对其业务进行全面检查。常规检查的基本内容有：会员各类业务记录的及时性和准确性；与客户相关的推销行为、代理买卖业务和佣金等是否合规；会员的广告行为；会员的保证金账户业务；是否存在欺诈、操纵内幕交易行为；财务状况等。

3. 考试与培训。取得注册资格前，从业人员必须先通过美国证券业协会举办的各类资格考试。注册人员从事的业务不同，所需参加的考试种类也不同。目前，NASD 提供的考试类别有三十多种。

4. 调解和仲裁。美国证券业协会行使调解和仲裁职责已有三十多年的历史，调解和仲裁的投资标的包括证券、债券、期权、公共基金以及其他类型的证券。为了提高调解和仲裁的质量，协会招聘、培养、管理了大批的擅长调解、仲裁的专业人士。

5. 监管场外交易市场。美国证券业协会在 SEC 的监督和指导下对美国场外交易市场进行监管。提供电子化的统计系统、报价系统和转账结算系统，并利用该系统指导证券投资方向和资金流向，监视柜台交易中各种证券交易量和证券价格的变化，防止不法交易行为的发生。

6. 贯彻 SEC 的管理政策和各项规定，制定 NASD 的管理制度并监管执行。

（二）日本证券商协会

日本证券商协会（Japan Securities Dealers Association，简称 JSDA）成立于 1973 年，它是根据《日本证券交易法》第 68 条第 2 款的有关规定设立的，是法定的证券商自律组织。JSDA 的宗旨是"保护投资者利益，促进会员公司公平顺畅地进行证券买卖及其他类型的交易，保持非上市公司股票的顺畅交易"。

JSDA 的会员分为两类：普通会员（regular member）及特别会员（special member）。截至 2002 年 3 月，290 个证券公司（其中 49 个为外国证券公司）成为 JSDA 的普通会员，231 个金融机构（financial institution）成为其特别会员。1997 年，日本政府对金融系统进行大力改革，1998 年《金融系统改革法》生效，新的金融监管机构——金融监督厅（the Financial Services Agency）成立，原归大藏省的银行、证券和保险监督权由金融监督厅执行。此次改革使得银行和其他金融机构在金融监督厅注册后也能从事与证券相关的业务，因此，被日本证券商协会吸收为特别会员。

日本证券商协会的主要职责是：

1. 制定自律规则。JSDA 制定了一系列自律规则：维护证券市场诚信，促进会员公司对证券买卖的公平操作方面，如《公平经营操作规则》；加强证券交易的公开、透明，规范会员公司对证券的买卖操作方面，如《统一操作规则》；调解会员公司以及会员公司与客户之间的争端方面，如《争端调解规则》。随着证券市场的发展，不断有新的问题出现，因此，JSDA 不断地对规则进行调整、修订及补充。目前，他们正在制定有关规范证券分析师报告的规则。

2. 检查会员公司。根据相关规定，JSDA 负责检查证券公司的经营状况、资产、财务情况及证券公司的其他事务。如果证券公司的经营状况及财产情况不符合协会的相关规定，协会将对其提出警告。JSDA 定期对证券公司及注册的金融机构进行现场调查，检查销售及内部管理体系是否符合法律、法规及自律规则。检查的重点为：①客户资产的隔离；②销售人员的注册；③是否符合法律、法规；④是否符合"适合性原则"；⑤加强内部管理系统。除此之外，JSDA 还同其他自律组织一起对证券市场进行检查。在 2002 年，JSDA 同东京证券交易所、大阪证券交易所一起对 637 家证券公司共 103 只股票的交易情况进行了调查。

3. 从业人员的注册与培训。根据《日本证券交易法》，证券销售代表必须在 JSDA 注册，会员公司须及时向 JSDA 提供销售代表的注册及注销要求、姓名的更改以及其他方面的信息。JSDA 对会员公司的注册人员进行培训及考试，考试是通过计算机操作完成的。2002 年，会员公司中的近 2 万名从业人员通过了考试。另外，JSDA 在全国设立了 4 个培训中心，通过这些中心对全国证券公司管理人员和一般员工进行各类培训。对于在日本从业的外籍人士，协会还特别设计了英文试卷以便他们也能取得相应的资格。

4. 争端解决。为处理会员公司之间以及会员公司与其客户之间的争端，JSDA 有自己的调解体系，如果会员公司的客户投诉会员公司，调解委员会组织包括证券公司以及客户参加的听证会，尽量通过谈判方式解决争端。另外，JSDA 在各地区设立投诉办公室来处理客户投诉、回答交易方面的问题。调解委员会主要负责一些较大的争端，而地区办公室负责处理本地区日常的投诉和咨询。

5. 对证券行业的调查研究。JSDA 负责对证券行业的发展、运作及相关内容进行调查研究，如连续 3 年根据市场交易量对证券公司的平均佣金水平进行调查研究，对个人投资收入的税收问题进行研究等。

6. 与公众保持联络与沟通。JSDA 通过报纸、海报、传单介绍各项政策与制度，如"保管隔离系统"以及有关投资收入的税收政策等。

JSDA 还在高中、大学里开展了"证券市场活动"，这项活动的目的在于通过模拟证券交易来帮助学生们理解经济体制及证券市场，这项活动吸引了 1175 所学校的 62 746 名学生参加。另外，此项活动还在网上展开，吸引了 14 所学校的 912 名学生参加。此外，JSDA 还同东京、大阪交易所开展了其他形式的投资者教育活动。

7. 参与国际交流。JSDA 代表证券行业参与国际交流，如参加国际证券业协会及亚洲论坛的活动。

8. OTC 市场的管理。JSDA 管理 OTC 股票市场、OTC 债券市场以及上市公司的退市交易。OTC 股票市场的管理包括股票的注册与审查、对证券发行人的检查、公布股票信息及管理股票交易等方面。

（三）加拿大投资商协会

由于历史原因，加拿大证券监管一直没有形成全国集中统一的证券监管体系法，加拿大各省证监会长期独立履行各省监管职责，该局面导致加拿大证券行业的自律组织在行业监管方面发挥主要作用。各省单独颁布自己的证券法，其内容十分相近，其中安大略省的最有代表性。以安省的《证券法》为例，该法第 21 条第 1 款明确规定："安省证监会如果认为成立自律组织符合社会公共利益时，可以根据其申请认可自律组织。"其他省的《证券法》也有类似规定。

成立于 1916 年的加拿大投资商协会（the Investment Dealers Association，简称 IDA）是全国统一的证券业自律组织。2008 年该组织与市场监管局（RS）合并成立的加拿大投资业监管组织（Investment Industry Regulatory Organization of Canada，简称 IIROC）在证券公司监管方面实际承担着全国性监管机构的角色，履行管理交易商和市场、监督会员公司的良好运作以及维持市场的整体监管职能，对会员公司在资本充足和商业行为管理方面发布行业规则并进行监管检查和问责。目前有会员公司 190 家，会员公司的收入及资金占整个证券行业的 97%，会员公司共有雇员 39000 人。

IIROC 的宗旨是保护证券投资者，维护证券市场的诚信，建立公平、竞争、有效的资本市场。

加拿大证券商协会的主要职责是：

1. 从业人员的注册与培训。加拿大投资商协会对从业人员实行注册制度管理，要求从业人员有较高的专业水平及良好的教育背景，在会员公司从事交易及投资顾问的从业人员必须要注册，以保证他们进入证券业的时候具备好的品德及必要的专业教育。

1970 年，IDA 同其他自律组织一起建立了加拿大证券学院（CSI），为证券从业人员及投资者提供基础及继续性教育。地方政府为销售证券的注册人员提供加拿大证券课程。另外，在从业人员注册前，必须要在会员公司内部接受 90 天的内部培训，这些培训包括有关证券法律、法规及道德规范、行为操守等自律规则方面的内容。在注册后的 30 个月内，注册人员还必须通过专业财务计划和投资管理技巧两门课程中的一门。除此之外，会员公司高级管理人员、管理客户账户人员必须要通过专门为他们设置的课程。

2. 对会员公司财务状况及客户账户操作的检查。根据业务内容及资本金要求的不同，IIROC 检查会员公司的资本充足情况，一旦发现会员公司资本金不充足，就马上采取措施，要么命令其补充资本金，要么暂停其业务。IDA 监管会员公司对客户账户的操作，要求会员公司在为客户提供投资建议和代其交易时，要有充足的投资及客户风险承受能力方面的材料，证明是按客户的要求进行操作的。

3. 处理违规行为。IIROC 有权对会员公司及注册人员的投诉进行调查。如果会员公司或注册人员违规，IIROC 会依据情况采取斥责、罚款、暂停业务、停止从业资格等措施。

4. 制定行业自律规则。IIROC 下设的自律规则制定小组在充分调研、论证的基础上，会同 IDA 的会员部、财务检查部等部门一起制定行业的自律规则。目前，IIROC 的规章制度分三个部分：章程、规则以及政策。章程共有 39 条，主要规定协会及地方机构的职责、争端解决、会员公司的注册、会费、会员公司的合伙人、董事长、总经理的资格，从业人员的注册、会员公司的财务报告、最低资本金要求等。规则共有 23 条，主要规定保证金要求、交易及财务记录、审计要求、交易者、暂停会员资格、协会名称的使用、交易及交割、收益的提成、财务信息披露、期货合同及期权以及市政债券等。政策有 11 条，主要规定研究报告的限制及披露要求、报告及保存记录的要求、回购市场交易的操作程序、对从业人员的专业要求以及会员公司内部控制的要求等。

5. 设立投资者保护公司。IIROC 与其他自律组织共同建立了加拿大投资者保护基金，这样万一会员公司破产，个人投资者可以得到最高限额为 100 万加元的赔偿。另外，IDA 负责出版宣传资料，进行投资者教育。

6. 监管市场。IIROC 对制定债券及股票市场标准与规则有重要作用。IIROC 是国库券、债券及公司信用债券等固定收益市场的主要监管者，监管着会员公司在固定收益市场上的各种活动，并同加拿大银行、联邦财政部一起制定一级及二级债券市场的交易及销售规则。

7. 同政府沟通、参与国际交流。IIROC 是证券行业的代言人。在联邦政府及省政府立法或制定一系列政府债券管理的监管政策时，IIROC 代表证券行业提出建议。另外，IIROC 代表行业利益参与国际活动，同国际证券业监管机构及自律组织一起协调国际证券行业的监管。

（四）英国证券行业协会

英国是一个具有典型的自律传统的国家，各种会员式的行业协会构成了英国市场管理的主要力量。英国的证券业自律监管从监管主体角度分为两个层次：第一层次是由证券交易所构成的一线监管；第二层次是由证券交易所协会、收购与合并问题专门小组和证券业理事会三个机构组成的自律监管体系。

英国的第二层次的证券自律监管体系由三个非政府机构组成，主要为英国证券交易所协会，其实质属于行业协会，它由伦敦证券交易所和英国其他 6 个地方性证券交易所的经纪商和自营商组成。其会员为证券交易所，通过对交易所的监管，为交易所监管其会员提供各种行为规则，从而实质上成为监管英国证券市场的重要自律机构。英国企业收购和合并问题专门小组是一个由英格兰银行总裁提议设立的研究机构，其职责是起草管制企业并购的规则。英国证券业理事会是由英格兰银行提议而设立的一个由 10 个以上专业协会代表组成的民间证券管理组织。其主要工作是制定、执行有关交易的各项规则，如《证券交易所行为规则》《大规模收购股权的规则》等。该理事会下设一个常务委员会，负责调查证券业内人士根据有关规则提出的投诉。

从性质上看，英国的这三个证券监管组织都属于民间社团，与政府机构之间是相对独立的。但是，随着时间的推移，英国纯粹的自律模式越来越不能满足对证券市场监管的需要，英国逐渐加强了政府对证券市场的监管，突出表现在 1948 年《英国公司法》与 1986 年《金融服务法》两部法律的实施，包含了诸多政府参与证券市场运行的规则。但是，总体而言，英国的证券监管体制受政府的影响不大，仍然是自律监管的模式。

（五）法国证券行业协会

欧洲大陆国家的证券监管模式大多介于美国与英国模式之间，既注重政府的直接监管，又注重民间组织的自律监管，其中以法国和德国最为典型。

法国对证券业的监管既强调政府的直接干预，又注重自律机构的自律监管。证券经纪人协会和证券交易所均为行业自律机构。其中，证券经纪人协会是由全国证券交易所的经纪人组成，主要职权包括：组织实施证券市场交易的监督管理；监管协会成员和证券经纪人的日常经营活动；审查申请上市公司的资料，并将审查意见提交证券交易所委员会通过；稽核检查和惩处证券经纪人的违法行为。证券交易所协会的主要职责是向证券交易所监管委员会提供咨询，并监督证券经纪人的活动。

第三节　中国证券业协会的自律监管

关于中国证券业协会的相关问题，本书在上一章已有所涉及，在此，仅就以下问题作进一步的阐释。

一、中国证券业协会的职责

中国证券业协会依据法律、行政法规和证券行业规范发展的需要行使相关职责。

《证券法》第166条规定了中国证券业协会的职责：

1. 教育和组织会员及其从业人员遵守证券法律、行政法规，组织开展证券行业诚信建设，督促证券行业履行社会责任。

2. 依法维护会员的合法权益，向证券监督管理机构反映会员的建议和要求。

3. 督促会员开展投资者教育和保护活动，维护投资者合法权益。

4. 制定和实施证券行业自律规则，监督、检查会员及其从业人员行为，对违反法律、行政法规、自律规则或者协会章程的，按照规定给予纪律处分或者实施其他自律管理措施。

5. 制定证券行业业务规范，组织从业人员的业务培训。

6. 组织会员就证券行业的发展、运作及有关内容进行研究，收集整理、发布证券相关信息，提供会员服务，组织行业交流，引导行业创新发展。

7. 对会员之间、会员与客户之间发生的证券业务纠纷进行调解。

8. 证券业协会章程规定的其他职责。

除了法律和行政法规赋予的职责之外，协会还依据行业规范发展的需要，行使下列自律管理职责：①推动行业诚信建设，开展行业诚信评价，实施诚信引导与激励，开展行业诚信教育，督促和检查会员依法履行公告义务；②组织证券从业人员水平考试；③推动行业开展投资者教育，组织制作投资者教育产品，普及证券知识；④推动会员信息化建设和信息安全保障能力的提高，经政府有关部门批准，开展行业科学技术奖励，组织制定行业技术标准和指引；⑤组织开展证券业国际交流与合作，代表中国证券业加入相关国际组织，推动相关资质互认以及其他涉及自律、服务、传导的职责。

二、中国证券业协会的组织机构

我国证券法以及证券业协会的章程规定，中国证券业协会的组织机构由会员大会、理事会、常务理事会、秘书处组成。中国证券业协会的最高权力机构是由全体会员组成的会员大会。理事会为其执行机构，在会员大会闭会期间领导协会开展日常工作，对会员大会负责。

协会实行会长负责制，设会长1名，副会长若干名，会长、副会长任期4年，可连选连任。协会会长行使下列职权：召集和主持常务理事会会议、会长办公会；主持协会日常办事机构工作；组织实施协会的年度工作计划、预决算；提名秘书长；聘请业内外专家担任协会顾问；聘任副秘书长、各专业委员会主要负责人；聘任协会日常办事机构各部门主要负责人，聘用协会专职工作人员；常务理事会授予的其他职权。协会会长办公会由会长、专职副会长、秘书长、副秘书长以及会长指定的其他人员参加。会长办公会行使以下职权：执行会员大会、理事会、常务理事会决议；决定协会日常工作重大事项。

（一）会员大会

根据我国《证券法》第164条第3款的规定，证券业协会的权力机构为全体会员组成的会员大会。会员大会的职责是：①制定和修改章程；②审议理事会工作报告和协会财务报告；③审议监事会工作报告；④选举和罢免会员理事、监事；⑤决定会费收缴标准；⑥决定协会的合并、分立、终止；⑦决定其他应由会员大会审议的事项。

会员大会分为定期大会和临时大会。定期大会每4年至少召开1次，理事会认为有必要或由1/3以上会员联名提议时，可召开临时会员大会。会员大会的决议必须有半数以上的会员出席，并由半数以上出席会员投票才能通过。

（二）理事会

我国《证券法》第167条规定："证券业协会设理事会。理事会成员依章程的规定由选举产生。"理事会是会员大会的执行机构，在会员大会闭会期间领导协会开展日常工作，对会员大会负责。理事会由会员理事和非会员理事组成。会员理事由会员大会选举产生，非会员理事由中国证监会委派，非会员理事不超过理事总数的1/5。理事会的职权是：①筹备召开会员大会，向会员大会报告工作和财务情况；②贯彻、执行会员大会的决议；③审议通过自律规则、行业标准和业务规范；④选举或罢免协会会长、副会长、常务理事，聘任秘书长；⑤在会员大会闭会期间，罢免不履职理事；⑥决定专业委员会的设立、注销和更名；⑦聘任各专业委员会主任委员、副主任委员；⑧提请召开临时会员大会；⑨审议协会年度工作报告和工作计划；⑩审议协会年度财务预算和决算；⑪审议会长办公会提请审议的各项议案；⑫决定其他应由理事会审议的重大事项。理事会每年至少召开1次会议。常务理事会认为必要或1/3以上理事联名提议时，可召开理事会临时会议。理事会会议须有2/3以上理事出席，其决议须经到会理事2/3以上表决通过。

（三）常务理事会

协会设常务理事会，对理事会负责。常务理事会是理事会闭会期间具体行使理事会职责的机构，常务理事会由会长、副会长、秘书长和非会员理事组成。其职责是在理事会闭会期间，行使除①筹备召开会员大会，向会员大会报告工作和财务情况；②选举或罢免协会会长、副会长、常务理事，聘任秘书长；③在会员大会闭会期间，罢免不履职理事；④其他应由理事会审议的重大事项外的理事会其他职权。常务理事会每6个月至少召开1次会议，会长认为必要时亦可召开。常务理事会会议须2/3以上成员出席，其决议须经到会常务理事会成员半数以上表决通过。

（四）监事会

协会设监事会，由全体监事组成，监事会是协会工作的监督机构。监事会的职责是：①监督协会章程、会员大会各项决议的实施情况并向会员大会报告；②监督理事会的工作；③选举和罢免监事长、副监事长；④在会员大会闭会期间，罢免不履职监事；⑤监督协会的会费收取及财务预决算执行情况；⑥决定其他应由监事会审议的事项。

（五）会长

协会实行会长负责制，会长为协会法定代表人。协会设会长 1 名，专职副会长和兼职副会长若干名，会长和专职副会长由中国证监会提名，兼职副会长从会员理事中遴选，由理事会选举产生。会长、副会长任期 4 年，连任不超过两届，可连选连任。协会会长行使下列职权：①召集和主持理事会、常务理事会会议、会长办公会；②主持协会日常办事机构工作；③组织实施协会的年度工作计划、财务预决算；④聘任副秘书长，提请理事会聘任提名秘书长；⑤代表协会签署有关重要文件；⑥理事会、常务理事会授予的其他职权。

协会设会长办公会，由会长、专职副会长、秘书长、副秘书长以及会长指定的其他人员参加组成。会长办公会行使以下职权：①执行会员大会、理事会、常务理事会决议；②提请召开常务理事会临时会议；③审议行业自律规则、协会年度工作计划和财务预决算，交理事会或常务理事会决定；④决定协会日常工作重大事项；⑤制订协会内部管理制度；⑥拟订协会日常办事机构的设置，报中国证监会批准；⑦提请罢免理事、监事资格；⑧审议并决定会员、观察员资格；⑨提名各专业委员会主任委员、副主任委员，聘任各专业委员会委员；⑩会员大会、理事会、常务理事会授予的其他职权。

（六）秘书处

秘书处负责协会的日常工作，设秘书长 1 人，副秘书长若干人。

三、中国证券业协会的自律监管对投资者保护的意义

从缘起上看，同业者是为保护其共同利益而自发组织起来，通过建立并维护市场公平交易的秩序来实现其自身的商业利益，有着浓重的行业保护特色。但客观上，同业者通过其组织共同制定和实施市场运行的规则，促进了交易的便捷，实现了交易的安全。在约束自身行为、实现行业内部的自我监管、保护自身利益并维护本行业发展的同时，也直接或间接地惠及包括投资者在内的其他市场参与者。在证券市场上，通过证券业协会和证券交易所等自律组织的自我管理，约束证券公司、上市公司、证券投资基金管理公司等会员的行为，维护证券市场的高效、有序运行，顺利实现证券的流通，也对投资者的保护有着重要意义。

（一）通过教育和组织会员遵守法律、法规，查处违规行为而进行的保护

各主要证券市场的自律组织无一例外地把教育和组织会员守法合规经营作为其职责，证券法律法规以保护投资者为目的，证券公司等自律组织的会员依法规范经营，有利于投资者的保护。中国证券业协会监督、检查会员行为，对违反法律、法规或章程的行为给予调查处理，维护证券市场良好的秩序，对投资者利益的保护大有裨益。

（二）通过调解投资者之间的纠纷而进行的保护

证券市场参与者众多，发生争议和纠纷的概率较高。争议和纠纷都通过诉讼解决，耗时长，成本高。可由自律组织管理行业内部事务，提供一定的证券纠纷解决渠道。我国《证券法》第 166 条规定，证券业协会"对会员之间、会员与客户之间发生的证券业务纠纷进行调解"。投资者与自律组织会员纠纷的快速解决，对投资者权利保护的意义不言而喻。

（三）执行市场准入和证券从业人员管理制度，不断提高从业者的专业水准和职业操守

相当多的证券市场上的证券交易所和证券业协会通过制定和执行上市标准，推进上市公司质量的提高。证券市场的复杂性和高度的技术性，对从业者的要求很高，各国自律组

织对证券从业人员进行管理，进行从业资格考试、组织业务和法律法规、职业道德等方面的持续教育。还通过法律法规、自律规则的实施，规范从业人员的行为，建立从业档案，进行跟踪管理。只有高素质的从业者，才能为投资者提供高质量的专业服务。

（四）监督检查会员业务活动并评估揭示风险，确保市场交易顺畅和会员的合规经营

自律组织按照有关规定以证券上市、暂停上市、恢复上市、终止上市等方式监督上市者的行为。通过建立市场交易电子监控系统，及时发现证券价格的异常波动，并据此调查处理可能出现的不法行为。还可以采取技术性停牌和临时停市的措施应对突发事件和不可抗力等因素，以维护证券交易秩序。同时，自律组织定期和不定期地对会员的财务状况、业务状况、内部风险控制机制的完善情况和有效性进行检查和评估。对发现的异常风险，要求会员采取改善措施，对发现的违规行为进行制裁，以此督促会员及时有效控制风险、合规经营。

四、完善我国证券业协会自律功能需解决的几个重要问题

（一）实现协会自律组织的独立性

自律组织独立于行政机关，在法律地位、法定权利、经费、人员上保持独立性，对于确保证券市场管理的层次化具有十分关键的意义。行业协会自治应当被限定在法律的框架内，即在法制引导下自治；同时对行业协会的管理方式是依法管理，而非行政权力的任性。只有自律组织实现独立，才能发挥其在证券市场上的应有作用。

（二）体现协会自律监管的专业性

由于金融市场变得日益复杂，自律监管组织必须对金融服务行业及其监管框架具有浓厚的兴趣和较为完备的专业知识。自律组织及其会员必须参与影响这一行业的各种规则变动的讨论和制定；而自律组织的专业技能、经验也对规则的有效设计、实施和评估至关重要。

（三）增强协会自律监管方式的适应性

相对于政府监管来说，灵活性是自律监管的主要优点之一。为此，自律组织以创新、及时和敏锐的方式对市场发生的各种变化作出快速反应，并以其弹性对市场主体的自由和政府强制进行平衡。

要实现上述要求，就需要政府对待证券业协会自律监管既要适度积极，又要适度消极。

1. 政府应当积极为证券业自律监管的健康发展创造良好的外部环境。所谓的"适度积极"角色，实质上是一种"主导型"角色。这种角色的承担需要遵循以下路径：①支持型路径，实践中的证券业自律组织的自治权不充分，也还很不成熟，需要政府的支持与鼓励；②服务型路径，培育证券行业自律组织成员的归属性和认同感，这就需要强化政府的服务功能，通过行业协会的自治及时了解其成员的需求并提供有效服务；③诱导型路径，证券市场的迅速发展必然对现有的体制提出各种各样的挑战，对此，政府应当加以正确的诱导，使其发展步入正轨。当然，这种服务路径是过渡时期的特殊路径，随着我国市场经济体制的完善，政府的主导型色彩将更为淡化。

2. 政府应当扮演好"适度消极"角色。我国证券市场的过度管制侵蚀着自律监管的生存空间，致使行会自治权始终无法生成。随着证券化实践的发展，特别是权力多元化成为社会良性发展的基本保障，在证券市场上，政府权力不能再占据社会的所有领域，需要

积极退出，政府应当转换权力运作方式以规则管理取代权力管理。政府改直接管理方式为间接管理方式，通过立法一方面鼓励证券业自律组织建立健全内部章程和自律公约等行规，实现自治；另一方面从宪法的高度保障自律组织成员的协作自由权。事实上，政府能否扮演好"适度消极"角色，在于对新时期政府权力的重新调整和定位，在于通过立法鼓励社会自治权的发展，从而激发社会机体的活力。

第四节　上市公司协会的自律监管

中国上市公司协会于 2012 年 2 月 15 日在北京正式成立。至此，我国上市公司协会从地方级到国家级均有建立，中国上市公司协会的成立可以作为我国上市公司协会制度最终形成的标志。上市公司协会的自律监管也开始真正发挥作用。

一、上市公司协会的基本特征

从经济法的角度来考察，上市公司协会属于社会协调主体中的社会团体。上市公司协会是依据《证券法》和《社会团体登记管理条例》等相关规定成立的，由上市公司及相关机构等，以资本市场统一规范为纽带，维护会员合法权益而结成的全国性自律组织，是非营利性的社会团体法人，见《中国上市公司协会章程》第 2 条。上市公司协会这一社会团体作为社会协调主体地位，主要是通过对其团体成员的自律、利益维护以及便利与政府及相关利益团体的沟通协调等职能来体现的。

上市公司协会具有以下主要特征：

（一）非营利性

上市公司协会为非营利性组织，不得以营利为目的从事相应的经营活动，这是社会团体区别于作为市场主体的企业的主要特征之一。根据《中国上市公司协会章程》第 53 条的规定，上市公司协会的经费来源是：①会费。《中国上市公司协会会费标准及管理办法》第 2 条规定，会员按以下规定每年缴纳年会费：会员年会费标准为 1 万元/年，会员理事、会员监事为 8 万元/年，会员常务理事为 10 万元/年，会员副会长、会员副监事长为 20 万元/年。②捐赠。③政府资助。④在核准的业务范围内开展活动或服务的收入。⑤利息。⑥其他合法收入。上市公司协会作为社会协调主体，可以有利润，但利润不是用于组织内部的分配而是用于扩大服务的规模、降低服务成本或价格。协会为维系存续而收取费用，为弥补活动成本而收取费用，以法律允许的方式从事某些投资活动，只要其收益不是为了向其成员分配，而是为了维系团体存续，不应认定为营利性行为。即使协会在活动中有较多的资金剩余，也不能同公司企业一样将其分配，协会终止后的剩余财产，在中国证监会和民政部的监督下，按照国家有关规定，用于发展与本协会宗旨相关的事业，见《中国上市公司协会章程》第 68 条。

（二）自律性与自治性

自律最一般性的含义是：由同一行业的从业组织或人员组织起来，共同制定规则，以此约束自己的行为，实现行业内部的自我监管，维护自己的利益。无论是地方级的还是国家级的上市公司协会，在其章程中关于"本会宗旨"中均有自律监管的表述。实践证明，与政府干预的他律相比较，协会自律更为有效。它一方面加强了协会的权威，避免了政府的过度介入；另一方面使得自律机制能与政府干预的他律机制相协调，从而将协会所实现的自律秩序纳入既定的经济法律秩序中。自律性与自治性密不可分，二者互为目的和手段。自治性是指协会的成员通过章程等社会契约赋予行业协会治理协会成员的权力。中国上市公司协会对其会员的管理规范除章程之外，还专门制定有《中国上市公司协会会员管理办法》。只有这种自治权力的存在，协会才能够真正实现自我约束、自我规范、自我控制、自我管理。

（三）共益性与民主性

协会是会员上市公司发起设立的，主要任务是表达会员上市公司的共同诉求，维护会员上市公司的群体利益，协调上市公司涉及的公共事务和进行自律。概括地讲，就是为会员上市公司的共同利益服务。协会作为会员服务的非营利组织，其设立和管理都以民主为基础。民主性主要表现在：①社团成员的平等性，即协会的成员不论其是单位会员还是个人会员，也不论其作为单位会员本身组织规模、资本数额、经营能力差异如何巨大，对协会承担的义务如何不同（如缴纳会费的多少），在协会内部都是权利平等的成员。②成员加入或退出的自由性。但是，为了实现对某类特殊行业或市场领域的有效管理，法律或法规也可以对这些特定行业或市场领域的社会团体规定强制入会制度，故中国上市公司协会的会员中，上市公司为强制入会，依法在境内公开发行股票的非上市公众公司以及经中国证监会批准的境外上市公司才为自由加入或退出，见《中国上市公司协会章程》第8条。③内部管理的民主性，即协会内部管理以其会员的民主管理为其基本特征。协会以会员大会为最高权力机构，在制定协会章程、规约、作出重大决定时，由其成员通过会员大会等形式，在民主协商的前提下，根据少数服从多数的原则决定。

二、上市公司协会的功能

上市公司协会作为市场经济中的社会协调主体，其功能分为基础功能和具体功能。前者是后者的目标或者目的，后者则是实现前者的具体途径或者手段。

（一）基础功能

主要包括两点：①协助国家纠正市场失灵的功能。其主要内容为：矫正不完全竞争市场，排除市场障碍；加强信息的交流和服务，克服市场调节的被动性和滞后性；提供公共产品，满足协会成员特殊的公共需求。②协助上市公司克服国家干预缺陷的功能。其主要内容为：防止政府监管机构权力的异化，维护协会成员的共同利益；矫正政府监管机构信息偏差，协助政府监管机构正确决策；提高公共产品供给效率；提高政府监管机构的政策效应。

（二）具体功能

具体功能主要体现在协会的业务范围，见《中国上市公司协会章程》第7条。主要内容如下：

1. 组织制定上市公司自律准则，制定董事、监事、高级管理人员的职业道德规范。

2. 依法维护会员的合法权益，向相关部门反映妨碍上市公司规范和持续发展的问题，建立完善沟通机制，协调会员与相关部门之间的关系，协助国家有关政策、措施的落实，营造有利于上市公司规范发展的环境。

3. 为会员提供投融资、并购重组等金融业务的政策、会计、法律咨询服务，支持会员利用资本市场做优做强。

4. 推动建立上市公司信用管理体系，推进上市公司诚信体系建设，倡导积极健康的股权文化和诚信文化。

5. 经政府有关部门授权或安排，开展以下工作：①组织制定上市公司治理规范，推动建立科学的上市公司治理及相关评价体系，推动上市公司的治理结构和机制不断完善；②制定董事、监事、高级管理人员行为指引；③组织实施上市公司独立董事、董事会秘书等专业人才的认证管理，并对其进行持续教育和培训，建立专业人才信息库，依照上市公司依照提出的具体要求提供备选人选；④统计上市公司相关信息，为相关部门决策提供依据。

6. 参与有关上市公司规范发展以及与信息披露相关的政策论证，提出上市公司有关政策、立法等方面的建议；推动上市公司履行信息披露义务。

7. 协助会员同新闻媒体进行沟通和联系，及时有效引导社会舆论，为上市公司创造良好的舆论环境。

8. 组织对上市公司董事、监事和高级管理人员及其他从业人员的培训，强化其法律意识、责任意识和诚信意识，提高其业务水平。

9. 指导上市公司加强投资者关系管理，为上市公司与投资者提供交流平台。

10. 受政府委托承办或根据市场和行业发展需要举办交易会、展览会等，为企业开拓市场创造条件。

11. 组织开展国际交流与合作，推动相关资质互认；为会员国际化发展和实施"走出去"战略服务。

12. 加强研究，积极探索促进上市公司可持续性发展的核心要素及共性规律；建立专家库，为会员持续健康发展提供智力支持，为监管部门决策提供参考。

13. 协调好上市公司与市场的和谐发展，鼓励上市公司承担相应的社会责任。

14. 承担中国证监会及其他政府有关部门委托的其他工作。

三、上市公司协会制度的比较

（一）协会设立的宗旨和目的比较

香港上市公司商会（CHKLC）设立的目的主要在于加强香港上市公司之间的商业联系，促进香港、内地及其他国家和地区上市公司之间的交流合作，推进企业管治，加强上市公司与有关监管机构的沟通，保障投资者利益，从而维护香港证券市场的有效运作，促进香港作为国际商业、贸易及金融中心的发展。

加拿大上市公司协会（CLCA）的设立目的在于通过与上市公司 CEO、董事、高管、顾问的联系与交流，为上市公司提供充足的市场信息和工具以应对市场可能的变化和挑战，从而维护上市公司的利益。

新西兰上市公司协会（LCA）旨在通过营造一个公平、充分、有效的管理体制维护股东利益，促进上市公司利益的最大化，增进资本市场的发展并强化投资者信心。

（二）协会的法律性质比较

中国上市公司协会在法律上被定性为社会团体法人，属于自律性的社团组织。就经济法层面而言，其主体性属于政府主体和市场主体之外的社会协调主体。

其他国家和地区的上市公司行业协会，在法律定性上通常也归属于自律性的社团组织。例如，我国香港地区的上市公司商会就是上市公司自发成立的自律性管理组织；加拿大上市公司协会（CLCA）在其官网上声明，它是一个旨在增进加拿大上市公司利益的独立和自愿性质的非营利组织；新西兰上市公司协会（LCA）同样在章程中指出，其属于上市公司的自律性规范组织。

（三）协会内部治理结构比较

1. 协会的组织体系。在协会的组织体系上，中国与世界其他国家和地区存在较大的差异。中国的全国性上市公司协会以及地方性上市公司协会，通常在其内部形成了一个多层级的组织体系：会员大会是协会内的最高权力和决策机构，会员大会下设理事会或常务理事会作为主要执行机构，理事会下又设立秘书长办公室等形式的日常执行机构，在日常执行机构下又设立各类管理委员会或专门委员会，分管财务、信息、咨询、教育、行政、文娱等各类事务。遵循"会员大会—理事会与监事会—常务理事会—会长办公会/秘书长办公会—专门委员会与管理委员会"的多层级体制。而世界其他国家和地区的上市公司协会，在组织结构上更多的为单一层级的组织体系：以会员大会为统一的最高权力或决策机构，在会员大会之下，直接设立各类专业委员会，履行上市公司协会的各项具体职责，不另外设立其他常设机构和执行机构，遵循机构的精简化与效率化原则。

相对而言，中国的上市公司协会的组织体系较为庞杂，一些专门委员会的职责模糊而笼统，与上市公司协会的主要职责相比，有偏离正题之嫌，同时在秘书处等一些机构的设置上，往往其中穿插有行政或党委的介入，使中国的上市公司协会带有明显的行政化倾向。

2. 协会的会员体制。作为全国性的上市公司协会，中国上市公司协会会员由单位会员和个人会员组成，单位会员包括普通会员、特别会员、团体会员和联系会员等。经中国证监会批准公开发行股票并在证券交易所上市的公司为协会普通会员。依法在境内公开发行股票的非上市公众公司，以及经中国证监会批准的境外上市公司可以申请为协会普通会员。证券期货交易所、证券登记结算公司、投资者保护基金公司等证券系统机构为协会特别会员。地方性上市公司协会，中资控股的境外上市企业，以及其他与上市公司相关的机构和个人，经过申请可以成为协会的其他会员。

在会员的类型设置上，中外上市公司协会并无实质差异，基本都设有单位会员和个人会员、普通会员和特别会员等。值得注意的是：中国上市公司协会的会员制具有一定的强制色彩，所有境内的上市公司都应当加入该协会，这与其他国家和地区有着显著的不同。我国香港地区及加拿大、新西兰、韩国、日本等国家和地区的上市公司协会都遵循自愿加入原则，例如，新西兰的上市公司协会的会员总市值占新西兰上市公司全部总市值的70%，约有30%市值的上市公司未加入协会，可见上市公司对是否加入协会有完全的自主选择权。

（四）协会的主要职责和日常活动比较

中国上市公司协会的基本职责被定位为"服务、自律、规范、提高"。服务是第一位的，自律、规范是协会经常性的工作内容，提高即提高上市公司质量，进而促进整个资本市场体系的完善和成熟。在四大职责中，服务是上市公司协会的安身立命之本，中国的上市公司协会作为自律性的社会团体组织，核心职能在于为上市公司提供专业服务、传导服务和维权服务，为上市公司的持续、健康成长营造良好环境。

对比其他国家和地区的上市公司协会，中国上市公司协会对"服务"职责的强调，并没什么与众不同，反而是借鉴了其他国家和地区的上市公司协会的做法后，试图将这一服务理念与模式贯彻到本土的协会中，一方面进一步凸显协会对于上市公司的规范和引导作用，另一方面也反映出中国上市公司协会去行政化的迫切需要。

由于全国性的上市公司协会设立时间过短，其服务职能还未能有充分显现，而纵观地方上市公司协会，其服务职能还发挥得远远不够，地方上市公司协会的日常事项更多地停留在泛泛的考察、交流、会议、论坛等层面，真正立足于上市公司利益的专业服务和维权服务并不充分，也不够细致。而以香港上市公司商会为代表的其他国家和地区的上市公司协会，在专业服务上做得更为高效、细致和到位。香港上市公司商会经常会定期举办专业性极强的小型午餐讲座，面向全体会员开放，讲座的主题涉及上市公司治理和上市行为规范等各方面、多领域，例如，股东身份的识别和代理表决权的征集，如何利用台湾存托凭证在台湾股市筹资，公司收购的财务和税务尽职调查，等等，以促进上市公司利益的最大化；商会还设有一系列董事培训课程，教授公司的内部监控与风险管理、资本管理、股价敏感资料以及如何做到交易公正等内容；此外，商会还举办有半天研讨会、全天研讨会、年度简报会、企业治理论坛等多种形式的活动，更为关键的是，当与上市公司相关的法规草案公布后、正式听证前，香港上市公司商会通常会请律师等专业人士向上市公司深入讲解，倾听上市公司的意见及顾虑，以便及时反映给政府部门，在对上市公司不利的法规可能出台时，香港上市公司商会也会挺身而出，香港上市公司商会还会主动向监管机构请求制定一些法规来维护上市公司的利益。

（五）协会与政府监管部门的关系对比

上市公司协会作为企业协会的一种，其与政府监管机构的关系从世界范围来看可分为以下三类：

1. 以美国为代表的英美法系国家采取的自由模式。自由模式指的是：行业协会处于独立于国家或政府之外的自治领域，实行"入会自由"原则，通过一定的行动或其存在本身对政府的公共政策产生影响或施加压力，维护行业的整体利益，国家或政府对行业协会的发展无需直接或专门的法律监管。

2. 以法国、德国为代表的大陆法系国家采取的合作监管模式。合作监管模式指的是：行业协会依法由政府授权或委托，从事部分公共事业的管理，政府有专门的法律对行业协会的发展和运作进行监管。行业协会在维护本行业整体利益的同时，需确保其与政府的目标相协调，即行业协会和政府以合作的态度对行业及其成员共同进行管理。

3. 日本的中间模式。日本采取的中间型模式是在借鉴和吸收了英美、大陆两种模式后形成的一种独特模式。在这种模式之下，协会具有一定的自治性，会员实行自由入会原则，政府不直接进行企业或行业的管理，而是通过协会加强与企业的沟通联系。但与此同时，政府对协会仍然进行一定的监管，典型的就是登记或年检制度。

■ 前沿问题

18-1　对上市公司协会与行业协会监管的问题

■ **思考题**

1. 证券业自律监管的优缺点各是什么？
2. 证券业自律有何特征？
3. 中国证券业协会的职责有哪些？
4. 中国证券业协会对投资者利益保护发挥哪些作用？
5. 主要国家证券业协会的概况如何？

第六编　证券违法行为与证券法律责任

第十九章　证券违法行为

■ **学习目的和要求**

学习本章应当掌握的重点内容是：证券违法行为的概念和特征，证券违法行为的分类以及内幕交易、操纵市场、虚假陈述、欺诈客户等行为的概念、特征及其表现形式。同时，还需进一步了解证券违法行为分为严重的证券违法行为和一般的违法行为：前者是指构成证券刑事犯罪，依法应当受到刑事制裁的证券违法行为；后者是指未构成犯罪而应当受到行政制裁或民事制裁的证券违法行为。

第一节　证券违法行为概述

有证券市场，就有证券市场的一切弊端，这也许正是事物运动的必然规律。证券市场在筹集资本、优化资源配置、提高经济效益、增进社会福利等方面，为人类带来了诸多的方便和巨大的好处。但与此同时，不可避免地会出现市场操纵、内幕交易、虚假陈述、欺诈客户等现象，给社会带来巨大的负面影响和巨额的成本支出。我们要发展证券市场，就必须预料到证券违法行为的不可避免，就必须用法律的手段预防和打击证券违法行为。实践证明，证券违法行为的法律控制是证券市场健康、高效和安全运行的重要法律保障。

一、证券违法行为的概念和特征

证券违法行为，是指行为人在证券的发行、上市、交易、监管及其他相关活动中，违反国家证券法律所实施的破坏证券市场秩序、损害投资者利益的行为。广义的证券违法行为包括证券犯罪这一违反证券刑事法律规定，应予以刑事惩罚的严重证券违法行为（证券刑事违法行为）；狭义的证券违法行为仅指行为的性质、情节、后果及社会危害程度未达到证券犯罪的程度，只应承担行政责任和（或）民事责任的一般证券违法行为，即证券行政违法行为和证券民事违法行为。当然，证券犯罪行为也有可能同时构成证券民事违法行为，即行为人在受刑事处罚的同时，需承担民事责任的还应承担相应的民事责任。证券违法行为，具有以下特征：

（一）证券违法行为主体的广泛性

证券违法行为的主体既包括自然人，也包括法人和其他组织；既包括证券发行、上市和交易的当事人，也包括为证券发行、上市和交易提供服务的当事人；既包括一般的证券市场主体，也包括证券监管机构及其工作人员。从理论上分析，证券违法行为的主体大体可以分为三类：①证券交易当事人，即从事证券发行、上市和交易（买卖）的当事人；②证券服务关系当事人，即为证券交易提供服务的机构及其从业人员；③证券监管机构及其工作人员。具体而言，证券违法行为的主体主要有：证券发行人与上市公司，从事证券交易的单位和个人，证券经营机构，证券服务机构，证券从业人员，证券管理机构，证券业管理人员，证券业自律性组织，等等。

（二）证券违法行为主观心态的多样性

构成证券犯罪的行为人在主观上大多表现为故意，即明知所实施的行为具有违法性、会产生破坏证券市场正常管理秩序、侵害证券投资者合法权益的危害结果，仍希望或放纵这种危害结果的发生。证券犯罪一般都是直接故意，行为人在主观上具有不惜采取非法手段来获取经济利益或减少经济损失的犯罪目的。过失实施的违反证券法律的危害行为，一般不构成证券犯罪。一般证券违法行为，有的由故意构成，有的由过失构成。但是，在多数的证券民事违法行为和证券行政违法行为中，法律并不要求行为人主观上一定是故意，或者法律不问其是否存在故意或过失，甚至在一些场合，行为人没有主观过错（即没有故意和过失），只要行为人实施了某一具体的证券违法行为，就构成违法。例如，证券发行人和上市公司的虚假陈述行为等，法律就没有要求行为人具有主观过错。

（三）证券违法行为侵犯的客体具有双重性

证券违法行为侵害了证券市场的交易与服务秩序。公开、公平、公正、诚实信用、遵纪守法既是证券市场运行的基本原则，也是证券市场交易与服务秩序的根本保证。证券违法行为是对这些基本原则的践踏，必然会危害投资者的利益，破坏交易安全和交易秩序。同时，证券违法行为也侵害了证券市场的正常管理秩序。证券市场由于以证券等虚拟产品为交易对象，因而必须由规则来支撑。国家监管的目的就在于督促和保障这些规则的实施，从而建立起健康、良好与可持续发展的证券市场秩序。证券违法行为在侵害证券交易与服务秩序的同时，也侵害了国家正常的证券管理秩序。因此，证券违法行为有一个突出的特点：其侵害的是双重客体。

（四）证券违法行为的证券违法性

一般意义上的违法行为在客观上必须表现出其违法性。证券违法行为与其他领域的违法行为的根本区别，就在于证券违法行为违反的是证券法律。其意义在于：首先，证券违法行为必须以证券法律规范的存在为前提，没有证券法律规范，也就不存在证券违法行为。不过，这里的证券法律应当是指广义的证券法，既包括《证券法》及其配套的行政法规和规章，也包括其他法律与行政法规中有关证券的法律规范（如刑法中的证券犯罪）。具体而言，证券违法行为违反的法律既包括国家立法机关制定的《证券法》及其相关的法律，也包括国家最高行政机关制定的证券行政法规，还包括证券管理机关及其他主管机关制定的规章以及执法、司法机关发布的规定、标准、办法和司法解释。此外，还包括证券自律性组织制定的规约、章程和证券交易机构制定的具体交易规则。关于证券行业协会与证券交易所等制定的证券交易与监管规则或细则，由于源于《证券法》的授权，内容又是对证券法律和证券行政法规基本原则和基本制度的具体化，因而，也应当纳入《证券法》中"违反证券法"的范畴。其次，除了违法行为发生竞合的情况外，不是违反证券法的违法行为，不属于证券违法行为。发生竞合的情况主要发生于两种场合：①与刑法中的犯罪行为发生竞合，除了刑法规定的证券犯罪外，还包括其他一些可能与证券违法行为发生竞合的犯罪，如在证券发行、上市等过程中，行贿受贿以获取审核批准；②与其他法律中的违法行为发生竞合，如与《公司法》《反不正当竞争法》等法律中的一些违法行为发生竞合。

二、证券违法行为的分类

从实践来看，证券违法行为表现形式多样、种类繁多。从理论上对其梳理，对于认识证券违法行为，无疑具有重要的理论与实践意义。总结目前法学界关于证券违法行为的一般分类方法，我们可以从以下角度将证券违法行为划分为不同的种类：

（一）严重证券违法行为与一般证券违法行为

按证券违法行为是否触犯刑法为标准，证券违法行为可以分为严重证券违法行为（证券犯罪或证券刑事违法行为）和一般证券违法行为（证券民事违法行为和证券行政违法行为）。关于严重的证券违法行为，我国修正后的《刑法》规定了以下 7 种情况、14 个罪名的证券犯罪行为：①违反信息公开义务方面的犯罪：欺诈发行证券罪（第 160 条），违规披露、不披露重要信息罪（第 161 条），提供虚假证明文件罪（第 229 条第 1 款），出具证明文件重大失实罪（第 229 条第 3 款）。②伪造、变造有价证券方面的犯罪：伪造、变造国家有价证券罪（第 178 条第 1 款），伪造、变造股票、公司、企业债券罪（第 178 条第 2 款）。③擅自发行证券方面的犯罪：擅自发行股票、公司、企业债券罪（第 179 条）。④内幕交易方面的犯罪：内幕交易、泄露内幕信息罪（第 180 条第 1~3 款），利用未公开信息交易罪（第 180 条第 4 款）。⑤操纵市场方面的犯罪：操纵证券、期货市场罪（第 182 条）。⑥证券欺诈方面的犯罪：编造并传播证券、期货交易虚假信息罪（第 181 条第 1 款），诱骗投资者买卖证券、期货合约罪（第 181 条第 2 款），有价证券诈骗罪（第 197 条）。⑦滥用职权方面的犯罪：滥用管理公司、证券职权罪（第 403 条）。此外，《刑法》第 174 条的擅自设立金融机构罪和伪造、变造、转让金融机构经营许可证、批准文件罪，第 272 条的挪用资金罪，第 384 条的挪用公款罪，第 397 条的滥用职权罪、玩忽职守罪和徇私舞弊罪等，也与证券犯罪有关联。至于一般的证券违法行为，后文将作专门的介绍，此不赘述。

（二）证券民事违法行为、证券行政违法行为和证券刑事违法行为

按照行为承担责任形式的不同，证券违法行为可分为证券民事违法行为、证券行政违法行为和证券刑事违法行为。证券刑事违法行为，也就是前述严重证券违法行为或证券犯罪行为。证券民事违法行为和证券行政违法行为则是一般证券违法行为中的两种类别。证券民事违法行为是指行为人实施的违反证券法、损害其他证券市场主体的民事权益，依法应当承担民事责任的行为。证券法上的民事责任与民法中的民事责任并没有本质的区别，是民法上的民事责任在证券领域的应用，其主要形式是停止侵害、赔礼道歉、赔偿损失、支付违约金等。证券行政违法行为是指行为人实施的违反证券法、损害国家监管秩序，依法应当承担行政责任的行为。证券法上的行政责任包括行政处罚（如罚款、没收非法所得、取消上市资格）、行政处分和其他责任形式。

（三）证券交易违法行为、证券服务违法行为和证券监管违法行为

按照证券违法行为所发生的具体领域，证券违法行为可以分为证券交易违法行为、证券服务违法行为和证券监管违法行为。证券交易违法行为是指发生于证券发行、上市和买

卖过程中的违法行为。例如，发行人和上市公司及其相关人员在证券发行、上市中的违法行为；又如，一方当事人采用欺诈、胁迫等手段进行交易的行为。证券服务违法行为是指发生于证券服务领域（或服务关系中）的证券违法行为，如证券经纪机构、证券登记结算机构、审计机构、证券律师、证券咨询服务机构及其从业人员的证券违法行为。证券监管违法行为则是发生于监管过程或监管关系之中的证券违法行为，如证券监管机构及其工作人员在证券监管过程中的违法行为等。这种划分的主要意义在于：为我们揭示了证券违法行为在证券市场不同领域（或环节）的分布状况。

（四）禁止的证券交易行为和其他证券违法行为

按照行为本身的重要性及特点，证券违法行为可分为禁止的证券交易行为和其他证券违法行为。前者主要包括：欺诈客户、操纵市场、内幕交易、虚假陈述，非法接受委托行为，非法收购行为，非法买卖证券行为，等等。后者主要包括：非法经营证券行为，擅自发行、承销行为，非法设立证券交易场所、证券公司、证券交易服务机构的行为，证券监管机构非法履行职责行为，等等。其中，禁止的证券交易行为，如欺诈客户、操纵市场、内幕交易和虚假陈述等，一般又称为不公平证券交易行为或不正当证券交易行为，通常是各国证券立法规制的重点，也是本章将要介绍的重点内容。

（五）证券违法行为的其他分类方法

除了上述几种分类外，证券违法行为还有多种分类方法。例如，按照行为方式的不同，可将证券违法行为分为作为的证券违法行为和不作为的证券违法行为。作为与不作为是法律上的术语，作为的证券违法行为是指行为人基于一定的目的实施某种积极的违反证券法的行为；不作为的证券违法行为是指行为人负有为某种行为的证券法律义务而不为某种行为的违法行为。

第二节　内幕交易

一、内幕交易概述

内幕交易是一种最古老、最典型的证券违法行为。在我国，自证券市场建立时起，内幕交易就开始出现并伴随着证券市场的成长历程而不时兴风作浪。1994年，被一些学者视为"首例内幕交易案"的"襄樊上证营业部内幕交易案"露出水面。继后，"张家界旅游开发公司内幕交易案""北大方正副总裁王川内幕交易案""四川托普发展总裁戴礼辉内幕交易案""高法山内幕交易案"等相继曝出，大有愈演愈烈之势。[1]因此，内幕交易历来为《证券法》规制的重点。

内幕交易是指证券交易内幕信息的知情人和非法获取证券交易内幕信息的人利用内幕信息所从事的证券交易活动。内幕交易也称"内部人交易""内线交易"或"内情者交易"。在我国，学者们对于内幕交易构成要素的认识，可以分为两要素说、三要素说和四要素说等。如有人认为，内幕交易有两个核心要素：内幕信息和内幕人员。有人认为，内幕交易的构成要件主要包括行为主体、行为方式及内幕信息。有人认为，内幕交易有三个

---

[1]　胡光志：《内幕交易及其法律控制研究》，法律出版社2002年版，第4页。

构成要素：内幕人、内幕信息和主观方面。有人认为，内幕交易由四个要素构成：内幕信息、内幕人、内幕证券和证券交易。有人认为，内幕交易的构成要素有内幕人员、内幕信息、主观方面和客观方面。同时，有的学者则从刑法学的角度，讨论内幕交易罪的构成要件。此外，我国香港和台湾地区的学者，对此也有不同的认识。综合观之，内幕交易应当包括三个构成要素：内幕人员（知情人）、内幕信息和利用内幕信息的行为。其中，前两个为静态要素，第三个为动态要素。对这三个要素，下文将作专门论述。

内幕交易的实质是行为人利用内幕信息从事证券交易，目的是获得额外利益或者避免正常交易风险的损失。公开、公平和公正是各国证券法的基本原则。公开原则的核心是信息公开，只有建立在信息公开和信息共享的基础上，才会形成公正的证券市场秩序；公平原则意味着投资者获得信息的机会均等，尤其是利用证券信息的机会均等。内幕交易违背了公开、公平的基本原则，扰乱了正常的市场秩序，使信息和机会的天平倾斜于内幕信息拥有者。因此，禁止和取缔内幕交易是各国证券法的重要任务之一。

从世界范围来看，各国证券立法几乎都对内幕交易实施比较严格的法律规制。美国和日本证券立法都将内幕交易行为本身视为证券犯罪，我国修正后的《刑法》也将情节严重的内幕交易行为规定为证券犯罪行为（第180条）。为了公正地对待证券市场上的所有投资者，保证投资者依据同样的公开信息买卖证券，也为了禁止证券欺诈行为，维护证券市场秩序，保护投资者的合法权益和社会公共利益，国务院于1993年9月2日发布了《禁止证券欺诈行为暂行办法》。在《中华人民共和国证券法》颁布实施之前，该法规对我国证券发行、交易及相关活动中的内幕交易、操纵市场、欺诈客户、虚假陈述等行为进行了明确的界定并制定了相应的处罚措施。根据国务院2008年1月15日颁布的《国务院关于废止部分行政法规的决定》，该法规现已被废止。本章多处涉及该法规，都是作学术上的引用，特别是同现行《证券法》相关规定进行比较研究。2005年10月27日全国人大常委会第二次修订《证券法》时，又对禁止内幕交易制度作了进一步的充实：①扩大了内幕交易的范围，明确规定禁止非法获取内幕信息的人利用内幕信息从事证券交易活动（旧《证券法》第73、76条）；②增加了民事赔偿责任的条款，规定内幕交易行为给投资者造成损失的，行为人依法承担赔偿责任（旧《证券法》第76条）。2008年1月15日，国务院决定废止《禁止证券欺诈行为暂行办法》，相关内容由2005年10月27日公布的《证券法》代替。2007年3月27日，证监会印发《证券市场内幕交易行为认定指引（试行）》。[1]2011年7月13日最高人民法院印发的《关于审理证券行政处罚案件证据若干问题的座谈会纪要》，就内幕交易行为的规制提出了司法指导意见。上述指导意见中的有关知情人范围及其他相关规定，基本上被2019年《证券法》第50~54条所采纳。

二、内幕交易中的知情人

知情人是从事内幕交易的主体，是指知晓证券发行和证券上市公司内幕信息的人。无论是直接知晓还是间接知晓内幕信息的人，也无论是合法知晓还是违法知晓内幕信息的人，凡是事实上知悉内幕信息的人，都可以构成内幕交易中的知情人。

我国《证券法》出台之前，《股票发行与交易管理暂行条例》和《禁止证券欺诈行为

---

〔1〕《证券市场内幕交易行为认定指引（试行）》和《证券市场操纵行为认定指引（试行）》均于2020年10月30日被废止，但为了深入分析内幕交易和市场操纵行为，本书依然从学术的角度对其相关条款加以引用，特此说明。

暂行办法》并没有使用"知情人"这一称谓，而使用"内幕人员"这一术语。所谓"内幕人员"，是指任何由于持有发行人的股票，或者在发行人或与其有密切联系的企业中担任董事、监事、高级管理人员，或者由于其会员地位、管理地位、监督地位和职业地位，或者作为雇员、专业顾问履行职务，能够接触或者获取内幕信息的人员。1998年12月29日颁布的《证券法》，则以"知情人员"取代了前述法规中的"内幕人员"，2005年修订后的《证券法》则用"知情人"取代了"知情人员"。《证券市场内幕交易行为认定指引（试行）》中使用了"内幕人"这一术语。

从严格的语词学来看，"内幕人员"一般应当是指直接参与内部事务并知晓内部信息的人员（如公司董事、经理、监事等）。我国台湾地区的一些学者甚至将"内幕人员"直接称为"内部人"，将"内幕交易"称为"内部人交易"或"内线交易"。"知情人员"是指知悉公司内幕信息的人员，与"内幕人员"相比，其范围要广得多。它既包括前述"内幕人员"，也包括所有获得公司内幕信息但属于公司外部的所有人员。例如，现行《证券法》第50条和第53条还特别将非法获取内幕信息的人也纳入了知情人范畴之列。因此，"知情人员"更能科学地反映内幕交易主体的现实状况。"内幕人员"和"内幕人"、"知情人"与"知情人员"看上去没有本质的差异，但"人员"一词毕竟在习惯上往往是对自然人（个人）的指称，故它不能精确地反映内幕交易主体包括法人的社会现实。相较而言，使用"知情人"这一术语更为合适，而证监会使用"内幕人"这一称谓值得商榷。

根据不同标准，我们可以将知情人划分为不同的种类。以知情人的身份为标准，可将其分为公司知情人、市场知情人、政府机构知情人和其他知情人；按照获得内幕信息的合法性，可将知情人分为合法知情人和非法知情人。合法知情人，是指依其职务合法获得内幕信息的人；非法知情人，是指违法地获取内幕信息的人，例如，以窃取或者其他非法方式取得内幕信息的人。

从《证券法》第51条的规定来看，知情人主要包括：①发行人及其董事、监事、高级管理人员；②持有公司5%以上股份的股东及其董事、监事、高级管理人员，公司的实际控制人及其董事、监事、高级管理人员；③发行人控股或者实际控制的公司及其董事、监事、高级管理人员；④由于所任公司职务或者因与公司业务往来可以获取公司有关内幕信息的人员；⑤上市公司收购人或者重大资产交易方及其控股股东、实际控制人、董事、监事和高级管理人员；⑥因职务、工作可以获取内幕信息的证券交易场所、证券公司、证券登记结算机构、证券服务机构的有关人员；⑦因职责、工作可以获取内幕信息的证券监督管理机构工作人员；⑧因法定职责对证券的发行、交易或者对上市公司及其收购、重大资产交易进行管理可以获取内幕信息的有关主管部门、监管机构的工作人员；⑨国务院证券监督管理机构规定的可以获取内幕信息的其他人员。此外，根据《证券法》第51条和第53条的规定，非法知情人由于事实上占有了内幕信息，完全有可能利用内幕信息从事证券交易，因而也是一种特殊的知情人。

《证券市场内幕交易行为认定指引（试行）》第6条进一步扩大知情人范围，该条规定符合下列情形之一的，为证券交易的内幕人：①《证券法》第51条第1~8项规定的证券交易内幕信息的知情人。②中国证监会根据《证券法》第51条第9项授权而规定的其他证券交易内幕信息知情人，包括：发行人、上市公司；发行人、上市公司的控股股东、实际控制人控制的其他公司及其董事、监事、高级管理人员；上市公司并购重组参与方及其有关人员；因履行工作职责获取内幕信息的人；本条第 1 项及本项所规定的自然人的配偶。③本条第 1、2 项所规定的自然人的父母、子女以及其他因亲属关系获取内幕信息的人。④利用骗取、套取、偷听、监听或者私下交易等非法手段获取内幕信息的人。⑤通过其他途径获取内幕信息的人。《最高人民法院关于审理证券行政处罚案件证据若干问题的座谈会纪要》指出：监管机构提供的证据能够证明以下情形之一，且被处罚人不能作出合理说明或者提供证据排除其存在利用内幕信息从事相关证券交易活动的，人民法院可以确认被诉处罚决定认定的内幕交易行为成立：①《证券法》第 51 条规定的证券交易内幕信息知情人，进行了与该内幕信息有关的证券交易活动；②《证券法》第 51 条规定的内幕信息知情人的配偶、父母、子女以及其他有密切关系的人，其证券交易活动与该内幕信息基本吻合；③因履行工作职责知悉上述内幕信息并进行了与该信息有关的证券交易活动；④非法获取内幕信息，并进行了与该内幕信息有关的证券交易活动；⑤内幕信息公开前与内幕信息知情人或知晓该内幕信息的人联络、接触，其证券交易活动与内幕信息高度吻合。

三、内幕交易中的内幕信息

内幕信息是指在证券交易活动中，涉及公司经营、财务或者对该公司证券的市场价格有重大影响的尚未公开的信息。我国最早界定"内幕信息"的规范是《股票发行与交易管理暂行条例》。该条例采取概括的方法规定了内幕信息的概念："内幕信息是指有关发行人、证券经营机构、有收购意图的法人、证券监督管理机构、证券业自律性管理组织以及与其有密切联系的人员所知悉的尚未公开的可能影响股票市场价格的重大信息。"随后，原《禁止证券欺诈行为暂行办法》第 5 条改采概括式与列举式相结合的方法来界定内幕信息。该条第 1 款规定，"内幕信息是指为内幕人员所知悉的、尚未公开的和可能影响证券市场价格的重大信息"；第 2 款则列举了 26 项重大信息。不难看出，这些规定都是以内幕人员为中心来界定内幕信息的，也就是说，衡量某一信息是否构成内幕信息，必须首先确定该信息的持有人是否为内幕人员。这种界定方法存在两个明显的不足：①内幕人员的范围随着经济生活的变化而不断变化，用内幕人员来推论内幕信息，势必出现法律适用的尴尬；②在这种界定中，法律关注的重心是内幕人员，至于内幕信息本身的法律要素，却得不到足够的揭示。《证券法》虽然也采用概括式与列举式相结合的方法，但放弃了以内幕人员为中心的界定方法，并明确了内幕信息的基本构成要素。《证券法》第 52 条第 1 款规定："证券交易活动中，涉及发行人的经营、财务或者对该发行人证券的市场价格有重大影响的尚未公开的信息，为内幕信息。"根据这一规定，我们可以看出，内幕信息具有以下几个特征：

1. 内幕信息是影响证券价格的信息。内幕交易主要是借助证券价格涨跌而牟取利益或者减少损失，价格波动信息成为知情人实施内幕交易的直接动力。影响证券价格的因素极其复杂，证券价格是整个经济、政治和社会因素的集中体现形式之一。作为内幕信息的价格信息，主要指公司内部发生的与投资者判断投资证券价格走势有关的经营、财务等事件、事项、信息及其发生的变动。

2. 内幕信息是有关公司经营、财务等的内部信息。在《证券法》上，内幕信息仅指证券发行与上市公司的信息。根据原《禁止证券欺诈行为暂行办法》第 5 条第 2 款第 9 项的规定，内幕信息包括"可能对证券市场价格有显著影响的国家政策变化"，但现行《证券法》将内幕信息主要限定于公司或企业内部的信息，而非泛指各种与证券价格相关的信息。

3. 内幕信息是未公开信息。国务院《股票发行与交易管理暂行条例》明确规定，公布应以有关消息和文件刊登在中国证监会指定的报刊上为准，公开则以有关消息和文件备置于发行人及其证券承销机构的营业地和证监会，供投资人查阅为准。原《禁止证券欺诈行为暂行办法》第 5 条第 3 款规定，内幕信息不包括运用公开的信息和资料，对证券市场作出的预测和分析。信息是否公开，其认定的标准大致有以下几种：①以新闻发布会的形式公布；②通过全国性的新闻媒介；③市场消化了信息；④只要有相当数量的股票分析师知道，即使大部分投资者不知道，也算公开。从我国《证券法》的规定来看，是否公开主要应以信息是否公告为准。《证券法》第 86 条规定："依法披露的信息，应当在证券交易场所的网站和符合国务院证券监督管理机构规定条件的媒体发布，同时将其置备于公司住所、证券交易所，供社会公众查阅。"原《证券市场内幕交易行为认定指引（试行）》规定，公开是指内幕信息在中国证监会指定的报刊、网站等媒体披露，或者被一般投资者能够接触到的全国性报刊、网站等媒体揭露，或者被一般投资者广泛知悉和理解。

4. 内幕信息是有重大影响的信息。内幕信息应当是对证券价格有影响的信息，并应当达到一定的影响程度。如果内幕信息与证券价格无关或者影响程度轻微，就不属于《证券法》禁止的交易行为。对于重大影响的认定标准，《证券法》分别就不同情况作了规定，主要内容有：①某些事件本身构成具有重大影响的内幕信息，如公司合并、分立、解散、破产，股东会或董事会决议被法院撤销等。凡是出现上述情形的，无论对证券价格的影响程度如何，均属于内幕信息的范畴。②达到一定标准的事件，如超过净资产 10%以上的重大损失及公司营业用主要资产的抵押、出售或者报废一次超过该资产的 30%。发生损失或者抵押、出售或报废主要资产的情形并不绝对构成内幕信息，必须达到法定的数额。③规定一定的弹性标准，如公司的经营方针和经营范围的重大变化、公司的重大投资行为、重大的购置资产的决定、公司债务担保的重大变更等。

《证券法》第 80 条第 2 款、第 81 条第 2 款规定了内幕信息的具体类别：①公司的经营方针和经营范围的重大变化；②公司的重大投资行为，公司在 1 年内购买、出售重大资产超过公司资产总额 30%，或者公司营业用主要资产的抵押、质押、出售或者报废一次超过该资产的 30%；③公司订立重要合同、提供重大担保或者从事关联交易，可能对公司的资产、负债、权益和经营成果产生重要影响；④公司发生重大债务和未能清偿到期重大债务的违约情况；⑤公司发生重大亏损或者重大损失；⑥公司生产经营的外部条件发生的重大变化；⑦公司的董事、1/3 以上监事或者经理发生变动，董事长或者经理无法履行职责；⑧持有公司 5% 以上股份的股东或者实际控制人持有股份或者控制公司的情况发生较大变化，公司的实际控制人及其控制的其他企业从事与公司相同或者相似业务的情况发生较大变化；⑨公司分配股利、增资的计划，公司股权结构的重要变化，公司减资、合并、分立、解散及申请破产的决定，或者依法进入破产程序、被责令关闭；⑩涉及公司的重大诉讼、仲裁，股东大会、董事会决议被依法撤销或者宣告无效；⑪公司涉嫌犯罪被依法立案调查，公司的控股股东、实际控制人、董事、监事、高级管理人员涉嫌犯罪被依法采取强制措施；⑫国务院证券监督管理机构规定的其他事项。

根据《证券法》第 81 条第 2 款的规定，重大事件主要包括：①公司股权结构或者生产经营状况发生重大变化；②公司债券信用评级发生变化；③公司重大资产抵押、质押、出售、转让、报废；④公司发生未能清偿到期债务的情况；⑤公司新增借款或者对外提供担保超过上年末净资产的 20%；⑥公司放弃债权或者财产超过上年末净资产的 10%；⑦公司发生超过上年末净资产 10% 的重大损失；⑧公司分配股利，作出减资、合并、分立、解散及申请破产的决定，或者依法进入破产程序、被责令关闭；⑨涉及公司的重大诉讼、仲裁；⑩公司涉嫌犯罪被依法立案调查，公司的控股股东、实际控制人、董事、监事、高级管理人员涉嫌犯罪被依法采取强制措施；⑪国务院证券监督管理机构规定的其他事项。

根据原《证券市场内幕交易行为认定指引（试行）》第 8 条的规定，证券交易的内幕信息包括：①《证券法》第 67 条第 2 款所列重大事件；[1]②《证券法》第 75 条第 2 款第 2~7 项所列信息；[2]③中国证监会根据《证券法》第 67 条第 2 款第 12 项授权规定的可能对上市公司证券交易价格产生较大影响的其他重大事件；[3]④中国证监会根据《证券法》第 75 条第 2 款第 8 项授权而认定的重要信息；[4]⑤对证券交易价格有显著影响的其他重要信息。第 9 条规定，对证券交易价格有显著影响，是指通常情况下，有关信息一旦公开，公司证券的交易价格在一段时期内与市场指数或相关分类指数发生显著偏离，或者致使大盘指数发生显著波动。"显著偏离""显著波动"，可以结合专家委员会或证券交易所的意见认定。

四、内幕交易行为

《证券法》第 53 条第 1 款规定："证券交易内幕信息的知情人和非法获取内幕信息的人，在内幕信息公开前，不得买卖该公司的证券，或者泄露该信息，或者建议他人买卖该证券。"从这一规定来看，内幕交易行为主要有知情人的"证券买卖""泄露内幕信息"和"建议他人买卖证券"三类行为。

（一）证券买卖

内幕交易中的证券买卖是指知情人在内幕信息公开以前，利用所知悉的内幕信息，买进或卖出证券的行为。这是最典型也是最传统的内幕交易行为，其构成要件有四：①主体必须是法律上的知情人，即必须是知悉内幕信息的人。需说明的是：在内幕交易中，交易同样由买卖双方构成，但内幕交易具有单向性质，即只有知情人一方具有内幕交易的条件和目的。交易相对人不是知情人，他们不仅不能成为内幕交易的主体，而且在法律上往往被视为内幕交易的受害人。②主观上是故意且有明确的目的。内幕交易的目的有两种：或者当内幕信息为利好信息（如公司实现重大技术革新）时买进大量证券而谋取超额利润；或者当内幕信息为利坏信息（如公司面临破产）时抛售证券而避免正常的交易风险损失。③必须利用内幕信息，即据以交易的根据是内幕信息，该信息可能是未公开的利好信息，

---

[1] 现为 2019 年《证券法》第 80 条第 2 款所列重大事件。

[2] 现为 2019 年《证券法》第 80 条第 2 款、第 81 条第 2 款所列重大事件。

[3] 现为 2019 年《证券法》第 80 条第 2 款第 12 项授权规定的可能对上市公司证券交易价格产生较大影响的其他重大事件。

[4] 见 2019 年《证券法》第 52 条第 2 款的规定。

也可能是未公开的利坏信息。④在内幕信息公开前，知情人实施了交易行为。实施交易行为是内幕交易的客观要件。一般来说，知情人进行内幕交易时，不管是一次交易还是多次反复交易，总是以利好信息为依据进行单向的买进，而以利坏信息为依据进行单向的卖出。应注意的是：知情人有可能是以其本人名义或他人名义实施交易行为。但不论以何种名义，只要具备上述四个要件，即可构成内幕交易。对此，原《证券市场内幕交易行为认定指引（试行）》第13条第2项规定了以他人名义买卖证券的两种情形：直接或间接提供证券或资金给他人购买证券，且该他人所持有证券之利益或损失，全部或部分归属于本人；对他人所持有的证券具有管理、使用和处分的权益。

（二）泄露内幕信息

从证券法上讲，知情人在信息依法公开前负有保守内幕信息的义务。因此，《证券法》规定，知情人不得将所知悉的内幕信息泄露给他人。在本质上，泄露内幕信息并不是交易，但从实践来看，它会引发他人的内幕交易或者造成市场的混乱，影响交易秩序，故立法上一般也将其作为内幕交易的一种较特殊的表现形态。

泄露内幕信息的构成要件是：①行为主体是知情人；②客观上，在内幕信息公开前泄露了内幕信息，即负有保密义务的知情人非依法律让知情人以外的他人知道了内幕信息。不过，这里有几个问题值得注意：①泄露内幕信息的主观心态问题。《证券法》并未明确规定泄露内幕信息的主观要件，学者一般据此认为，泄露内幕交易信息既可以由故意，也可以由过失构成。②泄露内幕信息是否以发生损害后果为要件。如泄露内幕信息是否以发生他人的内幕交易或引起市场秩序的混乱为要件。从《证券法》的立法精神来看，禁止泄露内幕信息的目的在于阻止内幕信息的非法传播，因而，泄露内幕信息本身既是行为，同时也包含着结果（即他人已知悉）。至于是否发生进一步的损害后果，则是决定泄露内幕信息危害程度的考量情节，而不是其构成要件。③对泄露内幕信息的对象有无要求。如是否要求"必须向投资者泄露"等。对此，《证券法》也无规定。从实践来看，泄露内幕信息多为向投资者泄露，但从泄露内幕交易信息的本质来说，只要非法地将内幕信息泄露给他人，而不论他人是否为投资者，都可以构成。④泄露的内幕信息是否为某一项内幕信息的全部内容。一般说来，证券市场是一个敏感的信息市场，泄露的内幕信息不一定是该项内幕信息的全部内容和细节，而是其主要内容。只要常人能从其泄露的内幕信息中明确信息的概括性内容，并能作出利好、利坏的判断，就足以构成泄露内幕信息。

（三）建议他人买卖证券

所谓建议他人买卖证券，是指知情人据内幕信息与证券价格的关系，而建议他人购买或出售相关证券的行为。其构成要件有四：①主体是知情人。②有受建议人。从行为的对象看，建议他人买卖证券中的建议对象总是特定的与内幕信息相关的证券的持有人或投资者，既可以是一人，也可以是多人。当然，实践中，知情人的建议可能是通过投资者的亲属、朋友等转告投资者的，而这种转告过程不影响本行为的成立。③必须有具体的买进或卖出的建议。如果只是告知内幕信息，则是故意泄露内幕信息；如果没有告知内幕信息而只是提出买进或卖出的建议，则构成建议他人买卖证券。至于既告知内幕信息又建议其买卖的，则宜认定为泄露内幕信息，其中的建议可以作为泄露内幕信息的一个重要情节。④知情人的建议必须跟与内幕信息相关证券的价格变动关系相一致，即建议买进时，知情人知道的是利好的内幕信息；建议卖出时，知情人知道的是利坏的内幕信息。

在认定建议他人买卖证券时，需要注意两点：①受建议人如果没有接受建议或尚未来得及进行交易，即客观上受建议人没有进行证券交易，行为人是否构成建议他人买卖证券？从立法精神来看，出现这种情况也不影响建议他人买卖证券的构成，只是可以将这一情况视为一种决定其法律责任时的情节。②如果受建议人按建议进行了交易，则知情人构成建议他人买卖证券，受建议人则可因非法获取内幕信息而构成内幕交易。

第三节　操纵市场

一、操纵市场概述

操纵市场也是一种古老而典型的证券违法行为。1814 年拿破仑战争期间，有人即捏造有关战争的虚假事实，进行市场操纵。美国贝鲁扬斯基为了兼并其他公司，贿赂一批股票交易经纪人为其客户在市场上大量购入贝鲁扬斯基所在公司的股票，使该公司股票在短短几个月之内从 6 美元上涨到 14.5 美元。事情败露后，贝氏被法院判处罚金和监禁。我国 1993 年发生的"苏三山"事件，也是较为典型的市场操纵：湖南李某挪用公款购入江苏三山实业股份有限公司股票 15 万股。当时正值股市低迷，股价不断下跌，李某为了避免损失，便以虚构的北海正大置业有限公司的名义，用传真、信函、电话等方式向江苏三山实业股份有限公司、深圳特区报社、海南特区证券报社发布所谓"收购三山股票"的虚假信息。海南特区证券报于 10 月 8 日在头版刊登了这一消息，致使该股开盘后狂涨，从每股 8.3 元涨到每股 11.5 元。后来事实得以澄清，该股狂跌。很多误信谣言的人，在大量购入后被套牢，损失惨重，而李某早已将自己的股票抛出。

证券市场应该是一个充分竞争、自由竞争的市场，众多投资者在该市场中依据公开的信息独立地作出投资判断，进而在竞争性的环境中形成合理的证券价格。自由竞争的市场机制是证券交易公平性的基本要求，也是证券投资者自由参与、自担风险的基本前提。如果证券交易行情被人为控制，证券市场的均衡就会被打破，价格机制会因此而发生扭曲，市场操纵者也将因此获得不正当利益，而其他投资者却遭受不应有的损失，成为欺诈行为的受害者。总之，操纵市场行为严重破坏证券市场信用，扰乱证券市场秩序，损害投资者合法权益，是各国证券立法普遍禁止的行为。

对于操纵市场的行为，《股票发行与交易管理暂行条例》第 74 条第 3 ~ 6 项将下列行为认定为应予处罚的违法行为：通过合谋或者集中资金操纵股票市场价格，或者以散布谣言等手段影响股票发行、交易的；为制造股票的虚假价格与他人串通，不转移股票的所有权或者实际控制，虚买虚卖的；出售或者要约出售其并不持有的股票，扰乱股票市场秩序的；利用职权或者其他不正当手段，索取或者强行买卖股票，或者协助他人买卖股票的。原《禁止证券欺诈行为暂行办法》第 7 条规定："禁止任何单位或者个人以获取利益或者减少损失为目的，利用其资金、信息等优势或者滥用职权操纵市场，影响证券市场价格，制造证券市场假象，诱导或者致使投资者在不了解事实真相的情况下作出证券投资决定，扰乱证券市场秩序。"

1999 年施行的《证券法》第 71 条也对操纵市场行为作出了禁止性规定："禁止任何人以下列手段获取不正当利益或者转嫁风险：①通过单独或者合谋，集中资金优势、持股优势或者利用信息优势联合或者连续买卖，操纵证券交易价格；②与他人串通，以事先约定的时间、价格和方式相互进行证券交易或者相互买卖并不持有的证券，影响证券交易价格或者证券交易量；③以自己为交易对象，进行不转移所有权的自买自卖，影响证券交易价格或者证券交易量；④以其他方法操纵证券交易价格。"

现行《证券法》在保留上述关于操纵市场的规定的同时，进一步明确了原有规定中表述不清晰的内容并作了一些新的补充：在所有操纵证券市场的行为中，都增加了操纵证券交易量的规定，并且新增四种操纵行为，包括：不以成交为目的，频繁或者大量申报并撤销申报；利用虚假或者不确定的重大信息，诱导投资者进行证券交易；对证券、发行人公开作出评价、预测或者投资建议，并进行反向证券交易；利用在其他相关市场的活动操纵证券市场。此外，现行《证券法》第55条继续保留了操纵证券市场行为给投资者造成损失的民事赔偿责任。

二、操纵市场的概念和特征

操纵市场行为是若干种行为的集合，证券立法很难规定一个统一的定义。理论上可以将操纵市场行为界定为：任何组织或个人为牟取不正当利益或转嫁风险，利用资金、信息或持股优势或者滥用职权影响证券交易价格或证券交易量，诱使投资者买卖证券，扰乱证券市场秩序，侵害投资者权益的行为。操纵市场行为的实质在于通过制造虚假的交易行情，故意使其他投资者作出错误的投资判断，操纵者因此而获得投资收益或避免损失。操纵市场行为是典型的证券欺诈行为，具有以下三个特征：

1. 操纵市场表现为一种证券交易行为。操纵市场是为了进行证券交易，但有别于正常的证券交易。区分操纵市场与正常的证券交易行为不能简单地看交易行为，而必须考虑行为人的交易目的：正常交易行为是为获得正常的投资收益或者规避风险，而操纵市场是为牟取不正当的投资收益或者不正当地规避或转嫁风险。在操纵市场的情况下，买卖证券首先已经作为了操纵市场的具体手段，其次才以此达到自己获得正常的投资收益或者规避风险的目的。需要注意的是，实践中"捏造、散布虚假信息"（谣言）是一种常用的操纵手段，但是这种手段只有与谣言制造、散布者的交易相对应，才能构成操纵市场行为。如果只是散布了影响证券价格或交易量的虚假信息，而自身没有从事证券交易活动，可能构成其他证券违法行为，但一般不构成操纵市场行为。

2. 操纵市场是人为影响证券价格的行为。客观上，操纵市场是影响证券价格的行为，通过这种影响使证券价格的走势符合操纵者的预期，以达到其谋利或避险的目的。故操纵市场行为又称"影响证券行情"行为。而证券行情不仅指证券价格，证券成交量也是证券行情的有机组成部分，证券价格与交易量有着密切的关系，证券价格反映着包括交易量在内的诸多变动因素。因此，影响成交量也构成操纵市场行为。主观上，操纵情形下产生的价格是一种人为控制的价格。这说明了两点：①操纵市场行为只能由故意构成；②操纵市场的价格不是市场机制正常运行中的价格，而是少数或个别人的人为扭曲所致。正是从这种角度，人们常常将操纵市场称为"不正当的交易行为"或"不公平的交易行为"。

3. 操纵市场是一种利用优势或滥用权利的行为。市场操纵者利用自己或他人所掌控的资金优势、信息优势或者利用持股上的优势制造虚假的市场行情，诱使其他投资者进行证券交易，以达到自己的不正当目的。

三、操纵市场行为的表现形式

操纵市场行为的表现形式复杂多样，不同国家、不同历史时期的证券立法所规定的具体行为态势也不相同。我国证券立法对操纵市场行为的前后规定也不尽相同。例如，《证券法》施行前，国务院发布的原《禁止证券欺诈行为暂行办法》第8条规定的操纵市场行为包括：通过合谋或者集中资金操纵证券市场价格；以散布谣言等手段影响证券发行、交易；为制造证券的虚假价格，与他人串通，进行不转移证券所有权的虚买虚卖；出售或者要约出售其并不持有的证券，扰乱证券市场秩序；以抬高或者压低证券交易价格为目的，连续交易某种证券；利用职务便利，人为地压低或者抬高证券价格；其他操纵市场的行为。而现行《证券法》第55条第1款规定："禁止任何人以下列手段操纵证券市场，影响或者意图影响证券交易价格或者证券交易量：①单独或者通过合谋，集中资金优势、持股优势或者利用信息优势联合或者连续买卖；②与他人串通，以事先约定的时间、价格和方式相互进行证券交易；③在自己实际控制的账户之间进行证券交易；④不以成交为目的，频繁或者大量申报并撤销申报；⑤利用虚假或者不确定的重大信息，诱导投资者进行证券交易；⑥对证券、发行人公开作出评价、预测或者投资建议，并进行反向证券交易；⑦利用在其他相关市场的活动操纵证券市场；⑧操纵证券市场的其他手段。"下面就其中最为典型的四种操纵市场行为进行分析：

（一）连续交易

连续交易（manipulation by actual purchases），是指单独或通过合谋，集中资金优势、持股优势或者利用信息优势联合或者连续买卖，操纵证券交易价格或者证券交易量。根据原《证券市场操纵行为认定指引（试行）》第22条的规定，连续交易操纵的构成要件包括：①主体是证券交易人，不论是买方还是卖方，不论是自行炒作还是委托证券经纪商炒作，也不论是单个人的行动还是多人的通谋；②集中资金优势、持股优势或者利用信息优势；③必须有联合（或连续）买卖和影响证券价格（或证券交易量）的事实。根据参加人数量的不同，连续交易操纵分为单一行为人连续交易操纵和合谋的连续交易操纵。单一的行为人集中资金优势、持股优势或者利用信息优势连续买卖，操纵证券交易价格或者证券交易量的，是单一行为人连续交易操纵。两个以上行为人通过合谋，集中资金优势、持股优势或者利用信息优势，联合或者连续买卖，操纵证券交易价格或者证券交易量的，是合谋的连续交易操纵。根据原《证券市场操纵行为认定指引（试行）》第20、21条的规定，联合买卖，是指两个以上行为人，约定在某一时段内一起买入或卖出某种证券。具体包括三种情形：在某一时段内一起买入或者相继买入某种证券的；在某一时段内一起卖出或者相继卖出某种证券的；在某一时段内其中一个或数个行为人一起买入或相继买入而其他行为人一起卖出或相继卖出某种证券的。连续买卖，是指行为人在某一时段内连续买卖某种证券。在1个交易日内交易某一证券2次以上，或在2个交易日内交易某一证券3次以上的，即构成连续买卖。在判断连续交易操纵时要注意三个因素：①联合或连续买卖的交易次数应当包括未成交的报价，因报价本身就会影响证券价格，但报价后又主动撤销的不应当包括在其中。②连续交易在事实上引起了一定的证券价格（或证券交易量）变动（至于变动幅度一般没有要求）。③主观上有恶意，表现在目的上是为了抬高或压低价格，或者引诱其他交易人买入或卖出证券。

连续交易发生证券权利的实际移转，属于证券的真实买卖，与不转移证券所有权的虚买虚卖有所不同。

（二）串通相互买卖

串通相互买卖是指两个以上的行为人事先达成约定，一方按照约定的时间、价格和方式卖出某种证券，他方在该时间内以对应价格买入该种证券，影响证券交易价格或者证券交易量的行为。在国外也称为合谋（matched orders）或相对委托，它实质上是两个或两个以上的交易人，相互串通，一买一卖，并以此压低价格或抬高价格，或者造成虚假繁荣。

合谋的要件有四：①下单的价格、时间的相似性；②下单数量的一致性；③买卖同一证券，而且买卖方向相反；④主观上是故意，且两个故意之间有必然的联络，即恶意串通或合谋。

（三）自买自卖

自买自卖又称洗售（wash sale）、对倒、对敲、虚售，它是指同一投资人在两个或两个以上的证券交易所开户，并同时对同一证券进行反方向交易的行为，俗称"左手卖给右手"。其实质是一人自买自卖，结果是造成虚假繁荣或者影响交易价格，目的在于操纵市场。

自买自卖的构成要件是：①有交易发生；②这些交易发生的时间相同，数量相当，价格一致，方向相反（一买一卖）；③这些交易并不改变该证券的实质所有权，即实质上这些证券仍然为同一人所有；④有自买自卖的故意。不过在证券立法上，国外有的规定，洗售本身就是故意的证据，故主张进行故意推定。据此也有人主张，洗售不需要以主观故意为要件，发生洗售的事实就可以构成。

2014 年《证券法》修订前，我国证券立法将洗售规定为"以自己为交易对象，进行不转移所有权的自买自卖"。事实上，行为人往往借助多个证券账户进行相互交易，只要实现了交易，就发生证券权利的法律转移，只不过其背后的真实所有人为同一人或为同一人所控制。现行《证券法》第55条将洗售或者自买自卖定义为"在自己实际控制的账户之间进行证券交易"，与以前的规定相比，更符合生活中的实际情况。原《证券市场操纵行为认定指引（试行）》第28条列举了"自己实际控制的账户"包括：行为人以自己名义开设的实名账户；行为人以他人名义开设的账户；行为人虽然不是账户的名义持有人，但通过投资关系、协议或者其他安排，能够实际管理、使用或处分的他人账户。

（四）其他操纵市场的行为

《证券法》第55条所规定的"操纵证券市场的其他手段"属于"兜底条款"。所谓操纵市场的其他手段，应当是指法律已经明确列举的市场操纵行为之外的操纵市场行为。原《证券市场操纵行为认定指引（试行）》第30条列举了其他操纵市场的行为，包括：①蛊惑交易操纵；②抢帽子交易操纵；③虚假申报操纵；④特定时间的价格或价值操纵；⑤尾市交易操纵；⑥中国证监会认定的其他操纵证券市场的行为。需注意的是，根据修订前的2014《证券法》第78条的规定，对于国家工作人员、传播媒介从业人员和有关人员编造、传播虚假信息等行为，应按其相应的规定处理，而不应归入操纵市场的行为之列，也就是国家机关工作人员、传播媒介从业人员和有关人员编造、传播虚假信息等行为不属于其他操纵市场的行为。但现行《证券法》第56条删除了上述"第78条"中关于"国家工作人员"的表述，并规定"传播媒介及其从事证券市场信息报道的工作人员不得从事与其工作职责发生利益冲突的证券买卖"，同时强调"禁止任何单位和个人编造、传播虚假信息或者误导性信息，扰乱证券市场"。因此对于国家工作人员、传播媒介从业人员和有关人员编造、传播虚假信息等行为能否被认定为"其他操纵市场的行为"值得讨论。

第四节　虚假陈述

一、虚假陈述概述

信息披露制度是证券市场公平和公正的法律保障，它要求负有证券信息披露义务的主体必须真实、准确、全面和及时地披露有关证券信息。虚假记载、误导性陈述和重大遗漏披露违背了信息披露制度的基本要求，这是证券法规制的又一个重点。

《证券法》颁布前，国务院发布的原《禁止证券欺诈行为暂行办法》即有关于虚假陈述的禁止性规定。该办法第 11 条规定："禁止任何单位或者个人对证券发行、交易及其相关活动的事实、性质、前景、法律等事项作出不实、严重误导或者含有重大遗漏的、任何形式的虚假陈述或者诱导，致使投资者在不了解事实真相的情况下作出证券投资决定。"同时，该办法第 12 条还列举了具体的虚假陈述行为。此外，现行《证券法》实施之前，最高人民法院也发布了《关于审理证券市场因虚假陈述引发的民事赔偿案件的若干规定》，明确了相关民事赔偿诉讼的问题。现行《证券法》第 78 条规定，"发行人及法律、行政法规和国务院证券监督管理机构规定的其他信息披露义务人，应当及时依法履行信息披露义务。信息披露义务人披露的信息，应当真实、准确、完整，简明清晰，通俗易懂，不得有虚假记载、误导性陈述或者重大遗漏。证券同时在境内境外公开发行、交易的，其信息披露义务人在境外披露的信息，应当在境内同时披露"；第 85 条又规定了虚假陈述致使投资者在证券交易中遭受损失的民事责任。值得注意的是，为了防止疏漏，第 56 条还对信息披露义务人之外的相关机构和人员编造、传播虚假信息、虚假陈述、误导投资者的行为作出了禁止性规定：禁止任何单位和个人编造、传播虚假信息或者误导性信息，扰乱证券市场。各种传播媒介传播证券市场信息必须真实、客观，禁止误导。传播媒介及其从事证券市场信息报道的工作人员不得从事与其工作职责发生利益冲突的证券买卖。编造、传播虚假信息或者误导性信息，扰乱证券市场，给投资者造成损失的，应当依法承担赔偿责任。也就是说，相关机构和人员编造、传播虚假信息、虚假陈述，误导投资者的行为虽然不构成虚假陈述，但却同样属于证券违法行为，依法也要承担相应的法律责任。

所谓虚假陈述，是指信息披露义务人违反证券法律规定，在证券发行和交易过程中对重大事件作出违背事实真相的虚假记载、误导性陈述，或者披露信息时发生重大遗漏披露的行为。虚假陈述具有如下特点：

1. 虚假陈述是特定主体实施的行为。虚假陈述是信息披露义务人所为的行为。不负有披露义务的人所实施的虚假记载、误导性陈述和重大遗漏披露行为，尽管可能构成其他证券违法行为，但不构成虚假陈述。

2. 证券法上的虚假陈述是一种特殊的行为，不同于民法上的虚假陈述。民法上的虚假陈述是指行为人故意作出某种意思表示的积极行为，即行为人故意作出某种不符合事实真相的积极意思表示。证券法上的虚假陈述不限于行为人故意做出某种不符合事实真相的积极意思表示，而是泛指各种违反信息披露义务的行为，包括以各种行为形态和因各种主观态度而为的行为。也就是说，既包括故意的虚假记载和误导性陈述，也包括过失，甚至包括意外发生的误导性陈述和重大遗漏披露。

3. 虚假陈述是在履行信息披露义务时所为的行为。对于各种影响证券价格的重大信息，信息披露义务人应当及时以规定的文件格式、内容和法定的方式、方法向公众披露，在提交或公布的法定信息披露文件中作出与事实不符的虚假记载、误导性陈述和重大遗漏，均构成虚假陈述。

4. 虚假陈述是针对重大性信息而言的行为。所谓重大性，是指对证券价格有重大影响，因此，凡是可能对证券价格有重大影响的事件、事项或者信息及其发生的变动，都具有重大性。

二、虚假陈述的主体

就虚假陈述的主体而言，《证券法》颁布之前，我国证券立法所规定的虚假陈述主体没有区分行为主体和责任主体，均作为行为主体加以规定，涵盖了信息披露义务人以外的单位和个人。原《禁止证券欺诈行为暂行办法》第12条规定："前条所称虚假陈述行为包括：①发行人、证券经营机构在招募说明书、上市公告书、公司报告及其他文件中作出虚假陈述；②律师事务所、会计师事务所、资产评估机构等专业性证券服务机构在其出具的法律意见书、审计报告、资产评估报告及参与制作的其他文件中作出虚假陈述；③证券交易场所、证券业协会或者其他证券业自律性组织作出对证券市场产生影响的虚假陈述；④发行人、证券经营机构、专业性证券服务机构、证券业自律性组织在向证券监管部门提交的各种文件、报告和说明中作出虚假陈述；⑤在证券发行、交易及其相关活动中的其他虚假陈述。"从中可以看出，虚假陈述的行为主体包括发行人、上市公司、证券交易机构、证券经营机构、证券登记结算机构、证券服务机构和证券业自律性组织。司法解释认定的虚假陈述行为人更为广泛，如《最高人民法院关于审理证券市场因虚假陈述引发的民事赔偿案件的若干规定》第7条规定，虚假陈述证券民事赔偿案件的被告，应当是虚假陈述行为人，包括：①发起人、控股股东等实际控制人；②发行人或者上市公司；③证券承销商；④证券上市推荐人；⑤会计师事务所、律师事务所、资产评估机构等专业中介服务机构；⑥上述第2、3、4项所涉单位中负有责任的董事、监事和经理等高级管理人员以及第5项中直接责任人；⑦其他作出虚假陈述的机构或者自然人。

《证券法》对虚假陈述主体进行了区分，区分为行为主体和责任主体，并将虚假陈述的行为主体限定在信息披露义务主体范围之内，主要是发行人和上市公司。行为主体是实施虚假陈述的主体，责任主体是承担虚假陈述所生法律后果的主体。尽管行为主体肯定是责任主体，但责任主体不一定是行为主体，责任主体的外延大于行为主体，两种主体在理论上存在如下差别：①发行人和上市公司依法承担法定信息披露义务，其信息披露必须真实、准确、完整，而发行人和上市公司以外的机构和个人不是信息披露的义务主体，只承担谨慎勤勉义务，仅须按惯常的职业或者行业标准编制、审验相关文件。发行人和上市公司有义务提供各种相关信息和资料，并确保相关信息和资料的真实、准确、完整；其他机构和人员负有收集这些资料和信息的义务，并承担核查其真实性、准确性和完整性的义务，只有当这些机构和人员没有尽到谨慎勤勉义务时，才承担相应的单独责任或者连带责任。②发行人和上市公司承担全面义务，而发行人和上市公司以外的机构和个人承担局部义务。发行人和上市公司承担各项信息的真实、准确、完整地披露的义务；发行人和上市公司以外的机构和个人只就其职责范围内的信息承担真实、准确、完整的义务，如法律服务机构仅对法律意见书及工作文件所涉及事项负有勤勉尽责的义务，包括对中介机构资格的审核义务，但对于中介机构出具的专业报告的内容，没有法定审验义务。③投资者对发行人、上市公司与对发行人和上市公司以外的机构和个人的信赖程度不同。公众投资者认购证券或者买卖证券，系以信赖发行人和上市公司公布的招股说明书和公司财务报告等作为基础，而非单纯地信赖保荐书、财务会计报告或者法律意见书等文件。在证券发行过程中，招股说明书属于必须公开的募集文件，但发行人和上市公司以外的机构和个人的文件属于备查文件，不足以单独成为投资者认购或者买卖证券时信赖的法律文件。

现行《证券法》对虚假陈述主体作出了如下几个方面的规定：①第78条规定，发行人及法律、行政法规和国务院证券监督管理机构规定的其他信息披露义务人，应当及时依法履行信息披露义务。信息披露义务人披露的信息，应当真实、准确、完整，简明清晰，通俗易懂，不得有虚假记载、误导性陈述或者重大遗漏。证券同时在境内境外公开发行、交易的，其信息披露义务人在境外披露的信息，应当在境内同时披露。②第82条规定，发行人的董事、高级管理人员应当对证券发行文件和定期报告签署书面确认意见。发行人的监事会应当对董事会编制的证券发行文件和定期报告进行审核并提出书面审核意见。监事应当签署书面确认意见。发行人的董事、监事和高级管理人员应当保证发行人及时、公平地披露信息，所披露的信息真实、准确、完整。董事、监事和高级管理人员无法保证证券发行文件和定期报告内容的真实性、准确性、完整性或者有异议的，应当在书面确认意见中发表意见并陈述理由，发行人应当披露。发行人不予披露的，董事、监事和高级管理人员可以直接申请披露。③第85条规定，信息披露义务人未按照规定披露信息，或者公告的证券发行文件、定期报告、临时报告及其他信息披露资料存在虚假记载、误导性陈述或者重大遗漏，致使投资者在证券交易中遭受损失的，信息披露义务人应当承担赔偿责任；发行人的控股股东、实际控制人、董事、监事、高级管理人员和其他直接责任人员以及保荐人、承销的证券公司及其直接责任人员，应当与发行人承担连带赔偿责任，但是能够证明自己没有过错的除外。④第197条规定，信息披露义务人未按照本法规定报送有关报告或者履行信息披露义务的，责令改正，给予警告，并处以50万元以上500万元以下的罚款；对直接负责的主管人员和其他直接责任人员给予警告，并处以20万元以上200万元以下的罚款。发行人的控股股东、实际控制人组织、指使从事上述违法行为，或者隐瞒相关事项导致发生上述情形的，处以50万元以上500万元以下的罚款；对直接负责的主管人员和其他直接责任人员，处以20万元以上200万元以下的罚款。信息披露义务人报送的报告或者披露的信息有虚假记载、误导性陈述或者重大遗漏的，责令改正，给予警告，并处以100万元以上1000万元以下的罚款；对直接负责的主管人员和其他直接责任人员给予警告，并处以50万元以上500万元以下的罚款。发行人的控股股东、实际控制人组织、指使从事上述违法行为，或者隐瞒相关事项导致发生上述情形的，处以100万元以上1000万元以下的罚款；对直接负责的主管人员和其他直接责任人员，处以50万元以上500万元以下的罚款。

关于虚假陈述的责任主体，《最高人民法院关于审理证券行政处罚案件证据若干问题的座谈会纪要》认为，根据《证券法》第82条的规定，发行人的董事、监事、高级管理人员对上市公司信息披露的真实性、准确性和完整性应当承担较其他人员更严格的法定保证责任。人民法院在审理《证券法》第197条违反信息披露义务行政处罚案件时，涉及对直接负责的主管人员和其他直接责任人员处罚的，应当区分《证券法》第82条规定的人员和该范围之外其他人员的不同责任标准与证明方式。监管机构根据《证券法》第82条、第197条规定，结合发行人的董事、监事、高级管理人员与信息披露违法行为之间履行职责的关联程度，认定其为直接负责的主管人员或者其他直接责任人员并给予处罚，被处罚人不服提起诉讼的，应当提供其对该信息披露行为已尽忠实、勤勉义务等证据。对发行人的董事、监事、高级管理人员之外的人员，监管机构认定其为发行人信息披露违法行为直接负责的主管人员或者其他直接责任人员并给予处罚的，应当证明被处罚人具有下列情形之一：①实际履行董事、监事和高级管理人员的职责，并与信息披露违法行为存在直接关联；②组织、参与、实施信息披露违法行为或直接导致信息披露违法。

三、虚假陈述行为的种类

从字面意义上看，虚假陈述似乎仅限于内容不实的陈述，但在现实生活中，虚假陈述的表现形式却非常复杂。从我国《证券法》的规定来看，虚假陈述主要包括以下几类：

（一）虚假记载

虚假记载是指信息披露义务人在披露信息时，将不存在的事实在信息披露文件中予以记载的行为，也就是说，在信息披露文件中作出与事实真相不符的记载。事实上没有发生或者无合理基础的事项被记载于信息披露文件，无论属于捏造或者笔误，都可以认定为虚假记载，但虚假记载通常属于义务人基于过错而实施的积极行为。例如，招股说明书否认发行人与控制股东之间存在着实际发生过的关联交易，或者持续披露文件记载了没有发生的交易和财务数据。

（二）误导性陈述

误导性陈述是指行为人在信息披露文件中或者通过媒体，作出使投资人对其投资行为发生错误判断并产生重大影响的陈述。信息披露文件记载事项的表述存有缺陷而容易使人误解，投资者依赖该信息披露文件无法获得清晰、正确的认识，或者据常人的理解该陈述已经使人发生了误解，即可认定为误导性陈述。此外，误导性陈述可以由故意构成，也可以由过失构成。

（三）重大遗漏

重大遗漏是指信息披露义务人在信息披露文件中，未将应当记载的事项完全记载或者仅部分予以记载。重大遗漏既包括出于主观故意而未予记载的情形，也包括由于过失未予记载的情形。例如，上市公司招股说明书或者其他募集文件未记载被提起的较重大的诉讼，或记载不充分者，都有可能按照重大遗漏对待。

需要说明的是，按现行《证券法》的规定，虚假陈述行为包括上述三类行为，但根据《最高人民法院关于审理证券市场因虚假陈述引发的民事赔偿案件的若干规定》，除了上述三种虚假陈述外，还有一种虚假陈述的行为形态，这就是不当披露。不当披露是指信息披露义务人未在适当期限内或者未以法定方式公开披露应当披露的信息，泛指信息披露义务人进行的信息披露在披露时间、方式、地点等方面不符合通常的披露规则。例如，上市公司不按《证券法》规定在中国证监会指定的媒体上公告，而采用了记者招待会的形式披露招股说明书；又如不按《证券法》规定的时间要求披露信息等，都是不当披露。国家立法与司法解释的不同，给我们带来这样一个疑问：不当披露是否应当归入虚假陈述的范畴？由于《证券法》是国家的正式立法，《最高人民法院关于审理证券市场因虚假陈述引发的民事赔偿案件的若干规定》仅是一个司法解释，从效力层次上看，《证券法》是司法解释的源泉和依据，其效力高于《最高人民法院关于审理证券市场因虚假陈述引发的民事赔偿案件的若干规定》的效力；又由于现行《证券法》修订于后，《最高人民法院关于审理证券市场因虚假陈述引发的民事赔偿案件的若干规定》适用于前，依新旧规范发生冲突时的处理原则，新法优于旧法，故不宜将不当披露纳入虚假陈述的范畴。而且从性质上讲，披露程序中出现的不当披露并不表明其必然虚假，可以将其归入证券违法行为的范畴，但却没有充分的理由将其归入虚假陈述的范畴。

第五节   欺诈客户

一、欺诈客户概述

民法上的欺诈是指一方当事人故意捏造事实或隐瞒事实真相，致使其相对人作出错误的意思表示，并与之建立某种民事关系的行为。所谓客户，是相对于服务提供者而言的，通常是指接受他人提供服务的组织或者个人。在我国现行《证券法》中，欺诈客户是指证券公司及其从业人员在办理证券经纪业务中，违背客户真实意思，损害客户利益的行为。在实践中，证券公司及其从业人员一般又称为证券商；客户通常则是指投资者。

证券公司与投资者间的客户关系，其实质是一种契约关系。从广义上讲，这种契约关系，是一种概括委托关系，投资者是委托人，证券公司是受托人。受托人对委托人负有受托义务，应诚信地履行受托义务，处理受托事务时应当勤勉、谨慎。具体而言，包括：①处理事务的义务。受托人应当在授权范围内依诚实信用原则处理受托事务，无论是针对某一事务的特别授权，还是就有关事务的概括授权，都应当遵循诚实信用原则处理好事务，不得擅自改动或曲解指示，否则，将对由此造成的损失承担责任；受托人应当亲自处理受托事务，不得随意转委托，转委托须经委托人同意，否则受托人应对转委托的行为承担责任，但在法律规定的紧急状况下为维护委托人利益而转委托的除外。②报告的义务。受托人在处理委托事务的过程中，应当随时向委托人报告事务处理的进展情况以及存在的问题，以使委托人能及时了解情况；事务处理完毕后应向委托人及时汇报最终结果。③交付财产的义务。受托人在处理事务过程中所得的财产应当交付给委托人，办理好证券的清算交割，并应提供交易的书面确认文件。④明示交易状态义务。证券商在代客买卖时，应以对客户最有利为原则确定交易状态，禁止将自营业务和经纪业务混合操作。⑤为客户保密的义务。受托人对委托人的事务负有严格保密的义务，不得随意向第三人泄露。⑥赔偿损失的义务。受托人因自己的违约行为或违法行为而给委托人造成损失的，应当依照约定或法律规定承担赔偿损失的责任。总而言之，受托人对委托人负有信赖义务，应尽善良管理人的注意义务，像处理自己的事务一样处理委托事务，不得利用其受托人的地位从事损害客户利益的行为，以维护投资者对证券市场的信心。而欺诈客户，本质上违背了客户的真实意思表示，损害了客户的利益，理应为法律所禁止。

众所周知，证券市场的任务是提供发行人募集资金和投资人进行证券投资与变现的场所，发行人通过在证券市场上发行证券达到筹集资金以供其发展的目的，投资人通过在证券市场上买卖证券实现投资的目的。证券不同于一般有体物，其本身并无实际价值，证券的内在价值取决于发行人的财务、业绩等因素。因此，证券市场极易发生证券欺诈，损害投资者利益的情形。同时，证券市场是集中交易市场，普通投资者本身并不能直接入场交易，需委托证券公司方可上市交易，且须将所持证券托管于证券登记结算机构，实际交易的成交与交割要通过证券公司与证券登记结算机构。这一切对投资者都极为不利，证券立法应以特别保护。

为防止证券欺诈，保障投资，在《证券法》出台之前，国务院发布的原《禁止证券欺诈行为暂行办法》第9条就对欺诈客户作出了禁止性规定，"禁止任何单位或者个人在证券发行、交易及其相关活动中欺诈客户"，并在第10条列举性规定了欺诈客户的具体行为，还在第19条和第23条分别规定了欺诈客户的行政责任和民事赔偿责任。现行《证券法》第57条和第194条分别规定了禁止欺诈客户以及实施欺诈客户行为所应承担的民事赔偿责任和行政责任。

二、欺诈客户的特征

《证券法》上的欺诈客户，有其特定的内涵，也表现出其特殊性。具体而言，其特征有：

（一）客观推定

现行证券立法对证券公司欺诈客户采取客观认定标准，只要证券公司实施了《证券法》禁止的欺诈客户行为，即可构成欺诈客户，客户无须证明证券公司存在过错的主观态度，证券公司通常也不能以证明自己没有实施侵害的主观故意而免责。

（二）不以客户作出错误意思表示为构成要件

《证券法》上的欺诈客户，无须考虑客户是否受到欺诈，也不要求客户作出错误的意思表示。也正因为如此，在认定欺诈时也就无须考虑欺诈客户与错误意思表示之间是否存在因果关系。只有对于那些法律未明确列举的"其他违背客户真实意思，损害客户利益的行为"，客户的错误意思表示以及与欺诈行为之间的因果关系，才可能具有构成要件的意义。

（三）欺诈客户一般发生于委托关系成立之后

证券公司与客户之间的委托关系成立于投资者开立账户之时，随后委托证券公司买卖证券属于双方履行合同权利义务的行为。欺诈客户通常只发生在证券代理关系成立后的履行阶段，系针对证券公司受托执行指令、管理账户以及履行附随义务而设定的特别规则，与投资者在证券公司处开立账户一般不发生直接的关系。证券公司欺诈客户时，客户通常只能要求赔偿损失、返还财产等，无法通过申请变更或者撤销委托合同来实现救济。

（四）欺诈客户具有违约与侵权的双重属性

一方面，从证券公司与客户的关系来看，证券公司的欺诈行为违背了委托合同中的基本义务；另一方面，证券公司欺诈客户的行为又是对客户实施的较为明显的侵权行为。因此，欺诈客户是违约行为与侵权行为的竞合。从理论上讲，客户既可以依照委托关系提出违约赔偿请求，也可根据侵权法提出损害赔偿请求。但按我国证券市场的交易规则，客户一般只能通过证券公司参与市场交易，因而证券公司与客户之间的委托合同，在客户退出市场之前不可能消灭，加之双方之间的合同具有标准化、统一化特征，欺诈客户行为的侵权特征更为明显。

三、欺诈客户行为的表现形式

从实践中看，欺诈客户的行为多种多样。《证券法》第57条规定，禁止证券公司及其从业人员从事下列损害客户利益的行为：①违背客户的委托为其买卖证券；②不在规定时间内向客户提供交易的确认文件；③未经客户的委托，擅自为客户买卖证券，或者假借客户的名义买卖证券；④为牟取佣金收入，诱使客户进行不必要的证券买卖；⑤其他违背客户真实意思表示，损害客户利益的行为。

从理论上分析，这些行为又可分为以下五类：

（一）混合操作

我国《证券法》第128条第2款规定，证券公司必须将其证券经纪业务、证券承销业务、证券自营业务、证券做市业务和证券资产管理业务分开办理，不得混合操作。所谓混合操作，是指证券商将自营业务和经纪业务、承销业务、资产管理业务混合操作。在证券交易中，证券商一方面接受投资者的买卖（或管理）委托，充当投资者的受托人而代客买卖（或管理）；另一方面又是投资者的交易相对人，充当交易的一方而自己买卖。在混合操作中，证券商以双重身份从事同一证券交易，使自己处于利益冲突之中，难免会为了自己的利益而损害客户的利益。从理论上看，混合操作属于自己交易。一方面，合同是双方法律行为，而自己交易却是一人兼任双方当事人，与合同本质相背；另一方面，合同双方是利益对立的双方，由一人同时代理，难保公正。

（二）违背指令

违背指令是指证券商违背客户的交易指令为其买卖证券。证券商是投资者的代理人，理应本着勤勉谨慎之态度执行客户的交易指令，否则就违反了代理人的信赖义务。所以，证券商在代客买卖时，应当严格依照客户委托的证券种类、证券价格、证券数量以及交易时间等指令进行，不得超出委托范围买卖证券。对于证券商超出委托范围买卖证券的，除非事后客户进行追认，否则超出委托范围买卖证券的法律后果应由证券商来承担，由此给客户造成损失的还应当承担赔偿责任。

（三）不当劝诱

不当劝诱是指证券商利用欺骗手段诱导客户进行证券交易。在证券交易中，证券商可以对投资者进行投资劝诱，但应当正当，否则即构成不当劝诱。证券商及其从业人员不得向投资者提供某种证券价格上涨或下跌的肯定判断，不得允诺保证客户的交易收益或允诺赔偿客户的投资损失，不得以超出证券业公平竞争的范围的特殊利益为条件诱导客户进行投资，不得以向投资者表示给予委托手续费回扣为手段进行不当劝诱。

（四）过量交易

过量交易是指证券商以多获取佣金为目的，诱导客户进行不必要的证券买卖，或者在客户的账户上翻炒证券的行为。对投资者而言，证券交易应当以适当为原则，对证券商而言，则负有忠诚与勤勉义务，应当依据投资者的投资意向、财产状况以及投资经验，确定适当的交易数量、交易金额、交易次数及交易频率。证券商负有义务进行适当交易。因此，禁止证券商以多获取佣金为目的，诱使客户进行过量的证券买卖，或在客户账户上翻炒证券。

（五）其他欺诈客户行为

其他欺诈客户行为是指除上述行为以外，其他违背客户真实意思表示、损害客户利益的行为。例如，在证券交易中，证券公司及其从业人员不在规定的时间内向客户提供交易的书面确认文件；挪用客户所委托买卖的证券或客户账户上的资金；私自买卖客户账户上的证券，或者假借客户的名义买卖证券；等等。

第六节　其他证券违法行为

我国现行《证券法》除对前四节所讨论的内幕交易、操纵市场、虚假陈述和欺诈客户等不正当交易的证券违法行为予以规制外，还对其他不正当交易行为和不正当交易行为以外的其他证券违法行为进行了规制，其规定法律责任的条款多达四十余条。除《证券法》以外，其他法律法规如《公司法》等，也对一些证券违法行为予以了规制。从这些规定来看，其他证券违法行为形态各异，种类众多。本节将从实施违法行为的主体的不同，择其要者进行简介。

一、证券发行人和上市公司的违法行为

据《证券法》的规定，证券发行人和上市公司的违法行为主要包括：①未经法定的机关注册，擅自公开或者变相公开发行证券；②发行人不符合发行条件，以欺骗手段骗取发行注册；③不按规定披露信息，或者所披露的信息有虚假记载、误导性陈述或者重大遗漏；④未按规定报送有关报告或者报送的报告有虚假记载、误导性陈述或者重大遗漏；⑤擅自改变公开发行证券所募集资金的用途；⑥宣传、表示或暗示申请文件的内容已经得到确认，或证券价值已得到保证和保护；⑦泄露申请文件内容；⑧在公开或公布招募说明书之前出售证券；⑨未在规定日期公开或公布报告书和招股说明书；⑩未按主管机关的要求修订报告书；⑪公司未统计内部人员持有本公司证券情况，或内部人员未向公司报告持有该公司证券的情况；⑫公司内部人员买卖股票未向主管机关报告；⑬其他证券违法行为。

二、证券商及其从业人员的违法行为

据《证券法》的规定，证券商及其从业人员的违法行为主要包括：①承销或者代理买卖未经注册擅自公开发行的证券；②违反规定，为客户买卖证券提供融资或者融券；③进行虚假的或者误导投资者的广告或者其他宣传推介活动，以不正当手段招揽承销业务或者其他违反证券承销业务的行为；④假借他人名义或者以个人名义从事自营业务；⑤违背客户的委托买卖证券、办理交易事项或者违背客户真实意思，办理交易以外的其他事项；⑥挪用客户的资金或证券，或者未经客户委托，擅自为客户买卖证券；⑦接受客户的全权委托买卖证券，承诺客户买卖证券的收益或赔偿证券买卖的损失；⑧私下接受客户委托买卖证券；⑨未经批准经营非上市证券的交易；⑩公司成立后无正当理由超过3个月未开始营业，或者开业后自行停业连续3个月以上；⑪超出业务许可范围经营证券业务；⑫证券公司对其各类业务不依法分开办理，混合操作；⑬采取欺诈手段骗取业务许可；⑭擅自设立、收购、撤销分支机构，或者合并、分立、停业、解散、破产，或者在境外设立、收购、参股经营证券机构；⑮擅自变更有关事项；⑯拒绝向监管机构报送或者提供经营管理信息和资料或者报送或者提供的经营管理信息和资料有虚假记载、误导性陈述或重大遗漏；⑰为其股东或者股东的关联人提供融资或担保的；⑱作为保荐人，出具有虚假记载、误导性陈述或重大遗漏的保荐书或者不履行其他法定职责；⑲证券经营机构高级职员兼职或投资于其他证券经营机构；⑳证券经营机构未经批准而实施有关事项或未报告有关

事项；㉑未经批准，擅自从事证券服务业务；㉒证券经营机构出借名称的行为；㉓不按规定公开人员、资金、账目；㉔其他证券违法行为。

三、证券交易、结算、服务机构的违法行为

据《证券法》的规定，证券交易、结算、服务机构的违法行为主要包括：①违反证券法律规定或依法制定的业务规则的行为；②未按规定保存或隐匿、伪造、篡改或毁损有关文件和资料；③挪用客户的资金或证券，或者未经客户委托，擅自为客户买卖证券；④未勤勉尽责，所制作、出具的文件有虚假记载、误导性陈述或重大遗漏；⑤集中交易场所未经批准而发生有关事项或未报告有关事项，或未履行有关义务；⑥其他证券违法行为。

四、证券监管机构及其工作人员的违法行为

据我国《证券法》的规定，证券监管机构及其工作人员的违法行为主要包括：①证券监督管理机构违法注册证券发行、上市，或违法批准设立证券公司、证券登记结算机构或者证券交易服务机构；②证券监管机构有关人员违反规定实施行政措施或行政处罚或其他不依法履行职责的行为；③证券监管机构的有关人员滥用职权，玩忽职守，利用职务便利谋取不正当利益，或者泄露所知悉的有关单位和个人的商业秘密；④其他证券违法行为。

五、证券投资者及其他行为人的违法行为

这类行为情况复杂，主要有：①法律、行政法规禁止参与股票交易的人员，直接或者以化名、借他人名义持有、买卖股票；②挪用公款买卖证券；③为股票的发行或者上市出具审计报告、资产评估报告或者法律意见书等文件的专业机构和人员违法买卖股票；④操纵证券市场；⑤在证券交易活动中做虚假陈述或信息误导；⑥法人以他人名义设立账户或者利用他人账户买卖证券；⑦违反上市公司收购的法定程序，利用上市公司收购谋取不正当收益；⑧上市公司的董事、监事、高级管理人员、持有上市公司股份5%以上的股东，违反《证券法》的规定买卖本公司股票；⑨编造并且传播影响证券交易的虚假信息，扰乱证券交易市场；⑩在限制转让期限内买卖证券；⑪收购人未按照《证券法》的规定履行上市公司收购的相关义务；⑫发行人、上市公司或者其他信息披露人的控股股东、实际控制人指使发行人、上市公司或者其他信息披露人从事违反证券法规行为；⑬股东未向主管机关报告按规定应当报告的有关事项；⑭非证券经营机构使用证券经营机构名称的行为；⑮非集中交易场所或非证券交易场所使用集中交易场所名称；⑯未经批准，非法开设证券交易所或擅自设立证券登记结算机构等证券交易服务机构；⑰未经批准擅自设立证券公司或者非法经营证券业务；⑱其他证券违法行为。

■ 前沿问题

19－1　关于在我国建立证券行政执法和解制度的问题

■ 思考题

1. 简述证券违法行为的法律特征。

2. 简述内幕交易的构成要素。
3. 简述操纵市场的行为形态。
4. 简述欺诈客户的法律特征。
5. 试论内幕交易的法律规制。
6. 试论虚假陈述的法律规制。
7. 试论欺诈客户的法律规制。
8. 试论证券行政执法和解制度。

第二十章　证券法律责任

■ 学习目的和要求

　　本章主要讲解证券违法行为所涉及的法律责任，具体包括证券民事责任、证券行政责任以及证券刑事责任。证券民事责任是行为人因证券违法行为所应承担的赔偿损失、返还财产等民事责任，重点在于理解其归责原则；证券行政责任是我国最主要的证券法律责任形式，体现了国家对证券市场及其交易行为的监督管理和法律制裁，重点在于了解不同的证券违法行为所承担的具体行政责任；证券刑事责任是证券犯罪行为所应承担的刑事制裁，重点在于通过《证券法》与《刑法》的有机结合，掌握主要证券犯罪的犯罪构成及处罚。

第一节　证券法律责任概述

　　法律责任是法律调整中的重要手段，也是一个法学基本概念。从广义上讲，法律责任等同于法律义务。根据《布莱克法律词典》的解释，法律责任是指"因某种行为而产生的受惩罚的义务及对引起的损害予以赔偿或用别的方法予以补偿的义务"。从狭义角度分析，法律责任是指行为人对自己的违法行为所应承担的带有强制性的否定性法律后果，包括法律制裁、法律负担、强制性法律义务、法律不予承认或撤销或宣布行为无效等。法律责任的实质是国家对违反法定义务、超越法定权利界限或滥用权利的违法行为所作的法律上的否定性评价，是国家施加于违法者或责任者的一种强制性负担，是补救受到侵害的合法权益的一种法律手段。因此，法律责任与纪律责任、道德责任等责任形式不同，必须以明确而具体的法律法规为前提，并以司法机关或法律授权机关按照法定程序进行专属追究为其实现途径。

一、证券法律责任的概念与特征

　　证券法律责任是法律责任的一种，两者之间属于个别与一般的关系。证券法律责任也可以从广义和狭义角度进行界定。本书中的证券法律责任属于狭义的概念，也就是行为人对于自己实施的证券违法行为所承担的不利性法律后果。

　　任何法律制度都包含法律责任制度，证券法律制度也不例外。证券法律责任制度是一系列证券法律责任规则、规范及其实施程序的法律安排。从静态层面看，它主要是通过立法的形式，创制有关法律、法规，对证券法律责任从实体上作出规定，并从程序上明确证券法律责任的实现。从动态层面看，它是在特定的证券责任法律关系中，通过执法、司法活动与具体的责任主体及其违法行为相关联，从而明确、实现并最终消灭证券法律责任关系的过程。证券法律责任具有以下几个基本特征：

（一）证券法律责任不是涉及所有证券种类的法律责任

证券是代表一定权利的法律凭证的统称，可分为商品证券、货币证券和资本证券。商品证券是对特定商品享有物上请求权的书据，如提货单、仓单等；货币证券是对一定数额货币享有请求权，并能代替货币进行支付与结算的单据，其典型形式为票据，如支票、汇票、本票等；而证券法律责任所涉及的证券一般仅指资本证券，即是指享有按期从证券发行者获得约定收益的权益性证券，包括股票、债券、存托凭证以及投资基金凭证等。目前，由于条件还不成熟，我国《证券法》并未给"证券"下定义，而是采取列举的立法表述，这一方面反映了证券法现有调整对象主要以股票、公司债券、存托凭证、证券投资基金份额为主，同时也体现了鼓励金融创新的立法意图，为证券衍生产品等新型交易品种留下一定的制度空间。但是，如本书第一章所述，2015 年《证券法（修订草案）》首次对证券进行了定义。这一定义如果将来在《证券法》中得以确立，对于认定证券法律责任也具有重要意义。

（二）证券法律责任主要是与证券发行、交易行为和市场监管有关的法律责任

从字面上理解，证券法律责任可以简单地定义为与证券有关的法律责任。但实际上，我国证券法律责任主要是行为人在证券发行、交易及监管过程中因违反证券法的相关规定所应承担的法律责任，而不是与证券有关的所有违法行为的法律责任。例如，伪造、偷盗证券等行为就应当承担普通刑事犯罪的法律责任，而不是证券法律责任。又如，为公司上市、证券交易提供资产评估、验资或者验证的中介机构提供虚假材料的，无论是没收违法所得、罚款、吊销营业执照等行政处罚，还是在其评估或者证明不实的金额范围内承担民事赔偿责任，都属于公司法上的法律责任，而不是证券法律责任。

（三）证券法律责任是行为人违反证券法规定或证券合同约定所承担的法律责任

证券法律责任以证券法律义务的存在为前提。证券法律义务主要包括证券法律法规规定的义务和当事人根据证券法律的规定通过证券合同所约定的义务。

（四）证券法律责任是一种具有复合性特点的法律责任

证券违法行为在违反证券法时，可能同时涉及民事责任、行政责任和刑事责任。一方面，行为主体所承担的法律责任包括具有私法责任性质的民事责任，以及具有公法责任性质的行政责任和刑事责任；另一方面，行为主体承担其中的一种责任常常并不必然免除其他责任的承担。实践中，要根据违法行为的性质、程度等具体情况，决定行为人承担责任的轻重，同时要根据违法行为的具体情况决定其是承担一种责任还是两种或两种以上的责任。

（五）证券法律责任主要是财产责任

证券违法行为或违约行为通常以获取非法利益为动机，其损害结果往往是受害人的财产损失。因此，尽管证券行政、刑事责任中存在非财产责任，但从整体上讲，证券法律责任的内容还比较单一。无论是弥补受害人财产损失的民事赔偿救济，还是以行政罚款为主的行政处罚，都是以财产为主要内容的法律责任。

（六）证券法律责任具有单位责任与个人责任并存的特点

参与证券发行、交易的证券发行人、证券公司、中介机构、证券交易所以及证券监督管理机构的工作人员，在履行职务过程中违反证券法规定的，其所在机构要承担相关法律

责任，其负责人和直接责任人也要承担相应的不利法律后果。前者体现了职务责任的特点，而后者则具有明显的个人责任特征。在《证券法》第十三章"法律责任"的 43 条法律条款中，共计有 26 条同时规定了职务责任和个人责任。

二、证券法律责任的归责原则

证券法律责任的归责是指由特定国家机关或者国家授权的组织针对证券违法行为所引起的法律责任依法进行判断、确认、追究的活动。证券法律责任制度的确立仅仅解决了证券法律责任的形式存在，而证券法律责任的实现还必须借助于证券行政监管部门和司法机构的归责活动。从我国《证券法》的规定来看，证券法律责任应当根据具体法律责任的不同情况，分别适用严格责任原则、无过错责任原则、过错责任原则和过错推定原则。

（一）严格责任原则

严格责任原则是指行为人只要实施了证券违法行为，就必须承担法律责任的归责原则。为了规范证券市场，保护投资者的合法权益，遏制严重的证券违法犯罪行为，《证券法》采取了严格责任原则的归责原则，明确规定了证券违法行为的基本表现形式及其法律责任的内容、范围、归属和追究程序。行为人只要实施了法律规定的违法行为，无论其主观上是否存在过错，客观上是否造成损害结果，都必须承担相应的法律责任，这一点在证券行政责任方面表现得尤为突出。

（二）无过错责任原则

无过错责任原则是指行为人实施了证券违法行为并造成一定损害结果的，无论其主观是否存在过错，都应承担法律责任的归责原则。与严格责任原则相比，无过错责任原则主要适用于证券民事责任方面，而且将损害事实作为责任要件。例如，《证券法》第 184 条规定，证券公司在承销证券过程中如果存在虚假的或者误导投资者的广告或者其他宣传推介活动，或以不正当竞争手段招揽承销业务，以及其他违反证券承销业务规定的行为，就可能首先面临责令改正、警告、没收违法所得、罚款和暂停或者撤销相关业务许可的行政处罚，只要当上述行为给其他证券承销机构或者投资者造成损失时，就依法承担民事赔偿责任，而且不以行为人的主观过错为责任要件。

（三）过错责任原则

过错责任原则是指行为人由于过错实施了证券违法行为而应承担法律责任的归责原则。过错责任原则强调行为人的主观过错，并以过错作为确定责任的要件。一般说来，在追究证券刑事责任时，相关的证券犯罪，如内幕交易、操纵市场、证券欺诈等，都需要依据《刑法》各相关罪名的具体犯罪构成，将主观过错作为判定行为人是否构成犯罪的依据。但在追究证券民事责任和证券行政责任时，考虑到证券侵权案件具有影响范围广、受害主体不特定、信息不对称等特点，在过错责任原则下受害者对侵权行为人的主观过错难以举证，这必将阻碍受害者进行权利救济，所以，2019 年《证券法》对一般证券违法行为的法律责任都没有规定行为人主观上必须有过错。原 2014 年《证券法》中唯一关于过错责任的规定，即第 200 条规定，证券交易所、证券公司、证券登记结算机构、证券服务机构的从业人员或者证券业协会的工作人员，提供虚假资料，隐匿、伪造、篡改或者损毁交易记录，诱骗投资者买卖证券的，只有在行为人具有主观故意时，才承担相应的法律责任。这次 2019 年《证券法》将该条进行了删除，可以说，在证券违法责任追究过程中，过错责任原则主要适用于对刑事责任的追究。

（四）过错推定原则

过错推定原则是过错责任原则的一种特殊表现形式，是指在法律有特别规定的场合，从违法行为以及损害事实本身推定行为人有过错，除非行为人能够证明自己没有过错，否则将据此确定该行为人应承担法律责任的归责原则。例如，《证券法》第24条规定，发行人对已经注册的证券发行决定不符合法定条件和程序承担无过错责任，应当按照发行价并加算银行同期存款利息返还证券持有人，保荐人应当与发行人承担连带责任，但是能够证明自己没有过错的除外。第85条规定，信息披露义务人对虚假陈述行为承担无过错责任；发行人的控股股东、实际控制人、董事、监事、高级管理人员和其他直接责任人员以及保荐人、承销的证券公司及其直接责任人员，应当与发行人承担连带赔偿责任，但是能够证明自己没有过错的除外。

三、证券法律责任的构成

作为法律责任的一种，证券法律责任的构成包括法律责任构成的一般要件，但由于证券法律责任本身具有的复合性特点，其构成要件与一般民事责任、行政责任以及刑事责任构成要件相比较，又具有一定的特殊性。因此，要立足于证券法律责任的特殊性，并结合我国证券市场发展和证券立法现状，建立更加符合实际的证券法律责任的判断标准。下面将从责任主体、违法行为、主观过错、损害事实和因果关系五个方面对证券法律责任的构成要件进行分析。

（一）证券法律责任主体

证券法律责任主体是指实施证券违法行为并应当承担法律责任的单位和个人。要成为证券法律责任主体，首先必须具备证券法律责任能力，即以独立的人格、财产或行为承担因违法行为可能面临的民事赔偿、行政处罚以及刑事制裁的能力。但具备了证券法律责任能力的主体并不就是证券法律责任主体，还需要同时具备其他两个方面的条件：①实施了证券违法行为；②该违法行为依法应被追究证券法律责任。根据我国《公司法》《证券法》《刑法》等法律规定，证券法律责任主体主要包括以下几类：

1. 公司法人。证券法律责任是责任主体在证券发行、交易过程中，因其违法行为应承担的法律责任。所以，法人作为证券法律责任主体时，主要是指参与证券发行、证券交易和证券服务的公司法人，具体包括证券发行公司、证券上市公司、证券公司、保荐人和作为投资者的公司、企业等。公司法人作为证券民事责任和证券行政责任主体并不存在多大争议，需要讨论的是公司法人是否可能构成证券刑事责任主体。《证券法》第219条规定："违反本法规定，构成犯罪的，依法追究刑事责任。"由此可见，《证券法》虽没有对法人是否承担刑事责任作出明确规定，但也没有排除法人构成证券刑事责任主体的可能性，也就是说，法人是否犯罪，不完全由《证券法》规定，需要结合《刑法》的相关规定来确定。近几年来，随着打击金融犯罪力度的加强，我国已经明确规定了证券业法人犯罪，如在擅自发行股票、债券罪，编造并传播证券交易虚假信息罪，操纵市场交易价格罪等罪名中，都有"单位犯前款罪的，对单位判处罚金"的规定。因此，公司法人可以作为证券刑事责任的责任主体。

2. 自然人。作为证券法律责任的主体的自然人主要包括：作为投资者参与证券交易的自然人（俗称"散户"），证券发行、上市公司的管理层人员或大股东，作为投资者参与证券交易的公司企业的责任人员以及市场服务机构（广义上包括证券交易所、证券公司、证券业协会、登记结算机构和《证券法》第十章规定的狭义的"服务机构"等）的有关责任人员以及国家证券监管机构中履行监管职责的工作人员。自然人要成为证券法律责任主体，除了自身要达到法定责任年龄和具备法定责任能力以外，还必须与证券违法行为之间具有某种特定的内在关系，这就是或者自己实施了证券违法行为，或者对他人实施的证券违法行为负有直接的领导或管理责任。例如，上市公司董事、监事、高级管理人员、持有上市公司股份 5% 以上的股东，将其持有的该公司的股票在买入后 6 个月内卖出，或者在卖出后 6 个月内又买入，可以给予警告，并处以 10 万元以上 100 万元以下的罚款；又如，对擅自公开发行或者变相公开发行证券的直接负责的主管人员和其他直接责任人员，可以给予警告，并处以 50 万元以上 500 万元以下的罚款。

3. 证券交易所、证券登记结算机构。证券交易所负有为证券集中交易提供场所和设施、组织和监督证券交易等义务；作为证券市场交易的组织者，还要依据法定上市条件和交易所上市规则对证券上市申请进行审核，这属于自律管理；经审核同意上市的，证券交易所应当与上市申请人签订上市协议，以规范双方的权利义务关系，形成一种合同法律关系。为防范结算风险，《证券法》增加了证券登记结算机构从事结算业务的规定。因此，证券交易所和证券登记结算机构若违反法定或约定义务将成为证券法律责任主体。

4. 证券服务机构。证券服务机构是指为证券发行、交易而提供证券投资咨询、证券资信评级业务以及会计、审计和法律服务的专业性中介组织。《证券法》第 213 条规定，投资咨询机构、财务顾问机构、资信评级机构、资产评估机构、会计师事务所未经批准，擅自从事证券服务业务的，责令改正，没收违法所得，并处以违法所得 1 倍以上 10 倍以下的罚款。

5. 证券监督管理机构。证券监督管理机构负有依法对证券发行、交易等行为和证券市场进行监督管理的义务，也具备证券法律责任能力，理应成为证券法律责任主体。但是，现有立法只追究证券监督管理机构的工作人员等相关责任人的法律责任。《证券法》第 217 条规定，国务院证券监督管理机构或者国务院授权的部门的工作人员，不履行本法规定的职责，滥用职权、玩忽职守，利用职务便利牟取不正当利益，或者泄露所知悉的有关单位和个人的商业秘密的，依法追究法律责任。

6. 其他主体。证券咨询专家、新闻媒体等证券市场的参与者，因其带有倾向性、误导性的点评或是不真实的新闻报道等行为，给投资者造成损失的，将有可能违反法律规定而承担相应的法律责任。《证券法》第 56 条第 3 款规定，各种传播媒介传播证券市场信息必须真实、客观，禁止误导。传播媒介及其从事证券市场信息报道的工作人员不得从事与其工作职责发生利益冲突的证券买卖。另外，为保护上市公司以及中小股东合法权益，上市公司的控制股东或实际控制人的违法行为也将被追究责任。《证券法》第 185 条第 2 款规定，发行人的控股股东、实际控制人从事或者组织、指使发行人擅自改变公开发行证券所募集资金的用途的，给予警告，并处以 50 万元以上 500 万元以下的罚款；对直接负责的主管人员和其他直接责任人员，处以 10 万元以上 100 万元以下的罚款。

（二）证券违法行为

实施证券违法行为是产生证券法律责任的前提。证券违法行为是指证券法律关系主体和证券市场参与者，在证券发行、交易、监管、服务过程中，违反有关法律、法规并依法应当承担相应法律责任的行为。证券违法行为一方面会扰乱正常的证券交易秩序，另一方面将损害广大投资者的合法权益，具有影响范围广、危害性大、受害者众多等特点，必须严格依法追究法律责任。

证券违法行为的性质决定了证券法律责任的性质。证券违法行为包括一般违法行为和犯罪行为，区别在于行为的危害程度不同。一般证券违法行为可能承担民事责任、行政责任，而证券违法行为一旦符合犯罪构成要件，就演变为证券犯罪，将面临更加严厉的刑事制裁。证券交易换手率极高，市场参与者复杂多变，为了提供明确而具体的判断标准，《证券法》对不同证券违法行为的类型、特征以及法律责任都作了详细的规定。对此，前一章已经作了专门的介绍，此不再重复。

（三）行为人的主观过错

鉴于证券侵权的特殊性，我国现行法律将严格责任原则和无过错责任原则作为证券法律责任最主要的归责原则，即在认定行为人承担法律责任时，并没有将其主观过错作为责任要件而加以强调。这对于减轻受害者的举证责任，提高监管部门的制裁效率是非常重要的。当然，由于证券法律责任是多种责任形式的集合，在刑事责任及其他一些证券法律责任中，责任主体的主观过错仍然是必不可少的责任要件。

（四）违法行为的损害事实

证券责任主体承担法律责任的前提条件还应包括其行为造成的损害事实。但是，在证券法律责任的确定上，损害事实的确定（特别是定量）是非常困难的，因此，许多证券法律责任的承担并不以实际损害的存在为必要条件，而仅仅考虑行为人是否实施了法律禁止的违法行为。但是，如果《证券法》明确规定以发生损害后果为责任条件的，则必须首先确定损害事实的存在。一般说来，在证券刑事责任和证券民事责任的构成中，常常需要以发生损害事实甚至要求"造成严重后果"为要件。如《证券法》第219条规定，违反本法规定构成犯罪的，依法追究刑事责任，而在我国刑法中有关证券犯罪的规定，多要求"情节严重"或"造成严重后果"等要件；又如，《证券法》第53、55、57条关于禁止内幕交易、操纵市场、欺诈客户的规定中，法律就明确规定"给投资者或客户造成损失"是承担民事赔偿责任的要件。

（五）行为与损害之间的因果关系

一般侵权责任需要证明侵权行为与损害结果之间具有因果关系，这是责任自负的法治精神的体现。在证券立法中，法律要求以损害结果为要件的，则需要以违法行为与损害结果之间有因果关系为要件。不过，鉴于证券市场的特殊性，在证券民事赔偿案件中，应当采取因果关系推定，即只要行为人存在证券违法行为，就可以推定在相应时间区间内，从事同一证券相关交易的投资者（如内幕交易的相对人）所遭受的损失是由该行为人的违法行为造成，除非该行为人能够证明投资者的损失不是自己的行为造成。实际上，这是举证责任倒置原则在证券法律责任中的适用。

第二节　证券民事责任

证券法律责任内容丰富，形式多样。理论上可以用不同的标准将其划分为不同的类别。证券民事责任、证券行政责任和证券刑事责任即是其中一种最典型、最常见的分类。从本节起，依次对这三种证券法律责任进行介绍。

一、证券民事责任的概念和特点

证券民事责任是指参与证券活动的民事主体违反证券法有关规定而应承担的民事责任后果。要正确理解证券民事责任的含义，应当注意以下几点：①证券民事责任的责任主体应当是参与证券活动的所有主体。参与证券发行、交易活动的主体具有广泛性，既有直接参与市场的发行人、上市公司、证券公司等，也有间接参与证券交易市场的证券服务机构等。有学者在论述证券民事责任概念时将责任主体局限于上市公司、证券公司等强势主体是不科学的。就民事责任的一般理论而言，任何参与证券活动的主体都可能违反证券法的规定而损害他人利益，因此，证券民事责任的主体应包括所有参与证券活动的主体。②追究责任的前提是责任主体实施了违法行为，这里的"法"包含《证券法》以及所有与证券有关的法律、行政法规和规章中的相关规定。③从行为发生的基础与法律性质来看，证券民事责任包括证券违约的民事责任和证券侵权的民事责任。证券民事责任有以下几个基本特点：

（一）责任形式比较单一

承担民事责任的方式很多，包括：停止侵害；排除妨碍；消除危害；返还财产；恢复原状；修理、重作、更换；赔偿损失；支付违约金；消除影响；恢复名誉；赔礼道歉；等等。但与一般民事责任形式的多样性相比，证券民事责任的承担方式就非常单一，主要是赔偿损失和返还财产两种。在《证券法》所规定的23处民事责任条款中，有20处明文规定责任主体承担赔偿责任，而只有2处规定了承担返还财产的责任。

（二）连带责任的普遍应用

证券活动专业性较强，风险大，绝大多数证券活动需要多个不同主体共同参与，例如，证券发行活动就会涉及发行人、证券公司、证券服务机构等，因此，一旦出现证券违法行为，往往就属于共同过错，或者法律规定为推定过错，相应主体可能就要承担连带的民事责任。《证券法》第85条规定，信息披露义务人违反信息披露制度，虚假陈述，致使投资者在证券交易中遭受损失的，发行人、上市公司应当承担赔偿责任；发行人的控股股东、实际控制人、董事、监事、高级管理人员和其他直接责任人员以及保荐人、承销的证券公司及其直接责任人员，应当与发行人承担连带赔偿责任，但是能够证明自己没有过错的除外。

（三）构成要件呈现出特色

从《证券法》及相关法律法规的规定来看，在证券民事责任的构成要件中，行为人的主观过错常常并不具有构成要件意义（即或有，一般也要实行举证责任倒置），而因行为人的行为发生损害却往往是证券侵权民事责任的构成要件。这既呈现出与普通民事责任的构成要件的差异，也呈现出与证券法律责任中证券行政责任和证券刑事责任构成要件的区别。

（四）民事责任承担的优先

我国《证券法》第220条明确规定了民事责任优先原则，即违反本法规定，应当承担民事赔偿责任和缴纳罚款、罚金，其财产不足以同时支付时，先承担民事赔偿责任。民事赔偿、罚款、罚金是分属于民事责任、行政责任和刑事责任的责任形式，其共同点是责任人都要支付一定数额的金钱。由于证券责任具有复合性特点，证券违法行为可能同时要承担两种以上的法律责任，这就牵涉到承担顺序的问题。民事赔偿是对受害者损失的弥补，而罚款和罚金则是属于对侵害人的惩罚。根据法律的一般原理，违法行为发生后，法律的首要目的是恢复原状，即恢复到违法行为发生前的状况；在有损害的情况下，即首先弥补受害人的损失，然后才是对侵害人进行惩罚。因此，证券民事责任的顺位优先原则既符合法律的民本精神，也有利于证券市场的稳定与发展。

二、证券违约的民事责任

证券的发行、交易基本上属于平等主体之间的商事行为，因此，证券合同关系是最基本的证券法律关系。行为人违反证券合同约定，不履行或不适当履行合同义务，将承担相应的违约责任。

（一）违反证券发行合同的民事责任

发行人在发行证券时，必须按照法律规定公告公司章程、招股说明书或公司债券募集办法等文件，这实际上构成了发行人向投资者的要约邀请，而投资者认购证券则是要约，发行人接受认购则是对该要约的承诺，两者之间形成了一种证券发行合同关系。发行人应当保障投资者享有与其所认购份额相当的权益，否则，就要承担违约责任。例如，当证券公司以代销方式发行股票时，代销期届满，向投资者出售的股票数量未达到拟公开发行股票数量70%的，为发行失败。股票的发行失败意味着发行人的筹资计划落空，其与已认购股票的投资者之间的合同关系也随之终止。投资者不仅无法获得投资收益，而且还蒙受一定的损失，因此，发行人必须承担相应的违约责任，即发行人应当按照发行价并加算银行同期存款利息返还股票认购人。

（二）违反证券承销合同的民事责任

《证券法》第26条第1款规定，发行人向不特定对象发行证券的，法律、行政法规规定应当由证券公司承销，发行人应当与证券公司签订承销协议。所谓证券承销合同，就是证券发行人与证券公司之间达成的由发行人委托证券公司承销其所发行证券的协议。证券公司负有按照约定方式、时间、期限、价格等条件向投资者销售证券，并向发行人及时、足额交付销售款项的义务，而发行人则主要负有向证券公司支付相关费用和报酬的义务。任何一方当事人违约，都必须承担相应的民事责任。

（三）违反证券上市协议的民事责任

《证券法》第46条第1款规定，发行人申请证券上市交易的，应当向证券交易所提出申请，由证券交易所依法审核同意，并由双方签订上市协议。证券上市交易是一个市场行为，证券交易所是实行会员制管理的独立法人，所以，证券法将核准证券上市交易的最终决定权赋予证券交易所符合市场经济规律。上市协议一般约定了以下内容：上市费用的项目和数额；双方的权利与义务；公司证券事务负责人；上市公司定期报告、临时报告的报告程序；股票停牌事宜等。任何一方当事人违约，都必须承担相应的民事责任。

（四）违反证券交易合同的民事责任

证券交易合同包括证券委托交易合同和证券自营交易合同，常出现违约纠纷的是前者。所谓证券委托交易合同，是证券公司接受投资者委托，在证券交易所或其他非集中竞价交易市场买卖证券的协议。《证券法》第134条规定，证券公司办理经纪业务，不得接受客户的全权委托而决定证券买卖、选择证券种类、决定买卖数量或价格。因此，证券公司有义务按照委托人委托的价格、期限、证券种类和数量进行交易，而委托人则必须承认交易的价格、数量，履行交割手续。任何一方当事人违约，都必须承担相应的民事责任。

（五）违反证券服务合同的民事责任

证券服务合同是证券发行、交易的当事人委托证券服务机构就有关证券发行、交易活动提供专业服务的协议。证券服务机构种类繁多，一般可以提供以下服务：财务审计、资产评估、投资咨询、法律意见书、证券保管、清算交割、登记过户等。在证券交易服务合同关系中，接受委托的各服务机构应当按照各自的业务规则，完成约定服务事项或出具相应的文件；而委托人则主要负有提供服务所需材料，支付服务费用或报酬等义务。任何一方当事人违约，都必须承担相应的民事责任。

三、证券侵权的民事责任

证券侵权民事责任是指在证券发行、交易过程中，行为人违反证券法律、法规，实施违法行为，侵害他人合法权益而应当承担的民事责任。根据我国证券法的规定，证券侵权民事责任主要是由下列侵权行为引起：擅自发行证券、虚假陈述、内幕交易、操纵市场、欺诈客户以及其他不正当交易行为。

（一）擅自发行证券的民事责任

在我国，公开发行证券实行注册制。公开发行的证券首先必须符合法律、行政法规规定的条件，然后依法报经国务院证券监督管理机构或者国务院授权的部门注册后，才能公开发行。证券发行人未经证券主管部门注册，擅自发行或变相公开发行的，主管部门责令停止发行，由发行人对擅自发行给投资者造成的损失予以补偿。目前，法定赔偿范围是投资者认购资金的利息损失，即发行人应退还所募资金并加算银行同期存款利息。证券公司承销或者代理买卖未经注册擅自公开发行的证券，给投资者造成损失的，应当与发行人承担连带赔偿责任。

（二）虚假陈述的民事责任

虚假陈述的民事责任是行为人在文件资料上报和信息公开过程中违反法律的规定而依法应承担的民事责任。由于证券市场是信息市场，公开、公平和公正是市场运行的基本准则和根本保障，因而虚假陈述是《证券法》规制的重点。

1. 责任主体。一般而言，发行人和上市公司有义务提供各种信息和资料，并保证所提供信息和资料的完整、真实、准确，即其负有法定的、全面的信息披露义务。因此，若发行人和上市公司违反信息披露义务，是当然的责任主体。但是，除此以外的如证券承销商、保荐人、证券服务机构以及其他证券活动的参与主体是否成为虚假陈述的责任主体，则要视其行为过错而定。这是因为这些主体虽然参与了信息披露过程，但其所承担的仅仅是收集、审核信息的完整性、真实性、准确性的行为义务，只有这些主体在各自职责范围内未能尽到审慎勤勉义务，才单独或连带地承担相应的民事责任：①发行人公告的招股说明书、公司债券募集办法、财务会计报告、上市报告文件、年度报告、中期报告、临时报告以及其他信息披露资料，有虚假记载、误导性陈述或者重大遗漏，致使投资者在证券交易中遭受损失的，发行人应当承担赔偿责任。②发行人的控股股东、实际控制人有过错的，应当就第1项的虚假陈述行为，与发行人和上市公司承担连带责任。③发行人的董事、监事、高级管理人员以及其他直接责任人员，除能够证明自己没有过错外，应当就第1项的虚假陈述行为，与发行人承担连带责任。《证券法》第82条规定，发行人的董事、高级管理人员应当对证券发行文件和公司定期报告签署书面确认意见；发行人的监事会应当对董事会编制的证券发行文件和定期报告进行审核并提出书面审核意见；发行人的董事、监事、高级管理人员应当保证发行人及时、公平地披露信息，所披露的信息真实、准确、完整。上述规定中的"确认""审核""保证"是法定勤勉义务的承诺，并非担保法上的保证，所以，他们只承担过错推定责任而非保证人责任。④保荐人和承销证券的证券公司，除能够证明自己没有过错外，应当就第1项的虚假陈述行为，与发行人承担连带赔偿责任。⑤证券服务机构为证券的发行、上市、交易等证券业务活动制作、出具的审计报告、资产评估报告、财务顾问报告、资信评级报告或者法律意见书等文件有虚假记载、误导性陈述或者重大遗漏，给他人造成损失的，应当与发行人承担连带赔偿责任，但是能够证明自己没有过错的除外。

综上所述，只要存在虚假陈述并给投资者造成损失的，发行人应依照无过错责任原则承担民事赔偿责任，而其他机构或人员则适用过错推定责任原则，决定其是否与发行人承担连带赔偿责任。

2. 因果关系。根据责任自负原则，行为人只对自己行为导致的损害结果承担法律责任，即要认定证券违法行为人承担民事赔偿责任，就必须证明投资者所受损失与该行为人的违法行为之间存在因果关系。依照最高人民法院的司法解释，投资者以虚假陈述为由提起民事赔偿诉讼的，原告证明存在以下情形之一的，法院应认定虚假陈述与损害结果之间存在因果关系：①投资者所投资的是与虚假陈述直接关联的证券；②投资者在虚假陈述实施日及以后，至揭露日或者更正日之前买入该证券；③投资者在虚假陈述揭露日或者更正日及以后，因卖出该证券发生亏损，或者因持续持有该证券而产生亏损。若被告反证有以下情形之一的，法院应当认定虚假陈述与损害结果之间不存在因果关系：①在虚假陈述揭露日或者更正日之前已经卖出证券；②在虚假陈述揭露日或者更正日以后进行的投资；③明知虚假陈述存在而进行的投资；④损失或者部分损失是由证券市场系统风险等其他因素所导致；⑤属于恶意投资、操纵证券价格的。

这里需要特别说明的是，司法解释中所采用的三个时间概念：虚假陈述实施日是指作出虚假陈述或者发生虚假陈述之日；虚假陈述揭露日是指虚假陈述在全国范围发行或者播放的报刊、电台、电视台等媒体上，首次被公开揭露之日；虚假陈述更正日是指虚假陈述行为人在中国证券监督管理委员会指定披露证券市场信息的媒体上，自行公告更正虚假陈述并按照规定履行停牌手续之日。

3. 赔偿范围。根据最高人民法院司法解释，虚假陈述行为人应当在投资者遭受的实际损失范围内承担赔偿责任，具体包括投资者的投资差额损失以及投资差额部分的佣金和印花税。其中，投资差额损失将按照下面两种情况来确定：①投资人在基准日及以前卖出证券的，其投资差额损失以买入证券平均价格与实际卖出证券平均价格之差，乘以投资人所持证券数量计算。②投资人在基准日之后卖出或者仍持有证券的，其证券差额损失，以买入证券平均价格与虚假陈述揭露日或者更正日起至基准日期间每个交易日收盘价的平均价格之差，乘以投资人所持证券数量计算。投资差额损害计算的基准日是指虚假陈述揭露或者更正后，为将投资人应获赔偿限定在虚假陈述所造成的损失范围内，确定损失计算的合理期间而规定的截止日期。

4. 责任实现。《最高人民法院关于审理证券市场因虚假陈述引发的民事赔偿案件的若干规定》就虚假陈述民事赔偿案件涉及的诉讼程序问题作出了特别规定。主要内容包括：①只受理证券市场投资人以信息披露义务人违反法律规定，进行虚假陈述并导致其遭受损失为由，而向人民法院提起诉讼的民事赔偿案件。对于因在国家批准设立的证券市场以外，或者在国家批准设立的证券市场上通过协议转让方式进行的交易而发生的诉讼，不适用该司法解释。②虚假陈述民事赔偿案件的受理以行政处罚或刑事制裁为前置程序。因此，追究违法行为人的行政责任或刑事责任是投资人提起民事赔偿诉讼的前提条件，而且，相关的行政处罚决定、公告或刑事判决文书还是起诉时必须提交的材料。③诉讼时效为3年，并按照下列特殊规定确定时效期间的起算日期：证监会或其派出机构公布对虚假陈述行为人作出处罚决定之日；财政部、其他行政机关以及有权作出行政处罚的机构公布对虚假陈述行为人作出处罚之日；虚假陈述行为人未受行政处罚，但已被人民法院认定有罪的，作出刑事判决生效之日；因同一虚假陈述行为，对不同虚假陈述行为人作出两个以上行政处罚，或者既有行政处罚，又有刑事处罚的，以最先作出的行政处罚决定公告之日或者作出的刑事判决生效之日。④虚假陈述证券民事赔偿案件由省、直辖市、自治区人民政府所在的市、计划单列市和经济特区中级人民法院管辖。

（三）内幕交易的民事责任

内幕交易行为具有涉及面广、危害大以及隐蔽性强等特点，是世界许多国家明令禁止的证券交易行为。《证券法》修改了与内幕交易相关的三项主要内容：①扩大了内幕信息的认定范围，对内幕交易的认定日趋严格；②扩大了内幕信息知情人的范围，回应了监管实践中的身份证明难题，有利于降低监管部门认定内幕交易的门槛；③加重了内幕交易的法律责任，提高了违法成本。《证券法》第53条规定，证券交易内幕信息的知情人和非法获取内幕信息的人，在内幕信息公开前，买卖该公司的证券，或者泄露该信息，或者建议他人买卖该证券给投资者造成损失的，行为人应当依法承担赔偿责任。

1. 责任主体。内幕交易民事责任主体是掌握证券交易内幕消息，并实施内幕交易行为，给投资者造成损失的知情人。按照获得内幕信息是否具有合法性，知情人可以划分为合法知情人和非法知情人：

（1）合法知情人。根据《证券法》第51条的规定，合法知情人包括：①发行人及其董事、监事、高级管理人员；②持有公司5%以上股份的股东及其董事、监事、高级管理人员，公司的实际控制人及其董事、监事、高级管理人员；③发行人控股或者实际控制的公司及其董事、监事、高级管理人员；④由于所任公司职务或者因与公司业务往来可以获取公司有关内幕信息的人员；⑤上市公司收购人或者重大资产交易方及其控股股东、实际控制人、董事、监事和高级管理人员；⑥因职务、工作可以获取内幕信息的证券交易场所、证券公司、证券登记结算机构、证券服务机构的有关人员；⑦因职责、工作可以获取内幕信息的证券监督管理机构工作人员；⑧因法定职责对证券的发行、交易或者对上市公司及其收购、重大资产交易进行管理可以获取内幕信息的有关主管部门、监管机构的工作人员；⑨国务院证券监督管理机构规定的可以获取内幕信息的其他人员。除此之外，还有基于其职务、职责关系或其他途径而获得内幕消息的主体，如公司一般工作人员、市场分析人士等；以及上述所有主体的配偶、父母、子女和其他因亲属关系获取内幕信息的人。

（2）非法知情人是指以窃取或其他方式非法获得证券交易内幕消息的主体。上述知情人获得内幕交易信息的途径、方式虽有所不同，但只要他们利用所掌握的内幕信息，实施了内幕交易行为，并给投资者造成损害的，都应当依法承担赔偿责任。

2. 因果关系。在证券市场中影响证券交易数量、价格和最终收益的因素比较复杂，因此，很难证明投资者损失与内幕交易行为之间存在符合民事责任追究要求的因果关系。但内幕交易行为违反了证券信息披露制度，侵害了投资者的信息平等权，将本应由广大投资者共享的信息转变为少数人独占的信息，也就将本应归投资者共享的利益转变为知情人的独占利益。所以，可以建立符合证券内幕交易特点的因果关系证明规则，即内幕交易的相对人（即与知情人直接进行交易的当事人）所受到的损失与内幕交易之间存在因果关系。至于其他在内幕交易的同时从事与知情人交易方向相反的交易的投资者，但未与知情人直接发生交易关系，其所受损失则不宜推定为由知情人内幕交易所造成。

3. 赔偿范围。在缺乏法律明文规定的情况下，可以参考一些基本因素来确定内幕交易赔偿范围，包括损失发生的时间是否在交易信息公开之前；内幕交易所引起的交易价格、数量的变化；投资者的差价损失以及费用税金损失；等等。

4. 责任实现。《证券法》不仅规定了内幕交易行为应承担的行政责任和刑事责任，从而惩治违法行为，减少或剥夺内幕交易人的非法收益，也明确规定了内幕交易的民事责任，从经济利益上使投资者的损失得到补偿。但是，《证券法》第53条第3款只是宣示性地规定了内幕交易行为给投资者造成损失的，应当依法承担赔偿责任，并没有更具体、更有操作性的配套性制度，因此，在司法实践中如何适用该条款还存在一些技术障碍，内幕交易民事责任的实现还需要立法进一步的明确和规范。

（四）操纵市场的民事责任

《证券法》第55条规定，禁止任何人操纵证券市场，影响或者意图影响证券交易价格或者证券交易量。操纵证券市场行为给投资者造成损失的，行为人应当依法承担赔偿责任。由此可见，任何单位或个人都有可能成为操纵证券市场的民事责任主体，但从理论以及操纵行为分析，操纵证券市场民事责任主体只能是参与证券交易并且其实施的行为在客观上符合法定操纵市场行为要件的交易者。操纵证券市场行为属于法律禁止行为，在追究行政责任和刑事责任时，应当以行为人具有主观故意为法律责任构成要件，这有利于打击证券违法行为，维护正常的交易秩序。行为人承担操纵市场的民事赔偿责任是我国证券立法在法律责任领域的又一大突破，但如何在实体法和程序法方面保障责任的实现，还有一些问题需要解决。由于在追究行为人的民事责任时，法律并未明确规定必须以主观过错为构成要件，因此，为了更好地保护投资者的合法权益，在民事责任的追究中应当适用无过错责任的归责原则，以减轻原告的证明责任。

（五）欺诈客户的民事责任

《证券法》中关于证券公司欺诈客户的民事责任主要有第57条规定，禁止证券公司及其从业人员从事损害客户利益的欺诈行为。欺诈客户行为给客户造成损失的，行为人应当依法承担赔偿责任。第210条则规定，证券公司及其主要股东、实际控制人违反证券法的相关规定，未报送、提供信息和资料，或者报送、提供的信息和资料有虚假记载、误导性陈述或者重大遗漏的，责令改正，给予警告，并处以一百万元以下的罚款；情节严重的，并处撤销相关业务许可。对直接负责的主管人员和其他直接责任人员，给予警告，并处以五十万元以下的罚款。

与一般民事欺诈相比，证券公司欺诈客户的行为具有以下特点：首先，对欺诈行为的认定采取客观标准，即只要证券公司实施了法律所禁止的行为，无论其主观上是否具有过错，也无论客户能否证明，都不影响对欺诈行为责任的认定；其次，证券公司欺诈客户的行为属于证券公司单方行为，无须客户作出错误的意思表示，更不以欺诈行为与错误表示之间存在因果关系为要件；最后，证券公司欺诈行为发生后，客户只能提出赔偿损失、返还财产等请求，而不能像一般民事欺诈行为一样，要求予以变更或撤销。

证券公司与客户之间的权利义务关系往往由委托合同来确定，欺诈客户行为首先表现为违约行为，但与此同时，欺诈客户的行为往往也具有侵权性质。因此，欺诈客户行为的民事责任属于违约责任与侵权责任的竞合。我国《民法典》第186条规定，因当事人一方的违约行为，损害对方人身权益、财产权益的，受损害方有权选择请求其承担违约责任或者侵权责任。据此，客户既可以选择让证券公司承担证券侵权责任，也可以选择让证券公司承担证券违约责任。

四、其他证券违法行为的民事责任

《证券法》上的民事责任分散规定在第二章第24、29、33条；第三章第53、54、55、56、57条；第五章第84、85条；第六章第88、89、90、93条；第七章第111、113、117条；第九章第155条；第十章第161、163条；第十三章第183、196、220条，共计23条，这在一定程度上缓解了我国证券法律责任体系"重行政、刑事而轻民事"的结构性问题。除前述证券民事责任以外，我国《证券法》还有以下几个主要方面的民事责任：

1. 已注册发行的证券，不符合法定条件或者法定程序，但已经发行尚未上市的，发行人应当按照发行价并加算银行同期存款利息返还证券持有人；保荐人应当与发行人承担连带责任，但是能够证明自己没有过错的除外；发行人的控股股东、实际控制人有过错的，应当与发行人承担连带责任。

2. 上市公司董事会可以行使"归入权"，取得公司董事、监事、高级管理人员以及持有上市公司股份5%以上的股东，将其持有的该公司的股票在买入后6个月内卖出，或者在卖出后6个月内又买入的所获收益。公司董事会不按上述规定执行的，股东有权要求董事会在30日内执行。公司董事会未在上述期限内执行的，股东有权为了公司的利益以自己的名义直接向人民法院提起诉讼。公司董事会不按照上述规定执行的，负有责任的董事依法承担连带责任。

3. 按照依法制定的交易规则进行的交易，不得改变其交易结果。对交易中违规交易者应负的民事责任不得免除；在违规交易中所获利益，依照有关规定处理。

4. 投资咨询机构及其从业人员从事证券服务业务时，有下列行为之一，给投资者造成损失的，依法承担赔偿责任：代理委托人从事证券投资；与委托人约定分享证券投资收益或者分担证券投资损失；买卖本咨询机构提供服务的上市公司股票；利用传播媒介或者通过其他方式提供、传播虚假或者误导投资者的信息；法律、行政法规禁止的其他行为。

5. 证券公司承销证券，有下列行为之一，给其他证券承销机构或者投资者造成损失的，依法承担赔偿责任：进行虚假的或者误导投资者的广告或者其他宣传推介活动；以不正当竞争手段招揽承销业务；其他违反证券承销业务规定的行为。

6. 收购人及其控股股东、实际控制人利用上市公司收购，给被收购公司及其股东造成损失的，应依法承担赔偿责任。

第三节　证券行政责任

由于我国证券市场发育不成熟，相关法律制度还不健全，市场运行风险较大，所以，国家历来重视对证券市场的监督管理，再加上证券民事赔偿责任追究机制的缺失，证券行政责任仍是目前运用最为广泛的证券法律责任形式。

一、证券行政责任的概念和特点

行政责任是指行为人因违反法律、行政法规而承担的行政法律后果。行政责任是一种行政法上的责任，依法应当由国家行政主管机关以及法律授权的组织、机构追究或查处。我国《证券法》第168条规定："国务院证券监督管理机构依法对证券市场实行监督管理，维护证券市场公开、公平、公正，防范系统性风险，维护投资者合法权益，促进证券市场健康发展。"证券交易活动的各参与主体必须遵守证券法律法规，并接受证券主管机关的监督管理。如果存在证券违法行为但不构成犯罪的，主管机关有权根据法律规定，在行政制裁范围内责令行为人承担不利的法律后果，这就是证券行政责任。证券行政责任有以下基本特点：

1. 责任原因的复杂性。证券行政责任基于证券监管关系而产生，具体包括证券监督管理行为的相对人实施的违法行为，以及证券监管机构的工作人员失职未能依法行使职权，或存在违纪、违法行为。

2. 责任主体的广泛性。从证券监管关系角度看，责任主体既可以是证券监督管理行为的相对人，如上市公司、证券公司、证券服务机构，也可以是证券主管机构以及其他组织、机构的相关工作人员。从主体形式的角度看，责任主体既可以是公司法人、自然人，还可以是行政机关、行业自律性组织等。

3. 责任形式的多样性。证券行政责任形式一般可以分为行政处分和行政处罚两种。行政处分是国务院证券监督管理机构或者国务院授权的部门，给予所属的存在违纪或违法行为的直接负责的主管人员和其他直接责任人员的一种制裁措施，包括警告、记过、记大过、降级（职）、撤职以及开除等责任形式。行政处罚是由国务院证券监督管理机构基于行政管理职权，对存在一般证券违法行为，但尚未构成犯罪的相对人依法采取的一种制裁，包括责令改正、警告、取缔、罚款、没收违法所得、责令暂停证券交易、吊销相关业务许可证（执照）、撤销任职资格或者证券从业资格等。另外，《证券法》第218条规定，拒绝、阻碍证券监督管理机构及其工作人员依法行使监督检查、调查职权，由证券监督管理机构责令改正，处以10万元以上100万元以下的罚款，并由公安机关依法给予治安管理处罚。第221条第1款规定，违反法律、行政法规或者国务院证券监督管理机构的有关规定，情节严重的，国务院证券监督管理机构可以对有关责任人员采取证券市场禁入的措施，即该责任人员在一定期限内直至终身不得从事证券业务或者不得担任上市公司董事、监事、高级管理人员。

4. 责任内容的惩罚性。在一般证券违法行为的追究中，证券民事责任与证券行政责任相比，前者是以受害当事人的损失为赔偿尺度和限度，是较典型的"补偿性责任"；后者则以发生违法行为为要件，责任的负担也不以损失为尺度和限度（损失的大小常常只是作为一种"情节"），是典型的"惩罚性责任"。如没收违法所得、罚款、吊销相关业务许可证（执照）、取消上市资格等。

5. 责任追究的职权性。一方面，行政责任的追究是特定行政执法部门的专属职权，只有法律明确规定或授权的组织或机构才能成为执法主体，其他任何组织与机构，均不能行使追究行政责任的职权；另一方面，国家相关的行政管理与执法部门（包括同一部门的不同级别的机构），它们之间的行政执法权是有明确的界线的：同样是行政执法机构，因职权分工的不同而拥有不同内容的行政执法权；在执法中，不同的执法权之间是不容许混淆的。

6. 责任追究的主动性。行政责任是由国家主动追究的一种法律责任，它不依赖于行为结果是否已经发生，也不依赖于有无特定的受害人，也不取决于有无"原告"，追究行政责任是国家行政执法部门积极主动的行为。这与民事责任的追究呈现出事后性、被动性、依赖于原告意志等特点形成鲜明的对比。正因为如此，现代市场经济国家普遍引入行政责任，以有效地预防违法和打击违法，保障市场的安全和健康发展。

二、发行人及其责任人员的行政责任

证券发行和上市是证券得以进入流通的最初环节，各国立法为了保证上市证券的质量并维护交易安全，一般都要对证券发行人实行较为严格的监管。我国《证券法》对其行政责任的规定，主要包括以下几个方面的内容：

1. 未经依法注册，擅自公开或者变相公开发行证券的，责令停止发行，退还所募资金并加算银行同期存款利息，并处以非法所募资金金额 5% 以上 50% 以下的罚款；对擅自公开或者变相公开发行证券设立的公司，由依法履行监督管理职责的机构或者部门会同县级以上地方人民政府予以取缔。对直接负责的主管人员和其他直接责任人员给予警告，并处以 50 万元以上 500 万元以下的罚款。

2. 发行人在其公告的证券发行文件中隐瞒重要事实或者编造重大虚假内容，尚未发行证券的，处以 200 万元以上 2000 万元以下的罚款；已经发行证券的，处以非法所募资金金额 10% 以上 1 倍以下的罚款。对直接负责的主管人员和其他直接责任人员，处以 100 万元以上 1000 万元以下的罚款。

发行人的控股股东、实际控制人组织、指使从事上述违法行为的，没收违法所得，并处以违法所得 10% 以上 1 倍以下的罚款；没有违法所得或者违法所得不足 2000 万元的，处以 200 万元以上 2000 万元以下的罚款。对直接负责的主管人员和其他直接责任人员，处以 100 万元以上 1000 万元以下的罚款。

3. 信息披露义务人未依法报送有关报告或者履行信息披露义务的，责令改正，给予警告，并处以 50 万元以上 500 万元以下的罚款；对直接负责的主管人员和其他直接责任人员给予警告，并处以 20 万元以上 200 万元以下的罚款。发行人的控股股东、实际控制人组织、指使从事上述违法行为，或者隐瞒相关事项导致发生上述情形的，处以 50 万元以上 500 万元以下的罚款；对直接负责的主管人员和其他直接责任人员，处以 20 万元以上 200 万元以下的罚款。

信息披露义务人报送的报告或者披露的信息有虚假记载、误导性陈述或者重大遗漏的，责令改正，给予警告，并处以 100 万元以上 1000 万元以下的罚款；对直接负责的主管人员和其他直接责任人员给予警告，并处以 50 万元以上 500 万元以下的罚款。发行人的控股股东、实际控制人组织、指使从事上述违法行为，或者隐瞒相关事项导致发生上述情形的，处以 100 万元以上 1000 万元以下的罚款；对直接负责的主管人员和其他直接责任人员，处以 50 万元以上 500 万元以下的罚款。

4. 发行人违反法律规定擅自改变公开发行证券所募集资金的用途的，责令改正，处以 50 万元以上 500 万元以下的罚款；对直接负责的主管人员和其他直接责任人员给予警告，并处以 10 万元以上 100 万元以下的罚款。

发行人的控股股东、实际控制人从事或者组织、指使从事上述违法行为的，给予警告，并处以 50 万元以上 500 万元以下的罚款；对直接负责的主管人员和其他直接责任人员，处以 10 万元以上 100 万元以下的罚款。

5. 发行人未按照规定保存有关文件和资料的，责令改正，给予警告，并处以 10 万元以上 100 万元以下的罚款；泄露、隐匿、伪造、篡改或者毁损有关文件和资料的，给予警告，并处以 20 万元以上 200 万元以下的罚款；情节严重的，处以 50 万元以上 500 万元以下的罚款，并处暂停、撤销相关业务许可或者禁止从事相关业务。对直接负责的主管人员和其他直接责任人员给予警告，并处以 10 万元以上 100 万元以下的罚款。

三、证券公司及其从业人员的行政责任

证券公司是指依照《公司法》和《证券法》规定设立的经营证券业务的有限责任公司或者股份有限公司。由于证券公司是专门经营证券业务的证券商，因而其在证券市场上扮演着极为重要的角色，也是法律规制的重要对象。从证券法的规定来看，证券公司及其从业人员的证券行政责任，涉及面很广。大体上可以将其分为四个方面，即主体资格监管方面的行政责任、证券承销监管中的行政责任、证券公司业务监管中的行政责任以及资料信息监管中的行政责任。

（一）证券公司主体资格监管中的行政责任

1. 未经批准，擅自设立证券公司、非法经营证券业务或者未经批准以证券公司名义开展业务活动的，责令改正，没收违法所得，并处以违法所得 1 倍以上 10 倍以下的罚款；没有违法所得或者违法所得不足 100 万元的，处以 100 万元以上 1000 万元以下的罚款。对直接负责的主管人员和其他直接责任人员给予警告，并处以 20 万元以上 200 万元以下的罚款。对擅自设立的证券公司，由国务院证券监督管理机构予以取缔。

2. 提交虚假证明文件或者采取其他欺诈手段骗取证券公司设立许可、业务许可或者重大事项变更核准的，撤销相关许可，并处以 100 万元以上 1000 万元以下的罚款。对直接负责的主管人员和其他直接责任人员给予警告，并处以 20 万元以上 200 万元以下的罚款。

3. 证券公司未经核准变更证券业务范围，变更主要股东或者公司的实际控制人，合并、分立、停业、解散、破产的，责令改正，给予警告，没收违法所得，并处以违法所得 1 倍以上 10 倍以下的罚款；没有违法所得或者违法所得不足 50 万元的，处以 50 万元以上 500 万元以下的罚款；情节严重的，并处撤销相关业务许可。对直接负责的主管人员和其他直接责任人员给予警告，并处以 20 万元以上 200 万元以下的罚款。

（二）证券承销监管中的行政责任

1. 证券公司承销或者销售擅自公开发行或者变相公开发行的证券的，责令停止承销或者销售，没收违法所得，并处以违法所得 1 倍以上 10 倍以下的罚款；没有违法所得或者违法所得不足 100 万元的，处以 100 万元以上 1000 万元以下的罚款；情节严重的，并

处暂停或者撤销相关业务许可。给投资者造成损失的，应当与发行人承担连带赔偿责任。对直接负责的主管人员和其他直接责任人员给予警告，并处以50万元以上500万元以下的罚款。

2. 证券公司承销证券，有下列行为之一的，[1]责令改正，给予警告，没收违法所得，可以并处50万元以上500万元以下的罚款；情节严重的，暂停或者撤销相关业务许可。对直接负责的主管人员和其他直接责任人员给予警告，可以并处20万元以上200万元以下的罚款；情节严重的，并处以50万元以上500万元以下的罚款。

（三）证券公司业务监管中的行政责任

1. 证券公司违反法律规定，为客户买卖证券提供证券融资融券服务的，没收违法所得，并处以融资融券等值以下的罚款；情节严重的，禁止其在一定期限内从事证券融资融券业务。对直接负责的主管人员和其他直接责任人员给予警告，并处以20万元以上200万元以下的罚款。

2. 证券公司违反《证券法》规定，假借他人名义或者以个人名义从事证券自营业务的，责令改正，给予警告，没收违法所得，并处以违法所得1倍以上10倍以下的罚款；没有违法所得或者违法所得不足50万元的，处以50万元以上500万元以下的罚款；情节严重的，并处撤销相关业务许可或者责令关闭。对直接负责的主管人员和其他直接责任人员给予警告，并处以20万元以上200万元以下的罚款。

3. 证券公司未对投资者开立账户提供的身份信息进行核对的，责令改正，给予警告，并处以5万元以上50万元以下的罚款。对直接负责的主管人员和其他直接责任人员给予警告，并处以10万元以下的罚款。证券公司将投资者的账户提供给他人使用的，责令改正，给予警告，并处以10万元以上100万元以下的罚款。对直接负责的主管人员和其他直接责任人员给予警告，并处以20万元以下的罚款。

4. 证券公司从事违背客户的委托买卖证券、办理交易事项，或者违背客户真实意思表示，办理交易以外的其他事项等损害客户利益的行为的，给予警告，没收违法所得，并处以违法所得1倍以上10倍以下的罚款；没有违法所得或者违法所得不足10万元的，处以10万元以上100万元以下的罚款；情节严重的，暂停或者撤销相关业务许可。

5. 证券公司将客户的资金和证券归入自有财产，或者挪用客户的资金和证券的，责令改正，给予警告，没收违法所得，并处以违法所得1倍以上10倍以下的罚款；没有违法所得或者违法所得不足100万元的，处以100万元以上1000万元以下的罚款；情节严重的，并处撤销相关业务许可或者责令关闭。对直接负责的主管人员和其他直接责任人员给予警告，并处以50万元以上500万元以下的罚款。

6. 证券公司办理经纪业务，接受客户的全权委托买卖证券的，或者证券公司对客户买卖证券的收益或者赔偿证券买卖的损失作出承诺的，责令改正，给予警告，没收违法所得，并处以违法所得1倍以上10倍以下的罚款；没有违法所得或者违法所得不足50万元的，处以50万元以上500万元以下的罚款；情节严重的，并处撤销相关业务许可。对直接负责的主管人员和其他直接责任人员给予警告，并处以20万元以上200万元以下的

---

[1] 根据《证券法》第29条的规定，这些行为包括：①进行虚假的或者误导投资者的广告宣传或者其他宣传推介活动；②以不正当竞争手段招揽承销业务；③其他违反证券承销业务规定的行为

罚款。

7. 证券公司及其从业人员违反法律规定，私下接受客户委托买卖证券的，责令改正，给予警告，没收违法所得，并处以违法所得1倍以上10倍以下的罚款；没有违法所得的，处以50万元以下的罚款。

8. 证券公司未采取有效隔离措施防范利益冲突，或者对其证券经纪业务、证券承销业务、证券自营业务、证券资产管理业务，不依法分开办理，混合操作的，责令改正，给予警告，没收违法所得，并处以违法所得1倍以上10倍以下的罚款；没有违法所得或者违法所得不足50万元的，处以50万元以上500万元以下的罚款；情节严重的，并处撤销相关业务许可。对直接负责的主管人员和其他直接责任人员给予警告，并处以20万元以上200万元以下的罚款。

9. 证券公司为其股东或者股东的关联人提供融资或者担保的，责令改正，给予警告，并处以50万元以上500万元以下的罚款。对直接负责的主管人员和其他直接责任人员给予警告，并处以10万元以上100万元以下的罚款。股东有过错的，在按照要求改正前，国务院证券监督管理机构可以限制其股东权利；拒不改正的，可以责令其转让所持证券公司股权。

（四）资料、文件、信息监管中的行政责任

1. 证券公司未按照有关规定保存有关文件和资料的，责令改正，给予警告，并处以10万元以上100万元以下的罚款；泄露、隐匿、伪造、篡改或者毁损有关文件和资料的，给予警告，并处以20万元以上200万元以下的罚款；情节严重的，处以50万元以上500万元以下的罚款，并处暂停、撤销相关业务许可或者禁止从事相关业务。对直接负责的主管人员和其他直接责任人员给予警告，并处以10万元以上100万元以下的罚款。

2. 证券公司提交虚假证明文件或者采取其他欺诈手段骗取证券公司设立许可、业务许可或者重大事项变更核准的，撤销相关许可，并处以100万元以上1000万元以下的罚款。对直接负责的主管人员和其他直接责任人员给予警告，并处以20万元以上200万元以下的罚款。

3. 证券公司在证券交易活动中作出虚假陈述或者信息误导的，责令改正，处以20万元以上200万元以下的罚款；属于国家工作人员的，还应当依法给予处分。

4. 证券公司或者其股东、实际控制人违反规定，拒不向证券监督管理机构报送或者提供经营管理信息和资料，或者报送、提供的经营管理信息和资料有虚假记载、误导性陈述或者重大遗漏的，责令改正，给予警告，并处以100万元以下的罚款；情节严重的，并处撤销相关业务许可。对直接负责的主管人员和其他直接责任人员，给予警告，并处以50万元以下的罚款。

四、证交所、证券登记结算机构及其从业人员的行政责任

根据《证券法》的规定，证券交易所是为证券集中交易提供场所和设施，组织和监督证券交易，实行自律管理的法人；证券登记结算机构是为证券交易提供集中登记、存管与结算服务，不以营利为目的的法人。从本质上讲，证券交易所、证券登记结算机构既是证券交易服务机构，同时也负有对市场的监管职责，其所涉及的行政责任包括以下几个方面：

（一）非法开设交易场所或机构的行政责任

1. 非法开设证券交易场所的，由县级以上人民政府予以取缔，没收违法所得，并处以违法所得 1 倍以上 10 倍以下的罚款；没有违法所得或者违法所得不足 100 万元的，处以 100 万元以上 1000 万元以下的罚款。对直接负责的主管人员和其他直接责任人员给予警告，并处以 20 万元以上 200 万元以下的罚款。

2. 未经国务院证券监督管理机构批准，擅自设立证券登记结算机构的，由证券监督管理机构予以取缔，没收违法所得，并处以违法所得 1 倍以上 10 倍以下的罚款；没有违法所得或者违法所得不足 50 万元的，处以 50 万元以上 500 万元以下的罚款。对直接负责的主管人员和其他直接责任人员给予警告，并处以 20 万元以上 200 万元以下的罚款。

（二）交易所自律监管权滥用的行政责任

证券交易所允许非会员直接参与股票集中交易的，责令改正，可以并处 50 万元以下的罚款。

（三）非法挪用资金的行政责任

证券登记结算机构挪用客户的资金或者证券的，责令改正，给予警告，没收违法所得，并处以违法所得 1 倍以上 10 倍以下的罚款；没有违法所得或者违法所得不足 100 万元的，处以 100 万元以上 1000 万元以下的罚款；情节严重的，并处撤销相关业务许可或者责令关闭。对直接负责的主管人员和其他直接责任人员给予警告，并处以 50 万元以上 500 万元以下的罚款。

（四）信息、文件、资料监管中的行政责任

1. 证券交易所、证券登记结算机构及其从业人员在证券交易活动中作出虚假陈述或者信息误导的，责令改正，并处以 20 万元以上 200 万元以下的罚款；属于国家工作人员的，还应当依法给予行政处分。

2. 证券登记结算机构未按照规定保存有关文件和资料的，责令改正，给予警告，并处以 10 万元以上 100 万元以下的罚款；泄露、隐匿、伪造、篡改或者毁损有关文件和资料的，给予警告，并处以 20 万元以上 200 万元以下的罚款；情节严重的，处以 50 万元以上 500 万元以下的罚款，并处暂停、撤销相关业务许可或者禁止从事相关业务。对直接负责的主管人员和其他直接责任人员给予警告，并处以 10 万元以上 100 万元以下的罚款。

五、证券监管机构及其工作人员的行政责任

目前，从我国的监管体制上看，对于监管者缺乏更高层次的监管，谁来监管监管者的问题已经在学界展开讨论。但事实上，《证券法》对监管机构及其工作人员的监管已经有了一定的制度设计。证券监督管理机构及其工作人员负有监管证券市场的义务，如果在履行监管义务的过程中违反法律，根据《证券法》的规定同样要承担相应的法律责任。这些责任主要包括：

1. 证券监督管理机构及其工作人员在证券交易活动中作出虚假陈述或者信息误导的，责令改正，并处以 20 万元以上 200 万元以下的罚款；属于国家工作人员的，还应当依法给予行政处分。

2. 国务院证券监督管理机构或者国务院授权的部门有下列情形之一的，对直接负责的主管人员和其他直接责任人员，依法给予行政处分：①对不符合《证券法》规定的发行证券、设立证券公司等申请予以核准、注册、批准的；②违反规定采取现场检查、调查取证、查询、冻结或者查封等措施的；③违反规定对有关机构和人员采取监督管理措施的；④违反规定对有关机构和人员实施行政处罚的；⑤其他不依法履行职责的行为。

3. 国务院证券监督管理机构或者国务院授权的部门的工作人员，不履行法律规定的职责，滥用职权、玩忽职守，利用职务便利牟取不正当利益，或者泄露所知悉的有关单位和个人的商业秘密的，依法追究法律责任。

六、证券服务机构及其从业人员的行政责任

据《证券法》第160条的规定，证券服务机构主要有投资咨询机构、财务顾问机构、资信评级机构、资产评估机构、会计师事务所等。服务机构不是市场的交易主体，而是为市场交易提供辅助性服务的组织，它们一般是通过委托或服务合同与市场交易主体建立服务关系。因此，证券服务机构也成了证券市场的组成部分，其活动应当纳入证券监管的范围。其涉及的行政责任主要有：

（一）违法违规的行政责任

证券投资咨询机构有下列行为之一的，责令改正，没收违法所得，并处以违法所得1倍以上10倍以下的罚款；没有违法所得或者违法所得不足50万元的，处以50万元以上500万元以下的罚款。对直接负责的主管人员和其他直接责任人员，给予警告，并处以20万元以上200万元以下的罚款：①代理委托人从事证券投资；②与委托人约定分享证券投资收益或者分担证券投资损失；③买卖本证券投资咨询机构提供服务的证券；④法律、行政法规禁止的其他行为。

（二）擅自从业的行政责任

证券投资咨询机构擅自从事证券服务业务的，责令改正，没收违法所得，并处以违法所得1倍以上10倍以下的罚款；没有违法所得或者违法所得不足50万元的，处以50万元以上500万元以下的罚款。对直接负责的主管人员和其他直接责任人员，给予警告，并处20万元以上200万元以下的罚款。会计师事务所、律师事务所以及从事资产评估、资信评级、财务顾问、信息技术系统服务的机构从事证券服务业务未报备案的，责令改正，可以处20万元以下的罚款。

（三）非法买卖证券的行政责任

证券服务机构及其从业人员，违反《证券法》第42条的规定买卖证券的，责令依法处理非法持有的证券，没收违法所得，并处以买卖证券等值以下的罚款。

（四）信息、文件、资料监管中的行政责任

1. 证券服务机构及其从业人员，证券业协会及其工作人员，在证券交易活动中作出虚假陈述或者信息误导的，责令改正，处以20万元以上200万元以下的罚款；属于国家工作人员的，还应当依法给予行政处分。

2. 证券服务机构未勤勉尽责，所制作、出具的文件有虚假记载、误导性陈述或者重大遗漏的，责令改正，没收业务收入，并处以业务收入1倍以上10倍以下的罚款，没有业务收入或者业务收入不足50万元的，处以50万元以上500万元以下的罚款；情节严重的，并处暂停或者禁止从事证券服务业务。对直接负责的主管人员和其他直接责任人员给予警告，并处以20万元以上200万元以下的罚款。

3. 证券服务机构未按照有关规定保存有关文件和资料的，责令改正，给予警告，并处10万元以上100万元以下的罚款；泄露、隐匿、伪造、篡改或者毁损有关文件和资料的，给予警告，并处以 20 万元以上 200 万元以下的罚款；情节严重的，处以 50 万元以上 500 万元以下的罚款，并处暂停、撤销相关业务许可或者禁止从事相关业务。对直接负责的主管人员和其他直接责任人员给予警告，并处以 10 万元以上 100 万元以下的罚款。

七、其他行为人的行政责任

除了上述单位及个人的行政责任外，《证券法》还规定了其他行为人的行政责任。由于这些规定很难按前述标准进行归类，因而集中于本节介绍。主要有：

1. 上市公司管理层违法交易的行政责任。上市公司的董事、监事、高级管理人员、持有上市公司股份 5% 以上的股东，将其持有的该公司的股票在买入后 6 个月内卖出，或者在卖出后 6 个月内又买入的，给予警告，可以并处 10 万元以上 100 万元以下的罚款。

2. 保荐人虚假陈述的行政责任。保荐人出具有虚假记载、误导性陈述或者重大遗漏的保荐书，或者不履行其他法定职责的，责令改正，给予警告，没收业务收入并处以业务收入 1 倍以上 10 倍以下的罚款；没有业务收入或者业务收入不足 100 万元的，处以 100 万元以上 1000 万元以下的罚款；情节严重的，并处暂停或者撤销保荐业务许可。对直接负责的主管人员和其他直接责任人员给予警告，并处以 50 万元以上 500 万元以下的罚款。

3. 违规交易者的行政责任。例如，法律、行政法规规定禁止参与股票交易的人员，直接或者以化名、借他人名义持有、买卖股票或者其他具有股权性质的证券的，责令依法处理非法持有的股票、其他具有股权性质的证券，没收违法所得，并处以买卖证券等值以下的罚款；属于国家工作人员的，还应当依法给予行政处分。又如，在限制转让期内转让证券，或者转让股票不符合法律、行政法规和国务院证券监督管理机构规定的，责令改正，给予警告，没收违法所得，并处以买卖证券等值以下的罚款。再如，违反《证券法》规定，证券交易场所、证券公司和证券登记结算机构的从业人员，证券监督管理机构的工作人员以及法律、行政法规规定禁止参与股票交易的其他人员，在任期或者法定限期内，直接或者以化名、借他人名义持有、买卖股票或者其他具有股权性质的证券的，责令依法处理非法持有的股票、其他具有股权性质的证券，没收违法所得，并处以买卖证券等值以下的罚款；属于国家工作人员的，还应当依法给予处分。

4. 操纵市场者的行政责任。违反《证券法》规定，操纵证券市场的，责令依法处理其非法持有的证券，没收违法所得，并处以违法所得 1 倍以上 10 倍以下的罚款；没有违法所得或者违法所得不足 100 万元的，处以 100 万元以上 1000 万元以下的罚款。此处的违法所得，按照证监会原《证券市场操纵行为认定指引（试行）》（已失效）的规定，是指行为人实施操纵行为获取的不正当利益。其所得不正当利益的形式，既可以表现为持有的现金，也可以表现为持有的证券。违法所得的计算，应以操纵行为的发生为起点，以操纵行为终止、操纵影响消除、行政调查终结或其他适当时点为终点。单位操纵证券市场的，还应当对直接负责的主管人员和其他直接责任人员给予警告，并处以 50 万元以上 500 万元以下的罚款。此外，根据该指引的规定，有下列情形之一的，应依法从重处罚：①涉案金额及违法所得数额较大的；②社会影响恶劣的；③以暴力、胁迫手段强迫他人操纵证券交易价格或证券交易量的；④与上市公司及其关联人合谋操纵证券交易价格或证券交易量的；⑤拒绝、阻碍证券监管机构及其工作人员依法执行公务或以暴力、威胁及其他恶劣手段干扰证券监管机构及其工作人员执行公务的；⑥操纵证券市场受过行政或刑事处罚，又操纵证券市场的。有下列情形之一的，应当依法从轻、减轻或者免予处罚：①主动消除或者减轻操纵行为危害后果的；②受他人胁迫实施操纵行为的；③配合证券监管机关调查且有立功表现的；④其他依法从轻或者减轻行政处罚的；⑤操纵行为轻微并及时纠正，没有造成危害后果的，依法不予行政处罚。

5. 知情人内幕交易的行政责任。从事内幕交易的，责令依法处理非法持有的证券，没收违法所得，并处以违法所得 1 倍以上 10 倍以下的罚款；没有违法所得或者违法所得不足 50 万元的，处以 50 万元以上 500 万元以下的罚款。此处的违法所得，按照原《证券市场内幕交易行为认定指引（试行）》（已失效）的规定，是指行为人实施内幕交易行为获取的不正当利益，即行为人买卖证券获得的收益或规避的损失。其不正当利益，既可以表现为持有的现金，也可以表现为持有的证券（是指行为人实际控制的账户所持有的证券）。违法所得的计算，应以内幕交易行为终止日、内幕信息公开日、行政调查终结日或其他适当时点为基准日期。单位从事内幕交易的，还应当对直接负责的主管人员和其他直接责任人员给予警告，并处以 20 万元以上 200 万元以下的罚款。证券监督管理机构工作人员进行内幕交易的，从重处罚。此外，根据该指引的规定，有下列情况之一的，应当依法从重处罚：①涉案金额或违法所得数额较大的；②致使公司证券价格异常波动，社会影响恶劣的；③以暴力、胁迫手段强迫他人进行内幕交易的；④上市公司、上市公司实际控制人及相关高管人员操纵公司信息披露，进行内幕交易的；⑤拒绝、阻碍证券监管机构及其工作人员依法执行公务或以暴力、威胁及其他手段干扰证券监管机构及其工作人员执行公务的；⑥因内幕交易受过行政或刑事处罚，又进行内幕交易的。当事人有下列情形之一的，应当依法从轻、减轻或者免予行政处罚：①配合证券监管机关调查且有立功表现的；②受他人胁迫从事内幕交易的；③主动消除或者减轻内幕交易行为危害后果的；④其他依法应从轻或者减轻行政处罚的；⑤内幕交易行为轻微并及时纠正或消除影响，主动配合调查，没有造成危害后果的，依法不予行政处罚。

6. 编造、传播虚假信息的行政责任。单位和个人编造、传播虚假信息或者误导性信息，扰乱证券市场的，没收违法所得，并处以违法所得 1 倍以上 10 倍以下的罚款；没有违法所得或者违法所得不足 20 万元的，处以 20 万元以上 200 万元以下的罚款。

7. 收购人违法的行政责任。据《证券法》的规定，收购人未按照法律规定履行上市公司收购的公告、发出收购要约义务的，责令改正，给予警告，并处以 50 万元以上 500 万元以下的罚款；在改正前，其持有或者通过协议以及其他安排与他人共同持有被收购公司股份超过 30% 的部分不得行使表决权。对直接负责的主管人员和其他直接责任人员给予警告，并处以 20 万元以上 200 万元以下的罚款。

第四节　证券刑事责任

我国现代意义上的证券犯罪始于 20 世纪 90 年代证券市场初创时期。1993 年的《企业债券管理条例》《股票发行和交易管理暂行条例》和《禁止证券欺诈行为暂行办法》等行政法规和规章对擅自发行证券行为、内幕交易行为和诱骗投资者买卖证券行为和操纵证券交易价格行为都作了禁止性规定，并且特别指出："构成犯罪的，依法追究刑事责任。"同年颁布的《公司法》第 210 条首次以附属刑法的方式对在公司监管中可能出现的证券犯罪，如擅自发行股票、债券罪，作出了规定，并于 1995 年通过《关于惩治违反公司法的犯罪的决定》作为补充。在此，证券犯罪是以妨害公司企业管理秩序罪的面目出现。1997 年的《刑法》及其之后的刑法修正案在强调统一、完备的刑法典的思想指导下，并在保留、吸收和修改原有法律、行政法规以及规章中有关证券犯罪的基础上，增补了一些证券犯罪，如内幕交易、泄露内幕信息罪、利用未公开信息交易罪、编造并传播证券交易虚假信息罪、诱骗投资者买卖证券罪以及操纵市场交易价格罪等。由于《刑法》先于《证券法》出台，并对证券犯罪预先作了规定，因此，1998 年的《证券法》保持了与《刑法》规定的必要连续性，并在证券犯罪相关罪名设计、罪状描述以及犯罪类型等方面丰富、完善了我国规制证券犯罪的刑事责任体系。2006 年 1 月 1 日施行的《证券法》改变原有做法，仅在第 231 条规定："违反本法规定，构成犯罪的，依法追究刑事责任。"这种做法不仅避免了可能与《刑法》有关规定的重复，也避免了可能与《刑法》有关规定的冲突。因此，目前有关证券犯罪与证券刑事责任的内容统一由我国《刑法》加以规定。

证券犯罪是严重的证券违法行为，构成证券犯罪的，应当依法追究行为人的刑事责任。与证券民事责任和证券行政责任相比，证券刑事责任是最严厉的证券法律责任，它在保护投资者利益、维护市场安全方面有着极为重要的意义。

一、证券刑事责任的概念及特征

证券刑事责任是指行为人因实施证券犯罪行为而应承担的法律责任。刑事责任是所有法律责任中最严厉、最具威慑力的责任形式。与证券民事责任和证券行政责任相比，证券刑事责任具有以下几个特点：

1. 适用行为的严重性。行为具有严重的社会危害性是构成犯罪的事实前提，也是一般证券违法行为与证券刑事违法行为（罪与非罪）的区别。就一般来说，同一违法行为是民事违法行为、行政违法行为还是犯罪行为，主要就是看该行为的危害程度是否达到需要用刑罚制裁的程度。也就是说，作为国家最严厉的制裁手段，证券刑事责任只适用于违反《证券法》并已经构成犯罪的证券刑事违法行为。虽然证券刑事违法行为总是同时与一般证券违法行为发生竞合，但如果只是一般证券违法行为，就不可能构成犯罪，也就不存在与"证券犯罪行为"的所谓竞合。

2. 构成要件的相对完全性。与证券民事责任和行政责任的追究不同，对证券刑事责任承担的行为要件，法律一般要求比较全面，既要求有主观罪过（故意或过失）的存在，又要求行为"情节严重"或"造成严重后果"。而民事责任与行政责任常常不需要这些方面的要件。

3. 责任追究的权威性。证券违法行为一旦构成证券犯罪，其法律责任的追究就演变为国家和犯罪行为人之间的刑事法律关系。行为人是否有罪以及应承担何种刑罚必须由司法机关按照法定程序确定，具有较强的权威性、强制性和程序性。

4. 普遍适用"双罚制"。证券交易的高技术性、高风险性在客观上要求市场参与主体多以法人、事业单位、自律组织以及行政机关等形式出现，因此，单位犯罪也是证券犯罪中的重要表现形式。在许多证券犯罪行为中，单位及其负责人、直接责任人都可能被追究相应的刑事责任。

5. 自由刑与财产刑相结合。我国《刑法》对证券犯罪的刑事责任主要规定了有期徒刑、拘役以及罚金。一般来说，单位犯罪只适用财产刑，即罚金，而对自然人犯罪，则三种刑罚都可以适用。由于证券犯罪行为往往会造成受害人严重的财产损失，所以，财产刑的适用是比较普遍的，但这并不意味着可以"以罚代刑"。

二、我国证券刑事责任的主要规定

《证券法》只在第219条中笼统规定，违反证券法规定，构成犯罪的，依法追究刑事责任。上一章曾经指出，我国修正后的《刑法》规定了7种情况、14个罪名的证券犯罪行为。下面仅将其中几个最典型的证券犯罪及其刑事责任作一些介绍：

（一）擅自发行股票和公司、企业债券罪

1. 本罪的构成要件。包括：

（1）本罪的主体一般是公司法人。因为我国法律规定只有股份有限公司和有限责任公司才能够申请发行股票、债券。实际上，自然人也是有可能犯本罪的。这里需要指出的是，如果证券承销机构明知是未经批准发行的证券，而与发行人签订承销协议，予以发行的，将与发行人构成共犯。

（2）本罪的主观方面是发行人为筹集资金而擅自发行的直接故意。

（3）本罪侵害的客体是证券发行监管秩序，如违背证券发行条件、审批程序等。

（4）本罪的客观方面包括：①犯罪主体已经实施了违法发行证券的行为，如果发行工作尚处于准备、筹备阶段，则不构成本罪。②发行人的发行行为属于擅自发行，没有依法得到国家法定主管部门（即国务院证券监督管理机构）的批准。具体表现形式主要有：未向证券监督管理机构申请而私自发行；虽向证券监督管理机构申请，但未获批准而私自发行；超过批准限额的发行；虽经批准，但发行人未通过承销机构承销而私自直接发行。③所发行证券的数额巨大、后果严重或者有其他严重情节。擅自发行行为有下列情形之一的，应予追诉：发行额巨大（如在50万元以上）；不能及时清偿和清退的；造成恶劣影响的。

2. 本罪的刑罚。犯本罪的，处5年以下有期徒刑或者拘役，并处或者单处非法募集资金金额1%以上5%以下罚金。单位犯前款罪的，对单位判处罚金，并对其直接负责的主管人员和其他直接责任人员，处5年以下有期徒刑或者拘役。

（二）内幕交易、泄露内幕信息罪

1. 本罪的犯罪构成。包括：

（1）本罪的犯罪主体为特殊主体，即证券交易内幕信息的知情人员或者非法获取证券交易内幕信息的人员。关于知情人员和内幕信息的范围，根据《证券法》第51、52条之规定确定。

（2）本罪的主观方面是故意，目的是通过内幕交易、泄露内幕信息以及建议他人交易等，为自己或他人牟取利益或转嫁交易风险。

（3）本罪所侵害的是双重客体，其中既有正常的市场交易秩序与安全，还有其他市场参与者的合法权益，特别是财产利益。

（4）本罪客观方面的要件包括：①实施了内幕交易行为。内幕交易行为主要表现为：证券、期货交易内幕信息的知情人员或者非法获取证券、期货交易内幕信息的人员，在涉及证券的发行，证券、期货交易或者其他对证券、期货交易价格有重大影响的信息尚未公开前，买入或者卖出该证券，或者从事与该内幕信息有关的期货交易，或者泄露该信息，或者明示、暗示他人从事上述交易活动。②达到"情节严重"的程度。所谓"情节严重"，实践中具体包括以下几种情形：内幕交易的数额巨大（如在 20 万元以上）的；多次进行内幕交易、泄露内幕信息的；致使交易价格和交易量异常波动的；造成恶劣影响的。

2. 本罪的处罚。构成内幕交易罪的，处 5 年以下有期徒刑或者拘役，并处或者单处违法所得 1 倍以上 5 倍以下罚金；情节特别严重的，处 5 年以上 10 年以下有期徒刑，并处违法所得 1 倍以上 5 倍以下罚金。单位犯前款罪的，对单位判处罚金，并对其直接负责的主管人员和其他直接责任人员，处 5 年以下有期徒刑或者拘役。

（三）利用未公开信息交易罪

1. 本罪的犯罪构成。包括：

（1）本罪的犯罪主体是特殊主体。一般来讲，资产管理金融机构的从业人员才能成为本罪的主体。而在证券、期货监管机构或者行业协会工作的人员，也有可能因职务便利获取不属于内幕消息的未公开信息，提前建仓或撤仓。因此，2009 年 2 月 28 日第十一届全国人大常委会第七次会议通过的《中华人民共和国刑法修正案（七）》将本罪的犯罪主体规定为"证券交易所、期货交易所、证券公司、期货经纪公司、基金管理公司、商业银行、保险公司等金融机构的从业人员以及有关监管部门或者行业协会的工作人员"。

（2）本罪的主观方面是故意。目的是通过用客户资金买入证券或者其衍生品、期货或者期权合约等金融产品前，以自己名义或假借他人名义或者告知其亲属、朋友、关系户，先行低价买入证券、期货等金融产品，然后用客户资金拉升到高位后自己率先卖出牟取暴利。

（3）本罪所侵害的是多重客体。其中既有正常的金融管理秩序，市场的公平、公正和公开，还有客户投资者的利益和金融行业信誉以及从业人员所在单位的利益。

（4）本罪客观方面的要件包括：①行为人实施了"利用因职务便利获取的内幕信息以外的其他未公开的信息，违反规定，从事与该信息相关的证券、期货交易活动，或者明示、暗示他人从事相关交易活动"。所谓"内幕信息以外的其他未公开的信息"，主要是指资产管理机构、代客投资理财机构即将用客户资金投资购买某个证券、期货等金融产品的决策信息。这些信息因不属于法律规定的"内幕消息"，也未要求必须公开，一般属于单位内部的商业秘密，故称"内幕信息以外的其他未公开的信息"。所谓"违反规定，从事与该信息相关的证券、期货交易活动"，不仅包括证券投资基金法等法律、行政法规所规定的禁止基金等资产管理机构的从业人员从事损害客户利益的交易等行为，也包括证监会发布的禁止资产管理机构从业人员从事违背受托义务的交易活动等行为。具体行为主要是指，资产管理机构的从业人员在用客户资金买入证券或者其衍生品、期货或者期权合约等金融产品前自己先行买入，或者在卖出前自己先行卖出等行为。所谓"明示、暗示他人从事相关交易活动"，主要是指行为人在自己建仓的同时，常常以直接或者间接方式示意其亲朋好友也同时建仓。②达到"情节严重"的程度。所谓"情节严重"，实践中具体包括以下几种情形：多次建仓的；非法获利数额巨大的；给客户资产造成严重损失的。

2. 本罪的处罚。构成利用未公开信息交易罪的，依照内幕交易罪的规定处罚。

（四）编造并传播证券交易虚假信息罪

1. 本罪的犯罪构成。包括：

（1）本罪的犯罪主体为一般主体，凡是达到刑事责任年龄并具有刑事责任能力的自然人都可以成为本罪主体，单位也能成为本罪主体。但是，本罪主体不包括证券交易所、证券登记结算机构、证券服务机构、证券公司及其从业人员，以及证券业协会、证券期货监督管理部门及其工作人员。

（2）本罪主观方面表现为直接故意。只有直接故意才有可能构成"编造并传播虚假信息，扰乱证券市场"。

（3）本罪的客体是证券交易管理秩序和投资者的利益。证券交易的信息披露是我国对证券市场进行管理的重要内容。编造并传播证券交易的虚假信息，破坏了信息披露制度，侵犯了证券交易的管理秩序。投资者受虚假信息的欺骗与误导，其合法权益必将受到损害。

（4）本罪的客观方面表现为：编造虚假信息并传播虚假信息以及该虚假信息能够影响证券交易。扰乱证券交易市场造成严重后果，是指虚假信息引起证券价格发生大幅波动，或在投资者中引起心理恐慌，大量抛售或买进某种证券，给投资者造成重大经济损失，或造成恶劣的社会影响。据规定，编造并传播影响证券交易的虚假信息，扰乱证券交易市场，有下列情形之一的，应予追究：造成投资者直接经济损失数额巨大（如 3 万元以上）的；致使交易价格和交易量异常波动的；造成恶劣影响的。

2. 本罪的处罚。犯本罪的，处 5 年以下有期徒刑或者拘役，并处或者单处 1 万元以上 10 万元以下罚金。

（五）诱骗投资者买卖证券罪

1. 本罪的犯罪构成。包括：

（1）本罪的犯罪主体可以是单位，也可以是自然人，但都是特殊主体。具体包括证券交易所、期货交易所、证券公司、期货经纪公司及其从业人员，证券业协会、期货业协会或者证券期货监督管理部门及其工作人员。

（2）本罪的主观方面是故意。一般是通过诱骗投资者买卖证券以达到自己的目的，如增加佣金、扩大业绩等。

（3）本罪侵害的客体是国家对证券市场的管理秩序和投资者的合法权益。

（4）本罪的客观方面是犯罪主体故意提供虚假信息或者伪造、变造、销毁交易记录，诱骗投资者买卖证券合约，造成严重后果。据规定，有下列情形之一的，应予追诉：造成投资者直接经济损失数额巨大（如 3 万元以上）的；致使交易价格和交易量异常波动的；造成恶劣影响的。

2. 本罪的处罚。犯本罪的，处 5 年以下有期徒刑或者拘役，并处或者单处 1 万元以上 10 万元以下罚金；情节特别恶劣的，处 5 年以上 10 年以下有期徒刑，并处 2 万元以上 20 万元以下罚金。单位犯本罪的，对单位判处罚金，并对其直接负责的主管人员和其他直接责任人员，处 5 年以下有期徒刑或者拘役。

（六）操纵证券交易价格罪

1. 本罪的犯罪构成。包括：

（1）本罪的主体为一般主体，可以是自然人，也可以是单位。

（2）本罪的主观方面是故意，目的是通过操纵证券价格获取高额利润或规避交易风险。

（3）本罪侵害的客体是证券交易市场的管理秩序和投资者的合法权益。

（4）本罪的客观方面表现为犯罪主体违反法律、法规，利用其资金、信息等优势或滥用职权，实施了操纵证券交易价格的行为。操纵市场的行为有：单独或者合谋，集中资金优势、持股或者持仓优势或者利用信息优势联合或者连续买卖，操纵证券交易价格或者证券交易量的；与他人串通，以事先约定的时间、价格和方式相互进行证券交易，影响证券交易价格或者证券交易量的；在自己实际控制的账户之间进行证券交易，影响证券交易价格或者证券交易量的；以其他方法操纵证券市场的。操纵证券交易价格，情节严重，实践中有下列情形之一的，应予追诉：非法获利数额巨大（如在 50 万元以上）；致使交易价格和交易量异常波动；以暴力、胁迫手段强迫他人操纵交易价格的；虽未达到上述数额标准，但因操纵证券交易价格受过多次（2 次以上）行政处罚，又操纵证券交易价格的。

2. 本罪的处罚。犯本罪的，处 5 年以下有期徒刑或者拘役，并处或者单处罚金；情节特别严重的，处 5 年以上 10 年以下有期徒刑，并处罚金。单位犯本罪的，对单位判处罚金，并对其直接负责的主管人员和其他直接责任人员，依照上述规定处罚。

■ 前沿问题

20 – 1　股票发行注册制背景下我国证券法律责任制度的完善问题

■ 思考题

1. 简述证券法律责任的特点。
2. 简述证券法律责任的归责原则。
3. 简述虚假陈述的民事责任的主要内容。
4. 简述内幕交易罪的犯罪构成。

参考文献

一、著作类：

1. 李东方：《证券监管法律制度研究》，北京大学出版社 2002 年版。

2. 李东方主编：《证券法》，清华大学出版社 2008 年版。

3. 李东方：《上市公司监管法论》，中国政法大学出版社 2013 年版。

4. 李东方：《证券监管法论》，北京大学出版社 2019 年版。

5. 李东方：《证券法》，北京大学出版社 2020 年版。

6. 李东方：《公司法学》，中国政法大学出版社 2016 年版。

7. 杨志华：《证券法律制度研究》，中国政法大学出版社 1995 年版。

8. 陈共主编：《证券与证券市场》，中国人民大学出版社 1996 年版。

9. 赵万一主编：《证券法学》，中国法制出版社 2006 年版。

10. 贝多广主编：《证券经济理论》，上海人民出版社 1995 年版。

11. 周正庆、李飞、桂敏杰主编：《新证券法条文解析》，人民法院出版社 2006 年版。

12. 廖大颖：《公司债法理之研究——论公司债制度之基础思维与调整》，正典出版文化有限公司 2003 年版。

13. 柯芳枝：《公司法论》，中国政法大学出版社 2004 年版。

14. 高坚：《中国债券资本市场》（中文版），经济科学出版社 2009 年版。

15. 沈炳熙、曹媛媛：《中国债券市场：30 年改革与发展》，北京大学出版社 2014 年版。

16. 时文朝主编：《中国债券市场：发展与创新》，中国金融出版社 2011 年版。

17. 黄红元、徐明主编：《证券法苑》（第十七卷），法律出版社 2016 年版。

18. 徐杰主编：《证券法理论与实务》，首都经济贸易大学出版社 2000 年版。

19. 叶林：《证券法》，中国人民大学出版社 2013 年版。

20. 李飞主编：《中华人民共和国证券法（修订）释义》，法律出版社 2005 年版。

21. 张舫：《公司收购法律制度研究》，法律出版社 1998 年版。

22. 郑琰：《中国上市公司收购监管》，北京大学出版社 2004 年版。

23. 罗培新、卢文道等：《最新证券法解读》，北京大学出版社 2006 年版。

24. 徐杰主编：《经济法论丛》（第一卷），法律出版社 2000 年版。

25. 黄红元、徐明主编：《证券法苑》（第九卷，上下），法律出版社 2013 年版。

26. 顾肖荣主编：《证券法教程》，法律出版社 2006 年版。

27. 李爱君主编：《证券法教程》，对外经济贸易大学出版社 2014 年版。

28. 万建华主编：《证券法学》，北京大学出版社 2013 年版。

29. 朱从玖主编：《投资者保护——国际经验与中国实践》，复旦大学出版社 2002 年版。

30. 杜煊君：《中国证券市场：监管与投资者保护》，上海财经大学出版社 2002 年版。

31. 林勇、陈创练：《投资者保护理论与中国实践的发展》，人民出版社 2008 年版。

32. 屠光绍主编：《证券交易所：现实与挑战》，上海人民出版社 2000 年版。

33. 屠光绍主编：《交易体制：原理与变革》，上海人民出版社 2000 年版。

34. 陈苏主编：《证券法专题研究》，高等教育出版社 2006 年版。

35. 卢文道：《证券交易所自律管理理论》，北京大学出版社 2008 年版。

36. 周友苏主编：《新证券法论》，法律出版社 2007 年版。

37. 杨峰、刘兴桂主编：《证券法》，中山大学出版社 2003 年版。

38. 王京、滕必焱编：《证券法比较研究》，中国人民公安大学出版社 2004 年版。

39. 林国全：《证券交易法研究》，中国政法大学出版社 2002 年版。

40. 冯果主编：《证券法》，武汉大学出版社 2014 年版。

41. 陈洁编著：《证券法》，社会科学文献出版社 2006 年版。

42. 徐明、李明良：《证券市场组织与行为的法律规范》，商务印书馆 2002 年版。

43. 丁化美、任碧云：《交易所：功能、运转及效力》，中国金融出版社 2014 年版。

44. 于绪刚：《交易所非互助化及其对自律的影响》，北京大学出版社 2001 年版。

45. 屠光绍主编：《市场监管：架构与前景》，上海人民出版社 2000 年版。

46. ［美］哈罗德·J. 伯尔曼：《法律与革命（第一卷）：西方法律传统的形成》（中文修订版），贺卫方、高鸿钧、张志铭、夏勇译，法律出版社 2008 年版。

47. 刘波：《资本市场结构：理论与现实选择》，复旦大学出版社 1999 年版。

48. 顾功耘主编：《商法教程》，上海人民出版社 2001 年版。

49. 吕来明、刘丹：《商事权利救济的基础理论与实务——商事法律责任》，人民法院出版社 1999 年版。

50. 吴志攀、白建军主编：《证券市场与法律》，中国政法大学出版社 2000 年版。

51. 姜廷松：《中国证券法与证券法律实务》，华夏出版社 2002 年版。

52. ［美］G. J. 施蒂格勒：《产业组织和政府管制》，潘振民译，上海人民出版社 1996 年版。

53. 赵锡军：《论证券监管》，中国人民大学出版社 2000 年版。

54. 洪伟力：《证券监管：理论与实践》，上海财经大学出版社 2000 年版。

55. 尚福林主编：《证券市场监管体制比较研究》，中国金融出版社 2006 年版。

56. 周正庆主编：《证券知识读本》，中国金融出版社 2006 年版。

57. 陈野华等：《证券业自律管理理论与中国的实践》，中国金融出版社 2006 年版。

58. ［加］布莱恩·R. 柴芬斯：《公司法：理论、结构和运作》，林华伟等译，法律出版社 2001 年版。

59. 周正庆主编：《证券市场导论》，中国金融出版社 1998 年版。

60. 胡光志：《内幕交易及其法律控制研究》，法律出版社 2002 年版。

61. 符启林主编：《中国证券交易法律制度研究》，法律出版社 2000 年版。

62. ［日］河本一郎、大武泰南：《证券交易法概论》，侯水平译，法律出版社 2001 年版。

63. 王利明等：《民法学》，法律出版社 2005 年版。

64. 张新宝：《侵权责任法原理》，中国人民大学出版社 2005 年版。

65. 朱崇实主编：《金融法教程》，法律出版社 2005 年版。

66. 侯水平主编：《证券法律责任》，法律出版社 2005 年版。

67. 白建军主编：《金融犯罪研究》，法律出版社 2000 年版。

68. 刘宪权、卢勤忠：《金融犯罪理论专题研究》，复旦大学出版社 2002 年版。

二、论文类：

1. 李东方："证券发行注册制改革的法律问题研究——兼评'《证券法》修订草案'中的股票注册制"，载《国家行政学院学报》2015 年第 3 期。

2. 李东方："上市公司收购监管制度完善研究"，载《政法论坛》2015 年第 6 期。

3. 李东方："上市公司危机法律规制研究"，载《中国政法大学学报》2016 年第 1 期。

4. 李东方："上市公司协会制度的经济法分析"，载《经济法学家》2014 年第 1 期。

5. 李东方："论证券行政执法和解制度——兼评中国证监会《行政和解试点实施办法》"，载《中国政法大学学报》2015 年第 3 期。

6. 李东方、陈邹："上市公司强制退市监管法论"，载《证券法律评论》（2016 年卷），中国法制出版社 2016 年版。

7. 李东方："证券监管机构及其监管权的独立性研究"，载《政法论坛》2017 年第 1 期。

8. 李东方："证券登记结算的法理基础研究"，载《中国政法大学学报》2018 年第 5 期。

9. 李东方："证券监管执法类型及其规范研究"，载《行政法学研究》2018 年第 6 期。

10. 李东方："证券监管法的理论基础"，载《政法论坛》2019 年第 3 期。

11. 洪艳蓉："公司债券的多头监管、路径依赖与未来发展框架"，载《证券市场导报》2010 年第 4 期。

12. 郑彧："我国证券交易所法律性质之重塑——兼论证券交易所互助化与非互助化的取舍"，载《法商研究》2008 年第 6 期。

13. 朱慈蕴："论证券交易所与会员公司的法律关系——两者关系法律构造的问题点"，载《法商研究》2001 年第 3 期。

14. 万江："证券持有与证券登记、存管和结算制度探析"，载郭峰主编：《证券法律评论》（第四卷），法律出版社 2005 年版。

15. 涂建、毛国权："证券登记与托管的国际经验与中国实践"，载《证券法律评论》（第二卷），法律出版社 2002 年版。

16. 郭雳、廖凡："我国证券登记结算法律的进展与疑惑"，载《证券市场导报》2007 年第 2 期。

17. 张文婷、史广龙："证券交易所与登记接管公司责任机制的展开——给予法学与经济学的分析视角"，载张育军、徐明主编：《证券法苑》，法律出版社 2010 年版。

18. 汪有为："关于电子化簿记式证券若干法律问题的思考"，载《证券法苑》2010 年第 3 期。

19. 方添智：“次贷危机中信用评级失灵的原因及法律规制——美国信用评级制度改革评析”，载陈安主编：《国际经济法学刊》，北京大学出版社 2010 年版。

20. 朱焕强：“货币资本证券化进程中的私法变迁”，中国政法大学 2006 年博士学位论文。

21. 许成钢：“法律、执法与金融监管”，载《经济社会体制比较》2001 年第 5 期。

22. 高西庆：“论证券监管权——中国证券监管权的依法行使及其机制性制约”，载《中国法学》2002 年第 5 期。

图书在版编目（CIP）数据

证券法学/李东方主编. —4版. —北京：中国政法大学出版社，2021.9
ISBN 978-7-5764-0090-8

Ⅰ.①证…　Ⅱ.①李…　Ⅲ.①证券法－法的理论－中国－高等学校－教材　Ⅳ.①D922.287.1

中国版本图书馆CIP数据核字(2021)第178549号

出 版 者	中国政法大学出版社
地　　址	北京市海淀区西土城路 25 号
邮　　箱	fadapress@163.com
网　　址	http://www.cuplpress.com (网络实名：中国政法大学出版社)
电　　话	010-58908435(第一编辑部) 58908334(邮购部)
承　　印	保定市中画美凯印刷有限公司
开　　本	787mm×1092mm　1/16
印　　张	27
字　　数	657 千字
版　　次	2021 年 9 月第 4 版
印　　次	2021 年 9 月第 1 次印刷
印　　数	1~5000 册
定　　价	79.00 元